클라이브 폰팅
Clive Ponting

영국의 역사가. '빅 히스토리'의 개척자로 평가받는다. 크림 전쟁과 두 차례의 세계대전, 윈스턴 처칠 등 여러 가지 주제를 다룬 저서들로 명성을 얻었다. 특히 방대한 인간 문명사를 지구 환경의 관점에서 정리한 세계적 베스트셀러『녹색 세계사』는 환경사의 명저이자 고전으로 꼽힌다.

마거릿 대처 행정부에서 국방부 고위 공무원으로 근무하던 중인 1985년에 포클랜드 전쟁 관련 문서를 노동당 의원에게 건네 은폐된 진실을 밝히려고 했다. 결국 기밀을 유출한 혐의로 기소되었으나, 국민의 알 권리를 위한 행동이었다고 스스로 변호함으로써 배심원들이 유죄 판결을 거부하게 했다. 공직에서 물러난 후에는 스완지 대학에 재직했으며, 현재는 스코틀랜드 국민당에 합류해 활동하고 있다.

한국에 소개된 저서로는『클라이브 폰팅의 녹색 세계사』와『진보와 야만』이 있다.

클라이브 폰팅의
세계사 2

클라이브 폰팅의

2

세계사

근세에서 현대까지

클라이브 폰팅 | 박혜원 옮김

**WORLD
HISTORY
A NEW PERSPECTIVE
CLIVE PONTING**

민음사

2권 차례

6부 근대사회의 탄생(1750~2000년)

지도 차례

일러두기

1　이 책은 Clive Ponting, *World History: A New Perspective*(2000) 중 5부(16장)에서 6부(24장)까지에 해당한다.
2　인명과 지명 등 고유명사의 외래어 표기는 국립국어원 외래어 표기법을 따랐다.
3　중국의 인명과 지명은 신해혁명을 기준으로 표기를 달리하되, 사례에 따라서는 병기했다.

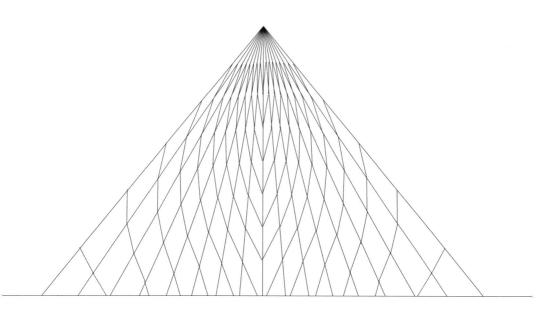

세계의 균형

1500~1750년

5

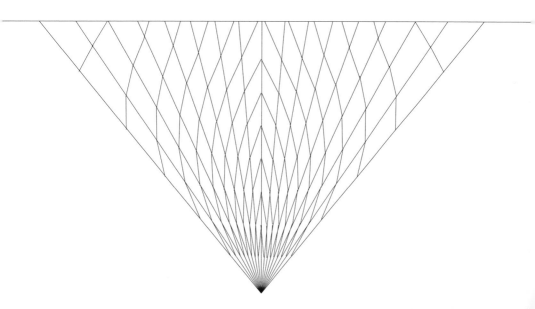

개관 11

1500년의 세계

인구 4억 4000만 명

권역별 인구: 중국: 1억 1000만, 인도: 9000만, 그 외 아시아 국가: 5000만, 유럽: 8000만, 아프리카: 4000만, 아메리카 대륙: 7000만(멕시코: 2000만, 잉카 제국: 1100만).

주요 도시 북경(67만 2000), 비자야나가르(50만), 카이로(45만), 항주(37만 5000), 콘스탄티노폴리스(35만), 남경(28만 5000), 광동성(25만), 파리(25만), 테노치티틀란(8만), 런던(5만), 쿠스코(5만)

사건

- 중국에서 명 왕조가 전성기를 이룸.
- 일본에서는 아시카가 막부가 무너지고, 대부분의 지역은 자치 권한을 지닌 다이묘들이 통제함.
- 아시아 남동부 교역로가 주목을 받으며 믈라카가 번영의 절정에 이름.
- 중앙아시아에 우즈베크 제국 건설.
- 무굴인들이 인도 북부를 침략함. 델리 술탄국은 멸망을 앞두고 있음.
- 유럽 선박이 최초로 인도에 도달함.
- 이란에 사파비 제국 등장.
- 오스만 제국이 아나톨리아반도 및 발칸 지역 대부분을 장악함.
- 잉글랜드와 스페인, 프랑스에 좀 더 강력한 왕국이 건설되고, 합스부르크 제국이 등장함.

- 폴란드-리투아니아의 야기에우워 왕가가 헝가리와 보헤미아를 통치함.

- 모스크바가 서서히 확장함.

- 카나리아 제도가 정복됨. 카리브해 지역에 최초의 스페인 정착지가 들어섬.

- 중앙 멕시코에서 아즈텍 제국이 전성기를 맞음.

- 페루와 볼리비아에서 잉카 제국이 전성기를 맞음.

- 폴리네시아 사람들이 채텀 제도에 정착함.

- 초창기 왕들이 하와이를 지배함. 이스터섬에서 문명이 최고조에 이름.

- 유럽에서 초기 단계의 인쇄술이 발달함.

- 잉글랜드에서 최초로 종이를 제조함.

콜럼버스의 발견 이후의 세계

16

1492년 10월 11일 저녁, 제노바에서 대대로 장사하던 집안에서 태어난 크리스토퍼 콜럼버스는 산타마리아호를 타고 대서양 서쪽을 항해하다가 멀리서 불빛을 본 것 같다고 생각했다. 몇 시간 후에 핀타호에서 망을 보던 선원 로드리고 데 트리아나(Rodrigo de Triana)는 육지를 발견했고, 10월 12일에 원정대 일행은 해변에 발을 디뎠다. 그들이 상륙한 곳은 카리브해에 있는 대(大)앤틸리스 제도였지만, 일행은 그곳을 아시아로 생각했다. 콜럼버스는 죽을 때까지도 자신이 유라시아의 동부 해안을 '발견'했다고 믿었다. 그들은 아메리카 대륙에 도착한 최초의 유럽인은 아니었다. 바이킹들은 이미 500여 년 전에 아메리카 대륙을 찾아와 짧게나마 정착민으로 생활했다. 여러모로 콜럼버스의 항해는 15세기에 아조레스 제도를 기지로 삼아 정력적으로 서쪽 항로를 개척했던 움직임 중 하나였고, 결과적으로 세계사에 엄청난 여파를 불러왔다. 아메리카 대륙은 오랜 고립을 벗어나 유라시아가 수천 년에 걸쳐 창조한 세계 속으로 서서히 편입되었다. 유럽을 비롯해 유라시아 역시 새로이 발견된 인종과 사상, 문화, 작물 등의 영향을 받았지만 무엇보다 큰 충격에 빠진 쪽은 아메리카 대륙이었다. 아메리카 대륙은 더 넓은 세계로 불려 나왔지만 그들을 이끈 것은 유럽의 이해관계였다.

16.1 유럽의 발흥

아메리카 대륙의 '발견'으로 당시 유라시아 내에서 한낱 주변부에 지나지 않았던 유럽의 위치는 큰 변화를 맞았다. 유럽인들은 대서양 상업 세계를 형성해 막대한 이윤과 권력을 끌어낼 기회를 얻었다. 그 후 3세기 동안 서서히 이러한 위치를 쌓아 올린 유럽은 19세기 무렵에는 세계를 지배하는 지역으로 우뚝 솟아 있었다. 유럽인들이 견지한 태도는 (이미 15세기에 대서양의 여러 섬에서 입증되었듯이) 한 세기 전에 인도양을 항해하던 중국인들의 태도와 사뭇 달랐다. 콜럼버스는 첫 항해에서 만났던 아라와크족 사람들을 보고 이렇게 적었다. "그들은 가진 모든 것을 나누어 주고 자기 심장이라도 내어 줄 듯 친절하다. (……) 이들을 개종시키기란, 또 우리의 노예로 부리기란 얼마나 쉬울까." 콜럼버스는 1492년부터 1506년까지 총 네 번에 걸쳐 대서양을 항해했다. 콜럼버스의 선박들은 카리브 원주민들이 안내하는 대로 서인도제도 일부와 중부 아메리카 해안, 그리고 아메리카 남부의 북쪽 해안을 탐험했다. 첫 정착지인 이사벨라는 1494년에 히스파니올라섬에 건설되었다. 다른 항해사들도 콜럼버스의 뒤를 따랐다. 1497년에 존 캐벗(John Cabot)은 브리스틀에서 출발해 아시아 항로를 개척할 목적이었으나, 뉴펀들랜드에 상륙해 이듬해에는 델라웨어까지 남하했다. 1497년에 아메리고 베스푸치(Amerigo Vespucci: 베스푸치의 이름에서 아메리카 대륙이라는 지명이 유래했다.)는 북부 아메리카의 남부 해안가를 둘러 지나갔다.

포르투갈인인 바스쿠 다 가마(Vasco da Gama)가 희망봉을 돌아 아프리카 동해안을 북상한 시기는 1498년 초였다. 다 가마는 말린디 항구에서 이슬람교도 인도인인 아흐메드 이븐 마지드(Ahmed Ibn-Majid)를 만났다. 이븐 마지드는 인도양의 해도(海圖)와 정교한 항해 장비들을 갖추고 있었을 뿐 아니라,(이븐 마지드는 바스쿠 다 가마가 지니고 있던 장비들을 보여 주자 비웃었다.) 그 지역을 항해하는 데 필요한 해박한 지식도 겸비한 인물이었다. 이븐 마지드는 바스쿠 다 가마를 안내해 주기로 하고 역사가 오랜 교역로를 따라가 1498년 5월 18일에 캘리컷 항구에 도착했다. 유럽인이 유라시아의 이쪽 지역에서 오래전에 확립된 교역로들의 부를 처음으로 직접 대면하는 순간이었다. 그들이 이쪽 지역에 미치는 영향력은 대서양 세계에서보다 훨씬 더 제한되어 있었다. 비록 유럽이 다른 모든 세계를 잘 알게 되기까지는 두 세기가 넘는 시간이 걸렸지만, 이렇듯 세계의 바다가 하나로 이어지는 사건은 과거의 어떠한 사회에서도 이루어 본 적이 없는 성과였다. 1519년에서 1522년까지 페르디난드 마젤란(Ferdinand Magellan)이 이끈 소함대들이 최초로 세계 일주 항해에 성공했으나, 마젤란 본인은 필리핀 원주민들에게 살해당하는 바람에 이 원정을 끝내지 못했다. 유럽인들이 태평양 서쪽에서 동쪽을 가로지르는 항해에 처음으로 성공한 때는 1565년이었다. 17세기에 네덜란드인들은 '노호하는 40도대 해역'의 편서풍을 이용해 인도양의 우기 지역을 피해 남아프리카에서 아시아 남동부의 열도로 직항하는 법을 터득했다. 이따금은 실수로 오스트레일리아 서해안에 당도하기도 했다. 그러나 18세기에 제임스 쿡(James Cook)의 항해 이전까지 유럽인들은 오스트레일리아 동해안과 뉴질랜드, 폴리네시아에 관해 별로 아는 바가 없었다.

전반적으로 1500년 이후 250년 동안 유럽이 다른 세계에 미친 영향은 완만하고도 제한적이었다. 1750년 무렵에 유럽인들이 장악한 지역은 북아메리카 동부 해안과 중앙아메리카 및 남아메리카의 여러 지역, 희망봉의 극소수 정착지를 비롯한 아프리카 해안의 교역 요지와 해안 진지, 인도양 세계를 가로지르는 몇몇 교역의 요충지와 진지들, 그리고 아시아 남동부의 몇몇 섬 정도였다. 같은 시기에 시베리아를 관통하며 팽창한 러시아는 태평양 해안에 다다랐다. 유라시아의 대제국과 국가들, 특히 수 세기에 걸쳐 축적한 막대한 부와 오랜 전통 위에 건설된 중국과 일본, 인도, 이란, 오스만제국은 1500년에서 1750년까지 유럽의 영향에서 거의 자유로웠다. 이 국가들은 그들만의 왕조와 내적 동력에 따라 역사를 이어 갔고 발달했다. 유럽이 중대하고도 파괴적인 영향을 미쳤던 지역은 아메리카 대륙이었다. 이곳에서 대면한 사람들은 마지막 빙하기가 끝난 후 뒤늦게 대륙에 정착했고 농경의 발달도 늦었던 탓에, 기원전 2000년 무렵의 메소포타미아나 이집트 사람들과 비슷한 모습을 하고 있었다. 이들은 유럽인들이 사용하던 초기 형태의 화약 무기에 맞설 금속류의 무기조차 갖고 있지 않았다. 말과 기마병에도 익숙하지 않았다. 무엇보다 유럽인들을 따라온 질병들에 전혀 면역력이 없었다. 이런 환경에서 유럽인의 잔인성과 폭력성은 그들의 성공을 거드는 요소일 뿐이었다.

아메리카 대륙을 향했던 첫 번째 항해 이후 유럽은 400년 동안 세계를 지배했다. 오랜 시간 유럽인들은 자신들이 이룬 성공에 스스로 납득할 수 있는 근거들을 찾아내려고 했다. 인종적 우월성이나 정열적이고 탐구적인 유럽인의 기질, 또는 신의 인도 덕분이었다는 발상은 지금은 한풀 꺾였지만, 세계에서 오직 유럽에만 특권처럼 주어진 '유럽의 기적'이 존재한다는 믿음을 대신해 그 자리를 차지하려는 많은 주장이 있었다. 이러한 주장들은 유럽의 고유한 유산이라고 여겨지는 것들, 즉 내부의 지리적 이점, 하나의 대제국이 아닌 여러 소국가의 집합체, 상이한 가족 구조 양식, 사유재산, 실행 가능한 계약들, 자유 시장, 부의 축적, 신흥 자본주의, 합리적이고 과학적인 사고방식 등의 특징들을 바탕에 깔고 있다. 사실 앞에서 보았듯이 1492년에 유럽은 유라시아의 다른 지역들과 거의 다를 것이 없었고 상대적으로 더 낙후되어 있을 뿐이었다. 유럽은 농업 생산성이 떨어졌고, 교역과 부의 수준도 다른 유라시아 지역들보다 훨씬 낮았다. 자유 시장과 법적으로 집행 가능한 계약의 존재, 사유재산, 막대한 부를 축적한 상인 등은 중국에서도 1000여 년 전부터 똑같이 존재했고 유라시아의 여러 지역에서도 찾아볼 수 있었다. 유럽의 무역도시들 역시 색다를 것이 없어서, 그와 비슷한 독립 공동체들은 유라시아 전역에 확립되어 있었고 대개는 국제도시로서도 훨씬 더 활발했다. 수직형 풍차와 기계식 시계가 발달했던 것을 제외하면 유럽은 유라시아 내에서 기술적 창의력을 선보이는 지역도 아니었다. 1000년 무렵 이후로 유럽이 한 일이라고는 다른 지역들, 특히 중국에서 개발한 주철과 종이, 인쇄, 화약 같은 기술들을 흡수한 것뿐이다. 유리한 항해 기술도 없었다. 유럽은 항해 기술 역시 (선미재 키와 나침반처럼) 중국이 개발하거나 (삼각돛처럼) 이슬람 국가가 개발한 장치들을 받아들였지만, 선박의 크기는 원양을 항행하던 중국 범선의 4분의 1에 지나지 않았다. 이슬람 국가와 인도, 중국의 뱃사람들은 유럽인들 못지않게 바다 멀리까지 다녔으며 항해 실력도 대개 훨씬 월등했다. 서유럽 국가들은 운 좋게도 몽골의 침략이라는 충격에서 벗어나 있었지만 그래도 다른 유라시아 국가들보다 훨씬 더 가난했다. 그도 그럴 것이 기원후 1000년 무렵까지만 해도 유럽은 보잘것없는 주변적 위치였다. 인구도 적고 농업 생산성이 떨어지며 도시도 거의 없는 데다 교역도 미미한, 정치적으로도 낙후한 지역이었다. 그 후 500년 동안 현격한 성장을 이루었으나 아직 갈 길이 아득했다.

유럽이 지닌 빼어난 강점 한 가지는 지리적 우연성이었다. 유럽은 유라시아의 극서부 가장자리라는 위치 덕에 아메리카 대륙으로 원정을 떠날 수 있었고 그곳에서 발달이 한참 뒤쳐진 사회들도 발견할 수 있었다. 유럽이 다른 유라시아 지역을 따라잡을 수 있었던 것은 아메리카 대륙에서 (처음에는 금과 은, 그다음은 노예 농장을 통해) 약탈한 부 덕분이었다. 서유럽은 이렇게 마련한 돈을 뿌려 아시아의 교역 체제를 파고들며 더 나아가 교역의 유리한 고지를 확보했다. 1750년쯤에 유럽은 다른 유라시아 국가들과 거의 같은 부를 누렸고 발달 수준도 비슷했으며, 오랜 역사와 전통을 지닌, 특히 인도 같은 국가들을 희생시켜 힘을 발휘하기 시작했다. 인구 거주지가 희박한 남북 아메리카와 오스트레일리아, 뉴질랜드 등의 지역을 개발하는 위치로도 올라섰다. 동시에 유럽은 앞서 유라시아 역사를 지배했던 농업 사회와 상업 사회의 양식을 벗어나는 근본적인 이행기로 접어드는 시점이었다. 중국은 600년 전 송(宋)대에 이와 같은 이행기를 맞아 좌절을 겪은 바 있었다. 다른 유라시아 지역의 시각에서 볼 때 유럽이 던진 충격은 이따금 발생했던 역사적 현상들과 다를 바 없어 보였을지 모른다. 주변 사회가 오랜 전통을 지닌 부유한 사회를 맹공해 크지만 짧은 혼란과 분열을 던지는 현상 말이다. 유라시아의 어떤 나라들은 유럽의 압력에 굴복했지만 또 어떤 나라들은 이전부터 그랬듯이 출구를 찾아 새로운 상황에 적응하고 새로운 요소들을 흡수해 새로운 합을 만들어 냈다.

16.2 콜럼버스의 발견 이후의 세계: 질병

[이전의 질병 유형 ☞ 10.1 및 15.1]

앞서 보았듯이 유라시아 내에서의 (주로 교역망을 통한) 광범위한 접촉은 질병을 대륙 전체로 퍼뜨렸다. 이 질병들은 처음에는 매우 치명적이었다. 기원후 200년에서 700년 사이에 고약한 전염병이 발발했을 때와 14세기에 다시 흑사병이 돌았을 때를 보면 알 수 있다. 하지만 사람들도 점차 면역력을 키웠고, 질병들도 유라시아의 풍토병화하면서 어느 정도 힘을 잃었다. 아메리카 대륙의 주민들은 입장이 완전히 달랐다. 모든 증거를 종합적으로 고려할 때 1500년 무렵에 아메리카 대륙의 원주민들은 유럽인들보다 훨씬 더 건강했다. 인간 질병의 주된 발생원인 가축이 없었기 때문에 아메리카 원주민들은 농경 생활에 수반해 확산되는 질병들로부터 자유로웠다. 한 가지 확실한 사실은, 이들이 유라시아에 만연한 질병들에 노출된 적이 없었기 때문에 그 병들에 대해 면역성도 없었다는 점이다. 따라서 유럽인들의 상륙은 재앙에 견줄 만한 충격을 동반했다. 유럽인들이 우위를 점할 수 있었던 결정적인 요인은 기술적 우월성만이 아니었다. 의도치 않게 잠재되어 있던 질병이라는 무기는 훨씬 더 중요한 역할을 했다. 유럽인들은 새로운 땅을 발견해 식민지로 만들었고 한 세기만에 그 땅을 황무지로 탈바꿈시켰다.

가장 먼저 아메리카 대륙을 강타한 질병은 1519년에 앤틸리스 제도에서 시작된 천연두였다. 콜럼버스의 항해 후에 더 빨리 천연두가 전파되지 않은 이유는 그저 우연이었다. 원정 기간이 긴 데다 배 안에 질병을 옮길 만한 매개체도 없었던 것이다. 천연두는 유카탄반도로 먼저 전파되어, 에르난 코르테스(Hernán Cortès)가 소수의 병력만으로 아즈텍 제국의 수도인 테노치티틀란을 점령하는 데 결정적인 역할을 수행했다. 수도를 점령했다가 쫓겨난 코르테스의 군대는 틀락스칼라로 후퇴해 전열을 가다듬어야 했다. 그러는 동안에 테노치티틀란에는 2개월에 걸쳐 전염병이 급속도로 번졌다. 전염병으로 수많은 사람이 목숨을 잃었고, 그중에는 몬테수마(Montezuma)가 사망한 이후에 권력을 이어받아 침략자들에 대한 저항을 조직하려고 했던 쿠이틀라우악(Cuitlahuac)도 있었다. 아즈텍 사회는 재무장한 스페인군의 공격 앞에 저항할 수 없을 만큼 사기가 꺾인 채 만신창이가 되었다. 천연두는 아직 프란시스코 피사로(Francisco Pizarro)의 원정대가 정복하기 전인 페루에도 상륙해 이미 왕위를 놓고 벌어진 내란으로 심각하게 분열된 잉카 제국을 완전히 파괴하기 시작했다. 아즈텍과 잉카는 비록 기술적으로 우월한 적을 상대해야 했지만 수적으로는 훨씬 우세한 상황이었다. 만약 질병이 휩쓸고 지나가지 않았다면 적어도 최초에 침략했던 유럽의 소수 병력들을 이길 수 있었을지도 모른다. 질병은 사회에 엄청난 혼란을 몰고 왔다. 시신이 너무 많아 다 묻지 못할 정도였기 때문에 시체들은 썩은 채 거리에 방치되었다. 거의 모든 사람이 가족 중 누군가를 잃었고 목숨을 부지한 사람들도 대개는 얽은 자국이 생기거나 시력을 잃었다. 그러나 그보다 사람들을 더 두렵게 만든 것은 침략자들이 이토록 처참한 전염병에 면역성을 갖고 있어 거의 신과 같은 위치로 다가왔다는 사실이었다. 그러므로 현지민들이 침략자들에게 이렇다 할 저항을 하지 못한 것도 당연한 일이었다. 하지만 아메리카 원주민들의 삶을 휩쓴 병은 천연두만이 아니었다. 1530년부터 1531년까지 홍역이, 1546년에는 장티푸스(이 질병은 1490년대에 처음 발발해 유럽에서도 비교적 새로운 병이었다.)가 전파되면서 천연두가 남긴 충격은 한층 더 강해졌다. 아메리카 대륙에 마지막으로 들어온 새로운 질병들은 아마도 유럽인들이 수송하던 노예들을 따라 전부 아프리카에서 건너온 병들이었을 것이다. 말라리아는 1650년대 즈음에는 아마존강 유역의 풍토병이 되었고, 황열병은 특정 이집트숲모기(Aedes aegypti)가 선박의 물통을 매개로 건너와 1648년에 유카탄반도와 쿠바에 상륙했다.

유럽인들을 따라 아메리카 대륙으로 건너온 질병들이 던진 충격은 1500년 무렵에 이 지역 인구수로 추정할 수밖에 없어 논쟁이 많은 부분이다.(대략 유럽인들의 정복으로부터 한 세기 후의 이 지역에 관해 보편적으로 합의된 수치는 존재한다.) 20세기 초에는 표준으로 인정받던 피해 규모의 추정치가 아주 낮았다. 추정치가 낮았던 이유는 한편으로는 아메리카 원주민들이 매우 복잡한 사회를 구성했을 가능성을 유럽과 미국의 학자들이 고려하지 않았기 때문이고, 또 한편으로는 이들이 원주민 사회의 파괴 범위를 축소하고 싶어 했기 때문이다. 몇십 년 전에 매우 높은 추정치들이 제시되었다가 지금은 다소 줄어들었지만 전문가들의 의견이 일치되는 지점을 보면 원주민들이 무시무시한 규모로 몰살당한 것이 틀림없다. 1500년에 멕시코 중앙부(아즈텍 제국이 위치했던 지역이다.)의 인구는 2000만 명으로 유럽 총인구의 4분의 1에 상당하며 이탈리아 전체 인구의 두 배, 브리튼섬 인구의 네 배에 달하는 수치였다. 이 지역 인구수는 한 세기만에 100만 명 남짓으로 줄어들었다. 같은 시기에 약 1100만 명이었던 안데스산맥 지역의(즉 잉카 제국의) 인구는 1600년 무렵에는 100만 명도 되지 않았다. 1500년에 600만 명 정도였을 카리브해 원주민은 거의 절멸했다. 인구가 감소한 데는 이후 16세기에 진행된 노예화와 광산 노동 및 플랜테이션 노동 등의 탓도 있었지만 거의 대부분은 질병이 원인이었다. 아메리카 대륙의 총인구는 1500년에 세계 인구 4억 2500만 명 중 약 7000만 명 정도였는데, 1600년에는 전 세계 5억 4500만 명 중 800만 명에 불과했다.(16세기 중반에 아메리카 대륙의 인구는 400만 명으로 최저점에 이르렀던 것으로 추정된다.) 인구가 90퍼센트나 붕괴되었다는 사실은 쉽게 믿기 어렵지만, 질병이 저항력 없는 집단에 미치는 영향을 보여 주는 다른 증거들과 일맥상통한다. 실제 사망자 수는 얼마나 되었을까? 그 수를 추산하기는 어렵지만 1억 명 이상이었을 가능성이 높다. 이러한 사망자 수치는 인류 역사상 어떠한 사회도 겪어 보지 못한 큰 규모였다. 게다가 소수의 생존자는 자신을 둘러싼 공동체들이 사멸하고 남은 유산들마저 유럽의 침략자들에게 파괴당하면서 기존의 생활양식들이 통째로 증발하자 어마어마한 문화적 충격에 휩싸였다.

유럽과 아메리카 대륙 사이에서 질병이 한 방향으로만 전파된 것은 아니었다. 유럽에서 처음 매독이 발발한 사례는 1490년대 초엽으로 정확하게 시점을 헤아릴 수 있다는 점에서 질병들 중에서는 흔치 않은 경우다. 최초의 발병 사례는 1493년에 바르셀로나에서였던 것 같고, 그 후로 군대를 매개로 해서 다른 수많은 질병과 함께 확산되었다. 1494년에 프랑스 왕 샤를 8세(Charles VIII)가 나폴리의 왕위 계승권을 주장하며 이탈리아를 침략했을 당시에 프랑스 군대가 매독을 퍼뜨렸다. 전쟁이 실패로 돌아가면서 샤를은 프랑스로 철수했다. 군대가 해산되자 병사들을 따라 병은 더 널리 확산되었다. 1496년에는 잉글랜드와 저지대 국가들(Low Countries: 유럽 북해 연안의 벨기에와 네덜란드, 룩셈부르크로 구성된 지역이다. ― 옮긴이)에서, 1499년에는 헝가리와 러시아에서 매독이 발생했다. 이때 이미 매독은 1330년대와 1340년대의 림프절 페스트('흑사병')와는 반대 방향으로 유라시아 교역로를 따라가며 퍼져 있었다. 매독이 확산된 속도를 보면 유라시아가 얼마나 밀접하게 통합되어 있었는지 알 수 있다. 1498년에는 이집트와 인도에서 발병하고 1505년에 광동성에 상륙한 뒤 일본으로 전파되었다. 각 사회가 매독을 '타국의 병'으로 여겼는데, 이 병을 가리켜 부른 명칭들은 병의 확산 경로를 보여 준다. 영국인들과 이탈리아인들은 매독을 '프랑스 병'이라고 불렀다. 프랑스인들은 '나폴리 병'으로, 폴란드인들은 '독일 병'으로 불렀다. 인도인들은 '프랑크 병'으로, 중국인들은 병이 처음 상륙했던 항구의 이름을 따서 '광동창(廣東瘡)'으로 불렀다. 일본에서는 '당나라 병'이라고 하기도 하고 '포르투갈 병'이라고 하기도 했다.

따라서 중요한 문제는 매독이 콜럼버스의 원정 당시에 항해사들을 따라 들어왔는지다. 확실히 당시 사람들은 매독이 유럽에 상륙한 경로가 그럴 것이라고 믿어 의심치 않았다. 이 견해는 1490년대 초 전까지 유라시아 내에서 매독에 관해 명확하게 묘사한 기록을 찾아볼 수 없었다는 사실로 힘을 얻었다. 콜럼버스가 상륙하기 전 시대의 아메리카 주민 유골에서 매독에 의한 병변의 흔적이 발견되는 등 다른 증거들도 존재한다. 1490년대에 매독이 신종 질병이었다는 데 거의 의구심을 갖지 않는 이유는 극심한 발병력 때문이다. 유럽인들이 천연두와 홍역에 대해 그랬던 것처럼 아메리카 대륙의 원주민들 역시 오랜 시간 매독에 상당한 정도의 면역성을 키워 왔을 테고, 덕분에 다른 지역들에서와 같은 충격은 받지 않았을 것이다. 또 한 가지 가능한 설명은 매독이 밀접한 관계에 있는 열대성 질환이자 역시 트레포네마병(treponematosis)의 하나인 (아시아 남동부에서는 베젤(bejel: 남아프리카나 동남아시아의 어린이에게 발병하는 비(非)성병성 전염 매독이다. — 옮긴이)로 알려진) 매종에서 유래했다는 설이다. 이 설이 사실이라면 매종은 1490년 무렵에 돌연 성교를 통해 전염되고 훨씬 더 치명적인 질병으로 성질이 바뀌었다는 얘기다. 또한 발병 시기가 콜럼버스의 원정 시기와 겹치는 것도 그저 우연의 일치에 불과해진다. 하지만 매독은 유럽이 아메리카 대륙을 '발견'함에 따라 유라시아 전체가 치러야 했던 대가로 보는 편이 훨씬 타당하다.(매종과 그 외의 트레포네마병이 전부 아메리카 대륙에서 건너와 열대 지역으로 확산되었을 가능성도 있다. 확실히 스리랑카 사람들은 자신들이 유럽인들을 통해 매종에 걸렸을 뿐이라고 확신했다.)

16세기 초엽에 매독이 처음 던진 충격은 치명적인 신종 질병에 아무런 저항력이 없던 주민들에게 공포 자체였다. 매독은 1540년대 무렵에 풍토병화 하면서 악성이 수그러들었다. 17세기 무렵에는 아직 위험한 전염병이기는 해도 발병 증상들이 훨씬 약해졌다. 하지만 치료법이 밝혀진 것은 20세기에 들어선 뒤의 일이었다. 그전까지는 많은 사람이 두 가지 치료제를 사용했는데, 그중 하나가 수은이었다. 수은은 병의 진행 속도를 상당한 정도로 늦추는 데 효과가 있었지만, 적은 양에도 독성이 남는 치명적인 약점이 있었다. 두 번째로 유창목은 서인도제도에서 발견된 나무로 만들었다. 유창목은 수은처럼 독성이 있지는 않았지만 1530년대 당시에조차 대체로들 효과가 없다고 생각했다. 하지만 아무런 대체 치료법이 없었기 때문에 유창목은 1932년까지도『영국 약전(British Pharmacopoeia)』에 승인 약물로 등재되어 있었다.

16.3 콜럼버스의 발견 이후의 세계: 동물과 작물

[이전의 작물 전파 ☞ 12.1.1]

유라시아와 아메리카 대륙은 경제, 사회, 정치가 독립적으로 발달했고 질병균도 달랐다. 게다가 양 대륙이 수백만 년 전부터 떨어져 있었던 덕에 초창기 인류 공동체들이 사육하고 재배할 수 있었던 동물과 식물들도 서로 완전히 달랐다. 아메리카 대륙은 안데스산맥에 서식하던 리마와 알파카를 제외하면 농사와 수송에 적합한(즉 짐을 끌거나 등에 싣는 용도로 적합한) 동물이 없었다. 재배 작물도 서로 고유했다. 7세기에 이슬람 사회가 확립되면서 유라시아 내에서는 처음으로 작물들이 대거 전파되었었다. 콜럼버스의 발견으로 1500년 이후에 또한 번 사상 최대 규모의 동물 및 작물이, 이번에는 전 지구적으로 전파되었다. 모든 사회는 심대한 영향을 받았다. 재배할 수 있는 작물의 범위가 넓어졌고, 새로운 토지들을 경작할 수 있게 되었으며 기존 농지의 생산성도 올라갔다. 새로운 작물과 동물들이 확산되고 채택되는 데 수 세기가 걸렸지만, 장기적으로 1700년 무렵 이후에 세계 인구가 전례 없이 성장할 수 있는 토대가 마련되었다.(지금은 '전통' 음식으로 여기는 요리들도 탄생했다. 이를테면 이탈리아 음식에서 중심을 차지하는 두 재료인 파스타와 토마토는 각각 이슬람 사회와 아메리카 대륙으로부터 최근 600년 안에 들어왔다. 인도 요리에서 쓰는 고추도 아메리카 대륙에서 건너온 것이다.)

콜럼버스는 1493년에 아메리카 대륙을 향한 두 번째 원정에 나서면서 처음으로 동물들을 수송했다. 그는 유럽의 가축들을 거의 전부 배에 실었는데, 말과 개, 돼지, 소 닭, 양, 염소 등이었다. 가장 인상 깊은 동물은 말이었다. 아메리칸 원주민들로서는 그렇게 큰 짐승을 보는 것이 처음이었으니, 말에 올라탄 전사는 말할 것도 없이 두려운 존재였을 것이다. 말은 노새와 더불어 스페인 식민 사회의 근간을 이루었다. 이들 짐승들은 중요한 통신수단이었고, 콜럼버스의 발견 이전 사회에는 없었던 수송용 동물이 되어 짐을 싣고 도로가 없는 지형들을 건넜다. 그리고 여러 지역에서 경제활동의 결정적인 한 부분이 되었다. 특히 아메리카 남부의 평원에서는 소를 방목했는데, 말이 없었다면 소떼를 통제하지 못했을 것이다. 말은 금세 야생으로 확산되었다. 북쪽으로는 한때 멕시코 고원의 윤택한 목초지에서 번식했고 남쪽으로는 페루에서 안데스산맥을 넘어 번식한 말들이 팜파스 지대를 뛰어다녔다. 1580년대에 스페인 사람들이 부에노스아이레스에 정착했을 때 이미 어마어마한 말 떼가 풀을 뜯고 있었다. 말이 아메리카 북부의 대평원까지 확산되면서 많은 아메리카 원주민은 생활 방식이 바뀌었고 어떤 이들은 말타기에 적응해 떼 지어 다니던 버펄로들을 몰기도 했다. 말이 있기에 원주민들은 유럽인들에게 좀 더 효과적으로 저항할 수 있었고, 원주민들 사이에 싸우는 방식도 달라졌다.

목축업은 스페인이 점령한 아메리카 대륙에서 곧 주요 활동 중 하나가 되었고 광활한 대륙의 초원들을 가로질러 식민지를 확장하는 데 중심 역할을 했다. 1587년 무렵에는 가죽 10만 장 이상이 멕시코에서 스페인으로 수출되었다. 황소도 아메리카 대륙에서 최초로 쟁기를 사용하는 데 중요한 역할을 했다. 짐수레를 끄는 동물들이 없었다면 아메리카 원주민들은 뒤지개에서 한 발짝도 더 나아가지 못했을 것이다. 양과 염소가 채택되기까지는 시간이 더 걸려서 1580년대가 되어서야 멕시코 고원을 떼 지어 다니던 이들의 개체수가 급격히 불어났다. 유럽의 동물들은 아메리카 대륙에서 처음으로 풀을 고기와 우유와 털실로 바꾸어 놓았다.(우유와 털실 두 가지는 아메리카 중부의 원주민들에게 전혀 새로운 상품이었다.)

　유럽인들이 가장 먼저 정복했던 지역들은 유럽 작물들을 재배하는 데 적합한 환경이 아니었고, 아열대기후인 카리브해에서는 채소 몇 가지를 제외하고는 거의 모든 작물이 재배에 실패했다. 처음으로 성공한 작물은 1516년에 카나리아 제도에서 들여온 바나나였다.(유럽인들이 이슬람 사회에서 가져온 작물이었다.) 사탕수수는 처음으로 대규모 경작에 성공해 1530년대까지 히스파니올라섬에서 재배되었다. 유럽의 온대 작물들은 멕시코 고원과 페루를 점령한 후부터 잘 자라기 시작했고 옥수수는 주요 작물이 되었다. 포도나무는 멕시코에서는 잘 자라지 않아 1550년대에 페루로 들여가고 그 뒤에 칠레에서 재배하면서부터 아메리카 대륙 최초로 대량생산에 성공할 수 있었다. 올리브 나무는 10년 후에 페루와 칠레로 들어왔다. 16세기 말 무렵에 유럽의 주요 식량 작물들과 동물들은 전부 아메리카 대륙에서 재배되고 사육되고 있었다.

　아메리카 대륙으로 들어간 유럽의 작물들보다 더 중요한 것은 역방향으로 이동한 작물들이었다. 이 작물들은 서유럽에 머물지 않고 유라시아 전체와 아프리카로 급속히 전파되었다.(아메리카 대륙의 동물들은 칠면조 말고는 별로 중요한 것이 없었다.) 작물의 유형은 주로 두 가지였는데, 하나는 전 세계 농업에서 주식이 된 작물들로 옥수수와 감자, 고구마, 콩, 카사바 등이 여기에 속하고 다른 하나는 부식이 된 작물들로 토마토와 고추, 호박, 스쿼시, 파파야, 아보카도, 파인애플 등이다. 이 가운데 가장 중요한 작물은 옥수수인데, 지금은 세계 2대 작물 중 하나가 되었다. 옥수수는 처음에는 유럽 외부에서 확산되어 1550년 무렵에 아프리카 서부에서 재배되었고, 1574년에 메소포타미아로, 16세기가 끝나기 직전에 중국으로 전파되었다. 그즈음 이집트와 레반트 지역에서도 옥수수를 키우기 시작했다. 유럽에서 상대적으로 늦게 옥수수를 재배하게 된 이유는 16세기와 17세기에 유럽의 기후가 열악해 옥수수를 경작할 수 있는 지역이 줄어들었기 때문이었다. 옥수수를 처음으로 들여온 지역은 유럽 남부였지만,(16세기에 포르투갈에서 그리 크지 않은 규모로 재배되었던 것 같다.) 유럽 전체로 볼 때 19세기까지는 그리 비중 있는 규모는 아니었다. 유럽에 가장 크게 영향을 미친 아메리카의 작물은 감자였는데, 18세기 말 전까지는 주로 아일랜드와 독일에 국한되어 있었다. 사람들은 감자가 극빈자들이나 먹는 식품이라고 생각했지만, 그것은 기후만 알맞다면 농민들이 적은 땅 위에서도 살아남을 수 있다는 뜻이었다. 아일랜드에서는 넓이 1.5에이커의 밭에서 난 감자와 우유가 조금 있으면 한 가족이 1년을 버티기에 충분했다. 이 섬의 인구는 1754년에 320만 명이었는데, 거의 200만 명이 이민을 떠나고도 90년 후에는 820만 명으로 증가했다. 한 작물에 전적으로 의존하던 아일랜드는 1840년대 중반에 감자 역병이 돌고 연이어 기근이 강타하면서 끔찍한 재앙을 맞았다.

유라시아에서 아메리카 대륙의 작물을 가장 빨리, 그리고 가장 큰 규모로 채택한 지역은 중국이었다. 16세기 중엽에 땅콩과 옥수수, 고구마가 광범위하게 재배되었다. 고구마는 다른 작물들에 적합하지 않았던 땅에서도 잘 자라 특히 더 중요했다. 이와 나란히 옥수수는 중국 남서부 고지대에서 금세 주곡 작물이 되었고 곧이어 중국 북부에서도 주식으로 재배했다. 중국에서는 옥수수를 사람들이 먹는 식량으로 재배한 반면 유럽에서는 대체로 사료작물로 재배했다. 아메리카 대륙의 작물들을 도입해 중국은 18세기에 세계에서 인구가 가장 빠르게 성장한 지역이 되었고, 농업 생산량에도 변화를 맞았다. 17세기 초에 쌀은 중국의 식품 생산량 중 70퍼센트를 차지했지만, 20세기 무렵에는 그 절반에도 미치지 못했다. 일본은 17세기 말에 중국에서 고구마를 들여왔지만 감자 재배 시기는 17세기 초엽으로 중국보다 빨랐다. 아프리카의 경우 옥수수를 제외하고 가장 중요한 아메리카 작물은 카사바(및 그 가공품인 타피오카)였다. 카사바는 16세기 중반에 포르투갈인들이 콩고 지역과 앙골라 지역으로 들여온 것이었다.

아메리카 대륙에는 세계사에 지대한 영향을 미친 작물 두 종이 있다. 하나는 카카오로 콜럼버스의 발견 이전 사회에서 귀하게 여겼던 작물이고 커피콩은 통화로도 이용되었다. 유럽은 카카오를 더디게 수입했고 수 세기 동안은 초콜릿 음료도 별로 애용하지 않았다. 다른 하나는 담배였다. 유럽인들은 그들이 만난 아메리카 원주민들에게서 담배의 관습을 들여왔고 이러한 관습은 17세기 초에 유럽에 널리 확산되었다. 처음에는 작은 파이프를 이용하거나 코로 들이마시는 방법으로 담배를 피우다가 나중에서야 궐련과 여송연이 만들어졌다. 담배는 북부 아메리카의 주요 작물이 되었고 19세기 무렵에는 담배의 제조 및 판매가 세계의 주요 산업으로 연결되었다. 20세기 중엽 즈음에는 많은 사람이 흡연 습관에 빠지며 담배 산업의 문제를 이해하기 시작했지만, 이미 세계 인구 대부분이 담배라는 약물에 중독된 뒤였다.

초기 세계경제: 대서양과 인도양

17

1500년에서 1750년까지 유럽이 유럽 밖의 세상과 관계를 맺을 수 있었던 통로는 세계의 서로 상이한 두 대양, 즉 대서양과 인도양이었다. 대서양에서 유럽인들은 기술적으로 뒤떨어진, 그리고 우연이지만 유라시아의 질병들 때문에 무너지게 된 사회들과 조우했다. 유럽인들은 비교적 빠르게 힘을 키워 자신들에게만 유리한 사회와 경제를 건설했다. 아메리카 대륙은 서유럽을 탈바꿈시킨 부의 중요한 원천이 되었다. 인도양에서는 그들만큼(어쩌면 그들보다 더) 기술적으로 진보했을 뿐 아니라 훨씬 더 부유한 사회들을 대면했다. 이 세계는 유구하고도 안정된 토대 위에 경제와 사회, 정치의 제도들이 확립되어 있어 유럽인들에게서 별다른 충격을 받지 않았다. 확실히 유럽인들이 이 지역에서 행한 교역의 유형을 보면 유럽은 유라시아 내에서 상

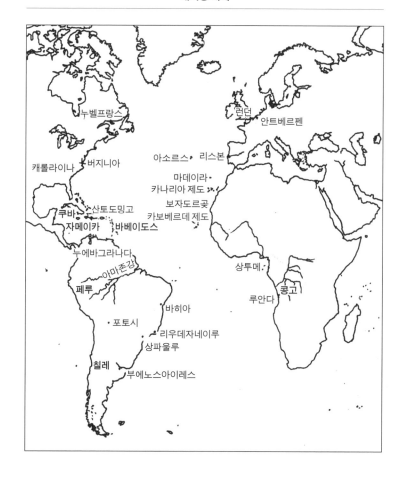

대적으로 낙후되어 있었다는 사실을 알 수 있다. 서유럽으로서는 두 바다를 하나로 연결한 것이 무엇보다 결정적인 요소였다. 대서양 세계에서 캐낸 부 덕분에 유럽인들은 인도양 세계를 파고 들어가 자신들의 위치를 우뚝 세울 수 있었다. 유럽이 다른 유라시아 사회들에 중대한 영향을 미친 것은 1750년 이후였다.

17.1 초기 스페인 제국

콜럼버스가 카리브해에서 돌아오는 길에 기록했던 '신세계'는 그 지역에 대해 채택해야 할 정책에 관해 중대하고도 즉각적인 문제를 던졌다. 주민들을 어떻게 다루어야 하는가? '발견자'에게는 어떤 권리들이 주어지는가? 이 지역들을 점령한다면 그 목적은 무엇인가? 이 질문들에 대한 답으로 스페인 당국과 처음 결정을 내릴 때 함께 했던 교회 당국은 수 세기 동안 스페인을 비롯한 유럽 국가들이 쌓아 올린 전통을 따라갔다. 아메리카 대륙에 처음 식민지를 건설한 왕국들(스페인과 포르투갈)에는 '이단'과 '이교도' 등의 낙인찍기와 영토 확장, 종교적 배타와 박해라는 오랜 전통이 뿌리내려 있었다. 교회는 성경에서 점령의 명분을 찾아 이러한 태도들을 더 확실히 했다. 원주민들은 항복을 권유받게 될 것이고,(원주민들이 이러한 요구를 이해하는지는 중요하지 않았다.) 만약 응하지 않는다면 합법적으로 말살하거나 노예로 삼을 수 있다는 것이었다. 이런 식의 정당화는 이 왕국들이 앞서 수 세기 동안 이슬람과 '레콩키스타(reconquista: 국토 회복 전쟁)'를 벌이면서 '성전(聖戰)'이라고 정당화하던 역사와 매우 흡사했다. 15세기에 스페인에는 반(反)이슬람교도와 반유대인, 반콘베르소(converso: 기독교로 개종한 유대인을 가리킨다. ― 옮긴이)의 사상과 입법의 움직임이 물결처럼 이어졌다. 1449년에는 기독교도의 순수 혈통이라는 것이 공직에 오르기 위한 조건이 되었고 1480년대부터는 '콘베르소'가 종교재판에 회부되었다. 2000여 명이 화형을 당했고 나머지(약 10만 명)는 벌금을 물거나 투옥되거나 추방당했다.(스페인에 머물던 이슬람교도와 콘베르소는 1608년에서 1612년 사이에 끝내 모두 추방을 당했다.) 일치성을 강화하려는 시도들이 끊임없이 이어졌다. 콘베르소와 모리스코는 돼지

고기를 먹지 않는 것만으로도 기독교 신앙심이 부족하다는 충분한 증거가 되었고 카스티야어로 말하기를 거부해도, 또는 염색한 옷을 입고 자주 씻어도 마찬가지였다. 콜럼버스가 카리브해에 상륙한 해인 1492년에 모든 유대인들이 스페인에서 추방당했다. 스페인이 새로 점령한 아메리카 대륙의 땅에서 모든 유대인과 이슬람교도, 외국인, 이단들은 배제된 채 순혈의 카스티야 국민들에게만 입주와 정착, 개척 활동이 허락되었다.(다른 스페인 왕국 출신자들도 배제되기는 마찬가지였다.) 이들은 처음부터 아메리카 원주민에게 정복자들 밑에서 일하도록 합법적으로 강요할 수 있었고, 토착 신앙과 전통을 기독교의 이름으로 짓밟아도 뭐라고 할 사람이 없었다. 그러니 교회와 국가가 결과에 대한 고려 없이 새로운 정복지에서 가능한 한 많은 부를 끌어내는 정책에 편리한 명분을 제공했던 셈이다.

17.1.1 확장

[이전의 멕시코와 페루 ☞ 5.4와 5.6]

1494년에 스페인인들이 처음 정착할 당시에 히스파니올라섬은 인구가 밀집하고 비교적 발달되어 있는 편이었다. 히스파니올라섬에는 400만여 명의 주민이 있었다. 섬의 주민들은 아라와크족이었다. 아라와크족은 자메이카와 푸에르토리코에도 거주했는데 생산성 높은 아열대성 농업에 기반을 둔 이 지역들에는 작은 국가들이 일어서 있었다. 이곳은 아메리카 대륙에서 멕시코와 페루 다음으로 가장 발달한 지역이었다. 히스파니올라섬에 남은 원주민 생존자는 15년 만에 그 수가 10만 명 밑으로 떨어졌다. 질병과 강제 노동이 휩쓸고 지나간 결과였다. 수십 년 동안 스페인 사람들은 플랜테이션을 건립하고 수확한 작물들을 유럽에 되파는 등 섬 안에서 이익을 내기 위해 노력했지만, 정부의 보조금까지 받아도 이윤을 만들어 내기란 쉽지 않았다.(현지의 노예 노동을 이용했던 최초의 플랜테이션은 콜럼버스가 가족과 함께 세운 것이었다.) 그들이 찾던 금은 발견하지 못했다. 카리브해 사람들을 개척 사업에 이용하기도 만만치 않았다. 지역민들, 특히 히스파니올라의 남쪽과 동쪽에 거주하던 쿨리나족과 카리브인, 아라와크족은 오랜 저항을 멈추지 않아 17세기에 들어서는 해상의 스페인 선박들을 물리칠 수 있었다. 하지만 결국 수적 열세 때문에 제압당하고 말았다. 섬의 인구가 줄기 시작하자 스페인인들은 노예를 포획하는 원정대가 되어 더 멀리 본토까지 진출했다. 1515년에서 1542년까지 니카라과 연안 지역에서만 20만 명이 넘는 주민이 포획되었다. 하지만 붙잡힌 노예들이 너무 빨리 죽어 버려 이런 방법만으로는 충분치 않았다.

멕시코는 쿠바에서 자의대로 원정을 온 에르난 코르테스에게 점령당했다. 베라크루스에 도착한 코르테스는 아즈텍 제국 내에 존재하던 불만들과 질병을 이용해 그 지역을 점령할 수 있었다. 1524년에는 코르테스의 뒤를 이은 다른 약탈자들, 즉 멕시코 서부(뉴갈리시아)를 점령한 누뇨 데 구스만(Nuño de Guzmán)과 과테말라의 페드로 데 알바라도(Pedro de Alvarodo), 페루의 피사로 등이 등장했다. 1530년대 무렵에 페루와 아메리카 중부의 많은 지역은 명목상 스페인의 지배 아래에 있었지만, 멕시코 북부의 '치치멕족'과 칠레의 아라우칸족, 브라질인 등 아메리카 원주민들의 저항은 수 세기 동안 계속되었다. 여러모로 아메리카 대륙의 역사는 19세기까지(그리고 아마존 같은 지역들은 오늘날까지) 유럽인 정착지들의 점진적인 확대의 역사였고, 원주민들의 예속의 역사였으며,(1780년대까지도 잉카에서는 스페인에 저항하는 봉기가 일어났다.) 이들 원주민을 점점 더 외지로 밀어내는 역사였다. 1980년대에 한 브라질 정부 대변인은 이렇게 말했다. "아마존 구석구석에 인디언이 아닌 진짜 브라질 사람들이 산다는 확신이 들 때, 비로소 아마존이 우리 땅이라고 말할 수 있을 것이다."

17.1.2 착취

새로운 스페인령 영토들을 정비하는 일은 대단히 어려웠다. 그곳에는 정부라고는 찾아보기 어려웠고 책임 당국들은 '제국'을 분담해 개개의 착취들이 가능한 틀을 제공해 주는 정도였다. 저항하던 원주민들은 팔려 가 노예가 되었고 나머지는 나뉘어 엔코미엔다(encomiendas: 스페인령 남아메리카의 식민지적 영주 재산제도로 토지와 원주민을 자국 귀족들에게 할당하고 분배해 위임통치한 제도다. — 옮긴이)에 종속되었다. 엔코미엔다는 (이론상 그들의 영토가 아니었는데도) 원주민 집단에 대한 지배 권한을 주었고, 주인은 사유지나 광산, 공공사업 등에 원주민들을 강제로 노역시킬 수 있었다. 착취가 극심했기 때문에 대부분은 2년 안에 죽었다. 1540년대 초엽에 스페인령 아메리카에 위기가 찾아왔다. 원주민들이 질병과 착취 때문에 너무 빨리 죽어 나가자 엔코미엔다 제도를 유지하기가 어려웠던 것이다. 몇몇 기독교 선교사는 이 제도에 반대했지만, 선교회 세 곳은 엔코미엔다가 유지되어야 한다고 주장했다. 1542년에 노예제도와 엔코미엔다 제도는 모두 원칙적으로 폐지되었다. 그러나 노예제도는 존속해, 칠레 남부의 아라우칸족은 1680년대까지 노예로 부려졌고 멕시코 북부의 아파치족과 나바호족, 쇼쇼니족은 19세기까지 노예로 남아야 했다. 엔코미엔다는 토지에 대해 스페인인들이 완전한 소유권을 행사하는 것으로 대체되었고, 원주민 소작인들은 새로운 스페인인 주인들을 위해 계속 일해야 했다.

스페인 사람들은 아즈텍 제국과 잉카 제국을 점령하고 있는 동안 제국이 보유한 위대한 종교적·세속적 보물들 중에 쉽게 손에 넣을 수 있는 귀금속들을 모아서 녹인 다음에 스페인으로 보냈다. 신전과 기타 주요 건물들은 파괴되고 주민들은 강제로 개종을 당했다. 중요한 신전이 무너져 폐허가 된 자리에는 대성당들이 들어섰다. 최초의 약탈품들을 포획한 후, 다른 부의 원천들을 찾기까지는 시간이 걸렸다. 1545년, 볼리비아의 안데스산맥에 1만 2000피트 높이로 응축된 은 광상을 포토시에서 찾아낸 것은 스페인이 아메리카 대륙에서 얻을 수 있는 부의 수준을 완전히 바꿔 놓은 발견이었다. 1580년대의 절정기에 광산에서 채굴한 은의 양은 1년에 300톤이 넘었다. 그만큼의 은을 캐기 위해 지역민들은 강제 노역에 시달렸다. 노동자들은 한 번 들어가면 일주일 동안 지하 땅굴에 갇혀 독성이 강한 수은으로 광물을 가공해야 했다. 포토시는 주민의 수가 약 16만 명(거의 모두가 강제 노역에 동원되었다.)으로 세계 최대 도시 중 한 곳이었으며, 파리와 로마, 마드리드, 세비야, 런던보다 더 큰 도시였다. 착취는 강제 노역에서 멈추지 않았다. 광부들은 옷과 음식이 필요했는데, 스페인인들은 지역 촌락에서 이들 물품을 상납받아 광부들에게 팔았다. 의복을 만드는 데도 키토와 그 외 지역들에서 직공으로 일하는 노동자 1만 명이 강제 노동에 동원되었다. 지역 공동체들은 강제 노동을 조직하는 스페인 공무원들, 그리고 지역민들을 개종시키려고 애쓰던 신부들의 봉급도 지급해야 했다. 착취가 이런 정도로 계속되자 지역의 인구는 수십 년 만에 전멸에 가깝게 줄어들었다. 16세기 말 무렵에 스페인인들은 엄청난 수의 노예를 행군에 동원해 부에노스아이레스에서 안데스산맥을 넘어 포토시까지 강제로 이동시켰고, 북부에서는 카리브해에서 뉴그라나다(콜롬비아)로 이동시켜 사광(沙鑛)에서 일하게 했다.

16세기 말 무렵에 대서양 경제는 아직 성장의 기미를 보이지 않았다. 최초의 정복지들이 만들어졌고, 잉카 제국 및 아즈텍 제국에서 약탈한 노획물들, 그리고 유라시아의 질병들이 휩쓸고 지나간 와중에 살아남은 주민들의 강제 노역으로 채굴한 금과 은 등이 유럽으로 실려 갔다.(1640년 무렵에 대략 은 1만 7000톤과 금 200톤이 유럽으로 건너갔다.) 아메리카 대륙의 다른 지역에서는 포르투갈인들이 브라질을 거점으로 삼았고, 스페인인들도 라플라타강의 어귀에 발판을 마련했다. 다른 서유럽 국가들은 거의 끼어들지 못했다. 프랑스인들은 북부에서 세인트로렌스강을 거슬러 올라가 잉글랜드 및 네덜란드 사람들과 더불어 스페인과 포르투갈 선박들을 상대로 국가에서 공인한 해적질을 일삼았다. 약탈품을 조금이라도 손에 넣어 보려는 바람에서였다. 대서양 경제가 어떻게 발달할지는 아직 미지수였다.

17.2 대서양의 노예제도

16세기 전반에 걸쳐 스페인은 노예를 대규모로 수입하지 않으면서 가까스로 제국을 개척했다. 그들에게는 원주민을 활용하는 편이 더 쉬웠다. 1550년에 스페인령 아메리카에는 약 1만 5000명의 노예가 있었는데 16세기 말엽에는 총 5만여 명의 노예가 외부에서 들어와 있었다.(공식 수치는 그렇지만 광범위한 밀무역을 고려하면 수입 노예의 수는 두 배는 되었을 것으로 추정된다.) 그래도 스페인에서 이주해 오는 이민자의 수보다는 적었다. 노예들은 주로 공공사업에 투입되어 특히 쿠바의 조선소와 무기 공장들을 건설했으며, 1610년 무렵에 노예의 수는 쿠바 인구의 절반가량을 차지했다. 17세기 초엽부터 노예들은 점점 더 많은 수가 본토로 이송되었고, 그중에서도 멕시코와 페루로 보내져 죽어 나간 원주민들의 자리를 대신했다. 1636년 무렵에 리마 인구의 절반은 노예이거나 노예의 자손이었다.

1500년의 유럽은 많은 노예를 부리는 사회는 아니었는데, 수 세기 동안 노예무역이 존재하기는 했었다.(모든 서유럽 언어에서 노예 (slave)를 뜻하는 단어는 지중해에서 거래되던 슬라브(Slav)족과 관련이 있다.) 기독교는 처음부터 노예제도를 받아들였다. 후기 로마 제국에서 기독교도들은 기독교 노예를 소유할 수 있었고, 교회는 그 자체가 사유지에 대규모 노예를 보유한 노예주였다. 사유재산을 존중하고 세속의 통치자에 대한 복종을 강조하는 태도는 16세기에 프로테스탄티즘이 발전한 뒤에도 변하지 않았다. 실제로 마르틴 루터(Martin Luther)는 기독교도 노예들에게 튀르크인 주인을 버리면 안 된다고 충고했다. 이러한 입장들은 흑인과 아프리카인들을 비정상으로 여기는 유럽인들의 오랜 태도와 합쳐졌다. 종교적으로 아프리카인들은 노아(Noah)의 저주 받은 아들 함(Ham)과 동일시되었다. 게다가 그들은 이단이나 이교도들이었기 때문에 개종을 시키는 방법으로서 노예제도는 더욱 정당화되었다. 또한 사람들은 노예제도야말로 지체 높은 사람들의 이익을 위해 아프리카 사람들을 일하게 만드는 유일한 방법이라고 믿었다. 이 모든 태도는 백인의 우월성이라는 신념과 결합되었다. 1601년에 엘리자베스 1세(Elizabeth I)는 잉글랜드에 있는 모든 흑인에게 추방령을 내렸고, 1753년에 스코틀랜드의 철학자 데이비드 흄(David Hume)은 "문명국을 만들 수 있는 인종은 단연 백인뿐이다."라고 선언했다. 결국 플랜테이션 제도가 발달하고 그로부터 수익이 발생한 덕에 노예제도가 탄생한 셈이지만, 오랜 기간 굳어진 인종관과 종교관은 단지 아프리카인들을 극도로 착취하는 행위를 정당화할 뿐이었다. 땅은 아메리카 대륙의 원주민들에게서 비교적 쉽게 빼앗을 수 있었는데, 문제는 인구 급감으로 인한 노동력 공급이었다. 계약 노동자가 되어 아메리카 대륙으로 건너갈 준비가 되어 있는 유럽 하층민들(이들의 항해 비용은 다년간의 노동에 대한 보상으로 고용주들이 지급했다.)도 농장의 작업 환경을 보고는 일하기를 꺼렸다. 이들은 소규모 단위로 일하기를 선호했고, 계약이 끝난 후에 자기 소유의 땅을 갖고 싶어 한 것도 단점 중의 하나였다. 그리고 특히 카리브해 지역에서는 열대성 질병들로 금세 죽었다. 인력을 대체하기도 까다로워 흔히 중노동에는 적합하지 않았고, 백인이었기 때문에 착취하는 데 한계가 따랐다. 또한 어차피 나중에는 자유를 주어야 했다.

17세기에 점차 유럽인들은 아프리카 노예를 대량 수입하는 것이 이 문제들에 대한 해결책이라고 결론을 내렸다. 대서양 세계에서 발달한 플랜테이션 제도에는 몇 가지 특징이 있었다. 거의 모든 노동력이 노예를 통해 수급되었지만 노예(와 노예주) 인구는 북부 아메리카 말고는 자체 조달이 어려웠다. 따라서 농장을 계속 가동하려면 대규모 노예 매매가 필요했다. 플랜테이션 제도는 노예제도에 의존하기는 했지만 대규모 자본주의 농업의 사례이기도 했기 때문에, 농장을 세우고 운영하기 위해, 특히 설탕을 생산하기 위해 대대적인 투자가 요구되었다. 플랜테이션은 또한 생산량의 거의 전부를 수출하도록 만들어져 있었다. 17세기 초부터 발달한 대서양 경제의 다양한 면면은 아프리카 노예제도와 착취로부터 유럽인들이 도출한 이익들과 연결되어 있었다. 카리브해 노예 생활의 기대 수명은 젊고 건강한 남성이라고 하더라도 7년 정도에 지나지 않았다. 1690년대에 그런 노예를 사는 가격은 20파운드 정도로, 이는 노예 한 명이 매년 생산하는 설탕의 가치와 비슷했다. 기타 비용들과 높은 사망률을 감안하더라도 노예주들에게는 막대한 수익이 남았던 것이다. 노예들이 자체 재생산에 실패해도 별반 차이는 없었다.

유럽 사회는 거칠고 잔혹했다. 밑바닥 인생들이 처한 환경, 특히 죄수와 '부랑자', '나태한 빈민'들이 마주한 현실은 혹독했고, 1840년 대에 아일랜드의 농민들이 경제적으로 놓인 상황은 앞서 수 세기 동안 노예들이 처했던 상황보다 더 가혹했다. 그러나 이들 농민들에 대한 대우와 노예들이 처한 환경 사이에는 근본적인 차이가 있었다. 예를 들어 아프리카 대륙과 아메리카 대륙을 항행하던 노예선에 태우는 아프리카인의 수는 비슷한 선박에 오른 유럽인 죄수의 네 배에 달했다. 이런 차이는 유럽인들이 어떤 인식을 갖고 아프리카인들을 대했는지를 보여 주었다. 노예들은 기본적인 인권을 모두 상실했기 때문에 유럽 사회에서 가장 비인간적인 취급을 받는 노동자들과도 다른 존재였다. 노예는 자유는 물론이고 가족과 아이들조차 마음대로 가질 수 없었다.(일부 노예 가족이 존재했던 사실은 아무런 의미가 없는데, 이들은 노예주의 의지에 따라 이익을 위해서라면 언제든 흩어져야 했기 때문이다.) 1677년에 잉글랜드의 법무 차관이 다음과 같은 공식 의견으로 확인해 준 것처럼 아프리카인들은 소유물이 되었다. "니그로는 재화와 상품으로 보아야 한다." 최후의 수단으로 노예제도는 폭력에 의존했다.(사실은 최후의 수단이 아닌 경우도 많았다.) 노예주는 노예에게 일을 시키되 죽지 않을 만큼만 다그치는 아슬아슬한 줄타기를 하곤 했다. 노예제의 기본은 채찍과 매질이었고 필요하면 얼마든지 더 가혹한 벌을 가해도 무방했다. 법 제도는 노예주의 편이어서 그들에게 자유로운 권리를 부여했다. 잉글랜드 식민지들에서 노예를 죽이는 것은 범죄가 아니었는데, 주인이 자기 재산을 이유 없이 파손할 리는 없다고 여겼기 때문이다. 반란을 일으킨 노예는 사지를 땅에 못 박은 후 손과 발부터 팔과 다리까지 불에 태워 천천히, 고통에 찬 죽음을 맞게 했다. 그보다 죄질이 가벼운 경우에는 거세하거나 도끼로 발의 절반을 잘라 내기도 했고, 채찍질을 한 후 상처가 난 살갗에 후추와 소금을 문지르기도 했다. 노예주들은 이렇게 잔인한 벌들이 안전상의 이유로 필요하다는 입장이었다. 그도 그럴 것이 카리브해의 몇몇 섬에서는 인구 다섯 명 중 네 명이 노예였다. 세계 역사상 전례 없는 규모였다.

노예들이 아메리카 대륙에 도착했을 때 그들은 노예의 신분이 된 데다 아프리카를 출발해 항해하며 맛본 공포 때문에 기가 죽고 위축되어 있었다. 유럽인들은 이들의 이름을 개명함으로써 혼란에 정점을 찍었다. 노예의 거의 4분의 3은 설탕 농장으로 갔는데, 그곳에서 다시 예상치 못했던 노동 강도와 규율, 위계 등을 접하고 경악했다. 유럽인들은 아프리카 사람들이 다른 인종과 달리 열대기후에서 하는 고된 노동에 적합하다는 통념을 만들어 냈다. 하지만 노예들은 대부분 열대지방 출신도 아니었고 농업 노동의 태반을 여성들이 도맡아 하는 사회에서 자란 이들이었다. 실제로 카리브해의 많은 지역에서 농민의 약 3분의 2는 여성이었다. 또한 노예들은 노예주로부터 수시로 강간 위협에 시달려야 했고, 자식을 낳아 주인의 수익을 더 끌어올려 줄 것이라는 기대를 받았다. 하지만 노예 체제가 폭력에만 의지해 유지되기는 어려웠다. (언제든 깨질 위협이 항상 존재하더라도) 감독관으로 승진해 더 나은 환경에서 일하거나 가정을 꾸릴 수 있다는, 또는 작은 땅뙈기를 장만하거나 일요일에는 일을 쉬거나 노예들과 이러저러한 공동체를 꾸릴 수 있다는 가망성이 있어야 했다.

가혹한 환경을 최소한으로나마 개선했지만 고의적인 태만에서 좀 도둑질, 사보타주까지 갖가지 저항은 비일비재하게 일어났다. 전면적인 봉기는 일어나지 않았다. 전면적인 봉기는 조직하기도 어려웠을 뿐 아니라 노예주들이 그러한 저항을 항상 염두에 둔 채 조직을 구성했기 때문이다. 대규모 반란이 성공한 사례는 단 한번, 1790년대에 아이티에서뿐이었고, 1800년의 버지니아 노예 반란과 1831년에 냇 터너(Nat Turner)가 이끈 노예 반란은 이례적인 경우였다. 카리브해에서 다른 주요 반란들이 일어난 것은 19세기 초엽으로, 1816년에 바베이도스에서, 1823년에 데메라라(Demerara)에서, 1831년에서 1832년까지 자메이카에서 노예들의 반란이 있었다. 각각의 반란이 지나간 후에 노예 수백 명이 처형당했다. 유럽 열강은 노예들을 통제하는 데 상호 이익이 있다는 점을 깨닫고 17세기와 18세기에 식민지 전쟁이 벌어지는 동안 노예 반란을 조장하지 않기 위해 시종일관 신중에 신중을 기했다. 노예들에게 남겨진 대안은 도주뿐이었다. 그래도 노예 출신이 지배하는 지역들이 존재하기는 했고, 자메이카 같은 서인도제도의 오지에도 그런 지역이 있었다. 가장 규모가 큰 지역은 1672년부터 1694년까지 페르남부쿠의 팔마레스였다. 이곳의 수도는 마카오(오늘날의 브라질 도시인 우니앙(União)이다.)였고, 영토는 해안선을 따라 130마일, 내륙으로 100마일을 뻗어 있었다. 팔마레스는 수 년 동안 대대적인 전투를 벌인 끝에 진압되었다.

17.3 브라질: 노예제도와 농장

브라질이 포르투갈의 지배를 받던 17세기 초엽에 대서양 경제는 플랜테이션과 노예 노동, 아프리카와의 교역 등 특유의 특징들이 대거 발달했다. 대서양 노예제도의 오랜 역사에서 아프리카 노예의 대다수는 브라질로 건너갔을 뿐 아니라, 브라질은 1888년에 가장 늦게 노예제도를 폐지한 국가이기도 했다. 포르투갈 제국은 처음부터 필연적으로 상업적인 성격이 강했지만 1580년대까지 브라질이 차지하는 비중은 미미했다. 브라질에서는 귀금속을 쉽게 구할 수 없었기 때문에 선박들은 주로 질 좋은 빨간 염료의 원료인 브라질 소방목을 구할 때나 이곳을 찾았다. 이 지역에는 300만여 명의 아메리카 원주민이 거주했는데, 거주지 분포가 성겨서 유럽 질병들이 남긴 최악의 피해들을 면할 수 있었다. 처음에는 아주 쉽게 원주민들과 유럽의 제품들을 거래할 수 있었지만, 원주민들은 곧 더는 필요한 물건들이 없어졌다. 1549년에 바이아주에 작은 식민지가 만들어졌으나 천혜의 자연항인 리우데자네이루에 처음 정착한 사람들은 프랑스인이었다.(이 지역은 1550년대에 프랑스인들에게서 포르투갈인들에게 넘어왔다.) 이 시기가 되어서야 정부는 (스페인의 엔코미엔다 제도 같은) 원주민 노동력에 대한 권리를 비롯한 혜택들을 여러 탐험가에게 분배했다. 설탕을 재배하는 농장들이 조성되었다. 이 농장들이 번성할 수 있었던 이유는 브라질 북동부의 토양과 기후가 이상적인 데다 강과 개울이 많아 설탕 제분소에 수력을 공급하기가 용이했기 때문이다. 대서양의 여러 섬은 토양의 생식력이 떨어지면서 벌써 설탕 생산이 하락세에 있었다. 브라질은 이미 1580년에 마데이라와 상투메의 생산량을 합친 것보다 세 배가 넘는 설탕을 생산하고 있었다. 이러한 생산 활동은 대규모의 원주민 노예제에 기반을 둔 것이었다. 1579년 무렵에 그러한 노예는 약 5만 명에 달했던 것으로 보인다. 대표적인 노예 소유주 중 하나는 예수회였다. 이들은 다른 생산자들에게 노예를 대여하기도 했다. 정착민들은 육체노동을 피하기 위해 전부 노예를 사들였고, 식민지에 대해 연구하던 초창기 논평가 한 명은 다음과 같이 기록했다.

사람들이 가장 먼저 구하려고 한 것은 밭에서 일할 노예들이다. 노예 대여섯 명을 구한 사람은 다른 자산이 없어도 부끄럽지 않게 가족을 부양할 수단을 얻은 셈이다. 한 노예는 그를 위해 물고기를 낚고 다른 노예는 사냥을 하며 나머지는 그의 밭을 갈고 일구기 때문이다.

16세기 말 무렵에 원주민 노예의 수는 유럽 정착민 수의 세 배가 넘었다.

원주민 노예의 공급이 고갈되기 시작하고 나서야 포르투갈인들은 원주민을 대신할 노예를 아프리카에서 구했다. 브라질은 아프리카에서 건너오는 뱃길이 짧았고 포르투갈은 앙골라와 콩고의 해안을 따라 이어지는 교역로를 장악하고 있었다. 처음에 아프리카 노예들을 매매했던 집단 중 하나는 예수회였는데, 1600년 무렵에 식민지에 존재하던 아프리카 노예의 수는 1만 5000명 정도로 원주민 노예의 수에 훨씬 못 미쳤다. 1630년 무렵에 아프리카 출신 노예의 수는 네 배로 뛰어 6만 명이 되었고, 연간 매매되는 노예의 수도 1만 명에 이르렀다. 그리고 그 절반쯤 되는 수가 아메리카 대륙의 스페인 식민지로 보내져 이 시기에 대서양에서 매매되던 노예의 수는 매년 1만 5000명 정도가 되었다. 이윤은 큰 편이었다. 브라질에서 노예들은 아프리카 해안에서 거래되던 몸값의 열 배에 가까운 가격으로 팔렸다.(이는 한편으로 당시의 노예 매매에 한계가 있어 아프리카에서 상당히 낮은 가격이 형성되었기 때문이다.) 노예들은 교역이 호황을 맞은 설탕 농장으로 들어갔다. 17세기 초엽에 브라질은 연간 2만 톤의 설탕을 수출했고,(유럽 소비량의 약 5분의 4에 해당한다.) 식민지는 포르투갈 제국의 중심이 되어 국가 세입의 약 40퍼센트를 창출했다. 포르투갈은 아프리카에서 각종 재화로 노예를 사들이고, 브라질에서 노예를 팔며, 유럽에 설탕을 되파는 삼각무역을 이미 확립한 상태였다. 17세기에 들어 첫 수십 년간 브라질은 인구의 절반이 노예였고, 이들은 식민지 번영을 떠받치는 필수적인 노동력을 형성했다.(스페인령 아메리카의 노예 수는 아직 전체 인구의 2퍼센트에 지나지 않았다.)

17.4 네덜란드와 프랑스

스페인 제국과 포르투갈 제국이 이룩한 부는 다른 유럽 열강들, 특히 스페인으로부터 독립하기 위해 싸우던 네덜란드의 눈길도 사로잡았다. 처음에 이들은 아바나에서 카디스까지 은과 진귀품을 싣고 가는 대형 선단을 기습하는 데 주력했지만 가장 핵심적인 전개 상황은 1621년에 서인도회사를 세운 것이었다. 서인도회사는 1602년에 설립된 동인도회사나 유사 잉글랜드 회사들처럼 국가적 목표와 상업 정책의 목적이 결합된 조직이었다. 네덜란드는 스페인의 교역을 방해하고,(당시에 포르투갈은 스페인 치하에 있었다.) 자력으로 수익을 얻고 싶어 했다. 그 때문에 브라질과 브라질에서 생산하는 설탕은 주요 표적이 되었다.(서인도회사는 노예무역의 도덕성에 관한 성경적 견해를 수용했고, 네덜란드 칼뱅파는 이에 반대하고 나섰다.) 1630년대 초에 네덜란드는 페르남부쿠주를 점령했다. 노예무역 포기 선언은 오래가지 못했다. 시작은 포르투갈과 스페인의 선박들에서 잡혀 온 노예들을 풀어 주지 않고 파는 것이었다. 그러다가 아프리카 해안에서 포르투갈인들이 노예를 거래하던 거점이었던 엘미나(El Mina)를 1637년에 점령하고 페르남부쿠 지역으로 매년 노예 2000여 명을 수입하기 시작했다. 포르투갈은 1640년에 스페인에서 독립했고, 5년 후에 페르남부쿠에서는 네덜란드의 지배에 저항하는 반란이 일어났다. 브라질에 정착한 네덜란드 이주민은 극소수였던 터라 식민지를 유지하기 위한 노력은 거의 없었다. 페르남부쿠는 1654년에 포르투갈인들의 수중으로 돌아갔다. 포르투갈은 스페인과 독립적으로 다시 노예무역을 일으켜, 17세기 중엽에 6만여 명이던 식민지 노예의 수는 세기 말엽에 10만 여 명으로 늘어났다. 그중 3분의 1은 설탕 농장에서 일했다.

프랑스는 17세기 초부터 서인도제도에 관여했지만 식민지 건설은 저조한 수준이었다. 1640년대에 정착민 7000여 명이 마르티니크 (Martinique)와 과들루프(Guadeloupe)를 비롯한 인근 섬들에 거주했는데, 정착민 대다수는 계약 노동자였다. 대부분의 노예를 들여오는 사람들은 네덜란드인들과 잉글랜드인들이었다. 이들은 프랑스가 1660년대에 자체적인 회사를 설립하기 전까지는 프랑스와의 설탕 무역도 장악했던 사람들이었다. 그 무렵에 설탕 생산이 증가하면서 노예의 수도 이들 섬의 인구 절반을 차지했다. 노예의 수가 급증하기 시작한 것은 생도맹그가 스페인령에서 프랑스령으로 넘어온 1690년대 이후였다. 18세기 초엽에 이들 섬에 머무는 노예의 수는 약 5만 명이었다. 1685년에 루이 14세(Louis XIV)는 식민지를 지배하기 위한 '코드 누아르(Code Noir: 흑인법)'를 제정했다. 유대인들은 전부 기독교도들의 '공인된 적'이 되어 쫓겨났다. 노예제도는 인정하되 한 가지 조건이 달렸다. 노예들이 세례를 받고 가톨릭교의 가르침을 받아야 한다는 것이었다. 노예들을 보호하는 일부 조항도 포함되어 있었지만 그러한 조항들을 실행에 옮길 방안들은 전무했다. 이즈음에 프랑스의 식민지들 내에서 노예제도의 규모는 16세기 말 무렵 브라질의 상황과 거의 비슷했다. 그리고 100여 년 만에 그 규모는 엄청난 성장을 맞이했다.

17.5 잉글랜드의 초기 노예제도

초창기 잉글랜드와 아메리카 대륙의 조우는 네덜란드인들이 그러했듯 대체로 프랜시스 드레이크(Francis Drake)와 존 호킨스(John Hawkins) 같은 인물들의 지휘하에 약탈과 해적질을 하는 데 한정되어 있었다. 버지니아 지역에 최초의 잉글랜드 식민지가 건설되고 아일랜드에서도 유사한 정착 프로젝트가 진행되었다. 현지 원주민들은 언제든 식량을 재배하고 정착민들을 위해 값싼 노동력을 제공하는 농민이라는, 잉글랜드 사람들이 부여한 역할을 해내지 못했다. 금을 발견하지 못했다. 정착민들은 원주민들이 기꺼이 먹을 것을 내어 준 덕에 살아남을 수 있었다. 이에 대한 보답으로 잉글랜드는 그들의 땅을 점령하기 위한 끝없는 전쟁을 선포했다. 그러나 1620년대가 되어서야 버지니아 회사(Virginia Company)는 식민지를 존속시킬 방안을 발견했다. 토지는 원정 경비를 낸 사람들에게 무료로 할당했다. 연한 계약 노동자(indentured servant: 식민 시대에 미국으로 건너간 무임 도항 이주자, 죄인, 빈민 등이었다. — 옮긴이)로 건너온 사람들은 자유민이 된 후에 땅을 살 수 있었다. 1640년부터 17세기 말까지 10만 명이 넘는 계약 노동자가 아메리카 북부의 식민지들로 건너갔다.(1783년에 아메리카 대륙의 식민지로 건너간 유럽인 이민자의 대다수는 자유노동자가 아닌 계약 노동자였다.) 담배는 유럽으로 되팔 수 있는 주요 작물이자 가장 수익이 큰 작물이기도 했지만 노예는 여전히 적었다. 1670년에 버지니아의 노예 수는 2000명에 불과했다.

아메리카 대륙 본토의 식민지들이 서서히 발달한 것과 달리 바베이도스는 1624년에 처음으로 잉글랜드인들의 정착이 시작되었다. 바베이도스가 선택된 이유는 이곳이 카리브해의 나머지 지역들에 비해 바람이 부는 반대 방향에 위치해 지역 강국이었던 스페인이 쉽게 공격할 수 없었기 때문이다. 이곳 식민지는 원래 담배를 재배했지만 가난하고 낙후되어 있었다. 1638년에 총인구수는 6000명이었는데, 이는 12파운드를 들여 잉글랜드에서 5년 연한으로 데려온 계약 노동자 2000명과 1인당 25파운드를 들여 아프리카에서 데려온 노예 200명을 포함한 수치였다. (네덜란드에서 배운) 설탕 재배는 150제곱마일도 되지 않는 작은 섬을 변화시키고 플랜테이션 제도의 잠재력을 증명했다. 1638년까지만 해도 설탕이라고는 찾아볼 수 없었지만 1645년 무렵에 플랜테이션은 섬의 절반을 뒤덮었고, 곧 유럽 최대 시장 중 한 곳인 잉글랜드 설탕 소비량의 3분의 2를 생산해 내기 시작했다. 18개월 동안은 수확할 것이 없었기 때문에 플랜테이션을 건립하는 데 많은 자본금이 필요했다. 그래서 제분소를 가진 사람들은 소규모 농지들을 인수한 뒤 자신의 사유지에 농장을 세우곤 했다. 처음에는 계약 노동자들도 노예와 함께 일했지만 백인들은 금세 감독 역할만 하게 되었다. 훨씬 더 상냥하고 친절하게 대해 줘야 하는 불만에 찬 백인 하인보다는 노예들을 통제하는 쪽이 더 수월했다.

1640년대 초부터 바베이도스는 경이적인 성장을 기록했다. 10여 년 만에 섬에 상주하는 노예의 수는 3만 명에 달했고,(네덜란드인들이 브라질에서 팔지 못해 헐값으로 데려온 노예들이었다.) 그중 절반에 미치지 못하는 수가 연한 계약 노동자였다. 1650년대 중엽에 바베이도스섬에서 수출하는 설탕의 양은 브라질의 전체 생산량을 합친 것만큼 많아졌다. 1680년대 무렵에 이 식민지 섬 안에는 노예 약 5만 명이 거주했고,(총인구의 약 4분의 3이었다.) 거의 대다수가 100에이커가 넘는 넓은 사유지들에서 100명 이상씩 무리를 지어 일했다. 노예들은 6개월에서 7개월에 이르는 수확기에 밤낮으로 돌아가는 제분소에서 하루 18시간을 일했다. 당연히 사망률은 매우 높았다. 이 섬은 아메리카 대륙에서 단연 가장 큰 잉글랜드 식민지로서, 본토의 버지니아와 매사추세츠보다 더 넓었다. 자메이카에서도 설탕 생산이 시작되자 17세기 후반기에는 노예 8만 5000명 이상이 자메이카섬으로 보내졌다.

1660년대부터 잉글랜드인들은 본격적으로 노예무역에 뛰어들었다. 1663년에 왕실 모험단의 아프리카 회사(Company of Royal Adventurers to Africa: 회사의 주 후원자가 국왕인 찰스 2세(Charles II)와 왕족들이었다.)는 아메리카 대륙에 세운 잉글랜드 식민지들 전체에 대해 노예 공급 독점권을 부여받았다. 1672년에 새로 독점권을 가져간 왕실 아프리카 회사(Royal African Company)는 왕족부터 런던 상인회까지 더 광범위한 집단들이 후원자로 있었다. 아프리카 회사는 설립된 지 40년 만에 아프리카에서 노예 약 12만 5000명을 사들였다. 1690년 무렵을 지나면서는 노예무역을 통해 만들어지는 막대한 수익에서 한몫 잡으려는 독립 상인들이 늘어나면서 아프리카 회사의 독점권을 유지하기도 점점 더 어려워졌다.

17.6 18세기 농장 경제

17.6.1 서인도제도

18세기는 설탕 플랜테이션의 전성기였다. 18세기 중엽에 설탕은 유럽의 교역에서 곡물을 앞질러 가장 가치 있는 상품이 되면서, 유럽에서 수입하는 상품 전체 중 5분의 1에 상당했고 18세기가 끝나는 마지막 10년 즈음에는 서인도제도의 영국 및 프랑스 식민지들에서 수출하는 설탕의 5분의 4를 차지했다. 18세기에 가장 크게 성장한 지역은 프랑스 식민지들이었다. 특히 생도맹그는 관개수로가 잘 되어 있고 수력 및 기계류를 활용하며 새로운 종류의 설탕에 주력해 수익을 늘렸다. 프랑스 사람들도 커피와 인디고 등 생산품을 다양화했다. 서인도제도의 노예주와 상인들 사이에 화려하고 부유한 사회가 성장했다. 생도맹그에는 1500석 규모의 극장이 있어 파리에서 초연한 볼프강 아마데우스 모차르트(Wolfgang Amadeus Mozart)의 「피가로의 결혼(Le Nozze di Figaro)」을 불과 몇 주 만에 무대에 올렸다. 영국 식민지 중에는 자메이카가 확연히 가장 큰 잠재력을 보였다. 작은 섬인 바베이도스는 최대 생산량에 도달한 후에도 더 값비싼 백설탕을 만들어 수익을 늘리고 있었다. 1740년 무렵 이전에 자메이카는 대내외적으로 불안정했지만 소수 지주가 방대한 사유지들을 조성해 노예 500여 명을 무리 지어 일하게 하면서 급속히 성장했다. 영국령 서인도제도 전역의 설탕 생산은 유럽의 수요가 계속 증가하면서 끝 모르게 확대되었다. 영국의 설탕 소비량은 1710년 이후 60년 만에 다섯 배로 증가했고 18세기 중엽에는 영국의 해외무역 절반 이상이 설탕과 담배로 이루어졌다.

서인도제도에서 창출되는 부는 노예 의존도가 높았고 노예는 점점 더 많은 수가 들어오고 있었다. 1690년대에 프랑스 식민지에는 2만 7000명, 영국령 섬들에는 9만 5000명의 노예가 있었다. 한 세기 후 이 수치는 각각 67만 5000명과 48만 명으로 열 배로 증가했다. 사망률도 급격히 높아졌다. 1712년에서 1734년까지 7만 5000명이 넘는 노예가 바베이도스로 수입되었지만 증가한 노예의 수는 고작 4000명이었다. 노예 자녀 한 명이 태어날 때 평균 여섯 명의 비율로 노예가 죽었기 때문에 노예주들은 번식보다는 노예 수입에 의존했다. (그래 봤자 어린 나이이지만) 아동 한 명을 일할 수 있는 나이로 키우는 데 (노예 엄마와 자녀의 사망으로 인한 노동력 손실을 감안해) 약 40파운드가 드는 반면 새 노예를 사는 비용은 25파운드라는 어림 계산도 했을 것이다.

[아이티 노예 반란 ☞ 21.6]

17.6.2 북아메리카

18세기에는 아메리카 북부의 잉글랜드 식민지들에서 노예제도가 대대적으로 확산되었다. 1700년에서 1770년 사이에 노예의 수는 5만 명에서 50만 명 이상으로 증가했다. 1770년 무렵에는 노예 플랜테이션의 세 가지 주요 작물인 담배, 인디고, 쌀이 이들 식민지에서 영국으로 수출되는 모든 상품 중 4분의 3을 차지했다. 18세기 초까지는 아직 원주민 노예들이 존재해서 사우스캐롤라이나에만 해도 (총인구수의 10퍼센트인) 1400명이 넘는 원주민 노예가 있었지만, 이들은 곧 아프리카인들로 대체되었다. 북아메리카 거주민 다수는 소규모 토지를 경작하는 농부들이었고, 영국 농부들처럼 서로 같은 종류의 작물을 재배했다. 따라서 수확물에 대한 수요는 거의 없는 편이었다.(영국에서 초과 수요가 있다고 하더라도 아일랜드의 작물들로 충당되었다.) 북아메리카 농지에서 수확된 잉여 수확물은 따라서 (영국령과 프랑스령 모두에 해당하는) 서인도제도로 팔려 가 노예에게 먹일 식량이 되었다. 서인도제도의 토지들은 거의 전체가 설탕 재배에 전용되었기 때문이다. 이들 소농 외에도 담배 플랜테이션이 있었다. 담배 플랜테이션은 보통 설탕 플랜테이션만큼 컸는데, 담배는 경작에 요하는 노동력이 설탕보다 적었기 때문에 사용 노예도 더 적었다. 7년여마다 플랜테이션은 내륙지역으로 더 깊숙이 들어갔다. 담배가 토양을 급속히 황폐화했기 때문이다. 1710년부터 1750년 사이에 담배 생산량은 (주로 메릴랜드와 버지니아에서) 유럽 수출을 독점하다시피 하면서 세 배로 뛰어올랐다. 좀 더 가파르게 성장한 곳은 남부에 위치한 조지아와 사우스캐롤라이나로, 이 지역에서는 쌀과 인디고의 플랜테이션이 급속히 확대되었다. 이 두 식민지에서 1698년에 수출하던 쌀의 양은 불과 1만 2000파운드였지만 1770년 무렵에는 8300만 파운드로 증가했다.

본토의 노예제도는 서인도제도와 크게 달랐고 여러 가지 이유로 사망률도 훨씬 낮았다. 작업 방식이 그리 고되지 않은데다 특히 밤샘 설탕 가공 작업이 없었고 기후도 더 좋았다. 북아메리카에 들어오는 노예들은 아프리카에서 곧장 수입되기보다는 이미 플랜테이션 노동을 경험하고 새로운 기후에 익숙해진 서인도제도 출신이 많았다. 더불어 여성들이 가사 노동에 고용되는 사례도 서인도제도에서보다 많아졌다. 그 결과 노예들은 수명이 길어졌고, 가정을 이루어 자손을 재생산하며 노예의 수를 늘림으로써 노예를 수입해야 할 필요성도 줄었다. 북아메리카 노예의 약 3분의 2는 메릴랜드와 버지니아에 집중되었는데 이 지역들에서조차 노예의 수는 총인구의 3분의 1에 불과했다. 노예의 수가 흔히 전체 인구 중 5분의 4를 차지하는 서인도제도에 비하면 훨씬 낮은 비중이었다. 본토 북부의 식민지들은 노예 인구가 매우 적어 전체 인구의 약 5퍼센트에 그쳤다. 그 이유는 좀 더 온화한 기후에서 재배할 수 있는 플랜테이션 작물이 없었기 때문이다. 노예 대부분은 가사 노동을 하거나 소도시에서 일했다. 그렇기는 해도 아메리카 대륙에 건설된 영국의 모든 식민지에서 왕국은, 자국에서는 한 번도 받아들인 적 없던 노예제도를 인정하고 옹호했다.

17.6.3 브라질

브라질에서 노예제도는 1650년대에 포르투갈이 전체 식민지를 다시 장악하고 1690년대에 브라질 남부에서 금광을 발견하면서 부활했다. 1720년대에 금 채굴량은 연간 10톤가량이었다. 금 채굴은 서인도제도의 설탕 생산으로 극심한 경쟁에 시달리던 설탕 수출 사업과 맞먹는 가치가 있었다. 노예는 다수가 아메리카 원주민이었다. 정착민들과 예수회 사이에는 오랜 갈등이 존재했다. 예수회는 '선교단 시설'(설탕 플랜테이션과 목장)을 설립해 원주민들을 강제로 개종시켰고 그들이 남은 원주민들을 관리하게 했다. 수많은 원정대가 노예를 찾아 내륙으로 들어갔는데, 그중 몇몇 원정대를 조직했던 예수회는 원주민들에게 낙인을 찍은 후 '선교단 시설'에서 강제 노동을 시켰다. 한 원정대는 1718년에 상루이스(São Luís) 대성당을 재건하기 위한 비용을 내기도 했다. 1690년대 이후에 일어난 골드러시 당시에 금 시굴자들은 북동부의 많은 원주민을 노예로 삼았다. 하지만 과거와 마찬가지로 원주민들만으로는 유럽 정착민들이 원하는 노동력에 턱없이 부족했기 때문에 노예 수입이 기록적인 수준으로 증가했다. 1750년 무렵에 브라질에 거주하는 노예의 수는 약 50만 명으로 인구의 3분의 1을 차지했다.(북아메리카 본토의 남부 식민지에서와 거의 동일한 비율이다.) 브라질이 영국 식민지들과 달랐던 부분은 노예들이 신분의 속박에서 비교적 쉽게 벗어나 군 입대까지 할 수 있었다는 점이다.

17.6.4 스페인 제국

스페인 식민지들에서 금과 은의 채굴은 18세기에도 아직 지배적인 요소였다. 안데스산맥의 광산들은 여전히 거의 전부 원주민 노동력에 의존했고 노예는 불과 몇천 명이 모자라는 노동력을 벌충했다. 본토에서 노예 노동으로 대규모 농장을 운영해 카카오와 인디고를 수출하는 지역은 베네수엘라가 유일했다. 스페인이 지배하는 제국에서 고전적인 플랜테이션 경제활동이 이루어지던 곳은 설탕과 담배를 생산하는 쿠바였다. 이곳에서는 인구의 4분의 1이 노예였다. 스페인 제국에 노예를 공급할 권리는 1713년에 체결된 위트레흐트 조약에 따라 영국이 가져갔고, 노예들이 제국에 자유로이 들어오는 것은 1787년까지 금지되었다. 이러한 조치는 플랜테이션이 발달하는 데 큰 장애가 되어 작물 수확량에도 영향을 끼쳤다. 18세기에는 영토가 더 작은 유럽 열강 국가들도 제국 안에서 자체적으로 노예를 수급했다. 덴마크의 세인트토머스섬과 세인트크루아섬에는 거의 항상 노예 2만 명 정도가 있었다. 이 노예들은 거의 전부가 설탕 생산 작업에 고용되어 일했다. 카리브해 지역의 다른 식민지들이 주요 유럽 열강들 사이에 발발한 전쟁들로 피해를 입을 때에도 이들 섬은 설탕 생산이 번창했다.

[라틴아메리카의 독립 ☞ 21.7]

17.7 노예무역

아메리카 대륙에서 유럽의 노예 제국들이 유지되기 위해 아프리카에서는 대대적인 노예무역이 필요했다. 노예무역은 1500년 이후의 세 세기 동안 유럽 상인들이 발전시킨 가장 복잡한 국가 간 무역이었고 범위도 세계적이었다. 여기에는 인도의 섬유 제조업체들과 유럽의 제조업체들(특히 철강 제품과 화기를 제조하는 업체들), 아프리카 상인들, 유럽의 선적 업자들, 플랜테이션 농장주들, 그리고 신용 및 금융거래소(credit and banking agency) 등이 모두 관련되어 있었다. 유럽의 모든 해상력도 관련되었다. 비록 수많은 생명을 앗아가고 엄청난 고통을 안겨 주었지만, 순수한 상업적 관점으로만 보면, 믿기 어려울 만큼 성공적이었다. 노예무역은 서유럽의 여러 경제활동 중 가장 역동적인 부문이자 서유럽의 전체적인 성장과 번영의 중심이었다.

최근 3세기 동안 역사학자들이 노예무역에 대해 매우 정밀한 통계조사를 실시한 결과에 따르면 노예무역은 18세기에 최고조에 이르렀다. 유럽인들이 아메리카 대륙을 점령한 후 1600년까지 첫 한 세기 동안 대륙으로 수송된 노예의 수는 37만 명이었다. 그다음 100년 동안 이 수치는 187만 명으로 증가했다. 18세기에는 613만 명의 노예가 아프리카에서 아메리카 대륙으로 건너왔다. 결과적으로 아메리카 대륙에 정착한 노예의 총수는 1700년에 약 33만 명이었고 한 세기 후에는 300만 명이 넘었다. 이 기간에 노예무역은 규제된 국가 독점의 통제를 벗어나 많은 민간 상인의 수중에 들어가 있었다. 18세기에는 영국인들이 무역을 지배하며 노예의 40퍼센트(250만 명) 이상을 수송했고, 포르투갈인들은 그에 버금가는 규모로 3분의 1보다 조금 적은 수(180만 명)의 노예를 실어 날랐다. 프랑스인들은 노예 총수의 5분의

1(120만 명)을 매매했다. 총 600만 명에 이르는 노예 중 3분의 1은 브라질로, 4분의 1 가까이가 각각 영국령과 프랑스령 서인도제도로, 그리고 5퍼센트 남짓 되는 수가 북아메리카 본토로 보내졌다. 수송된 총인원 중에서 3분의 2가량이 남자였고,(과거보다 높은 비율이었다.) 거의 4분의 1 정도는 어린아이들이었다.

노예 상인에게 단일 비용으로 지출이 가장 큰 부분은 아프리카 해안에서 노예를 사들이는 가격이었다. 노예의 가격은 상인들이 조정하지 못하고 아프리카인들이 정했는데, 점점 오르는 경향이 있었으며 유럽인들이 제시하는 재화의 질에 따라 매우 신중하게 결정되었다. 1670년 이후 100년 동안 남성 노예의 평균 가격은 3파운드에서 15파운드로 상승했고, 이에 따라 아메리카 대륙에서 이들을 되파는 가격 또한 17파운드에서 35파운드까지 올라갔다. 18세기 말엽에는 거의 50파운드 정도 되었다. 이러한 가격 요소들은 노예무역의 수익이 적지 않았다는 점을 보여 준다. 18세기에 영국의 노예 상인이 올린 연간 수익률은 연 10퍼센트에 약간 못 미치는 수준이었는데, 이는 서인도제도의 노예 플랜테이션에서 얻는 수익률과 동일했고 토지에 투자해 얻을 수 있는 수익률의 세 배 정도였다. 노예 상인들에게 지출이 가장 컸던 부분은 아프리카 해안에서 노예를 거래하기 위해 사들여야 했던 재화 비용이었다. 어떤 품목들은 반드시 포함되어야 했는데, 유럽의 철과 화기,(18세기 말엽에 영국은 매년 30만 대의 총기를 아프리카로 보냈다.) 직물, 종이 등이 그러했고 아메리카 대륙의 플랜테이션에서는 럼주와 담배가 그랬다. 가장 중요한 물품은 유럽이 아시아에서 살 수 있는 품목들, 특히 향신료와 직물이었다. 그중에서도 직물은 필수였다. 18세기 말엽까지 인도산 직물이 유럽에서 만든 것보다 훨씬 질이 좋은데다 아프리카인들은 질 낮은 제품은 받지 않았기 때문이다. 인도산 직물을 수입했던 대표적인 두 지역, 리버풀과 낭트는 최대의 노예 매매항이기도 했다. 프랑스의 경우 인도산 직물은 노예를 사기 위해 거래하는 물건들 중 60퍼센트를 살짝 밑도는 비중을 차지했고,(유럽산 직물은 5퍼센트였다.) 잉글랜드의 경우 아프리카로 가져가는 물건들 중 단일 품목으로는 비중이 가장 컸다. 1750년대 이후 잉글랜드의 산업이 크게 발달한 뒤에도 인도산 직물은 노예와 교환되는 전체 품목 중 3분의 1을 차지했다.

노예 상인들에게 그다음으로 많은 드는 비용은 아프리카에서 아메리카 대륙으로 항해하는 경비였다. 노예 상인들은 이윤을 내야 했기 때문에 항해 환경은 처참할 수밖에 없었다. 비용이 높아지는 이유는 안전상의 이유로 노예선에 평소보다 두 배 더 많은 선원을 태웠기 때문이다. 노예들이 마침내 아프리카에서 끌려 나왔다는 사실을 깨닫는 항해 초기에는 항상 폭동의 위험이 최고조에 달했다. 노예선상의 사망자 수는 충격적인 수준이었다. 아프리카에서 배에 오른 총인원 중 15퍼센트에서 20퍼센트 정도가 배 위에서 목숨을 잃었다. 아프리카에서 브라질로 직행하는 짧은 항로에서는 이 수치가 다소 낮겠지만, 앙골라에서 북아메리카를 향하는 긴 항로에서는 사망률이 선상 총인원의 3분의 1에 근접했다. 노예들은 머리부터 발끝까지 빈틈없이 뒤덮여 사슬로 묶였다. 그리고 대개는 갑판 밑에 갇혀 물도 없이 간신히 끼니를 때우며 경악스러운 환경 때문에 생긴 설사와 뱃멀미를 감수해야 했다. 17세기에 선박들은 뉴암스테르담(지금의 뉴욕) 주민들이 수평선 너머에서 배가 들어오고 있다는 사실을 알 정도로 냄새가 지독했다. 노예 상인들은 이러한 환경을 감수했다. 노예들에게 유럽의 이주민들처럼 여유로운 공간을 주려면 식민지로 수송되는 노예의 수는 절반으로 줄어들고 상인들의 수익도 그만큼 줄어들 것이기 때문이었다. 평균 다섯 명 중 한 명꼴이었던 항해 중 사망률은 18세기에 들어 노예 상인들이 식량과 물의 양을 늘리고 특별히 고안된 선박을 이용하면서 다소 낮아졌다. 경우에 따라서는 괴혈병을 막기 위해 레몬즙을 나눠 주고 천연두를 예방하는 접종을 하기도 했다. 그러나 사망률이 가장 낮았을 때(스무 명 중 한 명)조차 사망률은 유럽 범죄자 호송선의 다섯 배는 더 되었다. 유럽인들이 자국의 범죄자들에게는 안 되지만 아프리카인들에게는 괜찮다고 생각했던 극심한 과잉 승선의 결과였다.

노예 상인들도 사소한 부분을 개선하는 데 드는 푼돈은 감수했다. 노예무역의 수익이 워낙 큰데다 무역의 규모도 커서 18세기의 마지막 20여 년 동안 연간 거래되는 노예의 수가 8만 명에 이르렀기 때문이다. 이러한 사실을 감안하면 노예무역이 아메리카 대륙의 이주 역사에서 핵심에 있었다고 해도 놀랄 일이 아니다. 1820년이 되기까지 300여 년 동안 24만 유럽 이주민의 세 배를 훌쩍 넘는 아프리카 사람들이 대서양을 건너 대륙으로 끌려왔으니, 그 수가 84만 명에 이르렀다. 하지만 1820년에 아메리카 대륙의 인구는 백인과 흑인이 반반이었다. 이 사실은 아메리카 노예 농장의 사망률이 어느 정도였는지를 보여 주는 척도다.

[19세기 대서양 경제 ☞ 21.8]

17.8 대서양 경제 속의 아프리카

아메리카 대륙처럼 아프리카 서부의 대부분, 특히 카메룬 남부 지역은 15세기까지 대체로 유럽의 역사에서 소외되어 있었다. 포르투갈인들이 들어오면서 그러한 상황은 바뀌었지만 초기 유럽인들이 남긴 흔적은 한계가 있었다. 아프리카의 부족사회와 국가들은 연안 해군과 함께 장정 100여 명을 태울 수 있는 선박들을 보유했다. 비록 좌우의 현이 높은 포르투갈 선박에 올라타기는 어려웠지만 지역 내에서 몇 안 되는, 유럽인들에 맞서 싸울 정도로는 충분한 병력이었다. 포르투갈 사람들은 1446년과 1447년에 세네감비아 및 인근의 고레 섬에 상륙하려다가 실패했다. 이후 1535년에는 기니 연안에서 멀리 떨어진 바다에 위치한 비자고스 제도를 점령하려고 했지만 완패했다. 따라서 아프리카인들은 연안 교역을 수중에 지켜 냈고 포르투갈인들은(그리고 이후의 다른 유럽 국가들은) 현지의 수장들에게 '선물'과 '공물'을 보내는 편이 수월하다는 것을 깨닫고 조약을 체결해 교역을 허락받았다. 통치자들은 대개 물품을 구매할 때 '특별' 가격을 요구했고 그러한 요구가 받아들여지면 기꺼이 일반 무역의 문을 열었다. 연안 지역을 따라 습격하려는 시도는 카스티야 사람들이나 잉글랜드인들이 직접 당해 본 바처럼 교역을 망칠 뿐이었다. 몇 개 기지와 교역소들을 세웠지만 열대지방에서는 이마저도 유지하기가 어려웠다.(영국 왕실 아프리카 회사의 상세 보고서에 따르면 1695년부터 1722년까지 서아프리카로 보냈던 병사들은 첫 해에 열 명당 여섯 명꼴로 사망했고, 2년에서 7년 사이에 열 명 중 여덟 명의 비율로 목숨을 잃었으며, 불과 한 명꼴로 살아남아 영국에서 퇴역했다.) 수 세기 동안 매우 작은 식민지 한 곳이 확립되었을 뿐이었다. 1579년에 앙골라에 세웠던 포르투갈 교역소는 통상 분쟁이 지나간 후 연안 지역의 식민지로 확대되었다. 이조차도 거의 모든 병력을 제공했던 콩고의 통치자와 연합을 맺어 이루어진 것이었다.

아프리카 해안을 따라 발달한 교역을 좌우하는 이들은 대체로 아프리카 사람들이었다. 아프리카 사람들이 유럽인들에게 원하는 것은 특정 제품군뿐이었다. 필수품 대부분은 그들이 자체적으로 생산했기 때문이다.(아프리카인들이 목걸이나 자질구레한 장신구 몇 가지를 받고 노예를 팔았다는 이야기는 유럽인들이 퍼뜨린 유언비어였다.) 17세기 말엽에 연간 150톤의 철이 세네감비아로 수출되었지만 이 양은 세네감비아에서 사용하는 총 물량의 10퍼센트 정도에 불과했다. 나머지는 현지에서 직접 생산했고, 대개 품질은 유럽 제품보다 더 좋았다. 17세기 초에 콩고 동부 지역에서 수출하는 직물의 양은 연간 10만 야드 이상으로 네덜란드의 전체 수출량과 맞먹었는데, 두 지역은 인구 규모가 대체로 비슷했다. 골드코스트 지역은 연간 2만 야드 정도의 직물을 (유럽산과 인도산 모두) 수입했지만 이는 지역의 총 소비량 중 2퍼센트에 불과한 양이었다. 유럽의 제품들은 품질이 낮거나 원하던 물건이 아닌 경우 거래를 거절하거나 되돌려 보냈다. 아프리카에도 유럽으로 가는 수출품이 있었다. 18세기에는 매트 100만여 장이 세네감비아에서 영국으로 건너갔다.

　대(對)아프리카 무역의 중심이자 이 무역이 존재하는 핵심 이유는 노예 구매였다. 아프리카에는 노예제도가 오래전부터 존재했다. 한편으로는 토지 재산이라는 것이 존재하지 않는 특이한 상황과 땅이 아닌 사람을 소유하고 사람에게 세금을 매기던 사회제도에서 유래한 것이었다. 농부는 땅을 경작하고 농작물을 소유할 권리는 갖고 있었지만 땅을 팔 권리는 없었다. '귀족'들은 직함은 갖되 유럽처럼 소작료를 받을 수 있는 사유지는 갖지 못했다. 그 대신에 (흔히 유럽인들이 왕이라고 잘못 명명하는) 통치자들이 정해 준 국가 수익을 할당받았는데, 통치자 자신도 토지는 소유하지 않았다.(역시 유럽인들이 잘못 아는 부분 중 하나다.) 따라서 부를 쌓는 주요 경로는 노예와 주민이었다. 이들을 이용해 (누구든 경작할 수 있는) 땅을 경작하고 생산물은 상류 귀족들이 전용할 수 있었기 때문이다. 전쟁은 노예를 배출하는 주요 공급 원이었고, 노예무역은 아프리카 해안에서 거래가 사라지는 마지막 순간까지 전적으로 아프리카 사람들이 장악했다. 하지만 아프리카의 상류층이 노예무역으로 부를 쌓는 혜택을 얻었다고 하더라도 노예무역이 존재할 수 있었던 이유는 오직 아메리카 대륙의 플랜테이션에서 일할 아프리카인들을 찾는, 유럽의 수요가 있었기 때문이다.

17세기 중반에 이르기까지 아프리카에 이미 존재하던 노예 수요는 유럽의 영향으로 외연도 깊이도 훨씬 더 확대되고 심화되었다. 노예를 요구하는 유럽에 저항하는 지역도 많았다. 1550년대에 베냉과 16세기 말에 콩고가 그러했는데, 콩고의 경우 이후로도 100여 년 동안 노예무역이 전혀 이루어지지 않았다. 현대 라이베리아 지역의 크루족 같은 일부 집단은 매우 거세게 저항해 유럽인들도 그들을 노예로 삼는 것을 포기했다. 현대 기니 지역의 바가족과 세네갈 남부의 졸라족 등 다른 부족들도 노예무역에 관여하기를 거부했다. 수 세기를 거치면서 노예 매매의 중심지들은 아프리카 해안을 따라 남쪽으로 이동했다. 19세기 초엽에 노예 매매 지역은 비아프라만과 앙골라, 그리고 동해안의 모잠비크 등에 집중되었다. 아프리카의 상황을 급격히 변화시킨 요인은 두 가지였다. 하나는 18세기 초엽부터 유럽의 노예 수요가 어마어마하게 증가한 것이고, 또 하나는 17세기 중엽부터 유럽인들이 화승식 머스킷 총(matchlock musket)이 아닌 수석총(flintlock)을 판 것이다. 유럽의 화약 무기는 1500년 이후 한 세기 이상 아프리카에 거의 아무런 감흥도 주지 못했지만,(조악한 초기 대포는 지상의 요새를 공격하는 데 거의 쓸모가 없었다.) 수석총은 이전 화기보다 속사율은 두 배로 높이고 고장률을 반으로 줄여 수많은 아프리카 군사 제국을 창건하는데 일조했다. 이들 제국을 건설한 집단은 흔히 아주 작았지만 자신들의 위치를 견고하게 다져 유럽인들과 거래하는 중요한 노예 공급자가 되었다.

니제르강 상류에 위치한 밤바라 왕국은 18세기에 들어 첫 30년 동안 영토를 확장하고 세네감비아를 통해 노예를 파는 주요 공급자가 되었다. 공급이 말라붙자 노예 상인들은 다른 곳으로 이동했다. 같은 시기에 나이지리아 남서부를 지배하던 요루바족의 오요(Oyo) 왕국은 다호메이를 점령해 해상에 닿는 길을 확보한 후 주요 노예 공급자가 되었다. 영토를 확장한 왕국은 한 세기 정도 유지되다가 몸집이 불어난 왕국을 다스려야 하는 중압감 속에 무너졌다. 19세기 초엽에 요루바족은 처음으로 부족원들을 노예로 팔기 시작했고 곧 19세기 노예무역의 주요 공급원 중 하나가 되었다. 노예무역을 통해 상류층들이 얻을 수 있었던 부를 바탕으로 새로운 국가들도 등장했다. 이러한 사실은 18세기 초에 특히 골드코스트(오늘날 가나)의 아칸족 사이에서 분명하게 나타났다. 1701년 무렵에 가장 강력한 국가는 아샨티 왕국으로, 이들은 (인구가 약 1만 5000명이었던) 수도 쿠마시 부근에서 생산성 높은 농업과 노예무역이 이루어지는 교역로를 장악해 국고를 채웠다. 19세기 초엽에 아샨티 왕국은 아프리카에서 가장 크고 부유한 나라 중 하나였다. 앙골라에서는 여러 국가가 포르투갈과 교역을 통해 부를 쌓았다. 마탐바 왕국과 카산제 왕국이 여기에 속했고 이후 18세기에는 동부 내륙에 위치한 룬다 왕국도 그러했다. 어디서든 교역을 좌우하고 이익을 장악하는 사람들은 소수의 상류층이었다. 대체로 그러한 상류층은 통치자와 부유한 상인들, 그리고 연안 지역의 중간 상인들이었는데, 세네감비아와 상(上)기니(upper Guinea)의 아프리카계 포르투갈인들과 니제르 삼각주의 이조(Ijaw)족 상인들이 그 예였다.

노예무역은 전체적으로 아프리카에 어떤 충격을 주었을까? 유럽인들은 총 1200만 명의 아프리카인을 노예로 사들여 아메리카 대륙으로 끌고 갔다. 하지만 이렇게 높기 이를 데 없는 수치조차 정확한 셈이 아니다. 가장 믿을 만한 추정치에 따르면 당초 노예로 팔렸던 사람 중 열 명당 약 네 명이 배에 오르기도 전에 사망했거나, 노예의 신분으로 아프리카에 남았다.(특히 여성이 많이 남았는데, 아프리카에서는 여성 노예에게 더 가치를 두는 반면에 유럽에서는 남성 노예를 더 선호했다.) 그렇다면 유럽인들이 1200만 명의 노예를 매매했다는 추정을 통해 노예화된 아프리카인의 수가 2000만 명에 이른다는 계산이 나온다. 노예무역은 또한 특정 지역들에 집중되어 있었다. 17세기와 18세기에는 노예 대부분이 연안 지역에서 100마일 이내에 위치한 지역들로부터 나왔고, 19세기가 되어서야 훨씬 멀리 떨어진 지역들로, 때로는 500마일이나 떨어진 지역으로까지 거래가 확대되었다. 앙골라와 베냉만 같은 노예 매매의 중심지에서는 노예무역의 규모 때문에 인구가 감소했다는 데에 거의 의심의 여지가 없다. 주변 지역들에서도 매매의 규모는 두 세기 이상 인구 증가를 동결하기에 충분했다. 그리고 당시 세계 다른 지역들의 인구는 급격히 증가하고 있었다.

[이후의 아프리카 ☞ 21.19]

17.9 금과 은

이슬람의 항로 안내자를 따라 1498년 5월에 캘리컷에 도착한 바스쿠 다 가마는 통치자를 알현할 수 있었다. 그는 줄무늬 직물과 빨간 두건, 모자, (항해 중에 구매한) 산호 목걸이, 세숫대야, 설탕, 오일, 꿀 등 유럽에서 가져온 물건들을 펼쳐 보였다. 통치자와 신하들은 이 물건들을 보고 웃음을 터뜨릴 뿐이었다. 그가 가져온 물건들은 인도인들이 만들거나 인도양의 교역망을 통해 들여온 것보다 훨씬 조악했다. 그들은 유럽에서 가져온 물건들을 거절하고 포르투갈인들이 원하는 물건들에 대해서는 금과 은을 지불하라고 요구했다. 포르투갈 사람들은 1500년 전의 로마인들과 똑같은 문제에 직면했다. 아시아는 세계에서 가장 부유한 지역이어서 '서양'에 바라는 것이 거의 없었던 반면에 유럽의 국가들은 '동양'의 생산품들을 갖고 싶어 한다는 문제였다. 그들을 달랠 수 있는 유일한 방법은 금과 은의 형태로 현찰을 지불하는 것뿐이었다. 로마 제국 시절에도, 부유한 이슬람 제국이 창건된 이후에도, 이 두 귀금속은 공급이 말라붙기 시작할 때까지 서양에서 동양으로 꾸준히 유출되었다. 유럽은 대서양 세계에서 우위를 점한 덕에 과거에는 꿈도 꾸지 못했던 양의 금과 은을 손에 넣을 수 있었고, 금과 은 덕분에 아시아의 교역 체계에 진입하는 길을 매수할 수 있었다. 아메리카 대륙의 금과 은은 대서양과 인도양의 교역 체계를 잇는 고리였다.

유럽 안에서는 금이나 은이 거의 생산되지 않았다. 1530년대에 금광업이 전성기를 누릴 때는 한 해에 약 10만 킬로그램까지 채굴하기도 했지만, 17세기 초 무렵에는 채굴량이 3분의 1로 줄었다. 아프리카 서부에서 얻을 수 있는 금은 매년 2만 킬로그램 정도였는데, 교역이 절정에 이른 17세기 초에는 그 두 배를 약간 웃돌았다. 이러한 양은 아즈텍 제국과 잉카 제국을 약탈하고 무엇보다 포토시 은광에서 원주민들을 강제 노역시켜 얻어 낸 막대한 부에 비하면 적은 편이었다. 1500년 이후 3세기 동안 전 세계 은의 85퍼센트, 금의 70퍼센트는 아메리카 대륙에서 유럽의 지배하에 채굴되었다. 스페인이 대서양 건너에 있는 유럽으로 공식적으로 실어 나른 은의 양만해도 매년 평균 약 33만 킬로그램이었다. 게다가 16세기 중반에는 아카풀코에서 태평양을 건너 마닐라까지 연간 약 15만 킬로그램의 은이 유출되었다. 밀수로 거래된 양은 아마 이 수치의 두 배는 되었을 것이다.

유럽은 이렇게 광대하게 채굴되는 은을 거의 갖지 못했다. 스페인만 해도 구리를 기준으로 하는 화폐가 유통되었다. 은은 대부분 인도와 중국으로 흘러가 재화를 사들이는 데 이용되었고, 많은 양이 레반트와 오스만 제국의 재화들을 구매하는 데 소비되었다. 배가 암스테르담과 런던을 통과할 때에도 다량의 은이 들어 있던 상자는 열리지 않은 채 그대로 바다를 건너 인도로 들어갔다. 아메리카 대륙의 은을 얼마나 손에 쥘 수 있느냐에 따라 네덜란드 동인도회사의 수익이 요동쳤을 만큼 은은 유럽의 교역에서 핵심적인 역할을 담당했다. 은을 갖고 있어야 아시아에서 그만큼의 물건을 살 수 있었기 때문이다. 아시아로 유입된 금과 은은 얼마나 되었을까? 정확한 수치를 계산하기는 어렵지만 17세기에 은은 대략 총 2800만 킬로그램(약 2만 8000톤)이었다. 은은 거의 전부 인도에서 수입해 화폐로 이용했다. 17세기에는 인도의 은 유통량이 세 배로 뛰었지만 경제가 급속히 팽창하며 통화 수요가 증가한 탓에 뚜렷하게 인플레이션이 발생했다고 판단할 증거는 거의 없다. 그러나 아메리카 대륙의 은으로 가장 큰 수혜를 입은 나라는 세계 제일의 부자인 중국이었다. 중국은 은 채굴량이 적었다.(연간 약 1000킬로그램이었다.) 일본은 16세기 말까지 은의 주요 공급국이었으며 연간 약 12만 5000킬로그램을 수출해 주로 중국의 비단을 사들였다.(일본은 본래 유럽에 '은의 열도(silver islands)'로 알려졌다.) 아메리카 대륙의 은이 큰 파급력을 지니게 된 것은 특히 태평양을 직항하면서부터였다. 은이 물밀듯이 들어오면서 16세기 중반부터 중국

정부는 지대와 부역, 세금 등을 은으로 대신 납부하게 할 수 있었다. 1640년 무렵에 중국에서는 매년 75만 킬로그램의 은이 호부로 들어 왔다.(17세기에 아메리카 대륙으로부터 중국으로 들어온 은의 총량은 중국의 23년간 국가 세입과 맞먹었다.) 17세기에 상해(상하이)의 '가난한' 직물 상 인조차 은 5톤가량의 자산을 보유했고,(매출액이 아니다.) 최고의 부자 가문들은 은 수백 톤을 비축하고 있었을 정도이니 당시 중국이 얼마 나 부유했는지 짐작할 수 있다.

17.10 유럽과 아시아: 포르투갈

[이전의 인도양 교역 ☞ 12.2.1, 12.2.3, 15.5.3]

유럽이 인도양 세계에 끼친 영향은 1500년 3월에 페드루 알바레 스 카브랄(Pedro Álvares Cabral)이 열세 척의 함대를 이끌고 리스본을 출발해 본격적인 첫 원정에 나섰을 때부터 그 본질이 명확히 드러났 다. 이들은 캘리컷에 도착해 이틀 동안 도시에 공격을 퍼부으며 이슬 람 상인들을 쫓아내려고 시도했고, 통치자에게도 그렇게 하기를 강요 했다. 1000여 년이 넘는 세월 동안 인도양의 교역 세계는 거의 완벽하 게 평화로웠고 여러 사회가 이익을 위해 상호 협조하는 국제적인 면 모를 이어왔다. 인도양을 오가던 선박들은 보통 비무장 상태로 여러 척이 함께 다니며 해적을 피하고 악천후에는 서로 도왔다. 포르투갈 인들은 이 세계에서 평화롭게 통상을 시도할 수도 있었을 것이다. 물 론 질 낮은 상품들 때문에 불리했겠지만 말이다. 하지만 포르투갈은 다른 유럽 국가들처럼 견고한 교역 세계에 들어가 유리한 위치를 점 하기 위한 수단으로 폭력을 선택했다. 그리고 그들이 채택한 방침은 이후 유럽이 보편적으로 도입하는 방식이 되었다. 그 방침이란 상업 활동을 하는 기업들이 본국의 공식 허가와 대개는 독점권을 부여받고 재외 국가처럼 행동하는 것이었다.

포르투갈이 기세 좋게 식민지를 확대한 시기는 인도양 교역로를 따라 발달한 주요 항구들을 무력으로 점령했던 16세기의 첫 15년 동안 지속되었다. 처음에는 실패도 있었다. 1508년에 맘루크 및 구자라트 함대와의 첫 조우에서는 패배했지만, 이듬해에 디우의 항구에서 멀리 떨어진 해상 전투에서는 승리했다. 최초의 성공은 1510년에 고아주를 점령하며 찾아왔다. 이듬해에는 핵심 교역 도시인 믈라카를 손에 넣었다.(추방당한 통치자는 말레이반도에 조호르 술탄국을 건설하고 팔렘방의 스리위자야 왕국과 동맹을 맺었는데, 팔렘방은 15세기 초엽에 믈라카 왕국을 건국한 통치자들의 출신지였다.) 1513년에 포르투갈인들은 아덴을 점령하려고 시도했지만 실패했고, 식민지 정복 기간은 1515년에 호르무즈를 끝으로 마무리되었다. 포르투갈인들의 최우선 목표는 이문이 많이 남는 향신료 교역을, 맘루크와 베네치아의 독점을 깨고 케이프와 대서양 경로를 경유해 안트베르펜으로 가져가는 것이었다. 그러므로 아덴 점령 시도의 실패는 해마다 홍해 교역을 차단하기 위해 바브 알-만데브 해협(Bab al-Mandeb)을 봉쇄하려고 했던 포르투갈인들이 이제는 해당 지역의 여러 상인 중 하나에 지나지 않는 존재가 되고 독점권도 행사할 수 없는 위치로 전락하는 데 결정적으로 작용했다. 포르투갈은 애초의 목표 대신 보호 명목으로 돈을 뜯는 사업으로 눈을 돌렸다. 그들은 이슬람 상인들이 그 지역의 얼마 되지 않는 포르투갈 선박들의 공격을 받지 않게 해 준다는 (수 세기 앞서부터 존재했던) '통행증'을 발급했다. 상인 대부분은 그 정도를 낼 정도의 재산은 있었기 때문에 통행료를 내고 계속해서 수익 활동에 나섰다. 아시아 선

포르투갈과 아시아: 16세기

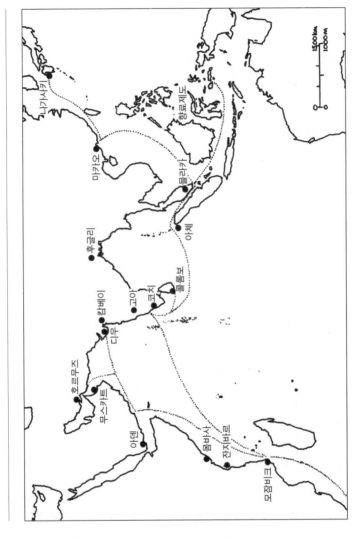

박이 이런 상황에 미처 대비하지 못했을 때에는 대개 유럽인들이 양보해야 했다. 일본은 1600년 이후 이른바 '주인선(朱印船)'을 운영했다. 주인선은 쇼군의 인가를 받은 비무장 상선이었다.(종종 유럽인 선원과 항해사를 태우기도 했다.) 주인선이 유럽인들에게 공격받으면, 상황은 그대로 나가사키 당국에 보고되고, 당국에서는 유럽인들이 보상금을 준비할 때까지 네덜란드의 재화와 선박들을 압수하고 포획해 두었다.

후일 각각 총독부와 인도국(Estado da India) 청사가 들어선 믈라카와 고아를 점령한 후 포르투갈인들은 유럽 시장에서 거의 50년 동안 후추 교역과 향신료 교역을 장악할 수 있었다. 1505년에 왕실이 향신료 교역을 독점한다고 선포한 후 15년 동안 향신료는 정부 세입의 거의 전부를 구성했는데, 교역 자체는 여러 상인에게 임대 형식으로 분배되었다. 이들 상인은 처음부터 문제에 봉착했다. 아체처럼 포르투갈에 대해 저항이 있는 지역들에서는 통제력을 행사할 수 없었던 것이다. 믈라카는 교역로에서 열쇠와도 같은 전략적 위치 때문에 필수 불가결 했지만 강력한 술탄국인 조호르와 아체에 쌀 수입을 의존할 뿐 아니라 거리상으로도 가까운 취약 지역이었다. 기지를 만들지 못하면 경쟁적 위치에 있는 홍해의 교역로에도 힘을 발휘하기가 어려웠다. 포르투갈은 핵심 항구인 디우를 점령하기 위해 애썼지만 고배만 마셨는데, 델리를 거점으로 신흥 무굴 세력의 통치자들이 날로 세력을 키우면서 마침내 1538년의 디우의 통치자는 포르투갈에 항복했다. 그 후에도 포르투갈인들은 1555년까지 관세 수입을 모두 장악하지는 못했다. 1559년에 마침내 포르투갈은 디우 맞은편의 다만을 점령하면서 캄베이만을 손에 넣었다.

1560년 무렵을 지나 포르투갈은 활동 반경을 조금 넓힐 수 있었다. 고아는 멀리 동쪽으로 마카오 정착지(1557년에 중국이 건립을 허락했다.) 및 극동 지역인 일본 나가사키와 통상하는 교역의 중심지가 되었다. 이들 지역에서의 교역은 극히 제한적이었다. 포르투갈 정부가 마카오와 나가사키로 가는 선박을 1년에 단 한 척씩만 허락했기 때문이다. 이 지역에서 나오는 수익 대부분은 중국과 일본의 교역에 살짝 개입하면서 발생했다. 일본에서 은을 가져와 중국의 비단을 구매하는 것이었다. 벵골 지역은 교역의 수익성이 좋았지만 포르투갈인들은 1580년에 후글리에 자리를 잡고 난 뒤에야 그곳에 정착했고, 다시 1632년에는 무굴 제국이 이들을 쫓아냈다. 16세기의 첫 20여 년 동안 폭력을 행사하던 초기 국면이 지나간 뒤 포르투갈인들은 별로 위협적으로 여겨지지 않았고 굳이 해군력을 키워 맞서야 할 만큼 힘도 없었다. 대체로 포르투갈인들이 지닌 영향력은 한정되어 있었다. 그리고 상품들을 실어 유럽에 보내는 것보다 아시아 지역 내의 교역에 개입해 발생하는 이익이 점점 많아져 수익의 대부분을 차지했다. 1560년 무렵이 지나면서 포르투갈인들은 입지를 잃기 시작했다. 아체 술탄국은 홍해로 가는 향신료 교역로를 자체적으로 유지했고, 이런 식의 교역은 이집트를 점령한 오스만 제국에 힘입어 16세기 후반기에 크게 활기를 되찾았다. 이에 답해 오스만은 포르투갈인들에게 맞설 질 좋은 군사 장비를 아체에 공급했다. 포르투갈은 자신들이 정한 경로를 벗어나 홍해와 이집트를 경유하는 기존의 경로로 점점 더 많은 교역 활동이 집중되는 상황을 막을 수 없었다. 포르투갈인들이 인도양 지역과 유럽 사이의 교역을 지배했던 시기는 그렇게 짧게 막을 내렸다.

17.11 유럽과 아시아: 네덜란드

포르투갈이 점한 위치에 처음으로 본격적으로 도전한 유럽 국가는 네덜란드였다. 네덜란드는 1560년대부터 (포르투갈을 지배하는) 스페인과 전쟁을 치르는 중이었고, 이 전쟁을 통해 이베리아 지역사회들이 국토 회복 전쟁으로 획득한 것만큼이나 대단한 종교적 정의감을 갖게 되었다. 1602년에 네덜란드 정부는 교역을 선점하기 위한 네덜란드 상인들 사이의 충돌을 멈추기 위해 동인도회사(Vereenigde Oost-indische Compagnie: VOC)를 설립했다. 동인도회사는 사실상 또 다른 형태의 네덜란드 국가였다.(주로 상인들이 지배했다.) VOC는 심지어 전쟁을 벌이거나 끝낼 권리까지 갖고 있었다. 1605년부터 유럽 내부 전쟁의 연장선에서 포르투갈과의 본격적인 전투들이 벌어졌고, 1612년까지 7년 동안 VOC 초기 자본금의 3분의 1이 이상이 군사 비용으로 들어갔다.(이렇게 높은 비용을 감당할 수 있었던 이유는 본국에서 교육 독점권을 받아 그로부터 막대한 수익을 올릴 수 있었기 때문이다.) 1605년에 말루쿠 제도에 위치한 암본섬을 점령했지만, 그 이후 네덜란드인들은 이렇다 할 성과를 거두지 못했다. 1606년에 믈라카 정복에 실패했고 1607년부터 1608년까지는 인도 서부 해안으로 향하는 경로에서 핵심 항구인 모잠비크를 점령하려다가 두 번 실패했다. 네덜란드는 향료제도(spice islands)를 점령해 좀 더 직접적인 통제를 실현하는 혁신을 단행했다. 1620년부터 1621년 사이에 이들은 힘겨운 전투 끝에 (육두구의 원산지인) 반다를 점령했다. 반다의 함대는 빠르고 신속하게 네덜란드인들을 압도할 수 있었지만 쌀 공급을 차단당하자 굶주림에 못 이겨 항복했다. 반다를 점령한 뒤 VOC의 이사회는 도시 주민들을 몰살하라고 요구했다. 약 2500명의 주민이 살해당하고 3000여

명은 내쫓겼다. 네덜란드인들은 향료 재배지들을 인수해 노예 노동을 투입하기 시작했다.

포르투갈인들에 대한 실질적인 공격은 17세기 중반까지는 발생하지 않았다. 1641년에 네덜란드인들은 마침내 핵심 도시인 믈라카를 점령한 데 이어 1656년에는 스리랑카의 콜롬보를, 1663년에는 인도 서부 해안의 코치를 점령했다. 네덜란드인들은 아시아 남동부에서 자와섬의 바타비아를 중심지로 삼아, 그곳에서 술라웨시섬의 마카사르와 반다 같은 주요 향신료 원산지들을 지배했다. 네덜란드인들은 이런 식으로 정향과 육두구, 메이스, 계피 등 수많은 주요 향신료의 교역을 좌우하다시피 할 수 있었고, 그만큼 자신들에게만 이 향신료들을 팔도록 지역 통치자들에게 강요할 힘도 있었다. 하지만 강력한 지상 병력을 지닌 중국이나 인도, 또는 힘이 있는 일본 등에서는 이러한 정책들이 먹혀들지 않는다는 점을 금세 깨달았다. 1622년에 네덜란드인들은 중국 해안에서 통상 문호 개방을 강요하는 시도로 80여 대가 넘는 중국 정크선을 박살 냈다. 중국인들은 위협에 굴하지 않았다. 네덜란드인들은 중국과 교역을 이루지 못한 채로 있다가 1727년이 되어서야 마침내 광동성에 입항을 허가받았다. 중국 복건성의 상인들은 자와섬으로 가기는 했지만 자신들이 원하는 방식을 고수하며 교역을 좌우했다.

네덜란드인들은 일본과의 교역을 간절히 원했기 때문에 교역을 지속할 수 있다면 어떠한 수모도 받아들일 준비가 되어 있었다. 일본인들은 네덜란드를 1540년대부터 나가사키 항구를 통해 교류했던 포르투갈에 대한 견제세력으로 여겼다. 포르투갈인들이 추방당한 뒤 네덜란드인들은 해안에 인접한 데지마라는 작은 섬으로 강제로 철수당했다. 데지마섬은 폭이 82보, 길이가 236보 정도의 규모였다. 둑

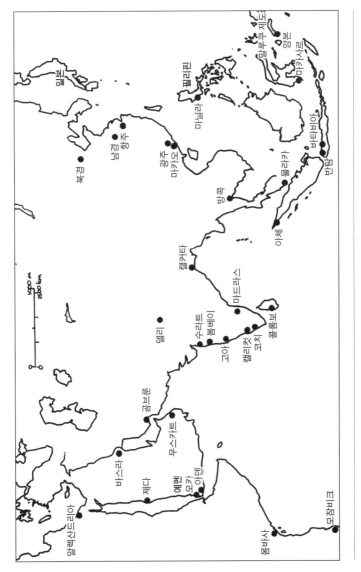

유럽과 아시아: 17세기와 18세기

길로 본토와 연결되어 있었고 요새와 같은 초소가 입구를 지켰다. 네덜란드인들은 일본인 하인들에게 염탐당했고 150명으로 구성된 정부 통역가 군단의 규제를 받았다. 1년에 배 한 척만이 들를 수 있었고 항해사들은 대개 "개처럼 몽둥이로 두들겨 맞았다." 이들은 1년에 한 번 본토로 들어가 쇼군에게 존경을 표해야 했다. 네덜란드인들은 데지마섬에서 두 세기 이상 머물렀다. 원정 온 선박의 절반이 소실되고, 데지마섬에서 열 명 남짓 체류하는 데 드는 비용이 바타비아의 주둔군 500명에게 드는 비용만큼 비쌌지만, 그만큼 교역에서 발생하는 수익도 높았기 때문이다. 처음에 네덜란드는 일본에서 은을 매입해 중국으로 가져갔지만 1688년에 은 수출이 금지된 뒤로는 비단과 자기(瓷器), 칠기 등을 집중적으로 사들여 인도의 면 및 벵골의 생견(生絹)과 거래했다. 1650년에 VOC는 데지마섬의 중개상들에게 열악한 환경을 참고 견디라고, "뻔뻔하고 거만하며 까다로운 나라의 바람을 잘 살펴, 모든 면에서 비위를 맞추어야 한다."라고 주문했다. 네덜란드가 일본과 교역했던 방식은 포르투갈이 그랬듯이 몇 가지 물건을 유럽으로 가져가는 대신 아시아 교역망의 일부가 되는 데서 최대의 수익이 발생했다는 사실을 보여 준다.

17.12 유럽과 아시아: 잉글랜드

16세기에 잉글랜드는 다른 유럽 국가들에 비해 가난했고 수출품의 5분의 4가 직물이었다.(품질이 매우 조악해서 17세기 초에 잉글랜드 상인들이 일본인들에게 이 직물을 팔려고 했을 때 질 좋은 중국 제품에 익숙했던 일본인들은 교역을 거절했다.) 첫 번째 돌파구는 1581년에 찾아왔다. 오스만 제국은 잉글랜드인들에게 그리스 섬과 알레포에서 교역하도록 허가했는데, 알레포는 동쪽으로부터 출발하는 육상 교역로의 종착지였다. 1600년에 설립된 동인도회사(East India Company: EIC)는 아시아로 향한 다른 유럽 기업들처럼 독점권을 행사했다. 동인도회사는 세금을 4년 동안 한 푼도 내지 않았고, 결정적으로 동양에서 물건들을 살 수 있게끔 금과 은을 수출할 수도 있었다. 처음에 이들은 포르투갈이나 네덜란드와 겨룰 만큼 힘이 없었기 때문에 그다지 성공적인 결과를 얻지 못했다. 1620년대 초에 일본과 교역하기를 포기한 후 결정적인 돌파구가 페르시아만 지역에서 찾아왔다. 이란의 사파비 제국과 연합한 EIC는 포르투갈의 지배 아래에 있던 호르무즈를 점령하고 점차 이 지역에서 중요한 유럽 무역상으로 부상했다. EIC는 아직 정부에 갚아야 할 돈이 있었다. 제임스 1세(James I)는 1만 파운드를, 그가 총애하던 버킹엄(Buckingham) 공작과 공작 부인이 각각 1만 파운드와 2000파운드를 받았는데, 모두 합쳐 회사는 호르무즈 점령으로 발생한 수익에서 거의 절반 이상을 정부에 납부해야 했다.

EIC의 입지는 17세기에 서서히 개선되었다. 1639년에는 인도의 한 지역 통치자가 작은 어촌 마을 마드라스에 교역할 수 있는 공간을 주었다. 1661년에 포르투갈이 찰스 2세와 결혼하는 왕녀 카타리나(Catarina)의 지참금으로 봄베이를 양도하면서 수확은 훨씬 더 커졌다. 봄베이는 1668년에 EIC에 인계되었는데, 그러기 전에 EIC는 왕에게 각각 1만 파운드(1662년)와 5만 파운드(1666년), 그리고 7만 파운드(1667년)의 '융자'를 받아야 했다. 융자금의 규모만 보아도 아시아 교역에서 얼마나 큰 수익을 냈는지 알 수 있다. 1698년에는 경쟁 회사가 정부로부터 200만 파운드의 '융자'를 낸 뒤에 운영 허가를 받았다. 두 회사는 1709년에 합병되어 총 300만 파운드의 신규 자본금을 갖게 되었는데, 이 자본금은 아직 그간 빌린 돈으로 운영되던 회사가 또다시 정부로부터 '융자'를 받은 것이었다. 이 무렵에 EIC는 1690년부터 1691년까지 무굴 제국과 무분별한 전쟁을 벌이다 패배했지만 평화조약을 체결하면서 잘 알려지지 않은 마을인 캘커타에서의 교역권을 갖게 되었다. 캘커타는 네덜란드 사람들이 교역했던 후글리와 인접한 마을이었다. 1674년에 마드라스 부근에 퐁디셰리가 세워지고 캘커타 북쪽에 위치한 찬데르나고르가 건설되면서 EIC는 점차 프랑스의 압력을 받게 되었다. 영국은 프랑스를 앞서 있었고,(영국의 교역량은 프랑스보다 네 배 정도 더 많았다.) 인도와 교역하는 유럽 국가 중에서 점점 더 중심적인 위치가 되었다.

1718년까지 네덜란드 VOC는 차(茶) 무역을 독점하다시피 하며 중국 정크선이 바타비아로 실어온 차들을 사들였다. 중국과 네덜란드가 무역 분쟁을 일으키는 동안 영국인들은 1710년에 중국이 주었던 교역권으로 광동성에서 입지를 다질 수 있었다. 중국인들이 정한 조건들은 엄격했다. 영국인들이 살 수 있는 제품은 차와 생사, 자기로 한정되었고, 은으로 값을 지불해야만 했다. 항구에 들어가기 전에 무기와 군수품은 모두 넘겨주고, 상인이 현지에 거주하는 것은 금지되었다. EIC는 자기들의 위치를 이용해 유럽이 사들이는 홍차 무역을 지배했다. 홍차는 점차 대중화되고 있었고 대체로 네덜란드가 지배하던 녹차를 대체하는 추세였다. 상품 대금으로 은만 받겠다는 중국의 고집은 EIC 교역 품목에도 영향을 미쳐, 은은 이들이 거래하는 상품의 절대다수를 차지했다. 1680년대에는 이들이 잉글랜드에서 가져오는 상품의 거의 90퍼센트가 (아메리카 대륙에서 채굴한) 은이었다. 그외에 중요한 교역 품목에는 인도의 면과 직물이 있었다. 1620년대에 EIC는 연간 25만 장의 인도산 면직물을 수입했다. 1680년대 무렵에는 연간 200만 장 가까이로 늘었고, 이 수치는 몇 년 만에 다시 두 배로 뛰었다. 이 중 일부는 아프리카로 재수출되어 노예를 사들이는데 쓰였지만, 직물의 품질이 매우 뛰어났기 때문에 대부분은 영국에서 매매되었다. 1676년 잉글랜드의 섬유산업은 인도의 캘리코 염색 기법을 채택했지만 경쟁을 감당하기에는 아직 무리였다. 인도에는 잉글랜드의 면 평직물이 필요하지 않았다. 잉글랜드의 평직물은 질이 떨어져 코끼리 덮개로나 사용되었다. 영국의 섬유산업이 확장하기 시작한 것은 1722년에 자국 시장이 인도의 직물들에 대해 문을 닫은 후부터였다.(재수출만 가능했다.) 이는 더 실력 있는 경쟁 상대에 맞서는 수입 대체 전략의 고전적 사례로, 흔히들 '산업혁명'의 출발점으로 보는 18세기 잉글랜드 섬유산업이 어마어마한 성장을 이루는 기반을 형성했다.

17.13 아시아와 유럽인들

아시아에 어느 정도 인원을 주재시키는 일이 장기적 관점에서 유럽인들에게는 늘 긴요한 일이었다. 16세기에 포르투갈은 유럽 국가로는 유일하게 아시아와 교역했고 1630년대까지 연평균 단 일곱 척의 선박을 동양으로 보냈다. 이 중 3분의 1은 소실되었고 1년에 단 네 척만이 귀항에 성공했으며 나머지는 아시아에 머물며 교역을 진행시켰다. 1665년까지 네덜란드는 매년 아홉 척 이하로 배를 보냈고 동양으로 향하는 이들 배의 총용적량은 약 3750톤이었다. 1735년에 네덜란드는 교역이 정점에 달했을 때 총용적량 2만 톤에 해당하는 서른 척의 선박을 보냈다. 1750년이 지나서야 아시아 교역에 이용되는 유럽 선박의 평균 규모는 1000톤 이상으로 증가했다.(20세기 중국의 정크선 보다는 아직 작은 규모였다.) 유럽의 교역 규모는 오스만 제국의 수도였던 콘스탄티노폴리스의 교역 규모와 비교하면 쉽게 짐작할 수 있다. 16세기 초에 콘스탄티노폴리스에는 연평균 4300척의 선박이 항구에 정박했다. 1570년대에 구자라트의 통치자들이 거두어들인 관세만 해도 포르투갈과 아시아의 교역에서 파생되는 가치 전체를 합친 것보다 세 배 이상으로 많았다. 아시아에 정착한 유럽인은 극소수였다. 16세기에는 페르시아만에서 나가사키에 이르는 지역에 거주하는 페르시아인이 1만 명 정도 되었다. 1700년에 잉글랜드인은 마드라스에 114명, 봄베이에 약 700명, 그리고 캘커타에 1200명이 거주했다.

인도양과 인도, 아시아 남동부, 중국으로 연결된 교역 세계의 밑바탕에는 광대한 내부 시장(1700년 아시아에 세계 인구의 3분의 2 이상이 거주했던 데 비해 유럽에는 5분의 1 정도가 거주했다.)과 고도로 상업화된 경제, 1000년 이상의 세월 속에 확립된 무역 양식 등이 있었다. 교역의 물결을 만드는 것은 여전히 계절풍과 계절항, 그리고 과거에도 그랬듯이 갖가지 요인으로 중요도가 오르내리는 교역 도시들이었다. 구자라트에서는 수라트가 캄베이를 대신했다. 1573년에 무굴 제국이 델리로 가는 육로를 장악한 이후의 변화였다. 반다르아바스(곰브룬)는 포르투갈이 점령했던 호르무즈의 역할을 이어받고 1722년부터는 이란 내전으로 바스라의 중요성이 증가했다. 홍해의 모카는 유럽으로 수출하는 커피 무역이 발달하면서 번영했다. 17세기 초에 믈라카는 쇠퇴하고 대신에 (유럽인들에게는 반탐으로 알려진) 반텐이 부상했는데, 이 도시가 위치한 자와섬 남서부에는 인도와 중국의 상인들이 거주하는 대규모 지역사회가 모여 있었다. 이 지역은 1682년에 네덜란드인들이 장악해 바타비아와 강제로 교역에 들어갔다. 유럽인들이 점령한 항구와 교역소들도 흥하고 이울기는 마찬가지였다. 고아는 시들해진 반면에 바타비아와 마드라스, 캘커타는 중요한 위치로 올라섰다.

인도양의 교역 세계는 과거부터 줄곧 국제적인 무대였고 유럽인들이 들어온 후에도 그러했다. 유럽은 여러 교역 집단 중 하나일 뿐이었다. 처음부터 유럽인들은 이 드넓은 세계의 일부가 되도록 내몰렸고 또한 그 길을 선택했다. 1499년에 포르투갈인 두 명은 바스쿠 다가마의 곁을 떠나 더 많은 품삯을 받기 위해 인도의 통치자를 섬기는 쪽을 택했다. 1503년에는 총기 주물공 두 명이 밀라노에서 캘리컷으로 이주했고 2년 후에는 베네치아의 기술자들이 말라바르에서 일하기 시작했다. 포르투갈인은 극소수였다. 심지어 고아의 본부에서도 아시아 상인의 수가 더 많아서,(특히 힌두교도와 네스토리우스교도, 아르메니아 교도, 자이나교도가 많았다.) 이들의 도움이 없었다면 오랜 전통을 지닌 현지 교역망에 접근하기란 불가능했을 것이다. 16세기 중반 무렵에 포르투갈인들이 점령한 인도 서부 연안의 도시들에서도 구자라트 인구가 3 대 1꼴로 많았다. 1600년에 호르무즈에서는 인구 열 명 중 네 명꼴로 이슬람교도였고 3분의 1에 가까운 수가 (주로 구자라트 출신인) 힌두교도였으며 포르투갈인들은 5분의 1에 약간 미치지 못했다. 유럽인들은 그들이 직접 장악한 지역들에서 멀리 떨어진 아시아 세계에서도 현지의 일원이 되었다. 버마에는 포르투갈인이 수없이 많았고 17세기 말엽에 태국의 국왕은 콘스탄틴 풀콘(Constantine Phaulcon)이라는 그리스인을 자문으로 두기도 했다. 아시아인들은 종종 유럽 선박을 빌리거나 소유했고 유럽의 항해사와 선원들을 고용해 부리기도 했다. 유럽인들은 그들을 돕는 현지인들에게 의지해 복잡한 아시아 교역 세계에서 길을 모색해야 했다. 18세기에 유럽 선박들은 대개 영국이 점령한 봄베이보다는 큰 무역항인 수라트에 정박했다. 수라트는 금융 체계가 훨씬 잘 짜여 있고 융자나 다른 형식의 신용거래를 제공하는 금융기관들도 더 잘 되어 있었기 때문이다. 벵골에서는 '바니아족'으로 알려진 집단이 자본을 공급했고 사적인 수익을 위해 거래를 트고 싶어 하는 EIC 임원들의 사업 동반자가 되었다. 관세 면제 덕분에 양쪽 모두에 이익이 돌아갔다. 이 제도는 18세기에 '무역 대리점(agency house)'들이 설립되면서 더 복잡해졌다. 이들은 유럽인을 대신해서 거래를 진행했고,(수익 중 상당한 몫을 대가로 받았다.) 18세기 말엽에는 잉글랜드의 교역을 EIC보다 좀 더 많이 담당했다. 물론 아직 공식적인 독점권은 EIC가 갖고 있었다.

인도양과 아시아 남동부를 가로지르는 교역 활동에서 절대 다수는 유럽인의 손을 벗어나 있었다. 중국과 일본은 교역의 조건을 강제할 만큼 강했고 1640년 이후로는 매년 나가사키로 입항이 허용된 네덜란드 선박 한 척을 제외하고는 대체로 대외무역을 '봉쇄'했다. 사실 일본은 대규모 대외무역을 진행했다. 1680년대에는 매년 100척이 넘는 선박이 일본과 중국을 오가며 거래하고 있었다. 17세기에 인도에서는 페르시아만과의 교역이 광범위하게 되살아났고 대개 구자라트 지역 출신이었던 힌두교 상인들은 페르시아만 곳곳으로 이동했다. 코로만델 연안 지역 출신 상인들은 태국과의 무역을 장악해 유럽 상인들의 세를 약화시키고 인도산 직물들을 갖가지 보석이나 다른 외국산 제품들과 맞바꿀 수 있었다. 경쟁이 지나치게 격화되자 17세기가 지나기 전에 이 지역의 모든 교역소는 철수했다. 태국과 중국의 교역은 눈에 띄게 증가해 중국 상인들은 자기와 비단을 팔고 티크와 쌀을 가져갔다. 18세기 무렵에 방콕은 정크선을 건조하는 아시아 최대의 중심지였다. 유럽인들도 아시아의 조선술에 의지하게 되었다. 이는 한편으로 재목인 티크의 질이 아주 좋아 유럽산 목재보다도(심지어 오크보다도) 훨씬 더 오래간 데다, 유럽에서는 적합한 목재가 꾸준히 감소하고 있었기 때문이다. 18세기에 중국의 제품들을 유럽으로 실어 나르던 선박들은 거의 전부 인도에서 건조된 것들이었다.

유럽인들은 복잡한 아시아 간 교역망의 일원이 되어야 가장 큰 수익이 남는다는 것을 깨달았다. 그것은 순전히 엄청난 교역의 규모 때문이었다. 17세기 말에 네덜란드인들은 수마트라섬에서 다량의 장뇌를 가져다가 가장 수요가 많은 중국에 팔았다. 일본에서 구입한 장뇌의 거의 절반은 인도로 가져갔고 일본산 구리의 5분의 4도 인도로 팔려 갔다. 아시아 교역망의 복잡한 체계는 자와섬 북부 연안 지역의 설탕을 자와의 현지 귀족이 소유한 땅에서 중국인 연한 계약 노동자들을 고용해 VOC의 지배 아래 생산했다는 사실만 보아도 알 수 있다. 설탕 시장은 유럽이 아니라 사파비 왕조 치하의 이란이었다. 자와섬에서 요구하는 여러 사항에 대해 네덜란드인들은 인도의 철과 무기의 생산에 의존했다. 1660년대에 네덜란드인들은 못 11만 5000파운드와 포탄 18만 8000파운드, 철봉 18만 9000파운드, 강철 5톤가량을 매년 인도에서 바타비아로 들여갔다.

1500년 이후로 2세기 반 동안 전반적으로 유럽은 아시아에 별다른 파급력을 갖지 못했고 획기적인 변화를 불러오지도 않았다. 유럽의 해상 활동은 규모도 작았고 별로 효율적이지도 못했다. 희망봉을 경유하는 교역로는 1530년대 이후로 한결같이 이용되는, 홍해와 이집트를 지나 베네치아로 향하는 기존의 교역로를 대신할 정도로 비용을 절감해 주지 않았다. 사실 희망봉을 거쳐 가는 해상 이동 비용이 오래전 대상들이 이용했던 육로보다 더 적었는지도 확실치 않다. 이 교역로를 통해 유럽과 나머지 유라시아 지역들 사이의 교역 규모를 서서히 늘릴 수는 있었다. 그리고 그 과정은 유라시아 전역에서 교역이 통합적으로 성장해 온 기나긴 수천 년 역사의 일부였다. 유럽인들에게는 또한 상업 관계와 신용망을 중국과 인도의 수준으로 끌어올리는 단초가 되었다.

17.14 유라시아의 전통적 교역로들

[이전의 '비단길' ☞ 9.8]

새로운 교역로가 가져온 결과들이 완전히 드러나기까지는 수 세기가 소요되었다. 그 때문에 옛 교역로들도 상당히 오랜 시간 건재했다. 구래의 사하라 사막 횡단로는 유럽으로 가는 바닷길과의 직접 경쟁에서 밀리고 말았다. 하지만 교역의 규모가 시종일관 매우 작았고, 아프리카 북부와의 교역과 그중에서도 금처럼 값비싼 제품들의 거래는 낙타로 이동하는 대상 행렬이 계속 이어 나갔다. 금을 싣고 해안으로 가서 바다를 건너는 경로에는 이렇다 할 이점이 없었다. 노예 매매는 계속 증가했고,(대서양 건너 유럽의 교역에 비하면 극미한 정도이기는 했다.) 유럽인들은 지중해 노예시장에서 거의 철저히 배제되어 있었다. 고무나 가죽, 상아 같은 새로운 물건들도 교역 품목으로 들어오기 시작했다. 사하라 사막을 횡단하는 이러한 교역은 남쪽 사바나 지대로 이어지는 삼림 때문에 유럽이 경쟁에 끼어들 수 없었고, 아프리카 북부와의 강한 문화적 유대로 인해 유럽인들은 뚫고 들어가지 못했다. 유럽의 이러한 위치는 19세기까지 변하지 않았다.

거대한 유라시아 교역 체계에서 가장 오래된 교역로는 아시아 남동부와 중국을 잇는 비단길이었다. 16세기에 비단길을 온전히 횡단하는 데는 꼬박 18개월이 걸렸는데, 계절풍 바람을 받기 위해 기다리는 시간을 참작해 바닷길로 중국에 이르는 시간에 비하면 다소 길었다. 종합적으로 살펴볼 때 비단길 교역은 17세기를 훌쩍 넘어서까지 왕성히 이어졌다. 15세기 중엽부터 비단길은 강하고 안정된 제국들이 지배했다. 16세기에 오스만 제국과 명나라를 양 끝으로 한 비단길은 티무르 제국의 후예 국가들과 이란의 사파비 제국을 지났다. 메카의 상인들이 1450년부터 정기적으로 중국에 들어왔고 이집트 상인들은 그보다는 적었다. 오스만 제국과 중국의 교역은 규모가 컸고 특히 매우 귀한 명나라 자기가 많이 거래되었다. 중국 안의 몇몇 도요(陶窯)는 서양과의 교역을 전문으로 했고, 지금도 이스탄불과 이란은 세계 최대 규모의 명나라 자기 제품들을 소장하고 있다. 17세기에 이르러서야 비단길은 빛을 잃기 시작했다. 특히 중앙아시아 지역의 정치 불안이 작용한 면도 있었고, 18세기에 중국이 1000여 년 전의 당나라 시대 이후 그 어느 때보다 더 많은 서부 영토를 정치적으로 장악하면서 비단길은 극심한 경쟁을 맞게 되었다. 이러한 경쟁은 아시아 남동부와 인도양에서, 그리고 18세기 말엽에 러시아에서 교역로가 발달한 데서 기인했다.

새로운 육상 경로가 아시아 남동부에서도 발달하고 있었다. 이 지역에서는 아르메니아 상인들이 중심 역할을 수행했다. 16세기 내내 그들은 콘스탄티노폴리스에서 알레포를 잇는 경로와 메소포타미아에서 이란으로 들어가는 교역로를 장악했다. 16세기 말엽에는 구자라트에서도 자리를 잡았다. 알레포에서 인도로 향하는 육로 대상 경로는 계속 번성했고 19세기 말엽에 수에즈 운하가 개통되기 전까지는 별다른 방해를 받지 않았다. 아르메니아 상인들은 이란의 사파비 제국과 긴밀한 관계를 맺기 시작했고 무역 연결망을 확립해 오스만 상인들이 다니는, 예컨대 카스피해와 볼가강을 통해 모스크바로 들어가는 교역로 등을 피하고자 했다. 이들 공동체는 서쪽으로 안트베르펜과 런던에서 인도까지, 그리고 극동 지역의 마닐라까지 유라시아 교역로 전역으로 확산되었다. 아르메니아 상인들은 중국에서 인도까지 라싸(拉薩)를 통하는 경로를 전문으로 다루었고, 산재한 공동체들이 서로 연계된 덕에 거의 전체 유라시아 지역에서 금융거래를 제공받을 수 있었다. 유라시아 세계의 복잡성과 서로 다른 공동체들의 연계성, 서로 다른 지역들 사이의 연결성 등은 1730년대 런던의 왕실 아프리카 회사가 아랍어를 구사하는 아르메니아인 멜키오르 데 자스파스(Melchior de Jaspas)를 고용해 감비아의 이슬람 상인들을 상대하게 했고, 이 이슬람 상인들이 공급하는 노예들을 사들여 대서양 교역에 나선 덕에 부를 축적했다는 사실에서 잘 드러난다. 멜키오르는 몇 년 동안 감비아에 머물다가 다른 숱한 유럽인처럼 그곳에서 숨을 거두었다.

17.15 유라시아의 경제: 오스만과 인도, 중국

17.15.1 오스만 제국

[오스만 정치사 ☞ 18.2]

오스만 제국은 16세기 초부터 도약하는 세계경제의 중심에 있었다. 1517년 이후 오스만 제국은 아시아 남동부의 핵심 교역로 세 곳을 장악했던, 유라시아 역사에서 몇 안 되는 제국 중 하나였다. 이 교역로에는 보스포루스 해협을 지나 흑해로 가는 길, 레반트에서 메소포타미아로 가는 길과 그곳에서 중앙아시아와 중국으로 향하는 육로, 이집트에서 홍해를 타고 내려와 아덴과 인도로 가는 길이 있었다. 다마스쿠스에서 부르사를 거쳐 리보프와 동유럽 국가들에 이르는 길과 도나우강을 따라 올라가는 다른 교역로들이 상보적으로 개척되었다. 향신료 교역에는 이집트와 베네치아를 오가는 교역로보다 이 두 길이 훨씬 더 중요했다. 오스만 제국은 드넓은 내수 시장과 유럽 시장에 비단을 공급하는 데 핵심적인 위치에 있었다. 1650년 무렵까지는 교역이 부르사에 집중되었지만 뒤에는 스미르나(오늘날의 이즈미르)로 옮겨 갔다. 오스만 제국은 콘스탄티노폴리스와 알레포, 카이로 같은 대도시 안에 강력한 상인 공동체가 확립되어 있었다. 오스만 정부는 이들 공동체에 거의 세금을 부과하지 않았고 유럽 정부 못지않은 자유를 허용했다. 오스만 제국은 교역로를 지키고 특히 이집트에서 수도로 곡물을 가져오는 상선들을 보호할 해군 병력을 대규모로 배치했다. 해군은 오스만 상인들을 지원하기도 했다. 1538년에 포르투갈령인 디우를 공격한 것도 이집트를 경유하는 향신료 교역로를 재건하기 위한 시도의 일환이었다. 인도양에서 이 지역, 특히 모카와 아덴의 항구를 점령해 커피 무역도 발달시킬 수 있었다. 오스만 제국에는 활용할 수 있는 자원이 상당히 많았다. 16세기 초엽에 정부는 쉰여섯 명의 선주단에 주문해 선박 118척으로 연간 658회의 항해에 나서게 했고, 이에 이들은 흑해 지역에서 제국의 수도로 곡물을 실어 날랐다.

17.15.2 인도

[정치사 ☞ 18.5]

　오스만 제국은 지상이나 해상에서 강한 군사력을 자랑했다. 인도의 무굴 제국은 압도적으로 지상을 기반으로 하는, 생산성이 매우 뛰어난 농경 활동이 부의 주요 원천인 나라였다. 상인들은 자유로이 거래할 수 있었다. 국가의 지원은 거의 받지 못했지만, 그 대신에 세금도 거의 내지 않았다. 무굴 제국의 상류층과 왕족 다수는 교역에 긴밀히 연관을 맺고 있었다. 이들은 특히 규모 있는 항구도시들을 이용했고 사적인 함대를 소유해 벵골 지역의 교역을 지배했다. 이 지역은 세계의 주요 비단 생산지 중 한 곳이기도 했다. 17세기 말엽에 벵골은 인도의 거의 전 지역으로 비단을 공급했고 네덜란드 상인들은 품질 좋은 벵골의 비단을 일본으로 가져갔다. 남쪽으로 더 내려가 술탄국인 비자푸르와 골콘다에서도,(두 술탄국 모두 1680년대 이후에 무굴 제국에 점령되었다.) 통치자와 교역 도시들, 대규모 상인계급은 오랜 기간 밀접하게 연결되어 있었다. 이들 도시들은 종래와 같이 아시아 교역망에 긴밀하게 묶여 있었고 통치자들이 거두어들이는 수익의 대부분은 교역에서 나왔다.

　유라시아의 대다수 지역처럼 인도의 산업 생산도 대부분 시골에서 이루어졌다. 농민들이 농한기에 수입을 보완할 방도를 구했기 때문이다. 견사나 목화솜, 소금, 초석 같은 특정 생산 분야들이 분화되었다. 카심바자르(Kasimbazar) 지역은 연간 총 220만 파운드 상당의 견사를 공급했다. 유럽 무역 회사 세 곳에서 견 직조공 1600명을 고용했는데도 견사 총생산량의 절반 밖에 수용하지 못했다. 나머지 견사는 지역에 팔거나 인도 상인들에게 넘겼다. 1640년대 무렵에 마술

리파탐(Masulipatam)과 바라나시에는 각각 7000명이 넘는 면 직조공이 있어 내부 수요와 유럽 및 아프리카 수출을 위해 면직물을 생산했다. 인도산 목화솜은 유라시아에서 최고의 품질을 자랑했을 것이다. 인도가 매우 질 좋은 물건을 생산한 또 다른 분야는 철강이었다. 비슷한 품질의 제품을 생산한 나라가 19세기 초까지는 아마도 스웨덴이 유일했을 것이다.

17.15.3 중국

[정치사 ☞ 15.4]

16세기 무렵에 중국은 몽골의 침략과 흑사병의 충격에서 벗어나며 오랜 회복기를 마감했다. 명 왕조 치하에서 풍요로운 대국 경제를 발전시킨 중국은 예전처럼 생산성 높은 농경 활동에 기반을 두고 있었고 농업 환경 개선은 여전히 현재 진행형이었다. 수확량은 14세기 말부터 1600년 사이에 60퍼센트나 늘었고, 가장 풍요로웠던 18세기 유럽의 농업 생산량을 훌쩍 뛰어넘어 프랑스의 두 배는 되었는데, 아마도 산업 경제 발전 이전의 체계에서 가능한 최고치에 가까웠을 것이다. 경작지도 계속 확대되었고 인구도 1400년에서 1700년 사이에 두 배로 뛰어올랐다. 여러 지역에 고도로 전문화되고 상업화된 농업이 존재했는데, 대개는 수출무역을 지향했다. 특히 복건성과 강서성, 안휘성이 그런 경우로, 차(茶) 회사가 넓은 땅을 임대하거나 직접 관리했다. 어떤 지역은 토지의 4분의 3을 목화 재배에 이용해 농민들도 먹을 것을 시장에서 구매했다. 담배와 사탕수수의 재배를 전문으로 하는 지역들도 있었다.

중국이 보인 발전 양상들은 모두 아메리카 대륙에서 막대한 양의 은이 유입되면서 고도의 상업화를 이룬 경제의 한 단면이었다. 중국은 17세기 무렵에 지폐를 부활시켰는데, 대부분 중앙은행이 아니라 민간에서 발행했다. 민간 금융의 중심지는 산서성으로, 이곳에는 18세기에 주요 회사들이 설립되었다. 8대 회사가 중국 전역에 서른 개 이상의 지사를 열었고, 19세기 초엽에는 일본으로까지 진출했다. 부가 증대하면서 토지보다는 상업 분야와 산업 분야에 대한 투자가 훨씬 더 빠르게 증가했고, 19세기의 소금 상인들이나 광동성의 대외무역상인 공행(公行)들처럼 대규모 상인 집단들이 어마어마하게 집중된 자본을 장악했다. 상인들의 정치적인 힘도 점점 커져서 유럽과 인도에서처럼 사실상 많은 도시를 상인 길드와 연합체들이 관리했다. 도시들이 계속 성장해 거대한 내수 시장을 형성하면서 중국의 많은 거래가 이루어졌다. 면직물은 800여 마일에 걸쳐 거래되었다. 정치 구조가 분할된 유럽의 경우 이 정도 거리에서 이루어지는 거래는 수출로 여겼을 것이다. 그런데도 중국의 수출 관세는 16세기 말엽에 국가 세입의 절반을 차지했다. 북부 지역으로는 면직 거래가 성행했는데 특히 만주에는 건조한 기후 때문에 지하 공장들(underground factories)이 발달했다. 17세기 말엽에 3500척의 선박이 매년 남부에서 북부로 이동했고, 각 선박은 20톤에서 40톤까지 화물을 적재했다. 면직 생산 규모는 원면을 대량으로 수입해야 할 정도였다. 18세기 말 무렵에 중국은 인도로부터 매년 270만 파운드의 원면을 수입했다. 이는 1800년에 '산업혁명'이 시작되던 시기에 영국이 미국으로부터 수입하던 양의 두 배와 같았다.

더불어 기술적 발달도 상당했다. 오색 인쇄술과 정교한 견직기 및 무명 직기가 개발되었다. 직기들을 작동하는 데는 아직 최소한 세 명이 필요했다. 산업 생산이 급속히 확대되면서 숙련되지 않은 공장노동자들과 함께 숙련노동자와 장인 엘리트층도 존재했다. 지역적으로 특정 종류의 생산품에 특화되는 곳들도 생겨났다. 경덕진(景德鎭)은 자기가, 송강(松江)은 면직물이, 소주(蘇州)는 화려한 비단이 유명했다. 강서성은 종이 생산이 전문화되어 16세기 말엽에 30여개가 넘는 공장에서 3만 명 이상의 노동자를 고용했다. 마찬가지로 철강 산업이 집중된 호북성과 섬서성, 사천성에는 용광로 예닐곱 개를 설치한 주물소들이 있어서 각각 2000명에서 3000명의 인력을 고용했다. 삼베와 비단, 면직물의 생산도 집중되어 있어, 상인들은 직조공 4000명과 그보다 몇 배는 많은 방적공이 딸린 직물의 생산과 판매를 관리했다. 다른 중국 지역들은 다른 종류의 생산에 힘을 쏟을 수 있었다. 중국 내 통신망이 잘 확립된 덕분이었다. 중국의 통신망은 확실히 철도가 발달하기 이전의 유럽과 비슷했고, 항행할 수 있는 강과 운하의 양은 아마도 훨씬 나은 수준이었을 것이다.

17.16 1750년의 유라시아

서유럽의 열강이(특히 영국과 프랑스, 네덜란드가) 아메리카 원주민들보다 앞선 기술력(과 질병)을 통해 대서양 경제를 지배했다는 사실은 이들이 아메리카 대륙에서 상당한 부를 창출할 수 있다는 의미였다. 부의 형태는 금과 은으로 나타났고, 노예 매매에서 직접 얻는 수익과 특히 노예들이 재배한 작물(설탕, 담배, 인디고, 쌀 등)을 수확해 얻는 수익으로 나타나기도 했다. 그리고 그러한 부는 유라시아 내에서 서유럽의 위치를 완전히 바꾸어 놓았다. 1500년 이전에 콜럼버스가 아메리카 대륙에 당도하고 포르투갈인들이 인도양에 다다랐을 때만 해도 의심할 나위 없이 유럽은 오랜 기간에 걸쳐 형성된 나머지 유라시아 사회들보다 훨씬 뒤쳐져 있었다. 아메리카 대륙에서 유입된 부로 서유럽 몇 개 국가는 자국의 재력을 키우고 상업과 금융의 체계를 발전시켰으며 경제 발전에 투자할 수 있는 자본을 손에 넣었다. 무엇보다도 유럽인들은 복잡한 아시아 교역 세계에 파고들어갈 수 있는 자산을 얻었다. 유럽이 만들거나 공급할 수 있었던 제품들은 이미 더 다양하고 질 좋은 제품들을 만들던 중국이나 인도와 같은 강국들의 관심을 거의 끌지 못했다. 유럽 국가들은 이들 나라보다 우월한 기술력이나 군사력을 갖지 못했고, 그들이 지닌 힘은 이들 지역의 광활한 지상 제국들을 정복하기에는 턱없이 부족했다. 아메리카 대륙의 금과 은이 없었다면 유럽은 아시아의 제품들을 살 수 없었을 것이고, 아시아 교역에 조금씩 침투해 돈을 벌지도, 부를 얻지도 못했을 것이다.

18세기 중엽에서 말엽까지 부의 규모를 보면 유럽이 1500년에서 1750년 사이에 더 부유했던 유라시아 사회들, 특히 중국과 인도를 따라잡았다고 추정할 수 있다. 추정할 수 있는 수치는 가설일 수밖에 없지만 그래도 대략적으로 일관되고 매우 분명한 추세를 보여 준다. 18세기 중엽에 유라시아의 여러 국가와 제국들은 1인당 국민총생산(GDP)으로 볼 때 대체로 전부 같은 수준의 부를 형성했다.(중국과 인도는 영토 범위와 천연자원, 인구의 규모만으로도 아직 유럽의 어느 국가보다도 훨씬 거대한 경제 대국이었다.) 1750년에 중국의 평범한 시민들은 서유럽의 주민보다 미미하게나마 (10퍼센트 정도) 더 부유했을 것이다. 인도는 서유럽과 대체로 비슷한 수준이거나 평균적으로 조금 떨어졌던 것 같다. 일본은 유라시아의 주요 국가들보다 약간 더 가난해서, 평균적으로 부의 수준이 서유럽보다 5분의 1 정도 뒤쳐져 있었다. 1500년에 유럽에는 대도시 거주민이 인구 스무 명당 한 명꼴도 되지 않았고, 대륙에 확립된 대도시의 수도 미미했다. 18세기 말엽에도 유럽인 열 명 중 아홉 명은 여전히 시골에 살며 전처럼 농업에 의존했다. 1800년에 유럽의 도시인구는 백분율상으로 아직 중국보다 미미하게나마 더 적었고, 세계 최대의 도시들도 유럽에는 존재하지 않았다. 북경과 광동성은 런던보다 컸고, 항주와 에도, 콘스탄티노폴리스도 모두 파리보다 컸다. 유럽에서는 대토지를 소유한 귀족들이 여전히 지배적인 사회 계급이자 정치 계급이었고, 농민들이 수확한 잉여생산물도 대부분 이들이 마음대로 처분했다. 산업 생산은 다른 유라시아 지역들과 마찬가지로 여전히 소단위 숙련노동자들로, 또는 가내공업의 형태로 이루어졌다. 수송 기반 시설은 아직 열악했다. 그러나 희미한 징후들이 하나둘 나타나 19세기에 펼쳐질 어마어마한 경제성장과 기술혁신을, 그리고 세계 속 유럽의 위치가 완전히 뒤바뀌게 될 운명을 알리고 있었다.

화약 제국과 국가들

18

18.1 화약이 유라시아에 미친 영향

화약 무기 개발은 오롯이 중국이 이룬 성과였다. 중국은 1280년 이전에 약 3세기 동안 폭발성 혼합 물질뿐 아니라 금속제 총신을 장착한 총과 로켓 발사체, 대포를 발명해 성능 좋은 무기를 만들었다. 신기술은 서구로 급속히 확산되어 14세기 중반 무렵에 유럽은 원시 단계에 있는 최초의 무기를 사용하고 있었다. 하지만 15세기에도 이 무기들은 그리 널리 통용되지 않았다. 쇠를 용접해 만들었던 초창기 무기들은 너무 쉽게 터져버렸기 때문이다. 효과적인 무기를 만들기 시작한 것은 청동과 황동을 이용한 주종술(鑄鐘術)을 사용하면서부터였다. 화약 무기를 본격적으로 사용하기 시작한 국가들은 이슬람

쪽이었다. 1453년에 오스만 제국은 거대하고 육중한 공성포 예순두 대를 사용해 콘스탄티노폴리스 성벽을 무너뜨리는 데 성공했다. 3년 후의 베오그라드 포위 작전에서 오스만 제국은 거의 200대에 가까운 포를 배치했다. 인도는 1440년대에 북부에서 처음으로 대포가 등장했고 30년 후에는 데칸고원에서도 사용되었다. 이들 일부 초기 총기는 너무 무거워서 수상으로만 이동할 수 있었고, 가끔은 현장에서 직접 주조하는 경우도 있었다. 15세기 말이 되어서야 효과적인 반(半)이동 총기들이 탄생했다. 유럽이 90퍼센트의 비용 절감을 가져오는 주철 대포를 최초로 만들었던 시기는 1543년이었다. 문제는 그런 무기들을 만드는 생산 능력이 부족해 17세기에 들어 한참 후까지도 구리와 놋쇠로 만든 무기들을 일반적으로 사용했다는 것이다.(프랑스는 1660년대까지 전(全)철제 총기 정책(all-iron gun policy)을 채택하지 않았다.) 포병 화기 채택과 동시에 보병화기인 아쿼버스가 16세기 초에 유럽에서 개발되고 뒤이어 1550년대에는 원시 형태의 머스킷 총이 최초로 만들어졌다.

중국에서 화약 무기의 파급력은 그다지 크지 않았다. 처음 화약 무기가 대규모로 채택된 시대는 명조였는데, 당시 중국은 내부적으로 매우 안정되어 있었고 대외적으로만 다소의 충돌이 있었기 때문이다. 무기를 개발한 뒤로 전투가 벌어지지 않았다는 것은 16세기 초엽까지 중국이 이슬람 사회보다 뒤쳐졌다는 의미였다. 1520년에 외교사절단이 다녀간 후 중국은 오스만 제국의 대형 공성포를 도입했다. 그때부터 변화에 속도가 붙었다. 1564년 무렵에 중국은 북쪽 국경에서 철제 포탄을 사용했고 1570년대에는 만리장성에 머스킷 병사들이 사용하는 사격 진지를 마련했으며 이동식 대포도 배치했다. 중국은 방어 시설을 개발하는 데 다른 유라시아 지역들보다 훨씬 더 앞서 있었다. 새로운 화약 무기들을 다루는 법을 훨씬 더 오랫동안 연구해야 했기 때문이다. 크고 작은 도시들은 전부 15야드 두께의 육중한 벽들로 요새화되었다. 도시의 벽들은 거의 어떤 포격도 견뎌낼 정도였다. 1840년에는 영국의 74문 군함이 32파운드의 화기를 장착하고 2시간 동안 광동성을 포격했지만, 사령관은 "끄떡도 하지 않습니다."라고 보고해야 했다. 1860년에 영국 장군 프랜시스 놀리스(Francis Knollys)가 북경에 도착했을 때 높이 50피트, 너비 50피트에 꼭대기는 수송에 편리하게 포장되어 있는 벽이 도시를 둘러싸고 있는 광경을 보고 놀라움을 금치 못했다.

유라시아의 서쪽으로 갈수록 화약 무기의 영향은 훨씬 더 위력적이었다. 1420년대부터 오스만 제국이 부활해 콘스탄티노폴리스를 점령하고, 1480년대 즈음에 발칸 지역의 대다수를 장악할 수 있었던 것도 대체로 신무기들을 제대로 이용한 덕분이었다. 16세기에 인도에서 무굴 제국이 흥기할 수 있었던 저변에도 역시 화승식 머스킷 총과 (유럽보다 약 30년 앞선) 야전 대포의 도입이 있었다. 일본에서 화약 무기는 16세기 말에 영토를 통일하는 데 중요한 역할을 했다. 하지만 가장 영향을 많이 받은 지역은 유럽이었다. 유럽은 이미 수많은 소국가로 나뉘고 왕조 간의 충돌에 시달리고 있었는데, 이러한 상황은 16세기 말엽에 종교 분열이 발생하며 더욱 악화되었다. 새로운 무기들이 불러온 군사 혁명은 군대 내에도 깊은 충격을 주었지만 유럽 국가의 성격과 이후의 발달에도 근본적인 영향을 미쳤다.

유럽은 16세기에 아직 유라시아의 주변 지역이었다. 1600년에 인구 1억 6000만으로 세계에서 가장 큰 나라였던 중국은 대외적으로 미미한 문제들이 존재하기는 했지만 명 치하에서 대단한 번영과 안정을 누렸는데, 그 역사는 이미 앞에서 살펴보았으므로[15.4 및 17.15.3]

여기에서 깊이 다루지는 않을 것이다. 16세기 유라시아의 역사를 지배한 사건은 두 대제국의 흥기, 즉 이란 사파비 왕조와 인도 무굴 제국의 등장이었다. 동시에 오스만 제국은 확장을 거듭하며 이들 제국의 세력은 최고조에 도달했다. 이 세 제국은 좀 더 작은 우즈베크족 국가와 함께 4대 '튀르크' 왕국을 형성했고, 제국을 통치하는 왕가들은 모두 튀르크계 동족 언어를 사용했다. 네 나라는 서로 밀접하게 연결되어 있었고,(사이가 좋기만 했던 것은 아니다.) 유라시아의 중앙 지대를 지배하는 이슬람 세계의 중심에 있으면서 중요한 교역망을 형성했다. 16세기 중엽에 네 제국의 인구는 약 1억 3500만 명으로 유럽 인구의 2.5배였다.

18.2 오스만 제국

[이전의 오스만 ☞ 15.8]

오스만 제국은 대제국으로서는 마지막으로 아시아 남서부 문명의 심장부를 영토로 삼아 지배했다. 또한 이 지역과 지중해 연안 지역, 발칸 지역을 통일했던 유일한 제국이었다. 오스만 제국은 지중해에서 앞서 5세기 동안은 도달하지 못했던 수준으로 다시 이슬람 세력을 확장했다. 아시아 남서부의 중요한 교역로 세 곳(보스포루스 해협을 지나 흑해로 가는 길, 레반트에서 메소포타미아에 당도한 후 중앙아시아로 향하는 육로, 홍해를 타고 내려와 인도양으로 가는 길)과 중요한 곡물 수출 지역 세 곳(메소포타미아, 이집트, 흑해 지역)을 장악하기도 했다. 1470년대 뒤로 300년 동안 흑해와 아조프해는 오스만 제국의 호수였다. 비록 18세기 말엽부터 유럽에 설 자리를 잃었지만 1918년까지 오스만 제국은 (이집트를 제외한) 아시아 남서부에 대한 장악력을 잃지 않았고 1923년까지는 공식적으로 명맥을 유지했다. 오스만 제국의 역사는 비잔티움 제국처럼 흔히들 16세기 중엽 이후 돌이킬 수 없는 쇠락의 길을 걸었다고 여기지만, 제국은 수 세기 동안 강성했고 18세기에도 여전히 영토를 확장하고 있었다. 영토를 결정적으로 상실한 것은 (제국 창건으로부터 500년 이상을 넘긴) 18세기 말의 일이었다.

18.2.1 확장

1453년에 오스만이 콘스탄티노폴리스를 점령하면서 발칸 지역에 급속히 세력을 떨친 이후 1480년대부터 1490년대에 걸쳐 통합의 시기가 지나갔다. 제국은 1499년부터 1502년까지 베네치아와 전쟁을 벌여 다시 확장을 꾀했다. 이미 오스만 포병대에 한 차례 방벽이 무너졌던 그리스 남서부 메소니와 코론의 두 요새도 이 기간에 제국의 수중으로 넘어갔다. 1512년에 바예지드 2세(Bayezid II)가 퇴위하고 그의 아들 셀림 1세(Selim I)가 술탄에 오르면서 새로운 전기가 마련되었다. 2년 뒤에 반 호수 인근에서 벌어진 찰디란 전투에서 이란의 사파비 왕조가 패하자, 오스만은 아나톨리아반도까지 동쪽으로 더 깊이 밀고 들어가 영토를 넓혀 사파비조의 서진을 원천 봉쇄했다. 셀림은 다음에는 남쪽으로 이동해 맘루크를 공격하고 1516년에 핵심 교역 도시인 알레포를 점령했다. 이듬해에 라이다니야(Reydaniyya) 전투에서 맘루크가 끝내 패망하자 오스만은 이집트를 장악했다. 메카의 셰리프도 오스만의 패권을 인정하면서 제국은 아라비아반도와 성도(聖都)까지 통치권을 확장했다. 맘루크를 공격해 아라비아까지 점령함으로써 강경한 정통 수니파가 지배하던 오스만 제국은 사파비 왕조와의 경쟁에서 입지가 강화되었다.(셀주크조 이래로 모든 튀르크계의 정책적 중심에 있었다.) 레반트와 이집트로까지 지배권을 넓혀 가면서 오스만 제국 내부의 균형도 달라졌다. 이슬람의 색채가 훨씬 더 강해지고 발칸 지역의 기독교도들은 극소수 집단이 되었다. 셀림이 1520년에 사망하자 뒤를 이어 쉴레이만 1세(Suleiman I)가 1566년까지 제국을 통치했다.(유럽에서는 쉴레이만 1세를 흔히 '대제(the magnificent)'로 칭하지만 그의 실제 별칭은 '입법자(law-giver)'였다.) 그는 발칸 지역으로 공격적인 확장을 재개해 1521년에 베오그라드를 마침내 점령했다.(이어서 이듬해에는 지중해의 로도스섬도 점령했다.) 1526년에 모하치 전투에서 승리하면서 독립 왕국이었던 헝가리가 사실상 복속되었고, 오스만 제국은 3년 만에 부다페스트에 꼭두각시 통치자를 앉혀 오스만 주둔군을 배치하고 정기적으로 조공을 바칠 것을 약속받았다.

오스만의 힘은 정점을 향해 치닫고 있었다. 제국은 서쪽으로 알제에서 동쪽으로 아제르바이잔까지 이어졌고, 부다페스트에서 바스라까지, 그리고 크림반도에서 모하치와 홍해 끝자락의 아덴까지 뻗어 나갔다. 지중해와 흑해, 인도양 동쪽에 함대가 주둔했고, 인도 서부의 구자라트 해변에서부터 알제까지 여러 전투가 벌어졌다. 1580년대에 오스만 해군은 모잠비크를 습격했다. 오스만 제국은 해안선의 4분의 3을 지배하는 지중해 으뜸의 강국이었다. 16세기 내내 서유럽을 움직이는 중심에 서 있었고, 서유럽 사회가 상대해야 할 가장 위력적인 국가였다. 서유럽의 많은 나라는 오스만에 동맹을 요청하는 데 상당한 시간과 노력을 투자해야 했다. 이 시기에 서유럽 역사의 많은 부분은 제국의 서쪽 변경에 위치한 소국들이 아니라 오스만 제국의 관점에서 바라볼 때 더 이해가 쉽다. 대체로 오스만은 유럽의 주요 세력인

16세기 중엽 오스만 제국

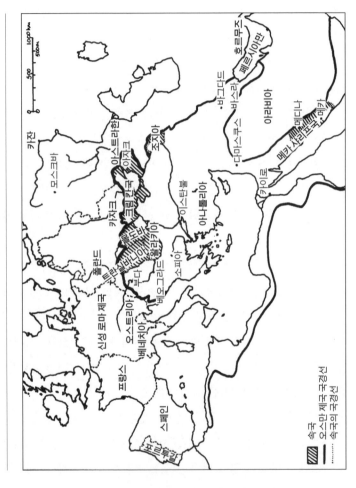

속국
오스만 제국 국경선
속국의 국경선

합스부르크 왕가와 적대 관계였고, 프랑스와 잉글랜드, 그리고 독일의 작은 국가들처럼 합스부르크 왕가와 대립하는 작은 세력들을 지지했다.

16세기 초에 이탈리아 전쟁이 벌어지는 동안 참전국들은 모두 오스만까지 반도를 침략해 1480년의 오트란토 점령이 재연될까 봐 우려했다. 오스만 제국이 유럽에서 결정적인 역할을 하기 시작한 것은 1530년대부터였다. 1533년에는 프랑스의 프랑수아 1세(François I)에게 10만 금화를 지원하고, 독일 군주들 및 잉글랜드와 동맹을 맺어 합스부르크 왕가와 싸우도록 도왔다. 지원금은 1535년에 다시 한번 전달되었고 프랑스 사람들에게 오스만 제국과 교역할 수 있도록 허가했다. 이에 대한 답례로 프랑스는 오스만 상인들에게 남부 출입을 개방했다. 1538년에 베네치아는 오스만과 맞서 합스부르크와 교황이 맺은 동맹에 가담했다. 아드리아 해전에서 패해 1540년에 화평을 맺지 않을 수 없게 되면서 베네치아는 거액의 배상금을 내고 그리스 남부의 나플리오와 모넴바시아 요새를 빼앗겼다. 1555년에 오스만은 제국 안에서 세금 징수권을 청부받은 유대인 조지프 나시의 사채업을 결정적으로 공인하고 지원했고, 그 덕에 프랑스 왕가는 재정 고갈을 면할 수 있었다. 합스부르크 왕가에 대적하는 독일 신교도 군주들을 지원한 것은 한편으로는 현실 정치의 문제였지만, 오스만은 프로테스탄티즘이 성상 파괴주의 등 이슬람과 비슷한 측면들이 있다고 여기며 신교도 운동의 전개에 매우 깊은 관심을 보였다. 칼뱅주의가 헝가리와 트란실바니아에서 관용되며 널리 확산되었다. 16세기 중엽에 오스만 제국에 행보에 처음으로 제동이 걸렸다. 40년 전 로도스섬에서 쫓아냈던 기사단에게서 몰타섬을 빼앗는 데 실패했던 것이다. 1571년에 레판토 해전에서 오스만이 패배한 것은 기독교 유럽의 위대한 승리처럼 보이지만, 이후에도 지중해의 전략적 상황은 변하지 않았다. 오스만 해군은 신속하게 재건되었고 스페인은 오스만의 튀니스 점령을 막지 못했다.

18.2.2 제국의 성격

오스만 제국은 공식적으로 '오스만 가문이 소유하고 지배하는 영역'으로 알려져 있고, 왕조 제국으로서 (유럽의 맞수 합스부르크 왕조처럼) 각양각색의 영토들을 다스렸다. 오스만은 대단히 관용적인 제국으로, 3대 유일신 종교가 모두 속해 있고 복잡한 역사와 상호 관계를 지닌 여러 상이한 집단과 언어들이 별다른 문제없이 공존했다. 스페인과 포르투갈, 이탈리아 같은 기독교 국가에서 추방당한 유대인 수만 명이 제국 안에 정착했다. 안달루시아 출신 모리스코들은 16세기 중엽에 추방당해 콘스탄티노폴리스에 정착했다. 러시아 출신 구교도들은 얼마 후에 아나톨리아 정착을 승인받아 고국의 박해에서 탈출했다. 발칸 지역 점령, 그리고 아시아 남서부에서와는 달리 이슬람의 지배를 겪어 보지 못한 대규모 기독교도의 통합은 적지 않은 문제를 배태했다. 인구 대부분이 거주하는 시골에서는 지역의 풍습을 거스르는 일이 거의 없었고, 관용 정책과 더불어 지역 정부들이 과거에 기독교 지주들 및 지역 통치자들에게 행사하던 극심한 박해들을 없앤 덕분에 안정을 일굴 수 있었다. 오스만은 심지어 이슬람에서 금하는 돼지 도축에 대해서도 세금을 계속 부과했다. 헝가리에서 대토지를 소유한 지주들은 서쪽 합스부르크 왕가의 지배령으로 달아났지만 오스만 제국에 남은 농노들에게 여전히 공조(貢租)를 요구했고 오스만 정부는 공조 납부를 계속해도 좋다고 허락했다. 정착민들이 아나톨리아에서 이주해 오면서 16세기 초엽에 이르자 발칸 지역 인구의 5분의 1이 이슬람교도였다. 이 중 3분의 1 이상이 기독교에서 개종해 온 자들이었고, (보고밀 파가 항상 강세였던) 보스니아 같은 지역들에서는 대다수가 이슬람으로 개종했다.

술탄은 16세기 내내 오스만 지배 체제의 중심에 있었지만 후계 승계의 문제는 없어지지 않았다. 왕위를 장자에게 계승하지 않고 적임자에게 물려주는 오랜 유목민 생활의 관습이 남아 있었기 때문이다. 이러한 관습의 장점은 힘없는 통치자를 갖게 될 우려가 별로 없다는 것이었지만, 분열이 들끓고 대개는 패자를 살육해야만 상황이 해결된다는 단점이 있었다. 하지만 17세기 초엽에 좀 더 관료제에 접근한 정부 체계가 발달해 개인의 자질과 술탄의 역할은 훨씬 부차적인 요소가 되었다. 제국은 많은 유럽 국가처럼 통치자 일가가 아닌 제국 의회를 통해 통치되었다. 재상들이 중요한 군사 및 행정 업무를 수행했고, 주와 현의 지사들과 제국의 법(제국의 전체 국민에게 적용되었다. 이슬람교도는 샤리아 율법도 지켜야 했다.)을 담당하는 제국 법관들, 다수의 행정가가 각각 업무를 보완했다. 디를리크(dirlik) 제도 아래 지방의 지사와 관리들은 자기 소유의 땅을 갖지 않고 관직에 있는 동안 특정한 토지에서 나온 세입만 할당받았다. 소도시에서는 관세와 교역세 지분을 할당해 지역 정부를 지원했다. 지역의 지사들은 할당받은 세입으로 병력을 양성해야 했다. 술탄과 제국 정부의 수입은 콘스탄티노폴리스와 알레포 같은 대도시들의 교역 세입과 광산, 삼림 등에서 나왔다. 술탄은 자기 수입으로 정예부대와 해군 전체를 부양했다. 16세기 말엽에는 지방, 특히 레반트와 이집트, 그리고 사파비 왕조로부터 점령한 지역들에 대해 중앙의 통제력이 점점 증가했다. 오스만 정부는 그들을 둘러쌌던 극심한 제약들을 고려할 때 산업화 이전의 여느 사회들 못지않게 효율적인 조직이었을 것이다.

오스만 제국의 정치 제도는 소수 기독교도를 위해 수많은 일자리를 남겨 둘 정도로 포괄적이고 관용적이었다. 나머지 유럽 사회의 대부분은 '오스만의 굴레'에 맞서 기독교도들이 항거하기를 기대했지만, 제국 내의 기독교도들은 자신들의 '압제자'를 바라보는 시각이 매우 달랐다. 19세기까지 저항다운 저항은 어떤 식으로든 일어나지 않았다. 실제로 유럽의 많은 기독교도는 오스만 제국 안에서 적극적으로 일자리를 구했다. 16세기 말엽에 오스만에서 가장 큰 권력을 누린 환관 중에는 하산 아가(Hasan Aga)도 있었는데, 그는 사실 그레이트 야머스(Great Yarmouth: 잉글랜드 동부의 항구도시다. ― 옮긴이) 출신의 샘슨 라울리(Samson Rowlie)였다. 그가 맡았던 여러 업무 중 하나는 제국의 한 지역에서 거래하도록 승인받은 영국의 상인들을 상대하는 것이었다. 알제에서 지역의 사형 집행인으로 일하던 압데살람(Abd-es-Salaam)은 엑서터(Exeter: 잉글랜드 남서부의 도시다. ― 옮긴이) 출신의 압살롬이라는 도살업자였다. 오스만에서 가장 중요한 위치에 있는 장군 중 한 명이었던 캠벨(Campbell)은 스코틀랜드 출신으로 이슬람교로 개종한 후 '예니체리(Janissaries: 술탄의 상비 친위군이다. ― 옮긴이)'에 입영했다. 1606년에는 잉글랜드 영사로 이집트에 파견된 벤저민(Benjamin) 주교가 이슬람으로 개종했다. 이후 17세기에 찰스 2세는 해밀턴(Hamilton) 대령을 보내 몸값을 지불하고 아프리카 북부에서 노예로 팔려 간 잉글랜드 남자들을 데려오려고 했다. 임무는 완전한 실패로 끝났다. 노예들이 정부의 위계 서열을 타고 올라가 잉글랜드에 거주할 때보다 훨씬 더 부자가 된 데다 현지 여성들과 결혼도 한 터였기 때문이다. 이들은 모두 귀국을 거부했다.

[이후 역사 ☞ 19.3]

18.3 이란 사파비 왕조

[이전의 이란 ☞ 15.6]

이란에서는 쿠브라위(Kubrawi)와 후루피야(Hurufiya), 르바다르 (Sarbadar)같이 신비하면서도 대중적인 종교운동이 13세기부터 연이 어 등장했다. 그중 가장 중요한 것은 이란 북서부 아르다빌의 쿠르드 족 출신 종교 지도자인 사피 알딘(Safi al-Din: 1252~1334년)이 주창한 사파비 운동이었다. 이들 종교운동들은 모두 이란을 지배하던 외부 의 군부 통치자들(몽골의 후계들)에 맞서 대중 이슬람(popular Islam)이 부활하는 데 일조했다. 놀랍게도 이들은 사파비 운동으로부터 출발 해 왕조를 창건하고 1501년부터 1722년까지 200년이 넘는 기간에 이 란을 통치하게 되었다. 사파비 운동에 결정적인 변화를 가져온 사람 은 사드르 알딘(Sadr al-Din)으로, 사파비 운동을 창시하고 1391년에 세상을 뜰 때까지 이 운동을 이끌었던 사피 알딘의 아들이었다. 사드 르 알딘은 무함마드의 직계 후손이라는 주장을 펼치며 사파비 운동 을 계층구조가 있고 재산을 소유한 교단으로 만들었다. 인도자, 즉 무르쉬드(murshid)는 선출직이 아닌 세습 지위가 되었다. 그는 추종자 들에게 완전한 복종을 요구했고 자신의 대리인인 칼리파(khalifas)에 게서 후원을 받았다. 15세기 초엽에 사파비 운동은 이란 북서부와 아 나톨리아 동부를 거점으로 하는 정치 세력이 되었고, 그 사이에 티무 르(Timur)가 창건했던 제국은 몇 차례나 내부 권력 다툼에 휩싸이며 몰락했다. 사파비 세력은 조지아와 트레비존드(Trebizond: 소아시아 동 북부에 있던 중세의 제국이다. — 옮긴이)에 자리 잡은 작은 기독교 공동 체들을 공격하고 이어서 다른 이슬람 국가들도 침략했다. 이들의 종 교 사상은 본질적으로 정치 분쟁인 싸움에 정당성을 부여했다. 이들이 지지를 얻은 세력들은 대부분 기성 엘리트들에게 거부당했던 집단들로, 특히 자신들이 쓰고 다니던 붉은 두건에서 이름을 차용한 전사 집단인 키질바시(Qizilbash)도 그런 집단 중 하나였다. 16세기를 지나면서 사파비의 종교적 신념들은 더욱 정교해졌다. 대체로 수니 이슬람을 바탕으로 했던 그들의 신앙은 시아 사상과 수피 사상이 혼재된 신앙이 되었다. 또한 불교부터 조로아스터교까지 타 사상들을 광범위하게 통합했지만 대체로 반(反) 수니 사상에 공격적인 시아 이슬람의 성격이 강했다. 이러한 상황은 이스마일 치하에서 절정에 달했다. 그는 1487년에 지도자가 되었고 스스로 숨은 이맘(imam: 이슬람교 교단의(특히 시아파의) 지도자를 가리키는 직명이다. — 옮긴이)이자 알리의 환생이라고 천명했다.

1501년에 이스마일은 이란 북동부에 있는 타브리즈를 점령하고 샤(Shah)를 자칭했다. 그리고 그 후 10여 년 동안 이란 전역에 대한 지배권을 확립했다. 이 기간에 사실상 오늘날 이란의 국경이 만들어졌다. 오스만 제국은 아나톨리아를 지배했고 샤이바니(Shaybanid) 제국은 동쪽의 트란스옥시아나를 다스렸다. 사파비 왕조 앞에 놓인 중요한 문제는 이란에 중앙 정치 체계를 세우고,(한 세기 이상 부재했다.) 경제 및 사회의 기반 시설을 재건하며,(많은 점에서 볼 때 아직도 250여 년 전 몽골 침략의 여파를 벗어나지 못하고 있었다.) 사파비 왕조를 위해 실질적으로 이란을 정복했던 전사 집단인 키질바시를 통제하는 것이었다. 키질바시는 자발적으로 편제된 부족장들로, 휘하에 씨족 무리와 마을, 작은 도시 등을 거느리고 군 통제권을 행사하고 세금을 할당받을 권리도 갖고 있었다. 도시 상인들은 일반적으로 독자적인 집단을 유지했다. 사파비조는 수많은 비밀 종교 단체와 끊임없는 저항도 해결해야 했다. 그 때문에 16세기 중 상당 기간은 초기 샤들의 힘이 매우 제약되어 있었다. 사파비조는 조금씩 가까스로 중앙정부 관제를 마련하고 어느 정도 지배권을 확립할 수 있었다. 핵심이 되는 체계는 '대리인', 즉 와킬(wakil)로 지역의 군 지휘관이자 교단의 수장이었다. 와킬을 보좌하는 것은 민간 행정 수반인 와지르(wazir)와 군사령관인 아미르(amir)였다. 샤는 또한 이슬람의 오랜 전통인 노예 군대를 징집해 키질바시 세력을 견제하기 시작했다.

중앙 통치와 지도력에서 최전성기를 이룬 인물은 샤 아바스(Shāh Abbās: 1588~1629년)였다. (조지아와 아르메니아의 개종자들이 주를 이룬) 노예 군대는 통치의 토대가 되어, 효율적인 오스만 군대와 겨룰 머스킷 소총 부대 및 포병대로 재정비되었다. 새로운 군대는 중심 귀족층의 군 수뇌부 세력을 약화하고 지역 행정부 내에서 세력을 키우기 위해 샤에게 의지하는 중상층 사회집단들을 지지할 기회를 열기도 했다. 샤 아바스는 중국의 장인들을 데리고 와 비단과 카펫, 자기의 생산을 다시 일으켰다. 포르투갈 상인들이 호르무즈에서 추방된 후에는 잉글랜드의 상인들과 함께 반다르아바스에 새로운 항구를 건립했다. 네덜란드와 프랑스의 상인들이 이란 교역에서 중요한 역할을 차지했지만, 17세기 말엽에는 잉글랜드 상인들이 그 자리를 대신했다. 샤 아바스가 이룬 주요한 성과는 새로운 수도 이스파한의 건설을 지휘해 새로운 왕조의 상징을 마련한 것이었다. 1666년 무렵에 이스파한에는 이슬람 사원 162개와 대학 48개, 대상(隊商) 숙소 182개, 공중목욕탕 273개가 있었다. 사파비 왕조의 통치 기간이라는 장기적 시각에서 샤 아바스의 재위는 더 강력한 중앙집권 치세의 막간을 잇는 비교적 짧은 순간으로 보일 수 있고, 힘 있는 지역 집단들과 대체적으로 약한 중앙정부라는 특징을 지닌 정권으로 비추어지기도 한다.

17세기 초엽부터 사파비조는 시아파 울라마(ulama: 이슬람 사회의

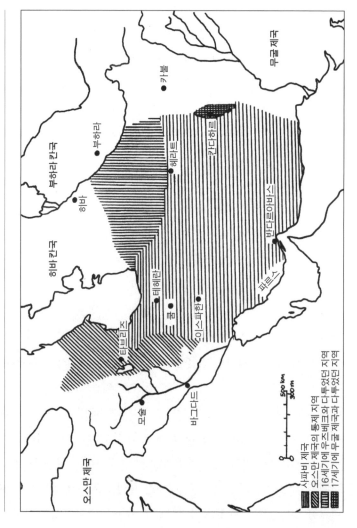

사파비 제국

신학자 및 법학자를 이르던 총칭이다. ― 옮긴이)에 대해 지배력을 잃고 있었다. 울라마는 점점 더 왕조의 종교적 권위를 대신했다. 수피 이슬람의 스승과 제자들 사이에는 본래 불가결한 통제 관계가 존재했는데, 이러한 관계를 파생시킨 절대론적 주장들은 곧 사파비 사상의 토대였다. 사파비조에 들어서 이러한 주장은 무르쉬드-이 카밀(murshid-i kamil), 즉 '완벽한 스승'이라는 사상을 낳았고, 엄격한 행동 규범(수피가레(sufigare))을 고수해 불복종하는 자는 사파비 교단에서 추방되거나 처형을 당하기까지 했다. 이러한 사파비 사상은 1514년에 정통 수니파인 오스만 제국과 벌인 찰디란 전투에서 패하면서 거센 타격을 입었고, 사파비 운동 등장과 동시에 점령했던 영토도 대부분 잃게 되었다. 사파비 왕조는 신일합일(神人合一)을 표방하던 주장들을 대부분 떨쳐 내고 체제를 지키기 위해 시아파 교의로 돌아섰다. 제국 인구의 다수는 수니파였다. 울라마는 국가가 통제하는 관료 체제로 편성되었고 새로운 시아파 지배층과 그 가족들에게 땅과 기부금, 세금 면제의 혜택 등이 주어졌다. 이로써 새로운 종교 엘리트들은 토지 소유 귀족에 속하게 되었다. 시아파는 이슬람에 부합하지 않는 수니파 제도들과 수피 지도자들 모두를 박해하기 시작했다. 무덤을 파헤쳐 초기 칼리파 세 명을 모욕하고, 카르발라의 격을 올리기 위해 메카 순례의 가치를 떨어뜨렸다. 샤 아바스 재위 기간에 마슈하드와 쿰의 시아파 대(大)성지들을 재건하고 막대한 기부금을 받아 이를 지원했다. 이러한 활동은 계속되어 17세기 말에 시아파 울라마 지도자 무함마드 바키르 알-마즐리시(Muhammad Baqir al-Majlisi)는 수니파 집단에 대한 탄압을 완수하고 이스파한에 남아 있던 수피파 교도를 마지막 한 명까지 모두 추방했다. 오스만 제국과 사파비 왕조 사이에 끊임없이 이어졌던 극심한 충돌의 뿌리에는 이러한 이슬람 내부의 종교적 불화가 놓여 있었다. 인간을 구원할 단 하나의 진리라는 금욕주의적 믿음을 견지했던 사파비 사상은 기독교에서 루터와 프로테스탄트 운동이 그러했던 것처럼 이슬람교 내에 많은 문제를 초래했다.

[이후의 이란 ☞ 19.9]

18.4 우즈베크 제국

[초기 중앙아시아 ☞ 15.6]

동쪽으로 우즈베크 제국을 건설한 인물은 샤이바니 칸 우즈베크(Shaybani Khan Uzbek)였다. 1500년부터 1510년까지 제국을 지배한 샤이바니 칸은 칭기즈 칸의 후손이었지만 그의 추종자들은 대부분 튀르크계 혈통이었다. 샤이바니 칸과 그의 후계자들은 티무르의 후계자들이 확립한 국가들을 흔적조차 남기지 않고 파괴한 뒤 부족 연합의 지도부가 되어 그 지역을 통치했다. 제1의 도시이자 종교의 중심지이기도 했던 수도 부하라가 있었지만 1512년부터 히바에 독립 왕조가 존재했다. 우즈베크는 지역의 다른 주요 국가들로부터 고립된 채 남아 있었는데, 호라산을 차지하기 위해 사파비조를 상대로, 그리고 힌두쿠시산맥을 차지하기 위해 인도의 국가들을 상대로 간헐적인 전쟁을 벌였다. 부하라 칸국과 히바 칸국은 모두 1860년대까지 독립국으로 생존했다. 좀 더 동쪽으로 타림 분지에는 차가타이 칸국(이들도 칭기즈 칸의 직계 후손이다.)의 마지막 통치자들이 카슈가르 지역을 다스렸고 1678년 이후로는 다양한 도시들이 근 한 세기 동안 독립을 유지했다.

[이후의 중앙아시아 ☞ 21.11]

18.5 무굴 제국

[이전의 인도 ☞ 13.9]

　무굴 제국의 창건은 새로운 화약 무기가 미친 영향을 보여 주는 대표적인 사례였다. 16세기 초엽에 차가타이 튀르크계 통치자로 티무르족의 혈통인 바부르(Babur)는 카불에서 수차례 북인도를 침략했다. 1526년에 델리 부근의 파니파트 전투에서 델리 술탄국의 마지막 술탄이었던 이브라힘 로디(Ibrahim Lodi)를 격파하고 최종 승리를 거두었다. 바부르의 군대가 적군의 기병들을 상대로 화승식 머스킷 총과 대포를 사용한 것이 결정적인 승리의 요인이었다. 1년 후에 바부르는 라자스탄의 힌두교 통치자들이 뭉친 라지푸트 동맹을 대파했는데, 이때 역시 새로운 무기들이 중요한 역할을 했다. 바부르는 아그라를 새로운 수도로 정했고 1530년 절명할 즈음에는 카불에서 펀자브를 가로질러 델리까지, 그리고 동쪽으로는 비하르까지 그의 지배 아래에 있었다. 여러 정복 제국들처럼 바부르가 세운 국가도 중앙 관제가 취약하고 실질적인 지배권 행사가 거의 이루어지지 못했다. 바부르의 뒤를 이은 후마윤(Humayun)은 제국을 유지할 능력이 부족했다. 1540년 무렵에 후마윤은 카불에 유배되었고 인도 북부 대부분은 대적자였던 아프간 지도자 셰르 샤(Sher Shah)의 지배 밑으로 들어갔다. 셰르 샤가 1545년에 사망하자 제국도 와해되었다. 1555년에 후마윤은 델리를 탈환했지만 이듬해에 세상을 뜨고 당시 12세였던 아들 아크바르(Akbar)가 그의 뒤를 이었다. 이 지점에서 무굴족이 약세였던 상황을 감안하면 제국의 확장은 고사하고 재정복 이후에 권력을 유지할 가능성도 매우 희박했다.

　진정한 무굴 제국의 탄생은 1605년까지 오랜 기간 자리를 지켰던 아크바르의 작품이었다. 1560년 무렵에 아크바르는 서쪽으로 라호르에서 델리와 아그라, 그리고 농업과 상업으로 풍요와 부를 간직한 갠지스 평원까지 뻗어 나가는 핵심 지역을 점령했다. 라자스탄의 힌두교 통치자들을 통합했고, 1572년에는 남서쪽으로 구자라트를 점령하고 연이어 아마다바드를 확보함으로써 인도양과 무역이 성행하는 대도시들로 나아갈 수 있는 계기를 마련했다. 동진으로 영토를 확장하는 데는 시간이 다소 걸렸지만 1580년대 무렵에 비하르와 벵골이 넘어왔다. 1585년에는 라호르로 수도를 옮긴 후 카슈미르와 신드에서 최종적으로 승리하며 이 지역들을 좀 더 쉽게 장악할 수 있었다. 세상을 떠나기 전 10년 동안 아크바르는 절반의 성공을 거둔 데칸 지역 정복에 전념했다. 데칸은 티무르의 후예들에게 적대적인 다섯 개 이슬람 술탄국과 오랜 동안 이슬람 왕국과 대립했던 힌두교 마라타족이 영역을 확보한 복잡한 지역이었다. 17세기 초엽에 무굴 제국은 인도를 통치하며 서쪽으로 발루치스탄(Baluchistan)부터 동쪽의 아삼까지, 그리고 북쪽의 카슈미르에서 남쪽으로 데칸고원까지 지배했다.

아크바르는 제국을 확장하는 동시에 안정적인 내부 통치 체제를 확립할 수 있었고, 그 덕에 인도는 16세기 중반 이후 150여 년 동안 평화와 안전을 누렸다. 무굴 제국은 튀르크와 몽골의 혈통을 받은 통치자들 덕에 이슬람계 이란의 전통이 기존의 인도 문화들과 혼재하는 복잡한 사회가 되었다. 아크바르의 첫 번째 목표는 1540년대에 후마윤과 함께 인도로 돌아왔던 튀르크 및 우즈베크계 고위급 군사 지도부 서른 명 남짓에게서 권력을 덜어 내는 것이었다. 아크바르는 특히 술탄인 자신과 네 명의 각료, 각 주의 장관과 그들의 각료들을 새로운 집단들로 개입시켰다. 제국의 규모로 볼 때 중앙 권력에 한계가 따르고 불가피하게 지역 지주 및 군사령관들과 권력을 공유해야 했기 때문에 아크바르는 이러한 귀족층을 최대한 넓히고 황제에게 의존하는 사람들을 더 많이 참여시키는 데 역점을 두었다.(아크바르의 후계 황제들도 인식을 같이했다.) 결국 무굴은 병력과 효과적인 화약 무기, 특히 대포에 기대어 일어선 제국이었다. 그들은 라자스탄 통치자들의 요새를 정복했고, 갠지스강과 야무나강이 교차하는 지점의 알라하바드(옛 프라야그)나 라호르, 아그라 등 새로운 도시들은 모두 대포로 중무장된 요새였다.

무굴의 통치는 또한 인도의 번영을 바탕에 두고 있었다. 인도의 번영은 일면 유럽인들과 물건을 거래하면서 아메리카 대륙에서 가져온 금과 은이 어마어마하게 유입된 결과였다. 1600년에 아그라는 인구가 약 50만 명에 달해 세계에서 세 번째로 큰 도시로 발돋움했고, 라호르 같은 도시들도 인구 약 35만 명이 거주해 런던 인구의 두 배에 이르렀다. 여기에 견줄 만한 또 한 가지 요소는 농업 생산성이 매우 높았다는 점이다. 1600년 무렵에 무굴 시대의 인도는 세계에서 가장 부유한 제국 중 하나였다. 아크바르의 세입은 잉글랜드의 국왕 제임스 1세가 거두는 세입의 스물다섯 배에 달했다. 제국은 지역 지주들을 점점 더 효과적으로 통제하며 국가 세입이 확대될 가능성을 높이는 능력으로 힘을 키웠다. 시골 지역들은 대체로 자민다르(zamindars)라는 지역 영주들이 장악하고 있었다. 이들은 흔히 자체적인 보병 부대를 소유했고, 농민들에게 (식량 및 노역의 형태로) 세금을 부과해 자신들의 영지를 유지하고 군대를 부양하는 데 사용했다. 무굴 정부는 이들을 준공무원 계급으로 만들어 수입의 일부를 국가로 넘기게 하는 방법으로 점차 제국 체계의 일부로 통합했는데, 이들에 대한 중앙의 통제력은 항상 제한적이기는 했다. 1580년대 초기부터 무굴 제국은 새로운 표준 도량형을 이용해 제국의 총수익과 새로운 세액을 사정하는 등 종합적인 측량을 할 수 있었는데, 이들 사정액은 지난해의 수익 및 물가와 밀접한 연동 관계에 있었다. 잡트(zabt) 제도를 시행하면서 국가 세입은 현금으로만 납부하게 했는데,(당시 경제의 화폐 발행 수준을 알 수 있는 흔적이다.) 이러한 요구들은 정부가 문서로 피력했고 자민다르들도 문서를 통해 받아들였다. 그 대가로 자민다르들은 권리를 확인받고 주의 세무 관리에게서 공적 특허를 받았으며, 책임을 이행하겠다는 보증을 주고 한 명의 상속자에게 재산을 물려주어도 좋다는 승인을 받았다. 5년 동안 만족스러운 성과를 거둔 후에, 이 제도에 대한 통제권은 적절한 양의 수익을 지속적으로 인계한다는 조건과 함께 지역 귀족들에게 돌아갔다. 이는 (산업화 이전의 다른 제국들처럼) 무굴 제국의 실질적 힘이 제한적일 수밖에 없었고 실질 재산과 일치하는 세액 사정을 하기 어려웠다는 점을 말해 준다.

무굴 제국은 델리 술탄국과 마찬가지로 이슬람 왕조였다. 이를 상징하는 것이 1571년에서 1585년 사이에 아그라 근교에 건설된 새로운 도시 파테푸르 시크리(Fatehpur Sikri)였다. 아그라는 여전히 행정 수도로 역할을 했지만, 궁정이 자리한 새로운 성채 도시는 이슬람교 사원들이 가득한 완전한 이슬람 도시였다. 하지만 아크바르는 재임 후기에 가서 이슬람에 대해 그다지 열성을 보이지 않고 종교 간의 토론을 장려해 결과적으로 울라마와 갈등을 빚는 일도 많아졌다. 아크바르는 토지를 무상으로 불하하는 새로운 정책을 1578년에 도입했다.(불하된 땅은 모두 면세였다.) 이 토지들은 이슬람 단체들에게 돌아갔고, 황제가 판단하기에 정당치 않다고 여겨지면 땅을 회수했다. 그 외에 적합하다고 판단되는 이교 단체에도 비슷한 특혜가 주어졌다. 마흐다비(Mahdawis) 종단은 마흐디(Mahdi: 이슬람교의 구세주를 가리킨다. ─옮긴이) 또는 무함마드가 1000년 후(기독교력으로 1529년)에 환생한다고 믿는 메시아 추종 집단이었는데, 아크바르는 이러한 비(非)정통 이슬람 집단들도 장려했다. 1579년에 아크바르는 비(非)이슬람 교도에 대한 세금을 폐지하는 중대한 조치를 취했다. 이교도에게 징수하던 세금은 이슬람 율법의 원칙이었다. 당연한 결과겠지만 1579년부터 1580년까지 이슬람교도들의 반란이 있었고 이 반란은 강제로 진압되었다. 아크바르는 국민의 대다수가 비(非)이슬람인 만큼 이슬람의 색채가 너무 짙지 않은 토대 위에 제국을 건설하려고 했다. 그는 꿈을 이루지 못하고 1605년에 눈을 감았지만 만약 그가 꿈을 펼칠 수 있었다면 뒤이은 인도의 역사는 매우 달라졌을 것이다.

18.6 일본: 내란과 재통일

[초기 일본 ☞ 15.5.2]

15세기 중엽, 한 세기 넘게 명맥을 이어온 아시카가 막부는 급격히 무너졌다. 1467년에 서로 다른 파벌들 사이에 일어난 오닌의 난은 쇼군의 후계자 문제로 시작되었다. 6년 만에 양측의 수뇌가 모두 죽었지만 싸움은 1477년까지 계속되었고 양군은 모두 지칠 대로 지쳤다. 그 무렵에 막부는 그나마 남아 있던 권위를 모두 잃었고 일본에서 실질적인 중앙정부로서의 기능을 사실상 상실했다. 16세기에도 싸움은 계속되었지만 막부와는 아무런 관계가 없었다. 이 싸움들은 지역 영주(다이묘(大名))들이 힘과 세력을 얻기 위해 벌이는 것이었다. 다이묘는 14세기 말엽에 중앙 권력이 기울기 시작할 무렵에 등장해 오닌의 난이 지나간 16세기 초 즈음에 완전한 형태를 갖추었다. 이들 지역의 통치자들은 농민들에게 세금과 부역을 부과할 수 있었는데, 창병의 역할이 엘리트 기병대보다 더 중요해지면서 농민들은 군대 병력의 대부분을 책임지기도 했다. 다이묘는 교토의 황궁 덕분에 영지를 굳히고 세입을 유지했는데, 그 때문에 점차 무력해졌다. 이들 지역 단위의 수도는 통치자의 요새를 중심으로 건설된 '도성'이었다. 도성은 다이묘가 세금을 부과할 수 있는 교역의 중심이기도 했다. 자체적인 법을 반포하고 자신들의 영토를 국가(國家)라고 부르는 다이묘들이 점점 늘어났다. 16세기에 처음으로 일본에 발을 들였던 유럽인들은 이 국가가 유럽 국가와 동일한 단위라고 생각했고, 쇼군이나 천황의 역할에 대해서는 전혀 알지 못했다.

다이묘들 간에 거듭되던 싸움 끝에 시바(斯波)와 하타케야마(富山), 호소가와(細川), 야마나(山名), 우에스기(上杉) 같은 여러 통치 가문이 멸문을 맞았다. 그 자리에 호조(北條)와 모리(毛利) 같은 가문이 일어나 이름을 떨쳤다. 일본의 분열은 16세기 중엽에 최고조에 달했다가 세 명의 군 수장이 전국을 통일하고 다이묘들을 지배하는 시대에 이르렀다. 이 수장들 중 첫 번째 인물은 오다 노부나가(織田信長)로 오늘날 나고야 부근의 영세 다이묘였으나 힘을 키워 1568년에 교토를 점령했다. 노부나가는 1573년에 허수아비인 아시카가 쇼군을 옹립했다가 쫓아냄으로써 아시카가 막부 시대는 공식적으로 막을 내렸다. 노부나가는 지루한 소모전을 벌이고 성채를 지으며 대사원의 군사력을 감축하는 등의 방법으로 교토 인근에서 입지를 강화했다. 하지만 노부나가는 동부와 서부를 막론하고 일본에서 거의 아무런 힘도 발휘하지 못한 채 1582년에 암살로 생을 마감했다.

일본을 재통일하는 데 가장 크게 공헌한 것은 화약 무기였다. 이전에도 중국에서 화약 무기를 조금씩 수입하기는 했지만, 유럽 무기는 1543년에 규슈 남쪽의 다네가시마섬에 포르투갈인들이 당도하면

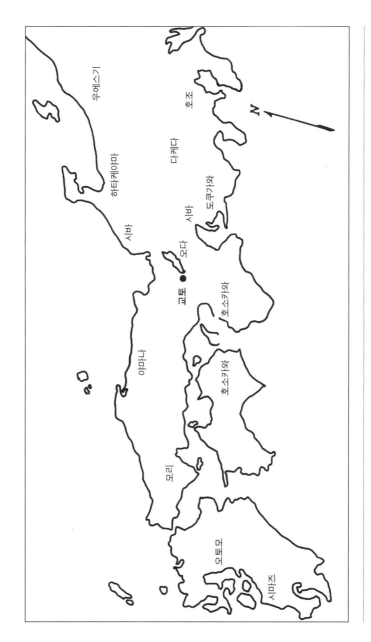

15세기와 16세기의 일본

서 처음으로 일본에 들어왔다. 1550년대 무렵에 일본 군대는 (일본제) 머스킷 총을 사용하기 시작했고 1575년 나가시노 전투에서는 머스킷 병사 3000명이 열을 지어 총을 쏘는 '일제사격'법을 이용해 발사의 속도를 높였다.(유럽에는 이 기술이 20년 후에 도입되었다.) 대포에 대처하기 위해 복잡한 보루와 따로 떨어진 요새들이 있는 거대한 성들이 발달했지만,(호조 가문의 성인 오다와라에는 스무 개가 넘는 요새가 있었다.) 유럽의 성들과 달리 우아한 7층 높이 건축물들이었다. 1580년대 무렵에 30만 명이 넘는 어마어마한 군대가 동원되어 일본을 재통일하려는 대전투들이 벌어졌다.

유럽인들은 일본으로 화약 무기뿐 아니라 선교사들도 들여왔다. 1549년에 가장 먼저 일본에 발을 들인 사람은 프란치스코 하비에르 (Francis Xavier)였다. 많은 다이묘는 재산을 늘리고 지위를 굳히는 방법 중 하나로 포르투갈인들과의 교역이나 접촉을 장려했다. 1562년에 소(小)다이묘인 오무라(大村) 가문은 기독교로 개종하고 1571년에 포르투갈 상선들이 정박할 수 있는 항구도시로 나가사키를 건설했다. 16세기 말엽에는 일본 인구 총 1200만 명 중 약 30만 명이 기독교도였다. 그러니까 일본 중앙 권력의 분열은 포르투갈인들과 선교사들로서는 뜻밖의 행운이었던 셈이다. 중앙 권력이 다시 확립되자 유럽인들이 일본인들의 마음을 얻기는 훨씬 더 어려워졌다.

일본을 재통일한 사람은 도요토미 히데요시(豊臣秀吉)였다. 그는 가난한 집안에서 태어난 하급 무사였으나 능력을 바탕으로 신분 상승을 이루어 노부나가의 군단장이 되었다. 1582년 노부나가가 암살당하자 히데요시는 권력 다툼에서 재빠르게 승리하고 3년 만에 일본 중부의 대다수 지역을 장악했다. 히데요시는 25만 명이 넘는 병력으로 규슈를 점령하고 오랜 포위 작전 끝에 1590년에 오다와라 성 안에서 아사 직전에 있던 호조 가문으로부터 항복을 받아 냈다. 1590년 대 초엽에 일본은 사실상 히데요시를 중심으로 재통일되었다. 히데 요시는 스승인 노부나가와 마찬가지로 쇼군의 자리에 오르려고 하지 않고 원칙적으로는 교토의 천황 밑에서 관백의 자리에 머물렀다. 그 러나 힘이 막강해 일본 전체 국토를 측량하고 통화를 제정하며 외교 관계를 지휘할 정도였다. 1587년에 기독교 선교사들은 공식적으로 추방되었고 많은 선교사가 추방을 면하기는 했지만 1597년에 추방령 이 엄격히 집행될 때까지 선교 활동은 철저하게 제약받았다. 히데요 시는 1592년에 16만 명이 넘는 군대를 이끌고 조선을 대대적으로 침 략할 만큼 힘이 있었다. 전쟁은 결국 승리하지 못했고 아주 조금 더 적은 규모의 군을 이끌고 재개한 1597년의 2차 침략도 실패로 돌아 갔다. 이 침략은 19세기 말까지 일본이 본토인 섬 밖으로 영토를 확장 하려고 했던 마지막 시도였다. 이러한 시도들은 또한 명 왕조를 긴장 시켰고, 중국이 오늘날에 이르기까지 겪는 내부 분열의 첫 징후들을 양산했다. 히데요시가 1598년에 사망하고 그의 다섯 살 난 아들 히데 요리의 정권도 내란의 와중에 2년 만에 와해되었다. 내란의 승자는 도쿠가와 이에야스(德川家康)였다. 이에야스는 일본 동부 미카와 지 역의 지역 통치자였다. 노부나가의 협력자이자 히데요시 시대의 주요 인물로 꼽히는 이에야스는 일본 전국의 지배권을 장악했던 1603년 에 노부나가나 히데요시와는 달리 쇼군이 되었다. 그 후로 일본은 줄 곧 강력한 중앙정부를 지닌 통일국가를 유지했다.

16세기 말엽에 일본이 재통일 과정을 겪는 동안 중요한 사회적·경 제적 변화들이 일어났다. 다이묘들은 원래 전장에서 그들을 따르는 무사(사무라이)들을 이끌며 영토를 넓히는 지역 군대의 유력자였다. 하지만 16세기 동안 옛 영지, 즉 장원 제도가 무너지면서 이들은 부득이 토지 소유를 합리화할 수밖에 없었다. 땅을 소유한 농민이 흔해 지자 다이묘는 지방 토지를 측량해 자신들이 거두어들일 과세 기준 을 확립해야 하는 행정가가 되어야 했다. 시골의 지역사회들은 재위 기간을 안정적으로 보장받으며 자치를 실현하는 마을(무라(村))로 체 계가 잡혔고, 다이묘들은 땅을 임대해 주고 받는 소작료로만 생활할 수 있었다. 게다가 사무라이는 점차 자신의 땅에서 떨어져 나와 다이 묘의 도성 안으로 들어왔고 그 안에서 일하면서 보수를 (쌀로) 받았 다. 막부가 되살아나고 실질적인 중앙정부가 재건되면서 다이묘는 폐 지는 면했지만 새로운 제도 속에 편입되었다. 전쟁의 시대가 끝나자 일본 권력의 근간은 군에서 정치로 넘어갔다. 사무라이는 지위가 높 은 무사들이었지만 그들의 역할은 의례용에 그쳤다. 나라 안팎으로 전쟁이 없으니 싸울 일도 없었던 것이다. 다이묘는 정치 행정가가 되 어 중앙정부를 위해 활동하고 법체계 및 관료 체계를 이용해 각자의 영토를 다스렸다. 그들의 힘은 이제 막부가 마련해 준 지방 관직에서 나왔고, 이 관직은 후계자에게 상속되었다. 16세기 동안에 다이묘는 도성과 시장을 장악해 상업 활동에 실질적인 세금을 부과할 수 있었 다. 하지만 일본의 교역 체계는 워낙 국가적 기반 위에 형성되어 있었 기 때문에 다이묘의 권력에 한계가 있었고 상인 공동체들은 막부와 긴밀한 관계를 맺었다. 히데요시는 다이묘의 상업 장악을 제한하고 시장을 통일해 일본 재건 과정의 한 부분으로 만들 수 있었다.

[이후의 일본 ☞ 19.8]

18.7 유럽: 현실과 '르네상스'

18.7.1 현실

1500년에 유럽 인구는 1300년 당시와 같은 수준(약 8000만 명)을 회복했고 14세기에 들이닥쳤던 재앙들도(특히 기근과 되풀이되는 전염병도) 거의 사라졌다. 16세기가 지나는 동안 인구수는 4분의 1가량이 더 늘어 1600년에는 약 1000만 명에 이르렀다.(그래도 중국 인구의 60퍼센트에 불과했다.) 문제는 새로운 기술과 작물들을 도입해도 농산물의 수확량이 크게 늘지 않는다는 데 있었다. 15세기에 인구가 증가했던 가장 큰 이유는 14세기 중엽에 버려진 땅들을 경작지로 전환했기 때문이었다. 16세기 초 이후로는 계속해서 증가하는 인구를 수용할 수 있는 새 땅이 거의 없었다. 이 때문에 1550년대부터 농지로 수익을 올리지 못하는 농민들과 토지를 소유하지 못한 노동자의 수가 점점 증가해 노동자들의 임금도 폭락했다. 1600년 무렵에 남성 노동자들의 구매력은 1550년에 비해 절반에 불과했다. 하지만 구매력 급감이 아메리카 대륙의 금과 은이 유입되어 인플레이션이 발생한 결과라고 볼 수는 없었다.(이미 보았듯이 이 금과 은은 대부분 인도와 중국으로 흘러들어 갔다.) 지주들의 부당 과세가 점점 더 늘어나면서 인구 절대다수의 처지는 더욱 악화되었다. 설상가상으로 16세기에 유럽 대다수 지역은 국세를 대폭 인상했다. 유럽 저지대 국가들이나 런던 부근, 이탈리아 북부의 몇 개 마을 등 몇몇 지역에서만 예외적으로 상업화가 진전되어 도시에 작물들을 공급하고 투자도 더 늘리면서 농민들의 지위가 견고해졌다.

1550년대 무렵까지는 인구가 증가하면서 수요가 소폭 상승했고,

국가가 군비 지출을 늘리는 한편 수송 비용은 미미하게 떨어지면서 산업 생산량도 늘어났다. 1550년대부터는 네덜란드 같은 몇 개 지역과 잉글랜드 모직 교역을 제외하고는 산업 생산량이 감소했다. 산업 생산품은 여전히 농경과 농산물에 대한 의존도가 컸고, 유라시아의 나머지 지역들에서처럼 거의 장인이 지배하는 소규모 단위 안에서 생산되었다. 생산량은 생산 기법에 어떠한 근본적인 변화 때문이 아니라 이러한 단위들이 문을 열었는지 닫았는지에 따라 변동했다. 농촌 산업도 중요했다. 농민들은 상인들에게 의존해 원료를 구입하거나 대여했고 이 원료로 완제품을 만들었다. 이 방식은 수요가 낮아 시장 조성이 열악한 상황에 매우 적합하고 상인들이 생산량을 조절하기에도 수월한 체계였지만 모든 부담이 겸업 노동자로 일하는 농민들에게 돌아갔다.

유럽의 농업 체계와 산업 체계는 극도의 불평등으로 많은 사람이 극심한 빈곤을 겪어야 했던 사회를 반영하는 동시에 그러한 사회를 만드는 데 일조했다. 대다수 사람에게는 최우선 과제는 목숨을 부지해 줄 만큼의 식량을 구하는 일이었다. 그리고 농민들이 확보할 수 있는 식량은 수확하는 작물의 전체 양(주로 날씨에 따라 달라졌다.)과 지주가 요구하는 양에 달려 있었다. 그 외의 사람들은 먹을 것을 구하는 데 소득의 5분의 4를 지출해야 했고, 흉년이 들어 물가도 오르는 해에는 그마저도 부족했다. 식비 지출 때문에 다른 생필품을 구할 여유는 거의 남지 않았다. 그래서 의복은 귀하고 매우 중요했다. 1582년 페루자의 한 병원에는 "사망자의 옷을 가로채지 않고 법이 정한 상속자에게 주어야 한다."라는 규정이 있었고, 많은 도시민은 전염병으로 죽은 시신의 옷을 갖기 위해 서로 싸웠다. 주거 공간에 들일 돈은 더 부족했다. 1630년에 토리노 사람들은 예순다섯 명이 한 집에서 생활했고, 같은 시기에 피렌체에서는 한 집에 일흔 명에서 100명까지도 거주했다. 보통의 농민들은 창이 없는 움막이나 초막에서 살았다. 지붕에 구멍을 내서 불을 지필 때 나는 연기를 밖으로 내보냈고 가축들과 한 공간에서 생활하며 온기를 유지했다. 생산성이 낮다는 것은 곧 아이들과 노인들까지 모두 일해야 한다는 뜻이었다. 부자들조차 사치품과 넘치는 음식, 호사스러운 의복,(대다수 국가는 귀족 계층이 특정한 고급 의복을 입지 않도록 법으로 규제했다.) 대저택, 수많은 하인 등 몇 가지 항목 말고는 돈을 쓸 곳이 없었다.

유럽 인구의 10분의 1은 부유했고, 절반 정도는 매우 가난했으며, 나머지는 거지거나 거지나 마찬가지였다. (유럽에서 가장 부유한 나라에 속했던) 잉글랜드조차 (16세기 말에 비하면 환경이 좋아졌던) 17세기 말엽에 인구 4분의 1이 극빈층으로 추정되었는데, 이들은 끊임없는 빈곤과 불완전고용에 시달렸고 극히 대수롭지 않은 문제에조차 아무런 대비책을 갖고 있지 못했다. 같은 시기에 프랑스는 극빈층의 수가 총인구의 약 40퍼센트에 달했던 것으로 추정된다. 1580년대에 톨레도 바로 남쪽에 위치한 나발모랄(Navalmoral)이라는 마을을 상세하게 조사한 결과는 16세기 유럽의 모습을 선명하게 보여 준다. 이 마을에는 243가구가 거주하며 총인구는 약 1000명이었다. 이 중에서 불과 22가구가 토지의 절반을 소유했고, 60가구는 소작농이었으며, 다른 28가구는 토지 없이 가축을 방목했다. 95가구는 토지를 소유하지 못한 노동자들이었고, 뚜렷한 생계 수단이 없는 과부도 스물한 명이나 되었으며, 17가구는 살 집조차 없었다. 부자들은 노동력의 공급원으로서 빈민이 필요했지만,(대부분 도시인구의 4분의 1 정도는 하인이었다.) 이러한 결핍의 시기에는 고용과 구호 활동도 감소했다.(십일조가 걷히지 않으면 교회 자선 활동도 줄어들었다.) 이런 상황이 닥치면 사람들은 선택의 여지없이 시골길을 떠돌며 식량이나 자선의 손길을 찾아다녔고 별 수 없이 절도를 일삼기도 했다. 부자들과 국가 당국은 가난한 사람들을 줄곧 두려워했다. 특히 무장한 무리들과 종종 대도시인구의 25퍼센트에 달했던 걸인들이 두려움의 대상이었다. 이들은 도시에서 쫓겨나거나 구빈원에서 노예와 같은 조건으로 일했다.

18.7.2 '르네상스'

이러한 상황은 '르네상스'의 개념을 15세기 말에서 16세기까지 유럽을 규정하는 특징으로 넓게 확장시킨다. 큰 틀에서 '르네상스'라는 개념을 만든 이들은 야코프 부르크하르트(Jacob Burckhardt)와 월터 페이터(Walter Pater) 같은, 19세기 유럽의 유한 계층과 '교양 있는' 엘리트들이었다. 이들은 '인문학'이 문명화에 기여하는 역할이 지대하다고 확신했다. 또한 미켈란젤로(Michelangelo)나 레오나르도 다빈치(Leonardo da Vinci), 산드로 보티첼리(Sandro Botticelli) 같은 인물들 안에 이탈리아의 창조성과 개인주의가 간직되어 있다고 보며 이를 예찬했다. 이들 예술가들은 유럽을 '암흑시대'로부터 세계 문화의 정점이라는 진정한 위치로 이끈 '근대인(modern men)'으로 해석되었다. 이들에게 르네상스는 고전 건축학과 라틴어 및 라틴 문학 장르의 부활을 아우르는 것이었고 더불어 '인문주의' 교육의 핵심 특징이 된 서양 고전학과 문법학, 수사학, 시학, 윤리학, 역사학 등이 되살아나는 사건이었다. 그리고 고대 그리스와 특히 로마 사회와 그 역사를, 정확히 말하면 리비우스(Livius)와 타키투스(Tacitus) 같은 저술가들이 간직한 로마인들의 역사관을 모방하는 행위들과 연결되었다.

지난 한 세기 동안 역사학자들은 '르네상스'에 대해 서로 상이한 그림을 그리기 시작했다. 르네상스는 분명히 유라시아 전체를 아우르는 보편적 현상이 아니라, 거의 모든 면에서 유구한 역사의 문화와 사회들을 따라잡기 시작한 유럽에 국한된 흐름이었다. 이를테면 15세기 이탈리아에서 대단히 귀하게 여겼던 고전 문서들은 이슬람 사회에 7세기부터 익히 알려져 있던 것들이었다. 12세기에 유럽이 아랍어 문서를 번역해 아리스토텔레스를 접했을 때에도 '르네상스'가 찾아왔었다. '르네상스'는 앞선 시대의 문화와 사상에 훨씬 더 밀접해 19세기에 이해했던 바와 달리 근대적인 것과는 거리가 있었다. '르네상스' 이후의 특징으로 회자되는 거의 모든 요소는 '르네상스' 이전의 유럽 사회는 물론 다른 문화권들에서도 발견할 수 있다. '르네상스'를 주요하게 다루어야 하는 부분은 출발에서부터 특정한 유럽의 세계관을 규정하고, 특히 서유럽이 그리스·로마 전통의 계승자라는 관점을 확립했다는 점이었다. 한편 16세기부터 유럽은 고대 그리스의 유산을 물려받았다는 생각을 버리기 시작했다. 이 사실은 천문학에서 코페르니쿠스(Copernicus)와 요하네스 케플러(Johannes Kepler), 튀코 브라헤(Tycho Brahe), 갈릴레오 갈릴레이(Galileo Galilei)가 프톨레마이오스의 천동설을 포기하고 (교회 등 유럽 사회 내 영향력 있는 세력들의 극심한 저항을 무릅쓴 채) 좀 더 '근대'적인 체계를 지향하면서 특히 뚜렷하게 드러났다.(중국은 프톨레마이오스 사상을 겪어 본 적이 없기 때문에 그런 변화를 이룰 필요도 없었다.) 그래도 천문학자는 대부분 (한 세기 후의 아이작 뉴턴(Isaac Newton) 경처럼) 신비주의자이고 점성술가로 마술에 심취했다. 16세기와 17세기에 이러한 흐름을 비롯한 과학적 진보들이 후일 유럽의 산업 진보를 위한 토대가 되었다고 흔히들 주장하지만 사실은 그렇지 않았다. 이러한 발견들은 대부분 '실용'적이지 않았고, 기술 변화는 과거에도 그랬듯이 정식으로 과학 교육을 받아 본 적이 거의 또는 전혀 없는 장인들 및 기업가들이 소규모 변화들을 만들고 적응해 가는 일련의 과정을 따라 이루어졌다. 과학의 진보가(특히 전기와 자기가) 주요한 산업의 진보를 이끈 것은 19세기를 훌쩍 넘긴 다음의 일이었다.

18.8 유럽: 종교 분열

16세기와 그 후로도 얼마 동안 유럽은 전례 없는 종교 분열의 현장이 되어야 했다. 500여 년 전에 서방 교회와 동방교회의 사이가 벌어진 바 있었으나, 이제는 서방 교회가 갈라지면서 종교적 편협성과 박해가 새로운 수준에 다다랐다. 16세기가 (그 자체로 광범위한 신앙들을 포괄하는) '프로테스탄트주의'의 발흥을 특징으로 한다고 하더라도, 유럽의 서부와 중부 대부분은 교회가 권력을 재천명하고, 신앙을 강요하려는 투지가 어느 때보다 큰 동시에 대체로 관철시킬 수도 있었던 시대였다.

교회 안의 개혁 요구는 16세기 초에 처음 등장한 것은 아니었다. 1384년에 사망한 잉글랜드의 성직자 존 위클리프(John Wycliffe)는 화체설(化體說)을 부정하고 성직자의 결혼과 각국의 언어로 된 성경 번역을 주장하고 예정설을 지지하기도 했다. 체코인 얀 후스(Jan Hus)는 성찬식에서 신부에게만 포도주를 나누어 주는 관행과 교회의 부패를 공격했다. 그는 황제의 안전통행증을 소지하고 자신의 사건을 변론하기 위해 콘스탄츠 공의회에 참석했으나 일단 교회 당국의 수중에 떨어지자 유죄를 선고 받고 1415년에 화형에 처해졌다. 중요한 문제는 그러므로 왜 '개혁'이 16세기 초엽이 되어서야 등장했는가 하는 것이다. 교회의 상황은 이 시기나 앞선 시대나 같았을 것이다. 마찬가지로 (흔히 주장하듯이) 어떤 식으로든 '르네상스'의 영향을 강하게 받아서도 아닐 것이다. 결국 교회의 현상 유지를 가장 강하게 옹호했던 에라스무스(Erasmus)와 토머스 모어(Thomas More) 경도 모두 '르네상스'의 '인문주의' 사상에 깊이 영향을 받은 인물들이었으니 말이다. 인쇄술 덕에 이들 사상이 어느 정도 확산된 부분도 있었겠지만, 인쇄술이라는 신기술이 그 자체로 종교적 변화와 새로운 사상들을 만들어 낸 것은 아니었다.

마르틴 루터의 항거는 1517년에 교황이 성베드로 대성당을 개축하는 비용을 마련하기 위해 (과거의 죗값만큼 돈을 내는) 면죄부 판매를 재개하면서 시작되었다. 루터는 95개조 논제(아마도 교회 정문에 못 박아 게시하지는 않았을 것이다.)에서 자신의 사상과 새로운 신앙의인(信仰義認)의 교리를 한층 발전시켰다. 루터는 제국 안에서 상당한 자유를 누리던 독일의 선제후들이 없었다면, 특히 작센의 프리드리히 3세(Friedrich III)가 아니었다면 틀림없이 제 명을 다하지 못했을 것이다. 1520년에 루터는 주장을 철회하라는 요구를 거부하고 오히려 『독일 민족의 그리스도인 귀족에게(Address to the Christian Nobility of the German Nation)』와 『그리스도인의 자유에 대해(On the Freedom of the Christian Man)』를 발표했다. 이듬해에 그는 황제 카를 5세(Karl V)의 안전통행증을 받아 보름스 의회를 향했다. 루터는 이단이라고 비난받았지만 얀 후스와 달리 다행히 루터의 안전통행증은 존중받았다.

루터 외에도 교회에 비판적인 사람들은 있었다. 세 개 도시의 다른 지도자들은 가톨릭교의 제도적·정치적 대안으로 프로테스탄트주의를 확립하는데 중요한 역할을 했다. 문제는 이들이 교리에 합의를 보지 못해 결국 기존 교회에 대해 매우 분열되고 분산된 대안을 갖게 되었다는 점이다. 율리히 츠빙글리(Ulrich Zwingli)는 프로테스탄트주의의 발달에서 루터보다 더 중요한 위치일 뿐 아니라 자신만의 독자적인 결론에 도달한 인물이기도 했다. 츠빙글리는 신앙의인 사상을 고유한 형태로 발전시키고 화체설을 부정했으며,(루터는 부정하지 않았다.) 운명 예정설을 다듬었다. 츠빙글리가 볼 때 예정설은 신의 주권과 연결된 궁극의 신호였다. 하지만 구원받기로 정해진 사람들이 '선택'되어 있고 나머지는 모두 지옥에 떨어진다는 교리는 루터를 포함한 많은 사람에게 기독교 사상의 정수를 부정하는 것으로 보였다. 츠빙글리와 루터는 교리상의 합의를 이루지는 못했지만 둘 다 세속의 권위를 존중하고 급진적인 변화를 반대했다. 스트라스부르에서는 마르틴 부서(Martin Bucer)가 중심이 되어 프로테스탄트 운동을 체계적으로 조직하고 성공적으로 이끌었지만, 이후 종교적 발달에 별다른 영향을 끼치지는 못했다. 부서는 종교개혁운동의 통합을 위해 루터와 교리의 합의를 이루었지만 개인적인 신념은 츠빙글리의 사상에 더 가까웠다. '부서주의' 같은 것은 존재하지 않았다. 스트라스부르 도시에서 성과를 거둔 인물은 오히려 부서보다 적지만 자신의 이름에 '주의'를 수식한 장 칼뱅(Jean Calvin)이었다. 칼뱅은 제네바에서 개혁된 종교의 역할에 관한 신화를 탄생시켰고, 새로운 유형의 기독교를 확립했으며, 서방 교회 안의 분열을 고착화시켰다. 그는 1559년에 저서 『기독교의 강요(Institutes of the Christian Religion)』에서 완성된 형태의 사상을 처음 선보였고, 그의 사상은 이후에 그의 추종자들, 특히 프랑스와 스코틀랜드, 네덜란드 등지의 칼뱅파들에 의해 현지에 맞게 개정되고 정교화되었다. 칼뱅은 츠빙글리의 예정설 사상을 더 발전시켜, 선택받은 사람들은 천지창조 이전에 신이 지명한 것이라고 주장했다. 이 사람들은 각자의 소명에 의해, 그리고 박해받고 세상을 배척할 가능성 때문에 스스로 선택받은 자임을 알게 된다. 칼뱅은 자신의 교리가 올바르다는 것을 섬뜩할 정도로 확신했고, 불가피하게도 가톨릭교회와 루터교보다도 더 편협한 방향으로 경도되어 철저한 금욕주의에 근거해 생활의 모든 면에 대한 철저한 규제를 내세웠다. 칼뱅은 다음과 같이 말했다. "나의 말은 역연한 진리이니 성경을 부정하지 아니하고는 나의 말을 부정할 수 없다."

수십 년 동안 프로테스탄트 운동이 미친 영향은 매우 제한적이었다. (대부분은 기독교와도 무관한) 전통 신앙이 남아 있는 시골에서는 영향력이 거의 전무했다. 소도시들에서 성공적인 결과들을 얻었지만 이런 상황에서도 칼뱅은 1538년에 제네바에서 추방당했고 부서는 1549년에 스트라스부르에서 쫓겨났다. 새로운 신앙들은 작은 집단으로 제한되고 그 구성원인 열정적이고 자기 영속적인 개종자들은 스스로 옳고 의롭다고 확신하는 경향이 있었다. 16세기 내내 뷔르템베르크에서 활동했던 '개혁' 목사 총 511명 중 3분의 2 이상은 목사의 아들들이었다. 심지어 칼뱅주의가 크게 발흥했던 네덜란드에서도 1580년대에 '개혁' 교회에 속한 사람들은 전체 인구의 10분의 1도 되지 않았다. 프로테스탄트 운동의 중요한 힘은 신앙보다는 이 운동이 끌어낸 정치적 지지에 있었다. 루터교가 살아남을 수 있었던 이유는 작센과 헤센, 뷔르템베르크의 선제후들이 1529년의 슈파이어 의회에서 동맹을 공식화하고 지지를 보낸 덕분이었다. 선제후들은 황제와 (권한이 제한적이었던) 교황을 거역해 닥칠 수 있는 위험들, 그리고 세속화한 교회 재산을(특히 수도원을) 통해 얻을 수 있는 명백한 이익과 이러한 이익들이 선제후들에게 가져다줄 막대한 부와 권력을 견주어 보아야 했다. 잉글랜드는 자체적으로 독특한 해결책을 마련했다. 헨리 8세(Henry VIII)는 1521년에 루터에게 반대해 7성사 교리를 옹호하고 교황으로부터 '신앙의 수호자'라는 칭호를 받았다. 교황이 첫 번째 아내인 아라곤의 캐서린(Catherine)과 이혼하는 것을 허락하지 않자 헨리 8세는 교회를 국가의 통제 아래에 두고 로마 교황청에 간청하기를 중단했으며 '영국국교회'를 확립했다. 영국국교회는 '개혁' 교회도 아니었고 헨리 8세는 가톨릭 종파 분리론자에 지나지 않았다. 하지만 교회를 통제하고 1530년대에 수도원을 해산하자 왕과 지지 세력에 막대한 부가 쏟아졌다.(이들은 이렇게 얻은 재산을 금세 탕진했다.) 프로테스탄트 사상이 잉글랜드의 교회에 침투하기는 했으나 극단적 칼뱅주의가 주도권을 잡지는 못했다.

잉글랜드에서처럼 대체로 통치자들은 자기에게 속한 국민들의 종교를 결정하고 싶어 했다. 프로테스탄트주의는 덴마크에서 군주의 명령으로 도입되었고, 스웨덴과 노르웨이에도 대체로 비슷한 과정이 진행되었다. 칼뱅주의 역시 팔츠와 헝가리에서 국가의 지지에 의지했다. 오직 프랑스와 네덜란드에서만 칼뱅주의가 왕에 대한 저항과 연합되었는데, 네덜란드에서는 스페인에 맞선 봉기 끝에 곧 새로 확립된 정부의 후원을 받았다. 16세기 유럽의 예상을 뛰어넘는 종교적 변화와 통치자의 역할은 라인란트팔츠의 사건들에서 잘 드러난다. 라인란트팔츠 지역의 신앙은 1544년에 가톨릭에서 루터교로 바뀌었다가 1559년에 칼뱅교로, 1576년에는 다시 루터교로 바뀌었고, 1583년에 다시 칼뱅교로 돌아갔다. 이러한 '신앙의 절대주의', 즉 개인의 개종보다는 세속의 통치자가 종교적 믿음을 정하는 것은 유럽의 전형적인 모습이었다. 그 결과 프로테스탄트 운동은 1590년대에 절정의 파급력을 떨치며 무려 유럽 인구의 절반을 새로운 신앙의 지지자로 끌어들였다. 17세기 중엽 즈음에 합스부르크 왕가의 영토인 바이에른주에서, 그리고 프랑스에서 가톨릭이 다시 일어서면서 지지자의 비율은

5분의 1 정도로 떨어졌다. 동시에 프로테스탄트 운동은 완전히 갈라섰다.

가톨릭의 부활은 흔히 '반(反)종교개혁'으로 간주되었지만, 실제로는 앞서 발생한 몇 가지 사건을 발판삼아 내부로부터 발현된 개혁의 결과였다. 가장 극단적인 프로테스탄트교도만큼 편협한 분파가 탄생하기도 했다. 가톨릭의 부활에 가장 강한 영향을 미친 지역은 스페인이었다. 물론 이단을 개종하고 가르치며 절멸하는 것이 주요 목표인 예수회에 대해 한편으로 합스부르크 왕가 및 스페인 군주가 교황권과 이해관계를 조율하는 문제가 간단하지는 않았다. 개인집단과 수도자 집단이 서로 매우 다른 종교 생활을 다루는 문제였다. 1540년에 교황은 교황권에 절대적 지지를 보낸다는 이유로 새로운 교단을 승인했다. 예수회는 점점 증가해 스페인을 지배하게 된 가톨릭 금욕주의의 한 맥락이기도 했다. 이슬람교도와 유대인을 겨냥했던 검사성성(檢邪聖省: 종교재판소)이 비(非)가톨릭교도 전반을 공격하기 시작한 곳도 스페인이었다. 처음에는 검사성성을 이용해 스페인 광명파와 에라스무스 유파 같은 이상한 종파들을 통제했지만, 1550년대부터는 프로테스탄트교도들에게 통제가 집중되었다. 13세기에 설립된 로마 종교재판소는 1542년에 부활했다. 집단 화형과 아우토다페(autos-da-fé, acts of faith: 스페인의 종교재판에 의한 화형을 말한다. ─옮긴이)가 벌어지면서 1547년에는 포르투갈로 확산되었고 아메리카 대륙으로 건너가 1570년에 최초로 리마에서, 그리고 이듬해에는 멕시코시티에서 화형식이 거행되었다. 1550년부터 1800년까지 종교재판소는 약 15만 건의 재판을 벌였고 3000명이 살해당했다. 그리고 훨씬 더 중요한 사실은 재판을 통해 두려움을 불러일으켰다는 점이다. 고문과 (다른 희생양을 만들 경우) 구금, 재산 몰수, 공개 수모, 종신 불명예의 형 등 다른 처벌들도 있었다. 종신 불명예의 형은 '죄인'이 공개 석상에 입고 나와야 했던 '참회'의 옷을 사후에 현지 교회에 전시하고, 그 옷이 썩으면 살아 있는 친척이 그 자리에 다시 옷을 걸어 두어야 했다. 1578년에 편찬된 종교재판 편람에 적혀 있듯, "재판과 사형 선고의 궁극적인 목적은 피의자의 영혼을 구원하려는 것이 아니라 공공질서를 유지하고 대중에게 공포심을 불러일으키기 위한 것이다." 따라서 신앙의 강요는 여느 칼뱅주의 국가들만큼 엄격했지만 스페인과 포르투갈, 이탈리아는 거의 절대적으로 가톨릭을 유지했고 프랑스도 마찬가지였다. 가톨릭 교리도 재천명되었다. (1543년에서 1563년까지 간헐적으로 소집된) 트리엔트 공의회는 15세기 초엽의 공의회들처럼 교황의 권위에 큰 위협은 아니었다. 하지만 15세기 말엽과 16세기 초엽에 드러났듯 심각하게 타락한 교황권을 개혁하는 좀 더 전체적인 과정의 하나였다. 공의회는 (일반적으로 인정된 교리를 수정한 것에 지나지 않았지만) 신앙에 대한 확고한 입장을 내놓았는데, 프로테스탄트 운동이 하지 못한 한 가지가 바로 그것이었다.

유럽에서 종교 분열과 종교의 편협성은 가톨릭 대 프로테스탄트의 분립에 국한된 현상이 아니었다. 유대인들은 가톨릭 지역과 프로테스탄트 지역을 불문하고 많은 곳에서 추방당했고, 스페인(1942년)과 포르투갈(1497년), 작센(1537년), 브라운슈바이크(Brunswick: 1543년), 하노버와 뤼네부르크(1553년), 교황령(1569년), 브란덴부르크(1573년), 팔츠(1575년), 실레시아(1582년), 베네치아에 게토(ghetto: 유대인을 강제로 격리한 유대인 거주 지역을 가리킨다. — 옮긴이)가 공식 설정되었다. 1530년대에는 최초의 프로테스탄트교도가 신앙 때문에 츠빙글리 교단에 속한 다른 프로테스탄트교도들에게 살해당했다. 가톨릭교도나 프로테스탄트교도는 모두 이른바 '재세례파(Anabaptists)'에 반대했다.

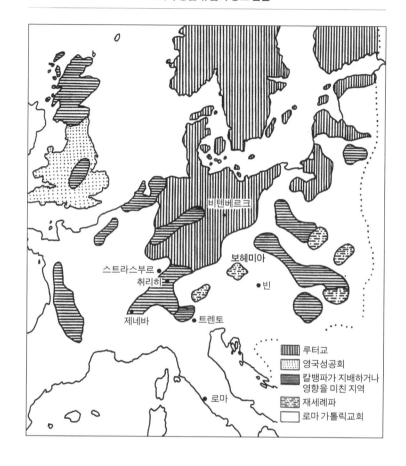

루터교

영국성공회

칼뱅파가 지배하거나
영향을 미친 지역

재세례파

로마 가톨릭교회

재세례파는 단일 신앙으로 조직된 집단을 지칭한 명칭이 아니라, 조직적인 종교와 대립하는 거의 모든 집단을 가리켜 반대자들이 사용한 용어였고, 흔히 '이단자'라는 표현과 같이 쓰였다. 이들 집단들은 일반적으로 국가가 강요한 신앙이 아닌 개인의 종교적 경험을 옹호했고, 대개는 사회적으로도 혁명적 색채를 지녔다. 재세례파는 기성 종교를 공격해 승리하면 어떻게 되는지를 보여 준 중요한 사례였다. 그들에게는 루터와 같은 선에서 멈추어야 할 이유도, 칼뱅주의의 경직성을 받아들여야 할 이유도 없었다. 프로테스탄트들은 1534년에서 1535년까지 뮌스터(Münster) 사건이 있은 후 '재세례파'를 공격했다. '재세례파'는 1534년에 뮌스터를 점거하고 레이던의 얀(Jan of Leyden)의 지휘 아래 일부다처제를 비롯한 그들의 종교적·사회적 사상들을 구현하는 새로운 공동체를 꾸리기 시작했다. 도시는 지지자도 거의 얻지 못하고 헤센의 영주 필립 1세(Philip I)에게 정복당했다. 필립은 프로테스탄트 제후이자 루터가 편의대로 중혼을 허용해 준 매독 환자였다. 얀과 지도자들은 철창에 갇혀 대성당 밖에 마련된 화형대로 보내졌다. 그러고는 빨갛게 달구어진 집게로 혀를 잡아 뜯긴 다음 고문을 당하다 죽음을 맞았다.

기성 종교나 기성 국가들이 보기에 민간신앙도 처치곤란이기는 매한가지였다. (점술가인) 케플러와 뉴턴 같은 학자들의 이력을 보아도 그렇듯이, 교양 있는 엘리트들조차 18세기를 훌쩍 넘어서까지 '과학'과 '마법'의 실질적인 차이를 알지 못했다. 교황들도 신비주의 사상에 깊이 물들어 있을 정도였다. 민간신앙에는 (대개 단편적으로만 이해하는 수준인) 기독교, 그리고 생활의 면면에 '마술'을 퍼뜨리는 다른 사상들이 복잡하게 혼재되어 있었다. 하지만 '사술(邪術)'이라는 새로운 죄악을 구성하는 데 일조한 것은 마귀라는 기독교 특유의 사상이었다. 사술의 죄는 1480년대에 도미니코 수도회의 종교재판에 처음 등장했지만 나중에는 가톨릭과 프로테스탄트교에서 모두 흔하게 다루었다. 칼뱅은 이렇게 말했다. "신께서 명확히 이르시되 마녀와 무당은 살려 두지 말라 하셨으매 이 하나님의 율법이 보편 법칙이니라." 16세기의 걸출한 법사상가 중 한 명이었던 장 보댕(Jean Bodin)은 마녀를 모두 화형에 처해야 하는 것은 물론이고 사술이 세상에 엄청난 위협을 가한다는 사실을 믿지 않는 사람들까지 화형대에 올려야 한다고 주장했다. 엘리트들은 물론 어마어마하게 많은 마녀가 활보한다고 믿었다. '악마 연구'를 파고들었던 앙리 보게(Henri Boguet)는 유럽 전역에 180만 명의 마녀가 존재하고 이들 모두 기독교 종단과 단체를 음해하는 잘 짜인 음모에 가담해 있다고 단정했다. '마술' 행위는 유럽 사회의 각계각층에 실제로 존재하기는 했지만 '악마 숭배'라는 개념은 훨씬 더 모호해서, 그것이 실재했다는 증거는 고문으로 받아낸 자백 말고는 어디에도 없다.

그러니까 '사술'이라는 발상은 이 어마어마한 음모를 믿고, 운이 나빴던 사람들을 고발하고 박해했던 이들의 머릿속에 존재했다. 고발은 상당히 규격화된 일련의 발상에 따라 행해졌다. 마귀와 계약을 맺은(때로는 성행위가 수반되는) 죄로 시작해 사회에서 잘못된 모든 일을 그 사람의 책임이었던 것으로 돌리는 것이다. 결과적으로 대대적인 박해와 편협성이 유럽 전체를 휩쓸었다. 1450년 이후 3세기 동안 10만 명(대부분이 여성이었다.)이 사술을 부리고 마법을 행하며 악마를 숭배했다는 이유로 재판대 위에 섰다. 이 중 6만여 명이 죽임을 당했는데, 거의 화형에 처해졌다. 이러한 재판들은 절반이 독일에서 벌어졌고 16세기 말부터 17세기 초 사이에 박해는 최고조에 달했다. 마녀 사냥은 일반인들과 교회, 세속의 지도자들이 그들 자신과 사회에 대적하는 광대한 음모에 가담했다고 믿는 사람들을 공격하면서 아주 짧은 기간에 집중되었고, 집단적인 발광과 광분 어린 행동으로 나타났다. 마녀들은 스무 명 이상이 묶여 집단으로 화형에 처해졌지만, 때로는 한꺼번에 더 많은 사람을 화형대에 올리기도 했다. 아이히슈테트(Eichstätt)에서는 하루만에 274명이 화형을 당했다. 17세기 중엽 이후로 마녀사냥과 박해는 서서히 사라졌는데 이유는 명확하지 않다.

18.9 유럽: 왕조의 대립

16세기 유럽의 점증하는 종교 분열은 이미 존재하던 왕조들의 갈등을 더 고조시킬 뿐이었다. 결과적으로 유럽은 16세기 유라시아에서 가장 위태로운 지역으로 전락해 싸움이 끊이지 않고 종교적 편협성과 박해가 강도 높게 두드러지면서, 상대적으로 안정과 평화를 누리던 오스만 제국이나 명 제국과 극명한 대조를 이루었다. 유럽 정치의 특징은 '민족국가(nation-state)'가 아니라 왕족과 귀족들이 형성한 왕조의 이해였다. 몇 세기 전의 과거에서 근거를 찾는 출처 불명의 주장들도 유럽 정치의 특징 중 하나였다. 유럽은 예로부터 합스부르크 왕가와 룩셈부르크 왕가, 비텔스바흐 왕가가 황제 자리를 두고 다투었고, 1330년대에는 잉글랜드에서 프랑스 왕위 계승권을 주장하다가 '백년전쟁'을 일으키기도 했다. 이런 점에서 16세기 유럽은 14세기나 15세기의 유럽과 전혀 다를 바가 없었다. 산업혁명 이전의 다른 국가들에서처럼 안전한 승계권을 유지하는 것은 왕조의 성공을 위한 필수 요건이었다. 오스만 제국의 술탄은 자리를 지키기 위해 형제들을 모두 죽였지만, 스페인의 펠리페 2세(Felipe II)는 정신 질환이 있는 아들 돈 카를로스를 계획적으로 살해했다. 잉글랜드에서는 남자 상속자를 얻기 위해 헨리 8세가 몇 번에 걸쳐 재혼을 했고, 그의 딸 엘리자베스 1세는 왕좌를 지키기 위해 경쟁 상대인 스코틀랜드의 메리 스튜어트(Mary Stuart)를 처형했다.

1494년에 프랑스 왕 샤를 8세는 아라곤에 정복된 나폴리의 영유권을 주장하기 위해 200년이 지난 앙주 왕가의 권리를 요구했다. 나폴리를 점령하려면 적대적인 영토 400마일을 지나야 했는데, 전략적으로 온당치 않았던 나폴리 침략은 충분히 예상할 수 있다시피 실패로 끝이 났다. 1499년에 오를레앙 공작은 루이 12세(Louis XII)로 즉위하면서 한 가지 주장을 더 추가했다. 밀라노 공작령이 오를레앙 왕가의 소유라는 주장이었다. 프랑스 왕가의 주장들은 그에 필적하는 합스부르크 왕가의 주장들과(때로는 실소유권과) 부딪쳤다. 합스부르크 왕가의 영토는 점점 범위를 넓혀 가며 황제 카를 5세 시대에 절정에 달했는데, 그것은 왕조들 사이의 결혼과 우연적인 사건들이 연달아 이어진 덕분이었다. 합스부르크 왕가는 1477년에 부르고뉴와 네덜란드를 손에 넣었다. 막시밀리안 1세(Maximilian I: 역시 1508년부터 1519년의 사망 시까지 제위에 있었다.)의 아들 필리프(Philipp)와 카스티야 및 아라곤, 나폴리, 시칠리아를 다스리던 페란도 2세(Fernando II)와 이사벨 1세(Isabel I)의 딸 후아나(Juana)의 결혼은 매우 중대한 사건이었다. 후아나는 이들 여러 왕국을 통일한 최초의 군주였지만 정신이 온전치 못했기 때문에 아들인 카를이 후아나의 이름으로 왕국을 통치했다. 필리프가 사망하자 카를은 부르고뉴와 네덜란드까지 상속받았고, 독일의 금융업자인 푸거(Fugger) 일가의 돈을 끌어다가 막대한 뇌물을 건넨 후에 1519년에는 황제의 칭호도 얻었다. 1526년에는 합스부르크 왕가의 오랜 영토인 보헤미아와 잘려 나간 헝가리를 접수했다. 카를 5세는 서로 매우 이질적이고 이리저리 뻗은 채 합집한 영토들을 지배했다. 이들 영토의 공통점은 통치자가 같다는 사실뿐이었다. 그럼에도 불구하고 프랑스 왕정은 이탈리아에서의 왕권을 주장하는 데 반대편에 서 있던 합스부르크 왕가에 에워싸일 수도 있는 가능성을 보지 않을 수 없었다. 독일의 군주들은 과거에도 그랬듯이 제

카를 5세 시대 합스부르크 가문의 상속지

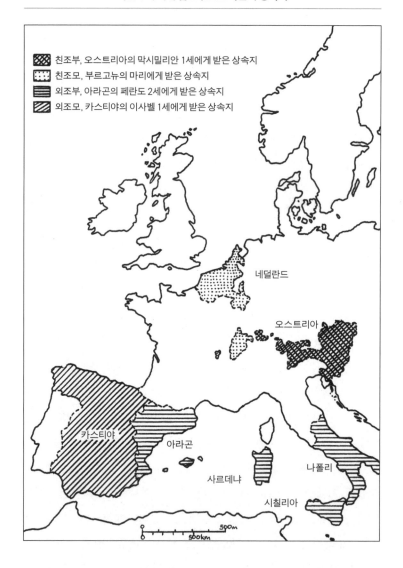

친조부, 오스트리아의 막시밀리안 1세에게 받은 상속지
친조모, 부르고뉴의 마리에게 받은 상속지
외조부, 아라곤의 페란도 2세에게 받은 상속지
외조모, 카스티야의 이사벨 1세에게 받은 상속지

네덜란드

오스트리아

카스티야

아라곤

사르데냐

나폴리

시칠리아

국의 지배와 관련된 주장들에 모두 반대했고, (이탈리아의 중심에 광범위한 영토를 소유하고 있기 때문에) 교황권 역시 점점 커지는 합스부르크 세력에 의구심을 가졌다. 문제는 합스부르크가가 가톨릭 대의를 옹호하는 가장 중요한 지지자라는 점이었다. 합스부르크 왕가의 많은 정책도 이러한 종교적 차원에서 비롯된 것이었다. 1540년대에 독일에서 벌인 전쟁과 1566년 이후의 네덜란드 봉기에 맞선 전쟁, 1588년에 영국에 맞선 스페인 무적함대의 공격 등이 모두 그 사례였다. 1500년부터 150여 년 동안 많은 유럽 역사의 중심에는 대륙을 더 많이 차지하려는 합스부르크가와 그에 따른 저항이 있었다. 그리고 1659년에 피레네 조약을 체결하면서 마침내 합스부르크가와 스페인 왕정은 이 과업이 불가능하다는 점을 받아들였다.

대립의 최초 국면은 16세기 초엽에 이탈리아에서 프랑스와 합스부르크가가 서로 충돌하는 주장을 펼치면서 전개되었다. 당시 두 진영은 끝이 보이지 않는 전투를 치르며 서로를 침략했고, 어마어마한 사상자를 내며 서로를 초토화시켰다. 반도에 자리 잡은 소국들 사이에 연합 관계가 옮겨 다녔지만 확실한 승기를 잡은 쪽은 없었다. 카를 5세는 1525년에 프랑스 왕 프랑수아 1세를 붙잡으면서 결정적인 승리를 거둔 듯 보였다. 프랑수아 1세는 이듬해에 석방되었는데 그 대가로 나폴리와 밀라노, 제노바에 대한 프랑스 왕실의 권리를 포기하는 마드리드 조약을 체결했다. 그러자 교황은 편의대로 프랑수아 1세에게 조약 이행의 의무를 면제해 주어 합스부르크가에 맞선 동맹을 주도하게 했다. 결과적으로 이 사건은 1527년에 카를 5세 휘하 제국군의 로마 약탈을 초래했다. 그 후 긴 교착상태가 뒤따랐다. 돌파구는 프랑수아 1세와 카를 5세가 모두 왕좌를 떠난 후에야 찾아왔다. 1559년에 체결된 카토-캉브레지 조약으로 전쟁의 첫 국면은 막을 내렸다. 65년간의 충돌 뒤 프랑스 왕가에 남은 이탈리아 영토라고는 보잘것없는 살루초 후작령뿐이었는데, 그나마 메스와 툴, 베르됭이 후작령의 동부 접경 지역에 남아 있었다.

문제는 프랑스 왕실 말고도 합스부르크 왕가가 상대해야 할 적이 또 있었다는 점이었다. 합스부르크가는 지중해에서 오스만의 패권에 맞서 기독교를 방어해야 할 제국 수장으로서의 역할을 자임했다. 마찬가지로 독일에서는 루터교에 맞서 가톨릭교를 옹호해야 한다고 생각했다. 1540년대 말, 뮐베르크 전투에서 프로테스탄트가 결성한 슈말칼덴 동맹(Protestant League of Schmalkalden)에 승리한 카를 5세는 승리를 눈앞에 두고 교회 안의 분립을 종식시키는 듯 보였다. 그때 그를 지지하던 일부 제후가 지원을 철회했고,(어느 정도는 프랑스의 힘이 미친 결과였다.) 카를 5세는 1552년 무렵에 종교적 통합을 실현하고자 했던 시도를 포기해야 했다. 1555년의 아우크스부르크 화의(和議)는 세속의 통치자에게 종교 선택권을 인정해 주었는데, 이는 수 세기 동안 황제가 독일 제후들에 비해 실질적인 힘을 갖지 못했었다는 사실을 말해 주는 것이었다. 화의 덕분에 독일은 반세기가량 종교적 평화를 누렸다. 물론 종교적 극단에 있던 칼뱅주의와는 화의를 맺을 필요가 없어서 평화는 한결 더 수월하게 찾아왔다. 1550년대 중엽에 합스부르크가는 파산 직전에 있었다.(파산은 1557년에 현실화되었다.) 합스부르크가는 최고의 부자 지역들을(특히 저지대 국가들을) 포함한 전체 유럽 인구의 4분의 1을 지배했고 아메리카 대륙의 자원들도 확보하고 있었지만, 그토록 광범위하고 서로 이질적인 지역들을 다스릴 효과적인 정책을 고안하고 집행할 능력이 부족했다. 기반 시설에도 한계가 따랐던 산업화 이전의 왕조 제국으로서는 역부족이었다. 카를 5세는 1555년에 제위에서 물러났다. 숱한 왕조의 통치자들처럼 카를 5세도 다스리던 영토를 쪼갰다. 제위에서 내려오며 그는 황제의 자리를 동생인 페르디난트 1세(재위 기간: 1555~1564년)에게, 스페인 왕좌는 아들인 펠리페 2세(재위 기간: 1556~1598년)에게 이양했다. 그 후로 합스부르크가는 사실상 통치자를 달리하는 두 지역으로, 즉 빈과 마드리드로 갈라졌다.

한편 1559년에 앙리 2세(Henri II)가 사망하고 열다섯 살이던 프랑수아 2세(François II)가 왕위에 오르면서 프랑스 왕정은 붕괴했다. 왕정이 무너지며 프랑스는 카트린 드 메디시스(Catherine de' Medici)와 여러 귀족, 종교적으로 분열된 왕족들이 강력한 힘을 발휘하는 파벌 싸움에 휘말렸다. 나바르는 프로테스탄트 지역이고 기즈(Guise)는 가톨릭 지역이었다. 몽모랑시(Montmorency)는 원래 가톨릭이었지만 뒤에 종파를 바꾸었다. 이후 16세기가 지나는 동안 내전이 여덟 차례나 발발하며 프랑스 왕국은 거의 완전히 몰락했다. 많은 문제의 발단에는 점점 힘을 키워 가던 칼뱅파가 있었다. 가톨릭교는 1559년에 마리 드 기즈(Marie de Guise)가 딸 메리 스튜어트의 섭정으로 있을 때 그녀를 권력에서 제거하기 위해 자신들이 했던 짓을 칼뱅파가 같은 수순으로 따라 하며 권력을 움켜쥘까 봐 두려워했다. 1560년, 칼뱅파가 기즈공을 살해하고 어린 왕을 납치하기 위해 꾸몄던 '앙부아즈의 음모'는 실패로 돌아갔다. 1572년에 가톨릭교는 성 바르톨로메오 축일에 첫 학살을 자행해 약 2000여 명의 프로테스탄트가 파리에서 학살되었다. 충돌은 1591년까지 계속 이어졌고 본래 프로테스탄트교도였던 나바르의 앙리는 왕으로 즉위하면서 가톨릭교를 사실상 국교로 삼았다. 1598년에는 낭트 칙령을 반포해 다른 기독교도들에게 관용을 베풀었다. 결국 앙리는 관용을 베풀었으니 진정한 가톨릭교도가 아니라는 이유로 1610년에 예수회의 한 신도에게 암살당했다. 프랑스의 내분으로 합스부르크가는 운신의 폭이 더 넓어졌지만 이내 네덜란드에서 발발한 반란을 진압하기에도 힘이 부친다는 사실을 깨달았다. 1580년대 말에서 1590년대 초까지 무적함대를 동원해 잉글랜드와 네덜란드를 격파한 후 스페인 육군이 파리로 진군하면서 합스부르크가는 목표를 달성할 수 있을 것처럼 보였다. 하지만 상황이 급속도로 나빠져 1598년에는 프랑스, 1604년에는 잉글랜드와 강화조약을 체결해야 했고 1609년에는 네덜란드와 긴 휴전에 들어갔다.

유럽을 뒤흔든 그다음 전쟁들은 1618년, 가톨릭교도인 합스부르크 왕가의 통치자 페르디난트 2세(Ferdinand II: 1619년에서 1637년까지 재임한 황제다.)에게 맞서 프로테스탄트 소유지인 보헤미아에서 반란이 일어나며 시작되었다. 처음에 보헤미아에서 합스부르크가의 왕위 승계는 점점 외부의 간섭이 늘어나면서 반대에 부딪치게 되었다. 1621년에는 네덜란드가 스페인과의 휴전협정이 만료되자 개입해 들어왔고, 1626년에는 덴마크 왕국도 발을 들였다. 그럼에도 불구하고 1620년대 말엽에 알브레히트 폰 발렌슈타인(Albrecht von Wallenstein)이 이끄는 제국군은 승리를 목전에 둔 듯 했다. 하지만 이런 상황은 1630년에 스웨덴 왕 구스타프 아돌프(Gustavus Adolphus)를 필두로, 합스부르크의 승리를 저지하려고 하는 다른 세력들을 끌어들일 뿐이었다. 1634년에 스페인이 직접 관여하자 수순처럼 1년 후에 프랑스도 직접 뛰어들었다. 스페인의 프랑스 침략은 실패했고 1640년대에 포르투갈과 카탈루냐에서 발발한 반란은 합스부르크가의 입지를 더욱 더 약화시킬 뿐이었다. 두 진영은 거의 녹초가 되었지만 모두가 수용할 수 있는 합의를 도출해야 하는 문제가 남아 있었다. 전쟁은 지지부진하게 이어지다가 1648년에 스페인과 네덜란드의 합의가 이루어졌고,(이로써 프랑스의 주요 동맹국 한 곳이 사라졌다.) 베스트팔렌에서 좀 더 종합적인 독일 평화조약이 성사되었다. 분쟁은 프랑스와 스페인의 양국 사이에서만 계속 이어지다가 1659년에 평화조약을 체결해 프랑스가 아르투아와 루시옹을 손에 넣었다. 합스부르크 왕가는 유럽에서 영토를 넓히는 데 실패했다. 하지만 영토를 확장하기에는 합스부르크가가 이미 통치하는 영토가 워낙 다양했고, 각 영토가 각각의 정체성과 특권들을 고수하려고 할 수도 있었으며, 무엇보다 왕가가 당면한 전략적인 문제들이 존재했다. 대부분의 부담은 상업적으로나 농업적으로 견고한 기반이 없는 카스티야에 떨어졌다. 17세기 말엽에 스페인은 경제, 사회, 정치 등이 상대적으로 내리막길에 있었다.

18.10 동유럽

18.10.1 폴란드-리투아니아

[이전의 폴란드-리투아니아 ☞ 16.10.1]

16세기 초엽에 폴란드-리투아니아의 야기에우워(Jagiellon) 왕가는 헝가리와 보헤미아의 왕을 배출하기도 했다. 그들과 함께 야기에우워 왕가는 유럽 대륙의 약 3분의 1을 지배했다. 폴란드-리투아니아는 서로 다른 영토를 지닌 왕조의 연합일 뿐이었지만 야기에우워 가문은 경쟁 상대인 합스부르크가보다 더 위세를 떨치는 듯 했다. 하지만 1526년에 울라슬로 2세가 오스만 제국에 반격했던 모하치 전투에서 후사 없이 전사하자 헝가리와 보헤미아의 왕위는 합스부르크가의 수중으로 넘어갔는데, 1680년대까지 헝가리에 실질적인 통제력을 행사하지는 못했다. 그럼에도 불구하고 폴란드-리투아니아의 야기에 우위 왕조의 왕들은 유럽에서 가장 넓은 왕국을 지배했다. 폴란드-리투아니아는 그단스크(Gdansk)의 항구를 통해 저지대 국가들에 곡물을 수출해 쌓은 경제력으로 서유럽 세계와 긴밀한 관계를 맺었다. 연방의 왕가는 서유럽 왕가들만큼 강해서 왕국 안의 영토 6분의 1을 소유했고 소규모 관료 체제를 통제하며 군대를 통솔했다.

왕국이 무너지며 내부적으로 힘이 약해진 것은 전혀 피할 수 없는 상황이 아니었지만, 그렇게 18세기를 맞아 결국 분할에 이르게 되었다. 물론 내부의 문제는 있었다.(당시 유럽 국가 대부분이 그러했다.) 폴란드와 리투아니아의 연합은 왕권을 통해서만 이루어진 것이어서 각국의 귀족들은 서로 상대의 지배하에 들기를 두려워했다. 1560년대에는 상황이 더 나빠졌다. 후사 없이 지그문트 2세(Zygmunt II)의 임종이 임박하자 왕국은 새로운 왕을 선출해야 하는 상황에 놓였는데, 외부적으로는 모스크바가 새로운 세력으로 부상하고 그보다는 약하지만 스웨덴이 흥기하는 등 위협이 증가하는 시점이었던 것이다. 그렇다고 해도 왕국은 꽤 결단력 있는 조치에 들어갈 수 있었다. 세임(Sejm: 폴란드 의회)과 폴란드 상원은 1569년에 대등한 위치에 있는 리투아니아 인사들과 만나 루블린 조약을 체결했다. 루블린 조약에 따라 양국은 새로운 수도(소도시였던 바르샤바)에서 회의를 열어 단일 통화를 사용하고 내부의 관세장벽이 없는 '연방' 국가를 탄생시켰다. 리투아니아에 속했던 포들라시에(Podladsie)와 볼히니아(Volhynia), 키예프 등 우크라이나 지역은 폴란드에 합병되었다. 1572년에 지그문트 2세가 죽자 세임이 소집되어 후계자를 선출했다. 세임은 (과거와 같이) 합스부르크 출신을 거부하고 왕국 분할의 속셈이 의심되기는 마찬가지인 스웨덴의 요한 3세(Johan III)와 모스크바의 이반 4세(Ivan IV)도 퇴짜를 놓았다. 결국 이들은 발루아 가문을 선택했다. 선택을 받은 인물은 프랑스 왕 샤를 9세(Charles IX)의 동생인 앙리(Henri)였다. 하지만 앙리는 물론 그의 뒤를 이은 통치자들도 모두 '헨리크 조항(Acta Henriciana)'을 수용해야 했다. '헨리크 조항'에 의거해 군주는 선거주의 원칙을 따르고 2년마다 세임을 소집하며 종교적 관용을 유지해야 했고, 새로운 세금을 부과하거나 선전포고를 할 때, 귀족에게 군역을 부과할 때는 세임의 승인을 얻어야 했다. 왕이 이러한 합의를 깨면 귀족들은 저항할 권리가 있었다. 이러한 조항은 왕권을 제한했지만, 왕국이 유럽의 다른 국가들만큼 강력해지는 것을 저해할 정도는 아니었다.

1573년에 종교적 관용에 대해 합의한 조항은 매우 중요했다. 폴란드-리투아니아는 종교개혁 이전부터 다양한 신앙을 가진 사람들을 받아들였고 정통 기독교도가 너무 많아지는 상황을 경계했다. 여러 종교 중에는 (특히 독일어 사용자들이 믿는) 루터교, 칼뱅파, 메노파(Mennonites: 네덜란드의 종교개혁자 메노 시몬스(Menno Simons)에 의해 생겨난 재세례파다. ─ 옮긴이), 재세례파, 삼위일체 반대파(Unitarians)도 있었고, 유대교도도 상당수 존재했다. 16세기의 마지막 250여 년 동안 가톨릭교는 전체 인구의 40퍼센트가 채 되지 않았기 때문에 단일 종교를 부여하려고 했어도 잘 되지 않았을 것이다. 종교 분할은 1590년대에 동방 가톨릭교회(Uniate church)가 탄생하면서 더 심해졌다. 동방 가톨릭교회는 정교회의 의례와 (특히 성직자의 결혼 같은) 관습은 유지하되 교황권에 충성해야 했다. 동방 가톨릭교회가 탄생한 배경에는, 폴란드-리투아니아 동부 지역의 정통파 주민들이 연방의 주적인 모스크바에 대해 갖는 충성심을 약화시키려는 정치적 목적이 크게 자리하고 있었다. 하지만 가톨릭과 동방정교회 모두에서 다수파들이 새로운 교단을 인정하려고 하지 않으면서 종교적 분열은 더욱 깊어졌다.

이러한 분열로 왕국이 크게 타격을 입은 것은 아니었다. 1575년에 앙리는 증오하던 폴란드를 떠나 프랑스의 국왕이 되었다. 앙리를 대신해 폴란드 왕위에 오른 사람은 스테판 바토리(Stefan Bathory)였다. 트란실바니아의 대공이었던 바토리는 1573년 당시에 합스부르크가의 일족이 아닌 동시에 스웨덴 출신도, 모스크바 출신도 아닌 유일한 인물이었다. 바토리 치하에서 폴란드-리투아니아는 강국으로 거듭났다. 왕의 수입은 두 배로 뛰었고 좋은 장비를 갖춘 대규모 군대가 창설되어 모스크바에 결정적인 승리를 거두었다. 1586년에 바토리가 사망했을 때 세임은 다시 한번 합스부르크가를 거부했지만, 이번에는 다른 대안 없이 (스웨덴 왕위 승계자인) 지기스문트 바사(Zygmunt Waza)를 선출했고, 그는 1587년에 지그문트 3세가 되었다. 지그문트 3세는 스웨덴의 왕위에 관심이 쏠려 있어 1589년에 합스부르크 가문에 폴란드 왕관을 양도하려고 했지만 실패했다. 1592년에 스웨덴에서 지그문트 3세의 부왕이 서거했지만, 지그문트 3세가 스웨덴의 국왕 자리를 놓치면서 양국이 연합 관계를 맺을 기회는 사라졌고 지그문트는 자신의 왕국에 전념하는 수밖에 없었다. 그는 강경한 가톨릭교도였지만,(스웨덴 왕위를 놓친 이유 중 하나였다.) 30년 전쟁에는 크게 휘말리지 않았다.(발트해 연안 지역에서 세력권을 두고 스웨덴과 충돌을 빚었다.) 지그문트 3세가 1632년에 사망하자 지그문트 3세의 아들 브와디스와프 4세(Wladyslaw IV)가 뒤를 이었고, 1648년에 브와디스와프가 숨을 거두면서 그의 동생이 왕위에 올랐다. 폴란드는 1587년 이후부터 공식적으로 선거제도가 존재했지만 유럽의 다른 국가들처럼 왕조 국가였다.

[이후의 폴란드-리투아니아 ☞ 19.5.2]

18.10.2 모스크바

[이전의 모스크바 ☞ 15.10.3]

극동 쪽에서 15세기 말엽에 모스크바는 본격적으로 성장했다. 이반 3세(Ivan III: 1462~1505년)와 바실리 3세(Vasili III: 1505~1533년) 밑에서 모스크바가 통치하는 지역은 세 배로 늘어났다. 처음에는 모스크바의 접경 지역들을 위주로해서 야로슬라블과 로스토프를 점령하고 1478년에 노브고로드를, 1485년에 트베리를, 1510년에 포스코프를 각각 손에 넣었다. 루스 공국 중에서 마지막 독립국이었던 랴잔은 1520년에 정복되었다. 리투아니아가 있는 서쪽으로도 확장을 꾀해 1494년에 뱌지마를 점령했지만 더 강한 국가를 상대로 그 이상의 진전은 이루지 못했고 1522년에 평화조약을 체결해 모스크바의 서부 국경은 16세기 내내 그대로 확정되었다. 1489년부터 모스크바의 통치자들은 '차르'라는 칭호를 사용했고 1490년대에는 합스부르크 왕가의 문장을 모방한 쌍두독수리 문양도 상징으로 사용하기 시작했다. 스스로 위상이 높아졌다는 주장에도 불구하고 모스크바의 통치자들은 유럽 세계 가장자리의 낙후 지역들을 통치하는 소왕에 불과했다. 정부는 여전히 한 집안을 바탕으로 해서 관료 체제가 극미했고 기록 문서 등도 거의 사용하지 않았다. 매우 열악한 통신을 바탕으로 광대한 지역을 지배하다 보니 통제력도 취약할 수밖에 없었다. 내부의 통일성도 미미해서 노브고로드는 자체적인 통화를 보유했고, 모스크바에서 파견한 관리자들은 자신만의 세력권을 개척할 수 있었으며 부패지수도 높았다. 좀 더 강한 국가를 건설할 수 있었던 주요 원동력은 왕이 통솔하고 화약 무기를 도입한 군대를 창설한 것이었다. 화약 무기를 처음 사용한 시기는 15세기 말엽이었는데, 이때부터 이

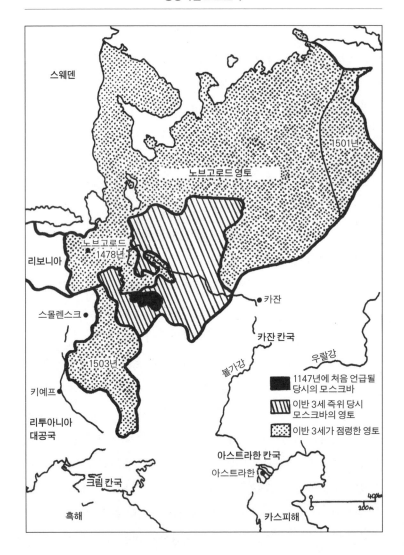

스웨덴

1501년

노브고로드 영토

리보니아

노브고로드
1478년

카잔

스몰렌스크 ●

카잔 칸국

우랄강

볼가강

1503년

1147년에 처음 언급될
당시의 모스크바

키예프 ●

이반 3세 즉위 당시
모스크바의 영토

리투아니아
대공국

이반 3세가 점령한 영토

아스트라한 칸국

아스트라한

크림 칸국

흑해

카스피해

탈리아의 기술자들을 데리고 와서 생산을 관리하게 했다. 하지만 개발 속도가 늦어 16세기 중엽까지는 아무런 근본적인 변화도 일어나지 않았다.

16세기 모스크바에서 가장 중요한 위치를 차지하는 통치자는 이반 4세(1533~1584년)로, '뇌제(雷帝)'라고도 알려져 있다. 이반 4세는 좀 더 발달한 국가를 건설하고 모스크바를 계속해서 확장시킨 중심 인물이었지만, 16세기 말의 내부 분열에도 큰 책임이 있었다. 그는 심각한 척추 기형을 앓았는데 고통을 견디기 위해 알코올과 다른 약물들을 다량 복용하면서 원래 타고난 편집증적 성향이 증폭되었다. 어릴 때 왕위를 물려받은 그는 귀족 집단들 간의 극심한 파벌 싸움이 지나간 1547년에 차르에 즉위했다.(이반 4세는 대관식의 형식을 거친 최초의 통치자였다.) 팽창하는 국가적 힘을 증명하듯 1550년에 국가로부터 보수를 받는 머스킷 총 부대가 창설되었다. 서진을 통한 영토 확장이 리투아니아에 차단당하자 모스크바는 남쪽으로 방향을 돌려 가장 가깝게 인접한 카잔 칸국을 겨냥했다. 몽골이 지배했던 영토들이 분할된 이후에도 모스크바는 카잔 칸국과 긴밀한 관계를 맺었다. 그들은 (오스만 제국의 중요한 노예 공급로였던) 남쪽으로 향하는 주요 교역로를 장악했고 모스크바의 힘이 약했던 시기에도 '공물'을 바쳤는데, 공물보다는 '선물'이라는 말로 포장하곤 했다. 두 나라는 1540년대 내내 간헐적인 전투를 벌이다 마침내 1552년에 이반이 대대적인 군사 작전을 펼쳐 카잔 지역을 함락했다. 이로써 세력 균형에 현격한 변화가 발생했고 모스크바로 합병된 과거의 루스 공국들은 13세기의 정복자들에게 최초의 승리를 거두었다. 모스크바는 이제 흑해로 향하는 볼가강 교역로를 장악했고 카잔을 점령해 동쪽으로 더 넓게 확장할 수 있는 길을 열었다. 하지만 모스크바의 군사력은 아직 한계가 많아서 훨씬 더 강한 크림 칸국을 공격하려던 계획은 포기해야 했다. 그 대신 1558년에 이반은 서쪽으로 방향을 돌려 독일 기사단이 지배하던 리보니아를 공격했다. 그러나 모스크바는 경쟁 세력인 폴란드-리투아니아와 덴마크, 스웨덴에 차단당했다. 전쟁은 계속되었지만 별다른 수확도 없이 결국 1580년대 초엽에 다른 발트해 연안 세력들과 휴전협정을 맺었다.

전쟁에 들어간 비용은 다른 요인들과 함께 모스크바 대공국 내의 여러 문제를 양산했다. 무엇보다 중요한 것은 이반이 수립한 정책들이었다. 그는 왕족 내에서 뿐 아니라 통치자에 속한 의회를 구성하는 보야르(boyars), 즉 최상층 귀족들 사이에서도 점점 더 반대에 부딪혔고, 그에게 반대하며 리투아니아로 망명하는 사람의 수도 점점 늘어났다. 결국 이반은 1564년부터 1565년까지 오프리치니나(oprichnina)를 설치했다. 오프리치니나는 차르 직할로 별도로 수립된 국가 행정부로 나라 안의 광범위한 영토를 관할했고, (명목상 이반에게 속한) 보야르 의회가 나머지 영토를 지배했다. 오프리치니나 설치 배후의 정확한 목적은 확실치 않지만 주요 귀족 가문의 힘을 제어하려고 했던 독특한 방법으로 보이고, 이반 자신의 편집증을 반영한 것이기도 했다. 오프리치니나의 새로운 귀족층은 이반에게 절대적인 충성을 바치면서, 이반이 변덕을 부려 진짜 적이든 적으로 추측되는 자들이든 그 일가를 전부 강제로 추방하거나 처형에 처하는 등 일관성 없는 정책을 추진할 때 그를 도와 정책을 수행했다. 1567년부터 실제로 음모를 꾸미는 사례도 증가하고 근거 없이 음모로 내몰리는 경우도 증가하면서 고문과 살인도 (교회의 수장으로서 이반이 결정한 것들도 포함해) 더 흔하게 이루어졌다. 1570년에는 노브고로드에서 대대적인 테러가 자행되었다. 살해당한 사람의 수가 공식 집계로만 2000명이었다. 실제로 죽은 사람의 수는 훨씬 더 많았고, 도시는 사실상 약탈을 당했다. 오프리치니나는 1572년에 폐지되었지만 그로 인해 형성된 분위기는 사라지지 않았다. 1584년에 이반이 세상을 뜨기 훨씬 전부터 모스크바는 내부 분열을 일으키고 있었다.

[이후의 모스크바 ☞ 19.5.1]

18.11 군사 혁명

유럽 전역에서 끊임없이 벌어졌던 왕조들 간의 대립은 종교 분열로 더 악화되고 화약 무기의 영향으로 더 고조되면서 유럽의 군사 혁명을 초래했다. 아직 비교적 원시성을 벗어나지 못한 16세기 초엽의 유럽 군주들에게서 군사 혁명이 끄집어낸 요구들은, 여기에 적응할 수 있었던 국가들의 성격에 본질적인 변화를 가져왔다. 15세기 말의 군대는 여전히 궁사(분당 열 발의 화살을 발사해 약 200야드까지는 어느 정도 정확하게 조준할 수 있었다.)와 기마병, 몇몇 창병이 주를 이루었다. 더불어 대포 몇 대를 보유한 곳도 있었다. 대포가 발달하면서 방위 기술에 주요한 변화들이 나타났다. 방호벽이 낮고 두꺼운 보루가 되고 그 위에 대포가 진열되었다. 방위 태세는 넓은 지역들로 확산되었다. 비용이 대폭 상승했지만 새로운 방위 체제는 효과가 있어서, 장기간 포위 작전을 쓰고 땅굴을 파고 역방향 땅굴을 뚫고 막대한 군사력을 동원해도 소도시 하나 점령하기가 매우 어려웠다. 결국 전투를 벌여 결정적인 승기를 잡는 경우는 극소수였다. 유럽에서 최초의 보병대 화약 무기는 16세기 초엽에 개발된 아퀴버스였다. 아퀴버스는 재장전하는 데 몇 분이 걸렸고 정확도를 확보할 수 있는 사정거리는 궁사보다 절반 정도 짧았지만 훈련을 할 필요가 별로 없었기 때문에 효율적이었다. 1550년대에는 머스킷 총(스페인 군대가 이탈리아에서 처음 사용했다.) 개발이 완료되면서 혁명적인 변화가 찾아왔다. 머스킷 총은 100야드 밖에서 판금 갑옷을 관통할 수 있었다. 날이 넓은 칼과 미늘창, 석궁 같은 구식 무기들은 이미 감소 추세에 있다가 결국 사라졌다.(잉글랜드조차 1560년대에 전통 무기인 장궁을 포기했다.) 창병은 효율성이 훨씬 떨어졌지만 머스킷 총의 연사 속도가 떨어지는 바람에 총병들을 보호하는 용도로 유지되었다. 연사 속도 문제는 1590년대에 머스킷 병사들을 긴 열로 배치하는 일제사격 기술이 발달하면서 해결되었다. 일제사격술은 훨씬 더 많은 훈련과 규율이 필요했고 부대의 단결력도 뛰어나야 했다. 1620년대에 스웨덴 군대가 보유한 6열의 머스킷 병사는 훈련이 매우 잘 되어 있어서 연속 발사가 가능할 정도였다. 라이플총도 있기는 했지만 연사 속도가 머스킷 총보다도 더 느려 저격수들만 사용했다. 17세기 초엽에 최초의 야전포가 개발되었다. 스웨덴은 1630년대에 그러한 야전포 여든 대를 배치했다.

이러한 기술 변화들이 찾아온 결과 유럽 군대는 규모 면에서 빠르게 성장했다. 15세기 말엽에 이탈리아를 침략했을 당시에 샤를 8세의 군대(와 스페인 군대)는 약 2만 명을 넘지 않았는데, 수 세기 전에 중국의 송나라가 이끌었던 대군에 비하면 극소한 규모였다. 한 세기만에 스페인 군대는 대략 열 배로 증가해 약 20만 명이 되었고 1630년대에는 15만 명 정도의 군사력은 평범한 수준이었다. 17세기 말엽에 프랑스 군대는 약 40만 명이었는데, 당시 스페인의 국력이 기울고 있었다는 사실은 군대 규모가 5만 명에 지나지 않았다는 데에서 여실히 드러났다. 네덜란드와 스웨덴처럼 중간치의 국력을 보유했던 나라들도 17세기 말엽의 군대 규모는 10만 명이 넘었다. 기술 변화가 가장 먼저 파급력을 미친 곳은 주요 분쟁 지역들, 즉 이탈리아와 프랑스, 스페인, 저지대 국가들이었다. 침략의 위협을 받은 적이 거의 없던 잉글랜드에는 현대식 요새가 별로 없었고 군대 규모도 훨씬 더 작았다. 1640년대에 발발한 내전 기간 동안, 예컨대 네이즈비 전투 같은 싸움에서도 야전포는 등장하지 않았다.

해양 군사기술도 현격히 발전했고 1450년 이후 두 세기 동안 범선도 중무장하며 진화를 이루었다. 16세기 초에는 60파운드 무게의 철탄을 발포하는 전장식 청동포 같은 화약 무기를 바다에서 사용했다. 16세기 말엽에 대형 범선인 갤리언선을 개발하면서 네덜란드는 17세기 초에 공해(公海)에서의 장기 작전을 위한 최초의 함대를 만들어 스페인을 공격했다. 이들 함대는 최초의 300톤짜리 소형 구축함을 갖추었는데, 구축함마다 마흔 대의 총포가 설치되었다. 17세기 중엽에 네덜란드는 군함 157척으로 구성된 함대를 보유했다. 17세기 말엽에 유럽의 주요 해군들은 카리브해와 인도양, 태평양에서 군사작전을 펼칠 수 있었고 각자 기지에서 수천 마일씩 떨어진 상대방을 공격할 수도 있었다.(아시아에서는 더 진일보한 선박들이 개발되었다. 1590년대에 한국에서는 초기 철갑선 형태의 '거북선'을 만들었다. 함선의 길이는 100피트가 넘었고 선체가 6각형의 금속판으로 둘러싸여 배에 올라타거나 구멍을 낼 수 없었다. 양 옆으로 열두 개의 포문이 있었고, 작은 화기류를 발사하거나 화염과 독가스 등을 쏘기 위한 총안도 스물두 개 있었다. 거북선은 1590년대에 일본의 침략을 격퇴하는 데 결정적인 역할을 했다.)

이렇게 성장한 육군과 해군은 상당한 지원이 필요했다. 1440년대에 프랑스 포병 부대는 연간 화약 2만 파운드를 사용했는데, 200년 후에는 50만 파운드를 소요했다. 보병 무기를 만드는 작업실도 따로 있어야 했고 철과 금속의 생산량도 더 늘려야 했다. 무기 공장과 조선소도 필요했다. 육군을 모집하면 일정 형태로 보수도 지급해야 했다. 국가 세입은 거의 다 군비 지출로 들어갔다. 부유한 오스만 제국에서는 육군과 해군이 정부 세입의 거의 3분의 2를 사용했다. 유럽의 큰 전쟁들을 피해 갔던 잉글랜드 같은 국가들도 파산에 이를 지경이었다. 스코틀랜드 및 프랑스와 전쟁을 벌이느라 연간 45만 파운드의 비용이 들어갔지만,(전쟁은 1542년부터 1550년까지 간헐적으로만 발발했다.) 총 국가 세입은 연 20만 파운드에 불과했다. 전쟁 비용은 헨리 8세가 몰수했던 수도원 땅들을 매각하고 세금 인상, 강제 공채 발행, 재산 몰수 등의 방법을 동원하고도 빚을 50만 파운드나 늘려 가며 충당했다. 합스부르크 왕가의 정책 비용을 대부분 감당해야 했던 스페인의 상황은 더 심각했다. 1556년에 펠리페 2세가 왕위를 넘겨받았을 때 향후 국가 세입 5년분이 거액의 융자금 상환과 이자 납입용으로 모조리 저당 잡혀 있었다. 스페인 왕국은 파산했고, 1575년과 1596년, 1607년, 1627년, 1647년, 1653년에도 거듭 재정 파탄을 맞았다. 왕이 융자한 돈은 사실상 몰수한 것이나 마찬가지였지만, 이들은 돈이 더 들어올 때까지 기존 융자금에 대한 이자 납입을 거부하는 방식으로 자금을 더 끌어 모을 수 있었다.

대부분의 국가는 대규모 군대를 관리하고 배치할 수 있는 관료적 기반이 없었기 때문에 군대를 모집하는 과정부터 문제가 많았다. 군대는 군에 입대하는 것 말고는 당장 굶주림을 면할 방법이 없어서 지원한 사람들이 주를 이루었다. 많은 지역에서는 지역 치안판사에게 군대 안으로 숨어든 범죄자들을 색출해야 하는 할당량을 부여했다. 결국 군대는 군기가 형편없고 끊임없이 교체되며 서로 천차만별인 사람들이 주로 약탈 가능성을 보고 뭉친 부대들의 집합소였다. 탈영률도 아주 높았다. 평균적으로 군대는 질병과 탈영, 전투로 매년 병력의

4분의 1을 잃었다. 플랑드르의 스페인 병력은 1576년 6월에 6만 명에서 11월에는 1만 1000명으로 급감했다. 1572년부터 1609년까지 저지대 국가들에서 스페인 군대는 최소한 45회 이상 반란을 일으켰다. 자력으로 군사력을 조직할 수 없었던 많은 국가는 17세기 초엽 즈음에 군대 관리를 대신해 줄 청부업자들에게 일을 맡겼다. 유럽의 전쟁이 최고조에 달했던 1630년대에 그런 청부업자들은 400명을 웃돌았다. 발렌슈타인 같은 몇몇 업자는 황제를 대신해 군대 전체를 관리했고 아마 끝까지 성공적이었다면 큰 재산을 모을 수 있었을 것이다. 구스타프 아돌프 치하의 스웨덴만이 징병제를 두고 있었지만 제도 유지에 들어가는 비용은 어마어마했다. 1620년 이후 20년 동안 뷔그데오(Bygdeå) 교구는 부득불 군대에 230명의 인력을 차출했다. 그중 열다섯 명을 제외한 모두가 복무 중 사망했고 생존자 중 다섯 명은 불구가 되었으며 교구의 남성 인구는 절반 가까이 줄어들었다. 군대는 보수를 거의 받지 못했다. 군대의 규모로 보나 당시의 열악한 유럽 통신 상태로 보나 군대에 무언가를 공급하기란 어려웠다. 3000명 규모의 도시 수비대는 흔히 도시 자체만큼 컸고, 3만 병력을 지닌 군대는 웬만한 유럽 도시들보다 더 컸다. 말을 먹일 사료나 어마어마한 군속(軍屬)의 수로 군대 규모가 두 배로 늘어날 수 있다는 점도 상황을 악화시켰다. 1646년에 바이에른의 두 연대에는 960명의 병력이 있었지만 이들을 따라 움직이는 여성과 아이들의 수가 416명에 이르렀고 하인의 수도 310명이나 되었다. 군대는 지나가는 마을들에서 '보호비' 명목으로 식량을 구했다.(이 방법이 약탈보다 효율적이라는 것을 금방 깨달았다.) 전투가 치열하게 벌어지는 마을의 주민들은 양측의 군대를 모두 매수하고 그들이 퍼뜨리는 질병들을 감수해야 했다. 주요 통신 경로와 겹치는 마을들은 군대가 오갈 때마다 시달렸다. 오스만 군대는 병참 체계가 잘 발달되어 있었지만 매번 똑같이 아나톨리아를 지나는 중심 경로를 따라 행군했다. 1579년에는 사파비조와 전쟁을 벌이는 동안 새로운 경로를 택해야 했는데, 기존의 행군로를 따라 들어선 마을들은 주민들이 모두 떠나버렸기 때문이었다.

18.12 유럽 국가의 흥기

군사 혁명이 전개되고 그로 인해 대규모의 육군과 해군에 재정 등 각종 지원을 해야 할 필요가 늘어나면서 유럽 국가가 성장하는 데 근본적인 압력이 발생했다.(이와 비슷한 과정은 한 제국이 등장하기 3세기 전, 기원전 200년 무렵에 중국의 '전국(戰國)'시대에서도 확인할 수 있다. 1500년에서 1945년까지의 유럽이 중국과 현격히 다른 점이 있다면 수많은 시도가 있었음에도 단 한 국가도 다른 국가에 승리하고 전 영토를 통일하지 못했다는 것이다.) 유럽 국가들의 부상에 대해서는 다소 '신비주의적'인 시각으로 바라보는 경향이 있었다. 유럽 국가들은 1300년 이후 '보편 제국'과 '보편 교회'가 쇠락하면서 필수 불가결한 진전의 한 부분으로 등장했던 기성 '국가들'을 통합하고 구현한다고 여겨진다. 통념상 이들 국가의 특징으로 대의제나 최소한 어느 정도 민주적인 정부, 규제와 통제하에 놓인 국가권력, 법치주의, 개인과 지역의 자유 및 권리에 대한 보호, 모든 시민에 대한 정치적 권리의 점진적인 부여 및 확대 등을 꼽는다. 이러한 특징들이 유럽 부흥의 필수 불가결한 전제였고 산업화와 '자본주의' 발달에 결정적인 요소였으며, 따라서 다른 사회와 국가들이 '현대화'를 이루기 위해 반드시 따라야 할 길이라는 것이다. 모든 면에서 이러한 견해들은 유럽 국가의 탄생과 관련된 과정들과 별로 관계가 없다. 유럽 국가의 탄생과 결부된 결정적인 요소 네 가지는 다음과 같다. 첫째, 정치적 단위들을 경계가 명확하고 연속적으로 이어지는 영토 안으로 통합한 것. 둘째, 지역 '특혜' 철폐와 세금 도입을 통해 점전적인 중앙집권화를 이룬 것. 셋째, 대외적으로 전쟁을 일으키고 내부적으로 강압적 권력을 독점한 것. 마지막으로 넷째, 사회적으로 다른 기관들보다 우월한 국가조직과 관료 제도, 법체계를 수립한 것.

유럽에 '보편 제국' 같은 것은 없었다. (유럽 안에서 차지했던 자리도 작았던) 카롤루스 대제의 제국은 눈여겨볼 새도 없이 너무 덧없이 사라졌고 뒤를 이은 후계자들은 황제의 자리를 주장했으나 실제 권력을 거의 갖지는 못했다. 교황권은 거창한 주장을 내세웠지만 세속의 통치자들에게 부딪혀 현실로 펼치지 못한 채 한낱 이탈리아반도 안의 권력으로 급격히 움츠러들었다. 유럽에는 '민족국가'도 없었다. 유럽에 존재하는 정치 단위들은 거의 모두가 특정한 통치 가문이나 왕조를 중심으로 세워진 합성국가(composite states)였다. 많은 단위가 합스부르크가의 영토 등과 같이 적대적인 넓은 땅들로 분할되었다. 어떤 단위들은 바다로 분할되었는데, 잉글랜드와 아일랜드, 그리고 16세기에 대륙에 포진했던 잉글랜드 영토들이 그런 경우였다. 피에몬테와 사보이아, 폴란드와 리투아니아처럼 인접해 있기는 해도 강한 독립적 정체성을 지니는 경우도 있었다. 흔히 이런 지역들은 같은 군주의 통치를 받는다는 사실 하나로 통합이 되었다. 16세기 초엽에 유럽에는 규모가 큰 정치 단위가 몇 곳에 지나지 않았다. 이들 단위들, 즉 카스티야와 프랑스, 잉글랜드는 상대적으로 정부가 강력했고 귀족들 사이에는 공통의 정체성이 매우 미약했다. 유럽 귀족들이 가문과 세습에 대해 갖고 있던 오랜 신념은 왕조를 융성케 하려는 야망을 낳았고,

이러한 야망은 이들 소수의 강력한 단위를 가로지르며 제약적이었던 힘을 더 약화시켰다. 16세기의 종교 분열은 합성국가가 지닌 문제들을 더 복잡하게 만들었다. 유럽 국가에 통일성을 부여하기가 어려워졌고, 통합을 이루려는 시도가 있을 때마다 스페인을 지배했던 합스부르크 왕가가 네덜란드에서 직면했던 상황처럼, 또는 잉글랜드가 아일랜드에서 겪었던 반발처럼 더 큰 문제들을 불러왔다. 카스티야와 잉글랜드, 네덜란드에서 종교는 실로 매우 강력하고 공격적인 사명감을 창출했다. 그들 자신이 신이 고안한 계획의 일부라는 신념이 크게 작용했던 것이다. 이런 현상은 아직 경계가 불명확했던 '스페인' 안에 카스티야 제국을 건설하고, 빠르게 보아도 1800년도 이전에는 존재하지 않았던 '영국' 안에 잉글랜드 제국을 수립하면서 고조되었다.

16세기 초에 유럽 국가들은 대부분 내부적으로 매우 약했고, 서로 다른 수많은 공동체와 사법권을 지닌 지역들, 여러 자치 지역으로 구성되어 있었다. 연합 주(United Provinces)는 1579년에 위트레흐트와 네덜란드 북부의 일곱 주가 연방 연합을 맺으면서 탄생했고, 중앙 조직은 시종일관 제약되어 있었다. 부르봉 왕가의 독립적인 소유지였던 베아른과 나바르, 아르마냐크, 방돔, 로데즈는 1589년에 앙리 4세가 즉위한 이후에야 프랑스 영토로 통합되었다. 스코틀랜드와 잉글랜드는 1603년에 스코틀랜드의 제임스 6세가 잉글랜드에서 제임스 1세로 즉위하며 '연합'을 이루었지만, 서로 완전히 독립되어 있던 국가 정체성을 하나로 통합한 것은 1707년에 연합법(Act of Union)이 발효된 이후였다. 이때조차 비록 스코틀랜드 의회가 폐지되기는 했지만 법과 종교, 교육의 체계는 별도로 유지했다. 스페인에서는 아라곤 의회가 카스티야 의회보다 훨씬 막강한 힘을 갖고 있었는데, 이 차이를 없애려고 했던 시도는 1591년에 아라곤에서 일어난 봉기 배후의 주요 원인 중 하나였다. 잉글랜드에는 '관습법'이 있어서 충분히 통일된 법체계를 갖는 일이 드물었다. 1600년에 프랑스에는 여전히 700개의 서로 다른 법전이 있었고 저지대 국가들에도 그 정도 양의 법전이 있었다. 합스부르크 왕가처럼 단일 가문이 소유한 영토들에서조차 1618년까지는 오스트리아 하단주와 상단주, 오스트리아 내지, 티롤, 보헤미아 등 각각 서로 다른 통치자들이 자체적인 법정을 운영했다. 1530년대에 잉글랜드가 웨일스를 흡수하고 1559년 이후에 아무런 준비 없이 사보이아가 독립했을 때처럼 행정적 통일이나 법적 통일은 유럽의 틀 안에서는 흔치 않은 일이었다. 합성국가에서는 그 외에도 언어적 분할이 존재했다. 스페인에서 바스크어와 카탈루냐어는 프랑스에서 브르타뉴어와 프로방스어가 그렇듯이 독립적인 정체성을 키우는 중심 요인이었다. 웨일스는 법적으로나 행정상으로 잉글랜드에 통합되었지만 다른 언어가 남아 있어 지역적 정체성을 확립하는 데 결정적인 요소로 작용했다. 잉글랜드의 콘월같이 외진 지역들은 중앙정부와는 거의 상관없이 존재했고 폴란드와 리투아니아에서는 여러 벽지에 여전히 토속신앙들이 잔존했다. 이런 상황은 통신이 매우 열악했다는 사실을 반증하기도 했다. 합스부르크 왕가도 마드리드에서 브뤼셀이나 밀라노까지 이동하는 데 최소한 2주일이 걸렸고 보통은 그보다 더 오래 걸려 골치를 앓았다.

유럽에서 국가를 건설하는 과정의 중요한 부분은 이러한 지역 단위들과 지역의 정체성 및 권리들을 없애는 것이었다. 16세기와 17세기에는 (스위스의 주들은 제외하고) 모든 지역에서 지방의회들이 확대되는 중앙 국가조직에 권력을 내주었다. 어떤 단위들은 자주권을 주장하기도 하고, 자유도시나 공국, 주교 관구, 지방 관할권 등의 독자적 정체성들을 내세우기도 했지만 점차 발달하는 단일 체계 안으로 흡수되었다. 흡수 과정은 결코 평화롭지 않았기 때문에 어디서든 저항에 부딪혔다. 스페인에서는 아라곤은 물론 카탈루냐도 반란을 일으켰고 포르투갈은 제국을 이탈해 독립을 되찾았다. 결국 18세기 초엽에 아라곤은 거의 모든 권리를 잃었지만, 카탈루냐는 상당한 자치권을 유지했다. 비교적 작은 통합 국가인 잉글랜드 같은 곳에서도 15세기 말엽과 16세기 초엽에 중앙 국가조직이 권력을 확대하는 동안 지방의 반란이 끊임없이 일어났다. 1489년에 요크셔에서, 1497년에는 콘월에서 그러한 반란이 있었고, 1536년에는 북부의 주들이 (수도원 해산으로 촉발된 '은총의 순례'로 알려진) 봉기를 일으켰고, 1547년에는 서부의 주들이 봉기를 일으켰으며, 1549년 케트의 반란과 1553년 와이어트의 반란이 그 뒤를 이었다.

게다가 통치자들은 새로운 제도를 시행해 국가 안에서 폭력 사용을 독점했다. 15세기 유럽의 특징은 과거 수 세기 동안 그랬듯이 자체적인 군사력과 방어 설비가 잘 갖추어진 성을 소유한 강력한 귀족 집단과 영주들의 존재였다.(일본도 같은 경우였다.) 이들 집단은 보통 때는 군주의 권위를 인정하고 군주와 한편에서 싸움을 벌였다. 하지만 그들 자신의 세력 기반을 가지고 있었으며 그만큼 반역도 쉽게 도모했다. 최소한의 세입만으로 살아가는 군주들은 갖고 있는 재원이 최상층 귀족들과 별반 다르지 않았다. 이런 이유로 13세기 이후부터 유럽, 특히 이탈리아 같은 부유한 지역에 직업군인이나 용병이 더 흔해졌음에도 불구하고 군주들은 군대를 모집하기가 쉽지 않았다. 16세기부터 통치자들은 점차 그들 사회 안의 대안적인 권력 기반들을 제거했고 무력에 대한 단독의 권리를 확립했다. 군대는 '봉건적' 의무 같은 것이 아니라 국가가 보수를 주어 징집했고, 성들은 화약 무기 때문에 무용지물이 되거나 철거되었다. 이러한 변화들은 대체로 잉글랜드에서는 16세기 말엽에 완성이 되었고, 프랑스에서는 1620년대부터 점점 더 본격적으로 진행되다가 1660년대 즈음에야 완성되었다. 그래도 한 국가 안의 실질적인 통제력이나 정부 상황은 여전히 최소한의 수준이었다. 고문과 공개 처형, 엄격한 법 제도를 동원해도 많은 지역, 특히 대도시들의 일부분이나 벽지들은 거의 통치의 손길이 닿지 않았고, 노상강도와 도적들이 만연했다.

군사 비용이 늘어나면서 군주들은 자리를 지키고 이어 나가기 위해 장악력을 넓히고 세금을 징수해야 했다. 이러한 압박감은 통치자와 귀족 의회의 관계, 그리고 국내의 다른 이해관계 등에 직결되어 있었다. 이들 '의회'는 15세기 이전까지 유럽의 여러 지역에서 발달했지만 그 후로는 국가가 성장하고 강력한 통치자들이 등장하면서 대부분 빛을 잃었다. 의회는 세력 집단(귀족)과 그 외의 중요한 공동체들(교회와 도시)을 대변했고 이들 및 지역사회의 권리를 옹호했다. 유럽에서 원시 형태의 초기 국가들은 강압적인 권력을 매우 제한적으로만 갖고 있어서 군주들이 필요한 세입을 늘리기 위해서는 어느 정도 동의를 구해야만 했다. 세금 인상에 동의해 주는 대가로 이들 집단들은 추가적인 권리와 세금 공제를 협상할 수 있었을 것이다. 15세기 무렵부터 점점 통치자들은 이러한 단체들을 피해 목적이 (대체로 군사 목적으로) 한정된 특별세들을 부과하기 시작해서, 다시 승인을 받을 필요 없이 그러한 특별세들을 영구화하고 확대했다. 이런 방법이 용납되자 의회를 소집할 필요가 없어졌고 군주의 독립성과 권력도 따라서 확대되었다. 통치자들에게 남은 문제는 세금을 걷어 야망을 실현하고 싶은 욕구와 세금을 인상해 봉기가 발발할 수도 있는 가능성 사이에서 균형을 잃지 않는 것이었다. 보편적인 추세에 유일하게 예외였던 나라는 잉글랜드였다. 잉글랜드는 귀족들 안에서 권력의 재분배가 있었고 17세기 말엽에는 군주가 대토지를 소유한(그리고 점점 상업화되는) 귀족들과 연합해 지배권을 행사했다. 이로 인해 국가 정책이 달라진 부분은 거의 없었다.

초기 유럽 국가들 중 어느 한 곳이라도 어떤 식으로든 '대표제'를 표방했다는 생각은 착각이다. 각국에서 그나마 살아남았던 의회들은 주민의 극소수만을 대변했고 스스로 자기 이익과 권리를 지킬 수 있는 소수 특별 이익집단들을 대리했다. 남아 있는 '자유'도시들조차 극소수 귀족 파벌이(대개 가장 큰 상인 가문이) 운영했다. 제노바에서는 700명(과 그 가족들)이 도시를 지배했다. 뉘른베르크에서는 도시와 인접 지역의 총인구 2만 명 중 법이 정한 마흔세 개 가문(기껏해야 인원이 200명이었다.)에 권력이 제한되어 있었다. 이 가문들이 선택한 원로 일곱 명이 모든 문제를 결정했다. 1525년에 원로들이 루터교를 지지하기로 결정하자 온 도시가 강제로 그 결정에 따라야 했다. 세비야는 권력 범위가 그보다 더 좁았다. 부유한 상인 다섯 명이 모인 것에 불과한 '영사관'이 도시를 지배하며 원할 때마다 사적인 이해관계를 바탕으로 의사 결정을 내릴 수 있었다. 런던에서는 17세기 초엽에 부유한 상인 약 200명이 사실상 도시를 지배했다. 네덜란드에서 지배적 자리에 놓인 상류 귀족들은 200만 명이 넘는 총인구 중 많아 보아야 1만 명에 불과했다.

국가의 군사적 요구가 증가하면서 행정직도 바뀌어야 했다. 유럽 전반에서 군주정은 대체로 사사로운 성격을 띠었고 행정직들은 군주 일가 안의 관리로 기능했다. 지방의 행정관들이나 지역마다 상이한 법 제도를 통제할 수 있는 수단은 거의 없었다. 이 부분에서도 잉글랜드는 드문 경우로 12세기 중엽부터 군주가 중앙의 법적 관리를 시행할 수 있었다. 잉글랜드에는 왕에게 속한 순회재판관들이 있었고, 지방 영주들도 치안판사로서 체제 안으로 통합되었다. 16세기 초엽부터 군사 혁명으로 좀 더 복합적인 관리 체계가 요구되었고 원시적인 형태의 관료제 역시 군대와 군수품을 지원할 뿐 아니라 발전하는 조세 제도를 운영할 수 있도록 진화해야 할 필요가 점점 뚜렷하게 대두되었다. 변화의 첫 번째 국면이 전개되었던 1530년대와 1540년대에 서유럽 국가 대부분은 대대적인 재편에 들어갔다.(헨리 8세 시대의 잉글랜드에서 토머스 크롬웰(Thomas Cromwell)의 역할이 대표적이었다.) 행정 체계는 조금씩 더 제도화되었다. 프랑스 공무원의 수는 (군대를 포함해) 1505년에 1만 2000명이었는데 1660년대에 8만 명 이상으로 증가했다. 뇌물 수수와 실무가 없는 한직, 부정부패, 절도 등 아직도 어마어마한 영역에서 낭비와 사치가 횡행했고 세금을 불리거나 독점권을 설정하는 방식으로 이런 악폐들을 부추기기도 했지만 전체적인 추세는 명확했다.

유럽의 통치자들도 변해야 했다. 기사도적 품행(검술과 무도 등)을 중요히 여기는 군사 지도자가 아니라 국가 정책을 결정하는 행정가가 되어야 했다. 많은 통치자가 이런 변화를 힘들어 했고 변화에 무능한 통치자도 많았다. 이른바 '대(大)선제후(Great Elector)'였던 브란덴부르크의 프리드리히 빌헬름 1세(Friedrich Wilhelm I: 1640~1688년)는 교육 부분에서 평균 이하로, 열 살 때 숫자를 10까지 세지 못했고 알파벳도 외우지 못했다. 따라서 많은 군주가 궁중의 '총신'에게 의존하게 되었고, 총신들은 왕에게 영향력을 행사하며 정책을 좌우했다. 17세기 초에 프랑스는 리슐리외(Richelieu) 추기경(1624~1642년)과 그의 뒤를 이은 마자랭(Mazarin) 추기경(1643~1661년)이 지배했다. 스페인에서는 올리바레스(Olivares: 1622~1642년)가, 잉글랜드에서는 버킹엄(Buckingham, 1618~1628년)이 비슷한 역할을 했다. 스웨덴의 구스타프 아돌프처럼 교육 수준이 높은 왕도 총리인 옥센셰르나(Oxenstierna)에게 전권을 위임했다. 이들은 모두 주어진 위치를 이용해 자국 안에 거대한 권력과 부패의 관계망을 만들 수 있었다. 17세기 말엽에 들어선 후에야 초기 형태의 각료 체계가 여러 나라에 등장하기 시작했으며, 군주가 신뢰하는 사람들로 구성된 집단에 특정한 정부 기능을 할당하기 시작했다.

유럽의 통치자들이 이렇듯 광범위한 변화에 착수하고 국가 성격을 근본적으로 개조하며, 세금을 더 많이 걷고 중앙집권을 강화하고 다른 통치자들과 대립하는 등의 위험을 감수한 목적은 '민족국가'를 세우기 위해서가 아니었다. 그들의 목적은 그들 자신의 권력과 영예를 드높이는 데 있었다. 그것 외의 나머지 결과들은 일종의 부작용이었다. 그 과정이 끝날 즈음 더 강력한 국가들이 발달하면서 민족 정체성은 이러한 새로운 단위들을 중심으로 형성되었다. 이 과정의 결과로 유럽에 나타난 국경들은 임의적인 것이었고 오랫동안 변화를 거듭했다. 고유한 '민족적' 정체성의 반영 같은 것은 없었다. 프랑스 동부의 국경은 1918년까지 계속 변동했고 벨기에는 19세기에 인공적으로 만들어졌으며 아일랜드는 영국에 속할 때도 있었고 독립국일 때도 있었다. 바이에른은 1871년에 오스트리아가 아닌 (19세기 중엽에 성립한) 독일에 합류했다. 이때까지도 농민 대다수는 그들이 거주하는 나라에 거의 아무런 일체감을 갖지 못했다. 1870년대까지도 프랑스 농민의 대부분은 스스로를 '프랑스인'이라 여기지 않았고, 프랑스 정부는 '프랑스의 정체성'을 확립하고 국가에 대한 충성을 자아내기 위해 대대적인 군사행동에 착수했다.

전체적으로 서유럽 국가들은 극소수만이 이 새로운 세계에 성공적으로 대처했다. 1500년에 유럽에는 독립적인 정치 단위들이 500개 이상 있었지만 1900년 즈음 이 개체 수는 약 스물다섯 개였다. 보헤미아와 스코틀랜드, 나폴리, 부르고뉴같이 강성했던 독립국들도 사라졌고 (많은) 소공국과 독립 도시, 주교 관구들은 말할 것도 없었다. 살아남기 위해 손쉬운 처방전은 없었다. 유럽 밖에서 창출된 부를 손에 넣는 것도 중요했지만 결정적인 요소는 아니었다. 스페인과 포르투갈은 강국으로 발전하지 못하고 17세기 중반부터 유럽의 다른 경쟁국들에 비해 쇠퇴의 길을 걸었다. 네덜란드는 교역으로 상당한 부를 쌓았고 매우 강하고 분명한 정체성을 지니고 있었지만 강력한 국가기관을 발전시키지 못했다. 어떤 지역에서는 교역에서 얻는 세입이 중요한 역할을 했다. 해협을 지나는 선박들에 부과하던 항행 요금은 덴마크의 국가 발전에 극히 중요했고, 저지대 국가들로 모직물을 수출할 때 들어오는 세금은 잉글랜드 군주들에게 없어서는 안 될 세수원이었다. 한동안 이탈리아 북부 도시들처럼 고도로 상업화된 도시국가들은 경제력을 이용해 용병 같은 군사력을 사들일 수 있었다. 하지만 아메리카 대륙에서 약탈한 부와 더불어 유럽 전역에 상업 활동으로 축적된 경제력이 쌓이면서 다른 국가들도 같은 방법으로 군사력을 증강했다. 어떤 국가들은 이런 기반 없이 탄생하기도 했다. 브란덴부르크-프로이센과 모스크바-러시아에서는 견고한 상업적 기반이 없었기 때문에 국가를 건설하는 데 폭력이 훨씬 더 큰 역할을 했다. 비교적 수세에 강한 잉글랜드와 스웨덴의 위치처럼 지리적 우연성도 중요했다. 독일은 특히 17세기 초엽에 전쟁이 끊이지 않아 국가를 건설하기가 더 힘겨웠는데, 가장 성공적인 사례가 동쪽 주변부의 브란덴부르크-프로이센이었다. 여느 산업화 이전 국가들에서처럼 안정된 왕조와 비교적 유능한 통치자들도 물론 중요했다. 여기에서도 잉글랜드는 예외를 보여 주는데, 잉글랜드에서는 1600년부터 1714년까지 왕조가 네 차례 바뀌었고 내전이 한 번, 공화국이 한 번 등장했다. 잉글랜드가 이러한 내부 문제를 극복할 수 있었던 이유는 지리적으로 고립되어 있어 외부의 간섭이 어려웠기 때문이다.

그러고 보면 유럽은 국가가 건설되는 과정에서 매우 많은 비용을 치렀다. 개중에는 거의 끊이지 않고 계속된 전쟁이 큰 몫을 차지하며 대륙에 광범위한 죽음과 고통을 안겨 주었다. 많은 사회와 사람들이 독립과 자립의 능력을 잃고 권리도 빼앗겼다. 군대와 관료제를 유지하기 위해 세금을 늘리고 자원을 몰수한 것은 물론 그 과정에서 수반된 내부적 강압도 크다면 큰 비용이었다. 득도 있었다. 일정 정도 국내 질서가 잡히고 일관된 법체계와 사법 제도가 확립되었다는 점이었다. 이 과정을 토대로 거듭 발전하며 이후 19세기의 유럽 국가들이 건설되기도 했다. 이들 국가는 경찰력과 징병제를 통해 더 공고해진 내적 강압을 행사했고 경제 정의와 사회 정의도 서서히 발전했다. 물론 이러한 정의들은 상류 특권층의 저항에 맞닥뜨려야 했다.

좀 더 폭넓은 세계사적 관점에서 유럽의 국가 형성 과정은 장기적이고도 매우 중요한 의미를 지녔다. 유럽이 세계를 지배하게 되자 다른 사회들은 유럽과 똑같은 틀 안으로 밀려들어 가야 했다. 중국과 일본, 오스만 제국 같은 국가들은 유럽 국가들과 같은 특징(예를 들어 외무부 창설 등)을 떠안고 유럽이 창조한 세계 안에서 기능했다. 20세기 중엽에 유럽의 해외 제국들이 무너지고 20세기 말엽에 소련 제국이 붕괴했을 때 100여 개가 넘는 새로운 국가가 유럽 모형에 따라 탄생했는데, 대부분은 필수적인 기반 시설들이 없어 매우 취약했다.

17세기의 위기와 그 후

19

기원전 마지막 두 세기 동안 유라시아 세계가 서로 연결된 뒤로 세 번의 위기가 찾아와 대륙 전역에 영향을 떨쳤다. 첫 번째 위기는 기원후 2세기에 시작되어 6세기까지 장장 400여 년이나 이어졌다. 이 기간 동안 중국의 한 제국이 몰락했고, 서로마 제국이 멸망했으며, 이란의 파르티아 제국이 무너졌다. 두 번째 위기는 첫 번째 위기보다 짧게, 750년부터 10세기 중엽까지 집중적으로 펼쳐졌다. 이 시기에는 아바스 왕조가 권력을 장악한 뒤 이슬람 제국의 분열이 지속되고, 중국의 당 왕조가 멸망했으며 서유럽이 아주 짧은 회복기를 마감했다. 14세기 중엽에 찾아온 세 번째 위기는 유라시아 전역에 확산된 '흑사병'과 연관이 있었다. 유럽의 인구과잉과 기근 뒤에 흑사병이 창궐하는 사이에 몽골족의 중국 통치가 마감되고 내전을 거쳐 명 왕조가 일

어섰다. 유라시아 전역에 영향을 미쳤던 네 번째 위기는 '17세기'의 위기로, 1560년부터 1660년까지 지속되었다. 오스만 제국과 무굴 제국은 최악의 문제들을 모면했고 일본은 상대적으로 아직 고립되어 있었지만 별다른 시련을 겪지 않았다. 중국은 극심한 혼란에 시달렸다. 17세기 중엽에 300년간 이어져온 명 제국이 무너지고 만주족이 세운 청(淸)나라가 중국을 통일해 1911년에 중국 제국이 쇠망할 때까지 명맥을 유지했다. 유라시아에서 '17세기의 위기'로 최악의 영향을 받은 지역은 단연 유럽이었다. 1560년부터 1660년까지 유럽은 전쟁과 내란, 기근, 그리고 숱한 농민반란으로 특징지어진다.

19.1 위기의 성격

16세기 중엽까지 유라시아의 국가들이 공통으로 직면한 문제는 급격한 인구 증가였다. 14세기를 휩쓴 전염병에서 완전히 회복한 시기는 유럽이 1500년 무렵이었고, 다른 지역은 조금 더 빨랐다. 인구 성장은 계속되었고, 인구와 늘어나는 인구수를 부양할 농업 기반의 역량 사이에서 균형을 맞추어야 했던 오래전 문제가 1300년 무렵에 당시처럼 다시 한번 뚜렷하게 대두했다. 농업 생산량은 증가했지만 한계가 있어서 늘어난 인구를 먹여 살리기는 역부족이었다. 1400년(전염병이 최악의 고비를 넘긴 시점)에서 1600년까지 세계 인구는 전례 없이 급속하게 증가했다. 350만 명이던 인구는 거의 550만 명까지 50퍼센트 이상이 늘어났다. 어떤 지역들은 그보다 더 크게 증가했다. 유럽 인구는 6000만 명에서 1억 명까지 3분의 2가 증가했고 중국은 1억 6000만 명으로 두 배로 상승했다. 불가피하게 경작지는 한계에 다다랐고 평균 수확량은 일정하게 유지되다가 떨어졌으며 평범한 농민이 경작할 수 있는 땅은 점점 더 작아졌고 1인당 구할 수 있는 식량의 양은 줄어들었다. 점점 더 많은 사람이 영양실조와 기아의 경계에 서 있었다. 예컨대 오스만 제국의 농업 중심지인 아나톨리아에서는 1500년에서 1570년 사이에 인구가 70퍼센트까지 늘었지만 경작할 수 있는 토지 면적은 불과 20퍼센트 증가했다. 중국에서는 1480년에서 1600년 사이에 1인당 경작할 수 있는 토지 면적이 3분의 1 정도 줄어들었고, 아메리카 대륙에서 옥수수와 고구마 같은 새로운 작물을 들여온 후에야 인구 증가에 맞추어 식량을 생산할 수 있었다.

이런 문제들이 더 심각해진 데는 유라시아 전역에 걸친 기후 악화의 탓도 있었다. 가장 큰 피해를 본 지역은 유럽이었다. 900년에서 1200년까지 온난한 기후가 지속되던 시대를 지나자 평균기온이 조금씩 떨어지다가 16세기 중엽에는 '소빙기'가 찾아와 유럽에서 19세기 중반까지 지속되었다. 이 기간의 평균기온은 20세기의 평균기온보다 약 1도 더 낮았다. 미약한 차이로 보이지만 작물의 생장기를 한 달 가까이 단축하고 작물이 자랄 수 있는 키를 600피트까지 줄이기에 충분한 기온 저하였다. 1580년대 이후로 유럽 전역의 빙하는 여러 지역에서 1마일 이상 돌출해 1850년대까지 원상태로 복구되지 않았다. 1564년부터 1814년까지 템스강은 겨울마다 최소한 스무 차례 이상 얼었고 론강은 1590년부터 1603년까지 겨울에 세 차례 이상 얼었다. 심지어 세비야의 과달키비르(Guadalquivir)강도 1602년부터 이듬해까지 겨울이 되면 얼었다. 마르세유에서는 1595년과 1684년에 바다가 얼었고 잉글랜드 해안 인근 바다에는 얼음 덩어리가 떠다녔다. 1580년대에 아이슬란드와 그린란드 사이에 놓인 덴마크 해협은 여름에도 얼음 덩어리 때문에 한 번씩 뱃길이 막혔다. 단기간의 악천후가 지나가며 재난이 일어나기도 했다. 1599년에서 1603년 사이에는 매우 차가운 북서풍이 연이어 불어 내려 프로방스의 많은 올리브 밭들을 망쳐 놓았고 발렌시아 부근에서는 된서리 때문에 과실수들이 죽었다. 비슷한 일들이 여기저기서 감지되었다. 중국의 광서성(광시성)은 극심한 서리로 1646년 이후로 30년 만에 오렌지 재배를 접어야 했고, 16세기 말의 가뭄 때문에 무굴 제국은 아그라 근교에 새로 건설했던 수도 파테푸르 시크리를 버려야 했다. 일본에서 세세하게 남긴 기록에 따르면 이 시기에는 벚나무의 개화기도 계속 늦춰졌다. 17세기 초엽에 일본의 농업은 기후 문제에 더 취약했다. 벼농사가 남쪽과 서쪽에서 불모지가 많은 북쪽과 동쪽으로 옮겨 갔기 때문이었다. 1630년대는 특징적으로 여름이 매우 선선해 북부의 농작물 생장기가 짧아졌고 홍수와 가뭄이 곳곳에서 발생했다. 그 결과 극심한 간에이(寬永) 기근이 발발해 수많은 농민이 목숨을 잃었고 도시의 곡물 가격은 유례없는 수준으로 치솟았다.

기온과 강우량, 작물의 수확량을 단순한 관계로 설명하기는 어려웠다. 이 요소들은 계절별로 어떻게 분포하느냐에 따라 미치는 영향이 달라졌기 때문이다. 혹한의 겨울은 해충을 죽여 이롭게 작용할 수 있었다. 그럼에도 불구하고 기후 악화가 가져온 결과는 많은 지역에서 찾아볼 수 있다. 의심할 바 없이 기후 악화는 1594년에서 1597년 사이에 발생한 유럽 대기근의 주요 원인이었다. 당시 유럽에서는 4년 연속 흉년이 들어 광범위한 지역에서 사람들이 개와 고양이를 잡아먹었고 식인 행위도 널리 확산되었다. 유럽에서 흉작으로 사람들이 받은 영향은 스웨덴 서부 외르슬로에사(Orslosa)의 교구 기록부에 생생하고 끔찍할 정도로 상세하게 묘사되어 있다. 1596년 초여름에 작물 수확은 나쁘지 않은 편이었지만 6월에 폭우와 홍수가 있었던 것 같다.

(……) 물이 밭과 목장으로 넘쳐 들어가 풀과 곡식이 엉망이 되었다. (……) 겨울이 되자 소가 물속에서 건져낸 썩은 건초와 지푸라기를 먹고 병들었다. (……) 젖소와 송아지들도 마찬가지였고, 죽은 소의 고기를 먹은 개들도 죽었다. 땅은 3년 동안 병들어 있어 추수할 것이 아무것도 없었다. (……) 넓은 농지를 가진 사람들도 젊은이들을 쫓아냈고, 자기 자식을 내보내는 부모도 많았다. 그들이 굶어 죽는 끔찍한 광경을 지켜볼 수만은 없었기 때문이다. (……) 나중에는 부모들도 집을 떠나 (……) 어디로든 향했고, 그러다가 굶주림을 이기지 못해 쓰러져 죽었다. (……) 사람들은 먹으면 안 되는 것들을 갈고 잘라 빵을 만들었다. 맥아 으깬 것과 왕겨, 나무껍질, 꽃눈, 쐐기풀, 나뭇잎, 건초, 밀짚, 물이끼, 견과의 껍질, 완두콩 줄기 같은 것들이었다. 이런 음식을 먹은 사람들은 몸에서 힘이 빠지고 붓기가 심해지면서 셀 수도 없이 죽어 나갔다. 남편을 잃은 부인들도 붉은 흙무더기 위에 핀 풀이나 들판에 뿌리내린 씨앗, 그 밖에 여러 가지 풀을 입에 문 채 땅에 쓰러져 죽은 채로 발견되었다. (……) 아이들은 엄마의 가슴에 안겨 굶어 죽었다. 아이들에게 물릴 젖이 나오지 않았기 때문이다. 남녀노소를 불문하고 많은 사람이 굶주림을 못 이겨 도둑질에 나섰고 (……) 시련은 그뿐만이 아니었고 적리(이질)까지 퍼져 병에 걸린 사람이 무수히 죽음을 맞았다.

기후 악화는 스칸디나비아에도 의심할 바 없는 최악의 영향을 미쳐 많은 지역이 작물을 재배하기에 극악한 환경에 처했다. 핀란드에는 1696년부터 이듬해까지 끔찍한 기근이 발생해 인구의 3분의 1이 목숨을 잃었다. 그 이남 지역은 대대적인 조정에 들어가야 했다. 잉글랜드에서는 겨울 혹한으로 인한 농작물 피해를 막기 위해 가을 파종보다는 봄에 파종하는 작물들을 더 많이 이용했다. 네덜란드에서는 생명력이 강하고 생장기가 짧지만 1550년 이전에는 유럽에서 거의 재배되지 않았던 메밀이 점차 중요한 작물이 되었다. 가장 문제가 되었던 것은 겨울 강수량이 많아 토양이 침수되고 곡식 수확량이 얼마 되지 않았다는 점이었다. 봄도 늦고 추워서 초목의 성장률과 우유 생산량이 감소했고 건초 수확이 줄어들어 풀이 다시 자랄 때까지 겨우내 짐승들을 먹일 꼴이 부족하면 소를 도살하는 악순환이 이어졌다.

인구는 많아지고 경작하는 땅들은 점점 더 불모지화했다. 평균 수확량이 내려가고 기후가 악화되자 농업 위기가 찾아왔다. 1500년부터 1650년까지 유럽과 오스만 제국, 중국에서 곡물가는 다섯 배 이상으로 치솟았다.(아메리카 대륙에서 은이 유입되면서 인플레이션이 발생한 결과라고는 볼 수 없다. 같은 시기에 잉글랜드는 유통되는 은의 양이 3분의 1 정도 증가했을 뿐이지만 다른 유럽 국가들과 처한 상황은 똑같았다.) 이러한 추세는 농민 대다수가 한계 상황으로 밀려나며 더 악화되었다. 17세기에 프랑스 보베의 일반 농민들은 자신이 수확한 작물의 5분의 1을 임대료로 내야 했고 십일조와 세금으로 그 정도의 양이 더 들어갔다. 또 5분의 1은 다음해에 심을 씨를 사는 비용과 지출을 충당하는 데 소요되었다. 소작농의 경우 수확한 작물의 3분의 1 정도를 식량으로 남길 수 있었고, 자기 땅이 있으면 수확량의 절반에 약간 못 미치는 양을 가져갔다. 상황이 이렇다 보니 이 지역 농지의 4분의 3 정도는 땅이 너무 작아 가족을 부양하기 어려웠고, 흉작이라도 들거나 수확량이 조금만 떨어져도 그야말로 재앙이나 다름없었다.

농민들이 이런 상황을 벗어날 수 있는 방법은 굶기 아니면 반란이나 (대개 도시로의) 이주뿐이었다.(다른 식민지 국가들로 이민을 가는 것은 현실적인 대안이 아니었다. 특히 아메리카 대륙의 식민지를 비롯한 식민 국가들은 발달이 매우 뒤쳐져 있었기 때문이다. 그럼에도 불구하고 많은 사람은 스스로 계약 노동자로 팔려 갔다.) 반란은 대규모 '노상강도' 집단들만큼이나 흔했지만,(대개 목숨을 부지하기 위해 애쓰는 농민 집단일 뿐이었다.) 대다수는 구걸의 여지라도 더 많은 도시로 들어갔다. 런던 거지의 수는 1520년부터 1600년 사이에 열두 배로 증가했는데 같은 기간에 총인구수는 네 배로 증가하는 데 그쳤다. 정부는 이들을 '위험인물'로 간주해 통제해야 할 상황에 직면했고, 한정된 구호 자원은 '자격'이 있거나 '점잖은' 빈민들에게 돌아갔다. 나머지 사람들은 가혹하게 취급당했고 쫓겨나거나(이 방법은 단기적이고 한계가 있었다.) '노역장'(런던의 첫 노역장은 1552년에 세워졌다.)으로 보내졌다. 정부는 가난한 사람들을 거리에서 몰아내는 동시에 고용주들에게 저렴한 노동력을 공급해 주었지만, 노역장의 노동환경은 끔찍하고 비인간적이었다.

19.2 중국의 위기: 명의 멸망

1400년에서 1550년까지 명 왕조가 위세를 떨치는 동안 중국은 내부적으로 장기간에 걸친 안정을 누렸다. 문제는 16세기 중엽부터 싹트기 시작했다. 북쪽 접경 지역에서 몽골 세력이 다시 영토 확장을 꾀하고 있었던 것이다. 이들의 침입은 16세기 초 다얀 칸(Dayan Khan)이 몽골 지역 안의 다양한 부족들을 통합하면서 시작되었지만 절정에 이른 것은 1532년부터 50년 동안 몽골을 지배했던 그의 아들 알탄 칸(Altan Khan) 시대였다. 1540년대에 몽골족은 산서성과 북경 지역을 급습해 1542년 단 한 달 만에 포로 20만 명을 포획하고 마소 100만여 마리를 약탈했다. 1550년 무렵에는 북경을 포위해 말 교역을 강제로 재개했다. 1552년에는 산서성 북쪽을 점령하고 오래전 수도였던 카라코룸을 장악했다. 키르기스족과 카자흐족을 쓰러뜨린 후 1570년대 무렵에는 티베트의 많은 지역을 손에 넣었다. 명과 평화조약을 체결할 즈음 몽골족은 중앙아시아에서 광범위한 지역들을 평정했다. 중국 남부에는 해적들이 점점 극성을 부렸다. 중국인들은 이를 일본의 탓으로 돌렸지만 가장 큰 해적단을 이끈 인물은 안휘성 출신의 중국 상인인 왕직(王直)으로, 아시아 남동부를 오가며 무역에 진출하기도 한 자였다.

하지만 가장 심각한 문제는 중국 내부에 있었다. 정부 세입의 3분의 2를 차지했던 토지세에서도 많은 문제가 불거져 나왔다. 각 지역에 할당된 세금은 1385년 명 건국 초기에 설정된 것이었다. 인구가 증가하고 인구 분포가 변화하면서, 그리고 새로운 지역들이 경작지로 편입되면서 정부는 산업화 이전의 다른 제국들도 비슷하게 겪었던 문제에 직면했다. 실제적인 부의 분포에 부합해 어떻게 세금을 부과할 것인가의 문제였다. 중국 정부는 상대적으로 강력한 힘을 지녔지만, 지역 유력자인 지주들은 조세 부담을 근본적으로 재검토하는 조치들을 피할 능력이 있었기 때문에 그들의 힘을 격파하기란 불가능했다. 이런 현실은 중국의 상황에 적지 않은 영향을 미쳤다. 지역 차원에서 군대는 병사와 농민 사회를 부양할 토지를 소유하고 있었지만 그래도 지방 세금에 의존도가 높았다. 인구 증가와 전반적인 식량 부족, 부적절한 세금 분담 등으로 군대에서는 많은 인원을 먹일 식량이 떨어지거나 더는 지원을 받지 못하게 되었다. 병사들이 탈영하고 많은 부대는 14세기 말엽에 정한 원칙적인 병력의 10분의 1 수준으로 유지되었다. 이런 문제들은 중앙정부에서 용병을 모집해 어느 정도 해결할 수 있었다. 유럽에서 입대가 아니면 굶주림을 면할 방법이 없던 용병들을 군대로 끌어들였던 것과 비슷했다. 하지만 용병 군대에 들어가는 비용이 점점 늘어나면서 정부는 극심한 타격을 받았다. 북부 접경 지역에 병력 배치를 늘리고 값비싼 화약 무기를 대량으로 장만하면서 16세기 동안 군비 지출은 여덟 배로 증가했다.

1590년대 초까지 세입은 지출을 충당하기에 충분했다. 그 후 몇년 사이에 정부는 아메리카 대륙에서 유입된 은과 통상 활동을 바탕으로 막대한 재정을 비축할 수 있었다. 하지만 1593년부터 1598년까지 도요토미 히데요시의 침략으로 조선에서 벌어진 오랜 전쟁의 엄청난 비용을 감당하기에는 역부족이었다. 비록 중국이 최종 승리를 거두었지만 국가 재정은 바닥을 드러내가 시작했다. 새로운 세금을 신설하고 기존 세금을 인상하려는 시도는 도시와 시골을 막론하고 반란만 초래했다. 1620년대에 명나라 정부는 용병대를 유지할 여력이 없어지자 여러 국경 지역에 징병제를 실시했으나 운남성을 비롯한 사천성과 귀주(구이저우) 등지에서 반란만 부추긴 셈이었다. 정부에서는 관리와 궁중의 총신, 환관들 사이에 점점 갈등이 깊어지고 부패가 날로 심해지며 황제를 노리는 음모와 책략이 수없이 꾸며졌다. 북서부 지역들에서는 중앙아시아 교역로에 닿는 길이 막힌 이슬람교도들이 봉기를 일으켰다. 악천후도 크게 작용했다. 1627년에서 1628년까지 섬서성 북부는 가뭄과 흉년이 들어 농민과 탈영병, 녹을 받지 못해 방출된 병사들이 거대한 무리를 이루어 시골을 배회하고 도시를 약탈했다. 1630년대 초에 이들 무리들은 시골 지역이 도탄에 빠지면서 점점 더 불어났고 하북성과 하남성, 안휘성 같은 다른 지역들이 그들의 영향력 아래 들어갔다. 정부와 군대는 이러한 반란을 진압할 만큼 힘을 동원하지 못했다. 1640년대 초엽에 명 제국은 완전히 붕괴되기 일보 직전이었다. 이자성(李自成: 어려서는 목동이었고 커서는 정부 통신 기관인 역참에서 일하던 역졸이었다.)을 비롯한 중국 북부의 반란 지도자들은 점점 더 많은 지역으로 세를 확장하고 자체적인 관제를 세우면서 명 제국을 대신하고자 했다. 1644년 2월에 성도인 이자성은 서안(西安: 옛 명칭은 장안(長安)이다.)에서 새로운 대순(大順) 왕조를 선포했다. 두 달 후 이자성의 군대는 북경으로 진입했고 명의 마지막 황제인 숭정제(崇禎帝)는 자결했다. 1644년 9월에는 병사 출신의 장헌충(張獻忠)이 사천성을 장악하고 '대서국(大西國)'을 세웠다.

중국은 다시 분열의 시대로, 또는 300여 년 전 명이 그러했던 것처럼 다시 혁명정부의 시대로 향하는 것처럼 보였다. 그러나 중국을 정복한 세력은 스텝 지역인 만주에서 온 다른 부족, 즉 여진족이었다. 여진족의 선조는 송나라로부터 중국 북부를 빼앗아 몽골의 침략에 무릎을 꿇기까지 1115년에서 1234년에 이르는 시기에 화북 지역을 호령했던 제국의 통치자들이었다. 여진족은 1589년에 중국과 연합을 맺고 1590년대에 조선에서 일어난 왜란 당시에 일본에 대립해 함께 군사작전을 펼쳤다. 명의 힘이 서서히 기울자 여진족은 중국인들과 과거 유목민이었던 여러 부족이 정주한 중국 동북부 지역을 장악할 기회를 잡았다. 여진의 귀족들은 중국의 관행에 따라 군부대를 편성하고 중국인들이 개발한 수많은 화약 무기를 모두 이용했다. 이들 부대를 기(旗)라고 했고 깃발의 색으로 구분했다. 여진은 1601년에 기를 창설해 내기(內旗: 여진족과 직계 후손으로 구성되었다.)와 외기(外旗: 보조 인력으로 구성되었다.)로 나누었다. 거의 200년 동안 이들은 유라시아 동부에서 가장 무시무시한 군사력을 발휘했다. 여진 제국은 누르하치(努爾哈赤)의 밑에서 영토를 넓혀 1621년에는 요양(遼陽)을 점령하고 1625년에는 심양(瀋陽)을 수도로 삼았다. 이때까지 여진은 두 개 언어를 구사하는 중국의 관리들에게 의지했다. 이들 중국 관리들은 여진이 지배하는 지역들에서 중국 귀족들과의 매개자로 활동하며 정부 요직에 들어앉았고 흔히 자리를 세습하기도 했다. 많은 이는 팔기(八旗), 즉 '일가의 사람들'로 내기에 등록되는 특전을 누렸다.

여진족이 가장 크게 세력을 뻗어 나간 시기는 홍타이지(皇太極: 1627~1643년)의 치하였다. 1635년에 이들은 이름을 만주족으로 개칭하고 1년 후에는 국호를 역사 속 칭호였던 금(金)에서 대청(大淸: '위대한 청'이라는 의미다.)으로 바꾸었다. 명 왕조가 와해되자 남쪽으로 영토를 확장하기가 비교적 쉬워졌다. 1638년에 만주족은 만주를 점령하고 한반도를 침략했으며, 1644년 무렵에는 아무르 지역을 지배했다. 1644년에는 반군의 수장인 이자성을 격퇴하고 북경을 점령했다. 중국 북부 지역은 이후 몇 년 동안 상당히 쉽게 정복했다. 1647년에 만주족은 남쪽의 광동성에 다다랐지만 그곳에서 막강한 중국인 부대와 맞닥뜨렸다. 부대를 이끄는 사람들은 명 왕조의 여러 세력이었다. 그들은 풍요로운 광동성을 수호하고 1120년대의 남송과 똑같은 행적을 따라 왕조를 재건하기 위해 분투했다. 1647년에 영력제(永曆帝)는 자기가 새로운 명 황제임을 천명했다. 그는 광동을 복속하고 중국 남부의 넓은 지역을 통치했다. 하지만 1648년에 운남으로 후퇴하지 않을 수 없었다. 운남에서는 명 왕조의 장수들끼리 내분이 일어나 만주족에 제대로 대항할 수 없었다. 하지만 영력이 버마 북동부에서 붙잡혀 죽임을 당한 것은 1661년의 일이었다. 남부 지역을 성공적으로 정복했지만 만주족 지도부는 더 많은 문제에 봉착했다. 특히 영토를 정복하는 데 앞장섰던 장수들(그중에는 명 왕조에서 버림받은 이들도 있었다.)을 통제하기가 쉽지 않았다. 영력을 물리친 오삼계(吳三桂)는 운남, 귀주, 호남, 섬서, 감숙(간쑤)을 장악했다. 그는 1673년에 반란을 일으켜 여기에 참여했던 다른 장군들 및 중국 남부의 번왕들과 함께 주 제국을 창건했는데, 주 제국은 1681년에 명을 다했다. 1670년대 중엽에 이들은 바야흐로 중국 북부를 탈환하고 만주족의 지배도 끝이 나는 듯 보였다. 지지자 일부가 떠나기 시작했지만, 반란이 진압되고 1680년대 초 무렵에 만주족이 남부의 지배권을 완전히 장악하게 된 배경에는 1678년에 일어난 오삼계의 죽음이 있었다.

중국 남해 바다에서는 심각한 해적 행위가 되살아났다. 해적을 이끈 인물은 명 왕조를 끝까지 지지했던 정성공(鄭成功: 유럽인들은 콕싱가(Coxinga, 國姓爺)로 알고 있다.)이었다. 정성공은 1650년대 중엽까지 선박 2000척이 넘는 해군 병력과 10만 명 이상의 육군 병력을 동원할 정도로 힘이 있었다. 그의 세력은 1659년에 남경(南京)을 함락하는 데 실패한 뒤에야 기울기 시작했다. 1661년에 대만으로 밀려났던 정성공은 그곳에서 네덜란드인들을 격퇴해 몰아냈다. 그는 불과 600여 명의 스페인 수비군이 주둔하는 필리핀 마닐라로 사절단을 보냈다. 스페인 총독은 민다나오로 철수하기로 했지만, 그것은 중국인 거주민들을 모두 학살하라는 명령을 내린 다음의 일이었다. 당시 마닐라에서는 최소한 6000명의 중국인이 살육을 당했고, 필리핀 전체로 보면 약 3만 명이 학살당했다. 스페인은 1662년에 일어난 정성공의 죽음으로 기사회생할 수 있었다. 대만은 네덜란드에 다시 정복당하지는 않았지만 1683년에 결국 만주족의 지배를 받게 되었다. 이즈음 만주족은 중국에 굳건한 지배권을 확립했고 내부의 골치 아픈 문제들도 끝이 났다. 1680년대는 중국이 더없는 내부의 안정과 번영을 누리기 시작한 시기이며 이러한 상태는 19세기 중엽까지 지속되었다.

19.3 오스만 제국의 위기

명 왕조처럼 오스만 제국도 인구가 급증하면서 새로운 땅을 농지로 개척하는 데 심각한 어려움을 겪고 있었다. 대개 새로운 땅에는 세금을 매기지 않았다. 그런 땅은 기존 토지대장에 등록되지 않아 과세 기준이 점점 더 실물경제를 벗어났다. 게다가 인구가 점점 늘어남에 따라 토지 소유율은 더 줄어드는 경향이 있어 토지를 갖지 못한 노동자의 수가 증가했다. 결국 시골 지역의 불만은 날로 커져 갔다. 이런 문제들은 군사 토지 소유 제도 때문에 더 파장이 커졌다. 산업화 이전의 국가들이 거의 다 그랬듯이 토지는 다양한 규모의 봉토(티마르(timar))로 나뉘어 기병들에게 제공되었다. 대개 티마르에서 얻는 군의 수입은 현금 지급으로 고정되었지만 현물로 받기도 했다. 16세기에 곡물가가 급상승했을 때는 고정된 현금 지대 대신 거두어들인 식량의 실제 수취량이 급격히 적어졌다. 불가피한 결과였지만 기병들은 더는 형편을 유지하기가 어려웠고 대부분은 봉토를 포기했다. 티마르를 받는 병사의 수는 1560년에 8만 7000명이었는데 70년 후에는 8000명에 불과했다. 버려진 봉토는 다시 국가에 귀속되었다가 궁정의 총신과 다른 유력 집단에 인계된 후 과세 대장에서 삭제되었다. 그리하여 오스만 제국은 불가피하게 군의 근간을 바꾸어야 할 필요성에 따라 황제군인 예니체리와 시파히(sipahis: 봉건 기사)를 확대하고 토지를 소유하지 못한 농민들을 계속해서 머스킷 병사로 모집했다. 중앙군은 1530년 이후 한 세기 남짓 만에 다섯 배 규모로 불어났다. 문제는 군대에 봉급을 주어야 할 뿐 아니라, 금액도 물가 상승에 어느 정도 보조를 맞추어야 했다는 것이다. 무역 세입(향료 무역으로 아시아 남동부에서 끌어낸 수익은 1480년 이후 한 세기만에 네 배로 뛰었다.)을 대폭 상승시킨 후에도 과세 기준은 무너졌다. 1520년대의 대규모 예산 흑자는 1580년대 즈음에 사라지고 17세기에 큰 폭의 적자가 나타났다는 의미였다.

1590년대에 대대적인 세금 인상이 이루어지자마자 농민반란이 발발했다. 탈영병과 급료를 받지 못한 용병, 불만을 품은 농민, 토지 없는 노동자들, 심지어 (같은 시대 중국에서 일어난 민란들처럼) 지역 지주들까지 가담한 이른바 젤랄리(celali) 반란은 급속히 확산되었다. 1599년에서 1607년 사이에 이들은 아나톨리아와 시리아의 거의 모든 지역을 에워쌌다. 시리아 지역에서 드루즈파의 지도자 파흐레틴 만(Fahreddin Ma'n)은 1635년까지 반란을 이끌었다. 군대 내에서 제국군 부대와 지역 사령부 사이의 경쟁으로 반란은 더 극한 양상을 띠었고 1589년 콘스탄티노폴리스에서 일어난 예니체리 반란은 특히 심각했다. 이 반란을 기점으로 예니체리는 오스만 제국의 정치 안에서 좀 더 크고 상시적인 역할을 하는 새로운 군을 만들기 위해 훨씬 더 능동적으로 움직이기 시작했다. 예니체리들은 1622년에 술탄 오스만 2세(Osman II)를 시해한 음모에도 깊이 관여했다. 당시 오스만 제국은 사파비 왕조와 대대적인 전쟁을 벌이는 중이었고, 이 전쟁은 짧고 간헐적인 휴전을 반복하며 1603년부터 1639년까지 계속되었다. 사파비 왕조는 전쟁의 초장에 아제르바이잔을 탈환하고 1624년에 바그다드와 모술을 점령하며 도시에 거주하는 수니파 교도를 대부분 살육했다. 오스만 제국은 바그다드를 되찾으려고 했으나 1626년과 1630년 두 번의 시도에서 패하고 1638년에야 마침내 이 지역을 수복했으며 이듬해 카스리 시린 조약(treaty of Kasr-i Sirin)을 체결하면서 이슬람 제국의 두 맞수 사이에 긴 평화가 찾아왔다.

오스만 제국에 거듭 위협으로 작용했던 상황은 두 개의 전선, 즉 서쪽의 사파비 제국 및 동쪽의 합스부르크 왕조와 양면 전쟁을 벌여야 했던 것이다. 이 시기에 합스부르크 왕조는 유럽의 경쟁국들과 벌이는 전쟁에 전력이 쏠려 있어 1593년부터 1606년까지의 전쟁 이후 시트바-토록(Zsitra-Torok)에서 오스만과 평화조약을 체결하고 '조공'으로 20만 플로린을 지불했다. 협정은 1663년까지 몇 차례 갱신되었다. 오스만 제국은 17세기의 위기를 비교적 탈 없이 넘겼다. 비록 명 왕조의 것과 동일한 많은 문제가 파장을 남겼지만 오스만은 주적이었던 사파비에 승리를 거둘 수 있었고 서유럽 열강은 별다른 위협이 되지 않았다. 이런 환경에 힘입어 1648년에 술탄 이브라힘(Ibrahim) 1세가 다시 암살을 당했을 때조차 내부의 문제들이 확대되지 않도록 가라앉힐 수 있었다. 1658년에 아바자 하산 파샤(Abaza Hasan Pasha)의 반란을 진압하면서 불안의 시대는 막을 내렸다. 제국은 힘과 부를 두루 지닌 덕분에 아제르바이잔 지역만 잃었을 뿐 다른 영토들은 전부 유지했다. 17세기 중엽에 오스만 제국은 여전히 유라시아의 3대 강국 중 하나였다.

19.4 서유럽의 위기

17세기의 위기는 몇 가지 이유로 특히 서유럽을 강타했다. 인구가 중국처럼 급격하게 증가하지는 않았지만 기후 악화의 여파가 훨씬 더 컸기 때문에 농업 위기도 더 광범위하게 일어났다. 왕조 간의 경쟁과 교회의 분열이 야기한 불안정은 군사 혁명으로 더 고조되었다.(17세기 유럽은 거의 끊임없는 전쟁의 연속이었다. 전쟁이 없었던 기간은 고작 4년에 불과했다.) 사회가 이러한 상태로 요구하는 바들이 점점 커지고 혁명적인 성격을 띠면서 불안정은 더 극심해졌다. 군대를 더 크게 새로 증설하고 화약 무기를 구비하는 비용을 마련하기 위해 세금 인상이 불가피했고 농업경제가 주를 이루는 사회에서 이미 생계가 극한으로 내몰린 농민들이 져야 할 부담은 너무 컸다. 농민에서부터 (대체로 자신들의 권리와 자치권을 방어하기 위해) 지방 및 지역사회에 이르기까지 다양한 집단들이 마침내 이러한 새로운 요구들에 저항을 시도했다. 저항은 '혁명적'이지 않았다. '혁명적'이라는 것은 19세기와 20세기의 용법에서 차용한 부적절한 용어다. 반란은 사실 '반동적'이었다. 국가의 요구에 맞서 이미 존재하던 제도와 권리를 옹호하는 싸움이었기 때문이다. 통치자들과 궁중이 흔히 (봉건 귀족들을 포함해) 그들 외의 사회 전체로부터 문화적으로 고립되어 있다는 사실 때문에 위기는 더 악화되었고, 어떤 경우에는 이러한 분열이 종교적 차이로 더 심화되었다.

농민의 불만은 대륙 전역에서 종종 엄청난 규모로 봉기를 촉발했다. 예를 들면 인구가 150만 명 정도였던 아키텐에서는 1635년부터 25년 동안 스물다섯 차례의 반란이 일어났다. 프로방스의 상황도 나쁘기는 마찬가지였다. 1596년부터 1715년까지 한 세기 남짓한 시기에 60만 명 인구 사이에서 374건의 봉기가 발발했다. 주로 이런 봉기들은 (봉기에 일조하기도 했던) 지주와 교회에 대립하는 것이 아니라 국가와 세금 요구에 맞서는 것이었다. 농민들은 세금을 더 내야 할 경우 먹고 살 수 있는 작물이 3분의 1밖에 되지 않을 터였기 때문에 한마디로 그럴 형편이 되지 않았다. 보르도 지역에서는 타이유(보통세)가 1610년부터 1632년까지 일정하게 유지되다가 1648년에 독일의 합스부르크 황제 및 스페인과 치른 전쟁 비용을 충당하기 위해 네 배로 뛰어올랐다. 이러한 세금 요구들은 1640년대에 봉기들이 발발하고 1648년부터 1653년까지 프랑스 왕국이 붕괴 직전까지 가는 데 중심적인 역할을 했다. 많은 경우에 농민 봉기는 권리를 지키려는 지역 차원의 반란들로 인해 고조되었다. 특히 스페인이 그런 사례였다. 스페인은 1630년대 중엽부터 네덜란드 및 프랑스와, 그리고 이탈리아에서 (사보이아 및 만토바와) 거의 끊임없이 전쟁을 치렀는데, 고도로 생산적인 농업 기반이 부재하고 많은 핵심 교역 품목들이 감소세에 있는 국가로서는 지나친 부담이 되었다.(모직물 수출은 1612년에서 1670년 사이에 40퍼센트나 감소했다.) 1640년대에 카탈루냐에서 반란이 일어나고,(1652년까지 지속되었다.) 포르투갈에서 반기를 들고 일어서 독립을 쟁취하면서(스페인은 1668년까지 포르투갈의 독립을 인정하지 않았다.) 전면적인 위기가 찾아왔다. 설상가상으로 스페인 왕가는 1640년대 말엽에 나폴리와 팔레르모에서 폭발한 혁명에도 대처해야 했다.

17세기 초엽의 잉글랜드에서도 재정 요구와 지방의 저항, 종교적 차이들이 상호작용을 일으켰다. 잉글랜드는 17세기 전반기 동안 몹시 사나운 유럽의 전쟁들에 거의 휘말린 적이 없고 군사 혁명이 미친 영향도 한계가 있었던 나라였다. 그럼에도 불구하고 왕실은 재정 위기를 해결하지 못했고, 전형적인 '합성' 군주국으로서 서로 다른 요소들을 통제하는 데도 어려움을 겪었으며, 잉글랜드 내부에서나 제국 안의 상이한 단위들이 겪는 종교적 불화, 특히 대체로 가톨릭교인 아일랜드와 주로 칼뱅파인 스코틀랜드, 그리고 잉글랜드 사이의 종교적 갈등들을 진정시키지 못했다. 17세기에 들어 첫 수십 년 동안 왕실은 일찍이 주요 자산들(헨리 8세가 1530년대 말에 수도원을 해산시킨 후 몰수한 토지)을 처분한 후 국가 재정 위기에 봉착했고, 다른 많은 유라시아 국가처럼 토지세 사정 작업은 영토 안의 실질적인 부의 분포와 점점 더 어긋나기만 했다. 토지와 관직을 매매하고 독점권과 특권 등을 인가해 주는 방식도 1620년대 즈음에는 더는 세입원으로 구실하지 못했다. 잉글랜드에서 의회를 장악한 대토지 소유 귀족이(그리고 다른 기득 이권들이) 다른 유럽 국가들의 경우보다 더 강력하게 정부 세입을 관장해 왔다는 점과 새로운 세금 부과를 거부할 수 있다는 사실은 왕실의 입장에서 골치 아픈 문제였다.

1630년대에 찰스 1세(Charles I)는 다른 유럽 군주국들이 흔히 사용했던 해법을 채택하고자 시도했다. 의회의 통제 밖에 있는 세금을 올려 통치자가 독립적인 권력을 키우는 방법이었다. 찰스 1세는 과거 해안 경비 목적으로 부과하던 선박세를 의회의 권한 밖에 있는 정규 토지세로 확장하고자 엄청난 노력을 퍼부었다. 1630년대 말엽에 왕의 시도는 성공하는 듯 보였지만 왕실의 재정적 입지는 여전히 취약했다.(기존의 채무가 전체 국가 세입의 절반을 가로챘다.) 하지만 왕실이 실각한 배경에는 1637년에 종교 정책에 불만을 품고 일어난 스코틀랜드 지역의 반란과 뒤이은 아일랜드의 반란이 있었다. 반란을 진압하려던 시도들은 실패로 돌아갔고 파산한 왕실은 잉글랜드 의회를 소집해야 했다. 잉글랜드 북부의 스코틀랜드 군대가 의회를 지지하면서(종교적 이유도 한편으로 존재했다.) 찰스 1세는 최종적인 패배를 노정했다. 1640년에서 1642년까지 왕과 의회 사이에서 합의를 끌어내려고 했던 시도는 뒤섞인 종교적 불화와 양립할 수 없는 양측의 요구들, 그리고 상호 불신만 남긴 채 실패로 돌아갔다. 내전이 발발해 1649년에 찰스 1세는 처형되었다. 겉으로 보기에는 17세기에 위기를 맞았던 여느 서유럽 국가들 중에서도 가장 급진적인 결말이었다. 그러나 사실 올리버 크롬웰(Oliver Cromwell)이 이끄는 새로운 의회군은 권력을 장악하고 기존의 사회 및 경제 질서에 표출되는 진정 급진적인 불만의 몇몇 신호를 억눌렀다. 안정적인 통치 제도를 새로 고안하기란 어려운 일이었다. 크롬웰이 죽은 직후 1660년에 잉글랜드는 왕정으로 복귀했다. 영국의 왕정복고는 유럽에서 보기 드문 상황을 창출했다. 군주는 대토지 소유 귀족과 공동으로 국정을 다스렸는데, 이 상황은 1688년에서 1689년 사이에 세금에 관한 권한이 의회로 넘어가면서 더 강화되었다.

다른 유럽 사회는 17세기의 위기와 관련한 군사 혁명의 결과로 군주의 권력이 공고해졌다. 이들 군주들은 일반적으로 세입을 더 거두어들였고 명시적인 방법으로 동의를 구하지 않고도 세금을 올렸으며 신분 의회의 관여 없이 국정을 다스렸다. 프랑스 삼부회는 15세기부터 비교적 힘이 약했고 17세기 초엽 이후로는 1789년까지 소집된 적이 없었다. 바이에른에서는 의회의 힘이 1648년에 무너졌다. 그 후로 10여 년 남짓 동안 브란덴부르크-프로이센의 통치자들은 의회로부터 독립적인 상비군을 지원할 수 있는 힘을 확보했고, 헤센-카셀 (Hesse-Cassel)에서도 같은 상황이 벌어졌다. 덴마크는 스웨덴과 벌인 북방전쟁으로 재정 위기를 맞아 절대왕정을 수립했다. 스웨덴 역시 군주의 위상은 17세기 말엽 즈음 헤아릴 수 없이 강해졌다. 스페인에서 아라곤 의회는 특권을 대부분 상실했다. 17세기 말엽부터 영국과 네덜란드, 스위스의 주들을 제외한 서유럽 사회는 대체로 절대 권력에 가까운 힘을 지닌 군주가 지배했다.

19.5 동유럽의 위기

19.5.1 모스크바

[이전의 모스크바 ☞ 18.10.2]

동유럽에서 17세기의 위기가 가장 먼저 드러난 곳은 모스크바였다. 모스크바는 유럽의 다른 나라들과 대체로 같은 문제들을 겪었지만 강도는 더 극심했다. 인구 증가와 한계 지역의 기후 악화는 엄청난 충격을 몰고 왔다. 주요 작물들에 흉작이 들고 1601년에서 1602년까지 기근이 발생하면서 농민들이 광범위하게 들고일어났다. 군사 혁명이 전개되고 머스킷 병사가 생겨나면서 문제는 더 악화되었고, 설상가상으로 카잔 칸국 및 폴란드-리투아니아와의 전쟁들이 길어지면서 정부 지출은 늘어만 갔다. 세금 인상으로 노브고로드에서는 16세기 한 세기 동안 실제 금액으로 세금이 여덟 배로 증가했다. 이런 상황에서 농민들의 불만은 점점 더 커질 뿐이었다. 정부는 농민 사회에 납세 연대 책임 제도의 도입을 시도했지만 많은 농민이 정부의 손이 닿지 않는 새로운 지역으로 이주해 정착했다. 상류 지배층 사이의 내부 분열과 이반 4세의 편집증적 정책들, 그리고 확실한 후계자가 없다는 사실도 상황을 악화하는 데 일조했다. 이반 4세의 뒤를 이은 표도르 1세(Feodor I)는 병약한 통치자로 처남인 보리스 고두노프(Boris Godunov)의 섭정을 받았다. 1598년에 표도르 1세가 죽자 모스크바 대공들의 지배 계보도 사라졌다. 보리스 고두노프가 권력을 잡았지만 그를 적법한 통치자로 인정하는 사람은 거의 없었다.

1598년에서 1613년 사이에 모스크바는 와해되어, 1605년에 보리스 고두노프가 사망한 이후 차르가 존재하지 않는 거의 완전한 무정부 상태가 지속되었다. 고두노프의 뒤를 이어 일련의 인물이 차르를 참칭하거나 황제의 자리를 주장하기도 했지만 아무도 권력을 일으켜 세우지는 못했다. 농민반란은 점점 심해졌고, 여기에는 주적 국가 중 하나인 모스크바의 붕괴를 기회로 삼으려는 폴란드-리투아니아와 스웨덴 등 외부의 개입이 작용했다. 1610년 무렵에는 상황이 돌이키기 어려울 정도로 나빠진 나머지 일부 보야르 귀족들이 폴란드 대공 브와디스와프(Władysław)에게 왕좌를 제안하기까지 했다. 브와디스와프는 강경한 가톨릭 신자로 정교회를 절대 반대하고 모스크바의 상류 지배층 다수를 배척했다. 폴란드 군대는 모스크바를 점령해 1612년까지 주둔했다. 1611년에 폴란드는 스몰렌스크를, 스웨덴은 노브고로드를 장악했다. 모스크바는 망국의 위기에 놓인 듯 했고, 적국들의 수중으로 분할되어 다른 나라들이 원하지 않는 땅은 거의 무정부 상태로 버려질 가능성도 상당해 보였다. 이때 모스크바의 총대주교가 종교적 이유를 앞세워 폴란드에 맞선 대대적인 저항을 이끌었고, 마침내 귀족과 교회, 소수 도시 대표자들로 구성된 유사 전국 회의가 소집되었다. 1613년 2월에 전국 회의는 미하일 로마노프(Mikhail Romanov)를 차르로 선출했다. 새로운 로마노프 왕조는 수 년 동안 적법성을 두고 극심한 의구심에 시달렸지만 1917년까지 제정 러시아를 지배했다. 로마노프 왕가는 1613년 이후 수십 년 동안 모스크바 영토 안에서 지배권을 확립했지만 아직 힘이 약했고 그것은 국가 자체도 마찬가지였다. 특히 남부 지역에서 농민들의 불만은 끊이지 않았고, 이슬람 통치자들을 희생시켜 남쪽과 동쪽 영토를 정벌할 수도 없는 노릇이었다.(스몰렌스크는 1634년이 되어서야 수복했다.)

19.5.2 폴란드-리투아니아

[이전의 폴란드-리투아니아 ☞ 18.10.1]

폴란드-리투아니아는 모스크바를 침공해 점령한 것 말고는 17세기 초엽에 발발한 최악의 전쟁들에 휘말리지 않았다. 군사 혁명의 영향도 거의 받지 않아서 아직도 기마병들이 주력부대를 이루었으며 강한 국가를 건설해야 한다는 압력은 사회 안팎으로 전혀 존재하지 않았다. 기병대는 유지 비용이 적게 들었기 때문에 군비 지출은 총 국가 예산의 약 5분의 1에 불과했다.(유럽 국가 대부분은 보통 국가 예산의 5분의 4를 군비로 지출했다.) 하지만 폴란드 해군은 상당히 강해서 1627년에 스웨덴 해군을 격파할 수 있을 정도였다. 게다가 세임도 막강한 권력을 휘두르며(잉글랜드 의회보다 더 힘이 컸다.) 세금에 대한 장악력을 유지했다. 폴란드-리투아니아가 결정적인 위기에 봉착한 것은 17세기 중엽이었다. 1640년대 초에 크림 칸국의 기마병들이 기습해 국토를 쑥대밭으로 만든 이후 1648년에는 남부 지역 카자크에서 반란이 일어났다. 크림 칸국의 습격은 날로 더했고 우크라이나에서는 모스크바의 지원을 등에 업은 농민 봉기가 대대적으로 발발했다. 그해에 브와디스와프 4세가 사망하면서 동생인 얀 카지미에시(Jan Kazimiercz)가 왕으로 즉위했다. 1655년에 스웨덴은 포모제를 침략한 후 바르샤바와 크라쿠프를 비롯한 여러 도시들을 약탈했다. 문제가 심각해질수록 주민들이 유대인을 공격해 1650년대 전반기 동안 약 10만 명이 살해당하거나 외국으로 망명했다. 나머지는 게토로 도피했다. 모두 합쳐 폴란드 인구의 총 4분의 1이 1648년에서 1660년 사이에 죽거나 죽임을 당했다. 폴란드는 브란덴부르크-프로이센 지역에 대한 지배권도 상실했다. 이 지역의 통치자가 내부 문제들이 불거진 틈을 타 독립을 선언했던 것이다.(1701년에 뒤를 이은 후임자는 결국 스스로 왕위에 오르기로 결심했다.) 1668년에 카지미에시가 힘겨운 싸움을 포기하고 왕위에서 물러나면서 1587년부터 폴란드를 지배했던 바사 왕조의 시대는 막을 내렸다. 폴란드의 상황은 여느 유럽 국가들의 상황과 다르지 않아 보였고 17세기의 위기로 초래된 문제들에서도 회복되는 것 같았다. 하지만 사실 폴란드-리투아니아는 전례가 없던 쇠퇴의 길로 들어서기 일보 직전에 있었다. 그리고 결국 한 세기만에 영토 분할을 겪고 국가 소멸을 맞게 된다.

[19.11.2]

19.5.3 농노제도

16세기와 17세기에 동유럽의 사회사는 서유럽으로부터 맹렬히 분기하기 시작했다. 두 지역 모두 흑사병과 뒤이은 전염병들의 여파로 지주들이 노동력 부족에 시달리면서 농민들의 처지가 나아지고 있었다. 지주들의 소유지에 필요했던 기존의 노동력 수요가 집행되기 어려웠기 때문에 점차 현금 지대를 받는 방식으로 대체되었다.(같은 상황이 이미 중국에서는 거의 2000년 동안 대세를 이루었다.) 경제가 서서히 상업화되면서 이러한 변화들도 계속 유지되었다. 1500년 이후로 서유럽에서는 같은 추세가 지속되면서 지주들은 소작인들에게서 수익을 얻는 주요 수단으로 소작농의 노동력보다는 현금 지대에 의존하게 되었다. 프랑스는 어느 정도 이런 추세를 거스르기는 했지만 다른 형태의 수수료 등은 점차 중요도가 떨어졌다. 하지만 중앙유럽 일부와 동유럽 전역은 15세기 말엽부터 이러한 경향과 반대로 흘러갔다. 농노제도가 부활하면서 소작지가 몰수되어 지주들에게 넘어갔고,

소작농들은 자신들이 경작하는 땅에 법적으로 속박되었으며, 지주들에게 제공해야 할 부역의 강도도 심해졌다. 지주들이 행사할 수 있는 권리와 사법권들은 증가했다. 이런 차이가 발생한 이유는 복합적이었다. 동유럽도 경작할 수 있는 땅에 비해 노동력이 부족했다.(동유럽은 서유럽보다 인구밀도가 훨씬 더 낮았다.) 토지가 남아도는 마당이어서,(서유럽에서는 점점 더 부족해졌다.) 지주들은 땅을 세내어 주는 방식으로 소작농들을 통제하기가 어려웠고, 경제 상황도 화폐 발행 수준이 서유럽에 훨씬 못 미쳤다. 농노제도를 통해 법적으로 통제하면 지주들은 원하는 힘을 손에 넣고 강제 노역을 통해 소유지에서 농노들을 부릴 수 있었다. 잉여생산물을 매매할 수도 있었다. 몇 세기 전과 달라진 상황이 있다면 이 마지막 부분이었다. 지주 소유지에서의 작농은 서유럽으로 가는 곡물 수출이 증가하면서 고도로 상업화되었다. 1460년부터 100여 년 동안 폴란드-리투아니아의 호밀 수출은 열여섯 배로 증가했고 종내는 총생산량의 3분의 1까지 늘어났다. 헝가리에서는 매년 5만 5000마리의 소가 서쪽으로 이동했고, 이는 헝가리 총수출량의 90퍼센트 이상을 차지했다. 농노제도를 다시 시행할 수 있었던 또 하나의 이유는 귀족들이 의회를 지배하거나 독점하고, 정치적 힘을 이용해 자신들의 경제적·사회적 위세를 강화할 수 있었기 때문이다. 농노제도가 법으로 확립된 지역은 보헤미아(1487년)와 폴란드(1495년), 헝가리(1514년), 프로이센(1526년), 실레시아와 브란덴부르크(1528년), 상오스트리아(1539년), 리보니아(1561년) 등이었다.

모스크바는 화폐경제가 다른 동유럽 국가들보다도 더 뒤처져 있었다. 16세기 초엽에 전체 인구의 약 10퍼센트가 홀로피(kholopy)로 사실상의 노예였는데, 농업에 고용된 인원은 소수에 불과했다. 인구 대부분은 법적으로 자유농으로, 지주의 토지를 경작하고 바르시나

(barshchina: 부역)나 오브로크(obrok: 현금이나 현물로 내는 소작료)로 대가를 물었다. 화폐가 부족했기 때문에 현물 소작료가 가장 흔히 선택되었다. 1497년에 정부는 농민에 대해 (수확이 끝난 후인) 11월에 단 두 주 동안만 이주할 수 있고 이때에는 출국세를 내야 한다고 포고했다. 하지만 노동력이 여전히 부족했기 때문에 일부 지주는 필요한 노동력을 얻기 위해 기꺼이 농민 대신 세금을 내주었다. 16세기 말에 모스크바가 정치적·경제적·사회적으로 붕괴하면서 마침내 농노제는 법적으로 전면 도입되었다. 혼돈의 와중에 농민들은 그들이 속한 토지와 마을을 떠나,(1580년대에 모스크바 지구의 토지 중 5분의 4는 경작되지 않는 땅이었다.) 새로 개간된 지역들에 정착지를 일구었다. 일손이 부족했던 지주들은 1581년의 '금지된 해'에는 농노들이 일부 지역으로 이동하는 것을 금한다는 정부 칙령을 얻어 냈다. 해마다 거의 대부분 '금지해'가 되었고 정부는 1592년에는 칙령을 확대해 전국적으로 적용했다. 무정부 상태가 계속되었던 17세기 초에 소작농들을 통제하기란 쉽지 않았지만 1603년부터 정부는 매년 기존의 칙령을 재차 포고했고, 따라서 매해가 '금지해'가 되었다. 1613년 이후 정부가 재건되자 칙령이 시행되며 농노제가 전면적으로 도입되었다. 칙령은 끝내 1649년에 법전 안에 공식 삽입되었고 모든 농노는 거주지와 지주에게 예속되었다. 설령 도망을 치더라도, 아무리 오랜 기간 돌아오지 않아도 의무는 사라지지 않았다.

17세기 초부터 모스크바(와 후일의 러시아) 주민은 한편의 상류 귀족층 및 지주로, 다른 한편의 수많은 농노로 양극화가 심해지는 것과 동시에 소작농들 내부의 차이는 점차 사라졌다. 18세기 즈음 주민 수의 절반 정도는 농노로 사유되었고 4분의 1은 교회에 귀속되었다. 농노제도는 농업이 가장 발달한 지역들에서 가장 확고하게 자리 잡았다. 이런 지역에서는 지주들이 농노를 이용해 잉여농산물을 수확한 후 수확한 작물들을 내다 팔았다. 북부 삼림 지대와 시베리아에는 사유 농노가 드물었다. 농노의 신분은 급속히 추락해 노예와 다를 바 없게 되었다. 지주들은 여러 소유지 가운데 어디로든 마음대로 농노를 보낼 수 있었고, 일찍이 1660년대부터 토지 매매 없이도 농노를 사고팔 수 있었다.(카드 게임의 승패에 따라 농노를 주고받는 사례도 있었다.) 농노는 점유 재산이 되었다. 지주는 마음대로 농노를 처벌할 수 있었고 농노는 지주의 땅을 떠날 때조차 통행증이 필요했다. 노예에게는 없는 권리가 하나 있었다면 농노는 군에 들어갈 수 있다는 것이었다. 1793년까지는 종신 복무를 해야 했지만 그 후로는 25년으로 복무 기간이 단축되었다. 물론 운이 좋아서 기간을 채울 때까지 살아 있을 경우에 그러했다.

19.6 회복

1660년 무렵에 유라시아의 주요 국가와 제국들은 대부분 한 세기에 걸친 혼란에서 회복되기 시작했다. 중국의 청 왕조는 명 왕조의 파국을 초래했던 분열 이후 중앙집권을 재건하며 유례없는 안정과 점증하는 부의 시대를 개막했다. 오스만 제국은 1658년에 아바자 하산 파샤의 난을 진압하며 쾨프륄뤼(Köprülü)가가 지배하는 안정의 시대로 들어섰다. 쾨프륄뤼 가문은 대대로 재상을 배출하며 17세기 말엽까지 오스만에 군림했다. 인도에서는 무굴 제국이 여전히 강성했고 일본에서 도쿠가와 막부는 대내외적으로 평화롭고 경제적으로도 안정을 구가하는 사회를 다스렸다. 유럽에서는 군사 혁명이 불러온 여파의 초기 단계가 끝나고 대부분의 국가가 육군과 해군의 병참 작업에 필요한 세입을 늘릴 방법들을 마련했다. 인구 증가 속도가 완화된 덕분에(전체적으로 17세기의 인구 성장률은 12퍼센트에 그쳐, 16세기 성장률의 절반에도 미치지 못했다.) 농업 생산성이 완만하게 상승하면서 인구수와 가용 식량의 양 사이에 살짝 더 나은 균형을 이룰 수 있었다. 상업적 부도 증가했다. 특히 아메리카 대륙의 플랜테이션 농업이 확대되면서 유럽 국가들, 그중에서도 잉글랜드와 프랑스가 이득을 보았다. 이런 형세가 반영되어 유럽 국가들은 점점 더 국내 상황이 안정되었다. 한 세기 반 전에 발발한 종교 분쟁은 프로테스탄트 국가와 가톨릭 국가로의 분할이 안정기에 접어들며 수그러들었다. 유럽은 대체로 전쟁이 끊이지 않았지만 1500년 이래 벌어졌던 전쟁들보다 훨씬 덜 파괴적이었다. 잉글랜드는 왕정을 회복했고 프랑스 루이 14세는 강권 통치의 시대를 열었다. 유럽 전역의 왕과 군주들은 거의 아무런 내부 견제 없이 영토를 다스렸다.

19.7 중국: 안정과 번영

청 왕조는 중국 북부에서 권력을 잡았을 때만 해도 스스로 아직 중국인들을 통치하는 외부의 지배층이라고 여겼다. 그들은 이민족과의 혼인을 금지하고 북경 같은 도시들을 격리했으며,(만주족 도시는 북부에 존재했다.) 600년 전에 있었던 금 제국같이 변족(邊族)의 습속, 즉 변발(4세기 탁발 부족 시대에서 기원한 유목민의 풍습이다.)을 강요해 중국인들 사이에 수많은 저항을 양산하기도 했다. 통치권을 장악하자마자 청은 몰수한 땅에 촌(村), 즉 만주족이 거주할 사유지들을 확립했다. 이러한 사유지에서 일하는 노동력은 노예나 다름없는 처지의 땅 없는 농민들과 전쟁 포로들로 채워졌다. 청 제국은 얼마 지나지 않아 이러한 제도가 매우 비효율적이고 비실용적이라는 것을 깨달았다. 촌이 폐기되며 농민들은 땅을 되찾았고 1685년에 만주족의 '기'는 더 이상의 토지 몰수를 금지당했다. 사실 만주족은 매우 신속하게 중국의 제도들을 수용해, 1646년에 벌써 과거제도를 재개하고 청에 충성하는 새로운 관리 집단을 등용했다. 17세기 말에는 만주족과 중국인들 사이에서 적대감이 거의 사라졌고 다시 한번 번영이 찾아왔다.

19.7.1 확장

1680년대부터 18세기 말까지 중국은 고도로 안정된 사회였다. 이 시기를 이끈 인물은 오랜 권좌를 지킨 단 세 명의 황제들, 강희제(康熙帝: 1661~1722년)와 옹정제(雍正帝: 1723~1736년), 건륭제(乾隆帝: 1736~1796년)였다. 이 시대에 중국은 1000년 전 당조 이래 유례없는 규모로 중앙아시아를 장악하고 세력을 떨쳤다. 청이 중국에서 집권할 즈음 화석특(和碩特, Koshot)이라는 유목민 부족의 제국이 티베트 일대와 우루무치-코코노르 지역을 장악하고 있었다. 1670년대에 이들의 뒤를 이은 중가르(準噶爾) 부족 역시 오늘날 신장 서부에 해당하는 많은 지역을 지배했다. 중국은 17세기 말엽에 확장을 시작해 중가르를 최서단으로 밀어내고, 몽골 일대를 포함한 바이칼호 이남 지역도 점령했다. 남쪽에서는 티베트로 밀고 내려갔다. 북경은 일찍이 1652년에 달라이라마의 방문을 받고 티베트와 몽골의 불교 서적들을 출간하는 중심지로 자리 잡았다. 1732년에 옹정제는 자신의 도시 궁정(옹화궁(雍和宮))을 티베트 불교 사찰로 개조했다. 1751년에 티베

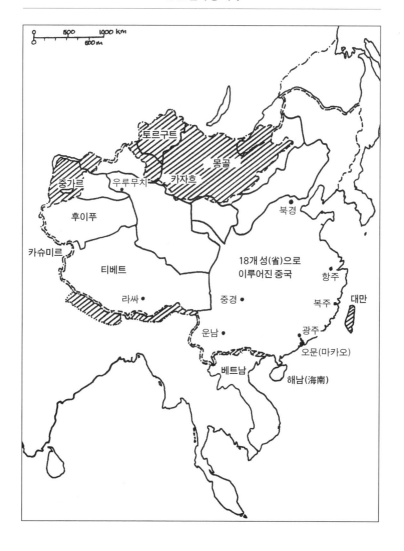

1760년의 청 제국

트는 높은 자치권을 보유한 중국 자치령이 되었다. 중국의 영향력은 히말라야산맥을 넘어 네팔과 부탄까지 뻗었다. 청의 최종 공격을 받은 중가르는 1756년부터 이듬해까지 이어진 전쟁에서 거의 전멸했다. 1750년대 말엽에 중국은 타림 분지를 점령했고 멀리 서쪽으로 코칸드와 카슈미르 접경 지역까지 손에 넣었다. 이들 지역은 신강(신장: '새로운 영토')으로 중국에 합병되어 군의 통치를 받았다. 1760년대 초에 중국 제국은 사상 최대의 영토에 도달했다. 오늘날의 중국보다 3분의 1가량 더 컸던 청 제국은 서쪽으로 카슈미르와 코칸드에서 동쪽으로 대만까지, 그리고 북쪽으로 몽골에서 남쪽으로 베트남 통킹 지역까지 뻗어 있었다. 이후 40년 동안 이 영토는 거의 변함없이 유지되었다. 1780년대에는 중앙아시아 지역의 감숙과 대만에서 발발한 반란들을 진압했고, 운남과 버마 북부의 여러 지역은 1770년대 초엽에 중국의 통치권을 인정했다. 1791년에는 중국 군대가 응징적 성격의 네팔 공격을 감행했다. 1780년대 말엽이 되어서야 중국군은 베트남의 해적 활동이 증가하면서 베트남 북부에서(이 지역은 중국군이 좀처럼 점령할 수 없었다.) 철군했고 새로운 응우옌 왕조가 권력을 잡아 국가의 이름을 대월국('大越國')에서 베트남('越南')으로 개명했다.

19.7.2 경제와 사회

[동시대 유럽 경제 ☞ 20.3~20.5]

중국은 내부 안정을 구가했다. 유일하게 농민반란이 일어났던 곳은 접경 지역들이었고 인구 밀집도가 가장 높은 장강 하류 계곡 지역들은 평온했다. 그리고 이 시기에는 세계사에서 유례없는 인구 성장을 기록했다. 1650년 청이 권력을 잡았을 때 중국 인구는 약 1억

4000명이었고 17세기 말엽에는 명조 붕괴의 여파를 회복하며 1억 6000여 명에 다다랐다.(1600년과 동일했다.) 18세기에는 인구가 두 배 이상으로 늘어 3억 3000명이 넘었다. 중국은 단연 세계에서 가장 큰 국가였다. 1800년에 유럽의 전체 인구는 1억 8000명 정도였고, 잉글랜드와 웨일스는 1000만 명이 안 되었다. 인구 성장이 이 정도 규모로 지속될 수 있었던 배경에는 매우 생산성 높은 농업이 있었다. 중국의 경작지는 1650년에서 1800년 사이에 새로운 땅들, 특히 신강과 귀주, 운남, 광서 지역 등이 합병되면서 두 배 정도로 증가했다. 생산성도 꾸준히 향상되었고 옥수수와 고구마같이 아메리카 대륙에서 건너온 작물들의 재배를 점점 늘린 것도 매우 중요한 요인이었다.

농업에 영향을 미치는 요인은 두 가지가 더 있었다. 첫째, 정부의 과세 수준이 매우 낮았다. 18세기 초엽에 이미 세금은 중국 역사에서 가장 낮은 수준이었다. 1711년에 최저 과세는 절대치로 굳어졌고, 따라서 18세기에 어마어마하게 증가한 농작물 수확량에 대해서는 세금이 붙지 않았다. 둘째, 대토지를 소유한 지주는 극소수였고,(황실령의 토지는 경작지 중 1퍼센트도 되지 않았다.) 수확 작물들은 토지 사용권을 지닌 농가에 귀속되었다. 농업은 많은 시골 임금노동자들과 함께 고도로 상업화되었다. 장강 하류 계곡의 차 플랜테이션은 수많은 지역의 노동력을 흡수했다. 인구의 5분의 4 정도는 직접 작물을 키우고 소비하기보다는 시장에서 구매한 곡물을 식량으로 삼았다. 일부 소작농은 매우 부유해서 아이들을 위해 사교육을 이용할 수 있었다. 곡물 거래가 고도로 상업화되기는 했지만 정부는 국가에서 소유하거나 규제하는 곡물 창고를 통해 시장 변동을 안정시키기 위해 노력했다. 이러한 곡창들은 국가가 직접 운영 자금을 댔고, 대도시 외곽의 지역사회나 구호를 위한 곡창들은 지주와 상인들에 낸 세금으로 운영했다. 국가는 곡물의 총생산량 중 도합 10퍼센트를 보유했다. 저장 곡물은 곡물 가격을 내리거나 단기 구제책으로 농민에게 융자해 주기 위해, 또는 기근을 완화하기 위해 사용했다. 내부 통신망이 잘 되어 있고 특히 운하가 발달한 덕에 정부는 어디든 필요한 지역으로 저장 곡물을 운반할 수 있었다. 유럽에는 그렇게 수준 높은 체계를 지닌 국가가 없었다.

국세는 중국이 연간 산출하는 부의 5퍼센트에 불과했다. 그래도 정부는 중국 경제에서 발생하는 어마어마한 부 덕분에 엄청난 흑자를 누렸다. 국가가 경제에 직접 투자하는 수준은 매우 낮았다. 중국 상인들이 외국과 교역하는 데는 아무런 제약이 없었고 그나마 소금 전매 등 얼마 남지 않은 독점권들도 상인에게 주어졌다. 이들 상인들은 중국에서 가장 부유한 층에 속했고, 매년 중국 전역에 소금 40만 톤을 유통시키며 막대한 이윤을 얻었다. 중국의 상인들은 차 생산을 관장했고, 광동성의 영국 동인도회사를 통해 유럽으로 점점 더 많은 차를 수출하는 과정도 장악했다.(18세기에 차 수출량은 스물여덟 배로 증가했는데, 그래도 중국의 전체 차 생산량 중 10분의 1이 조금 넘는 정도였다. 나머지 생산량은 자국 시장으로 들어갔다.) 경제는 아시아 남동부에서 대량으로 수입하는 쌀에 의존해 점점 더 상업화되었다. 교역을 하는 데는 정크선 수천 척이 쓰였다. 정크선들은 각각 1000톤이 넘고 선원이 200명 가까이 승선했다. 중국 상인들은 지역 각지로 퍼져 이러한 교역을 조직했다. 18세기 말엽에는 보르네오섬에만 20만 명의 중국 상인이 들어가 1884년까지 유지되었던 소중국('랑팡 회사(the Lanfang Company)')을 운영했다.

1700년이나 1800년 모두 북경은 인구 약 100만의 세계 최대 도시였고, 1800년에 80만여 명이 거주했던 광동도 런던을 제외한 유럽 그 어느 도시보다 더 컸다. 1인당 산업 생산량은 줄잡아도 유럽만큼 높았고, 그 바탕에는 특히 도시에 형성된 넓고 점점 더 확대되는 자국 시장에 맞추어 고도로 분화된 생산 활동이 있었다. 1700년 무렵에 송강(松江: 상해의 남서쪽에 있다.)의 면직물 산업은 20만 명 이상의 주민을 종신 고용하고 임시 노동자도 다수 고용했다. 중국의 산업 및 상업 일족들은 유럽과 똑같이 가문과 지분을 나누는 동업자들을 둘러싸고 단단하게 결속되었다. 이들은 '객잔'을 형성했다. '객잔'은 서로 숙박과 물류 창고 등을 지원하고 금전적 도움도 주는 비공식 제휴 기관의 역할을 했다. 명조 때 특정한 교역이나 제품의 원산지를 중심으로 조직이 결성되었다가 18세기에 중국 전역으로 급속히 확산되었다. 유럽처럼 많은 도시가 부유한 상인과 산업가 집단의 지배 아래 있었다. 금융기관이 고도로 발달해 이러한 집단들은 지원하며 예금과 융자, 중국내 타 지역으로의 자금 이체 등을 했고 약속어음과 은행권 등을 발행하기도 했다. 동업법과 토지 담보대출, 무수한 상거래를 규제하기 위한 복잡한 계약법 등도 발달했다. 유럽에서처럼 사회의 이동성이 증가하고 부가 축적되며 경제가 성장하자 사회적 압박도 높아졌다. 중국은 오랜 세월 신분을 세습하고 재산을 상속받으며 형성된 지주와 관리, 궁중 고관 집단들이 존재했고, 이들은 새로운 집단이 등장해 신분 상승을 노리거나 돈으로 매수해 신분을 바꾸는 등 점점 힘을 키우는 상황을 위협으로 받아들였다.

다음 세기 내내 중국을 괴롭힐 몇 가지 문제의 신호들이 처음으로 등장한 것은 18세기가 끝을 향해 가는 시점이었다. 1790년대 무렵에 인구 성장률은 생산성 높은 중국 농업이 지탱할 수 있는 한계치에 다다랐다. 19세기에 들어선 이후에도 인구가 계속 증가하면서(증가율은 다소 떨어졌지만 1800년에서 1850년까지 인구의 4분의 1이 증가했다.) 상황은 위태로워졌다. 1790년대에 이미 일부 시골 지역에서는 불만이 터져 나오기 시작했다. 농민반란이 잦아졌고, 14세기에 몽골족이 쫓겨나고 300년 후 명이 무너질 때 중요한 역할을 했던 백련교(白蓮敎) 같은 비밀 조직들이 다시 등장했다. 정부는 수중의 힘과 돈으로 이들 반란을 진압할 수 있었지만 이러한 반란들은 앞으로 닥칠 사건들을 예견하는 전조였다.

[이후의 중국 역사 ☞ 21.12]

19.8 도쿠가와 시대의 일본

[이전의 일본 ☞ 18.6]

1603년에 문을 연 도쿠가와 막부는 일본을 덮친 17세기의 위기를 잘 극복해 넘길 수 있을 만큼 힘이 막강했다. 1630년대에 일본을 찾아온 위기는 강도가 약한 편이었고 대체로 농업 문제들에 국한되었다. 그 결과 곡물 가격이 상승했고 여기에 영향을 받아 1637년부터 이듬해까지 시마바라의 난이 일어났다. 외부적으로 침략의 위협 등이 전혀 없었기 때문에 이런 문제들은 곧 가라앉았다. 권력을 잡은 도쿠가와 이에야스는 신중하게 정책을 펼치며 권력을 공고히 했다. 일본 중부와 중심지 교토는 직계 가족의 관할 지역으로 유지했다. 일본의 천황들은 교토에 거주했지만 이에야스는 오랜 본거지였던 에도(오늘날의 도쿄)를 수도로 삼았다. 에도는 1590년에 히데요시가 지배권을 내어 준 작은 어촌마을이었다. 이에야스의 적이었던 모리 가문과 시마즈(島津) 가문을 비롯해 주요 다이묘도 대부분 살아남았지만, 이에야스의 추종자들 역시 넓은 토지로 보상을 받았다. (도쿠가와에게 큰 위협이 된) 히데요시의 후계자는 1615년에 제거되고 오사카의 성도 함락되었다. 이에야스는 1605년에 쇼군에서 공식적으로 물러나며 후계 논란을 피하기 위해 아들에게 자리를 물려주었다. 하지만 1616년에 생을 마감할 때까지 사실상 권력을 놓지 않았다.

이에야스는 매우 신중했으므로 도쿠가와 막부의 주요 제도들은 아들 도쿠가와 히데타다(德川秀忠: 1623년 사망)와 1651년까지 막부를 다스린 손자 도쿠가와 이에미쓰(德川家光)가 만들었다. 도쿠가와 정부(막부)는 문중의 땅을 직접 다스렸다. 그 땅에는 일본 인구의 3분의 1이 거주했고 에도와 교토, 오사카, 나가사키 등을 포함한 주요 도시 대부분이 속해 있었다. 이러한 환경이 도쿠가와에게 부여한 권력의 크기는 그들 수중에 있던 쌀 수확량이 도쿠가와 다음가는 다이묘인 가나자와의 마에다(前田) 가문이 거두는 수확량보다 일곱 배 더 많았다는 사실로 알 수 있다. 이러한 힘을 바탕으로 도쿠가와는 세 범주로 나뉘는 다른 다이묘들 앞에 권력을 내세울 수 있었다. 신판 다이묘(親藩大名)는 도쿠가와 가문으로 대개 쇼군에 오르지 않은 사람들이었다. 이들 도쿠가와 집안의 방계 가족들, 특히 '고산케(御三家)'의 사람들은 이에야스의 일곱째, 여덟째, 아홉째 아들들의 후손들로 일본의 가장 중요한 지역들을 지배했고 쇼군을 배출한 경우도 세 번 있었다. 후다이 다이묘(譜代大名)는 1600년에 이에야스가 권력을 잡기 전부터 그를 따랐던 다이묘로 특별한 위치를 차지했다. 세 번째 범주는 도자마 다이묘(外樣大名)로 (마에다를 제외한) 대부분의 유력 영주들이 여기에 포함된다. 이들은 다양한 방식으로 이에야스에 반대했던 사람들이어서 당연히 불신을 받았다. 혼슈 서부의 모리 가문과 규슈 남부 사쓰마를 세력권으로 하는 시마즈 가문이 여기에 속하며, 이들 가문은 19세기 중반에 도쿠가와 가문이 마침내 권좌에서 물러나는 데 결정적인 역할을 했다. 도쿠가와 시대의 도자마 다이묘는 갖가지 법 위반으로 (진짜든 아니든) 처벌을 받으면서 그 수와 힘이 줄어들었고, 그들의 땅과 권리는 더 충직한 후다이 다이묘들에게 돌아갔다.

다이묘는 각자 가신(사무라이)을 두었지만 두 신분 모두 금세 무사로서의 역할을 잃었다. 특히 사무라이는 다이묘의 행정구역 안에서 봉직하는 관리가 되었다. 이러한 변화는 원래 무장이었던 다이묘 자체가 쇼군이 세운 법률의 통제를 받는 지역 행정관으로 탈바꿈되었다는 사실을 나타냈다. 다이묘는 쇼군에게 세금을 납부하지 않았다.(쇼군은 이미 자신의 땅에서 충분한 세입을 걷고 있었다.) 하지만 등급이 매우 엄격하게 정해진 '선물', 즉 조공을 매년 바쳐야 했고, 그들 지역 내의 현지 정부에 필요한 비용을 떠안아야 했으며 일부 군사 비용도 지출해야 했다. 전체로 볼 때 다이묘 전체는 쇼군보다 막강한 경제력과 군사력을 지녔지만, 서로 분할되어 철저한 통제를 받았다. 이들은 모두 도쿠가와 문중과 혼인 동맹을 맺은 복잡한 관계로 얽혀 있었고, 서로 직접 연통하는 행위가 금지되어 에도의 정부를 통해서만 소통할 수 있었다. 쇼군의 허락 없이는 군사력을 증강하거나 성을 지을 수 없었고, 도쿠가와 가문의 힘은 이런 규칙들을 강요하기에 충분했다. 다이묘들을 제어하는 가장 주된 장치는 고도의 통제책인 산킨코타이(참근교대(參勤交代)) 제도였다. 1634년부터 각 다이묘는 에도로 사람을 보내 인질로 거주하게 해야 했다. 그뿐 아니라 다이묘 자신들도 1년의 반은 쇼군을 수행하느라 에도에 머물러야 했기 때문에 거처를 한 채 더 마련하는 데 많은 비용이 들어갔다. 일본이 누리는 내부의 평화가 길어질수록 다이묘가 지녔던 무사로서의 능력은 필요가 없어졌다.

강력한 도쿠가와 국가를 수립하기 위해 대외 관계가 엄격히 통제되고 지방의 다이묘들의 자율적인 의사 결정이 가능했던 제도는 폐지되었다. 이제 외국인들과 접촉할 때에도 에도 정부의 승인이 필요했다. 도쿠가와 가문은 스스로를 중국 정부와 동등한 위치로 여겨,(이는 한편으로 일본이 한 번도 '오랑캐'의 침략을 겪어 보지 못한 데서 연유한다.) 일본 땅 안에 중국의 외교 체계 및 정치적 위계대로 할당된 영역을 인정하지 않았다. 일본인들은 외국인들과 관계를 맺을 때 요구를 밀어붙일 수 있을 만큼 힘이 있었고, 명 왕조가 붕괴했을 때 후폭풍을 피하고 18세기 내내 지속된 오랜 안정기의 유익을 챙길 만큼 막강했다. 도쿠가와 가문의 극렬한 반(反)기독교 정신 때문에,(일본에서 종교로서의 기독교는 1630년대 무렵에 퇴치되었다.) 네덜란드인들은 나가사키 부근의 데지마라는 섬에 갇혀 굴욕적인 환경을 견뎌야 했다. 외국과의 교역 규모는 작지 않았다. 쓰시마와 사쓰마, 마쓰마에의 다이묘들은 에도 정부의 전면적인 인가를 받은 후 일본 선박을 이용해 교역한 덕분에 큰 부를 쌓았다. 주요 교역로는 중국을 비롯해 한반도와 류큐 열도를 (특히 오키나와를) 거치는 길이었다. 중국인들은 은을 대량으로 매입했고 17세기 말엽에는 구리도 사들였는데, 매년 5000톤 이상을 일본에서 수출했다. 한반도를 통한 교역도 규모가 꽤 있어서 매년 일본에서 만들어 내는 은의 거의 10퍼센트가 조선으로 들어갔다. 그러므로 일본은 외부 세계와 단절되어 있었던 것이 아니라, 충분한 힘이 있었기 때문에 관계의 조건들을 결정하고 전쟁으로부터 자유로울 수 있었던 것이다.

[이후의 일본 ☞ 21.15]

19.9 오스만 제국과 사파비 제국

1650년대 말엽부터 오스만 제국은 쾨프륄뤼 일가의 지배를 받았다. 쾨프륄뤼 가문은 사실상 재상직을 세습하고 숱한 정부 요직을 도맡았다. 이렇게 탄생하고 발달한 군정 관료 체제가 국정을 관리함으로써 제국을 오랫동안 유지시키려는 움직임은 이미 서유럽에서도 시작된 흐름이었다. 이들 제국의 기록들은 유럽 군주국들의 것들 못지않게 양질의 상태로 방대하게 보존되었다. 지방행정의 경우 권력 분산이 점증했고, 유럽 정부들이 그랬던 것처럼 중앙정부가 지역의 지주들에게 기대어 정치적·행정적·법적 역할들을 수행하다 보니 융통성도 높아졌다. 지방의 권력 집단들은 자신들만의 후원망을 형성하고 유럽의 권력 집단들처럼 부패했다. 이러한 체제가 발달하는 와중에 오스만 제국의 영토는 최대 범위에 이르렀다. 이집트에서 콘스탄티노폴리스로 가는 곡물 운반선의 항로 부근에 위치한 크레타섬 대부분을 1645년에서 1646년 사이에 베네치아인들의 손에서 빼앗았는데, 핵심 항구였던 칸디아(이라클리온)는 포위 공격에도 1669년까지 함락되지 않았다. 오스만 제국은 이제 지중해 동부를 모두 지배하고 있었다. 흑해 북부 해안 인근에서는 폴란드가 우크라이나로 내려오며 남진했고 카자크 유목민들과 충돌하며 오스만 제국에 닿았다. 그 결과 드니에스테르강과 드네프르강 사이에 포돌리아라는 오스만의 새로운 주가 탄생했다.

17세기 초엽에 대체로 오스만 제국과 합스부르크 왕가 사이는 평온했다. 하지만 내부의 말썽들(과 이란 사파비 왕조와의 전쟁) 때문에 헝가리와 트란실바니아 접경 지역을 통제하는 데에 한계가 있었다. 힘을 회복한 오스만은 1663년에 합스부르크 왕가를 공격했으나 실패했고, 이어서 1683년에는 빈에 대대적인 포위 작전을 벌였다. 이 전투로 오스만 제국은 여전히 건재하고 두 세기 전 발칸 지역을 점령했던 때 이래로 변함없는 모습을 과시했다. 그러나 과거에도 그랬듯이 포위 작전에서 승리하기에는 빈이 오스만의 세력 기반에서 너무 멀리 떨어져 있었다. 유럽의 외교 양상은 16세기 이후로 거의 변한 것이 없어서, 합스부르크가는 베네치아를 근거지로 반(反)오스만 동맹을 재탄생시키려고 노력했다. 그리고 이제는 폴란드와 러시아의 참여도 유도할 수 있었다. 오스만은 여전히 반(反)합스부르크 세력인 프랑스로부터 암묵적인, 또 때로는 공공연한 지지를 얻고 있었다. 베네치아는 짧은 기간에 모레아와 아테네를 재점령했지만 곧 다시 빼앗겼고, 합스부르크 왕가는 1688년에 베오그라드를 차지했지만 유지하지는 못했다. 술탄 메흐메트 4세(Mehmed IV)는 빈 전투에서 패한 후 1687년에 폐위당했지만 오스만 제국의 힘은 여전했다. 마침내 1699년에 카를로비츠 평화협정이 체결되었다. 오스만 제국은 (아제르바이잔을 제외하면) 근 200여 년 만에 처음으로 영토를 잃었고 합스부르크 왕가는 헝가리와 트란실바니아, 베오그라드를 손에 넣었다. 이 패배가 주요하게 작용해 1703년에 또 한 명의 술탄인 무스타파 2세(Mustafa II)가 폐위되었다.

비록 발칸반도 북부의 접경 지역들을 잃었지만 오스만 제국은 거의 100여 년은 더 강건했다. 경제는 계속 성장했고 제국은 자원들을 동원해 성공적인 군사작전들을 이끌 수 있었다. 유럽 열강은 1770년대까지 별다른 수확이나 공고한 이득을 남길 수 없었다. 1709년에 러시아는 흑해에서 첫 번째 기틀이 되었던 아조프 지역을 포기해야 했다. 1718년에 베네치아 및 합스부르크 왕가와의 전쟁을 끝내며 체결한 파사로비츠 조약은 오스만 제국으로서는 득과 실이 공존하는 결과였다. 베네치아는 20여 년 전 카를로비츠 조약으로 얻은 지중해의

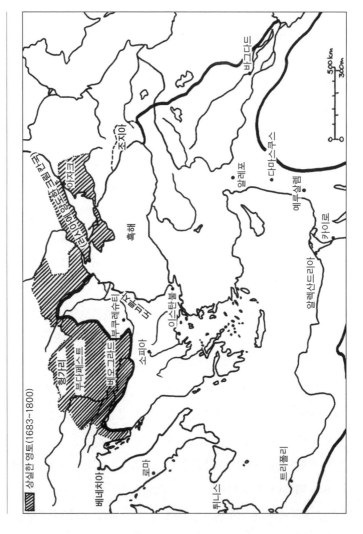

오스만 제국 1660~1800년

상실한 영토(1683~1800)

헝가리
부다페스트
베오그라드
부쿠레슈티
세르비아
베네치아
루마니아
트란실바니아
왈라키아
몰도바
조지아
흑해
이스탄불
소피아
불가리아
트리폴리
튀니스
크림
아나톨리아
알레포
예루살렘
다마스쿠스
카이로
메소포타미아
바그다드
500km
300mi

거점들을 포기해야 했지만 합스부르크 왕가는 세르비아 일부와 왈라키아의 근소한 영토를 얻었다. 하지만 1739년에 합스부르크 및 러시아와의 전쟁 끝에 체결한 베오그라드 조약은 오스만 제국의 오랜 우방인 프랑스가 중재한 것이었다. 이 조약을 통해 합스부르크 왕가는 1718년에 거머쥔 수확들을 모두 포기하고 17세기 말 당시의 위치로 되돌아가야 했다. 이후 30년간 발칸 지역에는 평화가 찾아왔고, 오스만 제국은 300여 년 전 확립했던 위상의 본질적 요소들을 유지했다.

오스만 제국은 16세기 초기부터 풀기 어려운 전략적 문제에 직면했을 뿐 아니라 서쪽으로는 유럽인들, 동쪽으로는 이란의 사파비 제국이라는 양면 전쟁을 치러야 했다. 이 문제는 18세기 초엽에 이란의 사파비 세력이 붕괴하면서 해결되었다. 1639년에 오스만 제국과 평화조약을 체결한 후 사파비의 군대와 중앙 행정부는 쇠퇴일로에 있었다. 지역 귀족들에 대한 통제력은 워낙 들쭉날쭉했고 이스파한의 중앙정부는 그 어느 때보다도 무력했다. 지역 부족장들은 반쯤 독립적인 권력을 행사했고, 아프가니스탄과 중앙아시아에서 종족 집단들이 광범위하게 부활했다.(이 역시 인도 무굴 제국의 영향을 받은 현상이었다.) 마침내 미르 바이스(Mir Wais)가 이끄는 칸다하르의 아프간 부족 길자이가 1722년에 이스파한을 점령했다. 오스만 제국은 (러시아의 동의를 얻어) 즉시 공격에 들어갔다. 1724년에 이들은 아르메니아 지역과 아제르바이잔 일부를 점령했고 러시아는 카스피해 연안의 질란과 마잔다란, 아스타라바드를 손에 넣었다. 이제 오스만 제국의 동쪽에서 위협이 될 만한 세력은 없었다. 이란에서는 무정부 상태에 준하는 상황이 이어지다 1736년에 사파비 왕조의 무력한 마지막 통치자가 폐위되었다. 사파비의 마지막 샤를 폐위시킨 나디르 샤 아프샤르(Nader Shah Afshar)는 차가타이(몽골) 혈통의 부족장으로 아프간과 튀르크의 다양한 부류들과 연합을 맺었던 인물이었다. 나디르 샤는 1739년에 인도까지 침략했지만 1747년에 암살당했고, 그가 이끌었던 연합 세력은 금세 와해되었다. 이란에서 나디르 샤의 뒤를 이은 인물은 이란 서부에 정착한 잔드족 연합군의 지도자 카림 칸이었다. 카림 칸은 공석인 사파비 왕좌의 부왕이라는 뜻으로 명목상 바킬(vakil)이라는 칭호를 사용하며 1779년까지 이란을 지배했다. 잔드조는 사파비 왕조 시대에 마잔다란과 아스타라바드를 다스렸던 정통 튀르크계 주지사의 후손인 카자르족에 패해 멸망했다. 카자르족은 1810년까지 이란 전역을 지배했고 새로운 왕조를 세워 1924년까지 지역을 통치했다. 지역 내의 다른 이슬람 통치자들도 힘을 키우고 있었다. 1650년에 오만의 술탄 이븐 사이프(Ibn Saif)는 포르투갈의 무스카트 요새를 점령하고 나서 나포한 포르투갈 선박들로 함대를 꾸려 17세기 말엽에 74문 선박과 두 척의 60문 소형 구축함 등 총 스물네 척의 대형 함선을 소유했다. 1698년에 오만 왕조는 케냐 연안 몸바사에서 포르투갈의 교역 중심지인 포트 지저스를 점령했다.

사파비 왕조의 몰락은 근본적인 종교적 변화를 야기했다. 수니파였던 나디르 샤 아프샤르는 시아파 요소들을 축소하는 절차에 들어갔다. 시아파 지도자들의 경우 이러한 과정에 상당히 수용적이었다. 그들은 이미 사파비조의 종교 사상에서 벗어나 울라마가 국가로부터 독립적인 것처럼 자율성을 넓혀 갔고, 한 세기만에 이란 왕조의 최고 대항자가 되었다. 잔드조와 카자르조는 사파비조보다 관대해서 통치 기간 동안 수피 신앙이 대거 부활했다. 그중에는 특히 1785년에는 인도에서 건너온, 샤 마숨 알리(Shah Masum Ali)의 가르침을 받던 누르박쉬(Nurbakshi) 종파도 있었다. 이란에서 종교적 변화들이 일어났다면 오스만 점령하의 아라비아반도에서도 중요한 운동들이 일어났다.

18세기에 오스만에서는 새로운 금욕주의적 이슬람 운동인 (운동의 중심적 지도자인 무함마드 이븐 압둘 와하브(Muhammad ibn Abd al-Wahhab)에게서 이름을 차용한) 와하브주의가 지역 베두인족 지도자 이븐 사우드(Ibn Saud)의 보호 아래에 확산되었다.(예멘에도 지역 내의 힌두교나 비(非)이슬람 상인들에 반대하는 비슷한 운동이 존재했다.) 와하브 운동은 오스만 제국 전역에 압력을 가하며 1770년대에는 이집트까지 퍼졌지만 1806년에 메디나와 메카를 장악하기 전까지는 별다른 성공을 거두지 못했다. 아라비아반도의 변화는 18세기 말엽에 서로 다른 지역들이 독자성을 드러내면서 오스만 제국이 여러 주에 대한 통제력을 점차 잃게 될 것이라는 징후였다. 이집트에서는 대대로 유럽 남동부의 기독교 지역들과 수단 출신의 맘루크 노예 부대가 엘리트 지배층이었다. 18세기 말엽에 알리 베이(Ali Bey)의 지휘 아래에 맘루크들은 오스만 총독 대신 효율적인 주 정부를 구성하고 튼튼한 교역 수익으로 힘을 키웠다. 시리아의 지역 엘리트들은 점점 더 자신들을 오스만 제국의 시민이기보다는 아랍인으로,(모호한 주장이다.) 또는 종교 기반(수니, 시아, 알라위 등)으로 규정했다. 아크레 항구 인근에서는 통치자 다히르 알 우마르(Dahir-al-Umar)가 지역을 지배하고 프랑스와의 면직물 수출을 관리했다. 그에 비해 시돈과 다마스쿠스에 파견된 오스만 총독들은 거의 아무런 실권이 없었다. 1775년에 콘스탄티노폴리스의 오스만 제국 정부는 다히르를 퇴위시킬 수 있었지만, 그 자리를 대신한 보스니아 출신의 아흐메드 제자르 파샤(Ahmed Jezzar Pasha)역시 독립적인 권력을 행사하기는 마찬가지였고 그 나름의 자치주를 건설했다. 이러한 문제들은 모두 18세기 말엽부터 점점 더 오스만 제국을 죄어들 상황들의 전조였다.

[이후의 오스만 제국 ☞ 21.10]

개관 12

1700년의 세계

인구 6억 1000만 명 권역별 인구: 중국: 1억 6000만, 인도: 1억 6000만, 그 외 아시아: 9500만(일본: 2600만), 유럽: 1 억 2000만(프랑스: 2200만, 독 일: 1300만, 스페인: 800만, 잉글 랜드: 600만), 아프리카: 6000만, 남북 아메리카: 1200만	**주요 도시** 콘스탄티노폴리스(70 만), 북경(70만), 이스파한(60 만), 런던(55만), 파리(55만), 에 도(55만), 델리(50만), 아마다바 드(35만), 오사카(35만), 교토 (35만), 카이로(35만), 광동(30 만), 남경(30만), 항주(30만), 나 폴리(20만)

사건

- 중국이 청 왕조 하에서 번영과 안정을 이룸. 대대적인 영토 확장이 이루어지며 몽골과 신장 일부를 점령함. 아무르강 유역에서 러시아의 영토 확장을 차단함.
- 일본이 도쿠가와 시대를 맞아 대내외적인 평화를 누리며 안정됨.
- 네덜란드가 바타비아와 향료제도 대부분을 점령함.
- 무굴 제국의 영토가 최대 범위에 이름.
- 소수의 영국인이 인도의 봄베이와 마드라스, 캘커타에 정주함.
- 오스만 제국이 발칸 지역에서 아나톨리아와 레반트, 이집트를 아울러 북아프리카까지 지배함. 헝가리와 트란실바니아에 이어 베오그라드까지 최초로 합스부르크가에 영토를 상실함.
- 사파비 제국이 급속히 쇠망함.

- 오만인들이 몸바사를 비롯한 아프리카 동안의 많은 지역을 지배함.
- 스페인과 네덜란드 공화국, 스웨덴이 쇠퇴함. 프랑스는 유럽의 지상 강국이 됨.
- 러시아가 태평양 해안까지 시베리아를 점령하고 상트페테르부르크를 건설함으로써 러시아 세력이 발트해 지역까지 확장됨. 폴란드는 크게 쇠퇴함.
- 잉글랜드는 해양 세력이자 식민지 권력으로 부상함.
- 아메리카 북부에 자리 잡은 소규모 유럽인 정착지들이 동부 해안 지역으로 한정됨.
- 브라질과 카리브해 지역에 유럽의 노예농장이 세워짐. 아프리카의 노예무역이 급격히 증가함.

19.10 유럽의 대립

[이전의 유럽 왕조 대립 ☞ 18.9]

17세기 중엽부터 유럽은 16세기에 비해 훨씬 안정을 찾았다. 물론 1660년대부터 1815년까지 일련의 전쟁이 거의 중단 없이 지속되기는 했다. 종교개혁에서 비롯된 극심한 종교 분쟁은 누그러져, 이 시대에 프로테스탄트와 가톨릭의 분열을 둘러싼 전쟁은 발발하지 않았다. 그 대신 앞서 왕조들 간의 대립이 지속되며 신생 유럽 국가들이 상대적 이익을 위해 싸우는 양상이었다. 승부를 가르는 전쟁은 거의 없었지만 전반적으로 이 시기에는 스페인과 네덜란드, 스페인이 비교적 쇠퇴했고 폴란드가 붕괴를 맞았으며 프랑스는 (왕정 및 1789년부터 1790년대 초엽의 혁명 이후 나폴레옹(Napoléon) 치하에서) 일시적 우위 이상의 위치를 점하는 데 실패했다. 주로 수혜를 입은 쪽은 각각 서구와 동구의 주변 세력이었던 영국과 러시아였다. 새로운 프로이센 왕국도 떠오르는 세력이었고, 오스트리아와 오스만 제국은 대체로 현상 유지를 할 수 있었다. 국가 간 동맹의 형태는 끊임없이 변했고 특히 1750년대 중엽에 요동치기는 했지만 1690년대 이후 대체로 영국과 프랑스의 대립을 중심으로 결정되었다.

1660년대 무렵에 군사 혁명과 화약 무기의 발달로 전해진 초기의 영향들이 스며든 이후 1815년까지는 아무런 근본적인 기술 변화도 일어나지 않았다. 머스킷 총은 이제 더 빨리 발사되었지만,(연속 사격은 숙련병이 3열로 도열하면 충분했다.) '조준' 명령은 떨어지지 않았다. 아직 조준기가 없었기 때문이다. 유럽은 전쟁들이 길게 이어졌지만(1689~1697년, 1702~1714년, 1739~1748년, 1756~1763년, 1778~1783년, 1793~1815년에 각각 큰 전쟁들이 있었다.) 1660년 이전의 100여 년 동안에 비해 참상은 훨씬 덜했다. 군대에는 보병대와 기병대, 포병대가 구별되고 전문화되는 큰 변화가 생겼다. 군은 점차 장기 복무와 용병 위주로 바뀌었는데,(종종 강제 징병도 있었다.) 대규모 군사동원이 있었던 것은 1792년에 프랑스 혁명정부 아래에서였다. 이때에도 한계가 있었다. 1799년 무렵에 대리 복무가 허용되면서 징집병 다수는 정복지 출신으로 구성되었다. 1812년에 나폴레옹이 러시아를 공격할 당시 그가 이끌었던 병사 대부분은 프랑스어조차 하지 못했다. 군대는 이들 각 부대의 움직임을 조직적으로 통솔해야 했다. 5만 명이 넘는 규모의 군대에서는 몹시 어려운 일이었다. 우선 의사소통이 잘 되지 않았고, 시골 지방은 지도에 나오지 않는 경우도 허다했으며, 일단 부대들이 흩어지면 통제가 불가능했기 때문이다. 문제를 해결하기 위해 처음 취한 조치는 사단을 나누는 것이었다. 사단은 군대의 모든 구성을 담아 독자적인 행동이 가능한, 약 1만 2000명으로 구성된 독립 단위였다. 프랑스는 이러한 방안을 1740년대에 최초로 실험에 옮겼지만 전면적으로 채택한 시기는 혁명 직전인 1780년대 말이었다.

군대는 계속 커졌다. 18세기 초엽에 프랑스의 병력은 40만 명 이상에 달하며 유럽 역사상 가장 큰 규모를 자랑했다. 1812년에 러시아를 침략한 프랑스군의 병력은 60만 명이 넘었고 1150대에 가까운 야전포(보병대와 같이 이동할 수 있는 가벼운 대포로, 말 세 마리만으로 끌 수 있고 병사 여덟 명이 다룰 수 있었으며 1760년대부터 개발되었다.)를 소지했다. 이 정도 규모의 군대가 접경 지역 300마일 너비를 뒤덮으며 군사작전을 벌였는데, 요새와 소도시들을 점령할 만큼 많은 병력이었다. 17세기 말과 18세기 초의 전투에서 여전히 두드러진 특징이었던 요새들은 중요성이 떨어졌고, 반도전쟁(1808~1814년)에서 토레스베드라스(Torres Vedras) 요새의 경우처럼 가끔 한 번씩 효과적인 방어선으로 기능했다. 유럽은 산업 기반들이 점점 증가해 군대에 무기를 공급하는 문제도 별반 어렵지 않았다. 가장 큰 문제는 병사들이 먹을 충분한 식량과 말을 먹일 사료들을 구하는 일이었다. 해군의 규모도 커졌다. 1789년에는 유럽 강대국들의 함대를 모두 합쳐도 군함 450여 척을 넘지 않았다. 1815년 무렵에는 영국 왕립 해군에만 1000여 대가 넘는 군함에 14만여 인력이 배치되었다.

전쟁 비용은 여전히 높았다. 특히 작은 국가의 통치자가 역량 밖의 권력과 명예를 손에 넣으려고 하는 경우일수록 더 그랬다. 신흥 프로이센 왕국은 1750년대 말에 육군 병력 15만 명을 보유했고, 30년 후에는 20만 명을 넘겼다. 이런 병력은 유럽에서 네 번째로 큰 규모였는데, 인구수로 보자면 프로이센은 열세 번째 가는 국가였다. 공공 기반 시설도 성공적으로 갖출 수 있었다. 프로이센은 연간 1만 5000대의 머스킷 총과 56만 파운드의 화약을 제조했고, 규격화된 제복들을 생산하며 6만 명의 인원이 2년 동안 먹을 수 있는 양의 식량을 비축해 두었다. 하지만 프로이센 왕국의 정책에 희생된 인명은 어마어마했다. 젊은 남성의 4분의 1이 징집되었고(병력의 약 3분의 1은 외국인 용병이었다.) 1756년부터 1763년까지 벌어진 전쟁에서는 18만 명이 목숨을 잃었다. 이는 병사 열다섯 명 중 열네 명이 죽은 것과 같은 사망률이었고, 민간인도 30만 명이나 희생되었다. 국가 세입의 90퍼센트가 전쟁 비용으로 들어가고 화폐 가치는 떨어졌다. 프로이센이 전쟁을 지속할 수 있었던 이유는 단 두 가지, 영국으로부터 받은 막대한 원조금과 전시의 약탈 덕분이었다. 전쟁에 들어가는 비용이 너무 큰 나머지 육군 장교들은 결혼이 금지되었다. 국가에서 전쟁 과부들에게 생활 보조금을 지급하기가 어려웠기 때문이다.

이 시기에는 전쟁에 중대하고도 유기적인 변화들이 일어났다. 국가는 17세기 말엽에 들어 군대 및 병참 문제를 중간 계약자에 맡기지 않고 직접 관리하려고 했다. 국가가 성장하고 자원을 통제 및 감독하는 능력이 발전하는 과정에서 또 한 단계 나아간 것이었다. 육군 병참은 민간에 맡겨졌고 육군과 해군은 국가로부터 보수를 받았다.(공금 횡령과 부패가 발생할 여지는 여전히 농후했다. 18세기 초엽에 영국군 사령관이었던 말버러(Marlborough) 공작이 대표적인 사례였다.) 경제력은 점점 중요해졌다. 특히 대부분의 전쟁이 연합국들 간에 발발하면서 더욱 그러했다. 계속 증가하는 전쟁 비용을 세금으로 충당할 수 있는 나라는 없었다. 당시 국가들은 전국적 규모로 세금을 부과할 수 있는 행정 구조가 부재했고, 세금 인상이 야기할 사회적 불만을 관리하는 데 불안감을 느꼈다. 유럽이 보유한 금괴와 은괴는 많지 않았다. 아메리카 대륙의 금과 은은 아직도 인도와 중국으로 흘러들어 가고 있었다. 하지만 무역이 확대되어 이윤 창출이 증가하면서 유럽 국가들도 이러한 자원들에 접근할 수 있게 되었다. 특히 유럽의 국가들은 전쟁 비용 때문에 양산된 채무와 갚아야 할 이자를 감당할 방법으로 금융업과 신용 융자를 개발했다. 이러한 자원들을 가장 성공적으로 동원한 나라가 영국이었고, 18세기에 영국이 힘과 영향력을 키울 수 있었던 저력도 바로 이러한 성공에서 비롯되었다. 하지만 정교한 신용 메커니즘만으로는 충분치 않았다. 17세기 말엽에 유럽에서 상업이 가장 발달한 국가였던 네덜란드는 이러한 메커니즘의 발전을 주도했지만(그도 그럴 것이 네덜란드는 주로 상인과 금융업자들이 좌우하던 나라였다.) 결국에는 전략적 약점들을 보완하기 어려운 처지였다.

유럽의 국가들은 이러한 각각의 군사적·행정적·재정적 난관들 앞에서 각기 다른 방식으로 반응했다. 스페인은 17세기 말엽에 이울어 가는 권력이었고, 경제 기반이 취약하며 1700년에는 군대 규모도

1650년대의 절반에 불과했다. 유럽 식민 제국의 가장 넓은 영토를 지배했지만 그 영토 모두에 실질적인 힘이 미치지는 못했다. 네덜란드는 17세기 말 무렵에 가장 위력적인 국가 중 하나였고, 해전에서는 잉글랜드를 두 번 격퇴했다. 네덜란드를 가장 곤란하게 만들었던 문제는 이들이 지상전, 특히 남부에서 침략하는 프랑스 군대에 약하다는 사실이었다. 지상전에는 대규모 병력이 필요했다. 16세기 말엽 에스페인으로부터 독립 전쟁을 치를 당시에 네덜란드 병력은 2만 명이었지만 한 세기 뒤인 17세기 말에는 10만 명으로 증강되어 있었다. 네덜란드는 국경 지역에 정교한 체계를 갖춘 값비싼 요새들도 지어야 했다. 네덜란드 출신인 윌리엄 3세(William III)가 영국 왕위에 오른 1689년 이후에는 그의 지원을 받아 국운은 지킬 수 있었지만 1697년까지 이어진 대(對)프랑스 전쟁의 비용으로 심한 타격을 받았다. 유럽을 벗어나 해전과 식민지 전쟁을 수행하면서 점차 수혜를 보는 나라는 영국이었다. 네덜란드는 18세기 내내 영국과 프랑스에 비해 상업 강국으로서의 위치가 기울어 갔다. 1750년대와 1780년대에 중립을 지켰던 선택으로도 상황은 나아지지 않았다. 그즈음 영국은 이미 유력한 해상 세력이 되어 네덜란드의 무역을 봉쇄할 수 있었기 때문이다. 결국 네덜란드는 1790년대 초엽에 프랑스의 침략에 무릎을 꿇었다.

루이 14세 재임 시절 프랑스는 17세기 말엽의 중심 세력이었다. 군대 규모는 1660년 이후 50년 만에 열 배로 증가했다. 하지만 프랑스는 여전히 목표를 이루지 못하고 있었다. 남쪽의 지리적 장벽(피레네산맥과 알프스산맥)에 막혀 스페인과 이탈리아로 영토를 확장하기가 어려웠기 때문에 공격은 북동쪽 플랑드르의 합스부르크 영토와 더 멀리 북쪽으로 네덜란드를 향해 이루어졌다. 이 지역은 철저히 요새화되어 있어 프랑스군이 군사작전으로 결정적인 승리를 거둔 적은 없었지만, 단순히 위협에 그친 움직임만으로도 영국을 적으로 돌리기에 충분했다. 동진도 문제가 많았다. 오스트리아든 프로이센이든 어느 한쪽과 동맹을 맺는다는 것은 다른 한쪽과 적이 된다는 뜻이었다. 프랑스 왕정 앞에 놓인 근본적인 문제는 그들이 유럽 최고의 강국인 동시에 서인도제도와 캐나다, 인도 등지에서 식민 권력으로 힘을 키우고 있다는 사실이었다. 프랑스에는 영국에 맞서 식민 전쟁이나 유럽의 지상전을 벌일 자원이 없었다. 결과적으로 프랑스는 식민 전쟁에서 대부분 패했다. 그들이 유럽과 식민국가들 안에서 영국과 동시에 싸울 필요가 없었던 경우는 미국독립전쟁으로 딱 한 번 있었는데, 이때 프랑스는 해전에서 영국을 이길 수 있었다. 오스트리아의 합스부르크 왕가는 서로 매우 이질적인 영토들을 계속 통치했다. 그 때문에 다양한 문제들에 대처해야 했다. 발칸 지역에는 오스만 제국이 버티고 있었고, 오스만을 희생하면 장기적으로 러시아가 위협을 받게 될 터였다. 특히 1740년에 실레시아를 점령하면서 프로이센도 합스부르크가에 적대적이었다. 그럼에도 불구하고 오스트리아 합스부르크 통치자들은 대체로 승승장구했다. 제국은 19세기에 광대하게 뻗어 나갔고 왕정은 1918년까지 이어졌다. 프로이센은 순전히 스페인과 폴란드의 몰락과 합스부르크 왕위 계승 전쟁에 따른 오스트리아의 약화 덕분에 18세기 초엽의 주요 강국으로 떠올랐다. 하지만 1815년까지 비교적 약국의 위치로 명맥을 유지했고 영국의 원조에 의존도가 매우 높았다.

19.11 유럽 주변부의 강대국들: 영국과 러시아

18세기 유럽의 충돌을 통해 가장 많은 힘을 얻은 지역은 최서단의 영국과 최동단의 러시아였다. 두 나라는 직접 휘말린 유럽의 지상전이 별로 많지 않았기 때문에 다른 부분에 힘을 집중할 수 있었다. 영국은 (북아메리카의 많은 땅을 잃었지만) 광대한 식민지 제국을 확보하는 일에, 러시아는 먼저 시베리아를 가로질러 태평양까지, 그리고 서쪽으로 더 나아가 유럽으로까지 세를 확장하는 일에 온 힘을 기울였다.

19.11.1 영국

잉글랜드 왕국은 브리튼섬 내부에 전반적인 안정을 확보한 후 아일랜드를 최종 점령하고 1707년에 스코틀랜드와 연합 왕국을 이루는 등 다른 유럽 국가들이 두 지역에 들어올 여지를 봉쇄하고 1680년대 이후 20여 년 동안 영국으로 탈바꿈했다. 영국은 주로 해상 강국이었지만 (침략의 출발점이 될 수 있는) 건너편 해안이 강국 한 곳에 점령당하도록 내버려 두어서는 안 된다고 생각했다. 하지만 대륙에서의 군사작전은 18세기 초엽 말버러 장군 휘하에서나 100여 년 후 웰링턴(Wellington) 장군 시대에나 대체로 한계가 있었다. 영국은 당시 해군을 중요히 여기고 육군은 비교적 소규모로 유지하고 있다는 점을 들어 스스로 다른 유럽 국가들과 다르다고 믿었다. 자신들은 군국주의가 아니고 중앙정부가 약하다는 이유에서였다. 사학적 전통은 이러한 견해를 확증하는 쪽으로 굳어졌다. 사실 1600년 이후 영국은 다른 유럽 국가들만큼 군대가 정치의 핵심을 차지한 나라였고, 그 사실을 약간 다른 형태로 표출했다는 점이 다르다면 다른 부분이었다.

1680년 이후의 한 세기 동안 해군의 규모는 두 배가 되고 육군은 50퍼센트나 증가했다. 평시의 상비군 지원을 꺼려하는 태도는 남아 있었지만 전쟁 중 영국 육군의 규모는 작지 않았다. 18세기 초엽만 해도 스페인 육군의 두 배였으니 말이다. 해군은 유럽에서 가장 크거나 최소한 최대 규모에 속했다. 강한 해군을 보유해 유리한 점은 영국이 해외에서 얻은 소득들 덕에 상업적 위상을 강화할 수 있었다는 것이다. 영국은 1692년에서 1815년에 이르는 기간 중 87년 동안 전쟁에 휘말렸는데, 이는 여느 유럽 국가들에 비해 결코 적지 않은 기록이었다. 이 기간에 영국은 강력한 기계 설비를 개발해 전쟁 노력을 지원했다. 특히 해군성 안에 다양한 조선소와 병기 제조 체계가 만들어졌다. 두 체계는 경제에 지대한 영향을 미쳤다. 군비 지출이 18세기 정부 총지출의 4분의 3을 차지했고, 같은 기간에 국비 지출은 네 배로 뛰어올랐다. 종합적으로 군비 지출은 연간 국부 중 평균 10퍼센트를 소진했다.(20세기보다 훨씬 더 큰 비중이다.) 하지만 영국의 지원은 금전적으로 더 많이 이루어졌다. 영국은 용병을(특히 독일의 헤센 용병을) 사기도 했고 자신이 해외 식민지들을 지키는 동안 대륙에서 지상전을 수행하는 동맹군들에게 자금을 지원하기도 했다. 1813년에 영국은 나폴레옹에 맞서 대륙에서 전쟁을 벌이는 병사 45만 명에게 원조금을 전달했는데, 그중 영국의 병사는 14만 명뿐이었다.

전쟁 비용 일부는 세금으로 충당되었다. 영국의 세금도 다른 유럽 강대국들만큼 높았다. 1660년에서 1815년 사이에 영국은 실질 세금을 열 배로 올렸다. 이 정도 과세로도 군사행동의 비용을 감당하기에는 부족했다. 1680년대에 정부는 매년 징수한 세금보다 약 200만 파운드가량을 더 지출했다. 하지만 100여 년 후에는 초과금이 800만 파운드를 넘어갔고 19세기 초 무렵에는 그보다 더 많아졌다. 정부가 군비 지출을 충당한 방법은 1694년에 잉글랜드 은행을 창립함으로써 발전하던 런던의 금융업과 자본시장을 통해 막대한 채무를 만들어 내는 것이었다. 영국은 1689년에는 국가 부채가 존재하지 않았지만 1690년대 말엽에는 1600만여 파운드가, 1780년대 무렵에는 거의 2억 5000만 파운드의 부채가 발생했다. 이렇게 증가하는 부채를 감당하는 데 정부 세입의 절반 이상이 들어갔다. 그리고 이 과정에서 유력 지주 계급과 상업 엘리트들의 힘이 강해졌고, 이들은 의회를 통해 다른 유럽 국가들에서보다 국정에 대해 더 강한 발언권을 가졌다.(하원 의원 일곱 명당 한 명 정도는 군대와 해군 소속이었고, 대의 제도 역시 조선소와 해군 도시들을 지나치게 대변했다.) 토지와 상업 경제에 대한 세금은 매우 가볍거나 아예 없었다. 그 대신 차와 주류 같은 제품에 소비세가 과하게 붙어 이러한 제품들을 주로 이용하는 가난한 사람들이 세금 부담을 지게 되었다. 세입은 그렇게 순환되어 정부 부채를 갚는 돈으로 쓰였고, 채권자인 엘리트들은 이자 급부를 받을 뿐 아니라 국가의 군사정책과 해군 정책을 결정하는 데 관여해 이익을 챙겼다. 정부의 신용이 유지되는 한은 이러한 제도가 지속될 수 있었다.

19.11.2 러시아

[이전의 모스크바 ☞ 19.5.1]

16세기 중엽 유럽의 먼 동쪽에서 모스크바가 카잔 칸국과 아스트라한 칸국을 점령하면서 정착지가 흑해를 향해 남진하는 새로운 시대가 열렸다. 18세기 초엽에는 러시아 인구의 4분의 1이 이 지역에 거주했다. 무엇보다도 동쪽 시베리아와 유목민이 점령한 스텝 지대로까지 영토를 확장할 수 있는 길이 열렸다. 유라시아 역사에서 근본적인 균형의 변화가 일어난 것이었다. 모스크바 밑으로 들어간 이 지역 사람들은 13세기 초엽 이래 줄곧 킵차크 칸국과 그 계승자들의 지배를 받았었다. 1550년대부터 모스크바는 유목민들을 희생하며 확장을 시작했다. 이렇게 시작된 오랜 여정은 러시아가 마침내 중앙아시아에 대한 지배권을 확보한 19세기 말엽까지도 끝을 보지 못했고, 정주민 사회가 유라시아의 유목민 부족들에게 최종적인 승리를 거둔 것도 아니었다.

동진을 이끈 주요 추동력은 모피였다. 수 세기 동안 루스 공국들은 서유럽에 모피를 파는 데서 주요한 부의 원천을 찾았다. 15세기 초엽에 노브고로드에서 수출하는 털가죽의 양만 연간 50만 필에 달했다. 하지만 그렇게 많은 짐승을 잡아 죽이고 삼림을 개간해 농지로 만들다 보니 16세기 무렵에 우랄산맥 이서 지역의 모피 동물들은 멸종위기에 처했다. 1580년대 초엽에 대규모로 우랄산맥을 넘어 시베리아로 들어간 모피 상인들은 어마어마하게 많은 짐승을 발견했다. 그들은 시베리아의 얕은 강들을 건너며 경로를 따라 요지마다 방책을 세웠다. 모피 상인들은 1604년에 톰스크에 당도했고 1628년에는 크란스노야르스크(Kransnoyarsk)에, 1652년에 바이칼호 인근의 야쿠츠크에, 그리고 1647년에 태평양 연안의 오호츠크에 도착했다. 그러므로 러시아인들은 발트해와 흑해 연안으로 영토를 확장하기 이미 오래전에 태평양 해안에 도달했던 셈이다. 시베리아를 건너 동진한 이동은 19세기에 미국을 횡단해 서쪽으로 이동한 움직임과 매우 흡사했다. 두 경우 모두 개척 집단들이 상인과 약탈자, 탈주자들로 구성되었고 무법 사회였다. 정착 농민들이 뒤따른 것은 나중의 일이었다. 두 지역 모두 토착민들은 밀고 들어오는 세력의 영향을 전면에서 겪었다. 시베리아의 부족들은 야사크(yasak: 남성들의 모피 공납)와 야시리(yasyr:

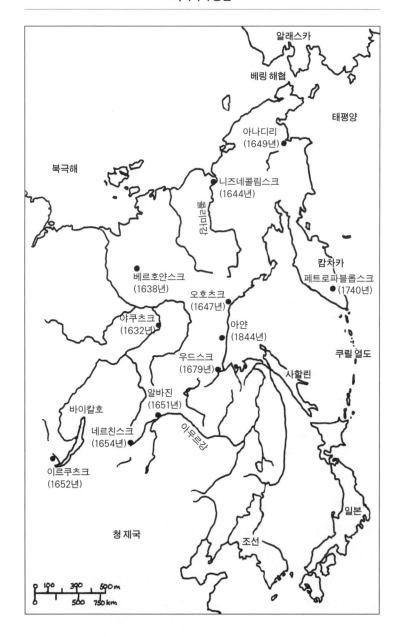

알래스카

베링 해협

태평양

북극해

아나디리
(1649년)

니즈네콜림스크
(1644년)

콜리마강

캄차카
페트로파블롭스크
(1740년)

베르호얀스크
(1638년)

오호츠크
(1647년)

야쿠츠크
(1632년)

아얀
(1844년)

우드스크
(1679년)

쿠릴 열도

사할린

바이칼호

알바진
(1651년)

네르친스크
(1654년)

아무르강

이르쿠츠크
(1652년)

청 제국

일본

조선

0 100 300 500 m
0   500 750 km

군대와 정착민들에게 팔려 간 여성 노예) 제공을 강요받았다. 시베리아에서는 노예제도가 1825년까지 유지되었다.

러시아는 동진을 계속하면서 아무르강 지역에서 중국인들과 마주쳤는데, 시베리아 원주민들을 대하듯이 해서는 아무것도 얻을 수 없었다. 1660년대에 청 제국은 러시아를 밀어내기 위해 요새와 도로를 건설하고 있었고 1685년에는 알바진의 러시아인 정착민들을 잡아 가두었다. 1689년에 체결된 네르친스크 조약에 따라 러시아인들은 아무르 계곡에서 퇴거당했지만 매년 한 번씩 무역의 장을 열어 모피와 중국의 견면 제품들 및 18세기에는 차를 맞바꿀 수 있었다. 중국의 힘 때문에 러시아는 훨씬 더 사람이 살기 어려운 북쪽 지역으로 돌아서야 했다. 17세가 말엽에는 먼 북쪽으로 베링 해협 부근의 추코트카를 점령했고 뒤이어 1707년에는 캄차카반도를 손에 넣었다. 시베리아의 광대한 모피 자원들마저 남획으로 몸살을 앓게 되자 러시아 상인들은 알래스카로 건너갔고 알래스카의 해달들도 급속히 멸종 위기를 맞았다. 18세기 후반기에 러시아 상인들은 알류샨 열도와 알래스카로 거의 100여 차례나 항해에 나섰다. 1799년에는 러시아-아메리카 회사(Russian-America Company)를 설립해 알래스카 지역에서 상업 활동을 했고 러시아 정부는 북태평양 페트로파블로프스크(Petropavlosk) 항구에 기지를 둔 소규모 해군 함대를 창설했다.

러시아는 18세기 말엽에 이미 세계의 어느 열강보다 더 광대한 땅을 점령하고 있었지만 중국인들을 맞닥뜨렸을 때처럼 중앙아시아의 이슬람 국가들과 부딪혔을 때도 세력을 거의 확장하지 못했다. 17세기 초엽에 최초로 히바 칸국과 소규모 군사적 충돌이 발생했지만 러시아 원정대 본대는 1717년에 거의 대파당했다. 이르티시강 유역의 옴스크까지 러시아 정착지가 형성되었지만 이곳도 아직 히바와 부하라, 코칸드 같은 이슬람 국가의 중심지와는 거의 1000마일 떨어져 있었다. 18세기 내내 중앙아시아 국가들은 러시아 상인들을 거의 전부 추방해 국경 지역에서만 교역하도록 만들 수 있었다. 러시아의 주 수출품은 거의 1000여 년 동안 그랬듯이 노예였다. 노예 매매는 차르가 독점했지만, 히바의 상인들은 러시아에서 노예를 사들일 수 있었다. 18세기에 표트르(Peter) 대제에게 잡힌 스웨덴 포로들처럼, 기독교도인 사람들은 중앙아시아 국가들에 팔 수 없다는 것이 유일한 규제였다. 18세기 중에 부하라와 다른 중심지들로 파견된 러시아 외교사절단의 임무 대부분은 오로지 노예로 잡혀간 러시아인들의 몸값을 지불하려는 목적이었다.

러시아의 전격적인 동진과 더불어 17세기 초엽의 재난을 극복한 모스크바는 서쪽을 향해서도 진격을 추진했다. 모스크바 공국은 표트르 대제(1689~1725년)의 재위 시절에 러시아 제국으로 거듭났다. 그것을 상징하는 사건이 바로 새로운 수도인 상트페테르부르크 건설이었다.(주로 노예노동을 통해 완성되었다.) 확장이 결코 쉽지는 않았다. 1690년대에 덴마크와 폴란드, 러시아는 발트 지역의 지배 세력인 스웨덴에 맞서 연합하기로 합의했다. 스웨덴은 (잉글랜드와 네덜란드의 암묵적 지지를 받아) 신속한 승리를 거두었다. 덴마크가 1700년에 연합을 떠나면서 러시아는 나르바 전투에서 대패했고 스웨덴은 폴란드와 작센으로 돌진했다. 그러나 승리는 짧게 끝났다. 러시아는 1709년의 폴타바 전투에서 스웨덴에 거의 완전한 참패를 안겨 주었다. 마침내 1721년에 강화조약이 체결되면서 스웨덴은 발트 제국 전체를 잃었고 러시아는 동카렐리야와 에스토니아, 리보니아를 손에 넣으며 발트 지역의 열강으로 우뚝 섰다. 하지만 서쪽으로 진격하는 러시아의 주요 표적은 폴란드였다. 1697년에 러시아의 강력한 지지를 받은 작센의

바렌츠해

핀란드
1809년

서카렐리야
1743년

동카렐리야
1720년대

상트페테르부르크

에스토니아
1721년

리보니아
1721년

모스크바 대공국

리투아니아
1793~1795년

민스크

비아위스토크
1807년

동벨라루스
1772년

모스크바

카잔 칸국
1552년

폴란드
왕국1815년

볼히니아
1793~1795년

키예프와
동우크라이나
1667(1686)년

아조프
1739년

쿠반
1783년

아스트라한 칸국
1556년

베사라비아
1812년

100 km
200 м

크림 칸국
1783년

흑해

조지아
1801~1806년

카스피해

아제르바이잔
1805~1813년

아우구스트 2세(Augustus II)가 폴란드의 왕으로 선출되었다. 스웨덴에 패한 뒤 러시아는 그를 다시 왕위에 올렸고, 그 후로 폴란드는 러시아가 바라는 대로 서부 국경 지역의 약국으로 남게 되었다. 폴란드 육군은 수적으로 제한되어 2만 명에 그쳤고 세임은 상류 귀족의 힘 때문에 효과적인 의사 결정을 거의 내리지 못했다.(악명 높은 자유 거부권을 이용한 시기가 이때인데, 자유 거부권은 쇠퇴의 원인이라기보다 증세에 가까웠다.)

1734년에는 작센의 아우구스트 3세(Augustus III)가 다시 한번 러시아의 영향력 아래 폴란드 왕위에 올랐다. 하지만 그가 폴란드에 머문 기간은 즉위 기간 30여 년 중 불과 2년뿐이었다. 그러나 비록 힘은 약했지만 폴란드는 계속 살아남았고 유럽의 전쟁들에도 관여하지 않았다. 1770년에 폴란드는 스페인이나 프랑스보다 영토는 크지만 힘은 그에 훨씬 못 미치는 나라였다. 급부상하는 프로이센과 러시아, 합스부르크 왕조의 오스트리아를 대면해야 했던 폴란드는 전략적으로 입지가 매우 취약했다. 1772년에 세 열강국은 폴란드의 1차 분할에 합의했다. 폴란드는 민스크와 동벨라루스를 포함한 영토의 3분의 1을 러시아에 빼앗겼다. 좀 더 효율적인 국가의 탄생으로 이어졌을지도 모를 내부 개혁의 위협들은 1792년에 러시아의 침략을 야기했고 프로이센까지 관여하는 2차 분할을 초래했다. 러시아는 리투아니아 대부분을 획득했다. 타데우시 코시치우슈코(Tadeusz Kosciuszko)가 일으킨 봉기는 진압되었다. 1795년에는 세 번째이자 최종적인 폴란드 분할이 발생했다. 러시아는 폴란드의 남은 땅들 중 (볼히니아를 포함해) 거의 3분의 2를 손에 넣었고 프로이센은 5분의 1을 가져가며 주민 수가 거의 두 배로 불어났다. 한때 유럽에서 가장 위력적이었던 폴란드 왕국은 유구한 역사를 뒤로 한 채 사라졌다. 러시아의 서진은 새로운 절정을 맞으며 1815년까지 이어졌다.

[이후의 러시아 확장]

19.12 유럽 전쟁(1792~1815년)

끊임없이 이어지는 오랜 전쟁에도 불구하고 1660년에서 1815년까지 유럽 대륙에는 놀랍도록 거의 아무런 변화가 없었다. (나폴레옹 치하의 프랑스처럼) 나라마다 잠깐 무언가를 쟁취하거나 (7년 전쟁이 한창일 때의 프로이센처럼) 심각한 수세에 처하기도 했지만 1815년의 프랑스는 17세기 말엽과 대략 같은 위치에 있었고, 오스트리아는 여전히 강했으며 프로이센은 수확이 있었으나 주변부의 두 강국인 영국과 러시아만큼은 아니었다.

유럽 전쟁의 최종적인 결과에 가장 가까이 접근한 전쟁은 1792년에서 1815년까지 (한 번의 짧은 휴전을 포함해) 이어진, 개중에는 가장 긴 전쟁이었다. 미국 독립전쟁을 지원하는 데 막대한 비용을 들인 뒤 1780년대 말 무렵에 거의 파산 지경에 이른 프랑스 왕국은 150년 만에 처음으로 삼부회를 소집했다. 2년여 만에 프랑스는 혁명에 휘말렸고 언뜻 보기에는 국력이 현격히 약화되는 듯 했다. 1792년에 전쟁이 발발한 데는 혁명의 급진적 성격이 증가한 탓도 있었다. 대(對)프랑스 연합(프로이센과 오스트리아, 러시아, 영국)으로 전쟁은 18세기를 통틀어 가장 일방적으로 전개되었다. 그러나 프랑스는 패하지 않았다. 오히려 내부의 힘과 연합 세력 내의 분열을 통해 승리를 거두었다. 프랑스는 대대적으로 군사를 동원해 65만 명이 넘는 육군 부대를 만들었고 프랑스 육군은 1780년대에 시작된 개혁들 덕분에 매우 효과적인 체계를 갖추고 있었다. 1차 연합의 공격을 격퇴한 이후 프랑스는 확장 정책에 착수했다. 그러나 확장 정책이란 혁명의 목표들과는 별로 관련이 없고 프랑스가 전략적으로 오랜 기간 품었던 포부에 더 가까웠다. 동유럽의 세 강국 역시 폴란드의 최종 분할에 관여하며 실질적인 대립각을 세우기 시작했다. 1795년 무렵에 플랑드르와 네덜란드 공화국은 정복되었고, 프로이센과 독일의 소국가들은 중립으로 되돌아갔으며 스페인은 입장을 바꿔 프랑스의 편에 섰다. 1796년에 사르데냐-피에몬테(Sardinia-Piedmont)는 부상하는 군사령관 나폴레옹 보나파르트에게 격파당했고, 1797년에 캄포포르미오 평화조약을 체결하면서 오스트리아인들은 이탈리아에서 대부분 밀려났다. 이로써 영국은 고립된 채 높은 전쟁 비용을 떠안게 되었고, 1797년에는 스피트헤드와 노어에서 해군 반란까지 일어났다. 영국은 여전히 스페인과 네덜란드의 함대를 격파하고 식민지 경제에서 이윤을 얻을 수 있었지만 지상전에서 프랑스군을 이기지는 못했다. 1815년 전까지 많은 전쟁이 그랬듯이 전략적 교착상태가 시작되었다.

1798년에 프랑스의 계획에 차질(아일랜드 원정 실패 및 이집트 원정 당시 아부키르만 해전에서의 패배)이 생기면서 러시아와 오스트리아, 오스만 제국, 포르투갈, 나폴리는 프랑스에 맞서는 새로운 연합을 구성했다. 2년 동안 연합군은 아무런 성과도 거두지 못했다. 영국은 계속해 싸웠지만 거의 성공하지 못했다. 1802년에 체결한 아미앵 조약은 그저 숨 돌릴 틈을 줄 뿐이었고 영국이 몰타 이양을 거부하면서 전쟁은 이듬해에 재개되었다. 프랑스는 나폴레옹의 실질적인 독재하에 놓여 있었다. 그는 1805년에 스스로 황제의 자리에 즉위해 10세기에 독일에서 탄생했던 '신성 로마 제국'을 공식적으로 종료시켰다. 나폴레옹의 행보는 여러 면에서 산업화 이전 유라시아의 4000여 년 역사 속에 등장했던 다른 정복자들과 매우 비슷했다. 군비 확장 비용은 정복지의 약탈로 충당되었다. 확장을 지속하는 한 그러한 체제도 잘 굴러갔다. 나폴레옹은 효과적인 통치 기반을 다지기 어려웠고,(통치는 열악한 통신 시설 때문에 그렇지 않아도 어려웠다.) 다른 통치자들처럼 가족 구성원과 군사 지지자들에게 기대어 제국을 다스렸다. 하지만 그의 통치에는 상당히 '현대적'인 요소들이 존재했다. 18세기 말엽에 유럽 국가가 그토록 강력한 힘을 가질 수 있었던 배경에는 군사 혁명과 점증하는 상업적·산업적 부의 영향이 있었기 때문이다.

유럽 전쟁은 1803년부터 계속되었다. 영국은 1805년 트라팔가르 해전에서 확립한 제해권을 유지할 수 있었지만 지상전에서는 나폴레옹을 물리칠 수 없었고, 그로부터 2년 만에 나폴레옹은 유럽을 제패했다. 1805년에 오스트리아와 러시아의 군대는 울름과 아우스터리츠의 전투에서 대패했고, 프로이센은 1806년에 예나 전투에서 완패했다. 이듬해에 러시아는 프리틀란트 전투 이후 기력을 쇠진해 나폴레옹과 프랑스를 압도적인 유럽 열강으로 만들어 준 합의를 받아들였다. 독일 남부 및 서부와 라인 동맹은 프랑스의 지배를 받았고 폴란드 서부 지역 전역은 프랑스령 바르샤바 대공국이 되었다. 1806년 이후에 프로이센은 프랑스 정부의 정상적인 세입 절반에 상당하는 배상금을 지불해야 했다. 오스트리아 역시 배상금을 주어야 했고, 이탈리아 왕국의 세입 절반은 프랑스로 건너갔다. 유럽의 모든 육상 국가는 프랑스에 동조하거나 그 영향력 아래에 들어갔고, 그러한 체제하에서 나폴레옹이 1806년과 1807년에 발표한 베를린 칙령 및 밀라노 칙령으로 영국은 유럽 대륙 내에서 무역을 봉쇄당했다.

프랑스가 누리던 권력의 정점은 1809년 이후 스페인에서 저항이 심해지면서 기울기 시작했다. 35만 명이 넘는 프랑스 병력으로도

프랑스 제국
나폴레옹이 지배한 '대제국'
나폴레옹과 명목상 동맹을 맺은 국가들
영국의 보호를 받았던 나폴레옹 적대국들

핀란드 대공국

그레이트브리튼
및 아일랜드 연합 왕국

노르웨이와
덴마크

러시아 제국

프로이센

바르샤바 대공국

라인
동맹

오스트리아 제국

프랑스 제국

스위스

이탈리아 왕국 일리리아 주

흑해

스페인

코르시카

오스만 제국

사르데냐
왕국

시칠리아
왕국

스페인의 반란을 진압하지 못하자 영국의 병력이 대륙에 개입할 여지가 열렸다. 러시아는 1810년에 프랑스의 경제 체제에서 철수했다. 1812년에 프랑스는 러시아를 침략해 처음에는 승기를 잡는 듯 보였지만 모스크바가 불에 타고 군대가 후퇴하면서 참혹한 결과를 맞았다. 40만 명이 넘는 병사가 목숨을 잃었다. 그러자 다른 유럽 열강들이 영국의 원조를 받아 전쟁에 합류했다. 그럼에도 불구하고 1813년 10월 라이프치히 전투에서 결정적인 패배를 맛보기 전까지 나폴레옹은 세 열강(러시아, 오스트리아, 프로이센)을 각개격파하고 자신에 맞선 동맹을 깰 수 있을 것처럼 보였다. 하지만 나폴레옹은 프랑스로 후퇴하지 않을 수 없었고 1814년 4월에는 황제 자리에서 물러났다. 그는 1년 만에 엘바섬을 탈출해 다시 프랑스에서 권력을 잡았다. 그러나 1815년 6월의 워털루에서 영국군과 프로이센군에 최종적으로 패배를 당했다.

빈 조약으로 전쟁이 종식되고 유럽에는 상대적으로 안정된 체제가 마련되어 독보적인 우세를 점한 국가는 없었다. 프랑스는 동북쪽으로 네덜란드 연합 왕국(오늘날 벨기에와 네덜란드)에, 동남쪽으로 확장된 사르데냐-피에몬테 왕국에 둘러싸인 형세가 되었다. 프로이센은 상당한 이득을 얻었다. 영토는 비록 동부에 집중되어 있었지만 멀리 라인강에 이르는 서쪽까지 드문드문 점유 영토를 갖게 되었다. 하지만 오스트리아의 반대로 작센을 손에 넣지는 못했다. 러시아는 계속해서 폴란드 영토 대부분을 보유했다. 오스트리아는 이탈리아 북부의 넓은 땅으로 보상을 받았다. 유럽 밖에서는 세력 균형이란 찾아보기 어려웠고, 영국이 압도적 우위를 점했다. 1830년의 벨기에 독립을 제외하면, 빈 조약은 이탈리아 왕국이 탄생하고 독일이 프로이센 밑으로 통일되기까지 50여 년 동안 이행되었다.

19.13 무굴 제국

[이전의 인도 ☞ 18.5]

19.13.1 제국의 절정기

무굴 제국은 대체로 16세기 말 아크바르의 창조물이었다. 제국은 1600년에 세계 최강국 중 하나였다. 자한기르(Jahangir: 1606~1627년) 치세에 제국은 안정을 누렸고(아들 중 한 명의 반란은 1622년에 진압되었다.) 접경 지역들도 튼튼했다. 데칸으로의 남진은 계속되었다. 자한기르의 뒤를 이은 샤 자한(Shah Jahan: 1628~1658년)의 재위 기간에 제국은 최성기를 맞았을 것이고, 나머지 유라시아를 강타한 17세기의 위기에도 별다른 영향을 받지 않았다. 북쪽으로 아프가니스탄을 넘어 중앙아시아로 진출하려던 시도는 실패했다. 통신로가 너무 길어 효과적으로 전투하기 어려웠고, 북서쪽에서는 사파비 제국이 장벽처럼 확장을 가로막았다. 이 지역에서 얻은 수확은 1656년에 스리나가르를 중심으로 확립된 라지푸트족의 국가 가르왈(Garhwal)을 굴복시킨 것이 유일했다. 따라서 제국은 주로 남쪽에서 확장을 추진했다. 1650년대 즈음 무굴 제국은 인도 최남단을 제외한 많은 지역을 영토로 편입했고 무굴족의 원래 조국인 아프가니스탄도 계속 지배했다. 제국은 농업 생산성이 매우 높았고 개간된 지역으로 꾸준히 영토를 확장한 덕에 어마어마한 부를 누렸다. 1500년에 1억 명이던 인구도 1700년에는 1억 6000명으로 증가했다. 잉여농산물 외에도 인디고와 목화, 사탕수수 같은 다양한 환금작물을 경작했고 17세기 초에는 담배도 재배했다. 생사(生絲) 생산은 벵골 지역에서 열심히 개발에 나섰다. 세제는 효율적이었고 시대에 뒤처지지 않도록 유지되었으며, 세금을 현금

으로 납부해야 하는 현실은 경제의 지속적인 상업화에 계속해서 불을 지폈다. 특히 연안의 소도시와 지역들을 중심으로 축적된 상당한 경제력은 대도시 거주민들이 열 명 중 한 명꼴로 기여한 것이었다.(유럽에서와 같은 비율이었다.)

아크바르의 절충적인 믿음이 자한기르 시대에 범위를 좁혀 지속되었던 무굴 제국은 샤 자한이 황제의 자리에 오른 뒤에 정통 이슬람 정책으로 조금 더 회귀했다. 반(反)시아파 및 반(反) 힌두교 정책이 수립되고 샤리아가 정책 결정의 중심이 되었다. 1633년에는 힌두 사원을 짓거나 보수하지 못하도록 금지했고 정부는 연례적인 메카 순례 행렬을 후원했다. 1631년에 들어서 샤 자한은 총애하던 아내 뭄타즈 마할이 열네 번째 아이를 출산하다가 숨을 거두자 타지마할을 건축하기 시작했다. 타지마할은 추모의 의미를 간직한 무덤이지만 본질적으로 종교 건축물이다. 주 출입구가 있는 남쪽 파사드에는 꾸란 89장('여명' 심판의 날에 관한 장이다.)의 글귀가 새겨져 있고, 담으로 둘러싸인 42에이커 넓이의 정원은 천국의 입구와 정원을 상징한다. 타지마할을 완공하기까지는 17년이 걸렸지만 건축에 들어간 연간 비용은 제국 수입의 0.5퍼센트 정도였다. 루이 14세가 베르사유궁이라는 거창한 계획에 지출한 비용보다 훨씬 적은 금액이다. 제국의 수도는 계속 아그라로 유지되다가 1648년에 델리에 새로 완성된 도성 샤자하나바드(Shahjahanabad)로 바뀌었다.

샤 자한의 재위 말년 즈음에는 궁정이 점점 더 두 분파로 나뉘었다. 진보 성향의 집단은 좀 더 포괄적인 토대를 마련해 제국을 떠받쳐야 한다는 아크바르의 사상을 지지했고 그 중심에는 장남 다라 시코가 있었다. 좀 더 보수적인 강경 이슬람 집단은 셋째 아들 아우랑제브를 지지했지만, 아우랑제브는 1644년에 (데칸 지역에서 제국 행정을 개선한다는 명분으로) 데칸으로 보내졌다. 1657년에 샤 자한이 병들자 짧은 내전이 벌어져 다라 시코가 세 동생과 대립했다. 아우랑제브는 아그라 인근에서 다라 시코를 격퇴하고 수도를 점령한 후 다른 형제들도 제압했다. 1661년, 다라 시코가 참수당한 뒤 아우랑제브는 모두의 인정 속에 제국을 장악했다. 아우랑제브 치하에서 제국은 강력한 친(親)이슬람 정책을 펼쳤다. 많은 힌두 사원, 특히 바라나시의 사원들이 허물어지고 힌두교 사원과 성지를 찾는 순례자들에게 세금이 부과되었다. 1665년에 힌두교 상인들은 이슬람 상인들보다 두 배 많은 내부 관세를 물어야 했다.(그래도 세율은 매우 낮았다.) 정확히 한 세기 전에 아크바르가 폐지했던 누진 재산세(지즈야(jiziya))가 1679년에 부활했다. 이론상 모든 힌두교도는 정부 직책에서 해고되어야 했지만 이 법령은 실행에 옮겨지지 않았다. 새로운 시크교는 공격을 받았고 시크교 지도자는 신성모독의 죄로 처형당했다.

제국에 점점 많은 문제가 쌓이고 있다는 징후들은 17세기 말엽에 처음 나타났지만, 이때만 해도 제국은 그런 문제들을 쉽게 묵살했다. 영토는 최대 범위에 도달해 있었다. 봄베이 남쪽으로 언덕이 많은 데칸 서부 지역에 마라타 왕국이 등장했고, 건국자인 시바지(Shivaji)는 1674년에 힌두족 독립국의 왕으로 즉위했다. 마라타 왕국은 이후 150년 동안 인도 역사의 중심을 차지하게 되었다. 1680년에 시바지가 숨을 거두자 마라타는 라자스탄의 라지푸트 귀족들과 아우랑제브의 아들 아크바르가 일으킨 전체적인 반(反)무굴 봉기에 합류했다. 이러한 봉기 때문에 아우랑제브는 풍요로운 갠지스 평원에서 남쪽으로 제국의 초점을 옮길 수밖에 없었고 데칸 지역의 비협조적인 국가를 통제하는 데 집중해야 했다. 이 지역의 두 자치 국가 비자푸르와 골콘다는 1686년에서 1687년 사이에 정복당해 제국에 완전히 통합

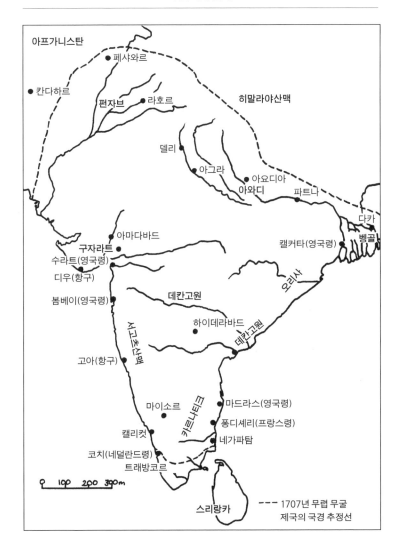

아프가니스탄

페샤와르

칸다하르

펀자브   라호르   히말라야산맥

델리

아그라   아요디아
         아와디   파트나

다카

아마다바드   캘커타(영국령)   벵골
구자라트
수라트(영국령)
디우(항구)   오리사

봄베이(영국령)   데칸고원

하이데라바드   데칸고원

서고츠산맥

고아(항구)

마이소르   마드라스(영국령)
          퐁디셰리(프랑스령)
캘리컷   네가파탐
코치(네덜란드령)
트래방코르

카르나티크

스리랑카   ----- 1707년 무렵 무굴
                제국의 국경 추정선

0 100 200 300m

되었다. 아크바르는 무굴의 숙적인 사파비 제국으로 달아났지만, 마라타의 통치자는 1688년에 붙잡혔다. 총 네 지역이 새롭게 추가되며 제국은 전례 없이 광대한 영토를 갖게 되었다. 무굴 제국의 지배가 미치지 않는 곳은 인도 최남단 지역뿐이었다. 하지만 영토를 정복한 후에도 안정은 찾아오지 않았기 때문에 아우랑제브는 남서부 연안 지역들에 머물 수밖에 없었다. 이렇게 오랜 군사작전과 소모전으로 무굴군은 지칠 대로 지쳤고 제국의 다른 지역들은 관리가 소홀해졌다. 1696년에서 1697년까지 벵골에서는 대대적인 반란이 일어났다.

19.13.2 제국의 몰락

1707년에 아우랑제브가 숨을 거두었을 때도 무굴 제국은 여전히 강한 나라였지만 그로부터 50년 동안 허물어져 내렸다. 직접적인 원인은 아우랑제브가 세 아들에게 제국을 나누어 주려고 했던 결심에 있었다. 당연한 결과겠지만 제국은 금세 내전에 휘말렸고, 뒤이어 시크교도의 반란이 발발하고 마라타 왕국이 부활했다. 1712년에 내전의 승자였던 바하두르 샤가 죽자 다시 내부 충돌이 빚어지고 1713년에 친위 쿠데타가 발생하면서 황족 대다수와 동료 귀족들이 죽임을 당했다. 1719년에 궁중 관료들이 황제 플루크시야르(Farrukhsiyar)를 폐위하고 눈을 멀게 한 후 시해했다. 그리고 다른 왕자를 꼭두각시 통치자로 선택했다. 1739년에 델리는 이미 이란 사파비 왕조의 마지막 통치자를 끌어내린 차가타이의 지도자 나디르 샤 아프샤르에게 약탈을 당했다. 1747년, 그리고 1759년에서 1761년까지, 북인도는 아프가니스탄으로부터 계속 침략을 당했다.

무굴의 통치가 와해되어도 인도의 경제적·사회적 기반은 크게 영향을 받지 않았다. 인도에는 새로운 정치 체제가 등장해 비교적 강한 국소 국가들이 일어섰다. (무굴 제국의 안정을 통해 부를 축적한) 지역 지주들과 통치자들이 중앙의 지배에서 떨어져 나와 원래 정부로 넘겨야 할 세금들을 유용하고 그 자금으로 자체적인 국가들을 세웠던 것이다. 황제를 제거하려는 시도도, 황제의 자리를 차지하려는 통치자도 없었다.(그래도 영국은 1858년까지 제국 체제를 명목상으로 존속시켰다.) 인도 전역에서 새로운 지역 권력들이 등장했다. 가장 먼저 일어선 세력 중 하나는 1718년에 이미 무굴 제국이 독립을 인정했던, 힌두족이 세운 마라타 왕국이었다. 마라타국은 점차 지배 영역을 확대해 1750년대 말엽에는 인도가 재통일하기 직전에 놓인 듯 보일 정도였다. 하지만 1761년에 파니파트 전투에서 아흐메드 샤 압달리(Ahmed Shah Abdali)가 지휘하는 아프간군에 패배했다. 이러한 와중에도 1784년에 무굴 황제는 마라타에 항복해 전쟁을 이끈 마하드지 신디아(Mahadji Scindia)의 보호 관리를 받아들였고, 마하드지 신디아는 제국의 '섭정 전권대사(Regent Plenipotentiary)'가 되었다. 아와디에서는 강경 수니파 제국인 무굴과 대립하는 새로운 시아파 통치자들이 지역을 장악했다. 하이다르 알리(Haidar Ali: 1761~1782년)와 티푸 술탄(Tipu Sultan: 1782~1799년)의 지배를 받던 마이소르 남부에서는 실질적인 지역 통치자들이 나름의 왕국들을 개척했고, 하이데라바드와 벵골의 지역 통치자들도 그러했다. 1790년대 즈음 펀자브의 시크교도들과 신드의 탈푸르 에미르조(Talpur Emirs)도 그들 나름의 지배 영역을 확립했다.

무굴 통치의 와해는 세계사에서 장기적으로, 그리고 근본적으로 중요한 의미가 있는 상황을 창출했다. 1750년대 무렵에 프랑스를 물리친 영국은 인도 내에서 중심적인 유럽 세력이 되었고, 인도의 상황을 이용해 자신들만의 지배 영역을 마련했고 서서히 그들 자신의 인도 제국을 건설했다. 이 과정은 인도의 중심에 있던 무굴 제국이 앞서 사양길을 걷고 있지 않았다면 훨씬 더 힘겨웠을 것이고 어쩌면 불가능했을지도 모른다. 1750년대 이전에는 유럽 열강 중 어느 나라도 인도 연안 지역 부근에 교역소와 진지 몇 개를 만드는 것 이상으로 나아갈 수 없었고, 군대들도 또한 작고 무력했다. 이제 인도의 내부 분열을 이용해 영국은 이후 100여 년 동안 인도를 지배할 수 있었고, 인도를 발판 삼아 아시아로 더 깊숙이 진출할 수 있었다.

[이후의 인도 ☞ 21.3]

19.14 1750년 무렵의 세계 균형

콜럼버스 이후 두 세기 반 동안 세계가 유지했던 균형에는 거의 아무런 변화가 없었다. 유럽인들은 아즈텍 제국과 잉카 제국을 손쉽게 정복하고 중앙아메리카와 남아메리카에 지배권을 확립했다. 북아메리카의 소규모 유럽 식민지들은 여전히 동부 해안 지방에 한정되어 애팔래치아산맥을 넘지 못했다. 유럽이 오스만 제국에 미치는 힘도 (17세기 말엽 합스부르크 왕가의 짧은 회복기를 제하면) 아주 적었다. 지중해의 남부와 동부의 해안은 모두 아직 이슬람의 지배 아래 있었다. 이란 사파비조의 멸망은 유럽에 별다른 영향을 끼치지 않았고 인도의 정착지들도 여전히 일부 해안 도시들에 국한되었다. 유럽이 세계 최강국이자 최대 국가인 중국과 일본에 미친 영향은 그보다 더 적었다. 아시아 남동부에서는 네덜란드가 몇 개 섬을 점령했다. 유럽 군대가 유럽 밖에서 유라시아의 어느 한 대국(오스만 제국, 무굴 제국, 중국)

을 만나 전투를 벌인 적도 없었다. 유럽이 거둔 유일한 승리는 아메리카 대륙의 원주민들을 상대로 얻은 것이었다. 아프리카에서 유럽인들은 케이프에 작은 식민지를 세운 것을 제외하면 소수 교역소와 진지에 갇혀 있었다. 오스트레일리아와 뉴질랜드, 그리고 나머지 태평양 지역들에는 아직 유럽인 정착지가 존재하지 않았다. 1500년부터 1750년 사이에 변화가 있었다면 유럽의 경제력이 상당 수준 증가한 것이었다. 아메리카 대륙을 착취하고 대서양 경제의 방대한 노예 농장을 이용해 만들어 낸 이윤이 있었고, 이 이윤을 바탕으로 거대한 아시아 무역 체계에 들어갈 기회가 주어졌기에 쌓을 수 있었던 경제력이었다. 18세기 중엽에 유럽의 오랜 경제적 후진성은 사라졌고, 유럽은 처음으로 유구한 역사를 지난 인도와 중국 등 유라시아 사회와 같은 부를 경험했다. 유라시아 역사상 경제적·사회적·정치적으로 가장 근본적인 변화가 싹 틀 토대가 마련되었다.

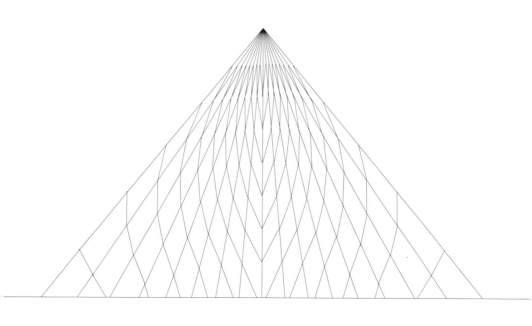

근대사회의 탄생

1750~2000년

6

근대의 경제와 사회의 기원

1750년 무렵~1900년 무렵

20

20.1 전환

18세기 중반까지 전 세계의 경제와 사회의 구조는 농경이 압도적으로 많았고 상업과 산업, 서비스의 부문이 소규모로 존재했다. 전체적으로 인구 열 명 중 아홉 명은 농업에 의존했고, 이 비율은 수천 년이 지나는 동안 거의 변하지 않았다. 1750년 이후 250년 동안 세계는 완전히 바뀌었다. 농업 생산성은 훨씬 더 높아져 주요 산업화 국가들의 경우 농업에 종사하는 인구가 스무 명당 한 명도(어떤 나라는 쉰 명당 한 명도) 안 될 정도였다. 농업 인구 급감은 세계적으로 전례 없는 인구 성장과 맞물려 일어났다. 세계 인구는 1750년에서 2000년 사이에 여섯 배 이상으로 증가했다. 산업 생산품의 다양성과 양은 더 크게 증가했다. 20세기 말 무렵에 연간 세계 산업 생산량은 1750년에 비해 아흔 배 정도로 더 많았다. 동시에 원료 소비량도 증가했고, 각 사회가 구할 수 있는 에너지의 양도 근본적으로 변했다. 산업 생산 활동과 에너지 소비에 나타난 이러한 변화는 오염의 수준 역시 급속도로 악화시켰다. 경제적 변화는 중대한 사회적 변화도 동반했다. 20세기 초엽에 산업화가 진전된 사회에서는 인구의 약 4분의 3이 도시에 거주했던 것에 비해 한 세기 전에는 도시 거주 인구의 비율이 10퍼센트에 불과했다. 20세기 말 무렵에는 유사 이래 최초로 전 세계 인구 중 도시 거주자의 수가 과반을 차지했다. 산업 분야뿐 아니라 서비스 부문에서 일하는 사람의 수도 더 많아졌다. 은행업과 무역, 상업뿐 아니라 정부 관료 체계와 교육, 보건 분야도 마찬가지였다. 사람들은 더 많은 교육을 받게 되었고, 역사상 처음으로 문맹을 벗어난 세계 인구가 과반에 이르렀다.

이러한 변화들은 유럽에서, 특히 영국에서 시작되었으나 의의는 세계적인 것이었다. 변화가 처음으로 반영된 분야는 (미국의 목화와 칠레의 구리 같은) 원료 수요와 (라틴아메리카와 오스트랄라시아에서) 식량 분야의 더 많은 수요였지만 산업화는 다른 분야로도 급속도로 퍼져 나갔다. 이 과정은 초기 유라시아 지역에서, 특히 중국에서 서쪽으로 사상과 기술이 확산되었던 과정과 다르지 않았다. 다른 점이 있다면 의사소통이 훨씬 더 수월했던 덕에 변화의 속도도 그만큼 더 빨랐다는 것이다. 초기 산업화는 19세기 중엽의 미국과 일본에서 뚜렷하게 나타났다. 미국은 넓은 내부 시장과 광범위한 자원 기반 덕에 19세기 후반기 동안 눈부신 발전을 이루었다. 일본은 그보다 더디기는 했으나 20세기 후반기에 눈에 띄게 성장했다. 그즈음 전 세계에서 수많은 공동체가 산업화를 진척시키고 있었다.

변화의 속도는 처음에는 매우 느렸다. 1750년에서 1850년까지 세계 산업 생산량의 증가폭은 두 배에도 미치지 못했고 더딘 성장은 으뜸가는(그리고 한동안은 유일무이한) 산업 강국이었던 영국 특유의 성질이었다. 1860년에서 1913년까지 변화의 속도는 가파르게 올라갔고 미국과 독일 같은 강대국들에서 거침없이 산업화가 진행되면서 세계 산업 생산량도 네 배로 뛰어올랐다. 20세기 세계 산업 생산량은 약 서른다섯 배로 증가했고 이러한 증가 추세는 대부분 1950년 이후의 시기로 집중되었다. 1990년대 무렵에 세계경제는 2년마다 1900년도 세계의 총생산량만큼 증가하는 속도로 성장했다.

20.2 문제

세계의 경제와 사회는 1만여 년 동안 세계사를 특징지으며 지배적인 토대를 이루었던 농경문화를 어떻게 벗어났을까? 초기 농민들은 소량의 잉여농산물로 성직자와 병사, 통치자, 그리고 관료 등 소규모의 비(非)생산자 집단을 부양해야 했고, 상류 귀족들을 위한 제품을 만들고 농민들에게는 다른 물건이나 돈을 받고 제품을 거래하는 소수 장인도 먹여 살려야 했다. 부양 가능한 비생산자의 수를 결정짓는 요소는 농업 생산성이었다.(단기적으로 농민들에게서 더 많은 수확물을 강제로 빼앗을 수 있었지만 그런 행위는 장기적인 해결책은 아니었다.) 농업 생산성은 일련의 작은 변화를 거치며 매우 완만히 상승했다. 밭에 물을 대는 방법이 조금 더 개선되고 쇠붙이로 더 쓸 만한 연장을 만들고 쟁기를 개량하고 더 생산력이 뛰어난 작물 품종을 경작하고 윤작법이 계속 개발되었다. 처음에는 (예컨대 창건 직후 이슬람 제국에서처럼) 유라시아 안에서, 이후 16세기부터는 줄곧 아메리카 대륙에서 유라시아로 새로운 작물들이 전파되었다. 인구가 증가하면서 새로운 땅들이 경작지로 개간되었지만 이렇게 일군 땅들은 농업 중추 지역들에 비해 생산성이 떨어지는 경우가 허다했다. 결과적으로 전체적인 잉여농산물의 양은 미미하게 증가했을지 모르지만 근본적인 기술 변화는 나타나지 않았다. 문제는 농업 한계 지역의 땅들을 경작하면 기후변화와 농작물 병해에 취약하고 흉작이 들기 일쑤라는 점이었다. 1300년 무렵의 유럽을 예로 들면, 인구 증가의 속도가 농업적 토대로 부양할 수 있는 허용치를 벗어나면서 대규모 기근이 발생한 경우도 더러 있었다.

인구가 증가하면서 장인들이 만든 재화를 취급할 시장도 성장했지만, 생산자인 소작농 집단은 주요 재화 시장을 창출할 만큼의 가처분소득을 가져 본 적이 없었다. 상류층 역시 상대적으로 부유하기는 했으나 일부 사치품을 제외하면 유효한 시장을 형성하기에는 너무 수가 적었다. 하지만 더 많은 부를 창출하는 데 상거래는 극히 중요했다. 아주 서서히, 숱한 기복을 거쳐 거래되는 재화의 양과 종류가 늘어났고, 거래가 가능한 거리도 길어졌다. 이렇게 조금씩 사회의 부도 증가했다. 동시에 수 세기 동안 기술적 변화들이 누적되어, 수력과 풍력 같은 새로운 에너지원 및 주철과 비단, 종이 같은 새로운 발명품으로 새로운 시장과 새로운 가능성들이 창출되었다. 무엇보다 사상과 기술이 유라시아 전역으로 전파됨으로써 개개의 사회가 혼자 힘으로 모든 과정을 밝혀낼 필요가 없어져 변화는 축적되고 속도가 붙었다.

이러한 제약들에서 벗어나 산업 경제가 진척되고 발달하기 위해서는 많은 요소가 한데 모여 올바른 상호작용이 이루어져야 했다. 기술, 즉 새로운 공정과 상품을 창작하는 일은 핵심적으로 중요했다. 그러나 그러려면 먼저 부를 축적해 새로운 기계와 기술을 개발하고 상품을 팔 수 있는 시장을 형성할 자본을 마련해야 했다. 새로운 제품을 만드는 데는 노동력도 필요했는데, 대부분의 사람은 이미 충분한 식량 공급을 위해 농업에 종사하는 상황이었다. 따라서 농업 생산성 향상이 필수적이었다. 그리고 그런 경우라도 사회적으로 증가하는 인구가 산업 노동자들에게 돌아갈 몫의 잉여 수확물을 남김없이 소비하는 함정을 피해 가야 했다. 빈민 집단이 커지면 새로운 제품들을 위한 시장은 만들어질 수 없다. 그러려면 부의 축적과 가처분소득이 필요했다. 다수의 새로운 기술이 서서히 축적되어야 하지만 오랜 기간 그와 관련된 복잡한 요소들 사이에서 적절한 균형을 찾기 어려웠던 사실을 보면, 유라시아 사회가 지배적이었던 농업 사회로부터 근본적인 변화를 이루어 내기가 얼마나 어려웠을지 쉽게 짐작할 수 있다.

11세기와 12세기의 송나라 시대 중국은 이러한 전환점에 매우 가까이 다가갔던 것이 명백하다. 당시 중국은 농업 생산성이 매우 높았고 상업 경제가 발달했으며 다수의 주요 과학 기술에서 진전을 이루었다. 산업 생산성도 급격히 오르고 있었다. 최종적으로 이행기를 맞지 못한 까닭은 13세기에 북방 여진족의 침략과 몽골의 점령이 있었기 때문이다. 영국과 그 뒤를 이어 서유럽이 18세기 중엽과 19세기 중엽 사이에 이행기에 오를 수 있었던 까닭은 무엇인가? 과거에는 일찍이 20세기에 막스 베버(Max Weber)가 주장했던 근면성과 진취성, 자기 수양 등 이른바 프로테스탄트 윤리라는 것에서 파생된 유럽인 특유의 탐구적이고 역동적인 정신이 그러한 변화들을 만들어 냈다는 견해가 존재했다. 20세기 후반기에 인기를 끌었던 논리는 자유 시장 경제와 제한된 정부, 계약의 신성함, 자유로운 부의 축적, 복잡한 시민 사회의 성장을 통한 사회 안정 등 제도적 요소와 사상들을 중심으로 전개되는 경향이 있었다. 이러한 주장들은 전부 여전히 다른 유라시아 사회의 경험들을 무시하는 이른바 유럽 예외주의에 바탕을 두고 있다. 대륙 전역의 다른 사회와 경제들도 똑같이 진취적이었고 부를 축적하는 데 헌신적이었고 기술 진보에서 역동적이었다. 중국은 유럽보다 최소한 1500년 앞서 자유 소농들이 단단히 뿌리내린 고도의 상업 경제를 영위했고 계약의 신성함은 물론 기술혁신과 대규모 부의 축적도 이루어 냈다. 앞서 보았듯이 중국과 인도는 적어도 18세기 중엽까지는 유럽보다 더 부유했고, 1인당 산업 생산량도 줄잡아 같은 수준이었다. 영국과 뒤이은 서유럽의 궁극적인 성공을 좀 더 설득력 있게 설명하려면 그들이 세계 속의 독특한 위치를 이용해 산업화 이전의 경제와 사회 안에 내재되어 있던 제약들을 극복할 수 있었다는 점을 살펴보아야 한다.

20.3 유럽: 식량과 사람

[동시대의 중국 ☞ 19.7.2]

여러모로 18세기는 경제가 근본적으로 진보하기에 상황이 좋지 않았다. 세계 곳곳에서 인구는 빠른 속도로 증가했다. 중국의 인구는 1억 5000만 명에서 3억 3000만 명으로 늘어났다. 유럽의 인구 성장률은 조금 낮은 50퍼센트로 1억 2000만 명이던 인구가 1억 8000만 명으로 증가했는데, 물론 더 빠르게 증가한 지역들도 있었다. 러시아의 경우는 인구수가 두 배 이상으로 상승했다. 19세기 초엽에 세계 인구는 10억 명 선을 돌파했다. 이렇듯 인구가 급속히 증가한 이유들은 명확하지 않다. 의학적으로 상당한 발전이 있었던 것도 아니었다. 가장 가능성이 높은 원인을 꼽자면 중국이 내부적으로 오랜 평화를 누린 것과 맞물려 아메리카 대륙으로부터 생산성 높은 작물들이 확산되면서 세계적으로 영향을 받은 까닭일 것이다. 이때와 유사한 인구 폭발은 과거에도 발발했는데,(이때의 규모에는 미치지 못했다.) 당시에는 결과적으로 더 궁핍해졌고 시골 지역에서 초과 노동이 발생했으며 종국적으로 전반적인 식량 부족 상황이 도래했다. 산업화 이전의 제약들을 벗어날 수 있었던 환경은 아니었던 셈이다.

과거에는 유럽, 특히 영국의 농업이 산업화 진척을 위한 토대를 마련했다고들 주장했다. 1750년대 이전의 한 세기 남짓 동안 생산성 향상을 통해 그러한 성과를 달성할 수 있었다는 것이다. 그리고 시골 지역에서 지주의 땅에 울타리를 둘러 잉여노동력을 강제로 방출함으로써 확대되는 산업의 저변에 노동력을 공급했다. 시골 지역이 날로 번성해 발달기 산업 부문의 제품들을 위한 시장을 창출하면서, 부의 성장과 증가라는 선순환을 만들었다는 논리다. 지금 보면 이러한 설명은 너무 단순하고 부분적으로만 맞다. 1750년 이전 한 세기 동안 영국의 농업이 (조금 더 일찍 네덜란드 농업이 상업화되었던 것과 같은 방식으로) 한층 더 상업화되면서 유럽에서 가장 생산성 높은 농업 국가 중 하나가 되었다는 데는 의심의 여지가 없다. 농업 수확량은 인구 증가율보다 두 배 더 빠른 속도로 증가했다. 새로운 작물을 도입하고 더 나은 윤작법과 새로운 기계들을 사용하는 등 일련의 작은 개량을 계속해서 시도한 결과였다. 변화들은 대부분 '터닙' 타운센드('Turnip' Townshend)와 제스로 툴(Jethro Tull) 같은 인물들이 자청하는 '혁신' 지주가 아니라 소농들에게서 시작되었다. 지주들이 공을 세운 부분은 울타리를 두른 것이다. 그들이 700만 에이커의 공유지를 몰수해 사유재산으로 삼으면서 많은 대토지 사유지가 늘어났다. 1790년대 무렵에 잉글랜드 땅의 4분의 1 이상이 3000에이커가 넘는 사유지들로 묶여 있었다. 많은 지주는 새로운 기술들을 받아들였다. 물론 남은 '노지' 지역들 역시 증가하는 상업화 압력에 적응하면서 생산성이 급속도로 향상되었다. 하지만 지주들은 생산성 향상을 위해서는 농장 소득의 10분의 1밖에 투자하지 않고 나머지 수익을 자신들의 모양새를 차리는 데 써 버렸다. 이러한 변화들이 미친 영향을 과장해서는 안 된다. 1800년에 영국의 밀 수확량은 아직은 유럽 서북부의 나머지 사회들과 같은 수준이었고, 1750년대에 동앵글리아의 수확량은 500여 년 앞서 수확했던 양보다 결코 많지 않았다. 중요한 발달들은 1750년 이전에 이루어졌지만 1750년 이후의 산업화 초기라는 결정적 기간에 잉글랜드 농경의 기여는 빈약했고 어쩌면 부정적 요인으로 작용했을 수도 있다. 1760년부터 1800년까지 농업 생산량은 인구 성장률의 절반 속도로 증가해, 경제가 다시 한번 과거 산업화 이전 경제를 옭아맸던 덫에 발목을 잡혔으리라는 사실을 미루어 짐작할 수 있다. 영국의 농업은 19세기 상반기에 두 배로 뛴 인구에 대처할 능력이 없었다. 농업 생산성이 인구 성장률을 따라잡지 못한 결과는 금세 분명히 드러나, 18세기 말엽에 식량 가격이 오르면서 사람들이 다른 재화에 소비할 수 있는 금액은 줄어들었다. (많은 인구가 거주하는) 농업 지역에서는 인구 증가로 실질임금이 하락했고 산업 재화에 대한 수요도 더 크게 감소했다. 식량 가격이 오르면서 이윤이 커지고 경제력도 늘었지만 지주들은 대체로 산업에 투자하기보다 바로바로 소비하는 데 더 치중했다. 사실 부유한 상인들이 사회적 명망을 얻기 위해 대토지들을 사들이면서 농업 분야에 자본의 순유입이 있었을지도 모른다. 잉글랜드에서 농업 노동자의 수는 1850년 이후까지도 (상대적으로는 감소했지만) 계속 증가했고, 이들이 산업 분야로 이동하는 사례는 극소수였다. 노동력의 유동성은 매우 낮았고, 산업은 상업농 중심지와는 멀리 떨어진 곳들에서 발달했다. 또한 농업 노동자들은 산업에 필요한 기술들을 갖추지 못했고 대체로 시골에서 사는 쪽을 더 선호했다. 따라서 시골 인구가 급증한 결과는 궁핍의 증대와 극빈층의 탄생이었다. 1830년대 무렵에 영국의 평범한 시골 노동자는 과거 수 세기 동안 그랬던 것처럼 변함없이 가난했다.

영국의 경제는 산업 생산 분야에서 점점 더 증가하는 노동력을 부양하기는커녕 인구 성장을 떠받치기에도 부족한 식량 문제의 덫을 어떻게 벗어났을까? 해결책은 가장 가까운 식민지였던 아일랜드에서 식량을 수입하는 것이었다. 17세기 말엽에 잉글랜드가 아일랜드섬을 정치적으로 최종 장악하면서 주로 잉글랜드의 부재지주가 소유한 대토지 사유지들이 줄줄이 등장했다. 아일랜드에 인구가 급증한 18세기에 가난한 농민들은 생산성이 뛰어나 주요 작물로(대개는 유일한 작물로) 삼았던 감자에 대한 의존도가 매우 높았다. 감자 외의 다른 식량들은 잉글랜드로 수출했다. 18세기 말엽에 아일랜드는 영국이 수입하는 곡물과 버터, 고기의 절반가량을 공급하고 있었다. 무엇보다도 이들 물량은 영국의 전체 소비량의 6분의 1에 달해, 증가하는 인구의 수요를 충족하기에 실패한 영국 농업에 매우 중요한 보완책 역할을 했다. 아일랜드로부터 식량을 수입하지 못했다면 19세기 영국은 경이적인 인구 증가도, 실질적인 산업화의 시작도 불가능했을 것이다. 1830년대 무렵에 아일랜드는 다섯 배가 넘는 식량을 수출해 영국 식량 수입량의 5분의 4를 공급했다. 총합 1815년부터 1846년까지 영국은 자국 농업 생산량의 3분의 1에 상당하는 식량을 수입했다. 유럽 바깥의 식량 자원들을 구할 수 있게 되기까지 산업 발달을 지탱하기에 충분한 양이었다.

다른 유럽 지역들은 상황이 더 고약했다. 프랑스는 1720년부터 1790년 사이에 약 600만 명의 인구 증가가 있었지만, 국내 곡식 생산량이 증가했다는 기록은 존재하지 않으며 생산성 수준은 잉글랜드보다 더 낮았다. 18세기 동안 곡물 가격은 임금보다 더 빠르게 상승해 인구의 약 40퍼센트가(일부 지역들은 70퍼센트까지도) 장기간 영양실조인 상태로 생활했다. 하루에 1800칼로리도 섭취하지 못한 데다, 그나마 품질이 낮은 곡물들을 주로 먹었기 때문이었다. 이러한 상황은 1300년 무렵에 유럽의 인구 대폭발 당시만큼 나빴다. 1825년 이전까지는 프랑스에서 한 사람당 섭취하는 식량의 평균 양이 20세기 말엽 인도의 수준에도 미치지 못했다. 유럽의 시골 지역은 여전히 대토지 사유지들에 묶여 있었다. 1800년에는 전체 땅의 절반을 교회와 귀족, 도시 기업들이 소유했다. 프랑스 혁명 기간에 (1540년대 잉글랜드에서 수도원이 소유했던 토지를 팔았던 것처럼) 교회의 토지 매매로 이득을 본 사람은 이미 상당한 자산을 가진 지주들이나 아주 부유한 소작인들뿐이었다. 가장 센 값을 부르는 사람에게 땅을 넘겼기 때문이다. 어떤 지역들은 상황이 더 안 좋았다. 18세기 막바지에 스페인 남부에서는 땅을 갖지 못한 무산 노동자 가족이 인구 4분의 3에 달했다.

1800년 무렵에 지주들이 다른 형태의 농노제도를 통해 농민들을 직접 착취하기보다 농민들의 소작료를 주요 수입원으로 삼아 생활한 곳은 영국과 프랑스, 저지대 국가들, 알프스 지대, 독일 서부 및 중부 정도뿐이었다. 남아 있던 농노제도는 프랑스에서 1793년에 철폐되었고 프랑스 점령군이 진주한 사보이아(1792년)와 나폴리(1806년), 스페인에서도(1808년) 폐지되었다. 프로이센에서는 1806년에서 1811년 사이에 대체로 폐지되었지만,(완전히 사라진 것은 1848년 이후였다.) 농민들에게는 거의 아무런 혜택도 받지 못하는 방식이었다. 노예 신분의 세습과 부역 등은 사라졌지만 지주들의 사법권과 경찰권은 유지되었기 때문에 농민들은 땅의 일부를 넘겨주어 지주에게 보상해야 했다. 1816년에는 상황이 더 엄혹해져서 자체적인 쟁기 작업 조(組)를 보유한 극소수 농민만이 속박에서 벗어날 수 있었다. 전체적으로 대토지 사유지는 여전히 존재했고, 농민들은 그곳에서 일하는 것 외에 대안이 없었으며, 농지를 갖지 못한 노동자의 수는 증가했다. 이런 경향은 특히 1816년 이후 발트 지역들에 뚜렷하게 나타났다. 이 지역은 농노가 해방되면서 아무런 땅도 받지 못했기 때문이었다. 그 외에 특히 오스트리아와 도나우강 유역의 지역들은 19세기에 농노에게 주어지는 작업들이 증가했다. 농노제도는 오스트리아에서는 1848년에, 헝가리는 그로부터 5년 뒤에, 러시아는 1861년이 되어서야 폐지되었다. 마지막까지 농노제도를 존속시켰던 국가는 루마니아로 1864년에 이 제도를 폐지했다.

20.4 기술

[이전의 기술 ☞ 12.3~12.4]

18세기 중반부터 19세기 말까지 두 차례 밀려든 기술 진보의 물결로 처음에는 영국 경제가, 뒤이어 서유럽과 미국의 경제가 탈바꿈을 시작했다. 첫 번째 물결은 1830년 정도까지 지속되었고, 섬유 제조의 대대적인 기계화와 철 생산의 증가, 증기기관의 완만한 발달을 특징으로 했다. 하지만 어느 한 가지 발명만으로 경제 전체를 완전히 전환할 수는 없었다. 영국 경제 안에서 일어나는 변화의 속도와 성장 속도는 1850년 이후 수십 년 동안 매우 더디었다. 새로운 섬유기계는 활용 범위가 매우 좁았다. 가장 중요한 발달이 이루어진 분야는 철강 산업이었다. 18세기 초엽에는 (석탄 연료인) 코크스를 이용해 철을 제련했는데, 중국에서는 거의 1000여 년 동안 시행한 방식이었다. 하지만 1784년에 이르러 헨리 코트(Henry Cort)가 교반식 정련법을 개발해 석탄 화력을 이용한 반사로에서 선철(銑鐵)을 조철(條鐵)로 제련하면서부터 철 생산량을 현격히 증가시킬 수 있었다. 중요한 또 한 가지 부문은 증기기관의 발전이었다. 증기기관이 조금씩 개발되기 시작한 것은 1712년에 토머스 뉴커먼(Thomas Newcomen)이 깊은 수직 갱도에서 물을 퍼 올리기 위해 발명한 증기펌프에 중국인들이 피스톤과 밸브 장치를 이용하면서부터였다. 이 장치는 적용 범위가 한정되어 있는데다 연료 효율이 1퍼센트밖에 되지 않았다. 18세기 말엽에 제임스 와트(James Watt)는 피스톤 실린더에서 냉각기를 분리해 실린더의 열을 유지하고 전동 장치를 개선해 복동기관(double-acting engine)을 만들었다. 이러한 기관은 대부분 광산에서 사용되었지만 연료 효율은 여전히 5퍼센트에도 미치지 못했다. 1800년에 와트의 특허권 기한이 만료된 연후에야 리처드 트레비식(Richard Trevithick)은 더 작고 더 효율적이며 기압이 10일 때도 작동하는 기관을 개발했다. 하지만 19세기 중엽까지 증기기관의 효율성은 수력과 크게 다르지 않았다.

증기기관의 영향을 받은 분야는 철도였다. 1820년대 말엽까지 철도는 대체로 말이 끄는 방식이었고 광산이나 기타 산업 활동에 국한되었다. 가장 시급한 문제는 증기기관차와 화물의 무게를 감당할 수 있는 철로를 개발하는 것이었다. 그러한 철로가 만들어지자 자원과 재화와 사람이 이동할 수 있는 길이 열렸다. 철로는 철도 발달에 매우 중요한 요소였지만, 생산 공정에 일대 변화가 일고 강철이 광범위하게 사용된 것은 19세기 중엽에 이르러서였다. 1857년에 헨리 베서

머(Henry Bessemer)는 용해된 선철에 공기를 불어넣어 강철을 제련하는 생산방식으로 특허권을 얻었다. 그의 제강법은 대량 생산과 화학물질 함량 조절을 가능하게 했다. 이 공정은 유럽 밖에서 수 세기 동안 사용을 하기는 했지만 산업적 규모는 아니었다. 지멘스-마르탱 평로법(Siemens-Martin Open Hearth Process)은 주로 유럽 대륙에서 풍부한 인철광을 이용해 개발되었다. 증기 동력이 더 일찍 적용된 곳은 선박이었다. 최초의 증기 구동선 중에는 1807년에 뉴욕의 허드슨강을 오가던 로버트 풀턴(Robert Fulton)의 클러먼트(Clemont)호와 1811년에 클라이드강에서 운행하던 헨리 벨(Henry Bell)의 커미트(Comet)호도 있었다. 증기 선박은 10년 만에 유럽 전역으로 확산되었다. 기선은 1821년에 영국해협을 건넜고 1824년에 라인강에도 다녔으며 1831년에는 도나우강을 건너 빈과 페스트를 오갔다. 1830년대에는 320마력의 출력 성능을 지닌 엔진이 생산되고 1839년 무렵에는 증기 외륜선이(돛이 있기는 했지만) 14일 만에 대서양을 횡단했다. 1840년대 즈음에는 추진기와 철제 선체를 지닌 배들이 다녔고, 뒤이어 1850년대에 이점바드 킹덤 브루넬(Isambard Kingdom Brunel)은 680피트 길이의 거대한 그레이트이스턴(Great Eastern)호에 1600마력 엔진을 사용했다.

이렇게 산업 분야의 진보를 이룰 수 있었던 것은 유럽의 과학 지식 덕분이 아니었다. 유럽의 산업 진보를 이룬 사람들은 특정 분야에 숙련된 기술자와 노동자, 장인들이었다. 이들은 자신의 지식을 이용해 새로운 기술들을 개발했고 실질적인 문제들을 해결하기 위해 부족한 부분을 개선했다. 과학의 힘으로 만들어진 최초의 신기술은 전기와 자성 기술이었다. 1821년에 마이클 패러데이(Michael Faraday)는 최초의 전동기를 개발하고 10년 후에 발전기를 만들었다. 하지만 이러한 기술들이 대규모로 응용되기 시작한 것은 수십 년 후, 발전기와 배전기 및 전기로 조명과 난방, 전력 등을 만들어 내는 장치 등 일련의 발명이 이루어진 다음이었다. 19세기 말엽 이전에 전기가 주로 쓰인 곳은 전신 및 최초의 해저케이블(1851년에 영국과 프랑스 사이에 설치되었다.)이 개발된 통신 부문이었다. 1875년에는 파리의 북역(Gare du Nord)에 최초로 대규모 조명 장치가 설비되었고 1884년에는 최초의 전동차가 글래스고와 프랑크푸르트에 등장했다. 전기의 모든 잠재력을 사용하기 시작한 것은 20세기 이후의 일이었다.

[이후의 기술 ☞ 20.10, 21.2, 23.3]

20.5 에너지

18세기 중엽의 이러한 기술 변화들보다 더 중요한 문제는 각 사회가 구할 수 있는 에너지의 양과 그 에너지를 얻을 수 있는 자원의 근본적인 변화에 있었다. 18세기까지 세계의 모든 사회는 극심한 에너지 부족으로 고통받았다. 구할 수 있는 에너지는 거의 전부 인간과 동물에게서 나왔는데, 동물의 경우 동력화 문제에 엄격한 제한을 받았다. 수천 년 동안 때 이른 죽음과 부상, 고통을 대가로 치른 인류의 어마어마한 노력과 노고야말로 모든 사회의 토대였다. 통치자와 상류층의 권력은 기념비적 건축물을 건설하든 소유 농지에서 일을 시키든 자신의 목적을 위해 이러한 노력들을 동원하는 능력으로 증명되었다. 사람들은 동물보다 적게 먹었고 19세기까지는 농사에 들어가는 주요 에너지원으로 땅을 정지(整地)하고 다랑이와 용수 장치를 만들고 씨를 뿌리고 김을 매고 땅을 캤다. 1806년까지도 프랑스의 한 농업 관련 저술가는 쟁기를 버리고 손으로 밭을 매면 비록 더딜지라도 더 저렴하고 더 빈틈없는 작업이 가능하다고 주장했다. 사람은 산업 동력도 공급했다. 15세기의 경이로운 기술력으로 칭송받는 브뤼헤 장터의 대형 기중기(the Great Crane)는 인간 트레드밀(treadmill)로 동력을 얻었다. 19세기에 영국의 교도소들은 트레드밀을 운영해 지방의 기업가들이 이를 대여하기도 했다. 어디서나 사람들은 물건들을 나르는 인부의 역할을 했고, 네 명이나 여섯 명이 드는 가마(보통 아시아에서 쓰였다.)와 두 명이 드는 의자형 가마(sedan chair: 보통 유럽에서 쓰였다.), 인력거 등으로 사람들을(대개 상류층을) 수송했다. 축력(畜力)을 사용할 때 마구를 채우는 문제는 차치하더라도 필요한 먹이의 양 역시 큰 제약이 되었다. 말의 경우 농지 4에이커에서 5에이커 상당의 먹이가 필요했는데, 생산성이 한정되어 있어 인간이 먹을 식량도 부족한 마당에 이 많은 땅을 포기하기란 쉽지 않은 일이었다. 황소는 말보다는 약간 덜 먹었기 때문에 주로 짐을 끄는 동물로 안착했다. 18세기 유럽에는 황소가 2400만 마리 서식했는데, 말은 그 절반이 조금 넘었다. 말도 산업의 중요한 동력원으로 광산이나 양조장에서 광범위하게 이용되었고,(여기에서 발전을 측정하는 용어인 '마력'이 나왔다.) 초기의 일부 섬유기계에 동력을 공급하는 데 동원되기도 했다.

수력은 기원 전후를 가르는 시점에 유라시아에서 개발되었다. 수력은 조금씩 이용도가 늘어났고 1000년 후에는 풍력이 그 뒤를 이었다. 수력은 수 세기 동안 산업 동력의 주요 공급원이었고 19세기를 훌쩍 넘겨서까지 중요한 에너지원이었다. 섬유산업과 기타 초기 공장들에서 수력의 이용도가 확대되면서 강을 따라 자리를 잡았다. 미국에서는 1880년대까지도 불가피하게 강에서 떨어진 곳에 산업 설비를 갖추어야 할 경우에만 주로 증기력을 사용했다. 수력으로 운용 가능한 발전 규모는 모호크(Mohawk)강에 위치한 마스토돈 밀(Mastodon Mill)을 보면 알 수 있다. 이곳에서는 지름이 102인치인 도관을 통해 터빈으로 물을 보내 1200마력의 전기를 발생시켰고, 그 힘으로 2마일 길이의 축계를 작동시키고 10마일 길이의 벨트와 7만 개의 축을 회전시키며 1500개의 직기를 돌려 하루에 6만 야드의 면직물을 생산했다. 1900년까지도 뉘른베르크에는 180곳의 수력 가동 공장이 있었다. 수력을 이용할 수 없는 지역에서는 대규모 풍력 개발에 착수했다. 16세기에 네덜란드에는 8000개가 넘는 풍차 터빈이 있어서 톱질이며 가죽 무두질, 동판 감기, 명주실 꼬기, 다듬이질 등에 동력을 공급했다.

19세기까지 모든 사회에서 주 연료원은 나무였다. 나무는 (보통 별도의 비용 없이) 쉽게 구할 수 있는데다 마르면 잘 탔다. 문제는 나무가 집이나 요새, 다리를 건설하고 산업용 기계와 컨테이너, 선박 등을 만드는 등 다른 여러 용도에도 쓰임이 있는 자원이라는 점이었다. 나무는 목탄의 형태로 철 제련과 양조, 유리 제조, 벽돌 생산 같은 산업에 쓰이는 주 연료였다. 삼림 역시 아시아 남서부에서 첫 농촌 부락이 정착한 순간부터 개간의 역사가 시작되어 농지로 변모했다. 나무가 이렇게 광범위한 용도로 쓰이다 보니 수 세기 동안 목재는 서서히 구하기 어려운 자원이 되었고, 이런 이유로 중국은 일찍이 12세기부터 산업화에 제약을 받기도 했다. 유럽에서는 기원후 1000년 이후 인구가 증가하고 정착지가 폭발적으로 확대되면서 삼림 벌채가 시작되었다. 산업이 발달하자 인류는 엄청난 양의 나무를 소비하기 시작했다. 일반적인 작은 용광로 하나가 매년 250에이커씩 삼림 지대를 삼켜 버렸지만 그 외의 공정들은 그보다 더 파괴적이었다. 17세기 중엽에 러시아에서는 탄산칼륨을 생산하는 데 연간 총 300만 톤의 나무를 소비했고, 1200개 이상의 염전이 있는 카마강 유역은 현지의 숲들이 전부 개간된 탓에 보일러를 지피기 위해 200마일 밖에서 나무를 공수해 와야 했다.

목재 부족은 조선업 같은 특정 산업 부문이 자리 잡은 유럽 지역들에서 처음 인지되었다. 16세기 초에 베네치아는 선박을 건조할 목재가 바다나 달마티아 연안의 식민지들로부터 나무와 때로는 완성된 선체까지 수입해야 했다. 포르투갈도 나무가 부족해 바이아와 고아에서 브라질 견목과 인도 견목으로 만든 선박들을 가져왔다. 1580년대에 스페인의 펠리페 2세는 잉글랜드와 네덜란드를 공격하기 위해 함대를 만들 때 폴란드에서 목재를 수입해야 했다. 잉글랜드는 17세기 중엽에 처음으로 목재 부족 현상을 겪어 스칸디나비아와 발트 지역,(1756년에 영국은 러시아에서 연간 60만 그루의 나무 수출권을 사들였다.) 아메리카 대륙의 식민지들이 확립된 뉴햄프셔와 메인 지역에 목재 수입을 의존할 수밖에 없었다. 1696년에 이미 영국은 목재가 부족해 뉴햄프셔에서 영국 해군을 위한 군함들을 건조했다. 조선 분야에서 목재 부족 현상은 전 유럽에 닥칠 대대적인 에너지 위기의 전조일 뿐이었다. 지방의 나무 및 목탄 공급지들은 고갈을 맞고 있었고, 열악한 통신 상태와 관련 비용들을 감안하면 공급지를 너무 멀리 둘 수도 없었다. 1560년에 이미 슬로바키아의 철 주조 공장들은 목탄 공급이 말라붙기 시작해 어쩔 수없이 생산량을 삭감했다. 30년 후 프랑스 남부 몽펠리에의 빵집들은 도시에서 목재를 구할 수 없이 검불을 베어 화덕에 불을 지펴야 했다. 1720년대에 폴란드 비엘리치카(Wieliczka)에서는 현지의 나무들이 모두 바닥나면서 제염업이 문을 닫아야 했다. 1717년에 웨일스에 새로 건설된 철 용광로는 숯을 충분한 양만큼 비축하느라 4년 동안 공정에 들어가지 못했고, 그마저도 36주 만에 동이나 문을 닫아야 했다. 영국에서 대부분의 지역은 몇 년에 한 번 잠깐씩만 용광로를 가동했다.

점증하는 에너지난에 대한 대응은 널리 질 낮은 연료로 여겨지던 석탄으로 눈을 돌리는 것이었다. 나무의 가격이 상승하자 가장 먼저 빈곤층이, 그리고 나중에는 부유층들까지 석탄을 이용하지 않을 수 없어, 잉글랜드의 1631년판 『스토의 연보(Stow's Annals)』는 이렇게 논평했다. "왕국 전역에서 목재가 대단한 품귀를 보이고 있어 (……) 일반 주민들이 불을 지필 방법은 역청탄이나 석탄밖에 없고, 존귀한 인사들의 방을 데울 때도 다르지 않다." 1550년에 잉글랜드의 석탄 생산량은 약 21만 톤이었지만 1630년에는 150만 톤으로 증가했다. 1700년 무렵에 런던은 바다 건너 뉴캐슬에서 연간 55만 톤의 석탄을 수입했다.(1550년 이후 열다섯 배로 증가했다.) 사람들은 나무를 더 선호했을지 몰라도 기존의 난로나 난방에도 석탄을 사용할 수 있었고, 대장일이나 양조, 비누 정련 같은 일부 산업은 새로운 연료로 쉽게 갈아탈 수 있었다. 하지만 석탄에 포함된 불순물 때문에 대부분의 산업에서는 새로운 공정이 개발될 때까지 석탄을 이용하지 않았다. 유리 생산업에서는 1616년 이후에, 벽돌 제조업에서는 그보다 10년 뒤에 석탄을 이용했다. 1640년대에는 코크스를 이용해서 맥아를 건조했고, 40여 년 뒤에는 납과 구리, 주석을 제련했다. 주요 산업 중 가장 늦게 석탄을 도입한 부문은 18세기의 철 제련업이었다.

석탄을 연료로 선택하는 분야가 점점 늘어나기는 했지만, 석탄이 다른 에너지원의 대체 에너지원으로만 끝난 것은 아니었다. 인류 사회가 이용할 수 있는 에너지 유형에도 근본적인 변화가 일어났다. 석탄을 이용하기 전까지는 재생 가능한 자원들, 즉 사람과 동물, 물, 바람, 나무 등만 에너지원으로 이용했다.(물론 나무의 경우 재생 불가능한 방식으로 이용되기는 했다.) 이제 인류는 사상 처음으로 지구 표면 밑에 매장된, 광대하지만 궁극적으로 재생 불가능한 화석연료 자원에 서서히 의존도를 높이기 시작했다. 목재 가격이 상승하면서 탄광을 더 깊이 팔수록 수익도 좋아지고, 증기 양수기가 점점 효율화되면서 실용성도 높아졌다. 아직 많은 초기 산업이 수력에 의존했지만 19세기 유럽의 산업화를 특징짓는 현상은 석탄 이용의 점증이었다. 석탄 생산량의 증가 추이는 엄청났다. 1800년에 세계 석탄 생산량은 약 1500만 톤이었는데 1860년 무렵에 1억 3200만 톤으로 증가했고 19세기 말엽에는 (마흔여섯 배로 증가해) 7억 톤을 웃돌았다.(그러나 19세기 산업들은 기술적 측면에서는 거의 변화가 없었고, 힘들고 극도로 위험한 환경 속에서 인간의 노동력에 거의 전적으로 의존했다.) 19세기의 마지막 두 해 동안 세계는 18세기 전체를 통틀어 사용한 석탄의 양보다 더 많은 석탄을 소비했다. 무시해도 좋을 만한 비중이었던 석탄은 어마어마하게 증가한 세계 에너지 소비량 중에서도 90퍼센트를 공급했다. 새로운 단계에 이른 에너지 소비와 산업화의 속도는 목재로는 감당하지 못했을 터였다. 1900년에 세계의 석탄 소비량은 매년 영국 면적의 세 배에 이르는 숲을 파괴하고 수송한 것과 맞먹었다. 세상에는 이런 규모로 오랜 기간 연료를 공급할 만큼 충분한 삼림도 없을 뿐더러, 전 세계의 그토록 많은 나무를 수송해야 하는 문제들도 감당하지 못했을 것이다.

19세기에 석탄이 미친 영향은 어디서든 찾아볼 수 있다. 석탄은 철도에 동력을 공급했을 뿐 아니라 철도 화물 운송의 주요 원천이었다. 19세기까지 인력이나 풍력에 의존했던 세계의 해상 활동도 변형되었다. 증기를 이용한 전 세계 해상운송의 양은 1831년의 3만 2000톤에서 1870년대 중엽에 300만 톤 이상으로 증가했다. 석탄 소비 상승에 따른 중요한 부산물은 폐기 가스로 최초의 비천연 광원(光源)을 공급한 것이었다. 19세기까지 사람들은 각자 집에서 얻은 동물 기름으로 양초를 만들어 불을 밝혔고,(고래의 경뇌유로 만든, 썩은 냄새가 나지 않는 양초는 부자들의 전유물이었다.) 밤이 되면 대부분의 도시는 어둠에 잠겼는데, 런던 정도만 고래기름 램프로 밝힌 가로등 몇 개를 세운 정도였다. (석탄에서 추출한) 도시가스는 1807년에 샐퍼드의 공장 불을 밝히는 데 처음 이용되었고, 1814년에서 1816년까지 중앙 시설에서 지하 가스 배관을 통해 공급한 가스로 런던의 한 지구에 처음 불이 들어왔다. 1823년에 가스등 장치 쉰두 개가 도시에 설비되었고, 곧이어 보스턴과 뉴욕,(영국에서 수입한 석탄에 의존했다.) 베를린에서도 같은 장치를 도입했다. 19세기를 지나며 점차 점등 및 요리를 위한 가정용 가스 수요가, 최소한 값비싼 장비 설치 비용을 감당할 수 있는 가구들 사이로 확산되었다.

20.6 영국의 경험

영국은 최초로 산업화를 이룬 나라였다. 1750년 이후 한 세기 남짓 동안 벌어진 일들은 흔히 '산업혁명'으로 묘사된다. 이 표현은 비슷한 이름의 역사학자 조카를 둔 사회 개혁가 아널드 토인비(Arnold Toynbee)가 1884년에 처음으로 사용했다. '산업혁명'이라는 용어는 이제 영국과 뗄 수 없는 관계가 되었지만 현재적으로 심각한 오칭이다. 인류 역사의 기나긴 시간 동안 새로운 기술들이 개발되었고 1750년 이후에 채택된 신기술들은 여러 초기 발명을 토대로 만들어진 것이었다. 18세기 말엽과 19세기 초엽에 인류는 미증유의 기술 변화를 이루었을지 모르지만, 이러한 변화들은 계속해서 속도를 붙여 가며 19세기 말엽과 20세기의 좀 더 근본적인 기술 발달로 이어지는 훨씬 더 긴 과정의 일부로 보아야 한다. 최근 몇십 년 동안은 섬유 생산 같은 몇 개 산업 부문에서 일어난 변화들에 초점을 맞추면서 본질적으로 다른 인류 사회의 탄생을 야기할 또 다른 근본적인 변화들을 경시하는 경향이 있다. 그 변화는 에너지원의 이동과 에너지 이용 가능성의 증가, 도시화, 서비스산업의 부상, 산업 노동인구의 성장, 변화하는 국가의 역할이다. 최근의 역사 연구는 영국의 이른바 '산업혁명' 기간에 전체적인 성장률이 실제로 매우 둔화되었고 경제의 많은 부문이 좀처럼 변하지 않았다는 사실을 보여 주었다. 1760년부터 1800년 사이에 영국 경제는 연간 1퍼센트의 속도로 성장했고 1820년대가 지나서야 연간 2퍼센트로 성장률이 상승했다. 1830년대와 1840년대에 들어서도 얼마간이 지난 후에 연간 3퍼센트 성장률로 신장할 수 있었는데, 이는 그나마 대체로 철도에 투자와 발달이 이루어진 결과였다. 성장률은 1850년 무렵에 다시 떨어졌다. 이렇게 더딘 성장세는 급속한 인구 증가 탓에 1830년이 지난 뒤에도 1인당 평균 재산이 거의 증가하지 않았다는 뜻이었다.

'산업혁명'을 고전적으로 해석할 때 가장 중점을 두는 부분은 섬유산업의 역할과 새로운 기계류의 발명, 공장의 발달이었다. 우리는 이런 요소들을 모두 균형 잡힌 시각으로 보아야 한다. (다른 유라시아 지역들처럼) 18세기 초엽에 영국에서 섬유 생산은 대체로 시골을 위주로 한 현상이었다. 농민들은 섬유 생산과 농사일을 병행했는데, 대개 2층 방에 기계를 놓고 원료를 공급하고 완제품을 사 가는 상인들과 도급계약으로 일하면서 나름대로 작업 속도를 정했다. 18세기에 이룬 발달의 많은 부분은 자연스레 이러한 생산 체계에 맞추어졌다. 최초의 양말 짜는 기계는 농가에 알맞도록 설계되었고, 1733년에 존 케이(John Kay)가 발명한 자동 북(flying shuttle)은 베틀의 생산성을 높이기 위한 것이었다. 전형적인 면직 공장 기계들처럼 보이는 기계들, 즉 제임스 하그리브스(James Hargreaves)의 다축 방적기(1764년), 리처드 아크라이트(Richar Arkwrihgt)의 수력방적기(1769년), 새뮤얼 크럼프턴(Samuel Crompton)의 뮬 방적기(1779년) 등은 모두 처음에는 가내 작업자들의 주택에 설치되었다. 공장이란 대개 가정용 기계를 사용하는 노동자들이 한데 모인 형태였다. 소유주는 작업에 더 많은 규율을 부과해 이익을 얻었다. 수공업 형태는 공장 생산과 더불어 수십 년 동안 지속되었다. 면 공업만 보아도 공장 안에 증기 방적기와 베틀 직조가 병존했다. 베틀만으로는 기술적인 문제들이 있었고, 공장주와 상인들은 위험 요소를 분산하는 동시에 저렴한 노동력을 착취하고자 하는 욕구가 있었기 때문이다. 1787년에 역직기(power loom)가 발명되었지만 베틀을 광범위하게 대체하기 시작한 시기는 1820년 중엽이었고, 1830년대 이후로는 모직 산업에서 상당한 저력을 발휘했다. 따라서 공장은 여전히 작았다. 1800년에서 1835년 사이에 요크셔에 위치한 공장의 수가 세 배가량으로 증가해 600개를 넘어섰지만 대부분 고용 노동자 수는 (평균 50명 이하로) 소수에 지나지 않았고, 이들도 더 작은 단위로 나뉘어 일했다. 1851년 무렵까지도 고용자 수가 200명 이상인 공장은 전체의 10퍼센트에 불과했다. 1840년대에 면직 산업은 아직 영국 산업 생산량에서 10분의 1 정도를 기여했을 뿐이었고, 고용 규모도 농업에 종사하지 않는 노동력의 5퍼센트를 밑돌았다.

이러한 한계에도 불구하고 면직 산업은 1760년에서 1830년 사이 영국의 생산성 향상에서 절반의 역할을 담당했다. 하지만 그것은 이례적인 경우였다. 면직 산업은 지극히 전통적인 산업 구조 속을 파고 들어 간, 반쯤은 근대적인 산업이었다. 제지업이나 비누 및 양초 제조

같은 다른 산업들은 19세기 초엽에 공장 생산 체제로 전환하기 시작했지만 매우 더디게 성장했다. 산업 노동자 대부분은 여전히 낮은 단계의 기술을 요하는 산업들에 고용되었고, 이런 산업 분야들은 여러 가지 사소한 개량이 지속적으로 축적되는 것 말고는 거의 아무런 변화를 보이지 않았다. 영국 중부에는 금속 산업의 수요가 증가하면서 비교적 숙련된 노동력인 장인들을 고용하는 소규모 작업장이 급증했다. 섬유산업이 영국의 산업들 안에서 가장 중요한 변화를 일으킨 것도 아니었다. 장기적으로 석탄 생산(거의 아무런 기술 증진도 없었다.) 증가와 철 및 강철 제조, 철도의 발달 등이 훨씬 더 중요했다. 이를테면 1800년에 영국은 20만 톤의 철을 제조했는데, 1톤당 평균 6.30파운드의 비용이 들어갔다. 1870년에는 철 550만 톤이 생산되었는데 1톤당 평균 가격은 2.60파운드로 하락했다.

복잡한 경제 상황 안에서 발달은 고루 이루어지지 않았다. 어떤 부문은 매우 역동적이었고, 또 어떤 부문은 부진하거나 하향세를 보였다.(켄트의 윌드 지역에는 1600년에 잉글랜드의 용광로 절반이 몰려 있었지만 19세기 중엽에는 해당 산업이 대체로 소멸했다.) 최소한 19세기 중엽까지 내부 통신망은 아직 개발이 미비했고 여러 상품, 특히 노동력과 자본을 위한 국내시장도 거의 존재하지 않았기 때문에 임금률은 전국적으로 천차만별이었다. 1802년에 런던 증권거래소가 문을 열었지만 1840년대 이전까지 지역의 자본시장은 런던과 거의 연계되지 않았다. 하지만 지역 특성화는 발달해서, 면직 산업은 랭커셔 남부에, 모직 산업은 웨스트요크셔에 집중되는 추세였다. 중부 지역에는 금속 및 철물 산업이 집중되었지만 탄전의 위치에 따라 점차 철강 산업 및 조선업 같은 중공업의 입지도 달라졌다.

19세기 중엽까지도 영국은 산업화 과정 초기에 있었을 뿐이었고,

1851년의 인구조사 결과를 보면 변화의 과정이 얼마나 더디었는지 알 수 있다. 이 인구조사에서 가장 큰 두 개의 직업군은 농업과 가사일이었다.(실제로 농업 분야에서 고용률은 정점을 찍고 있었다.) 건축업 종사자의 수는 면 제조업 종사자보다 많았다. 제화공의 수가 광부보다 많았고, 대장장이가 철강 산업 노동자보다 많았다. 그럼에도 불구하고 영국은 주로 산업화를 이룬 최초의 국가였기 때문에 세계에서 점하는 위치도 뒤바뀌었다. 영국이 세계의 제조업 생산량에서 차지하는 지분은 1760년에 약 2퍼센트였던 것이 1830년에는 10퍼센트로, 그리고 1860년대에는 20퍼센트로 오르며 절정에 달했다. 영국은 세계의 철 생산량 중 절반 이상을 생산했고, 세계 석탄 이용량의 절반을 책임졌으며, 그에 맞먹는 양의 원면 생산량을 소비했다. 세계무역의 5분의 1을, 제조업 생산품 무역의 5분의 2를 지배했다.

20.7 왜 영국인가?

영국의 초기 산업화를 설명할 때 진보적 역사학자들이나 마르크스주의 사학자들은 내적 요인들에 방점을 찍었다. 1650년 무렵 이후의 기간에 농업이 상업화되면서 농업 생산성이 향상되고, 인구 증가와 부의 상승으로 가정 경제의 규모가 확대되며, 도시화가 진척되고 기술 증진이 이루어지는 선순환 구조가 만들어져 산업화를 이끌었다는 것이 일반적인 주장이다. 하지만 반드시 의심해 보아야 할 부분이 있다. 산업화 이전의 어떤 사회든 자본을 충분히 발생시킬 수 있었는지, 그리고 (수십 년 동안) 순수하게 자국의 자원만으로 산업화를 추진하는 데 필요한 사회적 힘과 경제력 사이에서 올바로 균형을 잡을 수 있었는지가 그것이다. 사실 외부 요인들이 상당한 역할을 했을 가능성이 훨씬 더 높다. 특히 대서양 경제 안에서 유럽의 지위와 그중에서도 영국의 위치를 볼 때 더욱 그렇다[17.1~17.9]. 유럽이 이 지역에서 적지 않은 부를 만들었다는 데는 의심의 여지가 없다. 유럽은 아메리카 대륙의 자원을(특히 금과 은을) 약탈했고 아프리카 대륙으로 가져갈 제품들을 생산했으며, 노예무역에서 직접 이익을 거두어들였다. 무엇보다 유럽은 아메리카 대륙의 플랜테이션 농장들에서 노예 노동을 통해 부를 증진했다. 18세기 후반기 즈음 영국은 이러한 대서양 경제 안에서 지배적인 세력이 되어 있었다. 이러한 요소들이 영국의 산업화에서 중요한 역할을 수행했다는 견해는 카리브 지역의 역사학자 에릭 윌리엄스(Eric Williams)가 자신의 저서 『자본주의와 노예제도(Capitalism and Slavery)』에서 처음 제기했다. 50여 년 전에 이 책이 출판되었을 때 그의 주장은 때로는 타당하지 못한 이유들로 일축당했다.(많은 부분은 그가 영국의 과거를 비판한 내용들을 받아들이지 않는 경우였다.) 최근 20여 년 동안의 역사 연구 결과 그의 논문은 몇 가지 사항만 수정하면 읽어 볼 가치가 충분하다.

대서양 경제와 특히 노예제도가 산업화에 기여한 역할을 살펴보면 세 가지 핵심 영역으로 집중된다. 대서양 경제를 통해 창출한 자본과 수익, 영국의 산업 생산품들의 수요가 이루어지는 시장, 영국 산업에 대한 원료 공급이 그것이다. 노예제도를 중심으로 일어선 대서양 무역이 영국에 어마어마하게 유리했다는 사실에는 의심의 여지가 없다. 노예를 직접 거래해 창출한 평균 수익률은 연간 10퍼센트에 달했다.(1790년대에는 이보다 더 높았다.) 전체적으로 대서양 노예 경제에서 거둔 수익은 연간 약 400만 파운드에 이르렀다. 이 수치는 전체적으로 보면 잉글랜드 지주들이 아일랜드의 소유지에서 거두어들이는 수익의 다섯 배가 넘었고, 동인도회사가 챙긴 이익의 열 배에 상당했다. 확실히 이 돈이 모두 영국 산업이나 운하 같은 경제적 기반 시설에 투자된 것은 아니었다. 많은 부분은 소모적으로 사라졌고 넓은 땅을 구입하는 데 소비되기도 했다.(그것도 투자의 한 형태이기는 하다.) 그럼에도 불구하고 18세기를 지나는 동안 많은 돈이 운하와 도로, 부두, 광산, 농업 배수 시설, 기타 산업화에 도움이 되는 다른 유형의 경제적 개선들을 위해 투자되었다. 종합적으로 18세기 중엽 노예제도에서 창출한 수익은 영국 경제에 형성된 자본 총량에 해당한다. 그리고 이 자본 덕분에 영국이 상당히 많은 자원을 이용할 수 있게 되었다. 총이윤의 3분의 1, 아니 4분의 1이 산업에 투자되었더라면 영국은 현격히 더 많은 자원을 손에 넣을 수 있었을 것이다. 이런 식의 영향을 끼칠 수 있는 데는 두 가지 이유가 있다. 하나는 투자의 시의성이고 다른 하나는 그 지역의 특성이다. 영국 경제에서 투자가 극히 중요했던 시기는 1760년대부터 1790년대 사이로, 이 기간 동안 영국의 국가적 경제력은 백분율로 볼 때 거의 두 배로 뛰었다. 이 기간은 노예무역을 통한 수익과 농장에서 얻는 수익이 세 배로 뛰는 등 대서양 경제가 대호황을 누렸던 시기와 일치한다. 영국의 면제품을 위한 주요 시장은 아프리카와 아메리카 대륙이었고 주로 노예무역항이었던 리버풀을 통해 형성되었다. 국내시장이 아직 발달하지 않았던 때에, 특히 자본을 모으고 투자를 구할 수 있는 시장이 없을 때에 랭커셔의 지방 관계망은 매우 중요했다. 노예를 매매하는 상인들과 지방의 면제조업자들은 긴밀한 관계를 맺으며 노예무역의 수익을 팽창하는 경제의 주요 산업들 중 한 곳에 투자할 수 있는 직접적인 연결 고리를 창출했다.

노예제도를 통해 얻은 수익과 산업 내에서 이루어진 투자의 연관성을 상세하게 밝히기는 어렵지만 둘 사이에 직접적인 관계가 있었을 것으로 보인다. 하지만 노예에 기반을 둔 대서양 경제가 영국 산업을 위해 시장을 제공했다는 점에는 반론의 여지가 없다. 영국의 면직물 산업은 18세기 초엽에 발달하기 시작했다. 동인도회사가 가져온 질 높은 인도산 직물들이 무역 보호 법령 덕에 경쟁에서 밀려나면서부터였다. 하지만 영국 경제가 더디게 성장하고 유럽으로 향하는 수출이 부진했기 때문에 면직물 생산은 침체되었다. 면직물 수출에 중요한 기회를 열어준 곳은 아프리카와 아메리카 대륙이었다. 대서양 노예 경제의 중요한 특징은 아프리카에서 제품을 매매해 노예를 사들인 후 아메리카 대륙의 노예 노동자들에게 의복과 재화를 공급하는 것이었다. 1770년대 무렵에 이들 지역을 대상으로 하는 수출은 18세기가 시작된 이래로 일곱 배 증가했는데, 이는 유럽 전역으로 나가는 수출품과 거의 같은 양이고 아시아와 교역할 때의 수출품의 여섯 배에 해당하는 양이었다. 1790년대 무렵에 면제품 수출은 연간 17퍼센트 이상 증가했고 수출량은 증가한 전체 수요량의 5분의 4를 차지했다. 단일 시장으로 가장 큰 곳은 아프리카와 브라질, 쿠바였는데, 영국이 수출하는 체크무늬 면직물의 98퍼센트는 아프리카나 아메리카 대륙의 농장으로 건너갔다. 산업 전반을 고려하면 상황에는 큰 변화가 없었다. 수출은 18세기 경제에서 가장 역동적인 요소였고, 더 많은 수요를 창출해 가치 있는 기계류에 투자를 가능하게 만든 핵심 요소였다. 산업 수출은 1700년에서 1770년 사이에 150퍼센트 이상 증가했지만 영국 시장은 고작 15퍼센트 성장했을 뿐이었다. 이러한 수출에서 대서양 지역이 차지하는 비중은 1700년에는 15퍼센트였지만 1770년 무렵에는 70퍼센트를 웃돌았다. 잉글랜드가 수출하는 못의 80퍼센트와, 그보다는 약간 적은 비율의 연철 수출 물량이 아메리카 대륙 및 아프리카와의 무역으로 들어갔다. 대서양 노예 경제는 그러므로 영국 경제의 핵심적 일부였고, 영국에는 거의 아무런 경쟁자도 없었다. 확실히 경쟁이 극도로 치열한 아시아 시장들에 비해 대서양 경제에서 영국은 거의 독보적이었다. 대서양 노예 경제는 수출을 위한 중요한 시장을 창출했고, 가장 역동적인 시장이 되어 영국은 아프리카에서 철제품 및 면제품을 팔아 노예를 사들이기도 했고 아메리카 대륙에서 노예들이 입을 의복이나 농장에서 사용하는 연장들을 거래하기도 했다.

도약하는 영국 산업에 면화를 공급하는 제3의 영역에서 노예 경제와의 연관성은 직접적이고도 규모가 컸다. 원면 공급이 비슷한 수준으로 증가하지 않았다면 면제품 생산도 그렇게 어마어마한 수준으로 확대되지 못했을 것이다. 이 부분이 특히 중요한 이유는 영국의 면제품이 질 좋은 인도 제품에 경쟁 상대가 되지 못했기 때문이다. 영국의 강점은 제품의 품질은 적당한 정도지만 저렴한 가격과 물량 공세가 가능하다는 데 있었다. 대서양 경제 덕분에 영국은 아메리카 대륙에서 거의 무한대로 땅을 공급받을 수 있었고 강제 노동을 대거 투입해 생산 비용을 최소화할 수 있었다. 1790년대에 미국은 불과 150만 파운드 상당의 원면을 생산했다. 1791년에 일라이 휘트니(Elias Whitney)가 조면기(cotton gin)를 발명해 생산 공정이 개선되면서 1800년 무렵에 생산량은 3500만 파운드에 도달했고 1820년에는 1억 6000만 파운드로 증가했다. 이 기간에 원면의 가격은 3분의 2 가까이 떨어졌다. 1820년대 아메리카 대륙의 노예 농장들은 영국에 수입 면화의 4분의 3을 공급하면서 산업 번영의 근간을 이루었다. 목화 재배가 앨라배마와 미시시피, 텍사스 등 서쪽 지역으로 확대되면서 미국의 원면 생산량은 1860년 무렵에 230만 파운드로 증가해 세계 원면 생산량의 3분의 2를 차지했고 영국 원면 수입량의 90퍼센트를 공급했다. 미국 남부의 노예 경제와 기계화된 영국의 면 산업은 서로 불가분의 관계였다.

20.8 유럽의 경험

산업화가 주로 영국에 나타난 현상이고 다른 국가들, 특히 서유럽 사회가 그것을 모방한 것은 아니었다. 세계사적 관점에서 산업화는 최초에 서유럽에서 전개된 지역적 현상이나 기간을 살짝 더 길게 잡아 국제적인 범위로 이해하는 것이 맞다. 1860년대에 산업화는 미국과 일본에서도 진행되고 있었다. 20세기에는 점점 더 많은 사회가 동일한 이행기를 거쳤다. 이런 국가들 중 영국을 '모방'하려고 한 곳은 없었다. 그건 가능하지도 않았다. 영국에는 여러 특수 요소가(특히 대서양 경제에서 파생한 부와 석탄 이용의 용이성이) 있었고, 그 덕에 불과 몇십 년 앞선 것뿐이지만 가장 먼저 산업화를 이루었다. 영국에서는 유럽의 다른 어떤 나라들에서보다 면 산업이 언제나 훨씬 더 중요했다.(1910년까지도 영국은 독일과 프랑스, 이탈리아를 모두 합한 것보다 더 많은 면화를 소비했다.) 특히 1860년부터 발달하기 시작한 화학 분야를 비롯해 다른 분야들에서도 영국은 언제나 다른 유럽 국가들, 특히 독일에 뒤처졌다. 어느 곳에서든 경제 주체로서 각각의 국가는 이용 가능한 천연자원과 성공한 산업에 기대어 나름의 역학과 나름의 산업화 유형에 따라 발전했다. 새로운 기술들은 그 기술을 주도한 국가에 짧은 수혜를 주었지만 유라시아의 역사가 증명하듯 곧 급속히 확산되었다. 그리고 기술이 전파되면서 뒤늦게 산업화를 이룬 나라들은 가장 최신식의 기술까지 직접 접할 수 있었다. 이들 국가도 몇십 년 사이 시대에 뒤떨어져 교체해야 하는 공장과 기계가 줄어들어 초반의 급성장을 추동할 수 있었다는 뜻이다.

유럽에서(즉 세계에서) 두 번째로 산업화가 진행된 국가는 벨기에였다. 영국처럼 이 지역(벨기에는 1830년까지 독립국이 아니었다.)은 18세기에 산업화 과정이 시작되었다. 1720년 무렵에 리에주 부근에 자리한 탄광은 뉴커먼의 증기펌프를 이용했다. 영국에서 증기펌프를 처음 이용한 때로부터 10년이 채 되지 않은 시점이었다. 석탄 산업은 특히 림뷔르흐 지역에서 벨기에의 산업적 토대를 형성했다. 중공업, 특히 야금업이 초기 산업 생산량에서 차지하던 비중은 영국보다 컸는데, 1790년대 이후로는 영국의 기계를 이용해 면방적이 확대되었고 19세기 초엽 유럽 시장의 많은 지분을 가져갔다. 영국보다 더 작은 국가였던 벨기에에서 산업화는 맹렬히 진행되었다. 독일의 많은 지역, 특히 동부 지역과 바이에른에는 초기 산업화의 물결이 거의 미치지 못했다. 반면 작센에는 1840년대 무렵에 대규모 면 산업이 성장하며 중요한 산업 부문이 자리 잡았다. 하지만 거의 전적으로 수력으로 가동되었다. 주요 석탄 산지들(루르와 실레시아)은 산업화가 가장 높은 수준으로 전개되었고 중공업도 발달했다. 독일의 산업화는 1860년대 이후에야 분출되기 시작했지만 그때부터는 매우 빠르게 전개되었다.

프랑스는 흔히 유럽의 관점에서 일탈로 간주되며 19세기에는 비교적 '실패'였던 것으로 여겨진다. 하지만 영국과 벨기에의 산업화 양식을 따르는 대신 프랑스는 자신만의 독특한(그리고 사회적 파괴력이 덜한) 산업화 모형을 만들었다. 프랑스 산업화에서 핵심 요소는 (다른 유럽 국가들의 절반에도 미치지 못하는) 매우 더딘 인구 증가와 석탄의 부족(과 고비용)이었다. 1900년 무렵에 프랑스의 1일당 석탄 생산량은 벨기에와 독일의 3분의 1이었고 영국에 비하면 7분의 1 수준이었는데, 매장되어 있던 석탄 보유고는 유럽 어느 나라보다 더 철두철미하게 이용했다. 상대적으로 석탄이 부족했던 프랑스에서는 중공업의 위치가 다른 유럽 국가들보다 떨어졌고 영국의 스코틀랜드 및 웨일스, 더럼 탄전이나 독일의 루르 같은 일부 유럽 도시들처럼 산업 집중 현상을 보이지도 않았다. 따라서 도시화도 상대적으로 저조했고 지리적으로 분산된 산업 부문 내에 소규모 기업들이 우세한 경향을 보였다. 그런데도 성장률은 높았다. 1860년 이전에는 연간 약 2퍼센트였다가 그 후로는 살짝 더 높아졌다. 19세기 말엽에 프랑스는 유럽에서 가장 부유한 나라의 반열에 올라 있었다.

프랑스의 경험은 석탄 매장량이 많지 않은 나라들(스위스와 덴마크, 노르웨이, 스웨덴, 네덜란드 등)의 대표적인 사례였고, 따라서 19세기에는 산업화가 비교적 늦는 추세였다. 19세기 후반에 이들 국가는 (농산물의 거의 3분의 2를 수출해 부를 누렸던 덴마크를 제외하고) 모두 주요한 산업 강국이었다. 실제로 1860년부터 1913년 사이에 1인당 가장 높은 자산 성장률을 보인 국가는 스웨덴이었다. 노르웨이는 해운업에 집중했고 네덜란드는 수입 원료의 가공에 주력했다. 산업 경제에 필요한 기본적인 요건을 전혀 갖추지 못한 듯 했던 스위스는 고품질 제품에 특성화된 고도로 숙련된 노동력을 창출하는 데 전념했고 19세기 말엽에는 유기화학 산업을 세계 두 번째 규모로 성장시켰다. 다른 유럽 지역들은 산업화가 매우 국지적인 현상이었다. 오스트리아–헝가리의 경제성장과 산업 발달은 두 지역, 보헤미아와 모라비아(산업 생산량의 거의 3분의 2를 책임졌다.) 및 중앙 오스트리아(나머지 3분의 1을 공급했다.)에 집중되었다. 다른 지역들은 통신이 곤란하고 아직 농업이 지배적이었다. 이탈리아 북서부는 (최소한 프랑스와 오스트리아의 일반적인 수준까지) 비교적 산업화가 진척되었지만 다른 곳들, 특히 이탈리아 남부는 여전히 개발되지 않은 시골의 모습이었다. 마찬가지로 스페인에서도 산업 발달은 (주요 철강 산지인) 빌바오를 중심으로 한 바스크와 카탈루냐에 집중된 반면 스페인 북서부와 남부는 이탈리아 남부와 비슷했다.

20.9 미국의 경험

미국의 산업화는 국가적으로 매우 특별했던 위치가 만들어 낸 독특한 양상을 따라갔다. 1800년 미국은 원료(남부의 농장 작물들과 북부의 목재)를 수출하고 대서양 노예 경제와 밀접한 관계를 맺은 덕에 비교적 부유한 국가였다. 미국의 상인들은 아메리카 대륙으로 들여온 노예 전체 중 거의 40퍼센트 육박하는 수를 수입했고, 설탕 및 당밀, 럼주 무역을 활발히 수행했으며, 서인도제도의 농장들에 많은 제조품을 공급했다. 뉴잉글랜드의 선박 절반가량은 서인도제도 무역과 연관된 일들에 쓰였다. 미국은 인구가 500만 명이 간신히 넘고 거의 전부가 농업에 의지하는, 애팔래치아산맥 동쪽에 국한된 작은 나라였다. 19세기 말엽에 미국은 인구 7700만 명을 보유한 세계 최대의 산업 강국으로 거듭나 세계 제조업 생산량의 3분의 1을 만들고 있었다.(그래도 인구의 40퍼센트는 아직 농업에 종사했다.) 놀랍게도 이와 같이 거대한 산업의 확장은 대륙 전역으로 농경지와 정착지가 확대되면서 동시에 발생했다.

유럽에서 많은 기술을(특히 면직 산업을) 차용했지만 미국의 초기 산업화를 이끈 동력은 목재와 수력이었다. 광활한 삼림이 유럽처럼 벌채되지 않은 채 남아 있어 저렴하고도 쉽게 구할 수 있는 에너지원이었다. 1850년에 나무는 여전히 연료의 90퍼센트 이상을 차지하는 공급원이었고, 미국 철 생산량 중 절반은 목탄을 이용해 만들어졌다. 펜실베이니아의 호프웰 용광로는 매년 750에이커 상당의 목재를 소모했다. 난로와 보일러가 만들어져 나무를 연료로 삼았고 미시시피 강처럼 큰 강 위에 증기선들이나 대다수 철도 위를 달리는 기관차들도 나무 연료를 사용했다.(미국과 달리 영국은 처음부터 나무가 부족해 코크스나 석탄 연료를 사용했다.) 1870년까지도 나무는 산업 및 수송에 쓰이는 연료 중 4분의 3을 차지했다. 1880년대 중엽을 지나서야 석탄은 미국의 주 에너지원이 되었다. 특히 섬유 생산 등 산업용으로 쓰였던 다른 주요 동력원은 물이었다.

영국에서처럼 산업 발달은 면 제조업(1860년에 최대 산업이었다.)과 긴밀히 연결되었고 남부 주들의 노예 경제에도 의존했다. 뉴잉글랜드의 초기 섬유 제조업이 발달하는 데는 유력 상인들의 자금이 들어갔고, 매사추세츠의 브라운(Brown) 가문과 보스턴의 로웰(Lowell) 가문 같은 상인 가문은 노예무역을 통해 재산을 모았다. 산업은 남부의 면화에도 의존도가 높았다. 1860년 무렵에 섬유업은 연간 약 4억 3000만 파운드의 면화를 이용했는데, 이는 영국으로 수출했던 양의 약 3분의 1에 상당했다. 미국의 산업 대부분은 북부 주들에 위치했다. 하지만 1850년대에 산업 총생산량의 약 10퍼센트는 남부에서 나왔고 그중 많은 부분을 20만 명에 달하는 산업 노예가 만들었다.(노예 대부분은 현지 플랜테이션 소유주들에게 고용되었다.) 19세기 전반부에 미국은 더디게 성장해서 연간 성장률이 1퍼센트 남짓 되었다. 영국(과 여러 유럽 국가들)처럼 초기 산업화 단계에 성장률은 증가하지 않았다. 미국에서 산업이 급속도로 확장된 시기는 1865년의 내전 이후에야 찾아왔다. 그리고 이때에는 산업 확장이 눈부신 속도로 전개되었다. 산업 생산량은 1900년 무렵에 다섯 배로 증가하며 뉴잉글랜드와 중부 대서양 연안의 여러 주, 중서부에 주요 산업 지대가 확립되었다. 생산 분야는 강철부터 중공업, 조선업, 그리고 새로 부상하는 화학 부문까지 다양화되었다.

20.10 통신

유럽과 미국은 경제적 기본 체제에 대대적인 진전이 이루어지지 않았다면 산업화가 진척되지 않았을 것이다. 18세기까지 유럽은 통신망의 발달에서 중국보다 뒤쳐져 있었을 것이다. 도로는 열악했고 운하는 거의 미개발 상태여서, 해안의 선박과 배가 다닐 수 있는 강들이 주요 수송 수단이었다. 18세기는 운하망이 광범위하게 발전해 거의 최초로 대량의 재화가 원거리를 이동할 수 있게 된 시기였다. 많지 않은 선로가 놓였지만 대부분 말이 끄는 형태였고 탄광과 일부 산업 지구 주변의 짧은 화물 노선에 국한되었다. 19세기에 들어 첫 30년 동안 다양한 기술들이 서서히 진화하면서 철도도 발전했다. 화물을 끌수 있는 효율적인 증기 동력이 개발되자 더 나은 보일러와 피스톤, 전동 장치가 필요했고 이 모든 무게를 감당할 수 있는 선로도 있어야 했다. 최초로 여객을 수송하는 증기 구동 철도가 영국에서(1825년에 스톡턴과 달링턴에서, 1830년에 리버풀과 맨체스터에서) 운행을 시작했고, 그 후로도 계속 발달하며 고속으로 달릴 수 있는 힘 있는 기관차를 만들 필요성이 대두되었다. 동시에 신호 보안 및 전신 같은 다른 기술들도 개발되어야 했다.

철도는 1830년 이후 급속히 성장해 몇 마일 길이의 짧은 노선에서 대도시를 잇는 긴 간선 경로로 바뀌었다. 1840년대 초엽에 영국의 대도시들은 런던과 연결되어 있거나 연결 공사를 진행하고 있었다. 1844년에 안트베르펜에서 쾰른에 이르는 대륙 최초의 간선 노선이 운행을 시작했고 1850년에는 철도망이 바르샤바까지 뻗어 나갔다. 아마도 철도의 가장 중요한 기능은 전국적 차원에서 시장이 창출되고 통합되도록 돕고 일부 지역이 특정 물품을 특산화하게 하는 데 있었을 것이다. 철도는 대량으로 빠르게, 예컨대 석탄 같은 물품을 운반하는 데 특히 중요했다. 도로 수송은 19세기에 거의 변화가 없었고 철도 수송보다 훨씬 더 비용이 많이 들었다. (영국은 제외하고) 철도가 운하보다 반드시 저렴한 것은 아니었지만 운하보다 더 빨랐다.(벨기에와 독일, 프랑스에서 운하망은 1850년 이후까지도 계속 확대되었다.) 철도망이 확대되면서 1840년에 2000마일이던 유럽의 철도는 20세기 초엽에는 22만 5000마일로 증가했고, 비용은 급격히 내려갔다. 1890년대에는 화물 운임이 1840년대 운임의 절반 수준이었다. 화물 운임이 내려가면서 경제활동의 여러 비용이 감소했지만, 좀 더 중요한 사실은 원료와 가공품, 식량 등 19세기 말에 기차로 수송할 수 있는 물품의 양이 엄청나게 늘어났다는 점이다. 철도가 없었다면 이런 물품들은 수송이 불가능했을 터였고 유럽의 경제 상황도 훨씬 달라졌을 것이다. 1845년에 철도를 이용한 벨기에의 화물 수송률은 7퍼센트에 불과했다. 1910년에는 화물 수송이 훨씬 더 증가한 가운데 철도를 이용하는 비율은 전체 수송량의 4분의 3을 넘어갔다. 마찬가지로 공과 사 모든 영역에서 여객 통행(전체적으로 이 부분에서 철도 수입의 반 정도가 나왔다.)의 양과 철도가 사람들의 생활 및 사회 전반에 끼친 영향도 눈여겨보아야 한다.

철도는 경제 부문에서 산업 생산품에 대한 수요를 창출하는 주요 요인이었다. 철도에는 석탄과 고품질의 철이 필요했고, 19세기 중엽부터는 철강 레일이 요구되었다. 기관차를 만들고 수리하는 일은 기업에서 건축한 공장에서 이루어졌다. 이런 기업은 전적으로 철도에 기반을 둔 크루(Crewe)나 스윈던(Swindon) 같은 도시 안에 위치했다. 때로는 개인 기업이 기관차를 제조하기도 했다. 철도 건설에는 어마어마하게 많은 노동력이 들어갔다. 특히 기계류는 최소한도로 이용되었고, 일단 건설에 착수하면 고도의 숙련을 요하는 새로운 일자리가 광범위하게 창출되었다. 영국과 벨기에를 제외한 대부분의 국가는 때로는 수입 레일과 기관차에 의존하기도 했다. 1850년대에 스페인 철도의 레일 수요는 왜소한 자국 제철 산업의 총생산량보다 두 배였다. 철도는 농업에도 지대한 영향을 미쳤다. 우선 가축을 철도에 싣고 전국을 빠르게 이동할 수 있었고, 버터와 우유처럼 쉽게 상하는 제품들을 위한 새로운 시장도 형성되었다. 1861년에 런던에서 판매된 우유 중단 4퍼센트만이 철도로 수송되었는데, 30년 후에는 우유 시장도 어마어마하게 확대되었고 그중 철도로 수송된 우유의 양도 80퍼센트에 달했다. 멕시코와 스페인, 러시아 같은 국가들과 프랑스 일부 지역처럼 강과 운하의 통신 시설이 열악한 곳에서는 철도가 특히 중요했다. 하지만 이 나라들은 자력으로 산업 경제를 일으키지 못했다. 결국 이 나라들에 가장 큰 영향을 미친 국가들은 영국과 벨기에, 그리고 후일에 독일들처럼 상대적으로 복잡하게 발달된 경제국들이었다. 이들 나라에서는 철도가 기존의 산업을 훨씬 더 발달시키는 데 일익을 담당했다. 미국의 철도 발달은 매우 빠르게 진행되었다. 1840년 무렵에 미국은 이미 영국보다 더 긴 궤도를 갖고 있었다. 최초의 대륙횡단철도는 1860년대에 완공되었고, 19세기 말엽에는 무려 17만 마일에 이르는 궤도가 완성되었다. 대부분의 유럽 국가들처럼 미국도 철도 건설 이전부터 산업 발달이 시작되었고, 철도는 산업 부문의 성장률을 높이고 비용을 줄이는 데 상당한 기여를 했다. 하지만 미국에서 철도가 경제 및 산업 분야에 미친 영향은 영국에서보다 적었다. 철도는 제철 산업의 주된 수요자도 아니었다. 19세기에는 기관차와 철로보다 못을 만드는 데 더 많은 철이 들어갔다.

철도가 발달했다고 해서 (역마차 외에도) 축력을 이용한 수송이 사라진 것은 아니었다. 여객과 화물 양자의 수송이 증가하면서 철도는 말의 수요를 증가시켜 유럽과 미국 모두에서 축력 수송의 수는 19세기 말엽에 정점을 찍었다. 이러한 추세는 세계적으로 철도가 가장 밀집된 국가 중 하나인 영국에서 특히 뚜렷하게 나타났다. 1810년에 개인이 소유한 마차는 약 1만 5000대였는데 1840년에는 4만 대로, 1870년에는 12만 대로 많아졌다. 공적 또는 사적 수송 용도로 도시 안에 유지된 말의 수는 1830년의 35만 마리에서 1900년에 120만 마리로 증가했다. 대중교통은 말에 대한 의존도가 높았다. 1902년에 런던에는 3700대의 승합마차(마차마다 말 두 마리를 사용해 하루 동안 운행하는 데 말 열 마리 정도가 필요했다.)와 7500대의 이륜마차, 3900대의 전세 마차가 있었다. 철도 회사들도 각 역과 물류 창고에서 재화를 유통시키기 위해 말을 많이 이용했다. 1913년에 런던의 재화 수송량 중 거의 90퍼센트가 여전히 축력을 이용했고, 철도 회사들은 6000마리 이상, 석탄 상인들은 8000마리 이상의 짐승을 부렸다. 전체적으로 영국에는 350만 마리의 말이 있었고, 말들은 1년에 400만 톤의 귀리와 건초를 먹어 치웠다. 여기에 광대한 농지가 소요되었고, 농지 분포를 전국적으로 배분하는 데 엄청난 노력이 들어갔다. 미국도 같은 문제에 직면했다. 1900년에 미국에는 3000만 마리에 가까운 말이 있었

고,(그중 20만 마리는 뉴욕에 있었다.) 말들은 9000만 에이커의 경지에서
나는 작물들을 먹어 치웠다. 미국의 전체 경지 중 4분의 1에 해당하
는 면적이었다. 아마 그 정도가 당시의 농업 체제로 인간의 식량 공급
에 영향을 미치지 않은 채 감당할 수 있는 최대치였을 것이다. 영국은
식량을 대량 수입하고 있었기 때문에 버틸 수 있었다.

[유럽 외의 통신 ☞ 21.2]

20.11 산업화와 사회

19세기가 지나는 동안 산업화는 여러 유럽 사회와 미국에 심오한
변화를 초래했다. 인류 역사상 처음으로 농업에 직접 종사하지 않는
인구수가 과반에 이르렀다. 영국은 1850년대에, 다른 유럽 국가들도
몇십 년 내로 그러한 이행기를 맞았다. 20세기 초엽에 프랑스는 인구
의 불과 3분의 1이, 독일은 4분의 1이 농사를 주업으로 했고 이탈리
아의 상대적 낙후성은 인구의 60퍼센트가 아직 농업에 종사하고 있
었다는 사실로 알 수 있다. 점점 더 많은 사람이 도시에 거주했고 직
업의 범위는 현저히 증가했으며 세기 전반에 걸쳐 전체적으로 부의
평균 상태가 상승했다. 하지만 이러한 변화는 고통을 수반했다. 어떤
사람들은 생계 수단을 잃었다. 영국의 경우 50만 명에 달하는 베틀
직공이 그러했다. 또한 수십 년 동안 사람들은 새로운 산업도시의 혹
독한 환경 안에서 생활했고 삶의 질은 훨씬 더 낮아졌다. 마침내 상황
이 개선되기까지는 매우 오랜 시간이 걸렸다.

20.11.1 빈부와 건강

[이전의 유럽 ☞ 18.7.1]

영국이 산업화 초기 단계에 경험했던 환경은 최근 몇십 년 동안 격렬한 역사 논쟁에 휘말렸지만 합의 지점이 도출되고 있다. 1760년 무렵부터 1820년대까지 생활수준에 평균적으로라도 어떤 개선이 있었을 가능성은 지극히 낮다. 소수는 혜택을 누렸을지 모르지만 압도적 다수는 그렇지 못했다. (1800년 이후 속도가 붙은) 인구 증가는 저임금 및 식료품 가격의 상승으로 연동되었고 자연스레 빈곤도 증가했다. 남성들의 실질임금은 최소한 1810년까지 확실히 떨어졌고 여성의 경우 그 기간이 더 오래 지속되었다. 값싼 노동력이 넘쳐 나 어쩌면 기계화와 기술혁신의 속도도 늦추어졌을 것이다. 일부 산업은 노동력 중 4분의 3이 실업 상태일 만큼 불경기였지만 돈을 저축하거나 저당 잡힐 재산이 있는 노동자는 거의 없었다. 1840년대에 잉글랜드는 인구의 약 10분의 1이 여전히 극빈자로 분류되었다. 때로는 이 비율이 급격히 올라가기도 했다. 1840년대 초엽의 경제 불황 당시 랭커셔주의 클리더로(Clitheroe)라는 도시에서는 총 주민 6700명 중 2300명이 극빈자로 추정되었다. 평균수명과 유아사망률, 평균 신장의 하락과 관련된 수치들은 전부 영양 수준이나 전반적인 생활수준이 저하되었다는 사실을 의미한다. 초기 산업화 기간에 나타난 삶의 질을 살펴볼 때 눈에 보이지 않는 측면도 염두에 두어야 한다. 공장노동자들은 엄격한 시간 통제와 노동 규율에 시달렸다. 시골 지역의 자영업자들이 스스로 노동의 속도를 조절하고 상대적인 자유를 누렸던 것과 상반된 현실이었다. 게다가 공장노동자들은 불경기에 돌아갈 소작지도 없었다. 여성과 아동은 공장 노동력에서(그리고 광산업 같은 다른 직종에서도) 다수를 차지했지만 흔히 노동환경은 더 열악했다. 1816년에 면직 공장들은 노동력의 절반이 18세 미만 아동이었다. 1835년에 요크셔의 모직 공장은 여성과 20세 미만의 청소년 노동력이 전체의 80퍼센트를 차지했다.

20.11.2 도시의 발전

산업화가 낳은 가장 근본적인 변화 중 하나는 도시화였다. 19세기까지 전 세계 대부분의 도시는 다른 경제 요소들에 기생했다. 도시는 사람을 끌어당기고 식량을 빨아들였지만 그에 비해 되돌려주는 것은 거의 전무했다. 도시는 통치자의 왕궁이나 다수의 측근, 상류 귀족, 그리고 그 하인들을 중심으로 건설된 소비의 공간이었다. 산업화는 이러한 양상을 변화시켰고, 산업 생산량의 측면에서 그리고 나중에는 금전적·상업적 서비스를 통해 경제에 기여하는 주체로 도시를 탈바꿈시켰다. 1800년에는 유럽 인구의 90퍼센트가 시골 지역에 살았다. 가장 도시화된 사회인 영국과 네덜란드에서조차 시골 인구는 80퍼센트를 차지했다. 영국에서도 변화의 속도는 느렸다. 1850년대 초기까지도 영국 인구의 60퍼센트는 시골에 거주했다. 그러나 영국은 1900년 무렵에 인구 4분의 3이 크고 작은 도시에서 생활했고 다섯 명 중 한 명은 런던에 정착했다. 이 수치가 전체적인 인구의 성장을 반영한 것은 아니었다. 영국의 도시 거주자는 1800년의 총 200만 명에서 1900년에 거의 3000만 명으로 증가했다. 1750년에 런던은 잉글랜드에서 인구 5만 명이 넘는 유일한 도시였는데, 한 세기 후에는 그런 도시들이 스물아홉 개로 늘어났다. 어떤 도시는 산업화가 진행되며 매우 빠르게 성장했다. 맨체스터의 경우 1770년에 2만 7000명이었던 인구가 불과 60년 후에 18만 명으로 증가했다.

이렇게 도시로 유입된 사람들이 마주한 환경은 끔찍했다. 1833년에 맨체스터에서는 (인구의 거의 10분의 1인) 주민 약 2만 명이 지하방에 살았다. 어느 도시든 위생 시설은 전무하다시피 했다. 그중에서도 가장 열악한 곳은 런던 켄싱턴 북부의 '포터리즈'로, 이곳은 원래 근교 지역에 벽돌 제조용 점토를 공급하기 위해 땅을 파낸 8에이커 면적의 땅이었는데 그 후로 이웃 지역들의 온갖 하수가 흘러들어오도록 방치되었다. 이곳은 완전히 개방된 하수구이자 고여 있는 저수지였다.(한 곳은 크기가 1에이커에 달했다.) 1850년대 초엽에 약 1000명 정도의 사람이 이곳에 거주했고 3000마리가 넘는 돼지를 키우며 쓰레기를 먹였다. 그러나 런던은 대체로 역겨운 상태였다. 런던 하수도 건설 위원회(Metropolitan Commission of Sewers)에 참가한 공학자 존 필립스(John Phillips)는 1847년에 다음과 같이 기록했다.

런던은 (……) 배수 설비 하나 없는 가옥이 수천 채에 달했고, 그 이상의 집들에 악취 나는 오수가 넘쳐흐르는 웅덩이들이 있었다. 그리고 수백 개 거리와 마당과 골목에는 하수 시설이 전혀 없다. (……) 매우 많은 곳을 방문했지만 쓰레기들이 방과 지붕, 지하실, 마당 여기저기에 높고 깊게 쌓여 다가가기조차 어려웠다.

다른 도시들도 사정은 마찬가지였다. 1840년대에 프리드리히 엥겔스(Friedrich Engels)는 영국 노동자들의 노동조건을 조사하던 중 맨체스터를 방문했다. 그는 이 도시에서 주민 200명이 마당에 설치된 변소를 같이 쓰는 어떤 지역에 대해 이렇게 서술했다. "이런 건물 중 한 곳은 지붕으로 덮인 샛길 끝에 바로 문짝 없는 옥외 변소가 있다.

변소는 너무 더러워서 주민들은 이곳을 드나들 때 똥오줌으로 범벅이 된 웅덩이를 지나야 했다." 엥겔스는 어크강에 놓인 듀시교(Ducie bridge)에 서서 다음과 같이 풍경을 묘사했다.

어크강의 바닥은 흐른다기보다 고여서 썩어 있고 (……) 근처 하수구와 변소의 오물들이 흘러들어 온다. 듀시교 밑으로 왼쪽에는 가파른 좌안 위쪽 골목의 썩은 물질들과 오물, 쓰레기 더미들이 쌓여 있다. [강은] (……) 좁고 시커멓고 악취가 나며 나지막한 우안 위로 오물과 쓰레기가 가득했다. 건조한 날이면 구역질 나는 검푸른색과 끈적거리는 오물이 한층 더했고, 수면 밑에서 유독한 거품이 끊임없이 올라와 수면에서 40피트 또는 50피트 떨어진 다리 위에서도 참을 수 없는 악취가 풍겼다.

상황을 개선하려는 시도는 문제를 더 악화시키기 일쑤였다. 화장실을 만들고 하수구를 건설해도,(잉글랜드에서 화장실을 개울 수면으로 연결하는 것은 1815년 이후에 합법화되었고 1847년부터는 의무 조항이 되었다.) 강은 서서히 썩는 배설물들이 가득한 개방형 하수구로 전락할 뿐이었다. 런던은 하수구의 오물을 플리트강으로 배출했고, 플리트강을 따라 템스강으로 유입된 쓰레기들은 도시 한복판에서 물결을 타고 강 위를 떠돌았다. 더운 날이면 악취가 온 도시로 퍼졌다. 1858년의 '대악취 사건(The Great Stink)' 당시에는 냄새가 너무 심해 하원 의사당에서는 개회 일정도 포기해야 했다.

이런 환경에서 질병이 수그러들 새 없이 나돌아 쉽고 빠르게 퍼져 나간 것도 그리 놀라운 일이 아니다. 장티푸스처럼 고질적인 질병들이 기승을 부렸고 결핵은 인구가 밀집되고 생활환경이 열악한 산업도시에 심각한 위협이 되었다. 더 큰 문제는 새로운 질병의 확산이었다.

콜레라는 5세기 전쯤 유행했던 림프절 페스트(흑사병)와 매우 흡사한 방식으로 확산되었다. 인도의 오랜 풍토병이었던 콜레라는 갠지스강에서부터 순례 길을 따라 주기적으로 전파되면서 때로는 중국에까지 다다르기도 했다. 1826년에 벵골에서 발발한 콜레라는 지중해 동부로 확산되어 그곳에서 오스만 제국과 싸우는 러시아 병사들에게 전염되었다. 병사들은 콜레라에 감염된 채로 1831년에 폴란드 및 발트 지역으로 돌아갔다. 병은 1년 만에 영국과 유럽의 주요 도시들, 미국, 그리고 대부분의 이슬람 국가에까지 확산되었다. 환경이 비위생적인 유럽과 아메리카 대륙의 도시에서 콜레라는 저항력 없는 시민들 사이로 들불처럼 번져 나갔다. 과학자와 의사들은 콜레라가 수십 년 동안 거듭 유행하며 전파되었다고 주장했다. 위생 시설과 수도 공급 체계가 개선된 이후에야 조금씩 질병을 가라앉힐 수 있었다. 콜레라가 대대적으로 발발했던 마지막 시기는 영국이 1866년이었고, 프랑스는 1884년, 독일은 1892년이었다.(독일의 경우 당시에 함부르크에서만 시민 8600명이 사망했다.) 산업도시들의 식량 부족과 열악한 환경, 질병 등의 여파로 잉글랜드에서는 1810년부터 사망률이 올라가다가 19세기 중반에 이르러서야 조금씩 낮아지기 시작했다. 1840년에 맨체스터에서는 노동자계급 가정의 아이 열 명 중 약 여섯 명이 5세 이전에 사망했다.(시골 지역 아동 사망률의 거의 두 배였다.)

영국에서 다수 인구의 생활환경이 조금씩 나아지기 시작한 것은 19세기 중엽에 이르러서였다. 국가가 개입해 가장 혹사가 심한 산업체계 일부를 규제했고, 먼저 아동과 여성의 노동량과 남성들의 노동시간을 개선했다. 전체적인 부의 수준이 올라가기 시작하면서 산업 노동자들, 특히 숙련노동자들에게도 조금씩 수혜가 돌아갔다. 실질임금은 1850년대부터 계속 증가하다 19세기 말엽 즈음에 주춤거리기 시작했다. 토요일 오후에 일을 쉬는 반휴일이 점차 보편화되고 가용 자금이 많아지면서 1880년대에는 프로 축구와 같이 관중이 동원되는 운동경기들이 점점 인기를 끌었다. 의심의 여지없이 19세기 말엽 1인당 실질적인 부의 평균은 한 세기 전의 환경과 비교할 때 상당 수준 증가했다. 의식주 같은 기초 필수품을 구할 여유가 생겼을 뿐 아니라 운이 좋으면 얼마간의 돈을 남겨 작은 '사치'나 심지어 (대체로 무급인) 짧은 휴가도 누릴 수 있었다. 교사나 의사 같은 새로운 유형의 직업들이 생기면서 사회는 다른 방식으로 변화를 이어 나갔다. 실제로 19세기는 다양한 기술자들부터 변호사, 회계사, 교수에 이르기까지 '전문 직업'의 확대가 특징이었고, 시민사회가 좀 더 복잡해지면서 이들 직업군은 모두 자체적인 규제 기관과 제도를 갖추게 되었다.

산업사회에는 엄청난 불평등이 남아 있었고 많은 사람이 극도로 빈곤했다. 특히 항만 노동처럼 고용 안정성이 거의 없는 직종이나 경제의 부침에 민감한 직업에 종사하는 사람일수록 더 그랬다. 실직하거나 직장에서 부상을 입거나 병에 걸리는 것도 여전히 엄청난 충격이 될 수 있었다. 1889년에 런던 인구의 3분의 1은 빈곤선(poverty line) 이하의 생활을 하며 '대략 상시적으로 가난'한 상태에 있었던 것으로 추산되었다. 다른 도시들에서 이루어진 비슷한 조사 결과도 같은 현실을 드러내 보였다. 사회 안의 극빈층은 가장 부유한 사람들이 먹는 식사량의 절반 정도를 먹었고 그들의 건강 상태는 여전히 형편없었다. 1899년에 보어 전쟁(Boer war: 1902년까지 이어진 영국과 트란스발 공화국 사이의 전쟁이다. ─ 옮긴이)에 참전하기 위해 입대를 신청한 맨체스터 남성 1만 1000명 중 입대 승인이 날 만큼 건강한 사람은 고작 1000명이었다. 괴혈병과 구루병, 빈혈처럼 영양 결핍에서 오는 질병들도 흔했다. 주택 문제도 여전히 심각했다. 1901년의 영국 인구조사에서 '과밀' 가정으로 분류되는 기준은 한 가정에 최소한 성인 두 명과 아동 네 명이 독립된 급수 시설과 위생 시설 없이 방 두 개인 집에 거주하는 것이었다. 이렇게 규정에 제한을 두어도 그와 같은 환경에 처한 사람들이 영국 인구 열 명 중 한 명은 되었다. 가장 궁핍한 지역으로 가면 이 비율은 더욱 높아졌다. 핀스버리 같은 일부 런던 자치구는 주민의 3분의 1 이상이, 글래스고는 주민 절반 이상이, 던디는 3분의 2 이상이 그러한 환경 속에 생활했다.

서유럽과 미국도 산업화에 속도가 붙고 도시들이 성장하면서 영국의 도시들과 유사한 환경들이 도처에 조성되었다. 유럽에서는 신흥 공업 도시들이 벨기에와 프랑스 북동부, 독일 루르 등 광범위한 지역에 등장했다. 산업화가 진행되어 독립된 공동체였던 사회들이 팽창하고 서로 협력하면서 일정한 형태가 없는 대도시권(urban conglomerations)들도 탄생했다. 영국에서는 19세기 중엽에 스태퍼드셔주에 위치한 웨스트미들랜즈의 블랙 컨트리와 포터리즈의 파이브 타운즈에서 이 현상이 처음 관찰되었다. 이런 식의 발달이 가장 극단적으로 나타난 도시는 1840년대와 1850년대 깊은 탄광에서 채탄 활동을 시작하고 철도망을 건설하기 시작한 이후 루르 지역이었다. 대규모 이민자는 노동력을 창출했고 지역 안의 마을들은 계획되지 않은 양상으로 성장하다가 마침내 서로 합쳐져 산업 스프롤(sprawl) 및 도시 스프롤을 형성하며 10마일 이상의 근접 지역들로 뻗어 나감으로써 결국에는 열한 개 도시와 네 개 지방을 하나로 묶었다. 1871년 무렵에 이 지역 인구는 100만 명에 조금 못 미쳤지만 1910년 무렵에는 350만 명에 이르렀다. 미국에서도 도시화는 빠르게 진행되었다. 1830년까지도 아직은 인구 1만 명 이상인 소도시 스물세 개 및 뉴욕(20만 명)과 필라델피아(16만 명) 등 대도시 단 두 개가 있을 뿐이었다.

이후 유럽에서 이민자들이 밀려오면서 도시들이 성장했고, 도시인구는 10년마다 두 배로 뛰어 1860년에는 600만 명에 다다랐다. 1910년 즈음에는 주민 10만 이상인 도시가 50곳이었다. 이들 도시환경은 유럽만큼 열악했다. 1810년에서 1870년 사이에 뉴욕의 유아사망률은 두 배로 뛰었다. 19세기 말에 공동주택 건물을 새로 지을 때는,(오래된 건물들은 훨씬 더 부실했다.) 스무 가구당 화장실 한 개, 한 건물당 수도꼭지 하나라는 법적 요건이 부과되었다.

산업화와 함께 규모도 급격하게 커지면서 도시는 특히 철도의 영향을 받아 그 성격이 바뀌었다. 산업화 이전 사회에서 도시의 중심은 사람들이 일하고 생활하는 곳이었다.(부유한 도시도 마찬가지였다.) 19세기에 도시가 팽창하고 시골 풍경을 가로지르며 뻗어 나갈 때 중심지의 인구밀도도 같이 높아졌고 런던에는 코벤트가든과 홀번 같은 빈민가도 만들어졌다. 지방의 장터와 거래하는 채마밭들은 사라지고 베를린의 샤를로텐부르크와 슈판다우처럼 서로 독립되어 있던 마을과 소도시들은 새로운 도시들로 통합되었다. 이러한 성장은 대부분 계획과는 무관한 투기적 발달의 결과였고, 교외, 즉 사람들이 거주하되 일할 곳은 없는 공간의 탄생으로 이어졌다. 교외는 새로운 대중교통 체계, 특히 철도 덕분에 형성될 수 있었다. 런던은 1840년대부터 꾸준히 새로운 노선을 건설했고 그 결과 캠버웰(Camberwell)과 혼지(Hornsey), 킬번(Kilburn), 풀럼(Fulham), 일링(Ealing) 같은 교외 주택지들이 들어섰다. 미국에서 초기 교외들에 거주하던 주민들은 말이 끄는 시내 전차를 타고 이동했다. 시내 전차는 뉴욕이 1832년에 도입한 것인데, 다른 여덟 개 도시들도 1860년이 되기 전에 시내 전차를 채택했다. 1869년 이후 뉴욕이 야심만만한 고가철도 체계를 갖추면서 사람들은 도시 중심부에서 더 멀리 떨어져 생활할 수 있게 되었다. 지하철의 발달은 더 중요한 역할을 했다. 최초의 지하철은 1863년에 런던에 건설되었지만,(증기기관을 이용했다.) 지하 깊이 들어가는 노선과 광범위한 지하철 체계는 전기가 통할 때까지 기다려야 했다. 다른 도시들은 얼마 뒤에 뒤를 따라갔다. 보스턴은 1897년,(첫 해에 아주 작은 철도망으로 운영된 지하철을 승객 5000만 명 이상이 이용했다.) 파리는 1900년, 베를린은 1902년, 뉴욕은 1904년에 지하철을 건설했다. 이러한 발달에는 두 가지 현상이 뒤따랐다. 주요 도시의 중심부는 산업 활동보다는 금융 및 상업의 중추가 되었고 인구가 급감했다. 1850년대에 런던시의 거주자는 13만 명이었지만 사무실들이 자리를 차지하면서 수십 년 만에 거주자는 전무에 가까운 수치로 떨어졌다. 두 번째 현상은 인구의 다수가 도시에서 멀리 떨어져 있더라도 교외에 거주하게 되었다는 것이고, 특히 땅값이 싼 편인 미국의 경우 이 현상이 더 두드러졌다. 1850년에 보스턴시의 경계 지역은 경제활동의 중심지에서 2마일 거리에 있었다. 1900년 대중교통 체계가 발달한 뒤 도시는 중심지로부터 10마일 반경까지 확대되었다. 주요 도시 중 이와 같은 발달 양상에서 이례적으로 벗어난 곳은 파리였다. 파리의 교외 철도망은 지극히 열악했다.

유럽과 북아메리카의 도시화는 세계사적으로 근본적인 변화였다. 19세기까지 세계의 주요 대도시들은 전부 유럽 바깥에 존재했다. 1800년에도 북경과 에도는 런던만큼 큰 도시였다. 1850년 무렵에 런던은 인구 230만 명의 세계 최대 도시가 되었다.(송나라 시대에 최성기를 누렸던 12세기의 항주와 비슷했다.) 북경은 여전히 세계 두 번째 규모를 자랑하며 파리에 앞서 있었다. 광동과 항주, 콘스탄티노폴리스도 아직 뉴욕보다 컸다. 1900년 즈음 세계에서 가장 큰 도시 여섯 곳은 유럽 아니면 미국에 속했다. 런던은 인구 650만 명으로 단연 세계 최대 도시였고 뉴욕(420만 명)과 파리(330만 명), 베를린이(240만 명) 그 뒤를 이었다. 상위 열두 개 도시 중 유일하게 유럽이나 미국에 속하지 않은 지역은 150만 시민이 거주하는 도쿄였다. 북경은 맨체스터와 버밍엄, 필라델피아보다 작아졌고, 글래스고와 보스턴보다는 조금 더 컸다.

[이후의 도시화 ☞ 23.6]

20.11.3 오염

산업 생산은 증가하면서 일부 지역에 집중되기도 했다. 또한 석탄이 주요 에너지원으로 빠르게 개발되자 불가피하게도 오염은 심각한 문제로 등장했다.(19세기 동안 세계 석탄 소비량은 마흔여섯 배로, 철 생산량은 예순 배로 증가했다.) 17세기 초엽에 영국이 석탄 연료로 이동하면서 순식간에 뚜렷한 결과들이 나타났다. 1608년에 셰필드를 방문했던 사람들은 이미 "도시의 연기로 숨이 막힌다."라고 경고했고, 뉴캐슬의 한 작가는 1725년에 "공기 중에 자욱한 연기구름이 사라지지 않고 맴돌아 사방이 런던처럼 암울해 보인다."라고 지적했다. 19세기에는 인구가 증가하고 석탄이 가내 난방과 요리에 거의 유일한 에너지로 쓰이다 보니 도시마다 문제가 더 심각해졌다. 1880년 무렵에 런던 중심가에는 60만 가구에 350만 개의 벽난로가 존재했다. 런던의 안개는(또는 스모그는) 점점 일상적이고 불편한 현상으로 변해 건강에도 큰 위협이 되었다. 19세기 중엽의 몇십 년 동안은 연중 안개가 낀 날이 세 배로 늘었고 사망률도 급격히 증가했다. 1873년 12월에는 극심한 안개로 죽은 사람이 약 500명에 이르렀고 1880년 2월에는 3주 만에 2000명 이상이 사망했다. 공해가 심해지면서 이러한 양상은 점점 더 심각한 방향으로 수십 년 동안 거듭되었다.

산업화가 진전될수록 대기 중 연기 및 아황산가스 오염이 증가할 뿐 아니라 오염원의 수도 현격히 늘어났다. 19세기 즈음 유럽 전역과 북아메리카에는 오염이 집중되고 환경이 악화되는 지역들이 생겼다. 굴뚝은 연기와 유독가스를 내뿜고 광석을 제련하고 남은 찌꺼기가 거대한 무덤을 이루었으며 강은 산업 폐기물들로 범벅이 되었고 인근에는 초목이 파괴되어 폐허 같은 풍경이 펼쳐졌다. 1750년에 이미 포터리즈의 버슬렘 주민들은 도시를 뒤덮은 짙은 연기 속을 손으로 더듬어 걸었다고 전해졌다. 피츠버그 인근 머농거힐라 계곡(Monongahela valley)에는 1만 4000개나 되는 굴뚝들이 대기 중으로 매연을 뿜어냈다. 대기 중의 수많은 화학물질은 광범위한 지역마다 성분이 바뀌며 공기를 산성화해 건물들을 망가뜨렸고 강과 호수를 파괴했다. 산성비 현상은 1850년대에 맨체스터에서 처음 확인되었는데, 로버트 스미스(Robert Smith)는 1872년에 출간한 자신의 책 『산과 비(Acid and Rain)』에서 이를 상세히 다루었다.

19세기에는 말의 수가 엄청나게 증가해 산업도시들에 심각한 상황을 초래했다. 거리는 말의 똥오줌으로 뒤덮였고 건널목 청소부 부대를 동원해도 거리는 견딜 수 없는 지경이었는데 특히 비가 내리는 날은 더 심했다. 1830년에 동물들은 영국 도시의 거리마다 300만 톤의 분뇨를 쏟아냈다. 이 천연비료들은 그 자리에 쌓여 악취를 풍기며 썩은 채로 방치되었다. 1900년에는 이런 분뇨의 양이 세 배는 더 많아졌다. 말 여러 마리가 혹사로 인해 거리에서 급사했다. 1900년에 뉴욕 거리에서 치운 말의 사체는 한 해에 1만 5000구였다.

[이후의 오염 ☞ 23.8]

20.12 정부와 사회

[이전의 유럽 국가들 ☞ 18.12]

산업국가들 안에서 경제적·사회적으로 일어난 근본적인 변화와 그러한 변화들이 만들어 낸 어마어마한 압박은 정부에 깊은 영향을 미쳤다. 19세기에 들어서도 한참동안 유럽 각국의 정부들은 전쟁 준비 이외에는 기능이 매우 한정적이었다. 정부는 거의 산업화 이전의 모형 그대로였다. 독특했던 스위스의 사례를 제외하면 유럽 각국의 정부들은 군주제의 형태였고 통치자에게 자문 역할을 하는 소규모 귀족들은 대토지를 소유해 그로부터 재산을 형성했다. 영국 같은 소수 국가는 의사 결정에 참여하는 귀족의 층이 약간 더 넓었지만 그래도 거의 무한 지속하는 토지 소유자들의 과두정치 체제였다. 지방 차원에서 사법권과 행정권은 아직 대체로 동일 귀족들의 수중에 있었는데, 소도시는 상인 엘리트의 지배를 받기도 했다.

도시가 성장하면서 시골을 떠나 도시로 들어가는 인구의 이동이 많아졌고, 새로운 부의 원천들도 등장했다. 이러한 변화는 수 세기 동안 내려온 체제에 혼란을 가져왔고 도시가 통제력과 낡은 통치 수단을 유지하기도 훨씬 더 어려워졌다. 전체적으로 도시는 새로운 산업 및 상업 집단을 서서히 통합시키며 지배적인 위치의 상당 부분을 지킬 수 있었다. 도시에서 산업 노동자계급의 성장은 큰 문제였다. 이들은 질서와 통제에 극심한 문제들을 제기했고 이러한 문제들은 전통적인 틀로는 풀리지 않았다. 산업 노동자들은 숙련노동자와 다수의 미숙련노동자들로 크게 분열되어 있었지만 그래도 여전히 과거 사회에 존재했던 어떤 집단과도 매우 다른 존재였다. 노동자들은 대단위로 일했고 시장의 부침에 더 많이 좌우되었으며 따라서 과거 시골 지역의 노동자들보다 훨씬 더 불안한 처지였다. 이들은 초기 산업화가 만들어 낸 열악한 노동조건 속에서 온갖 타격을 견뎠다. 또한 수십 년 동안 새로운 노동계급의 문화와 제도를 만들었다. 하지만 권력을 놓지 않으려는 기존 엘리트들의 투지는 강하고 자신들의 힘은 부족했던 노동계급이 노동환경을 바꾸기란 매우 어려웠다. 산업화가 진행되고 있던 국가들 안에서 많은 사람이 대면했던 환경을 감안할 때 19세기 유럽 역사에서 놀랄 만한 일이 있다면 대규모 사회혁명이 한 번도 발발하지 않았다는 점이다.

산업화가 초래한 사회적 긴장감이 가장 먼저 감지된 국가는 영국이었다. 1790년대 초엽부터 1815년까지 프랑스와의 전쟁 기간에 발발한 준(準)혁명적 운동들은 프랑스 혁명의 평등주의적 수사에 힘입은 측면도 있었지만 주로 산업도시들에 형성되고 있던 노동환경들 때문에 촉발된 것이었다. 이와 동시에 '기계파괴운동'도 발발했다. 새로운 기계들이 도입되며 베틀 직조공 같은 노동자들이 일자리를 잃자 기계를 파괴한 것이었다. 전쟁 종식 후에 찾아온 경제 침체로 극심한 고통과 불만이 쌓이자 정부는 첩자와 정부 공작원을 풀어 대응하며 인신보호영장 제도를 중단하고 군사 진압을 강행했다.(나폴레옹과 반도전쟁을 벌이던 중에도 영국은 전장보다 자국 내에 더 많은 병사를 유지했다.) 단결금지법(Combination Acts)으로 노동조합과 노동자 조직들은 금지되었다. 사회 개혁과 정치 개혁에 대한 요구는 차티스트 운동으로 최고조에 이르렀고, 차티스트 운동은 경제 상황이 특히 좋지 못했던 1830년대 말과 1840년대 초에 가장 거세게 일어났다.

거대한 사회적·경제적 변화를 맞아 영국 정부가 행한 대응은 권력을 더 집중시켜 개인, 특히 노동계급과 빈민, 부랑자들을 통제하는 것이었다. 1834년에는 빈민구제법에 따라 '구호'받을 수 있는 유일한 장

소인 구빈원을 설립했다. 구빈원은 애초에 그곳을 이용하고자 하는 마음도 들지 않도록 가혹한 공간으로 설계되었다. 1820년대부터는 런던 경찰(18세기에 파리에서 최초로 발달했다.) 같은 새로운 기관을 만들어 통제를 행사했고 1830년대 중엽에는 모든 주요 도시에 경찰 배치를 의무화했다. 대도시에서 많은 사람이 한데 모이는 행위는 '범죄'를 재정의하게 만들었고 상류 귀족들은 그들을 '위험 계급'이라 부르며 점점 더 두려워했다. 1800년에서 1840년 사이에 범죄 기소는 인구가 증가하는 속도보다 4.5배 빠르게 늘어났다. 범죄행위 및 정치범죄는 특히 재산을 보호하는 데 더 엄격해진 법을 통해 새롭게 정의되어 빈민이 유죄 선고를 받는 사례를 양산했다. 범죄자는 피해자뿐 아니라 '사회' 전체에도 위협 요소로 여겨졌다. 사형을 선고하는 횟수도 증가했지만 무엇보다 교도소의 역할이 바뀌었다. 원래 교도소는 재판이나 구형을 기다리는 사람들이 잠깐 감금되는 열악한 환경의 공간이었다. 하지만 1820년대부터 단순히 신체적인 처벌을 가하기보다는 '사람'을 개조하는 데 중점을 둔, 엄격한 규율이 부과된 공간으로 점차 '개선'되었다. 범죄자는 통제와 관리를 받으며 인성이 바뀌어야 석방된 후 새로운 산업사회 안에 유용한 일원으로 자리매김할 수 있다는 취지였다.

유럽 각국의 정부들은 사회와 경제가 좀 더 복잡해지면서 스스로 새로운 기능을 책임져야 한다는 사실을 아주 조금씩 깨달았다. 첫 번째로 새로운 산업 체제에서 가장 나쁜 특징들을 규제하는 기능들이 도입되었다. 여성 고용 및 아동 고용, 남성 노동자들의 작업 시간, '화물' 노동자들의 임금(회사 매점에서만 교환할 수 있는 상품권) 등이 도마에 올랐다. 대도시는 급수 시설과 위생 시설을 갖추지 않으면 생활이 완전히 마비될 우려가 있었고 빈민뿐 아니라 '건전한 시민'들까지 질병에 걸릴 위험이 있었다. 철도는 가장 먼저 규제가 필요한 산업이었다. 유럽 대륙의 정부들은 철도 체계를 계획하고 경우에 따라서는 운영하는 데에서도 핵심 역할을 수행했다. 이러한 발달을 추동한 힘의 많은 부분은 다수의 병력을 신속하게 이동시키는 데 철도의 전략적 중요성을 인식한 데서 나왔으며, 많은 철도 체계가 이런 부분을 우선 염두에 두고 지어졌다. 영국은 새로운 노선을 건설할 때 통제를 최소한도로 가했는데, 그 결과 중복 노선들이 대규모로 만들어졌다. 그래도 정부는 철도 회사에 최소한의 규제만을 가하고 전문 감독관들을 양성해 공공의 안정을 기해야 한다고 여겼다. 미국 정부는 좀 더 밀접하게 관련되어 있었다. 최초의 철도 회사인 볼티모어 앤드 오하이오는 법적으로 독점권과 세금 면제권을 부여받았다. 주에서 철도에 투자하는 사례도 흔했다.(1860년 무렵에 매사추세츠주는 여덟 개의 다른 회사에 800만 달러를 투자했다.) 주가 행한 가장 중요한 지원은 땅이었다. 1850년부터 1880년 사이에 연방 정부는 철도 회사에 1억 8000만 에이커의 공유지를 양도해 철도 노선, 특히 대륙 횡단 노선을 건축하도록 원조했다.

19세기 후반기에 몇몇 정부는 경제와 사회에 좀 더 깊숙이 관여하기 시작했다. 산업 재해를 입은 노동자들에 대한 보상 제도가 신설되거나 고용주에게 부과되었다. 몇몇 주는 더 포괄적인 복지 시책으로 제도를 확대했다. 고용주 부담에 기초한 소액 연금과 구직 지원, 실업 급여 형태도 등장했다. 이와 같은 시책들 뒤에는 대개 노동계급을 기성 사회 및 정치 구조 안에 통합시키기 위해 노동환경을 개선하고 봉기를 조장하는 유인들을 감소하려는 동기가 있었다. 19세기를 아울러 핵심이라고 할 수 있는 요소는 교육제도의 발달과 유럽 사회 전반의 문맹률 감소였다. 19세기 중엽에는 스웨덴과 프로이센, 잉글랜드,

프랑스, 오스트리아 같은 국가들(과 미국 백인)의 인구 다수가 글을 읽고 쓸 줄 알았던 것 같다. 세계사의 신기원이라고 할 만한 일이었다. 이탈리아와 스페인, 러시아 같은 국가들 정도만 산업화 이전 사회 수준의 낮은 식자율(인구의 약 10퍼센트에서 25퍼센트)에 머물러 있었다. 프로이센 같은 국가의 일부 정부는 교육에 높은 관심을 보이며 19세기 중엽부터 효과적인 국가 제도를 마련했다. 하지만 영국에서는 초등교육이 1870년 이전까지는 의무 사항이 아니었다. 거의 모든 지역에서 교육과 관련된 규정은 종교적 논란 및 교회가 담당해야 하거나 담당할 수 있는 역할을 둘러싼 논쟁들에 시달렸다. 19세기 말엽에 서유럽의 식자율은 대개 인구 열 명 중 아홉 명 정도였다.(그러나 이탈리아와 스페인에서는 그 절반에도 미치지 못했다.) 하지만 인구 대다수에게 중등교육은 흔히 의무 사항이 아니었다. 의무교육이 있다고 해도 보통은 열네 살까지였고, 상류층이 아닌 아이들이 고등교육을 받을 기회는 아주 적었다.

그럼에도 불구하고 19세기 말엽에 서유럽과 북아메리카의 경제와 사회는 불과 한 세기 전의 상황에 비해 완전히 탈바꿈되었다. 과거의 그 어떤 인류 사회도 그토록 빠른 변화를 마주한 적은 없었다. 유럽, 특히 서유럽은 압도적으로 많았던 시골 풍경과 농경 생활에서 산업사회와 도시의 풍경으로 변화했다. 농민과 토지 소유 귀족은 더는 사회의 지배적 힘이 아니었다. 산업 노동계급이 대개는 사회 안에서 가장 큰 집단이었지만 사회 자체는 훨씬 더 복잡해져 기업가와 경영자, 은행가, 전문 직업 종사자가 모두 상당한 힘과 영향력을 행사했다. 사회의 모든 구성원은 19세기 초창기를 살았던 선조들보다 더 부유했고 구매할 수 있는 제품의 범위도 훨씬 더 다양했다. 하지만 엄청난 불평등과 심각한 빈곤은 남아 있었다. 변화의 과정은 1900년에 끝나지 않았다. 사실상 변화는 더 빨라지고 더 급진적이 되었다. 새로운 기술들이 개발되어 경제와 사회에 전례 없는 속도로 잇따른 변화들이 쉼 없이 펼쳐졌다.

유럽과 세계

1750~1900년

21

19세기 유럽의 변화는 산업화와 도시화에 그치지 않았다. 1750년부터 1900년까지, 한편으로 이러한 내부 경제 변화에 힘입어 유럽은 세계를 지배하기에 이르렀다. 1750년에 더 넓은 세계 속 유럽의 위치는 16세기 초엽의 상황에서 달리 변한 것이 없었다. 유럽은 사실상 아메리카 대륙을 지배했지만 아프리카와 특히 아시아에는 무역 정거장과 기지의 형태로 발 디딜 곳 몇 곳만 확보한 정도였다. 광대한 육상 제국이었던 오스만과 중국의 청에 미치는 영향력은 거의 없었다. 하지만 1900년에 유럽과 그 일파는 아메리카 대륙 전역과 오스트랄라시아를 지배했다. 영국은 인도에서 최고의 권력이었고, 오스만은 유럽과 지중해 남부 연안의 영토들을 대부분 빼앗겼다. 아프리카는 유럽 열강이 거의 완전히 분할했고 중국은 극심한 압력 아래에 놓였다. 일본만이 이러한 관계에서 벗어나 거의 혼자 힘으로 운명을 개척했다. 1800년에 영국은 영국 제도 바깥에서 2000만 명의 인구를 지배했다. 1900년에 이 수는 4억 명으로 증가했다.(세계 인구의 4분의 1이다.) 1800년에 유럽은 인접한 분파 지역들과 더불어 세계 영토의 거의 3분의 1을 다스렸다. 1900년에는 5분의 4를 넘어섰다. 이토록 급속한 권력의 변화와 확장은 세계사에서 전례 없는 일이었다.

21.1 유라시아의 관점

21.1.1 유럽

1750년 이후로 (세계사의 큰 흐름 중 하나가 심화되어) 유라시아의 각 사회와 문화가 좀 더 밀접하게 연관되면서 상호 이해가 부족한 상태로 서로를 바라보았다. 유럽이 세계 속에서 자기들의 위상과 역할에 대한 개념을 정립하는 데 극히 중요했던 시기도 이때였다. 유럽은 지중해와 아시아 남서부를(그리고 많은 기간 발칸 지역도) 지배하며 더 선진적이고 더 강했던 이슬람 세계와 비교하며 스스로를 정의하는 경향이 있었다. 원래 유럽은 스스로를 '기독교 국가'의 일부로 규정했는데, 물론 기독교 국가는 1054년 이후에(16세기 이후로는 더) 심각하게 분열되었고 유럽의 경계와 일치하지도 않았다.(기독교 제국이었던 비잔티움이 1071년까지 아나톨리아를 지배했고 이슬람 제국이었던 오스만은 수 세기 동안 유럽의 많은 지역을 통치했다.) 그럼에도 불구하고 '기독교 국가'라는 사상은 17세기 말엽까지, 특히 바로 인접한 거대한 유라시아 제국(오스만 제국)과의 대립이라는 측면에서 중요했고 합스부르크 왕가에는 훨씬 더 오랜 뒤까지 의미 있는 신념으로 존재했다. 기독교 공화국(respublica Christiana)이 마지막으로 언급 된 유럽 조약은 1714년의 위트레흐트 조약이었다.

18세기 초부터 유럽은 스스로를 특별한 지역으로 여기며, 세계의 다른 지역들보다 우월한 독특한 특질을 체현하고 있다고 생각했다. 오랜 반(反)이슬람 세계관 및 아프리카와 아메리카 대륙에서 노예로 삼은 흑인들보다 본질적으로 우월하다는 강한 신념 외에도 유럽 상류층은 새로운 개념을 발전시켰다. 특히 그들은 '진보'를 신봉하기에 이르렀다. 유럽의 귀족들에게 진보란 인간이 궁극적인 완전함에 도달할 가능성과 자연을 지배하고 사회를 개선할 수 있는 능력이었다. 유럽은 천부적으로 진보의 담지자였다. 유럽은 '문명'이라는 개념을 탄생시켰고, 조금씩 다른 여러 사회를 유럽의 이상에 비추어 서열화했다. 이 서열 안에서 중국은 대개 정상 쪽 가까이에 위치했지만, 사실 유럽인들은 중국의 역사나 정치, 사회, 경제에 대해 거의 아는 바가 없었다. 영국인들이 인도의 사회와 문화에 어느 정도 관심을 보였지만 그마저도 곧 수그러들었고, 1790년대 말엽에 프랑스의 이집트 원정 이후 관심이 집중되었던 이집트학도 곧 시들해졌다. 유럽에서 이슬람 사회는 특별한 위치를 차지했다. 이슬람은 부패하고 타락한 외래의 것, 달리 말해서 '동양'의 것으로 간주되었고, 유럽이 지지하고 옹호하는 모든 것의 정반대에 있다고 여겨졌다. 서열의 밑바닥에는 아프리카 사람들과 아메리카 원주민들, 그리고 여러 부족민이 있었다. '고결한 야만인(noble savage)'이라는 개념이 무색할 만큼 유럽인들은 이들을 거의 사람으로 취급하지 않았다. 유럽 문명(후일에는 '서구' 문명) 사상이 중심력으로 자리 잡으며 세계사의 본질은 조금씩 정정되었다. 유럽이 그리스 사상 및 로마의 법과 정부, 기독교, 그리고 '게르만'족의 자유와 민주주의 문화를 구현했다는 주장이 등장했다.(따라서 '앵글로^색슨'이나 '아리아'인들은 다른 어떤 인종들보다 더 우월하다고 여겨졌다.) 사실 앞의 세 요소는 어느 한 가지도 딱히 '유럽적'인 것이 없고, 마지막 하나는 고유한(그리고 유전적인) 특질들을 바탕으로 세계 인류를 매우 상이한 범주로 나누는 유럽 특유의 개념이었다. 이러한 관념들은 19세기에 유럽의 우월성에 속하는 결정적 개념으로 점점 더 중요한 위치에 올라섰다. 그리스와 로마의 역사는 명확한 유럽의 유산으로 도용되어, 19세기(그리고 그 이후까지) 유럽 상류층 교육의 중심이 되고 '고전'이 되었다. 이러한 사상들은 1820년대에 오스만 제국에 반해 그리스 봉기를 위한 입대를 지원할 때 중심 역할을 수행했고, 오스만이 유럽 세계에 들어오는 것은 불법이라고 여기면서도 '유럽의 터키'라는 개념을 탄생시켰다.(사실 오스만 제국은 앞서 다섯 세기 동안 유럽에 걸쳐 있었다.)

유럽은 존재부터 제도에 이르기까지 인류 역사의 정상에 있다는 한없는 자신감을 쌓아 나갔다. 경제력과 권력이 커지면서 이런 관점은 더 강해졌고, 점증하는 부와 권력도 자기들의 '역동성'과 '진보'에 대한, 그리고 시장과 자본주의에 기반을 둔 경제 구조에 대한 보상일 뿐이라고 여겼다. 제도들도 더 뛰어났다. 유럽이 우월한 까닭은 전제적 대제국들이 아닌 '민족국가'로 분할되어 있기 때문이었다. 유럽 국가들은 대체로 동등했고, 서로 공동의 이해('유럽 협조 체제')와 '힘의 균형'을 통해 뭉쳤다. 유럽의 입장에서 이는 다른 세계 국가들에 적용되어야 하는 모형이었다. 유럽은 또한 '전제정치'에 대조되는 '자유'의 발상지였다. 이 '자유'는 언제나 합리적이고 관료적이며 헌법에 따르고 사유재산을 보호하는 것으로 보이는 유럽 국가와 등가의 의미를 지니도록 정의되었다. 농민과 노동자들의 이해를 포용하는 사상은 대체로 배제되었다. 유럽 사상의 많은 부분은 몽테스키외(Montesquieu)의 『법의 정신(The Spirit of the Laws)』에서 유래했다. 몽테스키외에 따르면, 이슬람교는 운명론과 전제정치에 쉽게 경도되며 아시아의 풍조상 이러한 약점들은 강화될 수밖에 없다. 유럽은 곧 법이고 도덕이며 귀족 사회이고 군주국인 동시에 이들이 불러온 자유였다. 오스만 제국은 노예 상태를 신봉하고 있는데, 이는 한편으로 그들이 귀족 사회와 사유재산을 결여했기 때문이었다.(아니, 몽테스키외는 그렇게 믿었다.) 어떤 이들은 기독교가 다른 종교들보다 단연 우월하다고 확신하며 '미신'과 이슬람교를 퇴치하기 위해서는 기독교를 전 세계에 널리 전파해야 한다고 생각했다. 이러한 신념은 영국에서 설립된 기독교 지식 보급 협회(the Society for the Propagation of Christian Knowledge: 1698년 설립)와 국외 복음 보급 협회(the Society for the Propagation of the Gospel in Foreign Parts: 1701년 설립), 침례교 선교회(the Baptist Missionary Society: 1792년 설립), 교회 선교회(the Church Missionary Society: 1799년 설립) 영국 해외 성서 공회(the British and Foreign Bible Society: 1804년 설립) 등에서 그 자취를 찾을 수 있다. 이 단체들과 다른 나라에 설립된 유사한 기관들은 유럽식 '문명화' 작업의 일환으로 전 세계에서 선교 활동에 전념했다.

21.1.2 이슬람교

1800년에 이슬람교는 여전히 유라시아에서 우세한 종교였고 정치적으로도 아직 유럽 남동부와 지중해 남부 연안, 아시아 남서부, 이란, 중앙아시아, 인도의 넓은 지역, 아프리카 동부 연안, 아시아 남동부의 많은 지역을 지배했다. 18세기까지 이슬람권에서는 유럽을 독립된 문화권으로 이해하는 시각이 거의 없었고 유럽에 별다른 관심도 보이지 않았다.(이슬람교가 지배하지 않는 땅 중 하나에 불과했다.) 유럽은 유서 깊고 우월한 문명인 이슬람이 배울 것이라고는 전무하다시피 한 지역일 뿐이었다. 기독교 지역은 항상 둘로 나뉘어 있는 것처럼 보였다. 룸(Rum)과 피란지스탄(Firangistan), 즉 정통 기독교 세계인 로마와 문명이 결여된 죄악의 공간인 프랑크 왕국이 그것이었다. 19세기에 유럽의 영향을 받아 이슬람 세계는 물려받은 가치와 스스로 상정한 많은 가치에 의문을 품게 되었다. 하지만 그 기간에 이슬람 세계에는 종교적 활력이 넘쳤다. 종교적·정치적으로 유럽식 모형들과는 다른 대대적인 내부 개혁과 이슬람식 활동이 필요하다는 인식도 증가했다. 교역로와 순례 길을 따라 확산된 이러한 운동은 모호한 전통을 공격하는 양상을 띠었고, 어느 정도는 반(反)수피 사상을 표방했다. 사우드 가문과 연합한 금욕주의적 와하브 운동은 19세기 초엽까지 아라비아를 지배했다. 1803년에 메카에서 돌아오던 순례자 세 명은 인도네시아에서 와하브 사상에 깊이 영향 받은 파드리(Padri) 운동을 창시했다. 1821년에는 메카에서 돌아온 하지 샤리아탈라(Hajji Shariat Allah)가 벵골에 파라이지(Faraizi) 개혁 운동을 일으켰다. 1852년에 하지 우마르 타밀(Hajji Umar Tamil)은 7년간 아라비아에서 머물다가 돌아와 팀북투와 오트세네갈(upper Senegal)에 새로운 이슬람 국가를 건설했다.(1893년에 프랑스의 공격으로 최종 패배했다.) 1856년에 무함마드 이븐 알리(Muhammad ibn Ali)는 메카를 떠나 리비아의 자그부브에서 사누시(Sanusi) 종단을 설립했다. 그의 개혁주의 메시지는 수피교도들을 통해 사하라 서부와 중심 지역으로 조용히 전파되었다. 1881년에 무함마드 아마드(Muhammad Ahmad)는 스스로 마흐디라고 천명하고 수단 내의 이집트 세력에 맞서 성전을 이끌었다. 마흐디주의 국가는 1898년 옴두르만 전투 후에 영국에 패할 때까지 존속했다. 그보다 3년 앞서 모함메드 압둘라 하산(Mohammed Abdulla Hassan)은 메카에서 돌아와 소말리아에서 개혁주의 메시지를 설파했다. 20년이 넘는 세월 동안 그는 불성실한 이슬람교도와 에티오피아인, 영국인들에 맞서 성전을 치렀다.(처음에는 매우 성공적이었다.) 영국인들은 그를 '미친 뮬라(mad Mullah)'라고 부르며 모욕했다.

21.1.3 인도

18세기 동안 인도의 다양한 공동체들은 유럽 국가들, 특히 영국과 더 밀접하게 접촉했다. 엄격한 힌두교도들에게 유럽인(영국인 및 잉글랜드인과 호환되었다.)은 미려차(mlechchha: '비루한 야만인')이거나 구룬다(gurundas: '소 도살자') 또는 랄 반다르(lal bandar: '붉은 원숭이')였다. 19세기에는 일반적으로 지식인층(영국의 통치에 협조하는 사람들만 칭하는 것은 아니다.) 사이에 유럽의 기술적·군사적 우월성을 점차 받아들이는 분위기가 있었다. 거기에서 유일하고도 중요한 예외가 종교였다. 그들은 기독교에 대해, 특히 종교적 편협성과 종파주의, 좁은 시야에 대해 거의 이해하지 못했다. 거의 모든 인도인이 기독교를 지극히 비합리적이라고 생각했고, 신앙을 주창하면서 그 신앙에 따라 행동하지 않는 영국인이나 다른 유럽인들을 받아들이지 못했다. 또한 '카스트' 제도를 비판하는 유럽의 시각에 분개했다. 인도인들의 눈에는 유럽에서 고도로 발달한 계급제도와 신분제도도 카스트 제도와 다를 바가 없었기 때문이다. 중국인과 일본인들도 유럽인들에 대해 이해가 부족하기는 마찬가지였지만 그들은 유럽의 지배를 받지 않았기 때문에 인도인들에 비해 이방인들을 크게 신경 쓰지 않았다.

21.2 기술

19세기 초엽부터 유럽은 확실히 기술적 측면에서 유라시아를 선도하는 지역이었다. 이 사실이 중요한 이유는 기술 진보가 유럽 경제와 사회에 변화를 초래했을 뿐 아니라 유럽이 세계적으로 많은 지역에 지배권을 확립하는데 결정적 도구가 되었기 때문이다. 이러한 기술적 우위를 점하기 전까지 유럽이 지배할 수 있었던 지역은 세계에서도 훨씬 뒤쳐진 곳들, 아메리카 대륙과 오스트랄라시아뿐이었다. 유럽은 유라시아의 대제국들(이들도 화약 무기를 보유하고 있었다.)을 뛰어넘을 만큼 군사적으로 우월하지도 않았고, 수적으로 우세하지도 않을 뿐더러 상당히 먼 세계 곳곳의 병력을 지원하기도 어려웠기 때문에 1750년 이전에는 유럽 밖에서 어느 유라시아 열강 국가와도 싸워 본 적이 없었다. 1750년을 지나서도 19세기 중엽에 새로운 무기와 기술들이 개발될 때까지 유럽의 우위는 매우 제한적이었다. 유럽이 유리한 입지에 서게 된 계기는 후장식 라이플총과 후장식 대포, 맥심 속사 기관총이었다. 유럽 군대들은 (로크스드리프트에서 영국군이 줄루족에 패한 것처럼) 이따금 압도적인 수적 우위에 밀려 패배하기도 했지만, 일반적으로 '전투'는 조직적인 살육이나 마찬가지였다. 1898년 옴두르만에서는 아프리카인 1만 1000명이 죽임을 당했는데 영국군 사망자는 140명에 불과했다.

가장 먼저 개발된 중요한 군사 장비는 증기 구동 포함(砲艦)이었다. 이 포함은 아프리카와 아시아의 강들에서 상류로 빠르게 이동할 수 있었다. 증기 포함은 1824년부터 1826년까지 이라와디강을 따라가며 영국이 버마 왕국을 상대로 벌인 전쟁에서 처음 사용되었다. 포함이 대규모로 등장하기 시작한 것은 1830년대 이후였고 첫 번째 공격 대상이 된 국가는 중국이었다. 포함은 유용하기는 했지만 열대성 질환에 대한 해결책을 구하기 전까지는 결정적인 역할을 하지 못했다. 특히 말라리아 때문에 유럽인들은 수 세기 동안 사실상 아프리카와 아시아의 많은 지역에 정착하지 못했다. 평균적으로 1819년부터 1836년 사이에 영국이 작은 식민지 시에라리온에 보낸 병력 중 절반은 사망했고, 나머지는 거의 전부 의병제대를 했으며, 정상 복무에 계속 임할 수 있는 병사는 쉰 명당 한 명꼴에 불과했다. 어떤 해에는 사망률이 80퍼센트에 달하기도 해서, 선고받은 형 대신 아프리카에서의 군 복무를 선택한 군사 범죄자들이 왕실 아프리카 회사를 구성했다. 17세기부터 안데스산맥에서 구한 기나나무 껍질이 말라리아의 치료제로 사용되었는데, 어떤 원리로 약효를 가졌는지는 알려지지 않았다. 퀴닌은 1820년대에 화학자 두 명이 처음으로 기나나무 껍질에서 추출했고 1820년대 말엽에는 대량으로 제조되었다. 최초에는 경증의 삼일열(vivax) 말라리아에 치료제로 쓰였지만 1840년대에는 훨씬 더 악성인 열대열(falciparum) 말라리아에 대해서도 감염 전 예방 목적으로 대용량이 사용되었다. 유럽의 말라리아 사망률은 다섯 배 이상 감소했다. 영국과 네덜란드도 아시아에 기나나무를 심어 자체적으로 치료제를 공급하기 시작했다. 이제 유럽인들은 상당히 나아진 생존율로 열대지방에서 생활할 수 있게 되었다.

19세기에 이룬 가장 중요한 발달 중 하나는 통신 속도의 혁명이었다. 내부적으로 철도 덕분에 대부분의 국가를 며칠 내로 여행할 수 있게 되었지만 유럽의 지배권을 넓히는 데 그보다 중요한 것은 항해 시간의 변화였다. 1830년대까지 유럽인들은 16세기의 유럽인들이나 2000년 전 고대 로마와 아랍의 뱃사람들처럼 계절풍에 의지해 아시아, 특히 인도를 오갔다. 영국에서 보낸 전갈이 인도에 도착하는 데 계절에 따라 다섯 달에서 여덟 달까지 걸렸다. 계절풍 때문에 영국으로 답신이 돌아오기까지 2년 가까이 걸릴 때도 있었다. 철도와 증기선은 이 시간을 현저히 단축시켰다. 1850년대에는 기선을 타고 영국 해협을 건너 열차로 프랑스를 횡단하고 다시 기선으로 알렉산드리아를 경유해 기차를 타고 카이로로, 그리고 낙타를 타고 수에즈로 간 다음 다시 기선을 타고 봄베이까지 갈 수 있었다. 이렇게 이동하는 데 30여 일이 걸렸고 돌아오는 여정도 똑같았으니 과거에 비하면 10분의 1밖에 걸리지 않았던 셈이다. 1869년에 수에즈 운하가 개통되면서 영국에서 봄베이까지 해상으로만 이동하는 데 걸리는 시간이 절반으로 줄어들었다.(싱가포르까지는 3분의 1로 줄었다.) 수에즈 운하의 개통 첫 해에 486척의 배가 총 용적 43만 6000톤으로 이곳을 이용했고 1900년에는 총 용적 970만 톤의 선박 3441척이 운하를 통과했다.

이러한 통신수단은 지금까지 인류 역사의 모든 통신수단이 그랬듯이 서신이나 정보를 물리적으로 전달하는 도구였고, 전달의 속도는 인간이 걸어서, 또는 말이나 철도, 배 등을 타고 얼마나 빨리 이동할 수 있느냐에 달려 있었다. 1830년대에는 근본적인 변화를 불러오는 혁명이 일어나 이러한 연결성을 깨뜨렸다. 혁명의 배경에는 전기의 발견과 전신의 발달, 그리고 모스 부호처럼 정보를 전송하는 방법들의 개발이 있었다. 인류 역사상 처음으로 인간이 이동할 수 있는 속도보다 훨씬 더 빠르게 정보와 전언을 보낼 수 있었다. 처음에는 전신선을 육지에만 설비할 수 있었고,(영국 정부는 철도의 궤도를 따라 전신선을 설치했다.) 다소 시간이 지나 여러 기술이 더 발달한 연후에야 신뢰할 수 있는 해저케이블을 설치할 수 있었다. 영국해협과 대서양을 가로지르는 케이블이 놓였지만 오래가지 못했고, 1860년대에 이르러 기술적 난제들이 대부분 해결되었다. 영국은 1865년에 인도와 해저

케이블로 연결되었지만 장치가 제대로 작동하기까지는 5년이 더 걸렸다. 그 후로는 정보의 통신이 다섯 시간 만에 가능해졌고 답신을 받는 데도 하루면 충분했다. 양방향 통신과 다량의 메시지 전송을 가능케 한 전송 기술이 향상되면서 1895년 무렵에 한 해에 200만 건의 전보가 영국과 인도를 오갔다. 10여 년 앞서 영국은 전 세계를 해저케이블로 연결했고, 대서양의 어센션섬과 세인트헬레나섬처럼 외지고 도외시되었던 섬들은 세계를 잇는 통신망 안에서 중요한 역할을 하게 되었다. 다른 나라들도 자체적인 통신망을 건설했다. 1900년 무렵에 프랑스와 알제리를 잇는 해저케이블은 일곱 개가 있었고 미국은 괌과 미드웨이 같은 원거리 기지들을 이용해 대서양을 횡단하는 케이블들을 설치했다.

역사상 최초로 세계가 통신망으로 연결되면서 유럽은 표준시간제를 도입했다. 표준시간 도입은 내부적으로도 비교적 새로운 사건이었다. 19세기 중엽까지 각각의 크고 작은 도시들은 자체적인 시간 주기를 유지했다. 통신이 워낙 느렸고 사람들도 차이를 인식하지 못했기 때문에 그래도 아무런 상관이 없었다. 하지만 철도가 발달하고 그러한 기준으로는 철도 운행이 어려웠기 때문에 시간표를 통일해야 할 필요성이 대두되었다. 영국은 그리니치에 위치한 관측소로 단일한 시간표의 기준을 정했는데, 보통은 '철도 시간'으로 알려져 있다. 점차 국가 전체가 단일 시간표를 채택하기 시작했다. 전 지구적으로 통신이 가능해지자 같은 과정이 진행되었고, 이 과정을 주도한 것은 유럽이었다. 유럽인들은 그리니치 표준시를 채택한 다음 세계 시간을 경도 15도마다 1시간씩 변하도록 분할했다. 이렇게 하면 어딘가 인접한 두 지점에 24시간의 차이가 발생할 수밖에 없는데, 유럽인들은 물론 유럽과 아메리카 대륙을 가르는 대서양 대신에 (도열을 가르는 곳으로)

태평양 위에 이 불편한 지점(국제 날짜변경선)을 정했다.

21.3 인도와 아시아 남동부에 확립된 영국의 권력
(1750~1818년)

[이전의 인도 ☞ 19.13]

　유럽이 아시아에 크게 영향을 미치기 시작한 것은 18세기 중엽 인도에서였다. 1707년에 아우랑제브가 사망한 이후로 무굴 제국이 무너지면서 무력한 델리의 무굴 통치자에게 겉으로만 충성을 바치는 지역의 국소 왕국들이 무수히 등장했다. 1750년대 초엽에 영국은 일련의 소규모 접전 끝에 프랑스를 격퇴해,(양국은 각각 1000여 명의 병력을 갖고 있었다.) 프랑스는 오직 퐁디셰리에서만 지배권을 유지했다. 영국은 여전히 압도적인 해상 강국이었고, 연안 지역의 몇몇 교역소를 점령해 세력 기반으로 삼았다. 영국은 이 지역에 육군을 거의 배치하지 않았기 때문에 강력한 무굴 통일 제국을 공격할 힘이 없었다. 결국 영국의 지배가 가능했던 배경에는 인도의 내부 분열을 이용해 한 지역을 점령하고 그 지역의 경제력과 인력을 이용해 인도의 나머지 지역들로 세력을 확장하는 과정이 있었다.

　벵골의 나와브 시라지 우드다울라(Siraj-ud-Daulah)가 캘커타를 점령하면서 1750년대 말에 중요한 사건들이 발생했다. 나와브는 18세기 초에 벵골 지역을 다스리던 무굴 제국 지배자의 후손이었는데, 우드다울라 일가는 당시 무굴 제국의 다른 관리들처럼 자신들의 왕국을 개척하고 권력 기반을 세우기 위해 분투하고 있었다. 동인도회사(EIC)의 동인도 무역에서 주요 거점이었던 캘커타를 점령한 것은 돈도 벌고 권력도 키우기 위해 나와브가 꾀했던 여러 시도 중 하나였고, 그는 캘커타에서 교역 활동을 이어 가게 해 주는 대가로 EIC에 거액의 돈을 요구했다. EIC는 협박에 응하지 않고 이 지역에 있는 나와브의 적들을 이용해 유럽 병력 900명과 지역 병력 2000명으로 구성된 소규모 군대를 로버트 클라이브(Robert Clive)와 함께 보냈다. 클라이브의 군대는 1757년의 플라시 전투에서 오합지졸인 나와브의 군대를 격파했다.(나와브의 군대는 약 3만여 명으로 추정된다.) 영국은 나와브를 처형하고 허수아비 통치자를 그 자리에 앉혔지만 무굴 황제의 동의는 1765년이 되어서야 받아 낼 수 있었다. EIC는 벵골과 비하르, 오리사 등 비옥한 농경 지역인 세 개 주의 징세권을 양도받아 은화를 거둬들였다. 이로써 유럽에서는 경험해 보지 못한 규모의 부가 창출되었다. 후일 EIC는 온갖 부정부패로 얼룩졌지만 그때까지도 수익은 상당해 관세 수입 하나만 보더라도 1757년 이전에 전무했던 상황에서 1764년에는 200만 파운드로, 1769년에는 750만 파운드로 뛰어올랐다. 영국의 관리들은 독자적인 교역에 나서 사적으로 이익을 챙기면서도 모든 세금을 면제받았기 때문에 막대한 재산을 모았다.

벵골의 어마어마한 부를 장악한 것은 영국이 인도에서 지배력을 확장할 수 있는 핵심 열쇠였다. 인도의 자원은 다방면에서 영국의 이익을 위해 사용할 수 있었다. 조세수입으로는 약해진 봄베이와 마드라스의 관구를 지원했다. 무엇보다도 인도의 제품들을 구매해 영국과 유럽에 팔면 되었기 때문에 수 세기 동안 아시아와의 교역에서 유럽에 제약이 되었던 금과 은의 고갈을 막을 수 있었다. 유럽식 상비군을 세계 최대 규모로 증강하도록 자금을 댈 수도 있었다. 1782년 무렵에 인도에 주둔하던 영국군은 수천 명에서 11만 5000명으로 증가했고, 이들 병력의 90퍼센트는 유럽의 지배를 받는 인도인들이었다.(이

인도 북부에서 영국의 확장

티베트

네팔

편자브 1809~1835년
1848~1853년

라자스탄

신드 1838~1845년

구자라트 1800~1818년

봄베이

델리 1803년

1818년

1801년

1801년

아워디

비하르

벵골 1757~1765년

다카

캘커타

오리사 1803년

북부 지구들

1781년

1853년

사가르와
나르바다의 영토

1854년 (나그푸르)

1818년

베라르

1853년

하이데라바드

북서부 주들

들은 세포이(sepoy)로 불렸는데, 병사라는 뜻의 페르시아어 시파히(sipahi)에서 유래했다.) 하지만 EIC는 지나치게 탐욕을 부려 전쟁에 몇 차례 패배할 때마다 빈번히 파산 직전까지 가곤 했다. 1779년에는 힌두 마라타국의 통치자들과의 전쟁에서 패했고, 1년 후에는 마이소르 왕국이 마드라스 지역을 공격해 오랜 기간 대립을 피할 수 없었다. 결국 런던의 정부가 개입해 일정 정도의 관리 체계를 도입했고 부정부패가 최악으로 치닫지 않도록 막고자 했다. 그리하여 1783년에 제정된 인도법과 1793년의 조례로 캘커타에 총독을 파견하고 런던에 통제 위원회를 신설해 영국령 인도를 관리하기로 했다. EIC는 존속했다. 1790년대 초엽에 인도는 연간 50만 파운드를 영국 국고에 헌납했다.

인도에서 영국의 확장은 과세 기반을 넓히고 점점 더 돈이 많이 들어가는 군대를 부양할 새로운 방법들을 모색하기 위해 신중하게 고안된 정책의 결과였다. 대개는 지방의 통치자들에게 압력을 넣어('협박해') 영국의 '보호'를 받기 위해 영국군을 주둔시키고 '조공'을 바쳐 군대 비용을 보태게 했다. 많은 지방 통치자가 자발적으로 그렇게 했지만, '동맹'을 맺고 더 많은 '조공'과 세금을 바치라는 영국의 압력은 지역 통치자들에게 부담만 가중시킬 뿐이었다. 많은 통치자가 버티지 못하고 영국으로 넘어갔다. 인도에서는 서서히 영국의 직할 지역들과 종속적인 지역 통치자가 영국의 엄격한 감시 아래 자리를 유지하는 지역들이 혼잡한 공존을 이루었다. 영국의 확장은 마이소르와 마라타, 시크 등 인도 주요 국가들의 저항을 불러일으켰다. 이들 국가들은 훨씬 더 체계적인 조직이 되었고 군대에는 (유럽, 특히 프랑스 출신의 '고문단'을 고용해) 유럽의 기술들을 채택한 데다 영국군도 쉽게 이기지 못하는 효율적인 군사 운영 능력까지 지니고 있었다. 비록 1792년에 마이소르가 패배해 인도 남부 마드라스 주변과 서부의 상당한 영토

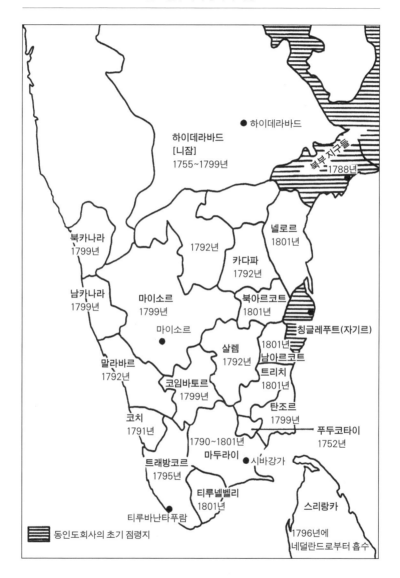

하이데라바드

하이데라바드
[니잠]
1755~1799년

북부 지구들
1788년

넬로르
1801년

북카나라
1799년

1792년

카다파
1792년

남카나라
1799년

마이소르
1799년

북아르코트
1801년

마이소르

칭글레푸트(자기르)
1801년
남아르코트

말라바르
1792년

살렘
1792년

트리치
1801년

코임바토르
1799년

코치
1791년

탄조르
1799년

푸두코타이
1752년

1790~1801년

트래방코르
1795년

마두라이

시바강가

티루넬벨리
1801년

스리랑카
1796년에
네덜란드로부터 흡수

티루바난타푸람

동인도회사의 초기 점령지

들을 영국에 넘겨주어야 했지만, 영국군이 전열을 정비해 대대적인 공세를 시작할 수 있었던 것은 리처드 웰즐리(Richard Wellesley)가 총독(1798~1805년)으로 부임한 후였다. 웰즐리와 고문단은 제국의 확장과 유럽의 패권에 대해 좀 더 분명한 개념을 갖고 있었고 그것을 실행에 옮길 준비가 되어 있었다. 영국이 동맹을 맺은 국가들에 더 강한 통제 조치가 내려졌다. 아와드(Awadh: 영국에는 오우드(Oudh)로 알려진 곳이다.)가 합병되고 주요 왕국인 하이데라바드에서 쿠데타를 조직해 영국의 패권을 확실히 했다. 2차 마라타 전쟁(1803~1805년)에서 영국은 5만 명의 병력을 배치하고 나서야 승기를 잡을 수 있었다. 영국군은 델리를 점령하고 무굴 궁정을 장악했지만 황제에게는 유임을 허락했다. 승리의 대가는 비쌌다. EIC의 채무는 1798년에서 1806년 사이에 세 배로 뛰었다. 영국군은 1817년에 치른 3차 마라타 전쟁에서 12만 명 이상의 병력과 300개 이상의 총기를 배치한 다음에야 마라타국에 최종 패배를 안길 수 있었다. 1818년 무렵에 영국의 인도 지배는 대체로 안정화되었는데, 그래도 아직 많은 땅이 그들의 세력권 밖에 있었다. 이제 그들은 비할 데 없는 부를 장악했다. 1820년에 영국이 인도에서 거두어들인 세입은 1770년의 일곱 배에 달했다.

인도는 영국이 더 널리 지배권을 확장하기 위한 기지가 되었고 군대의 병력도 제공했다. 영국은 1786년 EIC가 페낭을 확보해 교역과 군사작전을 위한 기지로 삼으면서 아시아 남동부로 진출하기 시작했다. 나폴레옹과 벌인 전쟁 덕분에 영국은 욕야카르타(Jogjakarta) 왕국이 멸망한 1811년부터 1816년까지 자와섬과 수마트라섬을 점령할 수 있었다. 이 섬들은 전쟁이 끝난 후 네덜란드로 반환되었지만 스리랑카는 제외되었다. 이곳에서 영국은 인도의 병력을 이용해 1818년에 내륙의 강력한 칸디(Kandy) 왕국을 격퇴하고 섬 전체에 실질적인 지배권을 행사할 수 있었다. 이듬해에 플라카 및 자와 항구들과 경쟁할 도시로 싱가포르가 건설되었다. 이렇게 영국과 중국의 상인들 사이에 굳건한 동맹이 시작되었고, 이곳을 기반 삼아 영국은 지역 전체로 교역을 확대했다. 1824년부터 1826년까지, 그리고 1852년에도 인도군은 버마 일대를 점령해 목재 무역을 장악하는 데 이용되었다.

21.4 영국과 인도(1818~1877년)

1818년부터 영국은 인도에 그런대로 안정적이지만 허술하기도 한 체제를 구축했다. 인도의 많은 지역을 직접 통치했지만 그 외에 다른 지역들에서는 '최고권'과 정치적 지배권을 주장했다. 인도의 국가들에는 쌍방 관계가 허락되지 않았다. 이들 국가는 영국 '고문단' 거주 제도를 통해 규제를 받으면서 재정을 엄격히 통제당했고 인도 군대의 비용과 영국의 행정 업무 비용으로 충당될 분담금도 철저히 감시받았다. 이 제도 안에서 통치자들은 상당한 지역 자치를 누렸다. 특히 궁정 안에서와 의례 행사 시의 자율권이 주어졌다. 이전부터 영국령 인도의 접경 지역들, 특히 북서부 지역은 불안했다. 신드는 1839년에서 1842년이 지나 정복되었지만 펀자브 지방을 지배하던 시크교 통치자들은 힘이 셌다. 이들은 전투에 능한 군대를 거느렸으며,(1822년 이후로 프랑스군의 지휘를 받았다.) 자체적인 총기 공장도 갖고 있었다.(역시 프랑스인들이 운영했다.) 1845년의 1차 시크 전쟁에서 영국은 시크 왕국과 거의 같은 규모의 병력만을 배치해 결정적인 승리를 거두지 못하다가 1848년에 대대적인 군사력을 앞세워 최종 승리했다. 영국이 1830년대 말과 1840년대 초에 꾀했던 아프가니스탄 정복은 완전히 실패했다. 그렇지만 1840년대 말엽에 인도의 접경 지역들은 지난 수십 년 동안에 비해 많이 안정되었다.

21.4.1 영국과 인도의 경제

EIC와 영국이 인도에 대한 지배권을 손에 넣으려고 했던 첫 번째 동기는 교역과 경제력에 있었다. 이 점은 18세기 말엽에 접어들자마자 아와드에서 확연히 드러났다. 영국이 더 깊숙이 침투하면서 군대 유지를 위해 영국이 '원조금'과 수입 명목으로 요구하는 비용들이 점점 커지자 아와드는 그 요구를 충족시키지 못했다. EIC의 임원과 상인들은 아와드의 경제를 개조하기 시작해 영국이 원하는 재화들, 주로 수출용 면화와 인디고 등을 생산하게 했다. 이렇게 했던 이유는 EIC에 더 많은 세입을 확보해 주기 위해 1784년에 영국에서 수입하는 차의 관세를 120퍼센트에서 12.5퍼센트로 인하했기 때문이었다. 수요는 급증했지만 EIC는 아직 중국에서 들어오는 찻값을 지불할 방법을 찾지 못했고 금과 은은 여전히 공급이 부족했다. 면화 수출은 극히 중요한 부분이었다. 캘커타에서 중국으로 (주로 아와드에서) 수출하는 면화의 양은 1800년에 열다섯 꾸러미였던 것이 5년 만에 6만 꾸러미로 증가했다.(인디고는 영국으로 수출되었다.) 그러나 이것만으로는 수요량만큼 차를 사기에 부족했고, 영국은 중국에 아편을 수출하기 시작했다. 1820년에 아편 수출은 인도 정부에 여섯 번째 수입원이 되어 있었다. 영국, 특히 EIC는 그들 입장에서는 '선순환'인 구조를 만들기 위해 고군분투하고 있었다. 인도의 토지세 수입으로 인도를 통제하는, 또 영국 세력을 아시아 전역으로 확장하는 데 이용될지 모를 군대 비용을 충당했다.(1818년에 봄베이를 점령한지 4년 만에 영국은 토지세를 두 배로 인상했다.) 교역을 장악할수록 수입도 많아져서 EIC 투자자들의 이윤도 계속 올라갔다.(배당금은 보통 연간 10퍼센트 이상이었다.) 인도의 부는 영국이 인도를 지배하는 비용을 충당했을 뿐 아니라 상당한 흑자까지 안겨 주었다.

영국으로서는 인도 경제를 장악하는 것도 매우 중요했다. 19세기 초엽에 인도의 섬유산업은 여전히 영국의 것보다 훨씬 질 좋은 제품들을 생산했다. 임금 격차는 그리 크지 않아서 영국 노동자들은 인도 노동자들보다 3분의 1 정도의 급여를 더 받을 뿐이었다. 따라서 영국이 가격 경쟁력을 만들기 위해서는 산업의 기계화가 필수적이었다. 정부가 해 줄 수 있는 일은 인도의 산업을 보호하기 위해 부과되는 관세를 전부 거부해 영국의 산업이 인도 시장에 자유로이 드나들게 하는 것이었다. 1813년에 영국은 10파운드 상당의 면직물 100만 야드를 인도로 수출했다. 1890년 무렵에는 약 2000만 파운드 가치에 상당하는 20억 야드의 면직물을 수출했다. 비록 영국 면직물이 인도의 마을마다 파고들어 가지는 못했지만 이 정도 수출량은 어마어마한 시장 탈취였고, 19세기에 인도의 산업 공동화를 초래하는 데도 크게 기여했다. 또한 랭커셔의 섬유산업이 벌인 로비 활동의 힘, 그리고 이들 섬유산업이 자리가 불안한 많은 의원에게 가지는 영향력도 반영했다. 1870년 이후에는 2000년 동안 지속되었던 유라시아 교역의 특징에 근본적인 반전이 찾아왔다. 이전까지 유럽이 아시아와의 교역에서 수출보다 수입이 더 많았다면, 이제 인도 경제를 장악한 영국 덕분에 물건을 사는 일보다 파는 일이 더 많아진 것이었다. 인도에서 얻은 무역 흑자는 영국 경제의 중심이 되었고 세계의 나머지 국가들과 교역해 발생한 적자를 메우는 데도 상당 부분 일조했다. 영국은 인도 경제에서 다른 방식으로도 이익을 챙겼다. 삼베 공장 같은 소규모 근대식 산업체의 대다수는 영국인 소유였고 이윤도 영국으로 송금되었다. 인도에 최초의 철도가 건설된 시기는 1853년으로, 봄베이에서 내륙으로 들어가는 24마일 거리의 철도였다. 1902년 무렵에 인도에는 2만 6000마일 거리의 선로가 놓여, 다른 아시아 국가들의 철로 길이보다 길었고 아프리카에 설비된 철로 길이의 세 배나 되었다. 하지만 철도의 많은 부분은 인도 정부의(즉 영국 정부의) 보증으로 건설되었다. 영국 투자자들에게는 연간 약 5퍼센트의 배당금을 보장해 주었다. 수익이 떨어져도 투자자들은 이 선에서 배당금을 받았는데, 단 배당금은 정부가 세금에서 지급해 결국 인도의 부담으로 돌아갔다. 영국 투자자들에게는 잃을 걱정 없는 내기 돈이나 마찬가지였다.

21.4.2 대항쟁과 그 후

1850년 무렵에 영국은 인도에서 최강의 권력을 누렸지만 지배 기반은 여전히 취약했다. 영국인들이 통솔하는 인도 병력에 비해 영국인들 자체는 아직 수가 적었고 행정 인원은 그보다 더 적었으며, 대체로는 여전히 EIC가 정한 틀 안에서 느슨하게 조직되어 있었다. 영국의 지배에 대한 저항은 19세기 초에도 드물지 않게 일어났다. 반란의 영향을 받은 마드라스와 벵골의 군사들과 자민다르, 현지의 지주들, 농민들은 토지세 인상에 반대했고, 여러 유목민과 부족민들도 들고 일어났다. 무굴 제국 안에서 일어난 시골의 '폭동'들은 대부분 세금 거부 문제였는데, 영국은 이 상황을 군사 문제가 아닌 민간의 문제로 대처했다. 그런데도 처벌은 엄격해서 가담자들은 대부분 소유하거나 임대한 토지들을 몰수당했다. 영국은 무굴의 지배 영역 안으로 세력을 넓혀 세금을 부과하려고 했고, 영국의 요구에 응할 준비가 되어 있는 지역 통치자들을 자리에 앉혔다. 무굴 제국은 분개했다. 19세기 전반기는 인도 전역에서 소요가 끊이지 않았지만, 영국은 시기적절하게 힘을 사용해 이들 지역을 장악함으로써 국지적이고 지역적인 봉기들이 확산되는 것을 막을 수 있었다. 영국에 대한 반감은 보편적으로 존재했지만 그들에 맞설 공동의 행동은 부족했다.

1857년에 발발한 대항쟁은 규모와 참여 범위에서 이전과 달랐고 인도 북부를 지배할 때 다른 어느 곳보다 중요한 지역이었던 갠지스 평원에서 영국의 장악력을 위협할 정도로 위세가 대단했다. 문제의 발단은 군대였다. 1856년에 일반 모병법(General Enlistment Act)이 통과되면서 인도 병력은 해외 파병에 나서게 되었다.(영국이 그들 제국의 목적을 위해 인도의 자원을 활용하고자 했던 결정들과 같은 맥락이었다.) 엄격한 힌두교도들에게는 오염의 가능성이 높아지는 사건이었다. 탄약통을 입으로 물어 뜯어내야 하는 리엔필드(Lee-Enfield) 소총이 새로 도입되면서 탄약통에 소기름을 발랐다고 믿은 인도 병사들이 들고 일어난 사건은 일부 육군 연대에서 발발한 폭동에 단지 점화장치 역할을 했을 뿐이었다. 폭동이 순식간에 퍼져 나가도 영국은 상황의 주도권을 놓치지 않고 있는 것처럼 보였지만, 봉기는 좀 더 총체적인 민란으로 확산되었다. 그 중심에는 무굴 황제 바하두르 샤(Bahadur Shah)의 개입이 있었다. 그는 반란에 합법성을 부여하고 영국이 지배할 수 있는 지역들을 갈라놓았다. 농민의 난이 광범위하게 분기했다. 대개 영국의 조세 정책 때문에 타격을 입었던 지주들이 농민 봉기를 지원했다. 봉기의 규모와 참여한 여러 집단의 범위로 볼 때, 영국인들은 시종일관 '폭동'으로 지칭했지만 이 민란은 단순한 '폭동'과는 한참 거리가 멀었다. 힌두교도와 이슬람교도가 서로 상당한 협조를 보였지만 결국 항쟁은 실패했다. 일단 항쟁의 목표가 불분명했고 조직적으로

1900년 인도

북타
벵골 관구
캘커타·
마드라스
스리랑카
마이소르
중앙주
하이데라바드
고아
봄베이
봄베이 관구
중앙 인도 지방행정부
라지푸타나 지방행정구
신드
카라치
네팔
델리
라호르
연합주
편자브
잭서미르
북서 변경주
발루치스탄
지방행정구

---- 영국령 인도와 인접 국가들의 경계선
······· 주요 주 사이의 경계선
▨ 인도의 주요 국가들(즉 영국의 직접 통치를 받지 않았던 왕국들)

움직이지 못했기 때문이었다. 영국인들이 승리한 이유는 펀자브 지역에서 시크교도들의 지지를 잃지 않은 덕에 델리에서 양면 진격이 가능했기 때문이다. 무자비함 또한 영국 승리의 한 요인이었다. '폭도'들을 산 채로 매달아 대포로 날려 보냈다는 이야기들도 부풀려진 것이 아니었고, 가장 격렬한 전투가 벌어졌던 지역들(아와디 남부와 비하르 서부)은 20년 후까지도 대폭 줄어든 인구가 회복되지 않았다. 그러나 영국이 치러야 했던 비용도 컸다. 델리를 포위하는 데 12만 명의 병력이 필요했고 그중 4만 명은 사상을 당했다. 토지세와 아편 무역 세입을 잃게 된 금전적 손실도 상당했다.

항쟁을 진압한 후에 영국은 인도를 재편했다. 바하두르 샤는 재판에 회부되었고 무굴 제국은 역사에서 사라져 영국이 명목상 제국에 복종하던 시대는 끝이 났다. 동인도회사는 폐지되고 인도 관할청과 인도 총독을 통해 런던 정부가 직접 통제하기 시작했다. 1877년에 빅토리아(Victoria) 여왕이 델리의 궁전에서 인도 여제의 제관을 받으면서 인도는 제국의 직접 지배를 받게 되었다. 이 정부 체제, 즉 인도 대다수를 직접 지배하고 명목상 독립된 600여 인도 군주를 직접 통제하는 체제는 거의 변화 없이 1935년까지 이어졌다. 하지만 영국은 펀자브로 보낼 군대 징집을 서둘렀고,(1875년까지 시크교도들이 군사력의 거의 절반을 제공했다.) 네팔 용병들로는 구르카 병사들의 이용도 늘렸다. 또한 대규모 농민의 난이 재발하지 않도록 조세제도를 수정해 토지세를 대폭 인하하고 교역 등 기타 세원을 찾아 부담을 돌렸다. 세금 규모는 그래도 여전히 많은 편이어서 (영국이 자신들의 목적대로 이용하는) 군대 비용을 지출하고 인도 행정에 들어가는 모든 비용을 충당하고도 런던 정부로 보낼 잉여금이 남았다.

21.5 아메리카 대륙의 독립: 미국

인도에서 제국을 지어 올리기 시작할 즈음 영국은 아메리카 대륙에 건설했던 주요 식민지들 대부분에서 지배권을 잃었다. 영국의 식민지 열세 곳이 전쟁을 통해 독립에 이르기까지 초기의 저항 방식은 단순히 폭동에 지나지 않았다. 그러나 가장 과격한 양상을 띠었던 생도맹그(후일의 아이티) 노예 반란이 발발한 데 이어 아메리카 중앙과 남부에서 스페인과 포르투갈의 식민지들이 독립했다. 1830년 무렵에 유럽 국가들은 아메리카 대륙의 거의 전역에서 힘을 잃었다. 유럽의 수중에 남은 것은 설탕 경기가 쇠퇴하던 카리브해의 몇 개 섬과 인구가 희박한 캐나다 지역뿐이었다. 이렇게 유럽의 기세도 한풀 꺾일 듯했지만 실상은 그렇지 않았다. 원주민들은 몰살당하거나 무력한 처지로 내몰렸고, 아메리카 대륙을 지배하는 사람들은 유럽인의 혈손이어서 유럽인들과 시각이 거의 동일했다. 그들은 계속해서 유럽인들에게 이주할 지역들을 내주었고 급기야는 상당한 식량원까지 마련해주었다. 아메리카 대륙의 지배자들은 여전히 유럽 세계와 밀접하게 통합되어 있었다.

아메리카 본토의 동부 해안 지방을 따라 분포한 영국 식민지들은 아메리카 원주민 및 다른 유럽 식민 열강, 특히 프랑스의 공격을 막아 내는 데 오랜 기간 영국의 원조에 의지했다. 1756년부터 1763년까지 이어진 7년 전쟁에서 영국이 승리하면서 프랑스로부터의 위협은 사라졌다. 연이어 아메리카 대륙 식민지들에 세금(인지 조례 및 차에 대한 관세)을 부과하려고 한 영국의 시도는 성급하기는 했지만 식민지에 자국 방위 비용의 일부를 부담케 하려고 했던 타당한 시도였다. 하지만 3000마일이나 떨어진 거리에서 영국은 거의 실질적인 힘을 행사하지 못했고 정치적 위기를 틈타 발생한 공공연한 반란은 1776년의 미국독립선언으로 이어졌다. 뒤이어 벌어진 전쟁에서 식민지들은 영국의 중요한 무기인 해군력에도 끄떡없었고,(특히 식민지들은 프랑스 해군의 지원까지 받았다.) 설령 그런 전쟁에서 '승리'할 방법을 찾아냈다고 하더라도, 영국이 행사할 수 있었던 최소한의 무력조차 그렇게 멀리 떨어진 거리에서는 대체로 효과적이지 못했다. 1783년에 영국은 전쟁을 포기하며 식민지들의 독립을 인정했다. 그래도 그렇게까지 큰 타격이 아니었던 까닭은 유럽의 경쟁 국가들도 달리 큰 수확을 얻지 못했기 때문이었다. 어쩌면 전쟁에서 가장 놀랄 만한 점은 많은 지역이 여전히 충성을 지켰다는 것이었다. 그것은 전쟁이 대개 (두드러진 사회혁명 없이) 민간의 충돌 양상으로 벌어졌던 열세 개 식민지뿐 아니라 캐나다에서도 마찬가지였다. 이런 상황은 한편으로 우연에 기인했다. 반란군이 퀘벡에 맞서 군사작전을 펼치기 시작했을 때는 병력을 더는 충원하지 못한 데다 혹한의 겨울이기도 했다. 또 한편으로는 영국이 마지막으로 정복한 식민지들에서 프랑스인 정착민들과 신중하게 관계를 구축한 덕도 있었다. 1774년에 퀘벡법은 식민지 내의 가톨릭교회를 인정하고 가톨릭교도가 공직에 오를 수 있도록 허용했는데, 영국에서는 50년은 더 뒤에 허용된 일들이었다.

여러모로 미국독립선언과 전쟁, 독립 인정 등은 미국의 발달에서 가장 중요한 사건은 아니었다. 미국 역사의 새로운 출발이라고 할 만한 일은 1787년부터 1790년까지 연방 국가와 헌법이 탄생해 1781년에 열세 개 식민지가 합의했던 느슨한 연합규약(Articles of Confederation)을 대체한 것이었다. 미국은 헌법이 있을 뿐 아니라 견고하게 자리 잡은 엘리트 귀족 및 권력의 세습 구조가 없다는 점에서 유럽 국가들과 달랐다. 하지만 민주주의국가와도 거리가 멀었고 심지어 한쪽에서는 대규모로 노예를 부렸다.(노예 인구는 이후 70년 동안 어마어마하게 증가했다.) 하원 선거만 광범위하게 시행되었고 헌법 내의 다른 부분들은 민주주의적 요소들을 저해하고 억압하도록 만들어졌다. 강력한 상원은 인구수와 상관없이 주마다 두 명씩 배정되었고 간접 선출되었다. 대통령도 역시 간접적으로 선출되었고 연방 정부로부터 독립적인 사법부는 강력한 힘을 보유했다. 19세기 말과 20세기에 새로 독립한 많은 국가처럼 독립 전쟁의 군사령관이었던 조지 워싱턴(George Washington)이 초대 대통령에 올랐다. 그럼에도 불구하고 1797년에 워싱턴이 물러나고 일정 형태의 선거를 거쳐 역시 혁명운동의 지도자였던 존 애덤스(John Adams)에게 권력을 넘긴 과정은 세계 최초의 '민주적' 권력 이양이었다.

새로운 국가는 아직 통일된 상태는 아니었지만,(각 주는 상당한 권력을 보유했다.) 열세 개 식민지로 존재할 때보다 훨씬 더 막강한 힘을 자랑했다. 인구는 완만히 증가해 정착지가 서쪽으로 애팔래치아산맥을 넘어 미시시피 지역까지 확장되었다. 미국은 1803년에 드넓긴 하지만 불안정하기 그지없는 루이지애나 영토를 프랑스로부터 매입한 후에 (적어도 이론상으로는) 좀 더 더 강해졌다. 뒤이어 1821년에 스페인으로부터 플로리다를 인계받았고 멕시코로부터 독립을 선포했던 텍사스도 인수했다. 1848년에는 멕시코를 공격해 태평양 연안 지역들까지 확보했다.(영국은 동시에 캐나다를 서진하게 해서 북쪽으로 미국의 진출을 막았다.) 1850년 무렵에 미국은 한때 착취당하기만 했던 광대한 영토와 자원을 지배하는 거대한 대륙의 강국이 되어 있었다. 미국의 영토 확장에서 가장 많이 희생된 세력은 유럽 열강이 아니라 싸움에서 패한 아메리카 원주민들이었다. 원주민들은 이미 초창기 식민지들이 최초의 작은 정착촌에서 확장되던 시기부터 고통을 겪고 있었다. 유럽 정착민들은 그들이 갖고 싶은 땅을 사거나 나중에는 몰수해 원주민들을 서쪽으로 몰아냈고,(다른 부족들에는 더 많은 압력을 가했다.) 정착민들이 원치 않는 최악의 땅에 마련한 보호 구역에 원주민을 가두기도 했다. 19세기 초엽에 특히 남부에서 면 생산이 확장되자 토지 매매를 (부르는 값에) 강요하는 것으로도 정착민들이 원하는 만큼 땅을 확보할 수 없었다. 의회가 강제 이주를 승인하자 특히 자체적인 학교와 신문을 구비하고 풍요로운 정착 생활을 하던 체로키족이 주 대상이 되었다. 미 육군은 원주민 9만 명을 서쪽으로 밀어냈고, 원주민의 3분의 1은 이동 중에 가혹한 환경을 이기지 못하고 목숨을 잃었다. 더 많은 땅을 요구하는 압력이 높아지면서 이와 같은 과정은 미국 여기저기에서 여러 부족 집단들을 상대로 거듭 반복되었다. 1829년부터 1866년까지 위네바고(Winnebagos)족은 여섯 차례나 서쪽으로 강제 이주를 당했고 부족원의 수는 절반으로 줄어들었다. 1844년에 미국 동부에는 원주민의 수가 3만 명도 채 되지 않았고 그들 대부분은 슈피리어 호 부근의 벽지에 거주했다. 1860년대와 1870년대에 계속된 잔혹한 전쟁의 와중에 그레이트플레인스 지역의 부족들은 모두 패하고 가장 풍요로운 땅에서 쫓겨났다. 부족민들은 '보호 구역'에 정착했지만 정착민들이 그 땅을 원하면 다시 이주해야 했다. 1900년 무렵에 미국에 생존한 원주민의 수는 15만 명에 지나지 않았다.(1500년에는 500만 명이 넘었다.)

21.6 아메리카 대륙의 독립: 노예 반란

1791년에 프랑스 식민지 생도맹그에서 시작된 노예 반란은 플랜테이션과 노예제도에 가해진 사상 초유의 폭력적 공격이었다. 식민지 생도맹그는 1804년 무렵에 아이티라는 국가로 독립했다. 이곳은 비(非)유럽인들이 독립을 이룬 최초의 유럽 식민지였다. 1780년대에 생도맹그는 프랑스령 서인도제도의 식민지들 중 가장 풍요로운 곳으로, 인구 구성은 백인 4만 명, 자유 유색인 2만 8000명, 노예 45만 2000명이었다. 노예의 수는 계속 증가했고 노동환경은 설탕 수요의 증가와 함께 급속히 악화되었다. 문제는 프랑스에서 아메리카 식민지들을 원조하느라 영국과 벌인 전쟁 때문에 국가 재정난에 봉착하자 이를 해결하기 위해 삼부회를 소집하면서 시작되었다. 주로 플랜테이션 농장주인 대백인(grands blancs)은 초대받지 않았지만 대표단을 선출해 파리로 보냈다. 이들 대표단은 17세기 의회의 일원은 아니었지만 의회는 이들을 받아주었다. 생도맹그의 상류 귀족들은 그들 나름대로 의회를 열었지만,(전체적으로 한 곳은 각 지방을 대리하는 의회였고 다른 한 곳은 식민지 의회였다.) 백인은 대부분 배제되었고 스무 명 이상의 노예를 소유한 사람들만 투표를 할 수 있었다. 1790년 여름 당시 식민지를 장악했던 것으로 보이는 소백인(petits blancs)은 그들과 반대편에 섰다. 두 백인 집단은 서로 '혁명'을 대표한다고 주장했지만 사실 그들 스스로를 대변할 뿐이었다. 유색인 사회는 1790년 가을에 봉기했지만 진압되었다. 유색인들은 1791년 5월에 프랑스가 혼란을 겪은 직후 백인들과 공식적으로 동등한 지위를 획득했다.

백인 사회의 내분과 유색인 집단과의 갈등은 아메리카 대륙의 유럽인 노예 소유주들이 늘 두려워했던 한 가지 사건, 즉 대규모 노예 반란이 발발할 기회를 열어 주었다. 노예 반란은 1791년 8월 북부 지방에서 시작되어 200곳이 넘는 사유지가 불탔고 1000명이 넘는 백인이 살육당했다. 결과적으로 생도맹그는 무정부 상태가 되었고 두 백인 분파 및 유색인과 노예들 사이에 4면 전쟁에 휩싸였다. 1793년에 자메이카의 영국 병력과 아이티 동부에 주둔하던 스페인 병력이 개입했다. 프랑스에서 보낸 식민지 위원회의 위원단은(또는 주지사들은) 혁명 세력으로 소백인을 지지하려고 했으나 대백인이 쿠데타를 시도하자 1만 2000명이 넘는 노예를 무장시켜 그들에게 대항했다. 1794년에 프랑스 국민의회는 노예제도를 폐지했고 생도맹그섬에서는 프랑스 위원단과 해방 노예들 사이에 백인 상류층에 반대하는 동맹이 형성되고 있었다. 노예 세력의 대표적인 지도자는 투생 루베르튀르(Toussaint L'Ouverture)였는데, 그는 처음에는 프랑스 지배의 잔재인 세력과 명목적인 동맹을 맺었다. 투생은 1798년에 영국군과 스페인군을 모두 격퇴한 후, 유색인 집단과 프랑스가 보낸 총독을 차례로 물리쳤다. 1801년 무렵에 투생은 권력을 잡았지만 프랑스는 생도맹그를 여전히 식민지로 여기며 그를 '총독'으로만 인정했다. 1803년에 프랑스가 식민지를 되찾으려고 했던 시도는 절반의 성공에 그쳤지만 투생 루베르튀르는 체포되어 프랑스로 이송되었다. 프랑스 권력의 잔당들을 내쫓은 투생의 두 대리인 장자크 드살린(Jean-Jacques Desallines)과 앙리 크리스토프(Henri Christophe)는 1804년 초입에 아이티 독립국을 선포했다. 아이티는 해방 노예들이 운영하는 국가가 되었다. 이 듬해에 채택된 헌법은 피부색과 상관없이 아이티는 흑인(noirs) 공화국임을 천명했는데, 백인들은 재산을 소유하지 못했다. 1816년에 아프리카인들은 모두 1년간 거주한 후에 시민권을 얻을 수 있게 되었다. 새로운 국가가 직면한 문제들은 어마어마했다. 설탕 시장은 붕괴했고 유럽 국가들은 아이티를 외면했으며 나라는 극심한 빈곤 속으로 가라앉았다. 이런 상황에서 안정된 정부가 자리 잡지 못하고 파벌주의와 무정부 상태로 치닫게 된 것은 어쩌면 당연한 귀결이었다.

21.7 아메리카 대륙의 독립: 라틴아메리카

아메리카 대륙의 스페인령 식민지들은 1810년부터 봉기하기 시작했는데 이는 나폴레옹의 스페인 침략에 따른 결과였다. 명목상 최초의 반란은 스페인의 적법한 국왕으로 페르난도 7세(Fernando VII)를 지지하는 봉기였다. 사실 봉기는 앞서 영국령 식민지들에서처럼 지방 귀족들이 그들 나름의 목적을 갖고 일으킨 것이었다. 하지만 몇 가지 이유 때문에 결과는 매우 달랐다. 첫째, 훨씬 북쪽의 식민지들처럼 유럽 정착민들이 대규모로 자리 잡지 않은 스페인령 식민지들에서는 상류층이 다수인 원주민을 두려워했다. 둘째, 스페인령 식민지들은 미국의 남부와 북부보다 훨씬 더 차이가 컸다. 아마도 가장 중요할 수도 있는 세 번째 이유는 식민지들의 지리적 고립성이었다. 각 식민지 국가들은 거리상으로 다른 식민지 국가보다 스페인과 더 가까웠다. 내부적으로도 분할 구조가 심해서 19세기 말엽에 콜롬비아는 런던에서 메델린으로 제품을 수송하는 편이, 불과 200마일 거리지만 두 개의 산맥으로 가로막힌 수도 보고타에서 건너오는 것보다 더 저렴했다. 결과적으로 스페인 제국에서는 서로 연관되지 않은 반란이 네 차례 발발했다. 북부의 베네수엘라에서 발생한 봉기가 끝나기 전에 아르헨티나에서 두 번째 봉기와 칠레에서 세 번째 봉기가 시작되었다. 네 번째로 발발한 멕시코 봉기는 완전히 별개로 일어났고 포르투갈 식민지였던 브라질 봉기도 그러했다.

봉기는 1810년 4월에 카라카스에서 시작되어 크리올이 다수를 차지하던 군사정부가 정권을 잡았고 마침내 1811년에 베네수엘라의 독립을 선포했다. 시몬 볼리바르(Simón Bolívar)가 이끌던 북부의 반(反)스페인 전쟁은 길고 복잡했다. 볼리바르는 두 차례 망명 생활을 했고 두 차례 귀국해 싸움을 이어 나갔다. 최종 승기를 잡은 것은 1820년에 스페인에서 혁명이 발발해 새로운 정부가 더는 봉기를 진압하기 위한 추가 병력을 보내지 않기로 결정하면서부터였다. 1821년에 볼리바르는 오늘날의 베네수엘라와 콜롬비아, 에콰도르, 파나마를 포함하는 대(大)콜롬비아 국가를 건설했다. 남부의 봉기는 부에노스아이레스를 중심지로 했지만 1816년에 호세 데 산 마르틴(José de San Martín)이 주도권을 잡기 전까지는 큰 성공을 거두지 못했다. 칠레에서 독자적으로 발발한 봉기를 이끈 인물은 베르나르도 오이긴스(Bernardo O'Higgins)로, 그는 산 마르틴과 함께 1821년에 페루를 해방하는 데 성공했다. 두 지도자 볼리바르와 산 마르틴이 과야킬에서 만나 스페인령 식민지였던 지역들의 미래를 논한 시기도 바로 이 즈음인 1822년 7월이었다. 볼리바르는 정부 체제로 과두제를 선호했고 산 마르틴은 군주제를 지지했다. 이견이 좁혀지지 않자 각 지역은 나름의 길을 걸었다. 관련 지역들이 거리상으로 멀리 떨어져 있고 통신 체계도 열악했던 사실을 감안하면 어쨌든 불가피한 선택이었을 것이다. 스페인 군대는 1824년 12월에 아야쿠초 전투에서 최종 패배했다. 1820년대 말엽에 대콜롬비아는 해체되었고 우루과이는 연합 주(아르헨티나)로부터 떨어져 나왔다.

멕시코에서는 귀족들이 이끈 최초의 봉기가 실패한 뒤 좀 더 대중적인 봉기가 뒤따랐다. 대중 봉기를 이끈 신부 미겔 이달고(Miguel Hidalgo)는 원주민 사회에서 매년 납부해야 하는 공물 제도와 노예제도 양자의 폐지를 선언했다. 그는 남아 있던 스페인 군대와 지주 연합에 패해 처형당했다. 뒤이어 봉기를 이끈 호세 모렐로스(José Morelos) 역시 싸움에 패해 1815년에 죽임을 당했다. 크리올 지도부는 자신들이 지닌 특권을 지키기 위해 독립을 원했고, 아구스틴 데 이투르비데

라틴아메리카의 독립

대서양

멕시코
1821년

멕시코만

멕시코시티

바하마섬(영국령)

쿠바
(스페인령)

푸에르토리코

영국령 온두라스

아이티
1804년

트리니다드(영국령)

과테말라

중앙아메리카
연합주(1823~1839년)

카라카스

영국령 기아나

그란콜롬비아
(1819~1880년)

네덜란드령 기아나

프랑스령 기아나

페루
1821년

브라질 제국
1822년

리마

볼리비아
1825년

태평양

파라과이
1813년

칠레
1817년

라플라타
연합주
1816년

리우데자네이루

산티아고

몬테비데오

우루과이 1828년

부에노스아이레스

500   1000 M

500   1000 km

(Agustín de Iturbide)가 이끈 봉기는 1822년에 최종 승리를 맞았다. 이 투르비데는 스스로 제위에 올랐지만 몇 달 만에 폐위되었다. 독립 운동들 중 가장 혁명적 성격이 옅은 곳은 브라질이었다. 프랑스가 포르투갈을 침략하자 포르투갈의 왕은 바다 건너 브라질로 달아났다. 1815년에 포르투갈 왕정이 복구되면서 브라질 왕국도 본국과 동등한 지위로 올라섰다. 1820년에 포르투갈에 반란이 일어난 후에는 포르투갈 왕족 한 명이 브라질 황제로 즉위하면서 두 나라는 최종 분할되었다.

21.8 19세기의 대서양 경제

[이전의 대서양 경제 ☞ 17.1~17.9]

아메리카 대륙에 독립국들이 신설되었지만 (아이티를 제외하면) 대서양 경제의 성격이 근본적으로 바뀌지는 않았다. 노예제도는 특히 미국 남부와 브라질, 쿠바 등지에서 여전히 경제의 중심이었고 노예무역도 계속되었다. 미국은 처음부터 노예제도에 기반을 두었다. '헌법 제정자들(Founding Fathers)' 대다수는 물론 조지 워싱턴과 토머스 제퍼슨(Thomas Jefferson)을 비롯한 초기 대통령 열두 명 중 여덟 명이 노예 소유주였다. 1776년 5월 6일 윌리엄스버그에서 만들어진 버지니아 권리장전은 "모든 인간은 날 때부터 평등하고 자주적이며 일정한 천부의 권리를 갖고 있는 바 (……) 즉 생명과 자유의 향유다."라고 천명했다. 독립선언문은 영국의 '참주'를 공격하며 다음과 같이 서술한다. "우리는 이와 같은 것들을 자명한 진리로 믿는 바, 모든 사람은 평등하게 창조된다는 것, 그들은 창조주로부터 양도할 수 없는 일정 권리를 부여 받는다는 것, 이러한 권리에는 생명과 자유, 행복의 추구가 포함된다는 것 등이다." 그러나 자신들의 '해방'과 '자유'를 옹호하기 위해 미국의 지도자들이 만든 선언문은 공허하게 들릴 뿐이었다. 선언문에 70만 노예 전부와 소수인 흑인 자유민들은 배제되어 있었을 뿐 아니라, 선언문의 내용으로 미루어 보아 인간에 미달하는 부류로 간주되었기 때문이다. 1787년에 새로운 연방헌법 초안을 작성할 때에는 많은 타협점을 찾아야 했고 '기타 사람들'이라는 완곡한 어법을 쓰면서 노예라는 직접적인 언급은 피했지만 노예들에 대해 자유민의 5분의 3 정도 가치밖에 없는 존재로 취급하는 등 특수한 신분을 부여했다. 1808년 전까지는 노예 수입을 제재조차 하지 않아 미국은 같은 기간 대비 이 20여 년 동안 역사상 어느 때보다 더 많은 노예를 수입했다.

미국 역사에서 첫 70년은 노예 문제로 점철되었다. 영국 시장이 커지면서 면 생산량도 급격히 증가하자 1790년에 70만 명이었던 노예의 수도 1860년에는 400만 명으로 급증했다. 노예제도도 아홉 개주에 새로 도입되고 텍사스 서쪽 주 경계까지 대륙의 절반을 물들이며 확산되었다. 1830년이 지나서는 미국 내 노예의 수가 아메리카 대륙의 나머지 지역에 있는 노예의 수를 전부 합친 것보다 더 많았다. 노예는 남부 주에서 인구 3분의 1을 차지했지만 1808년에 더는 노예 수입을 못하게 금지하자 내부적으로 재생산을 통해 확대되었다. 노예에 대한 처우는 서인도제도보다 나았지만 작업 환경은 처참했다. 특히 노예들도 아기를 낳았고, 면화 생산이 서쪽으로 이동해 새로운 땅으로 이전되면서 노예 가족은 흩어져야 했다. 1850년대 말엽에 앨라배마와 미시시피, 루이지애나, 조지아에서 생산하는 면화는 미국 전체 면화 생산의 5분의 4를 차지했고 동부의 오랜 노예주(州)들은 노예의 수를 늘리는 데 주력했다. 1790년부터 1860년까지 약 100만 명의 노예가 미국 내 노예 매매를 통해 서쪽으로 이주했다.(그리고 이들 노예 열 명 중 일곱 명은 주인과 함께 이주한 것이 아니라 팔려 갔다.) 그 결과 결혼한 노예 부부 중 3분의 1은 강제로 파탄을 맞았고, 전체 노예 아동들 중 절반은 부모 중 어느 한쪽 또는 양쪽 모두와 헤어져야 했다.

북부와 남부의 주들 사이에 존재하던 차이들은 19세기 초엽부터 좀 더 뚜렷해졌다. 북부의 주들은 과거부터 노예의 수가 적었고 노예제 유지와 관련된 경제적 이해관계가 별로 없었으므로 18세기 말엽에 이미 노예제를 폐지한 사례가 드물지 않았다. 버몬트주는 1777년에 제정한 헌법에서 노예제도를 금지했고 다른 주의 노예들도 점차 자유의 몸이 되었다. 다만 노예 아동들은 28세가 될 때까지 노예 신분을 유지하며 주인에게 경제적 보답을 해야 하는 경우는 있었다. 북부에서 마지막으로 노예제도를 철폐한 주는 1804년에 제도를 폐지한 뉴저지였고 1810년에는 북부에 거주하는 흑인들 중 약 4분의 3이 자유를 얻었다.(그러나 극심한 차별에 시달렸다.) 하지만 면 생산이 확산되고 노예무역이 금지되면서 남부에서는 자유를 얻는 노예가 거의 없었다. 1800년에 사우스캐롤라이나를 필두로 많은 주가 특별한 입법 권한 없이 노예해방을 금지했다. 영국으로의 면 수출은 대서양 경제의 중심이 되었고 노예제도는 남부에서 부의 근간이 되었다. 1860년까지 20여 년 동안 남부의 주들은 북부의 주들보다 빠르게 경제가 성장했고 전체적으로 영국을 제외한 서유럽의 어느 국가 못지않은 번영을 누렸다. 하지만 노예제는 심각한 문제 두 가지를 초래했다. 우선 산업화 및 도시화가 지연되었고 또 부의 분배가 매우 불공평했다. 대부분의 사람이 노예 경제에 어느 정도는 이해관계를 가졌지만 실제로 노예를 소유한 백인 가정은 네 가구당 한 가구에 불과했고, 노예 소유주들이 지닌 재산은 노예를 갖지 못한 나머지 주민들의 평균 열네 배에 달했다. 그럼에도 불구하고 극빈층에 속하는 백인들조차 노예의 존재 이유에 관한 인종적인 명분에 동의했다. 백인은 우월하기 때문에 똑같이 가난한 흑인 노예들과 자신들은 다르다는 것이었다.

새로 건설된 미국이 대륙 전역으로 확장되는 시기에 직면한 중대한 정치적 문제는 노예주와 자유 주들에 새로운 영토들을 분배하는 것이었다. (노예제도에 의존한) 면화 생산업이 계속 번창할 경우 새로운 땅이 필요했지만, 새로운 국가가 노예제 확대로 야기된 부담을 견딜 수 있을 것인가? 1803년에 북서부 영토(Northwest Territory: 현대의 오하이오와 인디애나, 일리노이, 미시간, 위스콘신)는 노예제도를 폐지했지만, 1820년의 '미주리 협정'에 따라 영토를 가로지르는 동서 분계선이 그어져 그 이남 지역은 노예제도가 허용되었다. 1848년에 멕시코에서 광활한 영토를 인수하면서 이 협정은 거의 깨질 뻔 했다. 특히 노예제 확대를 반대하는 목소리가 커졌는데, 여기에는 새로운 땅에서 흑인들을 추방해 그 땅을 백인이 전유하고자 하는 바람이 들어 있었다. 1860년 무렵에 남부에는 노예제가 성행했다. 노예제가 금방 사라질 것이라는 신호는 어디에도 없었다. 하지만 에이브러햄 링컨(Abraham Lincoln)이 대통령이 되면 노예제가 폐지될 것이라고 확신한 남부의 주들은 아메리카 대륙에서 유일하게 노예제 유지를 위해 싸우는 노예 소유주로 남기로 결정했다. 그러나 그것은 심각한 오판이었다. 남부 주들의 결정과 그 결정이 촉발한 내전으로 법적인 노예제 폐지의 기회가 열렸기 때문이다.

노예 매매와 노예제 자체를 폐지하기 위한 움직임은 18세기 말엽에 영국에서도 두드러지게 나타났다.(그전까지는 주로 퀘이커교도들 사이에 한정된 흐름이었다.) 노예제 폐지 운동은 흔히 인간 평등이라는 계몽운동에 한 뿌리를 둔 윤리적 성전처럼 여겨지기도 했고, 영국의 경제적 이익, 그러니까 자축해야 할 일에 (영국이 대서양 노예 경제를 창출하기 위해 다른 어떤 나라보다 더 많은 노력을 기울였는데도) 반대하는 행동으로 이해되기도 했다. 그러나 전통적으로 계몽주의와 관련된 사상들이 이 단계에서 부각되었는지는 확실치 않다.(결국 이 사상들로부터 많은 덕을 보았던 미국은 19세기에 노예제가 어마어마하게 확대되었다.) 19세기 초엽에 노예무역을 철폐하는 것이 과연 영국의 경제적 이익에 반하는 조치였는지도 명확하지 않다. 18세기의 대서양 경제는 빠르게 변하고 있었다. 서인도제도의 설탕 재배지들은 쇠퇴하는 추세였고 미국의 독립으로 영국 상인들이 이윤을 끌어냈던 많은 무역 거래 형태도 깨졌다. 게다가 아프리카 및 아메리카 대륙으로의 수출은 산업화가 전개되고 다른 시장들이 새로 만들어지면서 중요도가 떨어지고 있었다. 노예해방 사상이 매우 특별한 방식으로 건설되었다는 사실도 눈여겨보아야 했다. '자유'는 다른 나라들에서 흑인을 덮친, 그리고 인간을 소유물로 만든 제도로 요약되는 '노예제도'의 반대말이 되었다. 하지만 영국에는 '자유 제도'들이 있었고,(그러나 오직 극소수의 사람에게만 정치적 권리가 주어졌다.) 사람들은 '자유롭게' 시장에서 노동력을 팔았다. 이 사상은 도덕적으로 수긍할 수 있었을 뿐 아니라 자유 시장 자본주의를 강화했기 때문에 절대 선(善)으로 여겨졌다. 노예해방을 이렇게 정의하자 영국의 특권층은 그것을 큰 위협으로 받아들이지 않았다.

1810년 무렵에 영국과 미국, 덴마크는 모두 노예무역을 금지한 상태였다. 그러자 아메리카 대륙에 남은 노예들의 가치가 올라가고 대규모 밀수업이 형성되는 등 역설적인 결과가 찾아왔다. 18세기에 노예무역의 대표 주자였던 영국은 특히 1815년 이후부터 도덕적으로 독불장군이 되어 노예무역을 억제하는 쪽으로 태도를 바꾸었다. 사실 그들이 했던 일인 다른 나라 간 무역에 참견하는 것이었지만, 전체적으로 효과는 거의 없었다. 19세기에 영국은 노예선 1600여 척을 나포하고 아프리카 사람 약 15만 명을 풀어 주었다. 하지만 1807년 이후 총 300만 명 이상의 노예가 아메리카 대륙으로 이송되어 주로 브라질과 쿠바로 끌려갔다. 이는 17세기 노예무역의 두 배가 넘는 규모였지만 그래도 18세기에 영국의 주도로 노예무역이 정점을 찍었던 시기에 비하면 적은 편이였다. 19세기에는 아프리카에서 노예 가격이 떨어지고 아메리카 대륙에서는 올라감에 따라 노예무역으로 거두어들이는 이윤도 증가했다. 영국 군함 덕에 풀려난 노예들은 선택의 여지없이 미래가 정해졌다. 대부분은 1790년대에 건국된 시에라리온 내의 새로운 식민지 프리타운으로 이송되었다. 프리타운은 런던에서 쫓겨난 가난한 흑인, 미국독립전쟁 중에 영국을 지지했던 소수 아프리카인, 그리고 해방 노예들을 위한 하치장이었다. 영국은 거의 개입하지 않았지만 이슬람 세계와 아프리카의 노예무역도 점점 증가하고 있었다. 아마도 19세기에 300만 명 정도가 노예로 끌려가고,(아메리카 대륙으로 끌려간 노예의 수와 비슷했다.) 1870년 무렵에 이슬람 세계에는 브라질 및 쿠바만큼 많은 노예가 있었다.

　노예무역을 폐지했다고 해서 노예제도가 사라지는 것은 아니었다. 1807년 이후에 영국은 여전히 서인도제도에 노예 60만 명을 보유했다. 유럽의 설탕 수요는 계속 증가하고 있었지만,(연평균 영국의 1인당 설탕 소비는 1700년의 4파운드에서 1800년에 18파운드, 1850년에 36파운드, 20세기에는 100파운드 이상으로 증가했다.) 서인도제도의 토양이 피폐해져 생산지를 다른 곳으로 옮겨 가기 시작했다. 영국의 여러 섬에서는 1833년부터 1838년 사이에 노예제가 폐지되었지만 노예주들에게 상당한 보상금을 줘야 했는데, 노예 가격을 전액 지급하는 데 2000만 파운드(오늘날 금액으로 약 10억 파운드)가 소요되었다. 이윤 저하를 겪던 노예주들은 손해 볼 것이 없었다. 농장 소유주들은 여전히 해방 노예를 노동자로 고용했지만 노동자에게 들어가는 비용은 노예보다 적었다. 프랑스와 덴마크의 식민지들은 1848년에, 네덜란드의 식민지들은 1863년에 노예제를 폐지했다. 이로써 노예 경제를 운용하는 주요 국가는 세 곳, 미국과 쿠바, 브라질뿐이었다. 1861년에 시작된 미국 내전은 명목상 통일과 분리 독립권을 둘러싸고 벌어졌지만 사실 진짜 내용은 노예제의 미래에 관한 것이었다. 링컨은 두 가지 이유로 신중을 기해야 했다. 첫째, 전쟁과 노예제 폐지를 위한 싸움에 양가감정을 품는 북부 주 민주당원들의 힘 때문이었다. 둘째, 남부 연합에 가입하지 않은 접경 지역 노예주(州)들의 위치 때문이었다.(이들 주, 특히 메릴랜드가 남부 연합에 가입할 경우 국면은 북부에 불리하게 전환되고 연방 수도인 워싱턴은 남부 연합 영토에 둘러싸이는 꼴이 될 터였다.) 남부에서 노예반란이 일어나지는 않았지만 협력 거부는 날로 증가했다. 북부의 군대가 진격하고 18만 명 이상의 흑인이 북부군과 함께 싸우고 있었기 때문이다. 마침내 링컨은 충분히 힘을 키웠다고 판단하고 1863년 1월에 전시 정책으로서 노예해방선언을 포고했다. 이 선언은 연방이 지배하는 영토를 제외한, 반란 지역의 노예들을 대상으로 했다. 노예제도가 공식적으로 폐지된 것은 1865년에 남부가 패배하고 수정 헌법 13조가 통과된 이후였다. 전쟁으로 인해 노예제도는 보상금 지급 없이 폐지되었다. 전쟁이 끝난 후에도 남주의 주들을 재건하려는 시도가 미미하게 일었지만 약점도 많았고 열렬히 추진되지도 않았다. 결국 흑인은 (수정 헌법 14조와 15조로) 백인들과 동일한 정치적 권리와 시민권을 갖게 되었지만, 이러한 권리를 실행에 옮기기 위한 조치는 거의 이루어지지 않았다. 1870년대 중엽에 남부 주들에는 대체로 백인의 지배권이 재확립되었고 경제 여건도 거의 바뀌지 않았다. 흑인들은 최하층계급인 소작인이 되어 생활의 모든 면에서 엄청난 차별을 받았다.

19세기에 스페인 식민지 쿠바는 세계 최대의 사탕수수 산지가 되었고 1850년에 이미 다른 라틴아메리카 국가들보다 몇 마일 더 긴 철도 노선을 갖고 있었다. 설탕 생산은(따라서 노예도) 섬의 서쪽 지역에 집중되었고, 동쪽에는 커피와 담배를 재배하는 백인 소농 인구가 증가했다. 1868년(스페인 혁명 뒤)에 독립을 요구하는 10년 전쟁이 일어났다. 스페인 정부는 서부의 대농장주들과 연합해 노예들을 어떤 식으로든 해방시키는 데 반대했다. 하지만 스페인은 미국과 (노예제 반대라는 대의로 태도를 바꾼) 영국, 프랑스가 개입해 반란자들의 편에 설까 봐 우려했다. 이 때문에 스페인은 노예 아동들을 해방시키는 입법안을 통과시켰다.(매우 장기적인 노예제 폐지를 의미했다.) 하지만 스페인 식민지 당국은 법안 이행을 거부했고 섬 동부의 반란군은 노예들과 한편이 되지 않을 수 없었다. 쿠바에서는 노예 소유주들이 개별적으로 노예들을 풀어 주는 더딘 속도의 노예해방 과정이 시작되었다. 스페인 정부는 1880년 이후에야 노예들을 위해 전통적으로 내려오던 '도제' 제도를 마련했고, 이 제도는 1888년까지 지속되었다. 하지만 설탕 가격이 급격히 떨어지자 결국 노예주들도 노예제도를 통해 이득을 보기가 어려워지면서 마침내 노예들에게 자유가 주어졌다. 남아 있던 3만 명 남짓의 노예가 1886년에 풀려났다. 아메리카 대륙에서 마지막까지 노예제를 유지했던 브라질은 1846년에 설탕 수입에 대한 영국의 관세가 사라지면서 처음에는 이득을 보았지만 그 후로는 좀 더 효율적인 쿠바의 산업에 밀려났다. 상파울루와 리우데자네이루,

미나스제라이스 등지에서는 커피 플랜테이션이 증가하고 유럽과 북아메리카로 수출이 확대되면서 설탕 농장보다 더 중요해졌다. 북동부지역에서 설탕을 재배하는 노예주들에게는 노예를 부려 설탕을 생산하는 것보다 노예를 남부에 파는 쪽이 더 이득이었다. 그래도 브라질은 1850년대에 매년 3만 7000명의 노예를 수입해 새로 발달한 커피 플랜테이션에서 작업을 시키고 있었다. 브라질에서 노예제도에 대한 반대는 많은 부분 인종차별주의적 관점에서 비롯되었다. 나라 안에 백인 인구를 늘려야 할 필요가 있었고, 노예제를 폐지하면 유럽 이주민의 유입도 늘어날 것으로 생각했던 것이다. 이러한 시각은 접경 지역에서 커피 생산이 증가하자 커피 농장주들이 노예 수입을 더 늘려도 노동력 수요를 충족하지 못할 것이라고 여겼던 사실과 연결되었다. 1870년대에 제정된 법은 노예 아동들이 21세가 되면 자유의 신분을 갖는다고 규정했다.(쿠바처럼 브라질도 혁명적인 과정은 아니었으나 결과적으로 해당 법에 따라 노예제도는 종료되었다.) 사실상 노예제도는 1880년대에 무너졌고 1888년에 공식 폐지될 당시에는 상파울루에 노예 약 10만 명 정도가 남아 있을 뿐이었다. 300여 년 동안 대서양 경제의 중심에 자리했던 노예제는 마침내 역사 속으로 사라졌다.

21.9 유럽: 사람과 식량

[이전의 유럽 농경 ☞ 20.3]

앞 장에서 살펴보았듯이 유럽, 특히 영국의 농업은 산업화가 진전하던 19세기 초엽에 급증하는 인구를 간신히 감당하고 있었다.(영국은 19세기 전반부 중 대부분을 아일랜드로부터 식량 수입에 의존했다.) 유럽

인구는 1800년에 1억 8000명이었지만 1900년에는 거의 4억 명으로 증가했다. 늘어난 인구는 (식생활의 질적 개선은 고사하고) 먹을 것을 구할 수 없었고, 산업 및 서비스 부문에 고용되는 사람의 수는 증가했으며, 유럽이 다른 지역들에 점점 더 많은 영향력을 행사해도 크게 중요한 변화들은 생기지 않았다. 유럽은 다른 지역들로부터 식량을 대량으로 수입하고 넘쳐 나는 인력을 수출해 인구문제를 덜어 내기 시작했다. 마찬가지로 인구가 급증한 다른 유라시아 지역들은 유럽과 같은 해법을 찾을 수 없었고, 결국 유럽과의 경쟁력에서 상당한 타격을 입게 되었다.

새로 독립한 (아이티를 제외한) 아메리카 대륙의 국가들은 아직 유럽 세계에 속해 있었다. 과거 식민지들은 유럽 국가들과 여전히 밀접한 문화적·언어적 유대로 묶여 있었고 국가가 팽창하면서 날로 붐비는 유럽을 벗어나 이주할 수 있는 이상적인 공간으로 면모를 갖추었다. 새로운 지역들도 문을 열었다. 1780년대 말엽, 원래는 아메리카 대륙의 식민지로 더는 보내지 못하는 범죄자들을 모아 두었던 오스트레일리아에 점차 영국인 정착지가 확대되었다. 1830년대에는 사우스오스트레일리아 식민지가 특별히 이주를 충족하기 위해 만들어졌다. 3만여 년 동인 이곳에 거주했던 오스트레일리아 주민들(애버리지니)은 진화한 유인원 정도로 취급을 받았다. 영국인들은 원주민들의 땅을 모두 자신들의 소유로 공표했고 1805년에는 원주민들이 유럽의 법을 이해하지 못한다는 이유로 재판을 받을 필요 없이 가까이에 있는 정착민이 '판사' 노릇을 하면 된다고 결정했다. 유럽인 정착지가 확대되자 애버리지니족도 저항을 시도했지만 싸움은 어쩔 도리 없이 일방적이었다. 접경 지역에서 유럽인 약 2000명이 살해당했지만 원주민 사망자는 2만 명이 넘었다. 대개 병에 걸리거나 술을 마셔 망가진 생존자들은 정착민들이 버려둔 지역으로 쫓겨났다. 5000명 남짓한 태즈메이니아 주민은 가장 가혹한 운명에 처했다. 온갖 잔혹 행위로 1830년에는 주민 수가 2000명 정도로 감소한 데 이어 영국 총독은 정착지 지역에서 이들을 몰아내기로 결정했다. 대대적인 소탕 작전이 조직되었고 1834년 무렵에 모든 원주민은 배스 해협의 플린더스섬으로 쫓겨났다. 플린더스섬으로 들어간 원주민들은 부족의 전통적 관습을 버리고 유럽식 옷을 입히려는 복음주의 기독교 선교사들을 만나 완전히 혼란에 빠지면서 수가 급격히 줄어들었다. 1843년에는 불과 마흔세 명만이 섬 안에 생존해 있었다. 태즈메이니아 애버리지니들 중 마지막 생존자는 혼자 방치된 채 외롭게 생활하다가 1876년에 사망했다. 뉴질랜드 역시 정착지로 개방되었지만,(뉴질랜드는 전적으로 자유노동자들이 정착한 최초의 영국 식민지였다.) 폴리네시아 마오리족은 오스트레일리아의 애버리지니보다 훨씬 더 강했다. 영국인들은 뉴질랜드 영토 대부분을 손에 넣을 수 있었지만 마오리족과 합의해야 했고, 합의 내용에 따라 마오리족의 여러 전통과 문화가 자치에 준하는 체제 아래에 보존되었다.

남북 아메리카 대륙과 오스트랄라시아, 아프리카 남부 케이프와 나타우에 발달하던 작은 식민지들은 유럽의 이민자들에게 주요 지역들을 새로운 정착지로 내주었다. 1800년 무렵에는 이주 유럽인이 거의 없었다. 남아메리카의 유럽 이주민 수는 약 50만 명이었고 북아메리카는 500만 명,(모두 인구의 자연 증가가 포함된 수치다.) 오스트레일리아에는 1만 명 정도가 거주했다. 뉴질랜드에는 없었다. 1840년대 말까지만 해도 이주율은 낮아서 많아 봐야 연간 10만 명 정도였다. 그럼에도 불구하고 1800년부터 1914년 사이에 유럽에서 이주한 사람의 수는 약 5000만 명에 달했다. 1820년 유럽 총인구의 4분의 1에 해당하는 규모였다. 유럽을 떠난 사람들은 대부분 열악한 생활환경을 벗어나 새로운 나라에서 더 나은 삶을 누릴 수 있을 것이라는 희망을 갖고 있었다. 이런 규모의 인구 이동은 세계사에 유례없던 일로, 유럽의 경제와 사회에는 적지 않은 이익을 안겨 주었다. 넘쳐 나는 인구를(그리고 그들의 후손을) 먹여 살릴 필요도, 힘들게 수용해야 할 필요도 없어졌기 때문이었다. 이주민 절반 이상은 미국으로 건너갔다. 이들 대부분은 영국, 특히 아일랜드 출신이었다. 1846년부터 1849년까지 아일랜드를 강타한 참혹한 기근으로 150만 명 이상의 주민이 아일랜드를 떠났고 같은 시기에 100만 명에 조금 못 미치는 사람이 독일을 떠났다. 19세기 말엽에는 연간 약 100만 명이 유럽을 떠났다. 그중 3분의 1은 이탈리아 출신이었다. 당시 이탈리아는 유럽에서 가장 가난한 나라에 속했고 시골 지역에는 대규모 잉여노동력이 존재했다.

이주민들은 강한 연결 고리가 있는 국가들을 찾았고 유럽과 대략 기후가 비슷한 곳, 유럽에서와 같은 작물을 재배할 수 있는 지역들로 떠났다. 그 결과 세계적으로 경작지가 대대적으로 늘었다. 1860년 이후로 60년 동안 10억 에이커가 넘는 새로운 땅이 경작지로 변모했다. 주로 미국과 캐나다, 아르헨티나, 오스트레일리아의 땅들이었다. 하지만 다른 발달들이 따라오지 않았다면 이렇게 일군 땅으로도 유럽에 식량을 공급하기 어려웠을 것이다. 우선 대륙의 내륙을 가로지르는 철도를 건설해 작물과 동물들을 항구로 수송해야 했다. 이런 기반시설 건축은 대부분 유럽의 투자로 이루어졌다. 20세기 초엽에 영국은 아르헨티나 철도 전체에 소유권을 갖고 있었다. 둘째, 해운업에 변화가 필요했다. 특히 대형 증기선을 도입해 항해 시간은 급격히 줄이고 화물의 양은 늘리면서 비용도 낮출 수 있었다. 1870년대 초엽 이후 미국에 대륙횡단철도가 개통되고 해상운송이 개선되면서 미국 중심지와 영국을 오가는 화물 운임은 20년 만에 절반 이상으로 떨어졌다. 영국에서 미국산 밀의 가격은 40퍼센트가량 하락했고 수출은 세 배로 뛰어올랐다. 다른 기술들, 특히 냉동 및 냉장 기술은 세계 식량 무역을 한층 더 변모시켰다. 냉장실은 1870년에 미국의 소고기를 영국으로 수송할 때 처음 사용되었지만, 변화에 결정적으로 기여한 것은 1877년에 부에노스아이레스와 프랑스 사이를 오갔던 냉장선 프리고리피크(Frigorifique)호였다. 라틴아메리카로부터 수입 무역이 빠르게 성장한 데 이어 1879년에는 오스트레일리아에서, 1882년에는 뉴질랜드에서 영국으로 최초의 냉동선이 들어왔다. 이런 국가들은 모두 고기와 가죽, 양모의 수출에 의지하게 되었다. 1890년대 즈음에는 뉴질랜드에서 영국으로 처음으로 버터와 치즈가 수송되었다. 영국은 1901년에 최초로 자메이카에서 바나나를 수입했다.

이러한 변화들 덕분에 세계적으로 식량 무역은 어마어마하게 증가했다.(거의 전부 유럽으로 들어가기는 했다.) 1850년에 세계의 식량 수출은 400만 톤에 불과했다. 그러던 것이 1880년대에는 1800만 톤으로 증가했고 1914년에는 4000만 톤에 다다랐다. 19세기 세계사에 주요한 변화의 획을 그은 부문이 바로 식량 수출이었다. 그때까지 대부분의 사회는 식량을 거의 전적으로 자급자족했고, 부피가 큰 물품을 짧지 않은 거리에서 육로로 수송하는 것은 엄두도 못 낼 만큼 비쌌다. 대량의 식량 무역은 과거에도 존재했다. 로마와 콘스탄티노폴리스로 곡물을 공급하거나 대운하를 따라가며 중국 내에서 곡물을 수송한 사례, 또는 발트 지역에서 저지대 국가들로 곡물을 실어 나른 경우가 그랬다. 하지만 식량 무역은 입이 떡 벌어질 만큼 고가의 사치 품목이었다. 19세기 중엽 이전에 유럽에서 수입한 식량은 향신료와 설탕, 커피, 차, 코코아가 거의 전부였다. 그 후로 식생활의 근간을 형성하는 대용량 품목, 즉 곡물과 고기류, 유제품 등으로 바뀌었다. 20세기에 들어 첫 10여 년이 지날 동안 영국은 자국 밀 소비량의 80퍼센트를 수입했고 과일 소비량의 65퍼센트와 고기 소비량의 40퍼센트를 외국에서 들여오고 있었다. 그 덕에 영국은 농사에 종사하는 노동력의 비율을 10퍼센트 밑으로 유지할 수 있었다. 이러한 식량 수입이(그리고 대규모 이주가) 아니었다면 산업화는 유럽, 특히 영국에서 그렇게 속도를 내지 못했을 것이다. 유럽으로 식량을 수출했던 오스트레일리아와 캐나다, 뉴질랜드, 아르헨티나 같은 국가들은 번영했고 세계 최고 부자 나라의 반열에 올랐다. 1900년 무렵에 아르헨티나의 1인당 국민총생산은 이탈리아만큼 높았고 일본에 비하면 두 배나 되었다.

21.10 오스만 제국

[이전의 오스만 ☞ 19.9]

18세기 중엽부터 100년 동안 영국은 무굴 제국의 붕괴를 이용해 인도에서 우위를 점할 수 있었다. 또 다른 이슬람의 대제국인 오스만 제국은 유럽 열강의 중심에 훨씬 더 가까이 있었지만 유럽이 확장하는 데 훨씬 더 강하게 저항하며 1918년까지 명맥을 이어 갈 수 있었다. 17세기 말엽에 합스부르크가에 빼앗긴 트란실바니아와 헝가리 국경 지방들을 제외하면, 18세기 중엽에 제국은 여전히 16세기 당시만큼 광대했다. 18세기 말에 오스만 제국에 가장 크게 위협이 된 세력은 발칸 지역의 합스부르크가가 아니라 흑해 연안 지역을 따라 세력을 확장한 러시아였다. 러시아 정착지는 수 세기 동안 남하했지만, 1768년부터 1774년까지 이어진 러시아 대 오스만 전쟁을 계기로 오스만 제국에서 크림 칸국이 분리되고 제국 안의 정통 기독교도들을 보호한다는 러시아의 모호한 주장을 인정하게 되었다. 러시아는 1783년에 크림 칸국을 합병하고 1년 후에 세바스토폴(Sevastopol)과 심페로폴(Simferopol)에 정착지를 확립했다. 1972년에 오스만은 더 멀리 서쪽의 드니에스테르강을 러시아 국경으로 합의했고 1794년에는 오데사가 건설되었다.

러시아가 앗아 간 영토들은 제국의 극동 지역이었기 때문에 오스만에 가장 큰 근심거리는 아니었다. 19세기에 들어 제국이 직면한 더 결정적인 문제는 중앙의 통제력이 사라지고 여러 지방에 반(半)자치적 지배권을 행사하는 통치자들이 등장했다는 점이었다. 알제리와 튀니지는 육군 수비대 출신 왕조들이 점령했다. 리비아는 카라만리(Karamanli) 가문에서 총독직을 세습하고 있었다. 이집트는 여러 맘루크 파벌이, 바그다드와 바스라 지역은 조지아 출신 맘루크가 지배했다. 아라비아는 대체로 독립되어 있었다. 오스만 정부가 지역 귀족들에게 꽤 만족해하며 그들 마음에 드는 총독들을 뽑아 보내 주는 것은 귀족들이 콘스탄티노폴리스에 세금을 보내고 국경을 수비할 때에 한해서였다. 어쨌든 세금은 매우 낮은 편이어서 제국이 지닌 총자산의 2퍼센트에도 미치지 못했다. 정부는 교역에 아무런 간섭을 하지 않았기 때문에 정부와 관련 없는 집단들에 많은 사회적·경제적 힘이 돌아갔다. 제국도 상당한 힘을 갖고 있었다. 프랑스는 나폴레옹의 지휘 아래 이집트 원정에 나서 맘루크 왕조를 상대로 성공을 거두었으나, 1799년의 아크레 전투에서 오스만군에 완패해 결국 항복할 수밖에 없었다.

19세기 오스만 제국의 역사는 대체로 유럽의 시각으로(특히 유럽 열강의 외교 문서로) 기록되어 편향이 심하다. 이러한 기술은 '유럽의 환자(Sick Man of Europe: 19세기와 20세기에 열강들의 영토 분쟁 와중에 쇠퇴했던 오스만 제국을 조롱하는 표현이다. — 옮긴이)'의 일대기가 되고 유럽 열강들이 '동방문제(Eastern Question: 오스만 제국이 쇠퇴하는 과정에서 여러 민족과 영토를 둘러싸고 전개된 강대국의 복잡한 대립에 대한 총칭이다. — 옮긴이)'를 왜 그렇게 처리할 수밖에 없었는지를 말해 준다. 이 일대기는 (유럽이 품은 야망 안에 간직된) 자유주의와 민족주의가 '진보적'이며 따라서 필연적이라고 말없이 추정한다. 한편 오스만 제국은 (다른 이슬람 국가들처럼) 경직되고 전근대적이며 부패한 존재로 그려진다. 결국 오스만의 '실패'는 19세기에 일어난 제국의 분열과 1918년에 영국과 프랑스가 합의한 최종적인 영토 분할에 타당한 명분을 준다.

19세기 오스만 제국의 역사는 사실 점증하는 유럽의 압력에 적응하며 취했던 대대적인 내부 개혁으로 특징지을 수 있다. 개혁의 과정은 셀림 3세(Selim III: 1789~1807년) 시대에 시작되었지만, 이 단계에서는 오랜 기간 쇠퇴의 길을 걷다가 이제는 부패하고 무능해진 두 집단, 울라마와 예니체리의 반대로 아무런 중요한 변화도 이루기 어려웠다. 상근하는 해외 공관들을 유럽의 주요 도시들에 건설하고, 특히 1802년에는 징병제를 도입해 새로운 연대를 구성하는 군사 개혁도 실시했다. 권력에 위협을 느낀 예니체리는 술탄을 폐위했다. 하지만 마흐무트 2세(Mahmud II: 1808~1839년)도 중대한 개혁을 멈추지 않았다. 1826년에 예니체리를 폐지했고 뒤이어 군사를 징집하던 오랜 티마르 제도도 철폐했다. 이렇게 탄생한 유럽식 군대는 1840년대 무렵에 30만 명을 넘기면서 기독교 유럽의 여느 국가 못지않은 규모를 이루었다. 새로운 군대는 국가 자원의 대부분을 소모했다.(다른 유럽 사회의 군대들도 아직 마찬가지였다.) 심지어 1828년에 오스만 제국은 러시아군에 강경한 저항을 펼칠 수 있었고, 1870년대에도 신규군은 러시아군과 똑같은 전투력을 발휘할 수 있었다. 군대 개혁 뒤에는 유럽식 모형에 입각한 정부 부처 구성과 좀 더 효율적인 세금 제도 개편이 이루어졌다. 본격적인 개혁기는 1840년대 말엽에 교육부를 신설하고 울라마 중심의 교육 정책을 폐기하면서 시작되었다. 1864년에 단일한 지방정부 체제가 마련되면서 다양한 지역 집단에서 선출된 대표자들로 지방의회가 구성되었다. 법제 개혁은 이슬람 샤리아 때문에 다소 어려웠다. 1850년에 상법이 반포되었고, 유럽인들이 연루된 사건들을 대비해 오스만 재판관과 유럽 재판관이 공존하며 유럽식 절차에 따르는 재판소가 준비되었다. 이 제도는 뒤에 형법으로 확대되었고, 이슬람교도에게 불리한 기독교도의 증언도 허용되었다. 프랑스 모형에 바탕을 둔 새로운 형법에 따라 1858년에는 법무부 소속의 국가 법원(state courts)들이 문을 열었다. 민법 개혁은 좀 더 어려웠지만 1870년대 무렵에 종교 제도와 속세의 제도 사이에 절충안이 마련되었다. 여러모로 이러한 행정 개혁들은 유럽 열강이 새롭게 떠오르는 요구들을 고심하며 수행했던 개혁들과 매우 유사했다.

정부 개혁을 통해 19세기에 오스만 제국은 세력이 더 강해졌고 한동안은 자치에 준하는 행보를 보였던 지역 집단들에 대해서도 통제력이 증가했다. 일부 지역, 예컨대 중앙아라비아와 예멘, 오만 내륙, 자그로스산맥과 쿠르디스탄 산간 지역, 수단과 리비아의 외지 등과 레바논의 드루즈인들 사이에서는 이러한 간섭이 저항에 부딪혔다. 하지만 결과적으로 군사력을 적절히 이용해 이들 지역 집단들을 통제하면서 정부의 권력은 대체로 강해졌다. 지역 대부분은 (징병제 도입을 제외하고) 더 강력해진 중앙정부를 환영했고, 전횡을 일삼는 지역의 통치자를 통제하는 힘을 발휘할 때 더 반가워했다. 문제는 발칸 지역이었다. 발칸 지역에서는 힘이 강해진 정부에 대한 저항이 종교적·민족적 표현으로 분출되었다. 특히 이러한 저항을 주도하는 사람들은 대체로 정부에서 배제된 (따라서 자신들의 정부를 갖고자 했던) 귀족들이었다. 과거 오스만 정부의 실효적인 지배가 약했을 때에는 정부에서 배제된다고 해도 별로 큰 문제가 아니었지만 정부의 역할이 커지면서 문제가 달라졌다. 발칸 지역에서 벌어지는 충돌은 대부분 지역 통치자와 이들을 통제하지 못하는 오스만 정부에 대한 반발이었지만, 정부가 지역 통치자들을 통제하더라도 오스만 제국에 대한 저항은 존재했다. 나중이 되어서야 이러한 반란은 실제 과거나 전설을 바탕으로 확립된 민족 정체성과 결부되어 종교적·세속적으로 표출된 분쟁으로 해석되었다. 1820년대에 들어 이러한 문제들은 그리스를 필두로 해서 의미심장하게 부각되기 시작했다. 유럽 열강의 입장에서는 발칸 지역 주민들의 저항이 오스만의 통치를 약화시키기보다는,(오스만에 미치는 영향은 대체로 항상 낮은 수준이었다.) 주요 유럽 열강 및 그들의 이익을 저해하는 데 더 크게 작용할 수 있다는 문제가 있었다. 이런 이유로 유럽 열강은 수용 가능한 바탕 위에 일련의 합의와 조약들을 체결하기 위해 노력했다. 이러한 노력을 관통하는 거의 유일한 특징 하나는 다른 모든 세력이 러시아의 영토 주장에 대해 반대한다는 것이었다.

1820년대 초엽에 발발한 그리스 봉기는 대체로 상상력이 만들어 낸 지난 '고대'에 관해 유럽 안에서 낭만적인 사상과 환상을 자아냈고, 과거에 아케메네스 왕조에 맞서 싸웠듯이 다시 한번 '자유'를 위해 싸우는 그리스라는 착각을 불러일으켰다. 봉기는 실패로 끝나는 듯 했지만 1820년대 말에 러시아와 영국이 개입하면서 펠로폰네소스반도와 그리스 중부 지역 일부를 영토로 하는 매우 작은 그리스 왕국이 확립되었다. 그리스의 총인구수는 100만 명도 채 되지 않았다.

이후 한 세기 동안 그리스는 오스만 제국에 맞서 잃어버린 땅을 탈환하려는 거대한 야망의 역사를 기록했다. 그리스 국무총리 요안니스 콜레티스(Ioannis Kolettis)는 1844년에 이렇게 말했다. "그리스 왕국은 그리스가 아니다. 그리스의 가장 작고 빈곤한 일부일 뿐이다. 그리스 역사와 그리스 민족이 존재했던 모든 곳이 바로 그리스다." 그 외의 발칸 지역들은 오스만의 힘이 거의 온전하게 남아 있었다. 세르비아는 오스만이 지역 통치자에게 맞선 저항을 조장해 1830년에 완전한 자치권을 획득했다. 몰다비아 공국과 왈라키아 공국은 정통 기독교 군주 아래에서 오랜 기간 준(準)자치제로 운영되었는데, 1792년에 러시아가 몰다비아 접경 지역까지 세력을 확장한 후로 빈번히 러시아의 침략을 받았다. 러시아 군대는 1711년부터 1853년까지 여덟 차례나 두 공국을 점령했지만 그때마다 다시 퇴각해야 했다. 오스만 제국이 특히 크림 지역을 잃은 후부터 두 공국에서 생산되는 잉여 곡물들로 콘스탄티노폴리스를 부양했기 때문이다. 1829년에 러시아와 전쟁 끝에 조약을 체결한 뒤에 오스만 제국은 이 지역에 명목적인 지배권만 갖게 되었다. 군주는 종신 임명되었고,(사실상 러시아가 지명했다.) 세금이 고정되었으며, 도나우강 좌안의 요새는 철수되었다. 크림 전쟁 후에는 러시아의 지배권이 약해져 군주 선출이 국제사회의 관리 아래에 놓였다. 1859년과 1861년 사이에 몰다비아와 왈라키아가 연합 공국을 이룬 뒤에도 오스만 제국의 명목상 지배는 남아 있었다.

1870년대 이전에 오스만 제국이 유럽에서 입은 손실은 이 정도였다. 그 외에 알제리는 1830년에 프랑스에 점령당했지만 오스만은 워낙 오랜 기간 동안 실질적인 지배권을 행사하지 않고 있었다. 더 중요한 문제는 이집트를 잃은 것이었다. 프랑스로부터 이집트를 수복한 오스만군의 지휘관이었던 무함마드 알리(Muhammad Ali)는 1805년에 권력을 잡았다. 그는 (주로 아프리카 노예와 종신 징용된 이집트 농민들로 구성된) 약 20만 병력의 군대를 장악하고 유럽, 특히 영국에서 급증하는 수요를 맞추기 위해 면직물 생산을 증가하는 정책에 착수했다. 그러나 그의 부양 정책은 1830년대에 영국의 반대에 부딪쳤고, 무함마드 알리는 군대를 1만 8000명 규모로 감축하고 이집트 산업 독점권을 폐기할 수밖에 없었다. 1849년 무렵에는 이집트 전체에 공장이 단 두 곳 남아 있었으며 시장은 영국의 재화들로 뒤덮였다. 그럼에도 불구하고 19세기 중엽에 이집트 왕국은 일부 지역에서 두드러진 힘을 드러냈다. 면직물 생산을 확대해 부를 증식했고,(1840년대 이후 면직물 생산은 40년 동안 열 배로 증가했다.) 그 덕에 국비로 천연두 예방접종을 실시할 수 있었다. 1850년에는 이발사를 겸하는 종두 의사 2500명 이상이 연간 8만 명의 어린이에게 예방주사를 놓고 지방에서 공공 의료를 받을 수 있는 기관들을 설립하도록 도왔다. 그 결과 1846년에 450만 명이던 인구는 19세기 말 무렵에 1000만 명으로 증가했다. 문제는 인구 팽창과 면직물 생산 확대로 1864년 이후로 곡물을 수입해야 했다는 것이다. 외부 세력이 점점 더 이집트의 교역을 장악해 가는 가운데 이러한 상황은 파산 사태를 불러왔고 이집트의 재정은 1876년에 설립된 유럽 위원회의 관리하에 들어갔다. 위원회에서 별다른 성과를 내지 못하자 1882년에 영국과 프랑스가 강제로 개입했으며 영국은 이집트에 실질적인 지배권을 갖게 되었다. 프랑스가 튀니지를 점령한지 1년 뒤의 일이었다.

오스만 제국이 결정적인 위기를 맞은 것은 1870년대 중반이었다. 보스니아-헤르체고비나와 불가리아에서 일어난 봉기로 시작된 위기는 세르비아와 몬테네그로 같은 작은 독립 왕국들이 개입하는 양상으로 이어졌다.(세르비아에 주둔한 오스만 제국 수비대는 1867년에 결국 철수했고, 작고 고립된 산악 왕국인 몬테네그로는 수 세기 동안 사실상 독립국이나 마찬가지였다.) 두 국가는 보스니아-헤르체고비나에서 각기 다른 지역들을 원했지만 오스만 군은 잔혹하게 반란을 진압했다. 발칸 지역 국가들은 러시아의 개입 덕분에 화를 면했지만 뒤이은 산스테파노 조약은 러시아의 목표를 충족하는 내용으로 합의를 강요했다. 하지만 1878년의 베를린 회의에서 다른 해결책에 합의했던 유럽 열강들은 이 합의를 수용할 수 없었다. 세르비아는 국경이 확장되어 루마니아처럼 완전한 독립국이 되었다. 보스니아-헤르체고비나는 오스트리아-헝가리 제국의 보호 아래로 들어갔다. 러시아가 산스테파노에서 국경을 넓힌 불가리아는 남부 지역을 오스만 제국에 돌려줌으로써 다시 작아졌다.(1878년에 탄생한 동루멜리아는 1886년에 불가리아와 합병되었다.) 영국은 발칸 지역의 위기를 합의로 타결한 자국의 역할을 높이 평가해 키프로스를 가져갔다.

베를린 회의에서 마케도니아는 오스만 점령하에 남은 유럽의 마지막 지역이 되었다. 새로 독립한 발칸 국가들은 인구 유형도 복잡하고 각각의 주장들도 상이해 이 지역에 대한 해결책을 구하기 어려웠다. 한 세기 이상 이 지역의 앞날을 시달리게 만든 장본인은 미래의 오스만 제국이 아니라 바로 발칸 지역 국가들 사이의 이러한 경쟁이었다. 기독교 국가들이 역사적·민족적 정체성을 제각각 달리 인식해 내놓는 상충되는 요구들은 서로 양립하기도 어려웠고 해결도 불가능했다. 광범위한 유럽 국가 체제 안에서 양산되는 경쟁 관계도 불안정했다. 1908년에 오스트리아-헝가리가 보스니아-헤르체고비나를 합병한 일은 주요 유럽 열강들에게는 받아들여졌지만 세르비아의 적대감은 증폭시켰다. 1912년부터 1913년까지 발칸 지역의 강국들은 오스만 제국을 연합 공격하기로 합의했고 성공을 거두었다. 그리고는

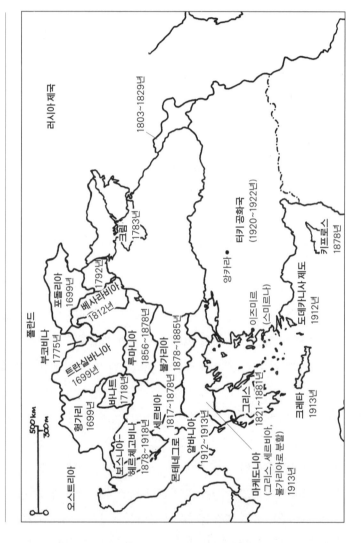

오스만 제국의 영토 상실 1699~1913년

러시아 제국

폴란드

오스트리아

500 km
300 m

부코비나
1775년

포돌리아
1699년

베사라비아
1792년

1812년

크림
1783년

헝가리
1699년

트란실바니아
1699년

바나트
1718년

몰다비아
1856~1878년

부크가리아
1878~1885년

보스니아─
헤르체고비나
1878~1918년

세르비아
1817~1878년

몬테네그로
1912~1913년

알바니아
1912~1913년

1803~1829년

앙카라

이즈미르
(스미르나)

터키 공화국
(1920~1922년)

도데카니사 제도
1912년

키프로스
1878년

그리스
1821~1881년

크레타
1913년

마케도니아
(그리스, 세르비아,
불가리아로 분할)
1913년

성과를 배분하는 문제로 사이가 틀어졌다. 2차 전쟁에서 주요 패전국은 불가리아였지만,(도브루자의 넓은 영토가 불가리아 주민들과 함께 루마니아로 넘어갔다.) 세르비아와 그리스, 불가리아 사이의 마케도니아 분할 문제는 마침내 합의에 이르렀다.(오스만 제국은 이 2차 전쟁 기간에 동 트라키아를 되찾았다.) 발칸 전쟁이 해결하지 못한 유일한 지역은 알바니아였다. 알바니아는 인구의 거의 4분의 3이 이슬람교도였고, 유일하게 존재했던 '민족주의' 운동이 반(反)오스만이 아닌 반(反)불가리아와 반(反)몬테네그로 운동이었다. 국제회의가 개최되어 '작은' 알바니아의 독립에 합의했는데, 인구의 압도적 다수가 알바니아인인 세르비아의 주 코소보는 영토에서 제외되었다. 발칸 전쟁이 발발한 시기에 오스만 제국의 다른 영토들에서도 압력이 일고 있었다. 제국은 크레타섬을 (그리스로 할양함으로써) 잃고 리비아와 도데카니사 제도도 이탈리아에 빼앗겼다.

1870년대 말엽에 막대한 압력에 시달리던 오스만 제국은 내부의 개혁이 중단되었고, 잠정적으로 제정된 (벨기에 헌법에 기초한) 1876년 헌법은 끝내 효력을 갖지 못했다. 오스만 제국의 성격도 크게 변했다. 발칸 지역의 수많은 기독교도 인구에 대해 지배력을 상실하자 내부적으로 이슬람의 색채가 훨씬 더 짙어지며 강력한 통합 요인으로 작용했다. 칼리파이자 이슬람 사회의 수장으로서 술탄의 역할은 한층 더 강조되었다. 아프리카 북부와 이집트 등 제국의 외곽 지역들을 대부분 잃고 나서 튀르크족의 성격이 더 강하게 나타났고, 이 정체성은 오스만 제국이 최성기를 누릴 때의 사해동포주의를 대체하기 시작했다. 유럽의 확장을 대면하며 오스만의 약점이 감지되자 1889년에 이브라힘 테모(Ibrahim Temo: 알바니아인이었다.)를 중심으로 '청년 튀르크당' 운동이 형성되었다. 1908년에 통일 진보 위원회(Committee of

Union and Progress)로 활동하면서 청년 튀르크당은 군사 쿠데타를 일으켜 술탄에게 비교적 진보적이었던 1870년대의 헌법을 부활시킬 것을 강요했다. 권력은 독일 군사 사절단에게서 재훈련을 받아 유능해진 군대와 지역 엘리트들에게 있었다. 발칸 전쟁에서 이탈리아에 패배했지만 내부 개혁은 계속되었다. 개혁의 효과는 1914년에 발발한 전쟁에서 튀르크군이 독일과 오스트리아-헝가리 측에 가담했을 때 나타났다. 영국군은 갈리폴리에 상륙을 시도했을 때 굴욕을 맛보았고, 메소포타미아에서 형편없는 전투를 벌이며 다시 한번 창피를 당했다. 1918년이 되어서야 영국은 이집트에서 레반트를 공략하는 전투에서 승리했다. 그러나 1918년 말까지 영국과 프랑스는 끝내 남은 오스만 제국의 영토를 나누어 가질 수 있었다. 영국이 대부분을 가져갔고 프랑스에게 남은 것은 시리아와 레바논뿐이었다. 오스만 제국은 아시아 남서부에서 가장 오랜 역사를 간직한 대제국 중 하나였다. 14세기 중엽 이래로 400여 년 이상 존립하며 세를 넓혔고 유럽 열강이 제국을 해체하는 데에만 한 세기 반이 넘는 세월이 걸렸다.

21.11 러시아의 확장

[이전의 러시아 확장 ☞ 19.11.2]

18세기 말엽에 러시아의 영토는 태평양과 발트해 연안, 흑해까지 확장되었다. 서쪽으로는 폴란드가 분할되었고 1809년에는 핀란드가 대공국의 지위로 러시아의 지배하에 공식 편입되었는데, 자체적인 군대와 법률 체제, 통화, 세제, 종교(루터교), 심지어는 러시아 제품들에 부과하는 관세까지 그대로 유지했다. 1815년 이후의 서진은 다

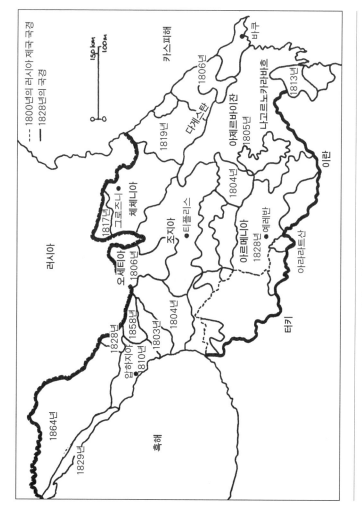

캅카스에서 러시아의 팽창

른 유럽 열강에(특히 프로이센과 오스트리아에) 가로막혔고 발칸 지역으로 세력을 넓히려는 시도들도 좌절되었다. 이 때문에 19세기 초 러시아의 확장은 대체로 캅카스 지역을 향했다. 외떨어진 산악 지역들의 (주로 기독교 국가들이며 오랜 역사를 지닌) 소왕국들과 (대개 서로 극렬히 대립하는) 서로 상이한 민족 집단들을 지배하기란 쉽지 않았다. 이 과정은 매우 오래 걸렸고, 1850년대에 명목상 완료되기는 했지만 실질적인 지배권이 확립되기까지는 그보다 수십 년이 더 걸렸다. 1804년에 처음 합병된 지역은 조지아였고, 뒤이어 이듬해에 아제르바이잔이, 1806년에는 오세티아 내의 체첸 지역이 편입되었다. 아르메니아는 1828년에 정복되었다. 이들 지역을 시작으로 지배권은 더 멀고 험준한 지역들로 점차 확대되었다. 이러한 지역들은 흔히 저항도 극심했다. 체체니아는 1859년에, 외지 중의 외지였던 압하지야는 1864년이 되어서야 합병되었다.

1830년대 즈음에 러시아는 중앙아시아와 티무르 제국의 멸망 이후 15세기에 등장했던 히바 칸국, 부하라 칸국, 코칸드 칸국 지역으로 밀고 들어갔다. 세 칸국 중 가장 작았던 히바 칸국은 19세기 초부터 기울기 시작한 반면 코칸드 칸국은 부하라 지역까지 영토를 넓혔다. 1839년부터 1840년까지 여전히 카자흐스탄 극북으로 우랄강과 이르티시강 뒤쪽에 한정되어 있던 러시아는 히바 칸국에 본격적으로 공격을 개시해 800마일을 밀고 내려갈 계획을 세웠다. 하지만 이 원정은 당초 계획의 절반 거리도 채 이동하지 못하고 후퇴해야 했다. 그 뒤로 20여 년 동안 러시아는 아직 주로 유목민 부족들이 거주하는 카자흐스탄 북부와 중부의 대평원들을 가로질러 서서히 남하했다. 1850년대 말엽에 대포와 증기정 같은 현대식 무기들로 무장한 러시아군은 대포 몇 대가 전부였던 칸국들에 비해 유리한 위치에서 공격

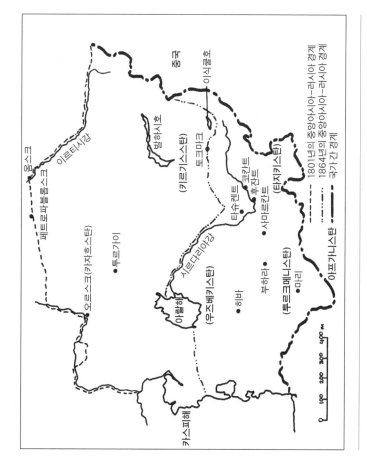

중국

이식쿨호

발하시호

(키르기스스탄)

토크마크

옴스크

이르티시강

페트로파블롭스크

코칸트
후잔트

(타지키스탄)

타슈켄트
사마르칸트

시르다리야강

오른스크(카자흐스탄)

투르가이

부하라

히바

(투르크메니스탄)
마리

아랄해

(우즈베키스탄)

카스피해

1801년의 중앙아시아-러시아 경계
1864년의 중앙아시아-러시아 경계
국가 간 경계

아프가니스탄

100 200 300 400 km

중앙아시아에서 러시아의 확장

을 개시했다. 1860년에 키르기스스탄 동부 지역에서 러시아군은 토크마크(Tokmak)와 피슈페크(Pishpek) 같은 소도시들을 점령했다. 러시아는 1864년에 카자흐스탄 남부에 대해 지배권을 확립하고, 이듬해에 타슈켄트를 점령한 뒤 1866년에 합병했다. 1868년에 부하라의 왕과 조약을 맺은 결과 대도시 사마르칸트가 러시아로 넘어가고 교역이 개통되었다. 히바는 러시아가 점령한 영토들에 포위당한 형국에 처해 있다가 1873년에 결국 침략을 받았다. 뒤이어 더 남쪽으로 밀고 내려간 러시아는 투르크메니스탄으로 들어가 1884년에 마리를 합병했다. 러시아는 중앙아시아 전체를 식민지로 취급했다. 이 지역은 아직 이슬람 성격이 강했고 징병제는 도입되지 않았으며 지역 통치자들은 상당한 자치권을 유지했다. 러시아의 중앙아시아 정복은 세계사에서 또 하나의 근본적인 이행을 표상했다. 이 지역은 유라시아 역사에서 오랜 기간 중요한 위치를 차지했다. 메소포타미아와 중국을 오가는 중심 경로('비단길')였고, 긴 세월 동안 동양의 지배도, 서양의 지배도 받았으며 때로는 독립국들의 영토이기도 했다. 1860년대와 1870년대에는 처음으로 북방의 강국에 점령당했으며, 유럽 세계의 일원임을 주장할 수 있는 영토로 편입되었다.

21.12 중국: 19세기 위기의 초기 국면들

[이전의 중국 ☞ 19.7]

18세기는 중국이 비범한 번영과 내적 평화를 누리며 인구가 두 배로 증가해 3억 3000만 명을 넘어선 시대였다. 이때 이미 중국에서는 식량 공급에 관해 중대한 문제들이 대두했고, 시골 지역에서는 1790년대부터 불만이 고조되어 농민 봉기가 폭발하는가 하면 (1803년에 진압되된) '백련교' 같은 비밀결사가 다시 등장했다. 19세기에 들어 처음 40여 년 동안 인구는 계속 증가했는데, 총인구의 5분의 1이 늘어나 4억 명을 넘어섰다. 유럽과 달리 중국은 외부의 식량 자원을 거의 이용하지 못했고 이주의 기회도 극히 한정되어 있었다. 그런고로 중국은 오랜 기간 유라시아 사회를 괴롭힌 문제, 즉 인구와 토지 및 식량 공급 사이의 부조화라는 현실에 또다시 봉착했다. 경작할 수 있는 땅은 점점 줄어들고 토지를 소유하지 못한 노동자들은 계속 늘어나면서 1811년에 사실상 백련종(白蓮宗)의 재현인 천리교(天理敎)가 탄생했다. 농민반란은 하남성과 호북성, 산동성(산둥성) 일대로 확산되다가 1814년에 진압되었다. 1830년대 즈음에 비밀결사 삼합회(三合會)가 뿌리내린 중국 남부에서 처음으로 반란이 일어났다. 접경 지역들에서도 봉기가 일어나 중국 정부의 통제력을 일부 마비시키기도 했다. 1807년에는 코코노르의 티베트인들이 봉기를 일으켰고, 1825년부터 1828년까지는 카슈가르와 야르칸드 지역의 이슬람 지역사회가, 1830년대 초엽에는 귀주의 야오족 사람들이 독립에 준하는 지위를 얻었다. 하지만 이런 정도의 불만은 심각한 수준은 아니었다. 중국은 여전히 부유하고 막강하며 창성한 나라였다. 1830년대만 해도 20여 년 후에 중국을 강타할 재앙의 표식들은 거의 보이지 않았다.

19세기 초에 이르자 중국에 유럽의 손길이 미치기 시작했다. 1793년에 중국의 첫 영국인 선교단이 1만 5000파운드 상당의 '선물'을 들고 북경에 당도했다. 중국인들은 영국인들이 갖고 온 선물을 '잉글랜드 왕국의 공물'이라고 생각했다. 선교단의 목적은 통상을 개시하는 것이었지만 중국인들은 "우리 황국에는 만물이 풍성하다."라는 이유로 거절했다. 이 말은 사실이었다. 중국인들은 유럽이 만드는 제품을 모두 만들었고 대체로 제품의 질도 더 좋았다. 영국의 동인도회사(EIC)는 영국의 모직물과 면직물들을 보여 주며 광동성에서 중국 상인들의 관심을 끌려고 노력했지만 중국 상인들은 자국의 산업만으로도 내부 수요를 충족할 있었고,(약 4억 명의 인구가 속한 시장의 수요도 충족할 수 있었다.) 자신들의 제품이 더 고급스러워 보인다는 이유로 이들을 뿌리쳤다. EIC가 봉착한 문제는 유럽의 차 수요가 늘고 있다는 점이었다. 중국은 1720년에 차 1만 3000여 톤을 수출했는데 100여 년 후에는 36만 톤까지 수출량이 증가했다. EIC는 인도에서 세입이 늘어나고 있었지만, 중국에서 유럽 제품에 대한 수요가 미미한 상황에서 유럽이 원하는 모든 중국 제품을 구매하기란 역부족이었다.(이 문제는 2000년 동안 동양과 서양의 무역을 지배했다.) 돈을 마련하기 위해 EIC는 아편 무역으로 옮아갔다. 아편은 중국에서는 전혀 재배하지 않았고, 포르투갈이 복건성에서 아편을 매매하려고 하자 1731년에 중국이 이를 금지한 바 있었다. 포르투갈은 매년 아편 200여 상자를 밀매하는 데 그쳤었다. 1760년대에 벵골을 점령한 후부터 EIC는 인도에서 재배하는 아편을 장악하고 있었다. EIC는 중국에 아편을 수출하려고 했지만 중국은 1796년과 1813년, 1814년에 걸쳐 아편 무역에 공식 금지령을 내렸다. 이즈음 EIC는 매년 중국에서 5000여 상자의 아편을 밀매하고 있었다. 1816년에 EIC는 아편 무역을 조직적으로 발전시키기로 결정했다. 1830년 무렵에 EIC는 매년 2만 상자의 아편을 밀매했고, 10년 만에 양은 두 배로 늘어났다. 중국에서의 아편 매매는 인도의 영국 제국에 중요한 세입원이자 그들의 지배를 떠받치는 주요 수단이 되었다.

돈을 마련하기 위해 중국에 아편을 강요하고자 했던 영국의 결정은 중국 사회에 커다란 충격을 던졌다. 사람들이 아편 때문에 고통을 받았을 뿐 아니라 밀매를 중심으로 한 중국 사회의 부패도 만연해졌다. 1830년대 말에 중국 정부는 점증하는 위기에 어떻게 대응할 것인지 토론했다. 결국 임칙서(林則徐)가 이끈 아편 금지론자들이 이겼고 1839년에 광동성으로 파견된 임칙서는 그곳에서 불법 아편 2만 상자를 압수한 후 영국 상인들에게 도시를 떠나라고 명령했다. 영국 정부는 자국 상인들과 EIC, 아편 무역을 거들기로 결정했다. 1840년에 영국인들은 이듬해에 병력이 증원될 때까지 중국 남부 해안을 따라 노략질하는 해적 활동을 일삼았다. 영국 함대는 수많은 요새를 습격하며 장강을 거슬러 올라가 남경에 도착한 후 광동성을 공격했다. 중국은 협상에 동의했지만 1842년에 체결된 남경 조약은 중국인의 생각보다 훨씬 더 중요한 결과를 가져왔다. 남경 조약으로 중국은 홍콩을 영국에 넘겨주고 (영국이 먼저 전쟁을 시작했는데도) '전쟁 배상금' 2100만 달러 은화를 지불하며 하문(샤먼)과 상해, 영파(닝보) 등의 항구를 개항하는 데 이어 광동성에서는 중국 상인 집단이 점유했던 독점 무역을 폐지했다. 이듬해에 영국은 치외법권의 지위를 요구하고 이를 획득해 중국 법의 속박을 벗어났다. 무력을 이용해 무역의 우위를 차지했다는 점에서 여러모로 17세기에 포르투갈이 선보였던 행보와 동일한 수법이었다. 영국은 곧바로 어마어마한 양의 아편을 합법적으로 중국에 실어 날랐다. 이들이 1850년에 거래한 아편은 7만 상자에 달했고 1870년대에는 연간 10만 상자 이상을 판매했다.(반세기만에 스무 배로 증가했다.)

21.13 중국: 19세기의 위기와 내부의 난

'아편 전쟁'에서 영국의 행보는 이후 19세기에 벌어질 일들의 전조였지만, 1840년대에 몇 개 항구를 열어 영국 제품들을 받아들인 일은 아직 중국에 미미한 영향을 끼칠 뿐이었다.(아편을 제외하면 거래할 것들이 거의 없기는 했다.) 중국이 직면한 진짜 위기는 내부에 있었고, 1850년부터 1870년대 말까지 온 나라를 휩쓸었던 대규모 봉기들은 19세기 초엽의 위기가 서서히 쌓이고 쌓인 결과였다. 처음 발발한 대규모 민란은 중국 남부에서 시작되었고, 난을 이끈 홍수전(洪秀全)은 소수 집단인 하카(客家)족 이민자 출신이었다. 그는 광동성 동부에서 가난하게 성장하면서도 훌륭한 교육을 받았지만,(중국에서는 가난한 집안 출신의 많은 사람이 그러했다.) 과거 시험에 낙제했다. 홍수전은 이 지역에 들어왔던 초창기 기독교 선교사들의 영향을 받아, 스스로 중국을 구원할 구세주가 되기로 마음먹었다. 이 부분에서 여러 '서구'의 역사학자들은 홍수전의 난을 본질적으로 '기독교'적 성격으로 이해했지만, 그것은 중대한 오해다. 과거의 많은 농민 지도자가 일정 형태의 구세주나 미래불, 즉 미륵보살을 자처했었고, 홍수전이 이끈 운동은 중국의 전통으로부터 훨씬 더 깊은 영향을 받았다. 이 운동은 원래 배상제회(拜上帝會: '상제를 믿는 사람들의 모임')로 불리며 2년 만에 지지자 약 3만 명을 얻었다. 그리고 곧 '큰 평화'를 일컫는 태평(太平)으로 이름을 알렸다. 태평이라는 이름은 기원전 2세기 말엽에 한 왕조가 붕괴할 당시 농민들이 봉기했던 '황건의 난'이 내세웠던 사상에서 따온 것이었다. 중국 남부에 횡행하던 수많은 비밀결사가 급속도로 통합을 이루었다. 1850년에 광서성 동부 마을 금전촌(金田村)에서 대대적인 민란이 시작되었다. 농민들은 넓은 사유지들을 장악해 토지를 경작할 수 있는 사람들에게 땅을 나누어 주었다. 7세기 당나라 시대의 균전제를 의도적으로 모방한 행동이었다. 이 운동은 평등주의를 표방했다. 사유재산과 매매는 허락되지 않았고 개인은 사회의 보살핌을 받았다. 만주족에 반대하는 봉기라는 표식으로 변발을 폐지한 점은 민족주의적이었지만 금욕주의(사치와 도박은 금지되었다.)와 남녀평등주의의 색도 갖고 있었다. 여성들은 토지 배분에서 남성과 균등한 권리를 가졌고 여군도 독자적으로 편성되었다. 앞선 다른 민란들처럼 비밀결사들은 농민 사회 안에서 회원 자격을 세습받은 사람들을 포함해 깊이 뿌리를 내렸고, 지방행정을 인수해 신속하게 대체 정부를 구성할 수 있었다. 목표가 확실하고 방향성이 뚜렷한 농민반란은 아니었다.

1851년에 홍수전은 태평천국(太平天國)을 건설하고 스스로를 천왕(天王)으로 선포했다. 1852년 무렵에 태평천국운동은 광서성 북동부와 호남성 남서부를 장악하고 장강 계곡 중류 지역으로 전진하기 시작했다. 1853년에는 남경을 점령해 천경(天京), 즉 '천국의 수도'로 삼았고, 천경은 1864년까지 수도의 역할을 했다. 이곳에서 태평천국운동은 장강 계곡 하류 지역을 점령하고 제국의 운하를 막아 북경으로 가는 식량 공급을 차단했다. 태평천국 군대는 북부와 서부로 진군했지만 북경 함락에 실패한 후 후퇴할 수밖에 없었다. 그런데도 정부군은 전투에서 패배했고, 광범위한 지역들이 태평천국의 수중으로 넘어가면서 정부는 세입원도 상당 부분 상실했다. 설상가상으로 정국을 더욱 혼돈으로 몰아넣은 사상 최악의 재난이 중국을 강타했다. 1855년에 황하를 따라 대홍수가 발생했던 것이다. 19세기 초엽에 급증하는 인구를 부양하기 위해 경작지를 늘리고자 광대한 지역의 삼림을 파괴한 결과였다. 강은 급격히 흐름이 바뀌며 산동반도 북쪽의 바다(런던에서 뉴캐슬까지의 거리와 같은 거리였다.)에 도달했다. 강물은 계속 범람하다가 1860년대 즈음에 새로 바뀐 흐름대로 강줄기가 정착했다. 하지만 지방 및 지역 차원에서 계획을 세우고 부유한 상인들이 자금을 지원한 결과 황실 정부는 1850년대 말에 벌써 회복되기 시작했다. 태평천국은 내부적으로 갈등과 불화가 증가하고, 태평천국이 자기들이 상해에서 취하는 이익에 위협이 될 것을 우려한 유럽 열강이 1862년부터 중국 정부를 지원하기로 결정했다.(사실 반란 세력은 유럽인들과 척을 지지 않도록 매우 신중을 기했다.) 1864년에 황실 병력은 남경을 탈환할 수 있었고 홍수전은 스스로 목숨을 끊었다. 반란 세력은 복건성에 남아 1866년까지 계속 저항했고, 몇몇 집단은 남쪽의 베트남으로 건너가 '흑기군(黑旗軍)'이 되어 프랑스의 침략에 대한 저항을 이끌었다.

태평천국의 난은 중국 일대에 발발했던 여러 반란 중에 가장 중요한 난이었다. 북부에서 발발한 염군(捻軍, Nien)의 난은 시작은 뒤늦었지만 더 오래 지속되었다. '백련종'에 기반을 두었던 것 같지만 태평천국과의 연계는 긴밀하지 못했고 실질적인 합동 사례도 없었다. 만주족에 반대하고 혁명적 성격을 띠었던 점도 똑같지만 태평천국이 지녔던 좀 더 포괄적인 이념적 내용물은 갖지 못했다. 염군의 난은 산동성과 안휘성, 강소성, 하남성의 경계를 따라 1851년에 시작되어 대규모로 번졌는데, 1855년에 대홍수를 겪은 정부로서는 매우 심각한 문제였다. 정부는 1864년을 넘길 때까지 반란군을 상대로 거의 한 번도 승기를 잡지 못했다. 1867년까지도 염군은 여전히 북경으로 진군할 수 있었다. 반란은 남부에서 태평천국의 난을 진압하고 자유로워진 병력이 가세하면서 비로소 격퇴되었다. 접경 지역들에서도 비(非)중국인들이 수많은 난을 일으켰다. 1854년에 귀주에서 발발한 반란은 1872년까지 지속되었다. 이듬해에는 운남성에서 반란이 일었다. 북서부 위쪽에서는 1862년이 지나 대대적인 이슬람교도들의 반란이 있었다. 해당 지역으로 이주하는 중국인이 계속 늘어나는 것도 난을 일으킨 한 이유였다. 황실 정부는 1868년이 지나서야 북서부 지역들을 조금씩 재정복할 수 있었고, 여기에는 대규모 학살과 파괴가 뒤따랐다. 재정복은 1872년 무렵에 대체로 완료되었는데, 신강을 완전히 장악한 것은 1878년의 일이었다.

1850년대에 전국적으로 확산된 거대한 반란들은 부와 기반 시설이 파괴된 정도나 인명 살상의 규모로 볼 때 중국에 근본적인 타격을 입혔다. 태평천국의 난으로 죽은 사망자 수는 20만 명에서 30만 명 사이였을 것이다. 운남성에서는 인구의 절반이 난을 진압하는 과정에서 목숨을 빼앗겼고, 북서부의 성들과 신강에서의 사망률도 그보다 많이 낮지는 않았던 것으로 보인다. 섬서성과 감숙의 사망자는 약 500만 명이었고 귀주에서도 비슷한 인원이 목숨을 잃었다. 1870년대 말엽에는 약 1300만 명이 중국 북부를 강타한 대기근으로 사망했다. 전쟁은 수 년 동안 중국에서 가장 부유했던 도시들에 몇 년 동안이나 영향을 미쳤다. 반란으로 황실 정부는 거의 마비 상태가 되었고, 그 과정에서 중국 사회는 완전히 바뀌었다. 황제 동치(同治: 재위 기간은 1862~1875년이다.) 치하에서 영토 탈환과 재건 작업이 이루어지면서 많은 노력이 투여되고 새로운 제도가 신설되는 등 중국 사회는 다시 한 번 한없는 생명력을 보여 주었다. 인구 급감의 즉각적인 여파로 토지에 대한 압력이 줄어들고 따라서 시골 지역이 느끼는 불만의 강도도 약해졌다. 농업 재건은 정부의 일차적 목표였기 때문에 세금 부담은 주로 교역과 산업 분야의 몫으로 돌아갔다. 1850년대 말엽에 모든 국내 거래에 새로운 세금인 이금(釐金)세를 2퍼센트에서 20퍼센트까지 다양한 세율로 부과했다.(이 세금은 1930년까지 유지되었다.) 문제는 이금세 때문에 불가피하게 상거래가 줄어들고 성마다 자급자족의 압박감이 늘어난다는 점이었다. 곡물세는 변동이 없었고 1863년에 대외 관세가 개혁되면서 관세 수입이 정부 세입의 3분의 1 정도를 차지했다. 군대를 대대적으로 개혁하는 데도 추가로 세금이 들어갔다. 17세기 만주족의 것을 물려받은 '기' 제도는 반란에 대응하는 데 무력했다. 새로운 지도부의 지휘를 받는 새로운 군대가 성 차원에서 창설되어 반란을 진압했고, 이들 편제가 확대되어 새로운 정규군이 형성되었다. 이렇듯 어마어마한 내부의 노력들을 통해 1870년대 무렵에 중국 정부는 영토 대부분에 대해 지배권을 회복할 수 있었다.

21.14 중국: 외부의 압력

유럽 열강과 미국은 1850년대 말엽과 1860년대 초엽에 중국 정부가 약해진 틈을 타 광범위한 특권들을 뽑아낼 수 있었다. 1850년대의 대반란들이 없었다면 그것이 가능한 일이었을지는(또는 그토록 쉬운 일이었을지는) 아무도 알 수 없는 일이다.(1870년대 초엽에 중국 정부가 힘을 회복하면서 유럽은 과도한 요구들을 중단했고 이권도 가져가지 못했다.) 1856년에 중국 당국은 아편을 밀매하던 영국 선박 애로호를 막아 세웠다. 영국 정부는 이번에도 아편 무역을 지원하며 군사행동을 취했다. 광동성이 포위되고 화북 지역에서 천진(톈진) 부근의 요새들이 공격을 당했다. 협상에 나선 중국은 천진조약(1858년)을 받아들이지 않을 수 없었다. 천진조약에 따라 중국은 새로 몇 개 도시를 외국에 개방하고 북경에 영사관을 설립하며 배상금을 지불해야 했다. 무엇보다 중요한 조항은 기독교 선교사들에게 중국 어느 지역이든 자유롭게 정주할 권리와 토지 및 재산을 소유할 권리를 부여한 것이었다. 중국인들이 저항을 멈추지 않자 영국과 프랑스는 대대적인 공격을 감행해 1860년에 북경을 점령했는데, 이때 황실의 여름 별궁인 이화원

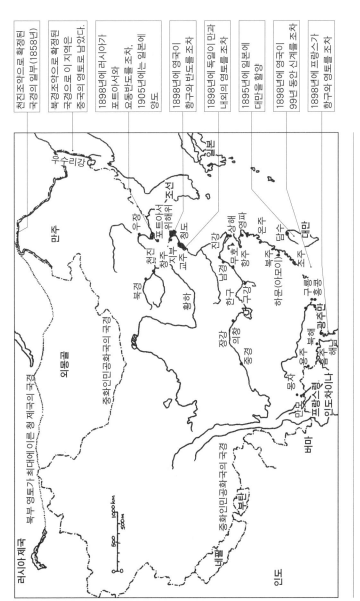

천진조약으로 확정된 국경의 일부(1858년)

북경조약으로 확정된 국경으로 이 지역은 중국의 영토로 남았다.

1898년에 러시아가 포트아서와 요동반도를 조차, 1905년에는 일본에 양도

1898년에 영국이 항구와 반도를 조차

1898년에 독일이 만과 내외의 영토를 조차

1895년에 일본에 대만을 할양

1898년에 영국이 99년 동안 신계를 조차

1898년에 프랑스가 항구와 영토를 조차

러시아 제국

북부 영토가 최대에 이른 청 제국의 국경

우수리강

만주

외몽골

우장

조선

포트아서와 아해위

청진

청도

위해

여순 지부

교주

북경

황하

천진

진강

상해

장강

남경 무호

연대

영국

한구 구강

복주

하문(아모이)

중화인민공화국의 국경

장강

의창

중경

복주

온주

담수

대만

구룡

홍콩

몽자

운남

광주만

인도차이나

만모

포랑스랑

광주 서강

해남

부탄

중화인민공화국의 국경

500 1000km

500

0

네팔

버마

인도

중국: 19세기의 외부의 영향

(頤和園)이 소실되었다. 중국인들은 더 많은 조건을 양보하고 배상금도 더 지불해야 했다. 천진이 외국인들에게 개방되고 홍콩 건너편의 구룡(카우롱)반도는 영국에 양도되었다. 외국 함대들이 중국의 강들을 자유롭게 항행할 권리를 가졌고, 무엇보다도 유럽의 섬유산업이 중국에서 관세를 면제받았다. 1863년에 중국은 상해에 대규모 국제 조계지를 개설해야 했다.

유럽 열강이 받아낸 여러 특권(비슷한 권리들을 미국과 러시아에도 부여해야 했다.)은 이미 무너질 대로 무너진 중국 경제를 통째로 흔들었다. 관세 면제로 유럽은(특히 영국은) 직물들을 싼값으로 중국에 떠넘기고 그 돈으로 중국의 제품들을 구매했다. 서구의 상인 몇몇은 조약항에 거주하기 시작했지만 고립되다시피 해서 그들이 고용한 종을 제외하고는 거의 중국인을 만나지 못했다. 이들 상인들은 일반적으로 거만하고 무례했으며, 완전히 다른 중국 문화에 달리 관심이 없었음에도 불구하고, 중국을 경직되고 부패하고 쇠락한 나라로 여기는 전반적인 '서구'의 시각에 큰 영향을 남겼다. 중국인들이 보기에 더 심각한 문제는 선교사들의 활동과 태도와 특권적 위치였다. 예를 들어 1870년에 애덕(愛德) 수녀회는 고아를 데리고 오는 사람들에게 보상금을 주기 시작했다. 한 지역 현감이 이러한 관행에 항의하며 대표단을 이끌고 찾아오자 프랑스 영사는 이들 무리를 향해 발포했다. 그러자 무리는 외국인 스무 명을 살해하고 가톨릭 선교 시설을 부수었다. 이에 대응해 프랑스 포함이 장강을 거슬러 올라오자, 중국 정부는 '용의자'로 지목된 인물 열여덟 명을 처형하고 지역 관리 전원을 좌천시키지 않을 수 없었다. 그뿐만 아니라 배상금을 지불하고 사절단을 파견해 용서를 구하는 치욕을 맛보아야 했다. 19세기 말에 중국에서 외국인들, 특히 기독교 선교사들에 대한 적대감이 높아진 것은 어쩌면 당연한 일이었다.

하지만 유럽이 중국에 미친 영향을 지나치게 과장해서는 안 된다. 제한된 해군 병력의 지원을 받아 항구에서 행해지는 얼마간의 조계지 무역으로는, 광활한 영토에 상당히 강한 정부와 매우 견고한 문화적 전통을 지닌 강국을 뿌리 깊이 침범할 수는 없었다. 유럽이 개입하면서 중국은 자신이 처한 (대내외적) 압력에 적응하기가 좀 더 어려워졌고, 그리하여 운신의 폭에도 제약이 생겼다. 유럽인들은 무역 활동을 넓히고 중국 정부가 국가의 재건 작업에 필수적인 세입을 포기하도록 강요했다. 중국 정부에 부과한 배상금들도 같은 결과를 가져왔다. 1850년대의 내부 혼란이 없었다면 중국은 점증하는 유럽과 미국의 영향력에 일본과 같은 방식으로 대처할 수 있었을 것이고, 그들 나름의 방식으로 적응할 수 있는 시간을 벌었을 것이다. 중국인들은 이렇듯 숨 돌릴 틈도 갖지 못한 채 자신이 가진 것을 외국에 넘겨주어야 했다. 그럼에도 불구하고 외부 열강의 영향은 1890년대까지 억제되어 있었다. 1860년대 초엽에 황실 정부는 국가 전반에 대해 통제력을 회복하면서 주요 산업의 현대화 과정을 진행했고, 당연히 가장 첫 순서로 무기 산업에 집중했다. 정부는 1865년에서 1867년 사이에 상해에서 대규모 조선소와 무기 공장들을 완공했는데, 1860년대 말엽을 기준으로 이들 공장들은 세계 최대 규모에 속했다. 1866년에는 증기 동력 군함을 건조하기 위한 새로운 해군 조선소를 복주(福州) 인근의 마미(馬尾)에서 완공했고 1868년에는 최초의 포함을 진수했다. 1870년대 중엽에 해군 사관생도들을 영국과 프랑스, 독일에서 훈련시켰고, 1887년에는 광동성에서 자력으로 해군사관학교를 설립했으며 새로운 군수 시설들도 확충했다. 1888년에는 중국 북양함대(北洋艦隊)가 온전히 군사작전을 수행했다.(건립은 1880년에 시작되었다.)

다른 경제 분야에서는 1850년대에 일어난 혼란의 와중에 등장했던 신흥 엘리트들이 주도적으로 새로운 기술들을 도입하고 새로운 기업들을 일으키며 좀 더 현대적인 기반 시설들을 구축하고 있었다.(이들은 전통적으로 훈련받은 관료 엘리트 출신으로 빈번히 시대에 뒤떨어진 전통에 푹 빠져 있다는 조롱을 받곤 했다.) 새로운 기업들에는 중국 증기선 회사(1872년)와 1878년의 개평 광산회사(와 철도), 1882년의 상해 전기 회사 등이 있었다. 1880년에 천진에는 전신(電信) 회사가 설립되었고, 이듬해에 상해와 천진은 전신으로 연결되었다. 1894년에 거대한 철강 단지가 한양(漢陽)에 완성되었는데, 일본 야와타시에 철강 시설이 들어선 것보다 2년 앞선 일이었다. 1890년대 초엽에 중국은 기술적으로 의심의 여지없이 최소한 일본만큼 진보해 있었고(어쩌면 조금 더 앞서 있었다.) 자본 투자 수준도 비슷했다. 그런즉 1890년대 초엽에 중국은 19세기 중엽에 불어닥쳤던 재앙들로부터 완전히 회복이 된 듯 했다. 중국 정부가 1860년대 중엽부터 통제권을 회수하면서 유럽 열강의 기세는 수그러들었고, 산업은 순조롭게 발전했다. 그러나 재앙은 다시 휘몰아쳤고, 이번에는 일본이 그 주체였다.

[이후의 중국 ☞ 21.18, 24.3]

21.15 도쿠가와 막부 후기의 일본

[이전의 일본 ☞ 19.8]

최근 20여 년 동안까지도 도쿠가와 막부 시대가 끝나고 1868년에 '메이지 유신'이 성공하면서 경이로운 근대적 발달이 시작되었다는 것이 일본 역사를 바라보는 보편적인 시각이었다. 이 사건을 통해 일본은 서양에 문호를 '개방'했고, '서구'의 기술과 '근대화'를 채택했다. 분명한 것은 일본 근대사의 진짜 토대는 17세기 초엽에서 19세기 중엽에 이르는 도쿠가와 막부 시대에 발달했다는 점이다. 도쿠가와의 통치 체제가 1630년대에 공고히 확립된 후로 일본 안에서는 평화가 지속되었다. 이후 두 세기 동안 사건이라고 할 만한 일들은 1651년부터 1652년까지 하급 사무라이가 일으켜 미수에 그쳤던 쿠데타 두 번과 1669년 홋카이도에서 있었던 아이누족의 봉기가 전부였다. 이 사건들은 모두 금세 진압되었다. 외부적으로는 언제나처럼 아무런 위협이 없었고, 유럽인들이 '고립'으로 여긴 상황은 외국인들이 일본 안에서 움직일 수 있는 요건들을 밀착 통제하기 위한 결정일 뿐이었다. 앞서 보았듯이 일본은 지역의 권력 구조 안에 통합되어 들어가 중국과 대규모 교역을 벌였다.

정치사가 달리 중요하지 않을 정도로 평화와 안정을 구가했던 이 오랜 기간에 일본이 이룬 발전의 핵심은 농업 기반과 인구 성장 사이의 관계에 있었다. 경작 지역은 1600년에서 1850년 사이에 두 배 정도로 증가했다. 생산성 높은 논농사는 신기술 도입으로 생산성이 훨씬 더 높아진 데다 새로운 아메리카 대륙의 작물 덕분에 벼농사에 부적합했던 토지에서도 작물을 재배할 수 있게 되었다. 농가를 주축으로 강인한 농민들이 일으켜 세운 농업은 점차 상업화되었다. 정부가 쌀 세금을 17세기 수준 이상으로 올리지 않아 농민들은 잉여 수확물을 챙겨 식생활을 개선할 수 있었고 남는 몫을 팔아 소득도 올릴 수 있었다. 일본은 인구가 많았다. 1700년에 2600만 명으로 프랑스보다 많았고, 스페인 인구의 두 배, 잉글랜드와 웨일스 인구의 다섯 배였다. 교호(享保) 시대(1730년대)와 덴메이(天明) 시대(1780년대), 덴포(天保) 시대(1830년대) 등, 세 번의 대기근이 있었지만 성장세는 비교적 꾸준했다. 인구 성장을 규제하는 방법은 유럽과 같아서, 혼인 연령을 상대적으로 높였고 낙태와 영아 살해도 존재했다.(영아 살해는 유럽에도 흔했지만 더 암암리에 발생했다.) 전체적으로 일본은 식량 생산과 인구 성장 사이에 유럽 못지않게 순조로운 균형 상태를 이루었다. 1600년에서 1850년 사이에 식량 생산은 두 배로 뛰었지만 인구는 겨우 50퍼센트만 증가해 날로 번영하는 사회였다.

농업 생산성 못지않게 중요한 문제는 점증하는 일본의 도시화였다. 1600년 이전에 일본에는 인구 5000명 이상 거주하던 정착지가 약 서른 곳에 불과했다. 19세기 초엽에 이 수는 160을 넘어섰다. 도쿠가와 막부의 수도인 에도는 작은 어항이었지만 1800년에는 100만 명 정도가 거주하는, 런던만큼 큰 도시로 경이로운 성장을 이루었고, 세계 3대 도시 중 하나가 되었다. 19세기 초에 이 도시에는 일본인 400만여 명이 거주했는데, (영국과 네덜란드를 포함한) 유럽의 여느 국가들 못지않은 높은 성장률일 뿐 아니라 스페인과 이탈리아 같은 나라들보다는 더 크게 성장한 결과였다. 도시의 성장은 그 사회의 점증하는 상업화와 산업화를 반영했다. 성장의 바탕에는 도쿠가와 막부 초기에 도량형과 통화가 체계적으로 통합되고 사무라이가 무사보다는 관리로서 도성에 상주하면서 이들을 위한 식량 거래가 활발해지는 과정이 있었다. 처음에 교역과 상업 활동은 오사카와 에도 같은 주요 도시들 주변에 집중되었다. 오사카 근방 기나이(畿內: 교토와 오사카 부근의 다섯 지방을 일컫는 총칭이다. — 옮긴이) 지역의 비옥한 평원에는 도시 시장의 성장과 발맞추어 고도로 상업화된 농업이 발달했다. 교역에 알맞은 항구도 있고 농산물을 가공하는 산업도 급성장을 이루었다. 오사카 부근 지역들이 발달하고 곧이어 에도 주변에서도 비슷한 변화들이 일어났다. 이러한 변화는 유럽과 정확히 일치하는 방식으로 산업이(특히 섬유 생산이) 시골 지역으로 확산되면서 다른 지역들로 확대되었다. 내부의 통신 체계가 나아지자 농업과 산업 분야에서 모두 지역 특성화가 발달했다. 상업화가 더욱 진척되자 18세기 초엽부터 금융기관들도 발달해 오사카와 에도에 주닌 료가에야(十八兩替屋), 즉 '10대' 환전상이 등장했다. 그들은 자체적인 환어음과 약속어음을 발행하고 광범위한 신용망과 전국적인 송금 체계를 보유했다. 쌀 시장은 주요 항구마다 중개상이 활약하고, 선물 가격과 현물가격이 형성되며, 특수한 창고형 저장 업체와 대리점이 생기는 등 고도로 상업화되었다. 인구 성장이 완만해 노동력은 대체로 상대적인 공급 부족 상태였다. 농민들이 새로운 직업을 찾아 도시로 유입되면서 이러한 현상은 더 심화되었다. 시골에서 노동력 부족은 한층 유리한 조건을 형성해 농민들의 인건비 상승으로 연결되었다. 그 결과 본격적인 노동시장이 형성되어 유동성이 높아지고 각각의 시대에 갖가지 상이한 노동계약이 등장했다.

일본의 경제와 사회는 17세기와 18세기에 유럽 일부 사회가 겪었던 것과 극히 동일한 방식으로 번영을 더해 가는 '선순환'에 들어갔다. 변화의 속도는 유럽보다 살짝 느렸을 수 있다. 대내외적으로 평화가 지속되면서 유럽처럼 끊임없는 전쟁을 치르느라 불필요한 비용을 낭비하지는 않았지만 그만큼 경쟁적인 분위기도 덜했기 때문이다. 생활수준은 계속 올라가 1850년대 즈음에는 영국이나 미국에도 뒤지지 않을 정도였다. 평균수명은 서유럽과 동일했고 일본의 평균 식생활은 (마가린을 바른 흰 빵과 차가 주식이었던) 영국 노동계급의 식생활보다 훨씬 더 우수했다. 가옥도 대체로 일본이 더 훌륭했다. 일본의 가옥은 목조 건물에 채광과 통풍이 좋은 미닫이문이 달렸고, 화재에는 매우 취약하나 지진 내구성은 상당히 뛰어났다. 가옥들은 대체로 1층 높이였기 때문에 도시 밀도는 유럽과 미국보다 훨씬 낮았다. 1870년대에 영국의 위생 공학자들이 일본을 방문했는데, 이들은 일본의 도시 용수 급수 시설이 런던보다 훨씬 높은 수준이라고 생각했다. 말이 없었기 때문에 당연히 거리가 청결했고, 잘 짜인 체계를 통해 '분뇨'를 치웠기 때문이다. 1850년대에 이르기까지 이런 부분 역시 일본의 발달이 유럽과 미국보다 별로 뒤처지지 않았다는 것을 보여 준다. 또한 일본이 이 시기에 닦은 기반은 19세기 하반기 급격한 변화들이 찾아오는 데 필수적인 토대였다.

21.16 일본과 외부 세계

19세기 초엽에 일본 정부는 여전히 원하는 조건을 내세워 유럽 열강과 거래를 성사시킬 수 있었다. 1804년에 교역을 트기 위해 나가사키로 들어온 러시아 사절은 퇴짜를 맞았다. 네덜란드 상인들은 아직 나가사키 앞바다의 데지마섬에 갇힌 채 4년에 한 번씩 에도를 방문해 쇼군에 조공 성격의 '선물'을 바쳐야 했다. 일본은 문화적으로 자신감이 높았고 번영을 이루었으며 문맹률이 낮았다. 그리고 유럽의 물건들에 흥미를 갖게 되어 1811년에 프랑스어와 영어, 러시아어로 된 문헌들을 해석하는 번역 사무소가 문을 열었고 1840년 이후에는 네덜란드어도 추가되었다. 유럽 선박들은 아직 접근 금지였다. 1825년에 정부는 칙령을 발표해 쇄국(鎖國: '고립' 또는 '자립'으로 해석된다.)정책을 강화했고 1837년에는 미국 선박 모리슨호가 연안 방어 포대의 포격을 당했다. 일본은 중국에서 벌어진 '아편전쟁'의 결과를 익히 알고 있었고, 일본의 안전에는 항상 어느 정도 강한 중국이 필요했다는 점을 통감했다. 1844년에 네덜란드 국왕은 전갈을 보내 유럽과 미국의 힘이 성장하고 있어 쇄국정책을 더 오래 유지하기 곤란할 것이라고 경고했다.

1840년대 말엽에 사업가와 선교사, 외교관 등 수많은 '서양인' 집단들은 특히 무력을 이용해 중국을 눌렀던 방법들을 쓰면 일본에서도 성공적으로 '문을 열고' 특정한 이해관계를 관철할 수 있을 것이라고 확신했다. (중국에서와 달리) 이때 영국은 비교적 역할이 적었고 미국이 주도를 맡았다. 미국은 1848년에 멕시코와의 전쟁에서 승리하고 캘리포니아를 합병한 후 태평양의 강국으로 떠올라 있었다. 미국의 포경선들은 그전부터 태평양을 누볐지만 이제 주안점은 일본과 중국 모두를 개방시키는 데 있었다. 1851년에 미국에서 파견한 사절단은 매슈 C. 페리(Matthew C. Perry) 제독을 필두로 대서양과 인도양을 항해해 1853년 7월 8일에 에도만에 도착했다. 미국인들은 억지로라도 일본의 문을 열기 위해 단단히 벼르고 있었고 나가사키에서처럼 일본인들의 요구를 수용할 생각도 없었다. 이 사건을 시작으로 약 15년 동안 일본은 상당한 외부의 압력을 받는 처지에 놓였고,(일본 역사상 거의 처음 있는 일이었다.) 도쿠가와 정부는 이로 인해 불거지는 문제들에 제대로 대처할 수 없었다.

1854년 3월, 긴 협상 끝에 일본은 미국인들의 요구 중 기본 사항들에 동의했다. 시모다와 하코다테의 항구가 (무역항이 아니라 기항지로만) 미국의 선박들에 문을 열었고 미국 영사는 시모다에 거주하기로 했다. 6개월 후에 영국도 비슷한 권리를 손에 넣었다. 일본인들은 (유럽의 최신 기술을 도입해) 힘을 키우는 동안 양보해야 한다는 것을 깨달았지만, 격렬한 저항으로 군사개입을 초래할 위기도 면하고 핵심 요소들을 내주고 상황 통제력을 잃는 상황도 피할 수 있었다. 1857년부터 1860년까지 영국과 프랑스의 중국 침략은 균형을 바로잡지 못하면 얼마나 위험한지, 그리고 일본이 내부 분열을 일으켰다면 어떤 일을 당했을지 분명하게 보여 주었다. 1857년에 네덜란드는 협상을 통해 데지마섬에서 좀 더 자유롭게 움직일 수 있도록 제도를 바꾸었지만 근본적인 변화들은 확보하지 못했다. 본격적인 변화가 찾아온 것은 1858년에 시모다의 영사 타운젠드 해리스(Townsend Harris)가 협상에 나서 미국과 통상조약을 체결하면서부터였다. 이 조약에서 정한 조항들에 따르면 미국은 (에도와 오사카에서도) 자유로이 무역 활동을 할 수 있고 항구들도 더 많이 개방되었다. 에도에 외교 대표부를 세우고 치외법권에 의한 재판관할권도 보장받았다. 일본인들은 아편 무역을 금할 수 있었다. 곧이어 영국과 러시아, 프랑스, (마침내 굴욕적인 데지마 생활을 청산할 수 있었던) 네덜란드와도 비슷한 조약이 체결되었다. 문제는 1860년대 초엽에 일본 정부가 이 조약들을 실행에 옮기는 것이었다. 유럽과 미국은 일본을 1840년대의 중국과 대략 비슷한 상황에 몰아넣었는데, 물론 유럽인과 미국인들이 항구도시에 정착한 규모는 중국보다 훨씬 적었고 그나마 주로 요코하마와 고베에 한정되어 있었다. 이러한 정착지들에 대중적 항의가 일어나며 1859년과 1867년에 외국인 열여섯 명이 살해당했다. 사건별로 보상금이 주어졌고 영국은 10년 동안 요코하마에 소규모 보병대를 주둔시켰다. 1866년에 일반 관세 협약(general tariff convention)으로 일본은 수입관세를 (대체로 약 5퍼센트대로) 낮게 유지해야만 했다. 동시에 일본인들은 새로운 환경에 적응하기 위한 조치를 시작했다. 오랑캐 도서 협회(번서화해어용(蕃書和解御用): 1811년에 설립되었다.)는 1862년에 서양 도서 협회(양서조소(洋書調所))로 명칭을 바꾸었고, 이듬해에는 개발부(개성소(開成所))로 이름을 바꾸어 새로운 정보들을 널리 알리는 중요한 기구로 삼았다.

21.17 일본: 외부 압력에 보인 반응

외부의 압력에 대처하기 위해 도쿠가와 막부가 취한 일련의 결정 덕분에 일본은 상당히 높은 자치권을 유지하며 중국이 처했던 운명을 피해 갔지만, 내부적으로 첨예한 정치적 충돌에 부딪쳤다. 두 세기 반 만에 처음으로 막부의 존립에 의문이 제기되었고 오랫동안 도쿠가와 가문과 대립했던 집단들은 훨씬 더 목소리가 커졌다. 이들은 유럽과 미국의 요구가 만들어 낸 두려움, 미래의 일본과 유구한 문화가 위태롭다는 예민한 인식을 환기시켰다. 많은 사람은 이미 너무 많은 것을 내주었다고 생각했다. 일본 국내의 법은 다이묘에게 맡겨진 분야였고, 막부가 '서양' 국가들에 치외법권을 부여할 권한을 갖고 있었는지는 분명치 않지만, 그러한 권한을 실행에 옮길 힘은 없었던 것이 확실했다. 도쿠가와 막부는 지지하는 다이묘가 줄어들고 교토의 황실이 점점 중요한 위치에 오르는 상황을 막을 수 없었다. (줄곧 도쿠가와의 적이었던) 조슈와 사쓰마의 다이묘는 봉기를 일으키고, 황실과 연합해 '제국군'으로 행세했다. 1866년에 도쿠가와군이 봉기를 진압하지 못하자 천황은 도쿠가와 막부의 마지막 쇼군(도쿠가와 요시노부(德川慶喜))에게 오는 1867년에 사임할 것을 요구했다. '제국'군은 그 후 에도를 점령하고,(에도는 1868년에 도쿄로 개명되었다.) 1869년 무렵에 전 일본에 대한 지배권을 확립했다.

1860년대 중엽과 말엽에 발생한 사건들은 흔히 '메이지(明治)' 유신으로 묘사된다. 하지만 사실 '유신(維新)'이라고는 할 수 없는, 도쿠가와 막부 시대가 끝났다는 사실 외에는 아무것도 확실치 않은 새로운 정치 질서가 진행되는 중이었다. 일본 남서부의 두 다이묘가 사실상 쿠데타에 지나지 않는 봉기를 일으킨 결과 새롭고 안정된 질서가 탄생할 수 있을지는 미지수였다. 게다가 두 다이묘는 도쿠가와 막부에 적대적이었던 만큼 서로 간에도 신뢰가 없었다. 사쓰마와 조슈에 도사와 사가의 다이묘가 신속히 합류했고, 이들 네 다이묘는 소년 천황 무쓰히토(睦仁)의 지지를 얻을 수 있었다. 가장 중요했던 초창기 문제는 다이묘에 충성을 바치던 사무라이를, 천황을 중심으로 새롭게 등장한 '국가' 제도 안으로 어떻게 통합할지였다. 1869년에 사쓰마 번과 조슈 번, 도사 번은 사무라이 제도를 폐지했고, 다이묘는 이들 번의 지사가 되었다. 일본의 다른 지역들에서도 비슷한 변화들이 뒤따랐다. 사쓰마와 조슈는 군대 유지와 지역 행정에 들어가는 막대한 비용을 면하기 위해 점점 확대되는 중앙집권화에 찬성했다. 1871년에 왕정복고의 첫 단계는 다이묘를 공식적으로 폐지하고 영주들은 모두 도쿄로 소환하며 새로운 지방정부 단위를 창설해 중앙정부가 지사의 자리를 임명하는 것으로 마무리에 들어갔다. 이 단계는 1877년에 사쓰마에서 일어난 사무라이의 난을 쉽게 진압한 후에 완전히 끝났다. 모든 것이 이자부 국채(interest-bearing state bonds)로 갈아탔다. 검을 차는 행위는 금지되었다.

1860년대 말엽에 중앙정부를 창설한 뒤부터 일본은 유럽에서 근대 국가의 특징으로 여기는 모든 요소를 습득했다. 이탈리아와 독일보다 앞서 국가 통합을 이루었고 거의 같은 길을 따라갔다. 중앙집권화된 행정부를 건설하고 징병제를 도입해 실질적인 군사력을 창출했으며 국민교육제도를 발달시키는 등 유럽 열강들과 정확히 일치하는 방향으로 나아갔다.(일본의 국립학교 제도는 영국과 거의 동시에 탄생해 곧 더 효율적인 체계를 갖추었다.) 하지만 이러한 변화들은 도쿠가와 막부 시대에 구축한 기반 체제가 없었다면 전부 불가능했을 것이다. 일본의 저명인사로 구성된 48인의 대표단은 1871년부터 1873년까지 미국과 유럽을 방문해 어떤 제도와 정책들을 도입할 것인지 타진했다. 가장 시급한 과제는 군사력을 쌓아 외부의 요구들을 막고 변화의 속도와 성격을 일본이 통제하는 것이었다. 제도적 발달은 다소 느렸지만 대체로 독일의 준(準)권위주의 모형과 비슷했다. 국가 회의(다조칸(太政官))가 설립되었지만 상대적으로 힘이 없었고, 실질적 권력은 제국 고문단에 있었다. 1876년에 무력한 '원로원(겐로인[元老院])'이 설치되었다. 1881년에는 천황의 칙령으로 국민의회가 설립되었지만 1890년까지 한 번도 소집되지 않았다. 1884년에 황족과 영주, 고위 관직자들이 새로운 귀족 계층으로 탄생해 1890년에 새로운 의회의 상원을 형성했다. 부유한 상인과 사업가들은 적합하다고 판단되면 상원에 합류할 수 있다는 규정도 있었다. 1885년에 내각제 정부가 도입되었다.

좀 더 중요한 변화는 가속도가 붙은 기술혁신이었다. 기술혁신도 역시 도쿠가와 시대의 발달에 바탕을 두고 있었다. 1860년대 말엽에 산업은 이미 국가 경제의 3분의 1을 책임졌고 이러한 지식과 기술, 기반 시설 등의 바탕이 없었다면 19세기 말엽의 발달들은 불가능했을 것이다. 예컨대 1842년 제임스 네이즈미스(James Nasmyth)는 영국에서 증기 해머 특허를 받았다. 1860년 즈음에는 나가사키에 증기기관과 증기 해머가 작동하고 있었다. 일본 사람들은 그런 기계를 단 한 번 본 적도 없이 책에서 설계도를 보고 만들어 냈던 것이다. 철강 산업의 변화 속도는 놀라웠다. 1850년대에 반사로(反射爐)가 쓰였고, 1870년대 초엽에는 연철로(鍊鐵爐)와 열 출력 벨로즈(hot-power bellows)가 가동되었다. 이들 장치는 모두 한 세기 뒤에야 유럽에 처음 도입되었다. 1890년대에는 지멘스-마르탱 평로법이 사용되었다. 평로법이 유럽에서 처음 개발된 뒤 30년도 채 되지 않은 시점이었다. 도바시(Dobashi) 제강소는 1909년 무렵에 유럽에 불과 10여 년 전 도입되었던 스타사노 전호법(Stassano electric arc process)을 사용하고 있었다.

이러한 발달들은 모두 일본의 국력에 중대한 영향을 미쳤다. 중국이 겪었던 내부 분열을 피한 덕에 일본은 극심한 외부 압력에 시달리지 않아도 되었고 별다른 간섭 없이 발달의 속도와 성격을 좌우할 수 있었다. 또한 권력을 행사할 수도 있었다. 1870년대 초엽에 일본은 '불평등'한 관세조약의 검토를 요구했는데, 당시에는 진지하게 받아들여지지 않았다. 1875년에는 러시아와 접경 지역을 교환하는 새로운 조약을 체결했다. 이 조약으로 두 열강이 쿠릴 열도를 나누어 갖고 사할린을 공동 영유하기로 했던 1855년의 조약이 수정되었다. 1875년에 사할린은 러시아 영토가 되었지만 쿠릴 열도는 일본 영토가 되었다. 이듬해에 일본은 해군 진지에서 공격을 도발하는 사건을 이용해 조선에 항구 개방을 강요하고 자국민들을 위한 치외법권의 지위도 획득했다. 1876년의 조약을 시작으로 일본은 중국을 대신해 1905년에 대한제국(조선)을 자국의 피보호국으로, 그리고 1910년에는 완전한 식민지로 만드는 과정에 들어갔다. 1879년에 류큐 왕국은 오키나와 현으로 일본에 통합되었다. 1899년에 일본은 관세에 대해 많은 자율권을 되찾았고,(관세는 약 20퍼센트까지 인상되었다.) 1911년에는 완벽한 통제력을 회복했다.

21.18 19세기 후기의 아시아

19세기 말엽에 유럽 열강은 아시아에서 상당한 지역을 점령했다. 영국은 인도와 버마를 점령하고 말레이반도의 대부분과 보르네오섬 북부를 장악했다. 프랑스는 19세기 후반기에 인도차이나반도에 위치한 베트남과 캄보디아, 라오스에서 지배권을 획득했고, 반면에 태국(시암)은 명목상으로나마 독립을 유지했다. 스페인과 전쟁을 치른 후 1898년에 미국은 필리핀을 장악했다. 중국 연안 지역에는 유럽 및 미국과의 무역에 문호를 개방한 '조약항'들이 줄지어 들어섰다. 중대한 변화들은 최북단 지역들에서도 발생했다. 18세기에 아무르강 지역을 가로막고 있던 중국이 무너지자 러시아는 이 지역에서 다시 확장을 꾀하기 시작했다. 러시아는 해안선을 따라 조선 국경에 면하는 최남단까지 넓은 지역을 손에 넣었다. 블라디보스토크는 1860년에 건설되어 태평양 연안의 러시아 정착지로 빠르게 자리 잡았다. 1860년에 중국은 영국과 프랑스에 북경을 점령당한 후 화해를 '중재'해 준 보답으로 러시아에 만주 접경 지역에 이르는 먼 남쪽의 광대한 영토를 넘겨주어야 했다.

하지만 당시 유럽과 미국이 아시아에서 행사했던 영향력을 과장해서는 안 된다. 조선처럼 비교적 약한 나라조차 통상수교의 거부 정책을 펼칠 수 있었는데, 조선인들은 1866년에 평양 항구에서 미국 상선을 불태웠고 1871년에는 응징을 위해 보낸 원정대도 물리쳤다. 중국 연안 지역을 따라 조약항 몇 곳이 있다고 해서 유럽 국가들이 중국 정책을 좌지우지할 수 있는 것도 아니었고, 세계에서 두 번째로 큰 국가의 곳곳에서 일어나는 사건들에 영향력을 행사할 수 있는 것도 아니었다. 유럽의 지배력은 아시아 대부분에 미치지 못했고 중국에서 발휘한 국부적인 영향력도 조선이나 일본에서는 찾아볼 수 없었다. 세계 최대의 해군 병력을 지닌 영국도 이 지역에서는 제한적으로만 힘을 발휘했다. 1844년에 홍콩에 완전히 독립적인 중국 기지가 확립되었는데, 1860년대 말엽에 이곳에는 선박 서른다섯 척이 있었다. 선박의 수는 10년 만에 불과 스무 척으로 줄었고 작전 행동을 벌이는 날도 1년에 50여일이 채 안 되었다. 대외 경제력도 지극히 한정되어 있었다. 1890년대에 아시아에서 운영되는 유럽 기업들 중 절반 이상은 단 세 도시, 즉 (영국 식민지) 홍콩과 (대규모 국제 조계지) 상해, 요코하마에 집중되었다. 영국은 19세기 말엽에 세계 최대의 해외투자국이었지만 일본에 들어간 투자 총금액은 1000만 파운드에 불과했다. 그 외의 유럽 기업은 도쿄에 한 곳, 오사카에 한 곳, 북경에 두 곳이 존재했다. 무역 조계지가 개설된 일본 항구들에는 유럽인 6000명이 거주할 뿐이었다. 내부 상거래는 일본인들의 수중에 있었고, 유럽인 집단과 미국인 집단들은 몇 개 항구와 소수 수출입 무역에 한정되었다.

아시아 지역에 일대 혼란을 일으킨 장본인은 유럽 열강이 아니라 일본이었다. 1894년부터 1895년까지 조선에 대한 지배권을 놓고 벌어진 청일전쟁은 일본의 압도적 승리로 기울었다. 중국과 체결한 시모노세키 조약에 따라 일본은 대만과 평후 제도를 할양받고 중국 정부의 연간 세입의 세 배에 상당하는 배상금을 요구했다.(1897년 즈음에 일본은 넉넉한 금을 보유해 금본위제를 도입할 수 있었다.) 유럽 열강은 일본이 할양받은 중국 본토의 땅을 포기하도록 강요했지만, 그것은 (1850년대 말과 1860년대 초에 그랬던 것처럼) 약해진 중국을 이용하기 위해 그들 자신의 요구를 관철하려는 사전 작업에 지나지 않았다. 독일은 1897년에 산동성의 청도(칭다오)와 교주(자오저우) 지역을 합병했고, 이듬해에 영국은 위해위(웨이하이웨이)반도와 산동성의 항만, 그리고 홍콩 건너편의 '신계(新界)'를 조차했다. 또한 1898년에 러시아는 요동(랴오둥)반도 남부와 여순(뤼순, 포트아서(Port Arthur)) 항만을 인계했다. 일본은 호북성과 천진, 복주에 조계지를 더 개설했다. 프랑스도 먼 남쪽으로 인도차이나와 가까운 광주만 지역과 항구를 합병하면서 약탈에 동참했다. 1899년에 미국은 중국에서의 기회 균등을 촉구

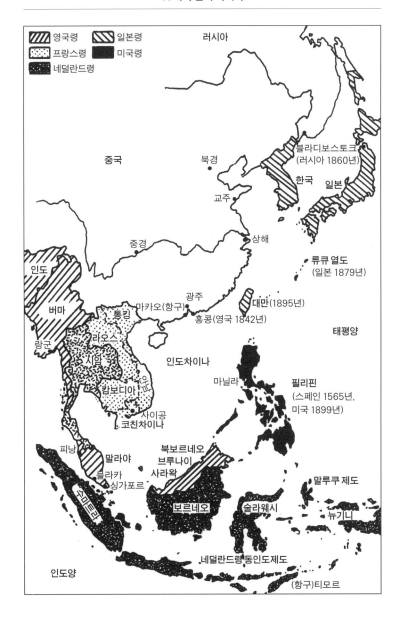

영국령   일본령
프랑스령   미국령
네덜란드령

러시아

중국

북경

블라디보스토크
(러시아 1860년)

한국   일본

교주

중경   상해

류큐 열도
(일본 1879년)

인도

버마

마카오(항구)   광주

대만(1895년)

랑군

통킹

홍콩(영국 1842년)

라오스

태평양

시암

인도차이나

마닐라

필리핀
(스페인 1565년,
미국 1899년)

캄보디아

유에

사이공
코친차이나

피낭

말라야
말라카
싱가포르

북보르네오
브루나이
사라왁

수마트라

보르네오

슬라웨시

말루쿠 제도

뉴기니

인도양

네덜란드령 동인도제도

(항구)티모르

하는 '문호 개방' 문서를 주요 열강들에 전달했다. 기존 조계지의 유효성을 인정한 것을 볼 때 '문호 개방'은 중국을 방어하는 정책은 아니었다. 단지 조계지를 별로 갖지 못한 미국의 이익을 확보하려는 시도에 지나지 않았다.

가장 중요한 부분은 이러한 사건들에 대해 중국 내부에서 일어난 반응들이었다. 중국인들의 반응은 민족주의의 부활이라는 형태를 취했고, 유럽 세력, 특히 기독교 선교단과 기독교로 개종한 중국인들에 반대하는 운동이 광범위하게 확산되는 모습으로 드러났다. 앞선 비밀결사들에 지대한 영향을 받은 새로운 운동인 '의화단' 운동이 지역마다 다른 모습을 띠며 중국 전역으로 확산되었다. 신입 단원을 모집할 때는 '권법'을 공개적으로 시전했는데, 사실상 신통력이 생겨 다치지 않을 수 있다는 것을 보여 주는 일련의 의식이었다. 비밀결사에 입단한 단원들은 엄격한 규칙을 준수해야 했다.(여성들을 위한 별도의 조직도 있었다.) '의화단'은 서구에 반대하는 동시에 청조에 친화적이었고, 그러한 성향은 그들의 노래에서 잘 드러난다.

우리가 두려운 것은 오직 인도처럼 되는 것, 우리의 땅을 지키지 못하는 것.
우리가 두려운 것은 오직 안남처럼 되는 것, 부활의 희망이 사라지는 것.
우리 중국인에게는 이곳 중국에 우리 땅이 없네……
마침내 외국의 온갖 잡귀를
최후의 한 명까지 몰아낼 때
위대한 청은 하나로 통일되어
우리 땅에 평화를 불러오겠네.

유럽 열강의 보복적 조치들(과 황궁의 은밀한 지원)은 1900년 초엽에 의화단 운동의 급속한 확산을 초래했다. 1900년 3월에 의화단은 천진을 장악했고 6월 중순 무렵에 북경을 점령했다. 천진에서는 유럽 공사관들의 군 병력이 중국의 기독교도들을 구조하는 과정에서 의화단원 40여 명을 죽이고 중국의 요새들을 점령했다. 북경 정부는 외국 공관들에 철수를 요구했다. 6월 20일에는 독일의 공사가 살해당하며 유럽군이 공관 지구로 후퇴했고 중국은 선전포고를 했다. 외국인 470명과 중국인 기독교도 3000여 명이 55일 동안 포위당해 있었는데, 전투가 격렬하게 진행되지는 않았다. 이 기간에 중국인들이 발포한 포탄은 4000여 발에 불과했고, 포위당한 인원보다 더 많은 수의 공성군이 사망했다. 중국 전역에서 선교사 약 200명과 중국인 기독교도 3만 명 이상이 살해당했다.

전 유럽 국가들과 일본은 이 사건을 중국 내 자신들의 위치에 대한 하층민들의 명백한 도발이라고 간주했고, 서로의 의견 차이는 묻어 둔 채 연합 원정에 나서기로 합의했다. 독일이 강경한 자세로 선두에 설 당시의 황제인 빌헬름 2세(Wilhelm Ⅱ)는 이렇게 포고했다.

북경은 쑥대밭이 될지어다. 관용은 없다! 포로도 잡지 마라! 1000년 전 훈족이 아틸라의 통수로 이름을 떨쳐 지금까지도 등등한 모습으로 역사와 설화에 등장하듯이, 제군들은 독일 1000년의 명성을 중국에 남겨 다시는 중국인이 독일인을 감히 얕잡아 보지 못하게 하라.

1900년 8월 초, (그중 반 이상이 일본군이었던) 2만 명에 달하는 '서양' 병력이 천진을 출발해 두 번의 작은 접전을 벌인 후에 북경에서 포위 작전을 해제했다. 저항은 별로 없었지만 군대는 지나는 길마다 지역민들을 학살하고 짓밟았으며 마을들을 초토화했다. 북경은 약탈당했고 중국인 수천 명이 살해되었다. 러시아인들은 만주의 여러 지역에서 지배권을 손에 넣기 위해 이러한 상황을 이용하면서 비슷한 잔혹 행위를 저질렀다. 싸움이 멈춘 후에 유럽 열강이 중국에 가한 보복은 더 큰 파장을 불러왔다. 그들은 중국의 관세와 염세를 전부 인수하는 등 어마어마한 배상을 받아 냈다. 의화단원들이 문관에 등용되는 것을 막기 위해 과거 시험도 5년 동안 중단했다. 중국인들의 무기 수입을 2년 동안 금지하고 북경 안의 공관 지구를 확장했는데, 중국인은 아무도 거주할 수 없었고 열강의 군대가 이곳을 수비했다. 그리고 도시 안에 위치한 중국의 포대는 모두 폐쇄하기로 했다. 이러한 조건들은 굴욕적이기도 했지만,(굴욕을 주려는 의도도 다분했다.) 막대한 배상금은 중국을 파산할 지경으로 몰아갔다. 중국은 주요한 세입원을 잃었고 내부 개혁을 지속할 수 없었을 뿐 아니라 일본처럼 스스로 운명을 헤쳐 나갈 수도 없었다. 유럽 열강이(그리고 점차 일본도) 중국을 여기저기 마비시키려고 하는데도 중국은 자기들의 정치나 경제를 스스로 통제하지 못했다. 20세기 전반기에 중국의 역사를 조형한 것은 외부인들이 가한 속박에서 벗어나고자 했던 갈망이었다.

21.19 아프리카

[이전의 아프리카 ☞ 17.8]

1500년 이후 300여 년이 넘는 시간 동안 아프리카에서 유럽인들이 직접 관할하는 지역은 소수 진지와 교역소, 그리고 케이프의 소규모 정착지로 한정되어 있었다. 아프리카 대륙, 특히 사하라 이남 지역은 인구 수준이 매우 낮다는 문제가 있었다. 이곳의 인구는 1900년에 약 1억 명에 불과했다. 더불어 통신의 곤란과 질병 구조 등 때문에 대규모 정치 체계를 건설할 사회적·경제적 기반은 존재하지 않았다. 그 때문에 19세기 말엽에 유럽의 영향력이 불어닥쳤을 때 기존의 조직들은 너무 쉽게 압도당했다. 세계사에서 처음으로 북부의 지중해 연안 지역이 아닌 아프리카 대륙이 외부 세력의 지배를 받게 되었던 것이다.

아프리카 서부에서는 19세기를 지나며 노예무역의 여파가 줄어들어 유럽과 서서히 다른 품목들을 거래했는데 그중 하나가 야자유였다. 영국은 감비아강 주변 지역 및 (해방 노예들이 정주했던) 시에라리온에 더불어 '골드코스트'와 동쪽 라고스의 정착지들까지 지배했다. 포르투갈은 몇 개 섬과 본토의 루안다를, 프랑스는 세네갈의 세인트루이스(St Louis-du-Sénégal)와 리브르빌(Libreville: 1849년에 건설되었다.)을 점령했다. 라이베리아는 흑인 자유민들의 본토 체류를 못마땅하게 여긴 미국이 1822년에 이들을 이주시킬 목적으로 건설했고 1847년에 완전히 독립했다. 1870년대 초엽까지도 영국은 골드코스트에서 내륙으로 이동해 아샨티 왕국을 공격하고 수도 쿠마시를 파괴하려다가 내륙에 힘이 분산될 여지를 피하기 위해 연안 지역으로 철수했다. 이 시기에 이 지역을 지배했던 중심 세력은 칼리파가 통치하는 소코토(Sokoto)였다. 소코토는 1817년에 확립된 서른 개 '국가'의 느슨한 연합 형태였는데 이슬람 율법에 따라 통치되었고 소코토 통치자는 보편적 권위를 인정받았다. 소코토는 노예를 대규모로 유지했던 세계 최후의 국가였다. 좀 더 동쪽에서 이집트 병력이 남진해 수단으로 밀고 내려갔지만 그 영토는 곧바로 영국에 인계되었다.(이곳은 명목상 앵글로-이집트의 영토로 남아 있었다.)

아프리카 남부는 19세기 초엽에 응구니(Nguni)어족 사이에 거의 끊임없이 전쟁이 벌어지다가 결국 므테투와(Mthethwa) 중에서는 소수 부족이었던, 줄루 왕국의 창건자 샤카(Shaka)의 지배를 받게 되었다. 샤카는 1828년에 암살당했지만 군부 정치 체제하의 왕국은 살아남아 주요한 지역 세력이 되었다. 줄루국 북쪽과 서쪽으로 스와지(Swazi) 왕국과 짐바브웨 남서부 은데벨레(Ndebele) 왕국의 창건도 눈여겨볼 일이었다. 은데벨레족은 줄루족을 피해 북쪽으로 달아나 1840년대부터 현지의 쇼나족(Shona people)을 지배했다. 1806년에 잉글랜드가 케이프의 네덜란드 식민지를 인계받으면서 이 왕국들은 남부로부터 적지 않은 압력을 받았다. 식민지 노예의 수는 노예제 폐지 직전인 1838년에 4만 명을 넘어서며 정점을 찍었다. 그 이후로도 흑인 노동자들은 완전한 자유를 얻지 못했고 1828년부터는 영국인들이 케이프 동부에서 철저한 인종 분리 정책을 시작했다. 일련의 사건은 가난한 백인들, 특히 네덜란드계 백인들(아프리카너)에게는 견디기 어려운 일들이었다. 이들은 북쪽으로 이동해 오렌지강 지역으로 들어갔고 1840년대에는 트란스발로 이주해 '인종적 평등'이 실현되는 되는 듯한 상황을 피했다. 이들은 사실상 독립을 이루었지만 아주 작은 주들로 남았다. 1870년 무렵까지도 오렌지 자유국(Orange Free State)과 트란스발에는 백인 4만 5000명이 거주할 뿐이었다. 더 동쪽으로 들어가면 영국 식민지 나타우가 조금씩 성장하고 있었고,(줄루족은 수십 년 동안 줄곧 적지 않은 위협이었다.) 1867년에 킴벌리에서 거대한 다이아몬드 광산이 발견되기 전까지는 별다른 발달 사항이 없었다. 이곳에서 거두어들인 세금은 케이프의 소규모 백인 사회가 운영하는 자치 정부를 유지하기에 충분했다. 영국인들은 1870년대에 북부의 보어 공화국 두 곳을 점령하기 위해 애썼지만 실패했다. 1890년대에 트란스발에서 광물자원이 점점 많이 발견되자 영국은 더 과감한 행동에 들어갔다. 영국은 가까스로 전쟁을 일으켰지만 보어인들의 저항을 진압하기까지는 3년이 걸렸다. 두 공화국은 결국 1910년에 백인 지배하의 남아프리카 연방(Union of South Africa) 밑으로 합병되었다.

아프리카 동부에서는 포르투갈인들이 쫓겨나고 오만의 지배가 시작되면서 19세기 초엽에 상당한 변화가 일어났다. 그들은 1785년에 킬와(Kilwa)와 1800년에 잔지바르(Zanzibar)를 점령하고 잔지바르 술탄의 권한 아래 해안선을 따라 모든 항구 지역에 총독을 두었다. 상아와 노예를 구하기 위해 내륙으로 들어가는 교역로들이 열렸다. 연간 5만 명의 노예가 페르시아만과 메소포타미아로 보내졌고 잔지바르섬에서는 (인구의 절반 정도인) 노예 약 10만 명이 유럽 시장에 내다 놓을 정향을 주로 재배했다. 내륙의 일부 주는 외부와 접촉하기를 거부해서 1878년에 르완다의 경우 아랍 상인 단 한 명에게만 입국을 허용할 정도였지만, 다른 곳들, 특히 빅토리아 호수(Great lakes) 주변 지역들에서는 외부의 힘이 매우 중요했다. 오랜 부간다 왕국은 압력을 받아 균열되었고 교역이 시작되며 경제에 변화가 일어났다. 소들은 600마일 떨어진 해안 지역까지 실려가 매매되었고 노예와 상아를 싣고 같은 방향으로 이동했던 대상 행렬은 해안에서 새로운 물건들을 가져왔다. 과거와 같이 에티오피아 왕국은 대체로 이러한 영향력들에서 벗어나 있었다. 1750년부터 1850년까지 에티오피아는 체계화된 정치 단위로는 볼 수 없었고, 지역 군벌의 지배를 받았다. 에티오피아는 1870년대에 요하니스 4세(Yohannes IV)의 지배하에 재통합되었고, 요하니스 4세와 그 뒤를 이은 메넬리크(Menelik: 1913년까지 왕국을 통치했다.)는 왕국을 지역의 중심 세력으로 탈바꿈시켰다. 아디스아바바(Addis Ababa)에 새로운 수도가 건립되어, 1500년에 걸쳐 정착지가 지속적으로 남하했던 역사를 표상했다. 1896년에 에티오피아는 이탈리아의 공격을 격퇴하고 아두와(Adowa)에서 결정적인 승리를 거머쥘 만큼 강했다. 그리고 스스로 제국의 권좌로 올라섰다. 1880년부터 1900년 사이에 에티오피아는 면적이 세 배로 증가했고 소말리아의 일부인 티그레(Tigré)와 오가덴(Ogaden), 에리트레아(Eritrea)를 점령해 왕국의 오랜 중심을 형성했던 이들과는 매우 상이한 집단의 사람들을 통치하로 끌어들였다.

유럽 열강의 아프리카 분할은 아프리카의 자체적인 요인들이 아니라 유럽의 압력이 내부로 들어온 결과였다. 1870년대까지 유럽 열강의 연안 지역 요새와 교역소는 교역로를 따라 내륙 지방까지 세력권을 형성했다. 일부 소수 지역만 공식적으로 경계가 정해져 있었는데, 이들 지역은 케이프 지역(이곳은 유럽 정착지로 기후가 적당했다.)을 제외한 지중해 남부 해안선을 따라 이어졌다. 유럽 국가들로서는 직접적으로 중요성을 갖는 곳들이었다. 프랑스는 1830년에 알제리를, 1881년에는 튀니지를 점령했고, 영국은 이집트에서 우세했다.(프랑스는 1904년까지 이 사실을 인정하지 않았다.) 사하라 이남 아프리카의 분할은, 어떤 지역에서 지배권을 인정받지 못하면 경쟁 국가가 그 지역을 가져갈 것이라는 유럽 열강의 보편적인 두려움에서 기인한 것이었다. 경계선 대부분은 1885년에서 1886년 사이에 베를린에서 인정을 받았다.(미국은 중심지에서의 무역을 확보하기 위해 회의에 참석하지 않았다.) 프랑스는 서아프리카에서 많은 지역을 얻었지만 영국도 골드코스트와 나이지리아로 세력권을 확장했다. 남아프리카는 대체로 영국령이었고 동아프리카의 여러 지역도 마찬가지였다. 독일은 주요 식민지들을 획득했다. 카메룬과 서남아프리카, 동아프리카(후일의 탕가니카)가 독일 속령이 되었다. 포르투갈은 앙골라와 모잠비크를 손에 넣으며

20세기 초 아프리카

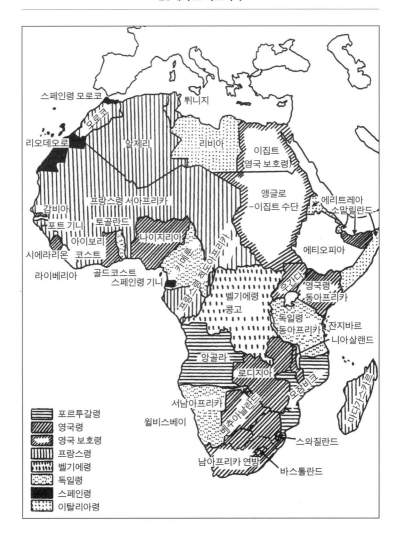

스페인령 모로코
튀니지
리오데오로
알제리
리비아
이집트 영국 보호령
프랑스령 서아프리카
앵글로 -이집트 수단
에리트레아 스말릴란드
감비아
포트 기니
토골란드
아이보리 코스트
나이지리아
에티오피아
시에라리온
라이베리아
골드코스트
스페인령 기니
벨기에령 콩고
우간다
영국령 동아프리카
독일령 동아프리카
잔지바르
니아살랜드
앙골라
로디지아
서남아프리카
윌비스베이
베츄아날란드
모잠비크
마다가스카르
스와질란드
남아프리카 연방
바스톨란드

포르투갈령
영국령
영국 보호령
프랑스령
벨기에령
독일령
스페인령
이탈리아령

제국 영토를 어마어마하게 넓혔다. 벨기에의 왕은 콩고를 사유 영지로 받았다. 이 땅은 20여 년 동안 자원을 약탈당하고 주민들은 야만적인 취급을 받는 등 잘못 관리되다가 1908년에 벨기에로 합병되었다.(벨기에 군주의 사유지로 있는 동안 아프리카인 약 800만 명이 콩고에서 목숨을 잃었다.)

각국의 대표들은 지도에 줄을 그어 식민지를 나누면서 현장의 현실들은 철저히 무시한 채 유사한 집단의 사람들을 가르고 매우 다른 사람들을 하나로 묶었다. 아프리카에서 지도는 아무런 의미가 없었고 식민 통치는 아직 확립되기 전이었다. 수십 년 동안 전쟁이 펼쳐졌다. 1871년부터 제1차 세계대전 발발 이전까지 프랑스와 영국, 독일, 포르투갈이 군사작전을 벌인 경우는 식민지 전쟁이 유일했다. 그래도 아직 통제력은 제한되어 있었다. 1900년에 서아프리카에서 마지막 대규모 반란이었던 아샨티의 반란은 진압되었지만 불과 3년 전만 해도 영국은 소말리아 내륙지역 대부분을 포기하고 연안을 따라 길게 띠를 형성한 지역들로 세력권을 한정해야 했다.(이러한 위치는 1920년까지 바뀌지 않았다.) 모로코에서는 1911년에 프랑스가 여전히 동부 및 대서양 지역을 지배했고, 페즈와 아틀라스산맥을 정복하는 데는 3년이 더 걸렸다. 1909년에 스페인은 해안의 스페인 거주 지역을 넘어 세력권을 확장하려고 하다가 실패했다. 이탈리아는 1912년에 오스만제국으로부터 리비아를 넘겨받았지만 세력 범위에 있던 지역은 연안지방에 길게 늘어선 띠 지역 정도였다.

정복과 (유럽이 좋아했던 표현인) '강화'가 완료되었을 때조차 유럽열강 앞에는 커다란 문제가 놓여 있었다. 열강은 강한 동시에 약했다. 강한 이유는 궁극적으로 압도적인 군사력을 행사할 수 있었기 때문이지만, 약한 이유는 대개 식민지에서 이용할 수 있는 군사력이 제한적인 데다 행정지가 드문드문 분산되어 있었기 때문이다. 영국은 나이지리아에 군인 4000명을 두고 경찰력도 같은 수준으로 유지했지만 이들 조직은 장교 일흔다섯 명을 제외하면 모두 아프리카 사람들이었다. 북로디지아(잠비아)는 영국과 독일, 덴마크, 스위스, 베네룩스 3국을 합친 것만큼 큰 지역이었는데, 이곳에서 영국은 장비도 제대로 갖추지 못한 한 개 대대에 의지했다. 이 대대는 영국인 장교 19명과 하사관 8명, 아프리카인 750명으로 구성되어 있었다. 20세기 초엽에 서아프리카(프랑스보다 열네 배나 되는 큰 지역에 인구 1600만 명이 산발적으로 분산되어 있었다.)의 프랑스군은 프랑스인 장교 2700명과 통역관 230명, 무장 아프리카인인 민병대(gardes civiles), 아프리카인 병사 1만 4000명, 프랑스인들로만 구성된 한 개 대대가 전부였다. 현지의 관리자 분포도 희박하기는 마찬가지였다. 1909년에 영국은 지역 관리 다섯 명으로 골드코스트 아샨티 지역의 100만 주민 중 절반을 관리했다. 알제리와 남아프리카, 케냐, 남로디지아 같은 몇몇 국가 외에는 유럽인 정착지가 거의 없었다. 1914년에는 (선교사를 포함한) 아흔여섯 명에 불과한 유럽인이 르완다에 거주했다. 이들 식민지를 관리하기 위해 유럽인들은 지방을 통치하며 사익을 챙기던 협력 집단들에 의지해야 했다. 우간다의 부간다 같은 몇몇 경우에 지방 통치자들은 거의 전적인 재량권을 갖고 있었다. 나이지리아 북부에서 풀라니족 정부는 자체적인 관료 체계와 법정이 있고 재정 및 법률 기록을 보유하며 학식 있는 엘리트들이 존재했던 하우사족 국가들은 지배했는데, 쉽게 제국 구조 속으로 동화되었다. 다른 지역들에서는 이 과정이 좀 더 어려웠고 흔히 주요 지역 인사들이 유급 '부족장'으로 임명되어 인위적으로 빚어낸 '부족'들을 통치했다.

21.20 19세기 말 세계의 균형

19세기 유럽과 미국의 산업화는 세계의 경제력과 정치력의 균형을 급격히 변화시켰다. 18세기 중엽에 유럽과 중국, 인도는 1인당 산업 생산 수준이 대체로 비슷했고 미국은 이들 국가의 절반 정도였다. 19세기 말에는 세계 산업 생산량의 4분의 3을 생산하던 미국과 서유럽의 몇몇 국가(영국과 독일, 프랑스)가 세계경제를 지배했다. 유럽은 정치적 힘이 증가하면서 자신들이 지배하던 지역 내 국가들의 경제 상황을 개편할 수 있었다. 경제를 개편하기 위해 유럽은 관세를 없애 유럽 제품들이 식민지 국가들로 쉽게 진출할 수 있게 했고, 식민지에서는 원료 생산과 식품 생산에 주력해 유럽의 산업을 지원하고 인구를 지탱했다. 1830년에 유럽 밖의 국가들은 여전히 세계 산업 생산량의 3분의 2에 해당하는 제품들을 만들어 냈고 심지어 1860년에 중국의 산업 총생산량은 영국의 산업 생산량과 동일했다. 그러나 19세기 말엽에 영국의 1인당 산업 생산량은 중국보다 마흔 배 이상으로 더 많았다. 유럽과 미국이 빠르게 앞서 나아가는 동안 다른 나라들이 가만히 있었던 것은 아니었다. 19세기에 유럽의 압력 아래서 세계의 나머지 지역은 실제로 산업이 후퇴했다. 1900년에 인도와 중국 같은 국가들은 1인당 산업 생산량이 18세기 중엽보다 3분의 1 수준으로 줄어들었다.

19세기가 끝날 무렵에 세계경제의 균형 상태는 18세기 중엽과는 크게 달라져 있었다. 유럽과 인도, 중국은 대체로 평등했던 관계에서 매우 불평등한 세 부위, 즉 중심부(core)와 준주변부(準周邊, semi-periphery), 주변부(periphery)로 바뀌었다. 중심부 산업국가인 북서유럽과 미국은 인구가 세계 인구의 8분의 1밖에 되지 않았지만 세계에서 산업 생산량이 차지하는 비중은 깜짝 놀랄 만큼 많아서 세계무역의 약 4분의 3을 주도했고, 해외투자율은 그보다 더 높았다. 준주변부는 세 가지 유형의 국가로 구성되었다. 첫 번째는 유럽 남부와 동유럽 지역으로 러시아와 스페인, 포르투갈, 이탈리아, 오스트리아-헝가리, 발칸 국가들이 여기에 속했다. 이들 국가는 아직 농업이 주를 이루었고 중심부보다 경제력과 발달이 떨어졌지만 대개 군사적으로 중요했다. 러시아와 이탈리아 같은 일부 국가는 중심부 국가들과 좀 더 비슷한 경제와 사회로 발달하는 듯 보였지만, 스페인과 포르투갈 같은 나라들은 쇠퇴하는 형국이었다. 두 번째 유형은 유럽 외의 지역으로 캐나다와 오스트레일리아, 뉴질랜드, 그리고 일부 라틴아메리카, 즉 아르헨티나와 우루과이, 칠레 등 정착지 식민지들이었다. 이들 사회는 중심부 국가들로 1차 생산물을, 특히 식량을 수출해 경제를 구축하며 비교적 번영했다. 준주변부의 세 번째 유형은 단 한 국가, 일본이었다. 일본은 유럽의 정치적 지배를 빠져나와 산업화 과정에 들어갔다.(근대 국가 체계의 탄생 과정도 수반되었다.) 여전히 시골이 주를 이루었지만,(1인당 산업 생산량은 아직 미국의 15분의 1 수준이었다.) 1904년부터 이듬해까지 러시아가 직접 당했듯이 일본은 유럽 열강에 도전하고 승리할 역량이 있는 중요한 지역 강국이었다.

세계의 나머지 국가들은 경제적 주변부를 이루었다. 유럽의 지배를 벗어났던 나라는 오스만 제국과 중국 등 두 곳이 있었지만 두 나라 모두 극심한 내부 문제에 맞닥뜨렸고 이러한 문제들은 외부의 압력을 받아 점점 더 악화되었다. 그럼에도 불구하고 두 나라는 인도와 아프리카보다는 훨씬 더 힘 있는 위치에 있었다. 나라의 정치적 운명이 그들 수중에 있었기 때문이다. 식민지국의 경제 발전은 유럽 열강의 손에 달려 있었다. 주변부 국가들은 1차 생산에 집중하면서 생산물을 유럽과 아메리카 북부로 실어 나르기 위해 항구까지 길을 이어 줄 철도와 도로 등의 제한된 기반 시설들만 간신히 건설할 뿐이었다. 유럽 제국들은 공식적으로 노예제도를 폐지하기는 했지만,(사실상 여러 포르투갈령 아프리카 지역에서는 그렇지도 않았다.) 유사한 다른 형태의 노동이 그 자리를 대신했다. 식민지 내에 강제 노동은 다반사였고 부족한 부분은 계약 노동으로 채워졌다. 서인도제도에서 설탕을 생산하던 식민지들이 줄어들면서 모리셔스와 나타우, 피지, 퀸즐랜드 같은 새로운 생산지들이 문을 열었다. 이러한 농장 작물들을 비롯해 유럽 시장으로 나갈 다른 열대지방 생산품들을 만드는 사람들은 세계 각국에서 배를 타고 건너온 노동자들이었다. 이들은 길게는 10년까지 노예와 같은 조건에 매여 있었다. 고향으로 돌아갈 권리가 있었던 것으로 추정되지만 실제로 귀국선에 오르는 일은 드물었다. 19세기 후반기에 45만 명 이상의 계약 노동자가 인도에서 영국령 서인도제도로 건너갔고 나타우와 모리셔스, 피지로 향한 사람들도 있었다.(그리고 그곳에서 가장 큰 인구 비중을 차지하게 되었다.) 어떤 이들은 말레이반도로 가서 주석 산업에 종사하거나 스리랑카로 건너가 차 농장에서 일했다. 퀸즐랜드에는 태평양 제도에서 노동자들이 건너왔고 하와이와 페루에는 중국인과 일본인들이 들어왔다. 네덜란드는 많은 주민을 자와섬에서 수리남으로 이주시켰다.

세계경제는 점증하는 유럽(과 미국)의 정치적 힘과 더불어 재편되었다. 19세기 말엽에 세계 인구의 절반(7억 명)은 외국의 지배를 받았다. 세계를 호령하는 제국은 두 곳, 영국과 프랑스였다. 이 시기까지 가장 큰 제국은 영국으로 약 3억 5000만 인구를 지배했다. 영국은 쇠퇴하는 설탕 생산지인 서인도제도부터 아프리카의 많은 지역과 인도의 거의 전 지역, 그리고 식민지 무역국(trading colonies)이었던 아시아의 싱가포르와 홍콩까지 뻗어 있었다. 백인들이 거주하고 자치 정부가 있는 캐나다와 오스트레일리아, 뉴질랜드, 남아프리카 등도 영국 식민지였다. 프랑스 제국은 5000만 인구를 지배했다. 제국의 중심에는 서부 아프리카와 적도아프리카 식민지들과 더불어 알제리, 튀니지, 모로코 등 북아프리카의 국가들도 있었다. 그 외의 주요 지역으로 인도차이나가 있었지만 태평양과 서인도제도의 작은 섬들은 주변적인 위치였다. 세 번째로 큰 제국은 네덜란드(3500만 명)로 네덜란드령 동인도제도의 섬들은 압도적으로 중요한 위치에 있었다.(나머지는 수리남과 몇몇 군소 열도 등 설탕 생산량이 미미한 식민지들이었다.) 네덜란드는 제국 세력들 중에서는 19세기에 영토가 확장되지 않은 유일한 제국이었다. 포르투갈 제국은 1884년부터 거의 모든 식민지를 획득했는데, 오랫동안 인도에 속했던 고아와 디우 지역을 비롯해 카보베르데, 상투메섬 등에 더불어 앙골라와 모잠비크도 여기에 속한다. 포르투갈과 이웃한 스페인은 19세기 말엽에 제국의 대부분(쿠바와 필리핀, 그 외의 태평양의 섬들)을 상실했고 리오데오로와 아프리카의 일부 군소 지역만 유지했다.(스페인이 지배했던 인구수는 총 100만 명에 미치지 못했다.) 독일 제국은 1880년대 중반이 지나 수립되었지만 영토는 탕가니카와 아프리카 남서부, 토골란드 등 아프리카 국가들과 태평양의 몇 개 섬 점령지 등으로 크게 유용한 곳이 없었다. 가장 빠르게 확장한 제국은 미국이었는데, 미국은 줄곧 제국주의 세력이 아닌 것처럼 행세했다. 1898년까지 미국이 손에 넣은 거대 영토들은 (미드웨이 제도의 해군기지를 제외하고) 모두 아메리카 대륙 안에 있었고 해당 주민들은 시민권과 궁극적으로 연방으로 편입되는 것을 약속받았다. 1898년에 스페인과 '치열한 작은 전쟁(splendid little war)'을 치른 후로 상황이 바뀌어 미국은 불과 385명의 희생으로 제국의 지위를 획득했다. 쿠바는 미국의 철저한 관리 아래에 독립을 승인받았다. 푸에르토리코와 괌, 필리핀은 주(州) 편입을 보장받지 못한 채 미국의 영토가 되었다. 하와이는 일본에 넘어가는 것을 막기 위해 미국이 합병, 통합했다. 1903년에 미국은 쿠데타를 조직해 파나마를 콜롬비아로부터 분리한 후 파나마 운하 지대(Panama Canal Zone)를 넘겨받았다. 유럽 밖에서 제국을 형성한 주요 국가는 일본으로 한반도와 대만에서 약 1600만 인구를 지배했다.

1900년 무렵에 세계는 1750년의 유형들을 완전히 벗어났고 유럽 열강들은 절정의 권세를 떨쳤다. 하지만 그 권세는 50년 남짓 후에 많은 부분 곤두박질쳤다. 쇠퇴기는 이미 시작되어 있었다.

개관 13

1900년의 세계

세계 인구 16억 2500만 명

권역별 인구: 중국: 4억 7500만, 유럽: 3억 9000만, 인도:2억 9000만, 아시아 나머지 지역: 2억, 아프리카: 1억 1000만, 북아메리카: 8000만

주요 도시 런던(650만), 뉴욕(420만), 파리(330만), 베를린(240만), 시카고(170만), 빈(160만), 도쿄(150만), 상트페테르부르크(140만), 필라델피아(140만), 맨체스터(125만), 버밍엄(125만), 모스크바(110만), 북경(110만), 캘커타(100만), 글래스고(100만)

사건

- 조선과 일본과 중국을 제외한 아시아 지역이 유럽 열강의 지배를 받음.
- 일본에서 초기 산업화 과정이 순조롭게 진행됨. 영토 확장으로 한반도와 대만을 점령함.
- 중국의 민족주의 운동(의화단)이 유럽과 일본에 의해 진압됨. 국력이 약해져 세입 대부분을 외부 열강들에 빼앗기고 상당한 교역 및 법률의 양보가 이루어짐.
- 인도가 영국의 지배를 받음.
- 오스만 제국은 마케도니아와 트라키아, 아나톨리아, 레반트, 아라비아, 메소포티미아를 지배함.
- 이란에서 카자르 왕조의 세력이 약해짐.

- 라이베리아와 에티오피아를 제외한 아프리카 지역이 유럽 열강에 의해 분할됨.
- 라틴아메리카가 독립했으나 각국은 대체로 힘이 약했고 내분을 겪음.
- 산업화된 유럽 열강과 미국이 세계경제를 지배함.
- 세계의 산업 생산량이 1750년의 세 배가 됨.
- 세계 석탄 사용량은 1800년의 마흔여섯 배로 증가함.
- 화학 및 전기, 자동차 등 새로운 산업들이 발달함.
- 라디오 개발의 첫발을 내딛음.
- 체펠린 비행선이 최초로 비행에 성공함.

유럽의 내전

1815~1945년

22

세계사적 관점에서 19세기에 발전한 유럽 국가 체계는 정상이 아니었다. 세계 대부분의 지역은 항시적으로 서로 다른 여러 민족을 한데 묶은 대제국들의 통치를 받았다. 체계가 잘 잡히고 경기가 좋을 때 이들 국가는 넓은 영토라도 내적인 평화와 안정을 누릴 수 있었다. (오스만 제국이 점령한 지역을 제외한) 유럽은 한 번도 그런 평온을 누린 적이 없었다. 오히려 (나중에는 수적으로 다소 줄었지만) 치열하게 경쟁하는 수백 개의 정치적 단위들로 분할되었다. (주로 19세기에 만들어진) 유럽 '민족국가'라는 신화에도 불구하고 '민족' 정체성은 국가를 형성했다기보다는 국가가 형성된 뒤에 정립되는 경향이 있었다.

1815년에 나폴레옹이 패전한 뒤로 유럽에 보기 드문 평화가 찾아왔다. 1860년 전까지는 비교적 크지 않은 전쟁이 두 번 발발한 것이

전부로, 크림 전쟁(1854~1856년)과 프랑스-오스트리아 전쟁(1859년)이 그것이다. 프랑스-오스트리아 전쟁은 이탈리아의 통일을 가져왔으나 독일 통일을 야기한 1860년대의 전쟁도 촉발했다. 독일 통일은 전 유럽 열강을 타격하며 장기적으로 불안정한 정국을 형성하는 일차적인 요소가 되었다. 유럽 국가 체계가 제대로 기능하지 않는다는 점은 이제 훨씬 더 명백해졌다. 19세기 말엽에 유럽의 국가 체계가 발칸 지역으로 확대되자 지역 내의 다양한 집단의 사람들이 서로 타협할 수 없는 주장들을 내놓으며 불안정이 증대되었다. 이들은 각자 독립된 정체성이 존재하며 따라서 자신들만의 국가를 세울 권리가 존재한다고 믿었다. 19세기 후반부에 수반된 전쟁 기술 변화와 맞물려 이러한 문제들은 당시로서는 세계사에서 가장 파괴적인 전쟁을 야기했다. 1914년부터 1918년까지 유럽에서 전개된 전쟁은 세계대전이라고 하기는 어렵지만 결국 일본과 미국을 끌어들였다. 그리고 전쟁 말미에 러시아와 오스트리아-헝가리, 독일 제국이 파탄을 맞으면서 국가 체계는 중부 유럽과 동유럽에 더욱더 불안정한 형국으로 확대되었다. 유럽은 1914년부터 1918년까지의 전쟁에서 좀처럼 회복하지 못하다가 1939년에 두 번째 내전을 맞게 되었다. 1차 전쟁에서 패배한 독일에 유럽 최악의 과거였던 나치즘이 부활한 데도 한 원인이 있었다. 1941년 무렵에 두 번째 전 유럽의 충돌은 진정한 세계의 격돌로 진화해 인류 역사상 가장 비극적인 전쟁으로 기록되었다. 전쟁은 결국 어마어마한 파괴를 불러왔을 뿐 아니라 세계 역사상 가장 야만적인 행위였을 것이다. 유대인 600만 명이 몰살당했고, 그 죽음의 절반가량은 특별히 만들어진 죽음의 수용소 안에서 발생했다. 이는 유럽 국가의 그들이 구현할 수 있는 이념의 힘을 드러내 보여 준 사건이었다. 하지만 1945년에 독일이 완패하며 유럽 역사는 주요한 휴식기를 맞았다. 대륙에는 이제 외부의 한 세력인 미국과 항상 유럽의 주변부에 머물렀던 러시아(후일 소비에트 연방)가 군림했다. 유럽이 세계 위에 군림했던 짧은 시대는 끝이 났다. 그 끝을 불러온 것은 유럽 내부의 충돌이었다.

22.1 유럽의 안정(1815~1870년)

1815년에 빈에서 합의한 조약으로 얼마간의 복잡한 균형 관계가 만들어졌다. 유구한 역사의 합스부르크 왕조 제국은 조약을 유지하는 데 지대한 이해관계가 있었고 중심 역할을 했다. 합스부르크가는 특히 이탈리아에서 오랜 숙적인 프랑스 세력을 억제하고 발칸 지역에서 러시아를 저지하는 역할을 했다. 독일 연방은 신중하게 오스트리아의 역할을 보호했고, (나름의 군대와 외교정책을 갖고 있었던) 중간 규모의 국가인 바이에른과 작센, 하노버는 프로이센이 균형을 잡도록 일조하며 어떤 식의 독일 '민족주의'에도 반대했다. 독일에는 투표로 구성된 의회가 없었다. 프랑크푸르트 연방 의회는 서른다섯 개 정부의 대표자들로 구성되었는데, 여기에는 연방에 느슨하게 결합된 오스트리아와 프로이센도 포함되었다. 프로이센은 1830년대부터 발달한 자유무역 지역(관세동맹Zollverein)을 지배했다. 오스트리아는 스스로 빠져나갔지만 프로이센은 1850년대까지 (특히 연방 의회 안에서) 주도적인 위치로 남아 있었다. 일반적으로 합스부르크가와 프로이센, 러시아는, 예컨대 1821년에 나폴리를 휩쓴 '자유주의(liberalism)'를 진압하거나 옛 폴란드 영토들을 통제하는 데는 힘을 합칠 수 있었다. 프랑스는 여전히 강했지만,(프로이센보다 컸다.) 1815년의 조약을 조금이라도 수정하는 것에는 전혀 관심이 없었다. 그럼에도 불구하고 프랑스는 특히 유럽 밖 레반트 지역에서 비교적 빠르게 패배를 극복했고 1830년에는 알제리를 획득했다. 1850년대 초엽에 프랑스는 크림 전쟁과 오스트리아 전쟁에서 증명했듯 주요한 세력으로 거듭났다. 영국은 여전히 해상 강국이었다. 영국은 유럽의 균형을 대체로 만족스럽게 바라보며 제국의 확장에 전념했다. 그리고 그 과정은 비교적 수월했다. 육군 및 해군으로 들어가는 지출은 18세기 때보다 훨씬 낮았기 때문에, 크림 전쟁 같은 국지전에서 싸우는 데도 비교적 취약했던 국가 구조와 자원들은 한계에 봉착했다. 크림 전쟁은 러시아도 한계 너머로 밀어붙였다. 러시아는 유럽 최대 규모의 군대를 보유했지만 기반 시설이 열악했다. 모스크바 남쪽에는 철도가 없었다. 영국과 프랑스가 러시아보다 빠르게 크림반도로 병력을 보낼 수 있었다는 뜻이다. 1856년에 러시아는 파산 직전에 몰려 화해를 청했다.

1859년의 마젠타 전투와 솔페리노 전투에서 프랑스가 합스부르크 왕국을 격퇴하면서 이탈리아는 피에몬테-사르데냐 왕국 아래에 통일을 이루었다. 1859년부터 1860년까지 통일 이탈리아는 롬바르디아와 파르마, 모데나, 토스카나를 인수했고, 주세페 가리발디(Giuseppe Garibaldi)가 양(兩)시칠리아 왕국을 제압한 후에는 다소 마지못해 이탈리아 남부 전체를 병합했다. 베네치아(오스트리아 영토였다.)와 이탈리아 중부의 교황령은 새로운 왕국에서 제외되었다.(프랑스는 원조에 대한 보답으로 니스와 사보이아(사부아)를 얻었다.) 여기까지는 이탈리아가 반도에 거주하는 여러 상이한 공동체 안에서 민족 정체성을(그리고 단일 언어까지를) 탄생시키는 과정의 서막에 불과했고, 이 과정은 20세기 말엽까지도 미완인 채로 남아 있었다. 독일 역시 이탈리아처럼 통일의 과정에 '민족주의적' 봉기 같은 것은 없었다. 오히려

한 국가가 그 과정을 지배했는데, 바로 프로이센 왕국이었다. 독일은 일련의 전쟁을 거쳐 통일을 달성했다. 분쟁 지역인 슐레스비히홀슈타인을 놓고 덴마크와 벌인 첫 번째 전쟁은 달리 의미가 없었다. 1866년에 오스트리아 및 그 동맹군인 작센과 하노버, 독일 북부의 국가들과 벌인 두 번째 전쟁은 지극히 중요했다. 프로이센이 사도바 전투에서 신속한 승리를 거둔 후 협상이 성사되자 오스트리아는 이제 '독일' 문제가 된 일들에서 물러날 수밖에 없었다. 프로이센이 주도한 새로운 북독일 연방(North German Confederation)이 탄생했다. 연방에는 작센과 튀링겐, 다름슈타트, 메클렌부르크, 올덴부르크가 포함되었다. 그러나 그보다 더 중요한 것은 하노버와 나소, 헤센-카셀 같은 다른 국가들은 프로이센으로 통합되지 않았다는 사실이었다. 프랑스는 황제 루이 나폴레옹(Louis Napoléon: 나폴레옹 3세(Napoleon III))의 결정으로 1870년에 프로이센과 전쟁을 벌였지만 순식간에 패배하면서 재앙을 맞았다. 프랑스와 전쟁을 벌여 승리한 프로이센은 (바이에른과 그 외 독일 남부 국가들 포함해) 독일 통일을 강행할 수 있었다. 더불어 프랑스의 지방이었던 알자스와 로렌도 병합했다. 1871년에 새로운 독일 제국이 선포되며 프로이센의 왕은 카이저(Kaiser: 황제)로 등극했다. 독일은 '제2제국(Second Reich)'을 천명했다. 제1제국은 1000년 전 오토(Otto) 왕가의 제국을 가리켰다. 이러한 천명은 근거 없는 것이었지만, 유럽 역사상 처음으로 강대한 국가가 대륙 한가운데 자리하게 되었다. 그 결과 유럽은 매우 불안정한 형국이 되었다.

1815년에서 1870년 사이에 유럽은 내부적으로 고도의 안정을 누렸고 정치권력은 거의 전적으로 기성 엘리트의 손에 남아 있었다. 산업화(1850년대 이전까지 영국 외에는 매우 미미했다.)로 인한 사회적 혼란은 크지 않았다. 영국에서도 지극히 미약한 변화들만 감지될 뿐이었다. 가톨릭에 대한 광범위한 법적 차별을 1828년에 폐지했고 4년 후에는 선거제도를 개혁해 시골 지역에서 지주의 통제권을 공고히 하고 발달 중인 도시들로부터 소수의 새로운 이익집단을 참여시키는 등 제도의 정통성을 증가시켰다. 유권자의 총수는 여전히 적었다. 제도에 대한 유일한 급진주의적 도전이었던 차티스트 운동은 1830년대 말과 1840년대 초의 경제 위기 속에서 광범위한 지지를 얻었지만 억눌려 끝이 났다. 신흥 국가인 벨기에는 유권자의 총수가 불과 4만 6000명이었고, 프랑스는 '준(準)자유주의' 혁명으로 샤를 10세(Charles X)를 폐위하고 루이필리프(Louis-Philippe)를 왕위에 앉힌 뒤에도 불과 25만 명의 유권자가 국민의회의 의원들을 선출했는데, 이들 유권자는 선별된 5만 6000개 단체에서 배출되었다. 이렇게 서유럽의 세 국가는 헌법에 입각했지만 소수 독재에 의한 정치 체제였고, 그들이 '민주적'이라거나 민주주의를 향해 가기 위해 어떤 노력을 기울이고 있다는 척도 하지 않았다. 중부 유럽 및 동유럽에서 프로이센과 오스트리아, 러시아처럼 경제 변화의 속도가 훨씬 더딘 국가의 정부들은 귀족 중심의 관료 체제로 남았고 대단히 독단적이었다.

일반적으로 정부들은 어떤 위기에 직면하거나 휘말려도 약간 양보하면 충분히 상류 귀족과 유산 계급 내의 불만 요소를 달래고 다소 급진적인 변화들을 피할 수 있었다. 이 사실은 1848년 유럽 전역에서 '실패한 혁명'이 분명히 보여 주었다. 1848년 유럽 혁명에서 '출판의 자유'와 더불어 법률에 귀속된 입헌정치와 대의정치 사상을 표방하던 자유주의자들은 아직 상대적으로 약체였던 산업 노동자계급으로부터 어느 정도 지지를 받고 있던 급진 단체들과 별로 공통점이 없었다. 최초의 봉기는 1848년 2월 말에 파리에서 발발했고 보름 후에 빈에서도 혁명이 일어나 오스트리아에서 장기간 집권했던 클레멘스 폰 메테르니히(Klemens von Metternich)가 군사적 탄압을 옹호했다는 이유로 결국 실각했다. 옛 질서는 5월부터 나폴리를 필두로 매우 빠르게 복구되었다. 12월에 들어서 프란츠 요제프(Franz Joseph)는 합스부르크 왕좌를 넘겨받아 1918년까지 자리를 지켰다. 같은 달에 루이 나폴레옹은 프랑스 대통령을 선출하는 선거에서 4분의 3에 달하는 지지를 얻었다. 국민의회는 왕당파와 보수파가 장악했고 교육의 책임은 가톨릭교회에 돌아갔으며 검열이 증가했다. 1850년 초엽에 어느 정도 민주적이었던 제도가 폐지되며 300만 명에 달하는 인구가 투표권을 빼앗겼다. 1851년에 루이 나폴레옹은 거의 독재자가 되어 나폴레옹 3세라는 칭호를 내세웠다. 프로이센에서도 낡은 체제가 1849년부터 1850년 사이에 복구되었다. 1859년부터 1871년까지 유럽의 지도는 크게 변했지만 혁명은 단 한 건 발발했을 뿐이었다. 발원지는 흔히 그랬듯 전쟁에서 패한 국가였다. 프랑스는 나폴레옹 체제가 붕괴하며 여러 집단이 권력을 다투다가 마침내 제3공화정이 출범했다. 하지만 프로이센에 포위당해 있던 파리는 통제하지 못했다. 공화정에서는 급진파가 권력을 잡아 코뮌을 설립했다. 하지만 프랑스 군대가 도시를 탈환한 후에 이를 야만적으로 진압했다. 프랑스를 제외하면 별다른 변화가 없었다. 영국은 1867년에 투표권이 확대되어 유권자의 수가 두 배로 늘어났지만 그래도 200만 명에 불과했다. 이탈리아는 터무니없이 높은 세금과 문맹 시험을 통해 유권자의 수를 불과 50만 명으로 제한했다.

22.2 유럽의 균형(1871~1914년)

독일과 이탈리아의 통일이 유럽 권력 구조에 미친 영향은 처음에는 미미했다. 이탈리아는 주요 세력이 아니었고 오토 폰 비스마르크(Otto von Bismarck)가 지휘하는 독일은 커진 힘을 참고 기다릴 수 있었다. 알자스-로렌 지방을 탈환하기로 결심한 프랑스는 반발했지만 다른 열강들은 1871년의 조약을 기꺼이 받아들였다. 내부적으로 유럽은 여전히 매우 보수적이었고 귀족들은 견고한 위치를 유지할 수 있었다. 프랑스와 스위스를(그리고 1910년 이후의 포르투갈을) 제외하면 유럽은 군주제였다. 영국 같은 일부 국가는 왕의 권력이 견제를 받았지만 그래도 아직 중요했다. 다른 지역들, 특히 독일과 오스트리아-헝가리, 러시아는 왕권이 정치 체제의 중심이었다. 어디서든 귀족계급은 왕과 긴밀하게 연결되어 있었고 상원을 지배하며 정치적으로 중요한 역할을 수행했다. 유럽 국가들 중에 민주주의를 완전히 실현한 곳은 없었다. 다수의 결정을 내리는 곳은 점점 더 복잡해지는 국가 관료 체계나 법정이었다. 교회 같은 기관들도 막대한 권력을 행사했다. 19세기의 마지막 20여 년을 남긴 시점이 되어서야 산업 노동자계급도 정치에 조금씩 영향력을 갖기 시작했는데, 아직은 힘이 매우 미약했다.

19세기 말엽에 유럽 국가들은 시민들에 대한 장악력이 더 커졌다. 이는 한편으로 군사기술에서 변화들이 축적되어 새로운 유형의 전쟁을 야기했기 때문이기도 했다. 그중에서도 1850년대와 1860년대에 있었던 세 가지 변화는 특히 중요했다. 화약 무기가 발달한 이래 라이플총에 대한 이해는 넓어졌지만 후장식 장전 방식이 아니고서는 발사 속도가 너무 느렸기 때문에 저격수들이나 그 총을 사용하곤 했다. 1849년에 프랑스의 육군 대위 클로드에티엔 미니에(Claude-Étienne Minié)는 탄두가 무른 총알을 발명했다. 미니에 탄은 총열로 집어넣을 수 있었다. 덕분에 발사 속도가 상당히 올라가고 정확도가 높아져 유럽 전역에 빠르게 도입되었다. 1850년대 말엽에 여기에 두 번째 중요한 변화가 합쳐졌다. 바로 무기 생산의 기계화였다. 이 기계는 1820년대에 미국 스프링필드의 무기 공장에서 처음 사용되었지만 금방 도입되지는 않았다. 무기를 개개로 조립하는 과정에 비해 자재 낭비가 심했기 때문이다. 기계가 지닌 강점 두 가지는 무기를 대량으로 생산할 수 있다는 점과 부품이 규격화되어 호환이 가능하다는 점이었다. 무기 생산 기계는 1859년에 영국 엔필드 무기 공장에서 쓰기 시작하면서 유럽에 도입되었고 곧 하루에 미니에 탄 20만 개를 생산할 정도로 발달했다. 기계 생산으로 경량 후장포도 발달했다.(1870년부터 1871년까지 프랑스-프로이센 전쟁에서 사용되었다.) 뒤이어 개발된 후장식 라이플총은 발사 속도가 빠르고 엎드린 채 재장전할 수 있었다. 문제는 미니에 소총에 비해 사정거리가 짧고 정확도가 떨어진다는 점이었다. 그 때문에 후장식 라이플총을 사용할 때는 전술적으로 훨씬 더 많은 훈련이 필요했고 더 숙련된 장교와 하사관들이 병사를 통제해야 했다.

이러한 기술 변화들 덕분에 이제 유럽 국가들은 과거에 비해 훨씬 더 대규모 병력의 군사 장비를 갖출 수 있게 되었다. 하지만 이러한 장비들을 감수하기 위해 국가는 젊은 청년들을 징집해 쥐꼬리만 한 보수를 주어야 했다. 대규모 육군은 또 예비역 체계를 두어 과거에 징병되었던 사람들에게 계속해서 군사훈련을 시켜야 했다. 이러한 과제를 실현하기 위해서는 다수의 사람을 동원할 역량을 갖춘 강력한 관료 체계가 요구되었다. 그리고 그에 따라 젊은 남성들은 국가권력을 직접 체감하게 되었다. 프로이센은 바로 이러한 방향으로 나아간 최초의 국가였다. 프로이센은 3년제 징병제도를 시행하면서 면제의 여지를 주지 않았다. 군 생활 뒤에는 4년 동안 예비군으로 복무했고, 다시 그다음에는 란트베어(Landwehr: 후비군)가 되었다. 즉 프로이센은 7년 상당의 기간제 징병제도를 운영할 수 있었고 잘 훈련된 란트베어를 배출해 자국 영토를 수비하게 할 수 있었다는 의미다. 이런 규모로 사람들을 동원할 수 있었던 배경에는 두 가지 발달이 전제되었다. 우선 전신의 발달 덕에 대규모 인원을 움직일 수 있는 중앙 명령 체계가 작동했다. 다음으로 유럽 철도 체계가 발달 중에 있어 복잡한 군사동원 계획을 미리 신중하게 짜 두기만 하면 대규모 군대도 빠르게 이동시킬 수 있었다. 육군은 철도를 통해 군수품과 식량을 보급받았는데, 철도가 끝나는 지점에서 보급품들을 실어 나르는 데는 말도 매우 중요했다. 육군은 아직 귀족 지휘관들 밑에 있었지만 점점 더 성장하는 유럽 열강의 산업 기반과 기술 발달에 대한 의존도도 날로 커졌다.

이러한 변화들이 유럽의 병영 제도에 녹아들어갈 즈음 점점 막강해지는 독일이 유럽의 균형을 압박하는 징후들이 하나둘 나타나고 있었다. 독일의 통일과 산업화는 유럽 내에서는 비교적 늦게 진행된 것이어서 기존의 열강이 독일의 요구를 수용하는 데는 까다로운 문제들이 제기되었다. 독일은 고도의 산업 강국이었다. 20세기 초에 독일 산업 생산량은 영국보다 많았고, 새로 떠오르는 화학 산업을 지배하다시피 했다. 하지만 독일이 다른 주요 유럽 열강과 동일한 제국의 위치에 오르고자 했을 때, 전 세계에 합병할 수 있는 지역은 거의 남아 있지 않았다. 독일 제국은 다른 열강이 갖고 싶어 하지 않았던, 상대적으로 보잘것없는 지역들로 국한되었다. 해외에서 제국 건설에 좌절을 겪은 독일은 유럽 내에서도 반대에 부딪혀야 했다. 유럽 내에서 독일의 힘이 커지면 다른 열강에 이롭게 재편되어 있던 당시 상황을 위협하며 더 큰 불안을 안길 터였기 때문이다. 사회진화론과 인종주의, 군국주의 제국주의가 뒤범벅된 유럽의 공통적 흐름을 공유하는 독일의 말과 태도는 다른 열강들의 그것과 전혀 다를 바 없었다. 1890년대 말엽에 유럽은 양쪽으로 나뉘었다. 하나는 프랑스와 러시아가 맺은 이국 동맹(Dual Alliance)이었고, 다른 하나는 독일과 오스트리아-헝가리, 이탈리아가 맺은 삼국동맹(Triple Alliance)이었다. 양동맹은 대체로 균형 상태를 유지했다. 러시아의 인력은 프랑스의 근본적 취약점을 보충해 주었다. 프랑스는 인구 성장 속도가 더뎌 군대를 독일군에 필적 가능한 수준으로 유지하는 데 어려움을 겪었다. 러시아는 어마어마한 인구 덕분에 120만 명에 달하는 무장 병력을 유지할 수 있었지만,(독일 병력의 두 배 이상이었다.) 이러한 군대를 뒷받침할 수 있는 군수품 생산과 철도 등 기반 시설의 측면에서는 항상 한계가 따랐다. 삼국동맹에서 오스트리아-헝가리는 독일 입장에서 비중이 낮은 자산이었고 이탈리아는 준(準)산업국이었지만 1896년에 에티오피아가 증명해 보였듯이 군사적으로 약했다. 이탈리아는 알프스산맥과 달마티아에서 오스트리아-헝가리와 영토 분쟁을 겪고 있었고 해안 지대가 길었으며 프랑스에 제해권을 내주었다. 또한 석탄 소비량의 5분의 4를 영국에 의존하고 있었기 때문에 삼국동맹 안에서 이탈리아의 위치는 이례적인 것이었다. 19세기 말엽 대부분의 전략가와 외교통들은 유럽 전쟁이 어떤 식으로 발발하든 이탈리아가 명목뿐인 동맹국들의 편에 합류할 것이라고 기대하지 않았다.

유럽 열강 중 대륙의 권력 구조에서 가장 동떨어져 있던 영국은 19세기 말과 20세기 초에 가장 근본적인 전략적 문제들에 직면했다. 영국은 1870년대 즈음 미국을 필두로 독일 등의 다른 국가들에 산업 패권을 빼앗겼지만 '세계열강'에 가장 근접해 있는 국가였다. 19세기 말엽에 제국의 확장은 대부분 나약함의 표시였다. 경쟁 국가들에 자신의 구역을 넘기지 않겠다는 투지는 그러나 힘이 아니라 빚만 증가시켰다. 현상 유지 세력인 영국은 아무리 그럴듯하게 힘을 재분배해도 얻을 것이 없었다. 그러므로 영국의 정책 입안자들에게 주요한 목표는 경제적·군사적·전략적으로 연이은 발달들이 국가 위상을 위협하는 상황에서 최대한 오랫동안 영국의 위치를 보호하는 데 있었다. 주요 해상 강국이었던 영국은 두 가지 변화 때문에 불리한 입장에 처했다. 하나는 날로 중요해지는 철도였다. 철도 덕분에 대륙의 열강은 육로를 이용해, 바다로 이동하는 영국보다 빠르게 군대를 이동시킬 수 있었다. 다른 하나는 유럽 외부 세력의 부상이었다. 그중에서도 가장 두드러진 국가는 미국이었다. 1880년대에 미국 해군은 칠레 해군보다 작았지만 1904년에는 규모가 여섯 배로 증가하며 전함 열네 척과 순양함 열세 척을 동시에 건조할 만큼 발달했고 미국은 세계에서 세 번째로 큰 해군을 보유하게 되었다. 영국은 서반구에서 미국의 실질적인 패권을 인정해야만 했다. 미국보다 골치 아픈 문제는 주요 지역 강국으로 부상한 일본이었다. 일본의 성장은 지역 내 영국 제국(식민지 무역국인 싱가포르 및 홍콩과 백인이 주를 이룬 오스트레일리아와 뉴질랜드)의 취약성을 극명하게 드러내 주었다. 그리하여 영국은 1902년에 일본과 동맹을 맺었다. 이후 20년 동안 태평양과 아시아 남동부, 오세아니아의 제국을 보호했던 영일동맹은 영국 정책의 주춧돌이 되었다. 일본과 맺은 동맹은 본국 영국의 전략적 문제를 해결하는 데도 도움이 되었다. 1750년대 이래 사실상 지배하에 있던 광활한 인도 제국을 러시아의 도발 가능성으로부터 지킬 수 있었던 것이다. 러시아가 중앙아시아로 세력을 확장하고 아프가니스탄과 인도 국경을 향해 철도를 놓으면서 위협은 싹트기 시작했다. 비록 군사작전을 위해 물자를 수송하는 데 어려움이 있었지만 영국은 그조차 무시해서는 안 된다고 여겼다. (일본이 1904년에서 1905년 사이에 러시아를 격파한 데서 입증되듯이) 영일동맹에서도 어느 정도 지원을 받았지만 영국은 러시아와도 조약을 체결해야 한다고 생각했고, 그러려면 러시아의 동맹국이자 영국과는 숱한 식민지 분쟁에 휘말려 있던 프랑스와도 강화에 이르러야 했다. 이러한 협약들은 1907년에 체결되었지만, 영국은 자신들의 전략적 상황을 안정시키기까지 적지 않은 대가를 치렀다. 유럽을 가른 동맹 체제에서 어느 한편을 지지할 수밖에 없었기 때문이다. 이러한 흐름을 강화한 것은 독일이 자신의 위치를 증명하기 위해 비록 북해에서의 작전 수행에 최적화되기는 했지만 대양해군(ocean-going navy)을 건설하기로 결정한 사건이었다. 영국은 그들을 눈앞의 위협으로 여기지 않을 수 없었다.

이러한 전략적 변화들에 더불어 기술적인 발달들로 전쟁의 성격은 더 많은 변화를 맞았고 국가들은 앞다투어 그러한 기술들을 도입하지 않을 수 없었다. 1870년에 이미 프랑스는 분당 150발의 총알을 발사할 수 있는 원시 형태의 초기 기관총을 사용하고 있었다. 1884년에 맥심 기관총이 개발되면서 고도로 효율적인 무기들이 생산되기 시작했다. 세계 각국의 군대는 맥심 기관총을 빠르게 도입해 개조했다. 여기에 원래 북아메리카 평야에서 소를 몰기 위해 발명되었던 가시철사를 더하자 전투마다 상상을 초월한 만큼 월등한 방어 작전을 펼칠 수 있었다. 1860년대 무렵에 해상에서는 포탄의 활약으로 목선(木船)의 제해권이 사라졌다. 20세기에 들어 첫 10년 동안 기술은 좀 더 비약적인 발전을 이루어 특수 강철과 기름 연소 터빈 엔진, 탄착 관측 및 포 조준을 위한 기계식 컴퓨터로 중무장하고 대형 포를 장착한 전함도 등장했다. 그와 동시에 최초의 잠수함도 만들어졌고 디젤 엔진이 도입되어 잠수함의 가동 거리가 5000마일로 증가하면서 방어 무기에서 공격 무기로 기능도 바뀌었다. 이런 무기들이 전쟁에서 정확히 어떤 용도로 쓰였는지는 확실치 않았다.

새로이 전장이 된 주요한 공간은 하늘이었다. 무동력 열기구가 최초로 비행에 성공한 것은 18세기 말엽이었지만, 혁명적인 변화를 불러온 것은 비교적 가볍지만 강력한 내연기관의 발달이었다. 최초의 체펠린 비행선은 1900년에 하늘을 날았다. 그리고 독일은 1914년에 가동할 수 있는 비행선 여덟 대를 보유하고 있었지만, 상대적으로 다루기 어려운 그 무기들을 어떻게 사용해야 할지 알지 못했다. 1903년 12월에는 라이트(Wright) 형제가 최초로 동력 비행에 성공했고, 1914년 무렵에 영국과 프랑스, 독일은 가동 준비를 마친 군용기를 각각 수백 대 씩 보유했다. 군용기의 주 용도는 정찰이었던 것으로 보이지만, 이탈리아는 오스만 제국과 전쟁을 벌이던 중인 1911년 10월에 군용기로 리비아의 한 도시에 수류탄을 투하해 민간인을 폭격한 최초의 열강이라는 떳떳치 못한 수식어를 얻었다. 이에 못지않게 중요한 발달은 전쟁의 모든 영역에 영향을 끼친 통신 분야에서 일어났다. 전신 발달에 이어 19세기 말엽에는 전화통신망을 이용할 수 있었고 1897년에 굴리엘모 마르코니(Guglielmo Marconi)는 무선전신 특허를 받았다.(1901년에 마르코니가 전송한 최초의 신호가 대서양을 횡단했다.) 민간에서 새로운 기술이 발전하는 속도는 느렸지만 군대는 그 기술을 신속하게 채택했다. 1914년 무렵에 영국은 무선전신이 가능한 선박 435척을 보유했고 선박과 통신할 수 있는 해안 전신국 서른 곳을 건설했다. 무선전신 덕분에 먼 거리에서도 더 쉽게 함대를 통제할 수 있었지만 적들이 무선 신호들을 가로채는 상황도 발생했다.

20세기 초엽의 유럽을 군비 확장에 매달리고 전쟁이 발발하기를 기다리며 중무장한 두 진영으로만 본다면 지나치게 단순한 접근일 것이다. 경쟁 관계도 존재했지만 주요한 외교적 위기, 즉 1905년에서 1906년까지와 1911년의 모로코 위기, 1907년 오스트리아-헝가리의 보스니아-헤르체고비나 병합, 1912년부터 1913년까지 이어진 발칸 전쟁 등은 원만히 해결되었다. 군비 지출은 평시의 일반적인 수준으로 국민소득의 2퍼센트에서 3퍼센트 정도였다. 독일은 홀로 군국주의를 채택한 국가가 아니었다. 1890년부터 1914년까지 독일이 방위비로 지출한 비용은 국내총생산(GDP)의 3퍼센트 남짓이었다. 이는 영국보다 적은 수준이었다. 그뿐만 아니라 독일은 방위비의 두 배에 해당하는 돈을 사회보장 프로그램에 지출하고 있었다. 하지만 모든 주요 열강은 1912년 이후로 자신들이 직면한 문제들을 해결할 방안으로 점점 더 쉽게 전쟁을 고려하면서 전쟁이 비교적 짧게 마무리되기를 기대할 뿐이었다. 특히 독일 정부는 양면 전쟁이 발발할 가능성 앞에서 전략적 균형이 점점 불리한 형국으로 기울고 있다는 느낌을 받았다. 그들은 러시아가 (특히 서쪽으로 폴란드를 잇는) 새로운 철도들을 건설하면 비교적 느린 러시아의 군사동원 준비가 빨라질 것이라고 믿었다. 또한 (1870년에 그랬던 것처럼) 프랑스를 신속하게 격퇴한 후 동쪽으로 방향을 틀어 러시아로 진군하기가 불가능해지기 때문에 독일의 전쟁 계획을 망칠 것이라고 생각했다. 점증하던 사회민주당 세력 (1912년의 제국 의회 선거에서 입증되었다.)은 독일 상류층의 여러 사람에게 전쟁만이 기존 사회질서와 정치 질서를 유지할 수 있는 방법이고, 그러한 분위기를 형성하면 노동계급이 집결해 국가를 지지할 것이라고 설득했다.

세르비아의 민족주의자가 오스트리아-헝가리의 왕위 계승자를 암살한 사건 뒤에 찾아온 1914년의 외교적 위기에 독일 정부는 빈에서 동맹국들에 극단적인 요구를 제기하라며 전면적인 유럽 전쟁에서 감수해야 할 위험들에 대해서는 신경 쓰지 말라고 부추겼다. 전쟁 발발의 일차적 책임이 독일과 오스트리아-헝가리 정부에 돌아간다면 러시아나 프랑스의 정부는 굳이 전쟁을 피할 이유가 없었다. 1914년 8월 1일에 발발한 유럽 전쟁으로 영국은 진퇴양난에 빠졌다. 독일이 승리하면 영국은 위험한 고립 상태에 빠질 터였지만, 다른 한편으로 프랑스와 러시아가 독일을 이기고 영국이 중립을 지킨다면 영국은 그들 제국에 가장 큰 위협이 되는 두 강국과 소원해질 터였다. 결국 독일이 중립국 벨기에를 공격하면서 영국은 적당한 참전의 명분이 생겼다. 전쟁은 한 달 만에 확대되어 터키가 독일 편에 가담했다. 예상한 대로 이탈리아는 1915년 봄까지 중립을 지켰다. 그리고 종전 뒤에 상당한 수확이 있을 것이라는 전망에 혹해 영국과 프랑스, 러시아의 편으로 참전했다.

22.3 1차 유럽 내전(1914~1918년)

1914년 8월에 발발한 전쟁은 유럽 국가가 시민들에게 갖는 어마어마한 힘을 보여 주었다. 사회주의자들이 주창하던 노동자 연대 사상은 군사동원 계획과 맹목적 애국주의(chauvinism)에 뒤덮여 급격히 사라졌다. 어디서든 젊은 남자들은 군대에 징집되어 수 년 전부터 깐깐하게 계획된 복잡한 작전에 따라 기차를 타고 전선으로 이동했다. 프랑스는 370만 명을 동원해 7000대의 임시 열차 편으로 독일과 국경을 접한 동부전선까지 수송했다. 오스트리아-헝가리 제국은 비록

15개국어로 동원령을 발표해야 했지만 다양한 소수민족들도 전부 제국을 위해 싸웠다. 하지만 전쟁은 전략가 대부분이 기대했던 대로 짧게 끝나지 않았다. 전쟁에 동원된 대규모 군대는 필요한 보급을 계속 받아야 했기 때문에 전시(戰時) 경제 체제에 돌입해야 했다. 즉 국가가 경제 및 사회 전반을 진두지휘하고 승리를 확고히 다지기 위해 '후방'을 조직해야 한다는 뜻이었다. 이러한 정책은 두 가지 효과를 초래했다. 첫째, 광범위한 국가적 노력이 투여되면서 전쟁의 목표는 애초보다 확장되어야 했고 18세기에는 힘을 소진하면 서로 타협점을 찾았지만 이제 타협은 선택에서 제외되었다. 둘째, 경제력 동원은 민간인을 표적으로 만드는 결과를 낳았다. 전쟁이 발발하면서부터 영국의 독일 봉쇄 정책은 계획적으로 민간인을 겨냥했고, 굶주림을 통해 독일 국민의 사기를 꺾으려는 의도가 깔려 있었다. 독일은 아무런 경고도 없이 잠수함으로 비무장 상선들을 침몰시켜 영국의 보급로를 차단하려고 했다.(영국은 외부에 식량 공급을 의존했기 때문에 19세기 말에 발달한 이런 형태의 전쟁에 특히 취약했다.) 전투기와 비행선으로 사람들을 폭격하기 시작한 것은 1914년 12월, 프랑스가 독일의 도시들을 공격하면서부터였다. 독일도 같은 방식으로 대응했고 전쟁 말미에 양 진영은 도시 폭격과 민간인 살상용으로 설계된 장거리 4발 엔진 중폭격기를 개발했다.

처음에는 신속한 이동이 전쟁의 특징이었지만, 독일이 벨기에를 거쳐 프랑스를 공격하려다가 실패한 뒤로 스위스 국경부터 벨기에 해안까지 길게 이어진 전선이 자리를 잡았고, 복잡해진 참호 구조와 진지전(static warfare)이 일반적인 전쟁의 양상이 되었다. 750마일에 걸쳐 펼쳐진 동부전선에서만 상대적으로 기동적인 전쟁이 전개되었는데, 이곳에서는 기병대가 여전히 중요한 역할을 하며 승리를 이끌었다. 하지만 서로 멀리 떨어져 있어 승패를 가르는 전투는 드물었다. 서부전선에서는 참호와 가시철망, 기관총을 동원한 방어 작전이 우세했다. 따라서 어떤 돌파구를 마련하기가 거의 불가능했다. 또한 전화선은 쉽게 끊어지고 휴대용 무전기는 아직 개발되기 전이어서 공격을 조직하기도 어려웠다. 전쟁은 대규모 포격이 주를 이루어 많은 사상자를 양산했지만 방어 체계는 뚫지 못했다. 지속적인 참호전이 가능했던 이유는 순전히 의학의 진보 덕분이었다. 보어 전쟁 까지만 해도 영국은 적군에 희생되는 경우보다 다섯 배에 달하는 병사를 질병으로 잃었다. 1904년부터 1905년까지 러일전쟁에서 일본은 포트아서의 참호전에서 예방접종과 위생 정책의 중요성을 보여 주었다. 일본군은 질병으로 인한 사망자 수를 교전에 의한 희생자 수의 4분의 1로 떨어뜨렸다. 1912년의 티푸스 확산에서 위생 정책의 역할이 크다는 사실이 확인되자 방역소를 세워 참호전에서 더 큰 인명 손실로 번질 수도 있었던 상황을 미연에 방지했다.

기술 발달도 전략적·전술적 교착상태를 타개하지 못했다. 기존의 기술들, 즉 내연기관과 장갑차, 무한궤도식 바퀴 등이 결합되어 탱크가 만들어졌지만, 기대를 한 몸에 받은 만큼 결정적인 역할을 하지는 못했다. 탱크는 느렸고,(이론상 한 시간에 4마일을 이동할 수 있었지만 전장에서는 한 시간에 1마일도 채 움직이지 못했다.) 신뢰성에서 큰 점수를 받지 못했다. 화학전 역시 이렇다 할 결과를 내놓지 못했다. 1915년 1월 말에 독일은 처음으로 러시아에 염소 가스를 사용했지만 처음의 충격이 가신 뒤에는 효과가 미미했다. 방독면과 호흡기 덕분에 어떤 새로운 가스가 대규모로 살포되어도(1918년까지 예순세 종의 가스가 살포되었다.) 결정적인 효과는 거둘 수 없었다. 가끔 공격을 개시하기 전이면 하룻밤 동안 4만여 개가 넘는 독가스탄을 발포하기도 했다. 항공기도 무기로서 문제가 많기는 매한가지였지만 그 용도는 빠르게 확대되었다. 처음에 전투기 조종사들은 리볼버 총이나 라이플총, 철 화살 같은 무기와 싸웠고, 새로운 기술과 설계가 도입되면서 군의 전력도 이쪽저쪽으로 기울었다. 폭격기도 결정적인 승기를 잡는 무기로는 부족했다. 적재할 수 있는 포탄의 양이 너무 적었기 때문이다.

양 진영의 대략적인 균형 상태와 연합 전쟁의 성격, 양 진영이 경제와 사회를 동원하는 능력 등으로 인해 전쟁은 길어졌다. 어느 쪽도 다른 쪽을 능가하지 못했고, 막대한 손실에도 불구하고 모든 국가가 더 많은 인력을 최전방에 동원할 수 있었다. 영국은 연합국에 재정을 지원하는 역할을 선택해 1917년까지 싸움을 유지하는 데 기여했다. 그러던 중 영국의 재원이 말라붙기 시작했다. 특히 미국에서 사들이던 군수품비를 지급할 돈이 없었다. 영국이 가까스로 파산을 모면할 수 있었던 것은 1917년 4월에 미국이 참전한 덕분이었다. 참으로 역사적인 순간이었다. 미국이 유럽 전쟁에 참여한 최초의 순간이자 유럽과 미국 간 힘의 균형이 조금씩 이동하고 있다는 최초의 징후였다. 그래도 아직 세계대전은 아니었다. 일본은 재빨리 중국과 태평양의 독일 점유지를 가로챘고, 영국과 프랑스는 아프리카에서 식민지들을 점령했다. 그러나 가장 중요한 싸움은 유럽에서 벌어졌다. 1918년 초엽에 독일은 동부전선에서 거의 완벽에 가까운 승리를 쟁취했고 새로운 혁명적 사회주의 정부가 건설된 모스크바에 혹독한 평화를 선사했다. 풀려난 병사들은 서쪽으로 이동했고 1918년에 봄 공세를 펼친 독일군은 뛰어난 전략 기술을 선보이며 3년 동안 연합국을 견뎌냈던 참호 체계를 무너뜨리고 영국군과 프랑스군을 분리시켜 거의 승리를 거머쥔 듯 보였다. 하지만 획기적인 돌파구를 마련하지 못하고 여름 무렵에 연합군이 독일군을 밀어붙이기 시작했다. 전쟁의 끝은 1918년 가을에 예기치 못하게 찾아왔다. 오스만튀르크가 팔레스타인과 시리아에서 패배하고, 살로니카(Salonika)에서 시작된 연합군의 공세로 발칸 지역에서 오스트리아-헝가리군이 무너졌다. 그리고 서부전선의 싸움은 여전히 독일 국경에서 멀러 떨어진 곳에서 벌어졌지만 최종 패배할 가능성도 간과할 수 없었다. 국내 상황은 봉쇄 정책과 기아의 압력을 받기 시작했다. 전쟁은 빈과 베를린에서 연이어 봉기가 발생하고 정치적 혼란이 가중되면서 마침내 끝이 났다.

전쟁 때문에 발생한 손실은 당시까지 알려졌던 인류 역사상 가장 막중했다. 독일과 오스트리아-헝가리가 패배했다는 사실을 그렇다고 치더라도 무언가를 얻었다고 하기도 어려웠다. 전쟁의 목표는 과거 어느 때보다 원대했지만 죽음과 파괴의 규모도 가장 컸다. 군인 800만 명이 살육을 당했고 2100만 명이 부상을 당했다. 단연 손실이 가장 큰 국가는 프랑스였다. 프랑스는 800만 병력을 동원해 열 명 중 여섯 명이 죽거나 부상을 당했다. 영국은 이전의 전쟁에서도 그랬듯이 주요 참전국들의 남성 인구 중 가장 낮은 비율로 병력을 움직였고 인명 손실 비율도 가장 낮았다. 주로 기아와 질병으로 인한 민간인 사망자 수는 약 1000만 명으로 군의 인명 피해보다 더 컸다. 유럽의 정치 지도는 전쟁의 영향으로 알아볼 수 없을 정도로 변화했다. 러시아와 오스트리아-헝가리, 독일의 왕가들은 혁명에 휩쓸려 없어졌다. 1918년 가을 즈음에 러시아는 내전을 겪으며 해체되었고 17세기 이후로 동유럽에서 확보했던 영토의 많은 부분을 잃었다. 14세기부터 이어져 내려오며 400여 년 이상 유럽을 지배했던 세력 중 하나인 합스부르크 제국은 사라졌다. 그보다 동쪽에서 14세기부터 위세를 떨치며 세계를 호령했던 오스만 제국도 결국은 무너졌다. 많은 점에서 유럽은 1914년부터 1918년까지 이어진 전쟁으로부터 완전히 회복되지 못했다. 전쟁 끝에 맺은 합의는 전쟁이 빚어낸 모든 문제를 해결하지 못했다. 오히려 많은 부분에서 상황을 더 악화시켰다. 결국 이 시기는 유럽 내전의 휴지기에 지나지 않았고, 20년 뒤에는 더 참혹한 결과를 가져올 전쟁이 기다리고 있었다.

22.4 혁명

유럽을 난타한 것은 국가들 사이에 벌어진 내전만이 아니었다. 내부의 사회혁명과 경제 혁명이라는 위협(이자 현실)도 유럽을 짓눌렀다. 산업화된 서유럽 국가들의 경제와 사회에는 광범위한 불평등이 특징적으로 나타났다. 마르크스주의자나 사회주의자, 혁명가가 아니어도 많은 사람이 그러한 사회는 장기간 존속하기 어려우며, 가난한 사람들과 착취받는 사람들은 자신들이 처한 환경에 맞서 봉기해 좀 더 공정하고 평등한 사회를 건설할 책임이 있다고 믿었다. 사실 이러한 사회는 몇 가지 이유에서 고도의 안정을 누릴 수 있었다. 우선 착취의 규모로 볼 때 이론상 가장 급진적인 집단이어야 했던 산업 노동자들은 어떤 사회에서도 과반수를 차지한 적이 없었다. 둘째, 이들 노동자는 내부적으로 분열되어 있었다. 숙련노동자와 비숙련노동자들의 이해관계는 판이하게 달랐고 많은 산업 공동체는 서로 격리되어 안으로 뭉치는 모습을 보였다. 셋째, 노동자 대부분은 임금과 노동환경 등이 확실하게 개선되는 데에 주로 관심을 보였다. 노동조합이 압력을 행사하고 정부도 조금씩 사회복지 프로그램들을 확립하면서 노동자들이 원하는 정도의 개선은 이루어졌다. 그러면서 노동자들은 기존 사회의 연장선 안에서 비록 극소한 정도라도 이해관계를 갖게 되었다. 20세기 유럽 산업사회들의 특징은 따라서 혁명의 부재였다.

혁명에 가장 가까이 접근했던 나라는 전쟁에서 패배한 1918년과 1919년의 독일 및 오스트리아였다. 독일에서는 1918년 10월에 군부가 사임했고, 독일의 상류 귀족들은 전쟁 패배의 책임에서 발을 빼며 종전 협상이라는 생색도 나지 않는 과제를 다른 사람들에게 떠넘겼다. 11월 9일에 새로운 사회민주주의 정부가 베를린에서 권력을 잡았다. 군대에서 반란이 일어나고 노동자 병사 평의회가 조직되는 등 사회혁명의 서막을 알리는 듯 보였다. 새로운 정부는 출발부터 군부와 협력했다. 육군이 수 주 안에 독일 영토로 철군해야 한다는 휴전 조건을 충족하기 위해서는 불가피한 선택이었다. 육군은 질서 유지를 지원하는 것으로 화답했다. 노동자 병사 평의회는 온건한 사회민주당(SPD)과 손을 잡았고,(뮌헨은 잠깐 제외되었다.) 좌파와 우파가 시도했던 쿠데타는 진압되었다. 옛 제국의 기관들, 즉 군대와 행정조직, 사법부는 대부분 1918년부터 1919년까지의 과도기에도 온전히 유지되었다. 사회민주당의 규율 및 조직, 그리고 1870년대 이래 노동계급 안으로 튼튼하게 내린 뿌리 덕분에 좌파 혁명 집단들은 별로 지지를 얻지 못했고 권력의 붕괴도 혁명 집단에 이용당할 만큼 극심하지 않았다. 새로운 민주주의는 1920년대와 1930년대 초엽의 사건들이 입증하듯 1918년과 1919년의 패배도, 미미한 변화도 인정하지 못한 우파 그룹으로부터 가장 주된 위협을 받았다.

막상 혁명이 발발한 곳은 마르크스주의 이론상 혁명이 불가능했던 국가, 즉 산업화가 완전히 이루어지지 않았던 러시아였다. 러시아가 정치적으로 당면한 문제의 중심에는 과거 1880년대 이후의 차르 전제정치가 다시 고개를 내밀고 있었다. 경제 발전의 영향으로 점점 더 정교하게 발달한 시민사회에서 거의 아무런 힘이 없던 지방자치체인 젬스트보(zemstvos)는 차치하더라도 시민의 권리는 물론 일말의 유의미한 정치 참여들도 모두 불허되었다. 러시아의 국내 문제들을 더 악화시킨 요인은 유럽과 아시아의 양 대륙에서 주요 열강으로 행보하고자 한 국가적 결정이었다. 1904년과 1905년의 전쟁에서 러시아가 일본에 굴욕적인 패배를 당한 후,(유럽 국가로서는 아시아 국가에 처음으로 패했다.) 국내에는 혁명이 촉발되었고 정부는 이를 간신히 진압할 수 있었다. 중도적 진보 단체들을 끌어들이기 위해 정부는 입헌군주제를 탄생시킬 수도 있는 변화들에 착수하겠다고 제안했다. 그러나 질서가 회복되자 정부는 약속을 저버렸고, 1914년에 전쟁이 발발하며 러시아의 근본적인 문제들은 어느 것 하나 손도 대지 못한 채 억눌렀다. 1916년 가을의 전쟁에서 대패하는 등 러시아의 압박감은 경제적 혼돈과 식료품 가격 상승, 탄압 등과 맞물려 1917년 1월에 페트로그라드(상트페테르부르크의 개칭된 이름이다.)의 위기를 초래했다. 시위와 파업은 소비에트(노동자 병사 평의회)의 형성으로 이어졌고 일주일 만에 군부는 병사들이 노동자를 진압하지 않으려고 할 것을 두려워하며 차르에게 퇴위를 권했다. 놀랄 만큼 단기간 안에 그것도 별다른 저항도 없이, 모스크바 대공국 및 러시아를 대표했던 전제 정권은 17세기 초부터 러시아를 통치했던 로마노프 왕조와 함께 산산조각이 나 버렸다. 소비에트와 연합한 임시정부가 게오르기 리보프(Georgy Lvov) 대공을 수반으로 수립되어 수도에서 권력을 잡았다. 하지만 러시아 전역에서 전제정치가 무너져 강력한 지방 조직들이 사라지면서 병사와 농민, 노동자의 이해를 대변하는 지방 소비에트들이 권력을 장악했다. 대규모 농민군은 평화와 토지를 원했지만 정부는 전쟁을 속행하기로 하고 토지개혁 문제는 제헌의회가 소집되어 새로운 헌법을 작성한 뒤로 미루었다. 농민들은 불가피한 선택으로 상황을 직접 통제하며 사유지를 점령해 나누어 가졌다. 정부에는 농민들을 진압할 군대가 없었다. 1917년 6월에 대대적인 공격을 감행하기로 결단을 내렸지만 무참히 실패했다. 소비에트로 권력을 이양해 임시정부를 교체하는 것만이 노동자와 농민, 병사들의 목표를 성취하는 유일한 방법인 것 같았다. 규모가 작은 혁명당들, 특히 볼셰비키는 이러한 요구에 응해야 했다. 볼셰비키당의 당원은 2월에는 약 1만 명 정도였지만 10월에는 20만 명 이상으로 증가했다. 중앙 조직은 이 과정에 거의 아무런 손을 쓸 수 없었고 당은 (20세기 초에 발달한) 작고 조밀한 직업적 혁명가 집단이라는 블라디미르 레닌(Vladimir Lenin)의 사상과 거리가 멀어진 모습이었다. 마침내 레닌은 볼셰비키가 다수파를 차지한 페트로그라드 소비에트의 이름으로 권력 장악을 위한 논쟁에서 승리했다. 소수의 병사만으로도 임시정부는 해산되었고 볼셰비키는 권력을 넘겨받았다. 쿠데타의 즉각적인 여파로 볼셰비키는 페트로그라드와 모스크바, 지방 소비에트를 장악한 일부 지역에서 위태롭게 권력을 유지했다. 볼셰비키는 강했지만 전국적으로는 명백히 소수당이었다. 그들의 엷은 지지 기반은 제헌의회 선거에서 반영되어, 볼셰비키 군대는 소집되자마자 해산되었다. 볼셰비키기 권력을 유지할 수 있었던 이유는, 러시아 제국이 무너지는 한편 '백군(white army)'이 제국을 유지하고 볼셰비키를 권력에서 끌어내리기 위해 싸우는 등 정치적·사회적으로 상황이 복잡했기 때문이었다. 결국 러시아는 여러 세력이 연루된 4년 동안의 격한 내전에 휘말리게 되었다. 볼셰비키는 점차 400만 적군(Red Army)을 창설해 시베리아의 알렉산드르 콜차크(Alexander Kolchak) 제독과 남서부의 안톤 데니킨(Anton Denikin) 사령관이 이끌던 주요 '백군'을 격퇴할 수 있었다. '백군'의 지도부는 협조 체계가 좋지 않아 볼셰비키에 결정적인 타격을 입히지 못했고, 농민을 소외한 대토지 사유지와 전제군주제를 복원하려다가 점점 세력이 약해졌다. 또한 러시아 제국으로 복귀하려는 목표를 세워, 민족주의 단체들과는 연립할 수 없었다.

러시아에서 볼셰비키가 거둔 승리는 뿌리 깊이 충격을 던졌다. 단기적으로 베르사유에서 강화조약을 구상하던 연합군 지도부에 헤아릴 수 없을 만큼 많은 문제를 던졌다. 주요 연합국들(영국과 프랑스, 미국, 일본)은 '백군'의 편에서 내전에 개입했지만 패배했다. 한동안은 러시아에서 일어난 혁명이 유럽의 나머지 국가들로 확산되는 것처럼 보였다. 쿤 벨러(Kun Béla)가 이끄는 볼셰비키 정권이 얼마간 헝가리를 지배했고, 독일은 혁명 전야에 놓인 듯 했으며 1920년에는 적군이 서쪽을 휩쓸며 바르샤바까지 당도했다. 그럴수록 유럽 사회에서 러시아(1920년대 초엽에 소비에트 연방이 되었다.)를 고립시키고자 하는 연합군의 투지는 커지기만 했다. 소비에트 연방에 혁명정권이 수립되면서 유럽 열강 사이의 내전을 훨씬 더 복잡하게 얽어매는 새로운 요소도 탄생했다. 오랜 역사의 유럽 귀족들에게 볼셰비키의 승리는 사회혁명과 경제 혁명이라는 최악의 악몽과도 같았다. 공산주의에 대한 두려움은 수십 년간 유럽 정치의 중심부를 차지하며 소비에트 연방이 철저히 고립되는 등 세력 균형에도 영향을 미쳤다. 유럽의 밖에서 권력 수뇌부나 식민지 통치자를 전복하려는 집단들에 소비에트 연방은 본보기가 되었다. 1928년 이후 대대적인 산업화가 시작될 때, 러시아는 유럽과 북아메리카라는 기존의 산업 강국들에 기대지 않고 산업화를 달성하는 본보기로 여겨졌다. 1945년 이후 소비에트 연방 및 그 동맹국들과 미국 및 그 동맹국들의 대립은 거의 50여 년 동안 세계 정치의 핵심적인 특성으로 자리했다.

22.5 베르사유 조약

1918년 말엽에 베르사유에 모여든 연합국 지도자들은 수 세기 동안 유럽을 지배했던 오스만 제국과 독일, 러시아, 오스트리아-헝가리의 잔해 속에서 새로운 질서 창조를 시도하며 감당하기 어려운 일련의 문제에 직면했다. 연합국은 패전한 독일의 문제를 처리하고 그들 자신의 매우 상이한 이해관계들도 균형에 맞게 조정해야 했다. 사실 연합국 대표들은 상황에 대한 통제력이 미미했고 중부 유럽과 동유럽의 복잡한 인종 구조에 관한 정보가 거의 없었다. 민족자결주의를 운운하는 연합국의 수사는 (그가 작성한 평화원칙 14개조에 아로새겨져 있듯) 우드로 윌슨(Woodrow Wilson) 대통령의 이상주의와 맞물려 실제로 적용하기 어려웠고, 좀 더 중요한 전략적·정치적 요건들과도 빈번히 충돌했다. 동유럽에서 (서유럽 역사와 관련된 그릇된 전제하에) '민족국가'를 건설하겠다는 관념은 10세기에 유럽 정착지를 확장하던 시절부터 대중운동에서 나타났던 인종 구조의 현실에 부딪혔다. 이러한 문제는 또한 독일과 혁명 러시아 두 곳을 모두 억눌러야 하는 전략적 요건과 견주어 헤아려야 했다. 만약 모든 민족이 자기 결정 '권리'를 행사할 수 있게 되면 정치적·경제적으로 자립할 수 없는 극소 국가들(mini states)이 난립해 혼돈에 빠질 터였다. 베르사유에서 내어 놓은 해법은 충분히 예상할 수 있다시피 결국 승자들의 평화를 추구한다는 문제가 있었다. '민족국가' 대신 일련의 소제국이 탄생해, 과거 중요한 역할을 했던 소수 집단은 지배적 민족이 되었고 폴란드와 루마니아 같은 나라들은 재탄생되거나 확장되었다. 새로 설정된 국경은 대단히 임의적이었고 지역의 의견은 거의 고려되지 않았는데, 국민투표를 실시한 몇몇 경우는 예외적이었다. 베르사유가 배출한 문제들은 그 뒤로 20세기 내내 유럽 역사를 따라다녔다.

체코슬로바키아의 탄생은 한 번도 표결에 부쳐진 적이 없었고 산업화된 체코의 모라비아 및 보헤미아 지역과 시골인 슬로바키아 지역에 경제적·사회적으로 중요한 차이가 존재하는 문제들은 해결되지 않았다. 독일 민족이 다수 거주하던 주데텐란트(Sudetenland)를 별개 국가에 포함해 국경 수비권을 수여한 연합국의 결정은 소수민족문제만 더 고조시켰다. 사실상 국가는 체코 제국이 되었지만 체코인들은 자신들이 통치하는 국가 안에서 소수민족이 되었다. 더 큰 문제는 신생국 유고슬라비아였다. 유고슬라비아에는 수많은 민족과 여러 종교, 여덟 가지 상이한 법체계, 기본어로 쓰는 두 개의 문자가 있었다. 유고슬라비아는 체코슬로바키아보다도 타당성이 떨어졌다. 1918년 12월에 연합국은 '세르비아-크로아티아-슬로베니아 왕국'을 공인하며 여기에 전쟁 전의 세르비아 및 몬테네그로와 오스트리아-헝가리 제국에 속했던 드넓은 영토들을 포괄했다. 이들 접경 지역들은 모두 분쟁 상태였지만 연합국은 그것이 전쟁 중에 (인구 4분의 1에 해당하는) 국민 100만 명을 잃은 세르비아에 대한 보상이라고 생각했다. 유고슬라비아는 옛 세르비아 왕국의 연장선에서 세르비아 제국이 되었고, 베오그라드를 수도로 갖게 되었으며 세르비아-크로아티아라는 가짜 정체성을 만들어 냈다. 소수민족 중 가장 규모가 큰 크로아티아 사람들은 연방제를 해법으로 요구했지만 받아들여지지 않았다. 폴란드가 재탄생하는 과정에서도 소수민족문제가 발생했지만,(인구의 약 3분의 1은 폴란드 사람이 아니었다.) 더 큰 문제는 새로운 국경에 있었다. 그단스크(단치히)의 바다까지 이어지는 회랑지대가 만들어져 독일을 둘로 가른 것이었다. 동쪽에서는 폴란드인들이 (러시아-폴란드 전쟁에서 승리한 결과) 연합국이 인정한 국경(이른바 '커즌 라인(Curzon line)') 너머로 영토 200마일을 점령했다. 이 지역의 주민들은 폴란드의 통치나 지배적인 가톨릭교회를 받아들인 적이 한 번도 없었다. 발칸 지역에서는 1916년에 연합국에 합류했던 루마니아가 보상을 받았다. 루마니아는 헝가리에서 트란실바니아와 부코비나를, 러시아에서 베사라비아를 인계받았고, 그 결과 인구의 약 3분의 1이 소수민족이 되었으며 체코슬로바키아 및 폴란드와의 국경 지역 정도만 논쟁을 면할 수 있었다. 불가리아와 헝가리, 두 국가는 이 조약에서 명백한 패자였다.

오스만 제국을 분할하는 과정도 문제투성이였다. 영국과 프랑스는 의도적으로 허수아비 아랍 통치자를 앉힌 제후국들을 세워 제국을 거의 전부 나눠 가졌다. 두 연합국은 많은 논쟁 끝에 영국이 이라크와 팔레스타인, 요르단을 지배하고 다소 모호하게 아라비아반도를 보호국으로 가져갔다. 프랑스는 시리아와 레바논을 얻었다. 아르메니아국은 전쟁 중 20세기 최초의 집단 학살을 겪으며 170만 아르메니아인이 터키인들에게 살육을 당했는데도 보상에서 제외되었다. 쿠르드족의 국가도 역시 거부를 당했다. 연합국은 원래의 터키를 뚝 잘라 대부분을 그리스에 넘길 계획이었다. 하지만 이 계획을 밀어붙이기는 어려웠다. 무스타파 케말(Mustafa Kemal)이 이끄는 터키 민족주의 운동이 점점 확대되어 아나톨리아에서 그리스 군대를 쫓아냈던 것이다. 1920년대 초엽에 연합국은 결국 터키가 아나톨리아의 역사적 심장부와 트라키아 일부까지 지배하는 상황을 인정해야 했다. 이후로 20세기 내내 가장 많은 논란을 불러일으키고 어마어마한 문제들을 파생시켰으며 이루 말할 수 없는 고통을 초래한 결정은 팔레스타인에 관한 것이었다. 시온주의(Zionism: 유대인의 국가를 건설하려고 했던 민족주의 운동이다. ─옮긴이)는 민족주의 운동들 중 가장 극단적인 주장을 내세웠다. 팔레스타인에 유대인 국가를 '재건'한다는 요구

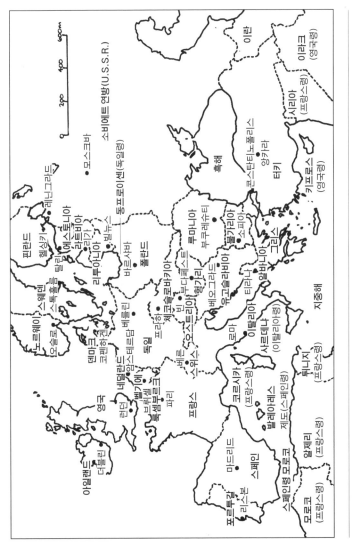

유럽 1919~1938년

였는데, 2000여 년 동안 팔레스타인 땅에 유대인 국가가 들어섰던 전례는 없었다. 새로운 국가가 들어설 해당 지역에는 유대인이 인구의 8퍼센트에 지나지 않았다. 시온주의는 현지 주민들이 그 어떠한 권리도 인정받지 못하는 상황에서 일종의 유럽 식민주의가 되었다. 이러한 태도는 1917년에 있었던 영국 정부의 선언('밸푸어 선언(Balfour Declaration'))으로 더 심각해졌다. 밸푸어 선언은 유럽이 유럽 외의 세계를 대하는 전형적인 태도가 담긴 서한이었다. 즉 영국은 외부 집단에 자신들의 것이 아닌 영토에 대해 약속했고, 현지 주민들의 바람은 전혀 고려하지 않았다. 영국은 "팔레스타인에 유대인을 위한 민족적 본거지를 수립"하는 데 찬성한다고 말했다. 그 말이 정확히 무슨 의미인지는 불명확했다. 영국은 기존 주민의 시민권과 종교적 권리를 침해하는 일은 벌어지지 않을 것이라고 말했지만 이 약속에는 주민들의 정치적 권리는 철저하게 배제되어 있었다. 비공식적인 자리에서 영국은 자신들의 목표를 훨씬 분명하게 드러냈다. 1919년에 아서 밸푸어(Arthur Balfour)는 영국 내각에 이렇게 말했다. "우리는 그 나라 현지인들의 바람을 참고해 검토하자는 것이 아니다. (……) 네 개 강대국이 시온주의를 후원한다. (……) 그것은 70만 아랍인의 갈망과 편견보다 훨씬 더 가치 있다."

전후 조약의 마지막 부분은 독일에 부과되는 조항들이었다. 이 조항들은 이상한 균형을 이루고 있었다. 독일의 영토 손실은 적었다. 알자스-로렌 지역을 부득이 프랑스로 되돌려야 했던 것을 제외하면,(독일 내에서 그다지 억울해하는 분위기도 없었다.) 그단스크에 이르는 폴란드 회랑지대와 서부 지역의 몇몇 대단치 않은 영토가 손실의 전부였다. 그 규모를 보면 경제적으로 강력하고 통일된 독일에 어떻게 부흥할 것인가라는 낡은 문제가, 전쟁의 상흔이 회복된 후 다시 등장할 수밖에 없었다. 연합국은 그런 사태를 피하고자 독일에 거의 최대한으로 군비를 축소하고 라인란트 지역을 비무장지대로 연합국 점령군 아래에 두었다. 문제는 크게 두 가지였다. 하나는 독일에 부과된 배상금의 규모였고,(사실상 금액이 너무 커서 실제로는 집행할 수 없었다.) 다른 하나는 조약에 '전쟁범죄' 조항을 넣으면서 부당하게도 전쟁의 책임을 전부 독일에 뒤집어씌웠다는 점이었다. 전체적으로 조약은 독일에 소외감을 주기에는 충분했지만, 독일의 힘을 영구히 약화시킬 만큼 엄하지는 않았다. 유럽 내전의 2차전을 피하는 문제는 연합국, 특히 프랑스와 영국 자신들에게 있었지만 이들도 전쟁으로 기운을 소진해 조약의 조항들을 집행할 힘이 없었다.

22.6 유럽의 정치

1914년부터 1918년까지 이어진 전쟁이 끝나자 유럽의 지도는 유례를 찾아볼 수 없을 만큼 급진적으로 개조되었고 정치적 풍경도 새롭게 펼쳐졌다. 전쟁 기간 중 이루어진 범국민적 활동에 힘입어 많은 국가의 상류 귀족들은 투표권이 우선 모든 남성에게로 확대될 것이라는 점을 수긍했다. 대부분은 여성에게도 투표를 허용했다.(스위스는 1971년까지 여성의 투표권을 부정했다.) 이러한 변화들로 유권자의 규모는 어마어마하게 달라졌다. 예를 들어, 1910년에 영국은 투표권이 있는 사람의 수가 약 700만 명이었는데, 다음 선거가 치러졌던 1918년에는 그 수가 2100만 명을 넘었다. 하지만 정치 구조에는 변화가 없어서 일반 시민들이 정부에 미칠 수 있는 영향력은 극도로 제한적이었다. 정당들은 대부분이 모든 성인에게 투표권이 주어지기 훨씬 전부터 존재했기 때문에 매우 고착되어 있었고 새로운 유권자들을 현존하는 체제 안으로 끌어당길 수도 있었다.

보수당과 기성 상류층 인사들은 새로운 정치 형태에 적응하는 과정에서 두 가지 중요한 문제와 대면했다. 첫째, 자유민주주의와 입헌 통치라는 틀 안에서 활동할 준비가 되어 있는가? 둘째, 증세와 개념적으로 모호한 '사회주의'에서 자신들의 위치와 재산, 지위에 위협이 될 만한 것들에 어떻게 대응할 것인가? 두 문제는 소비에트 연방의 혁명적 공산당이라는 존재와 그것이 '바이러스'처럼 다른 나라로 전염될지 모른다는 위협감 때문에 더 예민하게 제기되었고, 전쟁의 직접적인 여파와 혼잡한 경제 여건 안에서 노동자와 노동조합이 무슨 요구를 하건 상류 지배 계층의 눈에는 혁명의 전조로 보였다. 당시는 대다수 산업국가들에 압제의 시대였다. 실상 선진 산업국들이 지닌 혁명에 대한 두려움은 대체로 상상이 만들어 낸 공포였다. 1920년대 초엽에 유럽은 강력한 보수층에 기초해 정치적으로 안정된 상태였다. 대부분의 경우 과거 19세기에 자유주의 정당들은 (영국의 경우처럼) 분열되거나 지지 기반을 보수당들에 빼앗기고 위축되었다. 사회주의 정당들은 이런 정치 환경 안에서 승승장구하기가 매우 어려웠다. 선거 지지율의 상승세도 20세기 초엽에는 매우 확고해 보였지만 곧 둔해졌고, 유럽 사회에서 노동계급이 비율적으로 최고점에 도달한 시기였음에도 불구하고 득표율은 어디서든 과반을 넘기지 못했다. 사회주의당들은 의회정치에 참여하려면 경기의 규칙을 (성문이든 불문이든) 지켜야 했고, 그것은 대중적인 노동쟁의의 대안적 행위들도 포기해야 한다는 뜻이었다. 대개의 경우 유권자가 확대되면 새로운 진입층이 다수파가 되는 것을 막기 위해 비례대표제가 함께 도입되었다. 전체적으로 사회주의 정당들은 유럽 정치에 별다른 각인을 남기지 못했다. 권력을 잡아도 대개 (1936년의 프랑스처럼) 연립정부의 일원이거나, (1924년 및 1929~1931년의 영국처럼) 소수당 정권이었다. 사회주의 정당이 다수당 정권을 이룬 국가는 1932년 이후 스웨덴이 유일하다. 이들 정권들은 모두 1920년대와 1930년대의 경제 난국을 맞아 공동 소유 같은 사회주의적 구제책이 이러한 상황을 어떻게 개선하는지 확실치 않은 상태로 상황에 대처해야 했다. 사회주의 정부 대부분은 결국 몹시 통념적인 경제정책들을 펼쳤고 다른 개혁당들과 별반 다를 바 없는 몇 가지 미미한 사회 개혁만을 추진했다.

전쟁 직후에 유럽 국가 대부분은 민주주의였다. 하지만 1920년대와 1930년대 유럽 정치 체제에서 사회주의보다 훨씬 더 일반적인 현상은 다양한 군부와 우익 집단을 중심으로 권위주의적 독재 체제가 서서히 부상하고 있다는 사실이었다. 포르투갈은 1926년에 군사 쿠데타로 극우 성향의 가톨릭 경제학자인 안토니우 드 올리베이라 살라자르(António de Oliveira Salazar)가 권력을 잡았다. 1932년 즈음에 그는 사실상의 독재자였고 독재 정권은 그의 사후에도 1974년까지 이어졌다. 이웃 국가인 스페인은 1923년 미겔 프리모 데 리베라 장군(General Miguel Primo de Rivera)이 이끄는 군사정권이 권력을 잡아 1930년까지 자리를 지켰다. 그 후 왕정이 무너지고 1931년에 제2공화국이 들어서 정치적으로 불안정한 시기가 도래했다. 1936년에 인민전선 정부를 전복하려던 군사 쿠데타가 실패로 돌아가며 1939년 초엽까지 처절한 내전이 전개되었다. 쿠데타 지도자인 프란시스코 프랑코(Francisco Franco) 장군은 국가수반에 오르고 수많은 우익 집단을 독재 정부 안으로 병합해 1975년에 사망할 때까지 스페인을 통치했다. 그리스에서는 이오안니스 메탁사스(Ioannis Metaxas) 장군이 이끄는 왕당파 관료 독재가 1936년에 시작되었다. 루마니아는 국왕 카롤 2세(Carol II)가 1937년에 극단적 민족주의자이며 정교회 총대주교인 미론 크리스테아(Miron Cristea)를 내세워 독재 체제를 수립했다. 불가리아는 1920년대에 연이어 독재 정부가 들어서다가 1935년에 차르 보리스 3세(Boris III)가 왕당파 독재를 확립했다. 유고슬라비아는 영토 구획을 감안하면 심각하게 분열되고 불안정할 수밖에 없었다. 1920년대 말부터 왕당파의 중앙집권적 독재가 시작되었다. 헝가리는 연합국이 합스부르크 왕조의 부활을 불허했기 때문에 왕당파가 독재 정권을 확립할 여지는 없었다. 1920년대 초부터 극우 성향의 지주 귀족이자 섭정인 호르티 미클로시 제독(Admiral Horthy Miklos: 오스트리아-헝가리 해군의 마지막 사령관이었다.)이 헝가리 국정을 운영했다. 오스트리아는 1920년대에는 민주주의였지만 사회주의 세력과 보수 세력, 시골의 기독사회연맹(Christian Social Union: CSU) 세력으로 심각하게 갈라져 있었다. 1933년 3월에 CSU 정부가 권력을 잡아 법령에 따라 통치하며 조국전선(Fatherland Front)을 건립했고 1934년 초에는 사회주의 활동을 금지했다. 폴란드는 1926년의 러시아 전쟁 당시 군 지도자였던 유제프 피우수트스키(Józef Piłsudski) 장군이 쿠데타를 일으켜 불안정한 정치 체제에 휘말렸다. 피우수트스키 정권은 갖가지 외피를 두르며 1935년에 그가 사망할 때까지 계속되었고 권위주의적이고 민족주의적인 군부 정권이 그 뒤를 이었다. 러시아 제국이 무너지며 독립을 찾은 발트 지역 세 개 공화국은 본래 민주주의가 고도로 발달해 있었다. 세 국가 모두 극도의 정치 불안을 겪으며 독립 전쟁의 영웅들이 다양한 우익 집단 및 군사 조직의 지지를 받아 이끈 쿠데타에 쓰러졌다. 1930년대 말엽 유럽에서 민주주의 체제로 남은 국가(영국, 프랑스, 베네룩스 3국, 노르웨이, 스웨덴, 덴마크, 아일랜드)는 한 자리 수였다.

22.7 파시즘과 나치즘

1918년이 지나면서 유럽 내전에 새로운 요소가 등장했다. 경제 불안과 군사적 패배(또는 승리의 정당한 전리품으로 여겼던 것들에 대한 부정), 그리고 러시아에서 볼셰비키가 승리함에 따라 견고한 사회적·경제적 질서에 가해지는 위협감 등이 빚어낸 요소였다. 영국과 프랑스에서는 현존하는 정치 및 사회, 경제 관계가 대체로 승리를 통해 확정된 것처럼 보였지만, 다른 지역의 상류층은 자유민주주의를 거부하고 자신들의 위치를 보호하는 방법으로 권위주의적 해법을 향해 표류했다. 이탈리아와 이후에는 독일에서도(그리고 나중에는 매우 진부한 형태로 유럽 전역에서) 수많은 불만을 이용한 새로운 정치 운동이 등장했다. 이들 운동은 서로 판이한 차이들을 지녔지만 대체로 파시스트 운동으로 표현된다. 그리고 범위는 한정되어 있었지만 양 대전 사이의 수십 년 동안 유럽 정치의 많은 부분을 지배하게 되었다.

파시즘은 20세기에 등장한 주요 이념 중에서는 유일하게 획기적이었다. 파시스트당은 1914년 전에는 찾아볼 수 없었고, 세계에 뒤늦게 정착했다는 사실을 보면 왜 파시즘 사상의 그토록 많은 부분이 다른 것들과 대비를 이루어 정의되는지 알 수 있다. 파시즘은 반(反)자유주의이자 반민주주의이고 반공주의이며 많은 점에서 반보수주의이기도 했다. 파시즘은 새롭고 민족주의적이고 유기적이며 권위주의적인 국가를 옹호했고, 민족성의 개조 또는 민족의 '정화'를 주창했으며, 대체로 사회주의에서 차용한 코포라티즘(협동조합주의) 경제 해법을 지지했다. 상징주의와 대중 집회, 젊음과 남성성을 강조하는 당 돌격대, 카리스마적 지도력에 기초한 정치 양식이 발달했다. 파시즘은 (자유민주주의나 마르크스주의를 통해 더 나은 세상을 건설하는 합리주의와 진보를 강조하는) 유럽의 이념에서 일탈로 묘사되곤 하지만 사실 그렇지 않다. 파시즘은 유럽의 전통에 깊이 뿌리내리고 있고 유럽의 사상적 주류를 이루는 요소 일부와 결합되어 있다. 프랑스 혁명에서 대중 동원 사상을 가져왔고 19세기 역사에서 민족주의를 구심으로 채택했다. 여기에 투쟁과 '적자생존'을 강조하는 사회진화론 및 인간을 유전적으로 개량하는 것을 목표로 하는 우생학, 날로 중요해지는 군대의 가치, 전쟁은 긍정적인 힘이라는 믿음, 혁명적 사회주의,(베니토 무솔리니(Benito Andrea Amilcare Mussolini)와 마르셀 데아(Marcel Déat), 오즈월드 모즐리(Oswald Mosley) 같은 파시스트 지도자들은 정치적 좌파 출신이었다.) 반유대주의까지 결부되었다. 파시즘이 호소하는 대상 중 하나는 점점 더 산업사회를 지배하는 비인간적 경제의 힘 앞에서 무력하고 하찮은 존재가 되어 버리는 사람들이었다. 사실 파시즘의 영향은 미미했다. 서유럽에 확립된 자유민주주의 체제는 허물어지지 않았고 권위주의 정부나 군사정부가 들어선 곳에서는 파시즘이 설 자리를 내어 주지 않았다. 파시즘이 힘을 얻은 나라는 단 두 곳, 의회제도가 중압감에 시달리던 이탈리아와 독일이었다. 이탈리아는 완전한 자유민주주의로 이행하는 과도기가 1918년에 아직 끝나지 않았고, 1915년에 연합국으로 참전한 데서 별다른 수확을 얻지 못한 것에 대해 광범위한 불만들이 존재했다. 독일은 바이마르 공화국은 사회에 확고한 기반이 부족했고 1918년의 패배와 혁명으로 인한 트라우마 때문에 정치 상황이 매우 불안정했다. 하지만 이 두 나라에서조차 파시스트당은 내전이나 쿠데타로 권력을 얻지 못했다. 국가기관은 저항할 만큼의 힘을 갖고 있었다. 선거를 통해서도 정권을 잡지 못했다. 1932년에 나치당이 얻은 득표율 38퍼센트가 진정으로 민주적인 선거를 통해 그들이 얻을 수 있는 최대치였다. 파시스트당은 다른 보수 단체들과 연정을 통해 정권을 잡은 후 기회를 만들어 권력을 장악했다.

파시즘은 1919년에 이탈리아에서 처음 등장했는데, 당시에는 후일 파시즘을 대표하게 된 원칙들을 거의 갖고 있지 않았다. 파시즘을 나중의 모습으로 발달시킨 사람은 전쟁 전 급진 사회주의 정당의 지도자였던 베니토 무솔리니였다. 1914년에 연대하지 못한 노동계급을 보면서 무솔리니는 민족주의야말로 가장 강력한 힘이라고 확신했다. 그는 이러한 사상을 발전시키면서 매우 많은 부문에서 내용을 얻었다. 혁명적 생디칼리즘(노동조합주의)에서는 직접 행동과 폭력 행사, 대중 동원의 사상을 가져왔다. '미래주의'에서는 폭력의 긍정적 힘에 대한 믿음과 새로운 것의 이상화를 채택했다. 가브리엘레 단눈치오(Gabriele d'Annunzio)와 알체스테 데 암브리스(Alceste De Ambris) 같은 민족주의자들에게서는 코포라티즘과 새로운 운동의 상징물을 차용했다. (고대 로마를 상기시키는) 군단병과 파스케스(fasces), 검은 셔츠단, 그리고 이른바 '로마식 경례' 등이 그렇게 만들어진 상징물들이었는데 1914년을 배경으로 한 영화에 종종 등장한다. 1919년에 당 건설을 위한 계획은 급진적이고 사회주의적이었지만 그러한 요소들은 하나하나 떨어져 나갔다. 파시스트당은 1921년 선거에서 21퍼센트의 득표율을 얻었지만 무솔리니는 결국 1922년 10월에 국왕의 선택에 따라 연립정부 안에서 권력을 잡았다. 후일 이 과정은 '로마 진군'이라는, 파시스트의 '행동' 사상에 걸맞은 영웅담으로 거듭났다. 사실 로마까지 진군 같은 것은 하지 않았고 무솔리니는 밀라노에서부터 기차를 타고 이동했다.

무솔리니의 위치는 약했고 1920년대 말엽에 가서야 조금씩 권위주의적 독재를 행사할 수 있었다. 그러나 그것이 가능해진 배경에는 부정선거가 있었다. 또한 사회주의 및 가톨릭 노동조합이 무너지고 코포라티즘이 부각되었으며 파시스트 정당은 정식 정당으로 개편되었다. 사실 새로운 체제에 관해 (전체주의(totalitario)로 묘사되는) 거창한 수사에도 불구하고 권력 구조는 다원적으로 유지되었다. 국왕 비토리오 에마누엘레 3세(Victor Emmanuel III)는 여전히 국가의 수장이었고,(그는 결국 1943년에 무솔리니를 해임했다.) 자본가 세력과 군대는 대체로 자율적으로 유지되었으며 경찰은 당 조직이 아닌 국가적 기능으로 남아 있었다. 파시스트 정부는 특별히 억압적이지도 않았고 대부분의 정부처럼 인기가 없지도 않았다. 전체적으로 보수주의 및 민족주의, 권위주의 정부가 거의 무기력한 상태에 빠져 있는 것이 현실이었지만, 이탈리아는 어떤 이유에서인지 미래 지향적 철학을 지닌 역동적 국가로, 그리고 독재를 꿈꾸는 다른 이들의 귀감으로 묘사되었다.

독일의 나치 운동은 형태와 양식에서 유사성은 있지만 이탈리아 파시즘과 매우 달랐다. 나치즘은 배타적이고 인종주의적이었다. 파시즘과 달리 반유대주의는 나치 '철학'의 중심에 존재했다.(1938년에 이탈리아 정당에는 유대인 당원이 1만 명 정도였다.) 무솔리니와 달리 아돌프 히틀러(Adolf Hitler)는 아무런 정치적 배경 없이 1919년 초엽에 군대의 명령에 따라 소수 우익 정당을 감독하기 위해 뮌헨으로 가게 되었다. 그곳에서 그는 지역 정치인이자 국가사회주의독일노동당(National Socialist German Workers' Party: NSDAP)의 지도자가 되었다. 나치당은 사회주의와 민족주의가 결합된 형태로 이탈리아의 초기 파시스트 정당과 매우 유사했다. 하지만 전후의 혼돈과 좌익 혁명에 대한 두려움이 감돌며 프랑스가 루르 지방을 점령하고 전례 없는 초인플레이션이 발생한 상황에서도 당은 거의 지지를 얻지 못했다. 다른 우익 집단들은 옛 지배 계층과 군대, 민족주의 조직들 사이에서 더 많은 지지를 받았다. 1923년 11월에 헨에서 맥주홀 폭동(Beer Hall Putsch)을 통해 '로마 진군'을 재현하려던 시도는 몇 시간 만에 굴욕적인 패배로 끝을 맺었다. 히틀러는 교도소에 수감되었다. 그곳에서 『나의 투쟁 (Mein Kampf)』을 집필하며 자신의 세계관을 발전시켰다. 그는 이 책에서 조악한 사회진화론적 관점을 바탕으로 인종적 민족주의(racial nationalism)를 강조하고 1914년 이전에 에 머물 당시 습득했던 대중적 반유대주의를 주창했다. 히틀러는 자신이 주창한 운동 안에서는 지배적인 위치에 올라섰지만 운동의 이념 자체가 혼란스러워 하찮고 주변적인 정체 세력으로 남았다. 나치당은 1928년 선거에서 단 3퍼센트의 득표율을 올렸다.

나치 정당의 앞날이 바뀐 계기는 1929년의 경기 침체였다. 게다가 민주주의 체제가 뿌리내리지 못한 바이마르 공화국의 정치 상황은 꾸준히 와해되었고, 베르사유 강화조약, 특히 '전쟁범죄' 조항들을 한 번도 수긍한 적 없던 독일인 대부분은 독일의 경제력에 상응하는 정치적·군사적 지위를 갖고 싶어 했다. 경기 침체가 해악을 미치기 시작하면서 나치당에 대한 지지도는 급속히 올라갔다. 1930년에는 득표율이 20퍼센트도 되지 않았지만 1932년 7월에는 40퍼센트에 육박하며 최고치에 올랐고, 1932년 11월 선거에서는 다시 33퍼센트로 떨어졌다. 하지만 아직 권력으로부터 배제된 채 민족주의 정치인들과 고위 군 장교들의 신뢰는 받지 못했다. 나치 정당의 핵심적인 성공 요인은 선거를 통한 지지가 아니라, 헌법이 유예되고 정부가 법령으로 국정을 보는 시기에 정치 및 군사 엘리트들 사이에서 교묘한 행보를 보인 것에 있었다. 1932년에서 1933년으로 넘어가는 겨울, 나치의 운이 시들해지던 시점이었다. 엘리트 집단들은 히틀러가 독일 최대 정치 세력의 지도자로서서 정부로 들어와야 한다고 결정했다. 1933년 1월 30일에 히틀러는 견고한 보수 세력이 압도적으로 많은 연립정부의 총리가 되었다. 이 세력들은 히틀러를 통제할 수 있을 것으로 믿었고 나치당은 정부가 인기를 얻기 위한 요소에 지나지 않을 것으로 생각했다.

히틀러는 석 달 만에 권력을 거의 온전히 손에 넣을 수 있었다. 그는 연정 상대를 설득해 선거를 소집하고, 한 공산당원이 단독 범행으로 제국 의회 의사당을 불태우자 보안 단속을 위한 구실로 삼았다. 이러한 조치에 더해 새롭게 소생한 독일에 대해 한껏 선전을 했음에도 불구하고 나치당의 득표율은 44퍼센트에 살짝 미치지 못했다.(그리고 1919년의 사회민주당보다도 낮은 의석 비율을 얻었다.) 나치당은 민족주의 정당인 독일국가인민당(DNVP)의 지지 덕분에 다수표를 얻어 정부에 입법권 전권을 위임하는 수권법(Enabling Bill)을 통과시켰다. DNVP 외에도 가톨릭 중앙당(Catholic Zentrum)을 비롯한 다른 정치 집단들도 (사회민주당을 제외하면) 전부 이 법안을 지지했다. 7월 무렵에 나치당을 제외한 모든 정당은 활동을 금지당하거나 알아서 해산했다. 나치당은 정부를 장악했지만 계속해서 기존의 기관들, 특히 군대와 연합했고, 1934년 6월에는 군을 재무장해 나치 돌격대(SA) 지도부를 숙청하게 함으로써 정규군의 심기를 가라앉혔다. 두 달 후 히틀러는 총리와 대통령직을 겸하여 총통(Führer)의 자리에 올랐다.

22.8 공산주의

러시아는 1917년부터 1922년까지 내전을 겪으며 본질적으로 대

중성을 띠었던 1917년 혁명과 고도로 훈련된 볼셰비키당을 기반으로 건설된 고도의 독재국가 구조 사이에 크나큰 단절을 겪었다. 엄격한 규율을 지닌 상비군이 재건되고, 노동자가 통제하던 산업은 국가 관리로 대체되었으며, 정치적 반대는 금지되었다. 검열이 시행되고 소비에트는 약해지거나 활동이 중단되었다. 내전에서 승리가 굳어질 즈음에는 유럽 혁명을 더는 기대하기 어렵다는 점과 볼셰비키 지도부는 혼자 힘으로 살아남아야 한다는 점이 분명해졌다. 그들은 권력을 유지하기 위해 투명성을 거부했고 자신들의 행위를 정당화하기 위해 마르크스주의 사상을 재해석했다. 1921년 2월에 페트로그라드 부근 크론시타트 해군기지에서 일어난 반란은 상징적인 사건이었다. 반란에 참여한 세력은 소비에트 권력의 재건과 정치결사의 자유를 요구했다. 반란은 무참히 진압되었고 당은 독재를 향해 이전보다 더 멀리 나아갔다. 몹시 권위주의적인 정치 체제로 나아간 것은, 한편으로 혁명 전의 옛 사회가 훨씬 더 자유주의적인 경제 체제를 등에 업고 부활하지 못하게 한 조치였다. 그러나 당은 1921년 초에 스스로 그러한 경제 체제를 도입하지 않을 수 없었다. 내전 기간에 있었던 강제 징발의 완곡한 표현에 다름 아닌 '전시 공산주의'는 신경제정책(New Economic Policy)으로 전환되었다. 신경제정책하에서는 소규모 산업을 사유할 수 있고 미미하나마 이윤을 낼 수 있으며 농민들의 토지 매매 및 임대가 허용되었다. 경제는 내전이 초래한 재앙을 벗어나 빠르게 회복되었다. 1920년대 말엽에 경제적 생산량은 1913년 수준으로 돌아갔다. 1922년 12월에 레닌이 뇌졸중으로 쓰러져 1924년 초에 결국 눈을 감은 이후로 정치 상황은 매우 변화무쌍했다. 1920년대 후반기 몇 년 동안 볼셰비키 지도자였던 레프 카메네프(Lev Kamenev)와 그리고리 지노비예프(Grigory Zinoviev), 이오시프 스탈린(Joseph Stalin),

니콜라이 부하린(Nikolai Bukharin), 레온 트로츠키(Leon Trotsky)는 자리를 차지하기 위해 계책을 부렸고 혁명이 취해야 할 방향을 두고 다투었다. 소련이 지닌 근본적인 문제는, 경제적으로 산업화가 진행 중이었지만 산업화에 필요한 자본을 구하기 어렵다는 데 있었다. 이데올로기적으로 고립되고 자본주의국가들과 대립하고 있어 소련 정부는 외국 자본의 투자에 기댈 수 없는 상황이었다. 이와 관련된 사회와 경제의 구조를 개편하는 과정에는 고통이 따를 수밖에 없었다. 유일한 문제는 (구조 개편을 겪는 모든 국가가 그렇듯이) 누가 비용을 대느냐였다. 1928년 이후로 소련이 펼친 정책의 기저에는 강제적인 산업화와 이를 위한 일련의 5개년 계획이 있었다. 처음에 쿨라크(kulaks: 부농층)는 재산을 몰수당하고 쫓겨났다. 땅은 집단화를 통해 농민들에게 돌아갔다. 이들은 코뮌 안에서 일해야 했고, 국가는 얼마나 많은 식량을 징수해야 남은 양으로 농민들이 먹고살 수 있는지를 결정했다. 대규모 산업화는 고도의 사회적 유동성과 급속한 도시화를 초래했다. 볼셰비키는 더는 레닌이 주창한 대로 (여전히 그런 믿음이 남아 있었지만) 직업적 혁명가들의 전위 정당이 아니라, 혁명적 잠재력을 지닌 사회 상황을 통제하고 어떤 나라도 시도해 본 적 없는 규모로 경제 계획에 착수하는 관료주의적 정당이었다. 내부 규율이 극히 중요했지만 스탈린(1928년 당 지도부를 장악했다.) 체제하에서는 오랜 기간 확립된 혁명운동의 다른 흐름들이 주목을 받게 되었다.

권력을 잡고 내전을 치르는 동안 볼셰비키당은 '혁명적 테러'와 비밀경찰 정책을 수립했다. 소련의 비밀경찰은 여러 외피(체카, GPU, OGPU, NKVD, KGB)를 거쳐 내려왔지만 그 속성은 본질적으로 동일했다. 레닌은 한 혁명가 동료에게 이렇게 말했다. "더없이 무자비한 혁명적 테러를 운용하지 않고도 승리할 수 있다고 생각하는 것은 아니지 않은가?" 혁명 몇 달 만에 인질과 다른 '반(反)혁명 세력'에 대한 총살이 시작되었고 1919년 4월에 강제 노역과 강제 노동 수용소가 도입되었다. 소비에트 정부하에서 가장 많은 죽음을 초래한 정책은 농업 집단화였다. 약 500만 명의 주민('부유한 쿨라크')이 시베리아로 강제로 추방되어 노동 수용소에 갇히거나 시골 지역에 버려져 새로운 마을을 건설하라는 요구를 받았고, 그중 100만 명이 죽었다. 1929년 이후 5년 만에 약 2000만 곳의 가족 농장이 24만 곳의 집단농장으로 바뀌었다. 농민들은 가축을 넘겨주지 않으려고 도살하는 쪽을 택했고, 식량을 비축해 두거나 '국유재산'을 먹는 행위는 10년 동안 수감형을 받을 수 있었다. 특히 우크라이나 같은 지역의 대규모 기근이 그 결과였다. 1933년에 소련 인구는 실제로 거의 600만 명이나 줄어서, 출생자 수를 감안하면 농업 집단화로 약 800만 명이 사망했다는 추산이 나온다. 1930년대 중엽부터 좀 더 광범위한 공포가 소련 사회에 확산되었다. 공포가 집중된 곳은 가장 중요한 두 영역이었다. 첫째, 볼셰비키 지도부였다. 1939년의 당 대회에는 앞서 열린 1934년의 당 대회에 참석했던 대표단 2000명 중 생존자가 59명에 지나지 않았고, 1934년의 중앙위원회 위원 149명 중 98명이 숙청당했다. 카메네프와 부하린, 지노비예프 등 모두 스탈린의 경쟁자들이었다. 둘째, 적군(赤軍)의 지도부가 크게 무너졌다. 1937년 6월에는 내전 영웅 미하일 투하쳅스키(Mikhail Tukhachevsky) 장군이 체포되어 총살당했다. 나중에는 소련의 장군 다섯 명 중 세 명, 군단장 예순일곱 명 중 예순 명, 사단장의 4분의 3이 죽거나 강제 노동 수용소로 끌려갔다. 평범한 시민들에게는 훨씬 더 무작위적인 탄압이 자행되었다. 아무런 이유 없이 끌려가는 사람도 많았고 혐의가 무엇이든 고발이나 허위 자백, 또는 과거의 사건 때문에 죽임을 당할 수도 있었는데, 대개는 장기형을 받고 강제 노동 수용소로 들어가 사실상 국가에 속한 노예가 되었다.

정확히 얼마나 많은 사람이 500여개에 달하는 강제 노동 수용소 (굴라크(Gulags))를 거쳐 갔고 또 얼마나 많은 사람이 죽었는지는 지금도 첨예한 논쟁에 오르는 역사적 문제다. 냉전 기간에 거론되던 높은 수치들은 최근 수 년 동안 상당 폭으로 하향 조정되었지만 희생된 인명의 수는 여전히 많다. 평균적으로 체포된 사람의 약 10퍼센트, 다시 말해서 총 100만여 명이 수용소에 도착하기 전에 총살당했다. 굴라크에 수용된 인원은 최고치에 달했을 때 약 400만 명이었다. 수용소 내의 사망률은 연간 약 10퍼센트였고, 처참한 시베리아 북부의 콜리마 수용소에서는 1941년부터 1943년까지 식량 배급량이 줄어들고 노동 규정이 강화되면서 이 비율이 더 올라갔다. 전체적으로 이런 수치들은 1930년대 중엽에서 1950년대 초엽 사이에 약 800만 명이 수용소 체제를 거쳐 갔고, 그중 약 400만 명이 죽었을 것이라고 추정할 수 있게 해 준다. 총살 희생자들과 더불어 이 수는 소련의 공포정치 체제가 극에 달하고 강제 노역에 동원된 사람의 수가 500만 명에 달했던 시기의 전체 사망자 수의 미미한 일부였을 터다. 여기에 집단화 기간에 죽은 800만 명과 국외 추방으로 죽은 사람의 수, 1930년대 중엽 이전의 사망자 수를 더 더해야 한다. 그러면 사망자의 총수는 약 1700만 명에 이른다. 1917년 혁명의 결과는 유럽 국가가 20세기에 형성했던 힘의 가공할 실례이자 19세기에 발달한 유럽 사상들의 여파였다.

22.9 유럽의 균형(1919~1939년)

1914년부터 1918년까지 전쟁을 겪은 후 유럽 사회 내부에 가해진 압박들, 즉 독재 정부와 파시즘, 나치즘, 공산주의 등이 아니어도 전후의 심상치 않은 국제적 힘의 균형에서 비롯된 문제들이 산적했다. 소련은 18세기 이래 폴란드 동부와 벨로루시 일부, 발트 지역 국가 전부를 잃고 만들어졌던 러시아 국경보다 더 동쪽으로 밀려들어 갔다. 이념적인 이유로 다른 국가들은 소련을 피했다. 유럽의 중부와 동부에는 아직 대체로 1914년의 국경을 유지하고 있던 독일이 일련의 약소국과 마주했는데, 이들 나라는 각각 민족문제로 내부 분열을 겪고 있었다. 경제력과 잠재적 군사력으로 연합국의 최종적인 승리에 결정적인 힘이 되었던 미국은 자국에서 베르사유 조약 비준을 거부당한 뒤 유럽의 정치 문제에서 물러났다.

따라서 1919년 이후 국제사회의 권력 구조는 최강국 두 곳이 옆으로 비켜선 이례적 형태였다. 다시 말해서 전후 조약을 유지해야 할 책임은 프랑스와 영국에 돌아갔다는 의미였다. 두 나라는 심각하게 약해져서 프랑스의 경우 전쟁 중 인명 손실이 가장 컸고, 독일 인구가 아직 3분의 1 정도 더 많아서 어쩌면 피해를 더 입을 수도 있는 입장이었다. 이제 독일 동쪽으로 연합국 세력은 (1914년 이전에 그랬듯이) 러시아가 아닌, 힘이 약한 나라들만 남았다. 영국에 남은 문제는 더 골치 아팠다. 물론 오스만 영토 내로 제국이 확장되면서 규모 면에서는 과거 어느 때보다 컸다. 영국은 미국에서 빌린 부채는 물론 전체 국가 채무가 어마어마했고 금액도 전쟁 기간 중 열한 배로 증가했다. 정부는 1919년에 미국과 해상 권력을 놓고 벌이는 경쟁을 감당하기 어렵다고 판단하고 두 세기만에 처음으로 다른 열강의 제해권을 인정했다. 3년 후 영국의 향후 2년 동안의 전략을 좌우할 중요한 결정이 내려졌다. 워싱턴 군축회의는 일본의 주력함 규모를 미국 및 영국의 주력함 규모의 5분의 3으로 정했다. 일본이 태평양의 지역 제해권을 갖기에 충분한 규모였다. 문제는 미국이 20년 동안 지속된 영일동맹을 해체해야 한다고 주장한 데 있었다. 과거 일본은 아시아와 오스트레일리아에서 영국의 소유지들을 실질적으로 보호하는 역할을 했지만 이제 이들 국가는 서로 적국이 될 수도 있는 입장이었다. 조약은 그렇게 작성되었고 위기에 처한 영국 해군이 새로운 기지를 건설하기 위해 선택할 수 있는 지역은 싱가포르였다. 하지만 유럽에서도 위기에 직면해 있던 영국이 거의 모든 함대를 멀리 지구 반대편으로 보낼 수 있을지는 미지수였다.

아직까지 이러한 문제들이 잠재해 있던 1930년대 초엽, 일본은 만주를 침략하고 히틀러는 권좌에 올랐다. 영국은 풀 길 없는 문제에 봉착했다. 영국은 예나 지금이나 전 세계 4분의 1을 점령한 제국을 지키고자 하는 현상 유지 세력이었지만, 산업 생산량이 세계 산업 총생산량의 10퍼센트에도 미치지 못하는 작은 유럽 열강에 불과했다. 여러 나라를 상대할 재력이 충분치 않은 상황에서 영국은 유럽과 아시아에서 독일과 일본이라는 강력한 두 적국을 대면하게 될 수도 있었다. 그들은 다만 (주로 독일을 겨냥해) 재무장을 하는 한편 충돌할 수 있는 여지들을 최대한 뒤로 미루면서 외교적 해결책을 찾을 수 있기를 바랄 뿐이었다. 1930년대 중엽, 상황은 이탈리아의 군사 활동들로 더 악화되었다. 무솔리니는 국내 상황이 벽에 부딪힌 상황에서 활동가 이미지를 이어 갈 수단으로 좀 더 위험한 외교정책에 경도되었다. 1935년에 그는 로마 제국의 영광을 되살리고 1896년에 벌어진 아두와 전투의 패배를 설욕할 목적으로 에티오피아를 공격했다. 이탈리아의 공격은 베르사유 조약의 일부로 결성된 국제연맹(League of Nations)의 방침에 위배되는 것이었다. 영국과 프랑스는 무솔리니를 달래 그를 같은 편으로 끌어올 것인지, 아니면 국제연맹을 이용해 제재를 가하는 방식으로 침략을 종결지을 것인지 망설였다. 그리고 결국 어느 쪽으로도 적절히 대응하지 못했다. 두 나라의 외교 실패와 무솔리니의 승리로 이탈리아는 독일과 동맹을 맺기에 이르렀다. 이제 영국은 유럽과 태평양을 잇는 통신선을 가로지르는 곳에서 적국이 될 수도 있는 또 한 나라를 방비해야 했다.

모든 유럽 열강이 재무장에 돌입하면서(소련은 다른 어떤 나라보다 더 큰 규모로 무장에 들어갔다.) 새로운 기술 개발의 물꼬가 터졌고, 이렇게 발달한 기술들은 대체로 1939년부터 1945년까지 전개된 전쟁에서 무기들에 적용되었다. 가장 근본적인 변화가 찾아온 곳은 공중전이었다. 1930년대 초엽에 전투기들은 아직 1918년의 모델들과 매우 비슷했다. 가벼운 무기들을 적재하고 직물 외피를 두른 복엽기(biplanes: 동체의 아래위로 두 개의 주 날개가 있는 비행기다. ─ 옮긴이)는 시속 200마일로 하늘을 날았다. 1930년대 말엽에는 알루미늄 동체의 단엽기(monoplanes: 주 날개가 하나인 비행기다. ─ 옮긴이)가 등장했다. 이 전투기는 기관총이나 기관포를 여러 대 적재했고 조종석을 밀폐했으며 자동 밀봉식 연료 탱크 및 최고 시속이 400마일까지 올라가는 막강 엔진을 장착했다. 1930년대에 들어설 당시에는 공격에 대해 적절하게 경보를 발령할 수 없기 때문에 실질적으로 폭격기를 방어하는 것은 불가능하다는 것이 정설이었다. 1930년대 중엽에 영국과 독일은 전파탐지기를 개발해 이 문제를 해결했다.(무선전파를 이용해 공격하는 항공기의 정확한 위치를 찾아냈다.) 전파탐지소를 지상의 통제 본부와 연결하고 무선전파를 이용해 본부를 항공기와 연결하자 전투기를 날아오는 폭격기 방향으로 유도할 수 있었다. 지상전에서는 더 효율적인 기관들이 개발되어 탱크가 완전히 탈바꿈되어 더 무거워졌고, 더 많은 장갑 장비와 더 큰 총들을 적재했다. 해상 전함은 점차 항공모함으로 대체되었고, 주력함과 수중 음파탐지기(음파로 위치를 추적했다.)를 도입한 덕분에 잠영하는 잠수함을 감지하는 최소한의 능력을 구비했다.

재무장이 진척되면서 영국은 독일과 일본, 이탈리아 같은 팽창주의 열강들이 있는 한 영국의 지위와 위상을 지켜 줄 외교 협약은 체결될 수 없다는 것을 깨달았다. 히틀러는 유럽의 국경선들을 고치기 위해 독일이 베르사유 조약에 대해 품은 명백한 불만을 이용할 수 있었다. 그는 1936년 초에 라인란트 비무장지대로 군대를 보냈고 1938년에는 오스트리아를 합병했으며 1938년 9월에는 뮌헨 회담에서 주데텐란트를 할양받았다. 영국이 특히 공중전을 위해 재무장하는 비용은 만만치 않았다. 게다가 1938년에서 1939년으로 넘어가는 겨울에 프랑스는 영국이 제1차 세계대전 당시처럼 주요 육군 부대까지 태세를 갖추지 않으면 독일을 독자적으로 상대하겠다고 요구했다. 영국은 세계열강으로서 국가적 지위에 마침표를 찍게 될 첫 번째 위기 국면에 놓였다. 영국은 이미 어마어마한 부채가 있어 더는 미국에 융자를 받기 어려웠는데, 극비리에 공식 추산한 재정 상태를 보면 영국의 금 및 외화보유고는 큰 전쟁에서 최대 3년 정도 버틸 수 있는 수준이었다. 군사 자문에 의하면 독일을 이기는 데 그 정도 기간을 예상할 수 있었다. 1939년 초엽, 영국은 진퇴양난에 빠져 있었다. 현상 유지 세력으로서 영국에 이번 전쟁은 잃을 것밖에 없었다. 전쟁에서 패하거나, 또는 승리하기 위해 미국과 어쩌면 소련에까지 의지하게 될 터였다. 주요 열강으로 남을 수 있는 가느다란 희망 하나는 이탈리아와 일본이 중립을 지키고 독일과 국지전을 벌여 속전속결로 이기는 것뿐이었다. 모든 문제를 무력으로 해결하려는 히틀러의 투쟁심은 영국에 그 가느다란 기회를 열어 주었다. 히틀러는 그단스크(단치히)까지 폴란드 회랑지대를 반환받기로 결심하고 1939년 8월 말에 18세기 중엽 이후 네 번째로 폴란드의 분할과 다른 동유럽의 분할을 소련과 합의함으로써 자신이 바라던 국지전에 들어갈 수 있었다. 영국과 프랑스는 독일이 폴란드를 침략한 후 참전을 결심했다.

22.10 2차 유럽 내전과 세계대전(1939~1945년)

고장 난 유럽 국가 체제와 그로 인한 충돌들은 전 세계에 영향을 미칠 수 있었고, 그 사실은 1939년 9월부터 1941년 12월 사이에 증명되었다. 이 기간 동안 독일과 폴란드, 프랑스, 영국에 국한된 유럽의 국지전으로 시작된 전쟁은 진정한 의미에서 최초의(그리고 지금까지는 유일한) 세계대전으로 변모했다. 전쟁은 전 세계 모든 국가와 모든 부문을 뒤흔들었다. 영국과 프랑스가 자력으로 독일을 격퇴할 가능성은 1940년 이른 여름 독일군에 함락된 지역들의 충격적인 규모와 함께 사라졌다. 노르웨이와 덴마크를 점령한 후 독일군은 신속하게 네덜란드와 벨기에, 프랑스를 격파했고 유럽의 서부와 중부, 남동부를 장악해 베르사유 조약을 새로 작성했다. 프랑스는 억지로 휴전을 받아들여야 했지만 영국은 이탈리아가 참전한 이후까지 싸울 수 있었다. 하지만 영국군은 제약이 많았던 독일군의 공습을 이길 수는 있었지만 제한된 자원으로 전쟁 승리를 안겨 줄 일관된 전략을 창출하지는 못했다. 1940년 가을은 1917년 당시보다 상황이 더 좋지 않았다.

독일의 세력이 최고조에 이르렀던 1942년 유럽

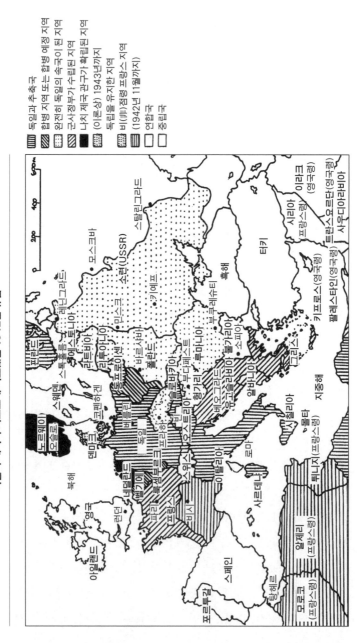

범례:
- 독일과 추축국
- 합병 지역 또는 합병 예정 지역
- 완전히 독일의 속국이 된 지역
- 군사정부가 수립된 지역
- 나치 제국 관구가 확립된 지역
- (이론상) 1943년까지 독립을 유지한 지역
- 비(非)점령 프랑스 지역 (1942년 11월까지)
- 연합국
- 중립국

주요 지명: 핀란드, 스웨덴, 노르웨이, 오슬로, 스톡홀름, 레닌그라드, 모스크바, 스탈린그라드, 덴마크, 그레이트벨트, 에스토니아, 라트비아, 리투아니아, 민스크, 소련(USSR), 키에프, 아일랜드, 영국, 런던, 네덜란드, 벨기에, 룩셈부르크, 독일, 프라하, 체코슬로바키아, 폴란드, 프랑스, 파리, 스위스, 오스트리아, 헝가리, 루마니아, 부쿠레슈티, 유고슬라비아, 불가리아, 흑해, 이탈리아, 로마, 알바니아, 그리스, 아테네, 터키, 지중해, 스페인, 포르투갈, 사르데냐, 시칠리아, 몰타, 튀니지(프랑스령), 알제리(프랑스령), 모로코(프랑스령), 탕헤르, 키프로스(영국령), 팔레스타인(영국령), 트란스요르단(영국령), 시리아(프랑스령), 이라크(영국령), 사우디아라비아

척도: 0 200 400 600

영국이 가까스로 화해를 하며 타협하지 않을 수 있었던 이유는 미국의 무상 재정 원조 및 자원 원조와 군사 지원이 있었기 때문이다. 하지만 아직까지 미국은 중립국이었다. 1941년 여름에 히틀러는 이데올로기의 오랜 숙적이었던 소련으로 방향을 틀었다. 영국에는 숨 돌릴 틈이 주어졌다. 아시아에서는 일본이 유럽 열강의(특히 프랑스와 네덜란드의) 몰락을 이용해 세력권을 넓혔다. 하지만 가장 적기였을 시점에 공격을 개시하지 않았다. 1940년 여름과 가을에 유럽 제국들은 (영국 제국을 포함해) 무방비 상태였고 미국은 이들을 도울 의지가 없었다. 일본이 지역에서 우위를 점하기 위해 군사적 팽창을 결심했을 때는 너무 늦은 시기였다. 재무장을 마친 미국은 이러한 요구들을 봉쇄할 준비가 되어 있었을 뿐 아니라 태평양에서 미국의 안보 이익을 따르도록 일본에 요구할 수도 있었다. 1941년 12월에 일본이 미국 및 아시아 남동부의 유럽 소유 영토들을 공격하고 이탈리아가 대(對)미국 전쟁을 선포하면서 세계대전이 시작되었다.

일본의 초기 공격이 제압당한 뒤 독일군이 스탈린그라드와 북아프리카에서 패배하는 등 전쟁의 균형은 연합국에 유리한 형세로 급속하게 기울었다. 1944년까지 전쟁에 사용된 장비들은 거의 모두가 1939년 이전에 생산되거나 개발된 설계를 바탕으로 한 것들이었다. 제트기와 무인폭격기, 장거리 로켓, 원자폭탄 같은 새로운 기술들은 전쟁의 마지막 해 정도에나 사용이 가능해져 전쟁의 결과에는 큰 영향을 미치지 못했다. 1914년부터 1918년까지의 전쟁에서처럼 모든 참전국은 경제력과 사회력을 대규모로 동원했다. 전쟁은 유럽 국가(와 그 파생국인 미국)의 또 다른 형태의 무력시위였다. 1930년대 말엽에 미국은 엄청난 경제적 잠재력이 있었음에도,(독일보다 30퍼센트 더 많은 철강을 생산했는데, 경기 침체로 철강 공장의 3분의 2는 멈춰 있었다.) 군사적 관점에서는 잠자는 거인이었다. 미국은 국가 자산 중 약 1퍼센트를 방위비로 지출했는데, 해군력은 막강했지만 육군은 규모도 작은데다 장비도 열악했고, 공군은 구식으로 운영되었다. 하지만 빠르게 재무장하면서 방위비는 1941년에 국부의 11퍼센트로 증가했고 이 비중은 참전 이후에 더 늘어났다. 1939년에 미국은 군용기 2100대를 건조했고, 1944년에는 총 9만 6300대를 생산했다. 동시에 태평양과 유럽 양 지역에서 싸우는 대규모 육군을 갖추었고, 세계 최대의 해군을 창설했으며 동맹국들, 특히 영국에서 이용하는 장비의 많은 부분을 공급했다. 전쟁에 참여해 가장 크게 타격을 입은 나라는 소련이었다. 소련은 1941년에 독일에 서부 지역을 점령당한 뒤로 인구 40퍼센트를 잃고 그보다 높은 비율의 생산 자원들과 군수산업을 빼앗겼다. 초기 손실을 대체하기 위해 1200만 명에 달하는 사람을 동원하면서 부담은 더 증가했다. 다시없을 국가적 노력을 투여해서만 소련은 전쟁을 지탱할 수 있었다. 독일은 1943년 봄 전까지는 모든 물자를 총동원하지 않았는데, 산업 생산량이 경이적으로 증가했지만 연합국의 생산량을 따라잡지는 못했다. 이 부분은 연합국의 승리에 중요한 요소였다. 전체적으로 연합국은 적국의 네 배에 달하는 탱크와 포를, 아홉 배에 달하는 전투기를 생산했다. 일개 산업국(독일)과 준(準)산업국 두 곳보다 더 많은 자원들을 지휘하고 19세기에 초기 산업화를 이룬 국가들의 전략적 힘을 보여 준 결과였다.

22.11 홀로코스트

1939년부터 1945년까지 세계 대전 중에 히틀러 치하의 독일은 뿌리 깊은 유럽의 편견과 국가권력이 결합했을 때 어떤 치명적인 일들이 벌어지는지 보여 주었다. 600만 유대인이 몰살당하고, 그중 절반 이상은 대량 학살 말고는 다른 목적이 없이 특수 고안된 죽음의 수용소에서 살육을 당했다. 소련의 굴라크 노예 수용소보다 더 큰 범죄 소굴이었다. 홀로코스트는 현대 국가에 의하지 않고서는 자행될 수 없었다. 산업화, 즉 대량생산과 기술 발달이 있었기 때문에 가스실과 집단 화장도 가능했다. 철도 덕분에 사람들을 수송할 수 있었다. 무엇보다도 '합리적'이고 위계적인 관료 체제가 존재했기 때문에 희생자들을 찾아내 처리하고 수송할 수 있었을 뿐 아니라, 그 과정에 직접 관여되지 않고도 살인을 명령할 수 있었다.

홀로코스트 때문에 독일의 역사를 들여다볼 때는 특히 나치즘과 반유대주의의 뿌리를 찾으려는 경향이 존재했다. 하지만 독일의 역사는 다른 유럽 국가들의 역사와 크게 다르지 않으며 불가피하게 나치 제국의 참사와 홀로코스트로 이어진 것이 아니었다. 반유대주의는 유럽 역사에 처음 등장한 사상도 아니었다. 반유대주의의 기원은 기독교와 유대교 사회 사이에 뿌리 깊은 불신과 혐오가 존재하고 가톨릭교회의 박해가 가했던 시대로 거슬러 올라간다. 19세기에 인종차별주의와 사회진화론, 우생학 같은 유럽의 사상들은 이미 오래전에 확립된 이러한 경향을 악화시키는 역할을 맡았을 따름이다. 19세기에 유럽 전역에 정치 자유화가 확산되자 수 세기 동안 유대인이 짊어져야 했던 불완전한 시민으로서의 낙인도 조금씩 지워졌다. 1900년 무렵에는 유대인에게 완전한 권리를 부여하지 않는 국가는 소수에 불과한 정도였고, 그마저도 혁명을 거치며 포르투갈(1910년)과 러시아(1917년), (오랜 박해의 역사를 반영하듯) 마지막으로 1920년대에 스페인에서도 유대인에게 모든 권리를 인정했다. 20세기 초엽에 독일에서

유대인은 상당히 동화된 도시민이자 중산층이었고 상인이었다. 일부 반유대주의 정서가 특히 보수 집단들 사이에 남아 있기는 했지만 서유럽에서는 그리 드문 일도 아니었다. 아마도 서유럽에서 반유대주의가 가장 심했던 나라는 알프레드 드레퓌스(Alfred Dreyfus) 사건이 보여 주듯 프랑스였을 것이다. 반유대주의가 가장 맹렬하고 차별이 만연했던 지역은 동유럽, 그중에서도 폴란드와 루마니아, 러시아로, 유럽의 유대인 다섯 명 중 네 명이 거주하는 지역이었다. 유대인은 다양한 직종과 대학에서 거부를 당하거나 인종 할당제에 따라야 했고, 거주 지역을 제한당하고 빈번히 집단 학살에 시달렸다. 러시아에서는 1900년부터 1914년 사이에 유대인 약 3000명이 살해당했고,(130만 명이 다른 나라로 이주했다.) 내전에서 '백군'은 그들끼리 살육을 벌이며 10만여 명을 살해했다.

반유대주의가 독일에서 좀 더 더 확산된 시기는 1918년 이후였다. 유대인은 1918년의 승리를 눈앞에 두고 군대는 아직 이국땅에서 싸우는 시기에 패배를 불러온 '배신자'로 취급받았다. 유대인들은 볼셰비키 사상을 지지했는데, 볼셰비키당에 유대인의 비율이 높았기 때문에 볼셰비키 사상도 유대인의 음모로 간주되었다. 『시온 장로 의정서(the Protocols of the Elders of Zion)』 같은 책이 많아지면서 이러한 몽상도 커졌다. 『시온 장로 의정서』는 세상을 장악하려는 유대인들의 전 세계적 음모를 담고 있다는 책으로 1920년에만 독일에서 12만 부가 팔렸다. 이 책은 반(反)근대주의적 위서로 드레퓌스 사건이 벌어졌을 때 전제주의 비밀경찰과 가까운 우익 러시아인들이 날조해 '백군' 장교들이 1917년 이후에 퍼뜨린 것이었다. 나치당은 한 마디로 독일의 무수한 반유대주의 조직 중 하나였고 나치당이 악의적으로 선전했다고 하더라도 그들이 권력을 잡기 전까지는 거의 아무런 영향력이 없었다.

히틀러와 동료들은 1933년에는 전반적인 차별과 몇몇 권리 박탈 외에는 어떤 반유대주의 정책을 채택할 것인지 별다른 생각이 없었다. 첫 번째 반유대주의 법안은 나치당 집권 후 석 달 만에 제정되었고 주로 행정조직과 전문 직종에서 유대인을 배제하려는 목적을 갖고 있었다. 여러모로 이러한 제정 법률은 동시대 미국과 남아프리카 공화국의 인종주의적 법안들에 비하면 오히려 덜 차별적이었고 독일 안에서 벌어지는 폭력의 수준도 다른 나라보다 더 심하지 않았다. 하지만 중요한 문턱을 넘는 계기는 있었다. 근대적이고 선진적인 서유럽 산업국가가 최초로 자국의 한 시민 집단을 의도적으로 차별하고 지지자들에게 폭력과 (특히 문화적 영역에서) 불매운동 계획에 나서도록 허용한 것이었다. 이후 2년간은 별다른 사건이 없었고 1935년에는 유대인들이 독일로 다시 돌아오기도 했다. 1935년에 뉘른베르크법이 발효되면서 차별은 훨씬 더 광범위하게 자행되었다. 처음으로 유대인에 관한 제약들이 법적으로 정해졌고 (인종이 아닌 종교를 이유로) '아리아인'과 유대인의 결혼이 금지되었다. 뉘른베르크법은 강력한 지지를 받았다. 가톨릭교회의 프라이부르크(Freiburg) 대주교는 이렇게 적었다. "인종의 순수성을 보호할 권리, 그리고 그 목표에 필요한 정책들을 고안할 권리는 그 누구도 부정할 수 없다." 1935년 이후에 더 이상의 입법 움직임은 없었다. 행동은 다른 영역, 특히 유대인의 기업을 강제 인수하는 데 집중되었다. 1938년 말엽에 유대인이 경영하는 기업은 거의 찾아볼 수 없었다. 같은 해 11월의 크리스탈나흐트 (Kristallnacht: 수정의 밤)에 독일 전역에서 유대인에 폭력을 가하고 유대교 사원들을 포함한 건물과 자산들을 파괴하는 사건이 발생했다. 정책은 아직 모호한 가운데 나치당이 '유대인 문제'로 여기는 사안의 원만한 해결책은 이주로 보였다.

전쟁이 발발하고 거의 200만 명에 달하는 유대인이 거주하는 폴란드의 중부와 서부가 눈 깜짝할 새에 점령당하면서 상황은 급변했다. 비교적 규모가 작고 잘 융합되어 있던 독일과 오스트리아의 유대인 사회에서 채택했던 것과는 다른 정책이 필요했다. 독일과 오스트리아에서는 비유대인 주민들의 생각도 고려해야 했다. 유대인을 정의하는 법적인 세칙을 검토하려는 시도는 없었다. 누구든 유대인이 될 수 있고, 흔히 그렇듯 지역 주민들이 유대인이라고 고발하면 그 사람을 유대인으로 취급했다. 폴란드 서부(독일에 합병된 지역이었다.)에 거주하던 유대인 60만 명은 모두 각자의 재산을 뒤로 한 채 소련 점령지와 인접한 폴란드 중부로 이송되었다. 폴란드의 유대인은 모두 강제 노동에 처해졌다. 독일이 유대인 사회에 강요해 설립된 위원회들은 그러한 제도를 세우는 데 찬성하고 대개는 야만적인 노동 수용소로 노동력을 제공했다. 수십만 명에 달하는 유대인이 폴란드 대도시들로 이동하자 독일인들로서는 새로운 문제들이 양산되었다. 독일인들은 뿌리 깊은 유럽의 반유대주의 정책으로 돌아가 게토(ghettos: 유대인을 강제로 격리한 거주 지역이다. — 옮긴이)를 설립했다. 첫 번째 유대인 거주지는 1940년 4월에 우치(Lodz)에 건설되었는데, 폴란드 전역에서는 이 과정이 1년이 지나도록 완료되지 못했다. 이곳에 거주하는 유대인들은 독일인들이 주는 것 외에는 다른 음식을 구할 수 없었고, 이들의 식량 문제는 독일인들의 우선순위에서 언제나 가장 밑바닥에 깔려 있었다. 1942년 3월 한 달에만 바르샤바 게토에서 5000명의 유대인이 죽어 나갔다. 전체적으로 약 60만 명의 폴란드 유대인이 게토와 노동 수용소에서 목숨을 잃었다.

소련을 공격하기로 결정하면서 독일의 반유대인 정책은 본격적으로 추진되었다. 군 지휘관들은 이데올로기 전쟁과 인종 전쟁에서 나치 사상을 열렬히 지지했다. 발터 폰 라이헤나우(Walther von Reichenau) 장군은 병사들에게 소련 침략은 '유대인 볼셰비키 체제'를 공격하는 것이고 공격의 목표는 "유럽 문화권에서 아시아의 영향을 뿌리 뽑고 힘의 원천을 박멸하는 것"이라고 말했다. 아인자츠그루펜(Einsatzgruppen: 나치 무장 경찰기동대로, 총 2만 명에 네 개 부대로 이루어져 있었다.)을 운영하려면 군대와의 협조 체제가 필수적이었다. 아인자츠그루펜의 임무는 공산당 지도부를 살해하고 군대가 지역을 점령하는 대로 최대한 많은 수의 유대인을 죽이는 것이었다. 1941년 내내 소련 서부에서 인종 청소가 자행되었다. 독일군은 도시와 마을들에서 유대인 주민들을 체포해 무덤이 될 시골로 이송했고, 귀금속과 옷가지 등을 빼앗은 후에 한꺼번에 총으로 쏴 죽였다. 1942년 초엽에 아인자츠그루펜과 다른 경찰 부대들은 140만 명에 달하는 유대인을 학살했다. 1942년 6월에는 점령 지역 전체를 정찰하는 특수부대가 창설되었다. 이들은 학살 현장을 다시 찾아가 무덤을 파헤친 후 대량의 화장용 장작으로 시체들을 불태웠다. 이렇게 엄청난 수가 살해당했지만, 동유럽과 독일, 서유럽의 점령지들에는 아직 수백만 명의 유대인이 살고 있었다. 1941년 여름과 가을에 '유대인 문제'와 관련된 정책은 아직 확정된 바 없었지만 좀 더 더 야만적인 방향으로 옮겨 가고 있었다. 1941년 7월에 헤르만 괴링(Hermann Göring)은 라인하르트 하이드리히(Reinhard Heydrich)에게 "유럽 내 독일 세력권에서 유대인 문제의 최종 해결을 위해" 조직적·물질적으로 필요한 계획을 수립하라고 지시했다. 아마도 유대인들을 점령 가능한 광범위한 지역으로 강제 이주시키라는 뜻이었을 것이다. 같은 달에 히틀러는 여전히 모든 유대인을 시베리아나 마다가스카르로 보내야 한다고 말하고 있었다. 가을 즈음에 전쟁이 길어지고 강제 이주는 불가능하다는 점이 분명해지자 '유대인 문제'의 '최종 해결'에서 '나머지 일'을 결정하기 위한 회의가 소집되었다. 마침내 1942년 1월 반제(Wannsee)에서 열린 회의는 세계 역사상 유례없는 정책을 채택했다.

반제 회의 이전에도 유대인들을 대량으로 학살하는 살인 본부는 이미 운영되고 있었다. 살인 본부들을 운영하는 방침은 정신적·유전적으로 부적합한 사람들을 죽였던 초기 독일 정책과 관련이 있고, 또 어느 정도는 그러한 정책에서 파생된 것이었다. 유럽인과 미국인들은 19세기 말엽부터 우생학과 '인종 적합성'에 대해 공동의 관심을 표현했고, 그러한 관심이 야만적으로 확대되어 이러한 계획이 수립된 것이었다. 미국 같은 다른 나라들은 나치당이 이런 정책을 시행에 옮기기 훨씬 이전에 '인종 퇴화'를 멈추도록 사람들에게 강제 불임 시술을 행했고, 캐나다와 스웨덴 같은 국가들은 1970년대에 들어서까지 비슷한 정책들을 계속해서 유지했다. 1934년부터 1945년까지 독일은 약 40만 명에게 강제 불임 시술을 받게 했다. 1939년 9월 이후 독일과 다른 유럽 및 북아메리카 국가들을 가르는 중요한 분기점이 발생했다. 히틀러의 명령으로 인종 퇴화를 막는 정책은 불치병 환자들을 죽이는 것으로 확대되었다. 1945년까지 정신병원에서 10만 명이 살해당했다. 정신 질환자를 살해하는 과정에서 많은 기법이 개발되었다. 가스실 이용에서부터 화장, 시체의 금니나 다른 유용한 물건들의 절도 등, 다양한 기법과 기술들이 산업적 규모로 발달해 유대인들에게 사용되었다. 몇몇 절차는 1941년 9월에 아우슈비츠에서 최종 검증에 들어가, 소련의 전쟁 포로 900여 명이 거대 산업 조직 IG 파르벤(IG Farben)이 공급한 사이클론 B 가스(Zyklon B gas: 시안화수소(hydrogen cyanide))로 목숨을 잃었다. 1941년 12월 무렵에 첫 번째 죽음의 수용소인 헬름노(Chelmno)에서 운영되고 있었고, 1942년 초기에 아우슈비츠와 벨제크(Belzec), 마이다네크(Majdanek), 소비소르(Sobibor) 등에서 다른 네 개의 수용소가 문을 열었다. 마지막으로 건설된 수용소는 1942년 7월에 가동되기 시작한 트레블링카(Treblinka) 수용소였다. 독일인들은 폴란드와 소련 서부에서는 멋대로 행동할 수 있었지만 독일과 오스트리아에서는 훨씬 더 신중했다. 다른 지역에서는 동맹 세력의 협조가 필요했다. 핀란드는 이를 거절했고 헝가리와 이탈리아도 점령되기 전까지는 핀란드와 같은 입장이었다. 덴마크는 비협조적인 대중 정책을 펼쳐 수천만 명의 목숨을 구했다. 루마니아 같은 국가는 독일에 열렬히 호응했다. 1941년 10월에 루마니아 병력이 오데사를 점령했을 때 유대인 6만 명이 사망해 단일 사건으로는 동부 전선에서 가장 큰 학살로 기록되었다. 프랑스의 비시(Vichy) 정부도 기꺼이 협력했고, 어떤 강요나 권고를 받은 것도 아닌데 자체적인 반유대인 정책들을 입안해 유대인들을 죽음의 수용소로 강제로 이주시키는 데 일조했다.

독일이 펼친 정책의 희생자들은 (신티족 또는 로마족이라고도 하는 집시족도 포함해) 동유럽 게토 지역들에서 일련의 '선별'을 거쳐 끌려와서 철도역을 향해 행진했다. 철도역에서 소지품을 모두 남겨 놓고 떠밀리듯 기차에 올라탔다. 기차는 이들이 며칠, 흔히는 몇 주씩 수송되는 동안 점점 더 혼잡하고 불쾌한 공간으로 변했고,(대개 서 있을 공간밖에 없었다.) 먹을 것도 물도 위생 시설도 거의 없거나 전무했다. 수십만 명의 유대인이 수용소에 도착도 하기 전에 죽었다. 살아남은 사람들은 아우슈비츠와 마이다네크로 가게 될 경우 수용소 부설 공장에서 노예 노동을 하게 될 인력을 뽑는 '선별' 과정을 거쳐야 했고, 여기에 속하지 않으면 '생체 실험' 대상으로 끌려갔다. 다른 수용소들은 극도로 혐오스러운 작업을 수행하는 데 필요한 유대인 수백 명만 데려갔다. 이들은 며칠이나 몇 주 만에 목숨을 잃었다. 그래도 남는 유대인들이 있어 독일인들은 집단적인 공황 상태가 초래될까 우려했다. 그들은 유대인들에게 작업을 하러 가기 전에 목욕과 샤워를 한다고 말했다. 그리고 모든 남자와 머리가 짧은 여자들은 곧장 가스실로 끌려갔다. 나머지 여자들과 아이들은 별실로 끌려갔는데, 그곳에서 유대인 이발사들이 머리를 잘랐다.(자른 머리카락은 독일 잠수함 유보트 승조원들의 장화를 만드는 데 쓰였다.) 그러고는 먼저 들어갔던 무리가 죽은 후에 다시 가스실로 보내졌다. 아우슈비츠는 사이클론 B 가스를 이용해 사람들이 비교적 금방 죽었지만 다른 수용소들은 일산화탄소를 사용해 전부 죽을 때까지 몇 시간이 걸렸다. 다음으로는 유대인 노동자들이 가스실로 들어가 시체를 끌어내고 금니를 뺀 다음 집단 화장터로 옮겼다. 헬름노에는 뼈 분쇄기가 있었지만 벨제크와 소비보르에서는 구덩이를 파 시체를 태웠다. 아우슈비츠에는 특수 제작된 화장터가 있어 하루에 1만 2000구의 시체를 불에 태울 수 있었지만, 가스실에서 죽어 나오는 사람은 그보다 많았다.(보통 하루에 20만 명이 죽었다.) 아우슈비츠에는 길이 60야드, 폭 4야드 크기의 구덩이가 여덟 개 있었는데, 이곳에서도 시신들을 불태웠다. 유대인 노예들은 시신을 더 빨리 태우기 위해 바닥에 고이는 인체 기름을 모아 다시 불 위로 쏟아부었다.

살인 시설들은 후다닥 가동되었다. 헬름노 수용소는 1943년 3월을 지나 사실상 폐쇄되었고 트레블링카와 소비보르, 벨제크 수용소는 1943년 가을에 사람들이 철수한 후 파괴되었다. 마이다네크 수용소는 1944년 7월에 소련군에 장악되었다. 그 후 아우슈비츠 수용소만 가동되었으나 이곳 역시 수십만 헝가리 유대인을 죽음으로 몰아넣은 후 1945년 초에 유기되었다. 이 살인 시설들 안에서 몇 명이나 죽임을 당했는지 정확한 수는 밝히기 어려울 것이다. 지금까지 가장 근접하게 추정된 희생자의 수는 약 400만 명이고, 그중 절반 정도는 아우슈비츠에서 목숨을 잃었다. 이 수치에는 폴란드의 게토들에서 살해당한 유대인 약 60만 명과 특히 1941년의 기동작전에서 죽음을 맞은 140만 명이 추가되어야 한다. 따라서 홀로코스트 기간을 통틀어 독일인들은 유대인 약 600만 명을 죽인 셈이다.

22.12 1945년의 유럽

1945년 4월에 소련군이 베를린에 도착하고 서방 연합군이 독일 서부를 점령했을 즈음, 유럽은 많은 곳이 황폐해져 있었다. 한 세대 안에 유럽 내전이 두 번 발발하고 세계대전으로까지 확산되면서 인류 역사상 가장 처참한 충돌이 발생했다. 전체적으로 사망률은 1914~1918년 전쟁 때보다 네 배에 달했고, 사망자는 총 8500만여 명이었는데 그중 4분의 3이 소련 국민이었다. 약 1300만 명의 소련군이 죽임을 당했지만 민간인 사상자는 그보다 더 많았는데, 의도적인 독일의 살육과 강제 이주, 노예노동, '보복'의 결과로 3500만 명이 목숨을 잃었다. 오늘날 의도적으로 민간인을 겨냥하는 전쟁의 실태가 공개되는 순간이었다. 연합군은 도시를 폭격해 독일 민간인 60만 명(영국의 민간인 희생자 수의 약 열두 배에 달하는 수치다.)과 일본인 90만 명을 살해했다. 전쟁 말미에는 일본 도시 히로시마와 나가사키에 최초로 원자폭탄을 투하했다. 전 세계적으로 민간인 약 2500만 명이 난민으로 전락했고 그 외의 2300만 명이 강제로 이주를 당하거나 강제로 추방되었다.

유럽의 여러 도시와 시골 지역들은 완전히 황폐해졌다. 독일은 흉흉하기는 했지만 소련의 피해에는 비길 바가 아니었다. 가장 타격이 컸던 곳은 지역 전체가 파괴되고 인구가 줄어든 우크라이나와 벨로루시였다. 전체적으로 소련은 전쟁 전 인구 4분의 1에 대한 권한을 잃었고 자본 자산의 3분의 1을 상실했다. 총 전쟁 비용은 전쟁 전 경제 생산량의 10년분에 상당했다.(인구 손실분을 고려하면 규모는 훨씬 더 커진다.) 다른 승전국들도 쇠약해지기는 마찬가지였다. 프랑스는 적지 않은 파괴를 맛보고,(베네룩스 3국도 같았다.) 독일에 패하고 점령당한 뒤 열강으로서 빛을 잃었다. 영국의 지위도 약해졌다. 특히 경제적으로 혼자 서지 못해 전후 경제 회복을 위해 계속해서 미국의 원조에 기대야 했다.

1945년 이후 유럽의 판도는 부분적으로만 재구성되었다. 베르사유 조약은 1939년에서 1941년 사이에 크게 망가져 헝가리와 불가리아가 가장 큰 수혜를 얻었고,(두 나라는 베르사유 조약으로 가장 큰 피해를 입었었다.) 체코슬로바키아와 유고슬라비아 같은 '소제국'들은 분할되었다. 1945년에 베르사유 조약은 대부분 제자리를 찾았다. 루마니아는 베사라비아와 도브루자 남부를 회복하지 못하고 트란실바니아 북부 일부만 손에 넣었다. 불가리아와 헝가리는 1919년보다는 커졌지만 전쟁 초기에 얻었던 영토들에는 훨씬 못 미쳤다. 유고슬라비아는 재건되었다. 체코슬로바키아도 다시 구성되었는데, 다만 루테니아는 소련에 할양되어 공동 경계 지역이 되었다. 발트 지역 국가들은 모두 소련으로 병합되었다. 서구 연합국은 1940년에 소련이 무력으로 얻은 이 지역을 인정했다. 가장 큰 변화는 폴란드가 서쪽으로 수백 마일 이동하면서 동쪽 영토 대부분을 소련에 잃었지만,(1919년에 연합국이 예상했던 것보다 훨씬 더 서쪽으로 이동했다.) 오데르-나이세 선까지 동프로이센과 실레시아 지역을 얻었다. 소련도 발트해 연안 지역에서 독일 도시였던 쾨니히스베르크(Königsberg)를 가져갔다. 이 합의를 정당화하는 유일한 방법은 거의 1000년 동안 독일 민족의 땅이었던 곳에서 1200만 독일인을 대거 축출하는 것뿐이었다. 이 잔혹한 과정에서 거의 200만 명에 가까운 인명이 희생되었다. 1000년부터 1300년까지 이루어진 위대한 독일의 동진이 거꾸러지는 순간이었다. 결국 소련의 국경은 차르 시대보다 훨씬 더 서쪽으로 이동했다.

유럽은 내부적인 피해에 그치지 않고 국제사회에서의 지위도 영구히 변화를 맞았다. 영국은 19세기 말엽부터 세계 최대의 경제 강국이었지만 1940년까지는 정치력과 군사력을 효율적으로 사용한 적이 없었다. 1917년에 연합국을 구제한 것 외에는 1918년 가을 즈음에도 군사력을 매우 제한적으로만 배치하는 등 미국의 힘은 아직 잠복기를 벗어나지 못했다. 미국은 1939년 이후 빠르게 재무장한 후 1941년 초엽을 지나 영국을 전면적으로 지원했으며 1941년 여름부터는 일본에 점점 압박을 가하면서 세계열강으로서 미국의 등장을 알렸다. 유럽에서 미국으로 오랜 기간 질질 끌 수도 있었던 권력 이양 과정은 두 내전으로 인해 (그리고 1917년과 1940년에 입증되었듯이) 유럽이 미국에 의존하게 되면서 속도가 붙었다. 1939년부터 1941년 사이에 유럽의 안보 질서가 최종적으로 무너지고 그 결과가 전 지구적으로 확대되면서 미국은 권력 공백 속으로 들어갔다. 1943년 무렵에 미국은 세계 유일의 강대국이었고 전쟁이 끝날 즈음에는 군함 1200대와 중폭격기 3000대를 운용했으며 유럽에 예순아홉 개, 태평양 지역에 스물여섯 개 사단을 배치했다. 원자폭탄을 소유한 유일한 국가이기도 했다. 게다가 걸출한 경제력으로 세계 산업 생산량의 절반을 배출했고 전 세계 금의 3분의 2를 보유했다. 유럽은 1941년 말과 1942년 초에 일본 점령지 확장의 가공할 위력이 미국의 공격으로 수그러든 이후에야 아시아의 제국들을 회복할 수 있었다. 대부분은 일본이 최종적으로 항복한 이후의 일이었다.

1750년 이후 유럽이 세계를 호령했던 시대는 짧게 막을 내렸다. 20세기 초에 유럽에 특징적으로 나타났던 엄청난 자신감은 두 번의 내전으로 무너졌다. 유럽은, 특히 1950년대에 급격한 경기회복이 이루어진 이후 여전히 세계경제의 주요 산업 지역으로 남을 수 있었지만, 정치적 힘은 산산조각이 나 버렸다. 유럽의 힘이 사라진 자리에, 1945년 이후 서유럽 정치와 경제에서 많은 부분을 좌우하게 된 미국의 영향력이 들어섰다. 무엇보다 눈이 가는 부분은 유럽 제국의 급격한 종말이었다. 종전 이후 10여 년 만에 유럽의 수중에 남은 것은 고작 아시아의 몇 개 지역에 불과했다. 그리고 25년 만에 드문드문 남은 영토와 섬들을 제외하고 제국은 모두 사라졌다.

현대 세계의경제

23

19세기에 산업화와 도시화는 주로 서유럽과 미국에 국한되어 진행되었다. 이 과정에서 이들 지역은 다른 지역들의 선두에 섰고, 20세기 초엽에는 세계경제를 완전히 바꿔 놓았다. 세계의 절반 이상은 산업 공동화를 겪었고 산업화된 국가들에 식량과 원료를 공급하는 비중이 증가했다. 하지만 역사적으로 모든 발달 과정이 그렇듯이 이러한 변화들은 특정 지역이나 일단의 국가 안에 머물러 있지 않았다. 중국이 자국의 다양한 발명품들(비단과 주철, 종이, 인쇄술, 나침반, 화약)을 영원히 독점할 수 없었던 것처럼 서유럽과 미국도 그저 다른 나라들보다 유리한 출발을 한 것에 지나지 않았다. 20세기에는 급격한 기술 확산으로 세계 도처에서 산업화와 도시화가 가속화되었다. 포괄적으로 볼 때 산업화와 에너지 소비량 증가, 도시화, 그리고 그에 따른 공해는 거의 전 세계에 명백한 영향을 남겼다. 달라진 것이 있다면 변화의 속도였다. 그럼에도 불구하고 1900년의 산업국가들('중심국들')은 여전히 우위를 점했고 일본 정도가 스스로 단계를 끌어 올리며 많은 산업국을 추월했다. 20세기 후반기에 산업화에 가속도가 붙은 중국이 세계적으로 점차 영향력을 확대하리라는 점은 중국 경제의 방대한 규모만 보더라도 명백하다. 1990년대 무렵에 중국은 1850년부터 1950년까지 대륙을 휩쓴 재난에서 회복되었고, 세계 7대 산업국의 반열에 올랐다.

이러한 발달과 더불어 그만큼 중요한 현상이 한 가지 더 있었다. 역사적으로 모든 국가와 통치자들에게 상인과 생산업자들의 활동을 통제하기란 항상 골치 아픈 일이었다. 산업화와 세계무역의 증가, 점점 더 커지고 복잡해지는 세계경제, 그리고 전 세계적으로 방대해진 돈의 흐름 등은 일국의 힘에 근본적인 영향을 미치기 시작했다. 대체로 자율적인 회사와 대기업, 금융기관들이 좀 더 힘 있고 중요한 위치로 올라섰다. 실제로 이들 조직의 운영 규모와 이들이 관리하는 자원들 및 좌우하는 부의 규모를 볼 때 이들은 20세기 말엽의 전 세계 절대다수의 국가들보다 훨씬 더 막강한 힘을 행사했다. 동시에 세계경제에서 금융의 흐름이 확대되면서 이들 조직은 개별 국가와 심지어 국제기구의 통제에서도 벗어났다.

23.1 사람과 질병

23.1.1 인구

대규모 산업화가 진행되었지만 인구와 식량 공급 사이의 균형은 질병의 여파와 더불어 농업이 발달한 이래 인류 역사에서 여전히 매우 중요한 요소였다. 근대사회의 특징은 역사상 유례없이 급격한 인구 증가였다. 세계 인구는 1825년 정도에야 10억 명에 도달했다. 여기에 10억 명이 더 추가되기까지는 고작 100년이 걸렸다. 그 후로 인구 성장률은 더 증가했다. 다시 10억 명이 증가하는 데는(총 30억 명이 되었다.) 1925년에서 1960년까지 35년 정도가 걸렸다. 여기에 다시 10억 명이 늘어나는 데 불과 15년이 걸렸고,(1975년까지였다.) 40억 명이 50억 명으로 증가하는 과정은 약 12년이 걸려 1980년대 말에 완료되었다. 인구는 같은 속도로 계속해서 증가해 20세기 말엽에 또다시 10억 명이 추가되며 세계 인구는 60억을 살짝 웃돌았다. 20세기 마지막 10년 동안 세계는 매년 9000만 명의 추가 인원을 먹여 살려야 했다. 9000만 명은 기원전 500년 무렵에 세계 총인구에 해당하는 수였다.

인구가 성장하는 속도는 세계적으로 볼 때 매우 불균형하게 분포했다. 유럽의 경우 가장 큰 인구 폭발은 1750년대 이후 한 세기 반 동안 진행되어 1억 4000만 명이던 인구가 (19세기의 대규모 이주에도 불구하고) 4억 명 남짓으로 증가했다. 그 후로는 성장 속도가 큰 폭으로 줄어 세계 평균 성장률의 절반에도 미치지 못했다. 1900년에 유럽에는 세계 인구의 4분의 1이 몰려 있었지만 20세기 말에는 세계 인구의 8분의 1보다 적었다는 뜻이다. 중국은 19세기에 들어 18세기보다 인구 성장률이 둔화되었다. 대체로 19세기 중엽의 위기 때문이었다. 1900년에 4억 5000만 명(유럽 전체의 인구보다 약간 더 많았다.)이던 인구는 20세기 말에 10억 명 이상으로 급증했다. 인도도 19세기에는 인구 성장이 더디었다. 이 시기에 인구 증가율은 50퍼센트에 지나지 않았다. 20세기 상반기 동안 인구 증가 속도는 두 배로 뛰었고, 그 이후 다시 두 배로 뛰어 2000년 무렵에는 총인구 10억 명에 도달했다. 하지만 가장 비약적인 변화를 맞은 지역은 아프리카였다. 1900년까지 아프리카 대륙은 비교적 인구밀도가 낮았고 인구 성장 속도도 더뎠다. 1700년부터 1900년까지는 인구가 두 배도 증가하지 않았다.(같은 시기에 유럽은 세 배로 뛰어올랐다.) 그러나 20세기에 아프리카 인구는 인류 역사에서 전례 없던 속도로 증가하며 네 배 이상으로 증가했다.

인구 성장률이 이토록 판이하게 달랐던 이유는 무엇인가? 산업국가들의 경우 아동기 질병들을 정복하고 흔히 발생했던 다섯 살 이전 유아기 사망 사례를 근절하면서 평균수명이 늘어난 점이 중대한 요인이었다. 결핵과 기관지염, 폐렴 등 공기로 전염되는 질병들은 대체로 사라졌고, 콜레라와 이질처럼 독성이 덜한 수인성(水因性) 질병들도 많이 줄어들었다. 원래 질병 감소는 흔히 의료 환경 개선에서 비롯되지만 실제로 당시 치료 행위는 부수적인 역할을 하는 데 그쳤다. 여러 질병을 치료하는 백신은 19세기 말미에나 개발되었고,(콜레라와 장티푸스, 디프테리아의 예방 백신은 1890년대에 개발되었다.) 결핵은 효과가 제한적인 백신이 유통되기 훨씬 이전에,(1920년대 이전에) 심지어 원인균인 간균을 발견하기도 이전에 이미 급격히 감소했다. 일부 다른 질병들도 치명적인 독성이 한풀 꺾인 듯 보였다. 홍역은 치료제가 유통되기도 전에 사망률이 5분의 4 이상 떨어졌다.(예방접종이 가능해진 시기에는 이미 사망률이 1000명당 한 명꼴로 떨어져 있었다.) 폐렴은 1930년대 말엽부터 설폰아마이드(sulphonamide) 신약으로 어느 정도 치료가 가능해졌지만 그때는 이미 폐렴 치사율이 20세기 초입 때에 비해 절반으로 떨어진 상황이었다. 환경 개선 및 식생활 개선 덕분에 사망률이 감소했던 것은 확실하다. 19세기에 유럽과 미국에서는 조금씩 하수도 시설과 정수 사업장을 건설하면서 수인성 장 질환이 거의 사라졌다. 가구원의 밀도와 습도와 열악한 환기 장치가 조금씩 나아진 주거 공간은 특히 결핵 같은 질병들을 감소하게 하는 데 더 중요했다. 해외에서 식량을 수입하고 수송 체계가 발달하자 서서히 경제력도 증가하며 식생활이 크게 개선되었다. 우유의 저온살균과 통조림 제조, 냉장 보관 같은 신기술들도 중요한 역할을 했다.

이렇게 전반적으로 개선이 이루어지면서 19세기 유럽 인구는 눈에 띄게 증가했다. 그러나 20세기에는 유아사망률이 훨씬 더 크게 감소했지만 인구 성장률은 주춤했다.(1980년대 스웨덴의 아동 사망률은 1900년의 40분의 1이었다.) 출산율이 큰 폭으로 떨어졌기 때문이다. 이런 사실은 19세기 마지막 20년을 지나면서 처음으로 확실하게 드러났고 1930년대 무렵에는 출산율이 3분의 1 정도 감소하며 역사상 가장 낮은 수준을 기록했다. 1945년 이후 10년 남짓 짧은 '베이비 붐' 시기가 지나가자 출산율은 꾸준히 하락했다. 20세기 말엽에 출산율은 부부 한 쌍 당 자녀 두 명을 겨우 웃도는 인구 대체율과 비슷해지거나 더 낮았다.(어떤 경우에는 훨씬 더 낮았다.) 출산율이 이렇게 낮은 경우는 인류 역사에 유례가 없는 일이었는데, 계급과 성별, 사회, 신념과 출산 비용 등 여러 요소가 복잡한 상호작용을 일으켜, 자녀는 두어 명 정도가 적절하고 가족 규모는 규제되어야 한다는 새로운 태도가 형성된 결과였다. 이런 태도는 피임약을 쉽게 구하고 가족계획을 세울 수 있었던 1960년대 훨씬 이전에 만들어졌다.

중심부 산업국가들 외의 인구 증감은 서로 상이하게 전개되는 사건들에 따라 패턴을 달리했다. 20세기까지는 크게 늘지 않았던 평균 수명은 그 이후 전반적인 사회 환경 및 경제 환경이 개선되어서라기 보다는 산업국가들에서 발달된 의학들이 들어오면서 현격히 증가했다. 주로 1940년대 말엽부터 예방접종과 항생제, 말라리아를 억제하기 위한 모기 온상지 약제 살포 등으로 사망률이 어느 때보다도 감소했다. 예를 들어 모리셔스는 사망률이 1940년대 중엽부터 1950년대 중엽 사이에 80퍼센트나 감소했는데, 과거에 유럽에서는 같은 비율로 줄어드는 데 150년이 걸렸다. 일부 질병도 발병률이 현격하게 달라졌다. 1990년대에 천연두는 전 세계에서 뿌리가 뽑혔고 소아마비는 140개국에서 사라졌다. 그 결과 인구는 매우 급격하게 증가하다가 이르게 잡아도 1960년대 중엽 이후로는 출산율이 떨어지기 시작했다. 20세기 말엽에 출산율이 저하되는 속도는 더 빨라져서 중국과 태국, 인도네시아, 모리셔스, 쿠바 같은 몇몇 국가는 유럽과 출산율이 비슷해졌다. 이러한 추세에서 예외적이었던 지역은 여러 이슬람 국가와(특히 파키스탄 및 방글라데시와) 아프리카 국가 거의 전부였다. 이들 지역은 인구의 4분의 3 이상이 여전히 농촌에 거주했고 아이들은 모든 농업 사회가 그렇듯이 경제적 자산이었다. 출산율은 매우 높은 반면 아동 사망률은 현저히 떨어져서 아동 인구가 크게 증가했다. 1990년 무렵에 아프리카 국가 대부분은 14세 미만 아동이 인구의 절반 이상을 차지했다.

23.1.2 질병

농업과 정착 사회가 발달한 후로 줄곧 인류는 많은 전염병과 공존했다. 19세기 중엽부터 환경과 식생활이 개선되고 의학이 발달하면서 인류 역사상 최초로 세계의 많은 지역에서 질병의 충격을 통제할 수 있게 되었다. 그런데 20세기 말엽 즈음에 이러한 상황이 지속되기 어려움을 말해 주는 징후가 점점 증가했다. 1930년대 말 즈음부터 개발된 항생제 약물을 남용하다 보니 저항력 있는 질병 계통이 형성되기 시작한 것이었다. 전염병은 계속 증가하며 통신수단이 발달한 만큼이나 급속히 확산되었다. 인도의 말라리아 발병 사례는 1965년에 10만 건이었던 것이 1977년에 1000만 건으로 늘어났다. 아프리카의 황열병 사망자 수는 1940년대에 연간 몇백 명 정도에서 1990년대에는 연간 20만 명 이상으로 뛰어올랐다. 인도에서는 림프절 페스트가 다시 출현했다. 콜레라는 19세기에 들어 처음으로 아시아에서 라틴아메리카로 전파되었다. 에볼라 같은 새로운 전염성 질병들도 아프리카에 등장했다. 1980년대에 세계적으로 창궐한 에이즈(동물이 매개체 역할을 하는 질병 사례 중 하나인데, 에이즈의 매개체는 원숭이였다.)는 아무런 백신도 소용이 없어 의학의 한계를 보여 주었다. 에이즈는 산업국가에서는 억제가 되었지만 1990년대 무렵에 4000만 명 이상이 감염되었는데, 주로 아프리카 거주민들이었다. 아프리카에는 인구 다섯 명 중 한 명이 에이즈에 감염된 지역도 일부 존재했다.

아동기 질병을 극복하고 식생활이 변하면서 특히 산업국가들에 다른 어두운 결과들이 찾아왔다. (인류가 5000여 년 동안 먹지 않았던) 유제품 등을 통한 지방 섭취가 많아지고 가공식품과 신선도가 떨어지는 과일 및 채소, (18세기 중엽보다 소비량이 평균 서른 배로 많은) 설탕의 소비가 증가했으며, (주로 19세기 중엽까지는 상류층을 위한 사치품이었던 흰 빵을 섭취함으로써) 섬유소가 부족해지는 등 식생활이 풍요로워진 데다 운동 부족과 흡연 및 대기오염 증가 등이 더해져 심장병과 암으로 사망하는 인구의 수가 어마어마하게 늘어났다. 1930년만 해도 관상동맥 심장마비로 인한 사망자의 수는 영국 사망자 수의 1퍼센트에 불과했다. 1990년대 중엽에 이 수치는 30퍼센트를 웃돌았다. 심장병 사망자의 5분의 1은 담배가 직접적인 원인이 되었는데, 담배는 암 발병률이 상승하는 결정적인 요인이기도 했다. 1900년에 미국에서는 스물일곱 명 중 한 명이 암에 걸렸다. 1980년에 암 환자는 세 명 중 한 명꼴로 증가했고, 미국인 네 명 중 한 명은 암으로 사망했다. 산업국가들에서의 암 발생률이 아프리카보다 최소한 열 배 정도로 높았지만, 20세기 말엽 아프리카 지역에서도 심장병과 암 발생률이 증가하고 있다는 최초의 징후들이 나타났다.

23.2 식량과 토지

[이전의 유럽 농경 ☞ 20.3과 21.9]

18세기 중엽을 지나며 세계 인구가 일곱 배 이상으로 증가하자 세계의 식량 생산량도 같은 규모로 늘릴 필요가 있었다. 과거에도 그랬듯이 식량 생산량을 늘리는 방법은 새로운 땅을 경작지로 만드는 것이었다. 1860년대에서 1920년 사이에 새로운 토지 약 10억 에이커가 농지로 개간되었다. 그중에서 40퍼센트는 미국에,(주로 옥수수 지대였다.) 20퍼센트는 러시아 흑토(黑土) 지대에, 그리고 역시 20퍼센트가 아시아에 분포했다.(이 시기에 서유럽의 경지는 줄어들었다.) 1920년 이후의 60년 동안 10억 에이커가 농경지로 더 개조되었다. 그중 일부는 새롭게 자리 잡은 국가들, 특히 연안 지역에서부터 내륙으로 정착지가 계속해서 경계를 넓히는 아르헨티나와 브라질, 오스트레일리아 등에 더 크게 형성되었다. 아프리카는 20세기에 인구가 급격히 늘어나면서 소작농들이 숲을 벌채했다. 하지만 이렇게 확대된 토지들도 급증한 세계 인구를 모두 부양하기에는 부족했다. 식량 문제는 1850년 이후 기계화와 고투입 농업(high-input farming)의 채택이라는 두 혁명을 거쳐 해결될 수 있었다.

19세기 말엽까지 세계 어느 곳에서든 농업은 인간의 노동과 수공구(手工具), 제한적인 축력에 의존했다. 기술이 발달하면서 기계도 더 많이 이용하게 되었지만 기계류 도입에 속도가 붙은 것은 새로 정착된 지역들에 노동력이 부족해지면서였다. 수확기는 1860년대에 미국에서 처음 사용되었는데, 처음에는 말 스무 마리가 같이 기계를 끌어야 했다. 당시만 해도 밭에 대규모 증기력을 사용하는 것은 경제성이 떨어졌기 때문이다. 기계화는 내연기관이 발달하고 트랙터가 개발되면서 본격적으로 진행되었다. 미국은 이러한 기계들을 신속하게 도입했다. 1920년 무렵에 미국은 트랙터가 25만 대 있었고 1945년 즈음에는 그 열 배를 보유했다. 유럽에서 트랙터가 널리 보급된 시기는 1950년 무렵 이후였다. 동시에 콤바인 수확 기계(combine harvester) 같은 새로운 기계들이 사용되었다. 미국에서는 1920년대부터 이 기계를 이용했지만 이번에도 유럽은 훨씬 더 늦었다. 최초의 전동식 착유기(搾乳機)가 1895년에 도입되었고 뉴질랜드에서는 1920년 무렵에 농장의 거의 4분의 3이 이 기계를 사용했다. 서유럽에서는 1950년에 기계로 착유하는 소가 3퍼센트에 불과했으나 30년 후에는 손으로 착유하는 소의 수가 3퍼센트로 역전되었다. 기계화가 널리 확대되자 농장은 규모가 커지고 수가 줄었다. 농업에 종사하는 사람의 수도 감소했다. 미국은 1930년대에 700만여 곳이었던 농장의 수가 1980년대에는 300만 곳 아래로 줄었는데, 당시 미국 농업 생산량의 절반 이상은 그중 불과 5퍼센트에 해당하는 농장에서 공급되었다. 미국의 농업 노동인구는 1910년에는 1100만 명이 넘었지만, 60년 뒤에는 300만 명을 살짝 웃돌았다. 주요 산업국가에서 기원전 8000년 이후 인류 역사를 지배했던 농경 사회의 탈농업화를 알리는 이행기가 완료되었다.

19세기까지 농장들은 토양을 비옥하게 만들고자 자체 생산된 천연 거름과 퇴비에 전적으로 의지했다. 서유럽과 나중에는 미국도 세계의 자원들을 통제하는 힘으로 새로운 비료들을 수입했다. 1820년대에는 처음으로 구아노(guano: 바닷새의 배설물이다. — 옮긴이)를 라틴 아메리카에서 유럽으로 들여왔다. 뒤에는 전 세계에서 인산염을 채굴했고, 나우루섬과 바나바섬(Ocean Island) 등 일부 태평양 섬은 이 과정에서 사실상 파괴되었다. 새로운 산업 공정으로 새로운 인조비료들이 생산되었다. 1840년대에는 과인산 비료(superphosphates)가, 1920년대에는 질산 비료가 (대기 중에서 질소를 분리해) 만들어졌다. 1950년 이후로 농장이 산업화되면서 비료 생산도 현격히 증가했다. 사람들은 토양을 살아 있는 생물이라기보다는 작물을 적당히 자리 잡게 만드는 매체로 취급하며 점점 더 많은 화학물질을 그 위로 쏟아부었다. 농장에서 산업 제품들을 사용하는 양이 늘어나자 질병이나 병충해에 걸리기 쉬운 단일 작물에 의존하는 경향도 높아졌다. 화학 산업은 다양한 종류의 제초제와 살충제를 생산해 온갖 약을 작물에 살포했다. 서유럽과 미국의 농약 사용량은 1950년 이후 25년 만에 열다섯 배로 뛰어올랐다.

19세기와 20세기 세계 대다수 지역의 농경사는 산업화된 세계의 농경사와 아주 달랐다. 산업국가 외의 국가들에서 (세계 인구의 절대다수를 차지하는) 주민들은 유럽인들이 마련한 새로운 토지의 수확물들을 구경하기도 어려웠다. 아시아 같은 한 지역에서 새로 경작할 수 있는 토지는 매우 제한적이었다. 가장 좋은 땅들은 이미 쉴 새 없는 생산 활동에 투입되어 있었기 때문이다. 토지의 배분도 매우 불공평했다. 20세기 중엽에 라틴아메리카에서는 토지의 3분의 2를 전체 인구의 2퍼센트도 안 되는 사람들이 소유했다. 19세기 말엽을 지나며 인구가 급격히 증가하자 거의 모든 지역에서 1인당 경작 가능한 토지의 양도 줄어들기 시작했다. 20세기 중엽에는 밀과 벼 등 다수확 품종들을 도입하는 이른바 '녹색혁명'으로 상황이 타개되기를 기대했다. 수확량은 대개 두 배로 뛰었지만, 새로운 품종들이 사회적으로나 경제적으로 미친 여파는 대체로 재난의 수준이었다. 이들 품종에는 비료와 농약이 어마어마하게 들어갔고 따라서 재배 비용도 훨씬 더 많이 들었다. 영세 소작농들은 땅과 자본을 충분히 갖지 못해 새로운 품종을 재배해 채산을 맞추기 어려웠고, 주로 이익을 보는 이들은 재력을 지닌 대토지 소유주들이었다. 그 때문에 가진 자들은 더 많은 재산을 모으고 한편으로 땅을 갖지 못한 노동자의 수가 늘어나는 등 사회적 격차가 벌어지는 속도만 더 빨라졌다.

20세기 중엽을 지나 인류 역사상 처음으로 전 세계 모든 사람이 충분히 먹을 수 있을 만큼 식량이 생산되었다. 문제는 분배가 매우 고르지 못했다는 점이다. 20세기 말엽에 서유럽과 일본, 북아메리카 등의 산업화된 국가들은 세계 식량의 절반을 먹어 치웠는데, 이들 국가의 인구는 세계 인구의 4분의 1에 지나지 않았다. 문제의 큰 원인은 아시아와 아프리카, 남아메리카의 토지들이 주요 산업국들로 수출할 작물들을 재배하는 데 전용된다는 데 있었다. 게다가 이러한 무역은 이미 잘 먹는 사람들에게 좀 더 다양한 식생활을 제공하는 역할로 기여하는 바가 컸다. 20세기 후반기에 미국의 애완용 고양이는 아프리카와 라틴아메리카 주민 대다수보다 더 많은 양의 고기를 먹었다. 세계의 식량 무역은 1950년대 이후 30년 동안 다섯 배로 증가했다.

1930년대에 식량을 자급자족했던 쉰 개 이상 국가가 50년 뒤에는 순수입국이 되었다.

1815년에 인도네시아의 탐보라 화산이 폭발하면서 화산재가 대기를 뒤덮어 촉발된 1816~1817년의 극심했던 위기가 지나간 후 흉작과 기근은 대체로 유럽에서 사라졌다. 이후로는 (감자 기근이 발발했던) 1840년대 말엽의 아일랜드를 제외하면, 기근은 주로 전쟁이나 내전으로 인한 피해와 연관되어서만 나타났다. 1914~1918년의 벨기에와 유럽 내전 말미의 독일, 내전 당시 러시아 서부, 1941~1942년의 레닌그라드, 1944~1945년 겨울의 네덜란드 등이 대표적인 사례다. 세계의 나머지 지역들은 사정이 완전히 달랐다. 20세기 중엽까지 세계 인구의 절반 정도는 영양실조를 겪었다. 1950년대 초엽에 비율은 열 명 중 여섯 명으로 상승했고, 1960년에는 약 20억 인구가 그 여파에 휩쓸렸다. 1960년대 초부터 상황이 개선되어 1980년대 즈음에는 세계 인구 중 '불과' 4분의 1 정도만 영양실조를 앓았다. 하지만 인구 상승의 영향으로 영양 결핍 상태에 놓인 사람의 수는 10억 명을 훌쩍 넘어섰다. 1980년이 지나 상황은 다시 악화되었다. 20세기 말엽에 최소한 20억 명이 극도로 부적절한 식생활 때문에 건강이 나빠졌고 매년 4000만 명 이상이 기아 및 관련 질병으로 목숨을 잃었다. 이들에게는 1만여 년 전 농경을 채택해 얻을 수 있었던 기본적인 혜택도 아직 먼 이야기였다. 기근 역시 인류 역사 내내 그러했듯 아직 고질적인 문제였다. 1950년 이전에는 1913~1914년과 1931년에 다시 사헬(Sahel) 지역 전역에 대기근이 있었다. 프랑스는 아프리카 사람들의 '게으름'과 '무관심', '숙명론' 때문으로 보면서도 식량 징발을 멈추지 않았다. 기근은 니제르(1942년)와 벵골(1943~1944년)에서도 발생해 약 300만 명이 사망했고, 중국 허난성에서도 300만 명 정도가 목숨을 잃었다.

20세기 후반에 중국에서는 1958년에서 1961년 사이에 인류 역사상 최악이라고 해도 좋을 기근이 발생해 약 3000만 명의 사망자가 발생했다. 기근은 공산주의 정부 정책의 직접적인 결과였다. 그 외에 방글라데시(1975년)와 사헬(1970년대 내내), 에티오피아(1984~1985년)에서도 기근이 발생했고 1990년대 초엽에는 소말리아가 기근에 시달렸다. 이러한 기근들은 (중국을 제외하고) 전부 식량이 부족해서가 아니라,(벵골은 1943년에 기근이 들기 전에 쌀농사가 최고의 풍작을 기록했다.) 가난을 벗어나지 못한 상황에 경작할 땅은 부족하고 식료품 가격은 상승한 결과였다. 사람들은 먹고살 수 있을 만큼 충분한 식용작물을 재배할 수도 없었고, 식량을 살 만큼의 돈도 없었던 것이다.

인구 증가와 경작지 확대, 농업 활동의 격화 등은 환경 피해로 이어졌다. 서유럽의 토착 식물 자생지들은 기원후 900년을 지나 대부분 개간되었다. 미국의 경우 18세기 중엽에 정착지들이 주로 동부 해안 지방에 국한되었을 당시에는 삼림 지대가 약 100만 제곱마일에 이르렀다. 1850년 무렵에 영토의 경계가 서쪽으로 이동하면서 이 고대 산림의 약 40퍼센트가 파괴되었다. 20세기 말 즈음에는 아직 보존된 삼림은 약 5퍼센트 정도였다. 20세기 중엽부터 특히 아프리카 같은 열대 지역은 인구가 빠르게 늘면서 막대한 삼림을 잃었다. 20세기 후반기에 전 세계 열대림의 절반 정도가 사라졌다. 이렇게 사라진 삼림의 약 4분의 3은 농사를 짓기 위한 경작지로 전환되었고 나머지는 산업국들에 수출할 목재 공급용으로 전용되었다. 하지만 특히 라틴아메리카에서 개간된 땅의 많은 부분은 소작농들을 위한 것도, 현지인들의 식량 공급을 위한 것도 아니었다. 이러한 땅들은 대부분 산업국들로 식량을 수출하기 위한 농장과 목장으로 이용되었다.

역사의 어느 단계에서든 삼림 벌채는 농경지로 부적합한 토양에서 경작하는 행위와 더불어 토양침식을 초래했다. 1850년 이후 전 세계에서 경작지로 확대된 방대한 땅들은 대개 집약 농업에 적합하지 않은 한계 지역에 속했다. 미국 중부의 그레이트플레인스는 본래 당시에 사용하던 쟁기로는 단단하고 조밀한 풀들을 맬 수 없어 정착민들이 피했던 지역이다. 무거운 강철 쟁기가 개발되고 황소가 스무 마리까지 한 무리로 쟁기를 끌 수 있게 되면서 19세기 후반에는 이 지역에서 경작 활동이 가능해졌다. 하지만 그레이트플레인스 지역은 연강수량 약 20인치의 반건조 기후인 테다가 땅의 표층이 얇아 풀들이 간신히 붙어 있는 정도였다. 1880년대부터 1920년대까지 정착민들은 약 4500만 에이커의 땅을 파 일구어 새로운 내건성(耐乾性) 품종의 밀을 재배했다. 1930년대 초엽에 이 지역에 주기적인 가뭄에 찾아와 성기고 부실하고 건조한 흙이 강풍에 날리며 어마어마한 모래 폭풍이 전 지역을 휩쓸었다. 최초의 대형 폭풍은 약 3억 5000만 톤의 표토를 날려 보내 미국 동부를 뒤덮었다.(대서양 300마일 밖에 떠 있던 선박들 위에서도 흙모래가 발견되었다.) 1938년 무렵에 1000만 에이커의 땅에서 5인치 높이의 표토가 사라졌고 1300만 에이커의 땅에서는 표토 2.5인치가 날아갔다. 300만 명 이상의 주민들이 이 지역에서 농장을 포기했다. 오클라호마는 인구 5분의 1을 잃었고 일부 카운티에서는 주민의 거의 절반이 떠났다. '황진(dust bowl)'은 1952년부터 1957년 사이에 또 한 번 그레이트플레인스의 넓은 지역을 휩쓸었고 1970년대에도 다시 발생했다. 당시 미국의 표토는 3분의 1이 망가지거나 경작에 극히 부적합한 토질로 바뀌었다.

소련은 1950년대에 '처녀지' 개간 사업으로 농업에 대규모 참사가 발생했다. 사업을 추진한 목적은 카자흐스탄처럼 생산성이 떨어지는 초원 지대를 농경지로 전환하려는 것이었다. 소련은 1954년부터 1960년까지 약 1억 에이커의 땅을 일구었다. 작물 수확은 1956년에 정점을 찍은 뒤 서서히 감소했다. 땅을 깊이 판 후 휴경 기간에 아무것도 심지 않고 내버려 두는 관행에 1963년의 극심한 가뭄이 겹치자 대규모 토양침식이 일어났다. 불과 3년 만에 4000만 에이커의 땅이 경작지로 전환되었고 새로운 토지의 절반 이상이 금세 다시 버려졌다. 1960년대 중엽을 지나서는 매년 100만 에이커의 땅이 유기되었다. 토양 유실의 가장 극단적 형태는 사막화다. 사막이 된 땅은 영구히 잃는 것이다. 사막화 문제는 20세기에 특히 더 분명히 나타났다. 1925년부터 1975년 사이에 사하라 사막은 남쪽의 경계를 따라서 약 25만 제곱마일이 늘어났다. 20세기 말엽에 세계 인구의 10퍼센트 이상은 경지 및 목초지의 영구 손실과 사막화의 위협에 시달리는 건조지역이나 반건조지역에 거주하고 있었다.

식량 생산의 증대로 전 세계에는 관개지의 면적이 어마어마하게 증가했다. 1800년에 관개지가 약 2000만 에이커였다면 20세기 초엽에는 1억 에이커로 늘어났다. 1980년에 관개지 면적은 5억 에이커를 넘어섰다. 초기 농경 사회에서 발견한 것처럼 관개 작업은 작물의 수확을 늘리는 매우 효율적인 방법이기는 하지만 중요한 문제점 두 가지를 갖고 있다. 하나는 관개에 사용되는 물의 양이다. 20세기 말엽에 세계의 용수 중 4분의 3 이상이 관개 작업으로 들어갔고 그 대부분은 비효율적으로 사용되었다. 인도와 중국의 경우 용수 공급의 3분의 2를 증발과 누수로 잃었다. 또 다른 문제점은 메소포타미아 같은 초기 사회에도 존재했던 문제였다. 물이 유입된 토양에 고온으로 표면의 물이 증발하면 딱딱한 소금층이 남아 작물 재배가 불가능해지는 것이다. 1980년대 무렵에 펀자브 지역의 관개지 80퍼센트가 이런 경우에 속했다. 세계적으로도 개간된 땅들 중에 그만큼의 관개지가 버려지고 있었다. 관개 작업이 초래한 최대의 환경 참사는 소련의 아랄해에서 발생했다. 이 넓은 내해가 특별한 점은 중앙아시아의 큰 강줄기 두 개가 안으로 유입되지만 밖으로 나가는 물길이 없고, 어마어마한 증발량 덕분에 호수의 규모가 유지된다는 것이었다. 1970년대 초엽에 소련 정부는 기후와 토양이 극히 부적합한데도 면화와 쌀을 재배하기 위해 아랄해로 유입되는 두 강의 물길을 돌려 1800만 에이커가 넘는 땅을 관개 농지로 바꾸었다. 짐작대로 유입되는 물의 양이 대폭 줄어들자 아랄해는 급속히 줄어들었다. 1900년대 초엽에 아랄해의 3분의 2가 말라붙어 1만 2000제곱마일이 넘는 해저면이 드러났다. 결과는 처참했다. 지역의 기온이 상승하고 강우량은 감소했으며 어업은 무너졌다. 마을에서는 사람들이 떠나고 호수 염도는 세 배로 뛰었으며 소금을 머금은 폭풍이 일대를 휩쓸었다. 지하수면이 내려가 하수 설비 체계가 와해되자 장티푸스와 결국에는 림프절 페스트가 발생했다.

23.3 기술

[19세기의 기술 ☞ 20.4 및 21.2]

19세기의 기술 변화는 두 가지 '물결'에 집중되어 있었다. 첫 번째 물결의 특징은 증기 동력과 섬유의 대량생산, 철제 이용의 확산이었다. 이 흐름은 1840년대에 가라앉기 시작했고, 철도 건설과 강철의 도입을 특징으로 한 두 번째 물결도 19세기 말 즈음에는 시들해지고 있었다. 이는 새로운 기술들이 새로운 시장을 형성하고 급속한 성장을 추동한 결과였지만 곧 시장이 포화 상태에 이르고 성장이 둔화되면서 또 다른 물결이 일기 시작했다. 19세기 말엽부터 세계의 산업화는 '세 번째 물결'을 타고 있었고, 이 물결의 기저에는 전기 이용의 증가뿐 아니라 새롭고 다양한 기술이 모여 탄생한 자동차 산업 및 새로운 공정들이 도입된 화학 산업 등이 존재했다.

산업국가들이 전기를 널리 이용하기 시작한 것은 19세기의 마지막 25년 동안의 일이었다. 이들 국가들은 처음에는 동력보다 빛을 공급하는 데 전기를 이용했고, 장소도 극장이나 식당, 상점, 은행처럼 주로 공공장소에 집중했다. 가정집의 전기 사용 비율은 1퍼센트도 되지 않았다. 점차 새로운 기술들, 예컨대 텅스텐 필라멘트 전구와 더 크고 더 안전한 발전기, 배전망 등이 일개 지방 차원에서 지역 단위로, 또 전국적인 수준으로 발전했다. 사상 처음으로 사람들은 쉽게 분배되는 형태의 에너지를 갖게 되었다. 그 후로 전기는 다른 대부분의 기술이 진보하는 데 근간이 되었고, 21세기에 전기 사용량은 전체 에너지 소비량보다 두 배로 빠르게 증가했다. 공장들은 증기보다 전기 동력을 이용했고, (어마어마한 전기를 소모하는) 알루미늄 생산 같은 새로운 산업 분야가 확립되었으며, 새로운 시장, 특히 가전용 제품들을 거래하는 시장들이 문을 열었다. 미국은 1920년대에 최초로 도시 지역에 대규모 전기 설비를 했으며 10여 년 뒤에는 시골 지역도 전기 시설들을 갖추었다. 유럽의 경우 시골 지역은 1950년대까지 대체로 전기를 공급받지 못했다. 이 단계에서 냉장고와 세탁기 같은 새로운 제품들을 공급하는 내구소비재 산업의 등장이 결정되어 미국의 경우 1920년대, 서유럽은 1950년대, 일본은 1960년대에 이 산업이 발달했다. 하지만 세계적으로 전기의 이용 가능성에는 현격한 차이가 있었다. 서유럽은 20세기 말엽에 거의 모든 가정에서 전기를 이용한 반면 코트디부아르에서는 전기를 사용할 수 있는 가정이 1퍼센트에도 미치지 못했다.

20세기의 대부분을 차지한 핵심 생산 산업은 자동차였다. 승용차와 화물차의 제조뿐 아니라 자동차 정비 및 도로 건설, 연료 공급 등의 부수적 활동들도 활기를 띠었다. 1880년대와 1890년대에는 내연기관과 공기타이어가 개발되어 초기 형태의 자동차들이 진화했다. 1899년에 미국에서 판매된 자동차는 불과 2500대였다.(그중 대부분은 전기 자동차이거나 증기자동차였다.) 1922년 무렵에 이 수치는 227만 대로 뛰어올랐다. 미국의 도로 위를 달리는 자동차의 수는 1905년에 약 8만 대였지만, 1920년대 초엽에는 1000만 대가 넘었고 1930년대에는 3000만 대를 넘어섰다. 자동차 생산이 미국 경제에 미친 여파는 실로 대단했다. 1930년대 말엽에 자동차 산업은 철강 생산량의 절반과 고무 생산량의 5분의 4, 판유리 생산량의 3분의 2, 니켈 및 납 생산량의 약 3분의 1을 점유했다. 1950년대에 들어서는 서유럽도 자동차 소유권 및 생산에서 비슷한 회오리를 겪었고, 일본은 1960년대에 비슷한 경험을 했다. 1990년대 무렵에 세계의 자동차 생산량은 연간 약 3500만 대에 달했고 세계적으로 자동차 소유권은 1900년대에 약 10만 건이었던 것이 6억 건 가까이로 급상승했다.

화학 산업도 광범위한 신물질들을 생산하며 세계경제에 자동차 산업에 버금가는 영향을 끼쳤다. 최초의 합성섬유인 레이온은 1910년에 제조되었지만 실질적인 호황을 맞은 시기는 1920년대에 견 제품의 4분의 1 가격으로 생산되면서부터였다. 1920년대와 1930년대에 세계 레이온 생산량은 일흔 배로 증가했다. 뒤이어 1938년에 나일론을 시작으로 새로운 섬유들이 연달아 등장했다. 20세기 말엽에는 세계 섬유 생산량의 절반 이상이 합성섬유였다. 이런 현상은 인류 사회 전체가 천연 제품에 의존하는 상황과 맞물려 세계사에 또 하나의 근본적인 전환을 가져왔다. 사실 천연 제품을 이용해서는 20세기에 어마어마하게 증가한 세계 인구에 의복을 공급하지 못할 터였다. 목화를 재배하거나 양을 방목하기에 적합한 땅도 많지 않아 식량 재배에 필요한 땅들을 줄이는 방법밖에 없었을 것이다. 화학 산업은 또한 새로운 정유 방법들에 기대어 1945년 이후로 점점 더 다양한 플라스틱들을 생산했다. 이후로 세계 플라스틱 생산량은 12년마다 두 배로 증가했고 1970년대에는 구리와 납, 아연의 생산을 합친 양보다 더 많은 플라스틱이 만들어졌다. 이 현상 역시 또 한 번 근본적인 분기점이 되었다. 이러한 플라스틱의 발명이 없었다면 천연 제품과 금속만으로는 수요를 충당하기에 역부족이었을 것이다.

1960년대 말엽에는 주요 산업 경제 안에 자동차 산업과 화학 산업의 추진력이 사라지고 있다는 신호들이 등장했다. 이 산업들은 서서히 기술 변화의 '네 번째 물결'로 대체되고 있었다. '네 번째 물결'은 20세기 말까지도 가속도를 내는 정보 통신 분야였다. 모든 초기 사회에서는 육지와 해상을 이용한 인간의 이동 속도와 통신 사이에 상호 연관성이 있었는데, 19세기 중엽네 전신과 유선통신의 발달은 처음으로 이 연관성을 깨뜨렸다. 최초로 전 세계적인 통신망이 실현되었다. 그리고 19세기에 전화기가 개발되고 뒤이어 20세기 첫 10년 동안 무선통신이 발달하면서 이 통신망을 보완했다. 1920년대 즈음에는 모든 산업국가에 수많은 무선국이 만들어져 프로그램들을 방송했다. 1935년에서 1950년 사이에 중요한 변화들이 연이어 일어나면서 전파탐지기와 녹음기, 텔레비전(영국과 독일에 설립된 최초의 방송국은 1930년대 말엽에 프로그램을 내보냈다.) 등이 발명되었다. 아마도 그중에서도 가장 중요한 발명품은 1948년에 나온 트랜지스터였을 것이다. 트랜지스터는 밸브를 대체하며 기기의 소형화를 이끌었다. 통신 분야의 또 다른 근본적 변화는 1960년대 초엽에 다량의 회선을 전송할 수 있는 정지궤도 위성의 개발이었다. 정지궤도 위성은 처음에는 규모가 작았다. 1965년에 발사한 인텔샛 1호는 동시에 120개의 전화회선과 두 개의 TV 채널을 발신할 수 있었다. 1990년대의 위성들은 12만 개의 양방향 회선을 전송할 수 있고 사용 요금은 1960년대 수준의 6분의 1로 떨어졌다. 전화회선은 1980년대에 텔렉스에서 팩스 기기로 대체되었고, 대체 직후에 휴대용 전화기가 보편화되었다.

무엇보다 주목할 만한 것은 전자장치의 소형화 속도였다. 초기 원시 형태의 전기기계식 컴퓨터는 1940년대 초반에 암호 해독용으로 개발되었다. 트랜지스터를 도입한 이후에도 혁격한 변화가 생기지는 않았다. 컴퓨터의 성능은 (실리콘'칩' 위에 수많은 소형 트랜지스터가 내장된) 통합 회선 기술에 따라 발전하다가 이후에는 마이크로프로세서(손톱 크기만 한 '칩'에 수많은 고체 상태의 회선이 내장된 형태로, 사실상 칩 위의 컴퓨터다.)에 의지했다. 고도로 정교한 산업이 발달해 날로 용량이 증가하는 실리콘칩을 제조했고 소프트웨어 산업은 대량의 정보를 처리하는 프로그램들을 만들었다. 1980년대 초엽부터 컴퓨터는 더는 방 몇 개를 차지하고 특별 냉방장치를 갖추어야 하는 거대한 기계가 아니었다. 컴퓨터는 책상 위에 놓을 수 있는 크기로 작아졌고, 네트워크로 연결되어 어마어마한 양의 데이터를 처리할 수 있었을 뿐 아니라 그 외의 통신 기술도 개선되어 전 세계적으로 정보를 신속하게 전송하고 처리할 수 있게 되었다. 인터넷은 이러한 현상의 단면일 뿐이었다. 컴퓨터는 거의 모든 산업을 완전히 바꾸어 놓았는데, 특히 서비스산업에서는 정보를 모으고 분석하는 데 전문화된 수많은 사무직 일자리가 사라졌고 창고 및 재고 관리 분야에서는 절차상에 혁명적인 변화가 찾아왔다. 1980년대부터 자동차 산업에 산업용 로봇이 도입되자 필요한 노동력의 양이 감소했을 뿐 아니라 하나의 생산 라인에서 다양한 모델들을 제조할 수도 있게 되었다.(일본의 산업용 로봇의 수는 1981년의 1만 4000대에서 1980년대 말에는 거의 33만 대로 증가했다.) 새로운 기술 합작은 새로운 산업을 창출했다. 마이크로 전자 기술과 (1960년대 초에 개발된) 레이저 기술을 결합하자 1980년대 초에 콤팩트디스크가 탄생했다. 콤팩트디스크는 컴퓨터에서 많은 양의 데이터를 저장하고 새로운 가내 소비재 산업으로서 음악을 재생하기도 해서 1948년에 발명되었던 장시간 연주 레코드(LP 음반)를 대체했다.

23.4 생산과 에너지

서유럽과 미국, 일본 등 주요 경제국들의 산업화가 진척되면서 새로운 기술들이 개발되고 전 지구적으로 산업화가 확산되자 세계경제는 혁명이 휩싸였다. 1750년부터 19세기 후엽까지 세계는 산업화의 첫 번째 국면을 맞아 산업 생산량이 세 배로 증가했다. 20세기에는 이 수치가 서른다섯 배로 뛰어올랐다. 1950년 이후에는 산업 생산량이 폭발적으로 증가해 20세기 전반기보다 두 배의 속도로 성장했다. 변화의 속도는 늘 그렇듯 1953년부터 1973년 사이의 세계 산업 생산량이 1800년부터 1950년까지의 산업 총생산량에 맞먹는 정도였다. 1990년대 즈음에 세계경제의 연간 성장률은 2년마다 한 번씩 세계의 생산량에 1900년대의 세계 총생산량을 더한 것과 같은 속도로 올라갔다.

세계적으로 산업화가 진행되는 속도는 고르지 않았다. 앞서 보았듯이 19세기에는 근본적인 변화가 발생했다. 인도와 중국, 서유럽은

1750년대에 대략적으로 같은 위치에서 출발했지만 19세기 말엽에는 거대한 차이가 벌어지며 미국과 서유럽이 세계 산업 생산량의 10분의 9 이상을 배출했다. 이 비율은 1930년대에 소련이, 그리고 1945년 이후에 일본과 동유럽이 산업화를 맞으며 줄어들었지만, 이른바 아시아의 '신흥공업국'이 미치는 영향은 미미할 뿐이었다. 순전히 경제 규모로 영향력을 떨쳤던 국가 중 하나는 중국이었다. 1990년대 무렵에 세계 산업 생산량의 4분의 3을 배출했던 국가는 7개국, 즉 미국과 러시아, 일본, 중국, 독일, 프랑스, 영국이었다. 나머지 생산량의 대부분은 다른 서유럽 국가들, 즉 스웨덴과 벨기에, 네덜란드, 이탈리아가 담당했다. 그 외의 국가들이 미치는 영향은 세계적인 관점에서는 극미했으나 그들 나름의 경제와 사회 안에서는 극히 중요했다. 신흥공업국들 중 브라질의 산업 경제는 비록 세계 산업 생산량의 2퍼센트에도 기여하지 못했지만 개중 가장 중요했다. 한국과 타이완은 1퍼센트에 미치지 못했다. 라틴아메리카와 특히 아프리카 국가들이 20세기 세계 산업 생산량에서 차지하는 몫은 19세기에도 그랬듯이 더 줄어들었다.

산업 생산량이 증가하면서 광물 채취량도 증가할 수밖에 없었다. 1900년에서 1960년까지 채취된 금속의 양은 1900년 이전 인류 역사를 통틀어 채굴한 금속의 양보다 더 많았다. 이후로도 20세기가 저물 때까지 수요는 꾸준히 증가했고 이 한 세기 동안 세계 금속 소비량은 열여섯 배가량으로 증가했다. 어떤 금속은 특히 더 많은 양이 소비되었다. 전기 산업과 자동차 생산에서 구리는 절대적으로 필요한 원료였다. 1890년대에 세계의 구리 채굴량은 연간 약 15만 톤이었는데 1990년대에는 연간 900만 톤을 상회했다. (주로 강철을 더 단단하게 만드는 데 사용하는) 니켈 생산량은 예순 배 이상으로 증가했다. 금속 채굴량이 증가한 이유는 한편으로 기술 향상으로 등급이 낮은 광석들도 이용할 수 있게 된 덕분이었다. 19세기에 산업적으로 이용할 수 있는 구리 광석의 품질 한계는 약 3퍼센트였지만 한 세기 후에 이르면 0.35퍼센트까지 낮아졌다. 하지만 이러한 광석을 이용해 1톤 분량의 구리를 얻으려면 300톤이 넘는 바위를 분쇄하고 운반하고 연마한 다음에 나머지를 폐기 처분해야 했다. 이러한 공정에 들어가는 에너지의 양은 어마어마했다. 20세기 후반기 즈음에 미국 에너지 소비량의 5분의 1은 광물을 채취하고 가공하는 데 들어갔다.

산업 생산량과 광물 채굴량이 급격히 증가하고 전기 소비량은 그보다 더 큰 폭으로 뛰어올랐으며 자동차 이용률도 크게 상승했다. 이 모든 현상을 가능케 한 것은 에너지 소비량의 증가였다. 20세기 동안 세계의 에너지 소비량은 서른 배 이상으로 증가했다. 19세기는 석탄의 시대였고, 석탄이 아니었다면 산업 생산량도 늘기 어려웠다. 석탄은 1890년대에 세계 에너지의 10분의 9를 공급했는데, 한 세기 후에는 석탄의 총생산량이 여섯 배로 증가했지만 에너지 공급에서 차지하는 비중은 3분의 1 밑으로 감소했다. 20세기는 또 다른 화석연료, 즉 석유의 시대였다. 세계의 석유 채취량은 1890년의 연간 1000만 톤에서 한 세기 후에는 연간 30억 톤 이상으로 뛰어올랐다.

메소포타미아의 초창기 사회에서는 땅 위로 배어 나온 석유를 채취해 주로 역청 형태로 선박의 틈새를 메우는 용도나 약용으로도 사용했다. 19세기 중반이 되어서야 상업에 이용할 수 있는 규모로 석유를 채취하고 개발하는 작업이 시작되었다. 세계 최초로 상업 목적의 석유가 채굴된 곳은 1859년 펜실베이니아의 드레이크 유정(Drake well)이다. 처음에 석유 수요를 불러일으킨 요인은 두 가지였다. 첫째, 고래기름이나 식물성기름 같은 윤활유는 새로운 산업 기계류의 수요를 충당하기에는 부적합했다. 둘째, 고래기름은 날로 공급이 달렸기 때문에 석탄을 원료로 한 도시가스가 공급되지 않는 지역의 가정이나 산업 분야에서는 조명등을 이용하기 어려웠을 뿐 아니라 비용도 많이 들었다. 처음에는 세계 석유의 5분의 4 이상이 등유로 정제되어 조명용 기름으로 쓰였고 나머지는 대부분 산업용 윤활유로 들어갔다. 기름 연소 요로(窯爐)가 개발되면서 20세기의 첫 10년 동안 연료유가 석유산업 생산량의 절반 정도를 구성했다. 1910년만 해도 세계 에너지 공급원 중 석유가 차지하는 비중은 5퍼센트밖에 되지 않았다. 아직까지 석유보다는 나무가 훨씬 더 중요한 연료였다. 자동차 산업의 발달로 석유 수요가 증가한 것은 얼마 후의 일이었고, 1930년대에 이르러서야 가솔린(휘발유)이 석유산업의 주요 생산품이 되었다.

1930년대 말엽에 석유는 미국에서 주요 에너지원으로 석탄을 대신했고, 오클라호마와 텍사스에서는 상대적으로 저렴한 석유 매장지가 발견되었다. 미국은 세계 석유의 주요 생산국이었고,(1920년부터 1950년까지 미국의 석유 채굴량은 세계 석유 생산량의 절반 이상을 차지했다.) 그다음은 베네수엘라였다. 그러나 세계 석유 무역은 규모가 작았다. 채굴된 석유의 절반 이상은 채굴한 국가에서 소비되었다. 이는 한편으로 서유럽이 아직 자체적으로 채취한 석탄에 거의 전적으로 의존했기 때문인데, 1950년에도 아직 석탄이 에너지 수요의 90퍼센트를 충당하고 있었다. 1950년 이후의 20년 동안 서유럽은 빠르게 변해 소비 에너지의 3분의 2 이상을 저렴하게 수입한 석유에 의지했다. 그 결과 탄광이 대거 폐쇄되며 19세기를 장식했던 양상에 중요한 전환을 가져왔다. 동시에 미국 역시 세계 석유 생산량에서 차지하던 비중이 절반에서 5분의 1 수준으로 줄어들어 석유를 대량으로 수입하기 시작했다. 이러한 석유 대부분을 수출하는 국가는 채굴량이 빠르게 증

세계 에너지 소비량 백분율

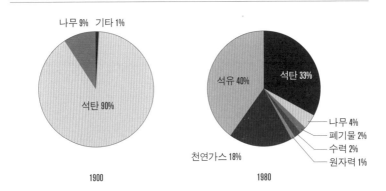

1900   1980

세계 석탄 소비량(단위: 100만 톤)

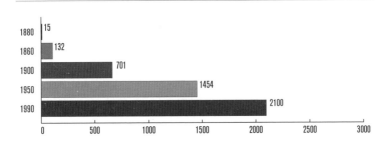

세계 석유 소비량(단위: 100만 톤)

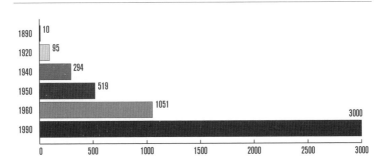

가하던 이라크와 이란, 페르시아만, 사우디아라비아였다. 1950년에 이 지역에서 공급했던 석유의 양은 세계 생산량의 10분의 1에 미치지 못했으나 1970년대 초엽에는 3분의 1에 달했고, 세계에서 확인된 석유 매장량의 3분의 2가 이 지역에 집중되어 있었다. 1970년대 이후에는 석유 채굴 지역이 알래스카와 북해처럼 기술적으로 다소 힘겨운 곳들로 옮겨 갔다.

세계의 유전을 개발해 발생한 중요한 부산물은 에너지원으로서 점점 증가하는 천연가스였다. 20세기 초엽부터 미국의 유전 인근에서 국지적으로 사용되던 천연가스는 압축 상태로 원거리 수송을 가능케 한 배관 기술이 발달하면서 널리 이용되기 시작했다. 이 기술은 1930년대에 미국에서 실현되었지만 서유럽에서는 네덜란드의 흐로닝언(Groningen) 가스전과 북해 매장지가 개발되면서 1960년대부터 널리 상용되었다. 뒤에 시베리아에서 거대한 가스전이 개발되었고 이곳 생산량 중 많은 부분이 서유럽으로 수송되었다. 20세기 말엽에 천연가스는 세계 에너지 소비량의 5분의 1을 차지했다.

19세기와 20세기의 에너지 역사는 재생 불가능한 화석연료, 즉 석탄과 석유, 천연가스의 점증하는 소비를 특징으로 했다. 그 외의 실질적인 대안에 기여한 기술은 두 가지가 있었는데, 수력전기와 원자력이었다. 수력전기는 20세기 초엽에 꾸준히 이용되다가 1920년대 말엽에 정점을 찍으며 세계 전력의 약 40퍼센트를 공급했다. 그 후로는 조금씩 내리막길을 걸었고 20세기 말엽에 와서는 세계 에너지 소비량의 약 2퍼센트를 구성했다. 1950년대에 개발된 원자력은 원자폭탄 생산에서 파생된 상품이었다. 원자력을 옹호하는 사람들은 원자력이 매우 저렴한 전기를 공급할 것이라고 주장했지만 이 기술은 실패로 드러났다. 안전 문제와 열악한 설계 문제가 끈덕지게 따라다녔고 원자력발전으로 얻은 전기는 기존의 에너지원에서 얻은 전기보다 전혀 저렴하지 않았다. 20세기 말엽에 원자력발전소 쉰 곳 이상이 이미 문을 닫았으며 세계 에너지 소비량의 약 1퍼센트를 공급하는데 그쳤다.

19세기 초엽까지 재생 가능한 에너지원, 즉 사람과 동물, 바람, 물, 나무 등은 세계 에너지 수요의 거의 전부를 공급했다. 20세기 무렵에 세계 에너지 소비량은 과거 모든 인류 사회를 지배했던 것과 완전히 다른 양상을 보여 주었다. 인류는 에너지의 90퍼센트 이상을 화석 연료에서 얻었다. 20세기 말엽 세계의 연간 석탄 소비량은 1800년보다 280배 더 증가했고, 매년 사용되는 석유의 양은 19세기 말과 비교할 때 300배 더 많아졌다. 이 시기 동안 세계의 에너지 소비 양상은 매우 불공평했다. 1929년에 이미 평범한 미국인이 사용하는 에너지의 양은 세계 평균의 일곱 배가 넘었다. 20세기 말엽 세계 인구의 5퍼센트를 차지하는 미국은 세계 에너지 소비 총량 중 3분의 1을 사용했다. 다수의 세계 인구는 여전히 나무와 소똥 같은 유기 연료에 의존했고, 인도에서는 이러한 연료가 소비되는 전체 에너지 중 90퍼센트를 차지했다.

23.5 도시화

[이전의 도시화 ☞ 20.11.2]

19세기 서유럽과 미국의 산업화는 인구 네 명 중 세 명이 도시에 거주하는 최초의 완전한 도시 사회를 만들었다. 하지만 전 세계적으로 이런 경향은 아직 작은 흐름이었다. 1900년에는 고작 1억 6000만 명, 즉 세계 인구의 10퍼센트가 도시에 거주했다. 20세기는 중요한 세 가지 흐름을 큰 특징으로 한다. 산업국가들 내에서의 도시 성장의 확산과 나머지 세계 지역들에서의 도시화, 거대 도시의 발달이 그것이다. 20세기 말엽에 역사상 처음으로 세계 인구의 과반수가 도시에 거주했다.

서유럽과 미국에서 도시에 거주하는 인구의 비율은 20세기 중엽에 들어 낮아지기 시작했다. 런던은 1950년대부터 이러한 흐름이 감지되었고 10년 만에 영국 전체의 도시인구는 완만히 감소하는 추세가 지속되었다. 파리는 1968년에서 1975년 사이에 인구의 10분의 1 이상을 잃었다. 도시의 외연은 계속 확장되었다. 파리와 도쿄 같은 도시에 새로운 철도망이 건설되면서 연동된 현상이었지만 무엇보다 자동차 이용이 증가한 결과이기도 했다. 1980년대 무렵에 뉴욕 도시권 (urban area)은 규모 면에서 60년 전보다 다섯 배 이상으로 커졌지만 인구는 두 배로 증가하는 데 그쳤다. 그보다 더 큰 도시 스프롤 현상이 도쿄와 네덜란드 란스타드(Randstad: 로테르담과 헤이그, 암스테르담, 위트레흐트 등을 포괄하고 영토의 12분의 1 정도 면적 안에 네덜란드 인구 3분의 1이 집중된 거대 광역 도시권이다.)에 만들어졌다. 미국 동부 연안 지역에는 보스턴부터 워싱턴까지 이어지는 거대 도시 지대가 형성되어, 미국 영토의 2퍼센트도 되지 않는 이 지역에 미국 인구 4분의 1이 모여들었다. 매일 도로와 철도를 이용해 도시 중심지 안팎으로 수백만 명이 이동하는 사회적·경제적 비용은 어마어마했다. 어떤 도시들은 사실상 자동차로 뒤덮였다. 20세기 중엽부터 로스앤젤레스 중심부의 3분의 2는 거리나 고속도로, 주차장 또는 차고의 형태로 자동차에 전용되었다. 자동차가 증가하자 교통 혼잡은 일상이 되었고 이동 시간은 19세기 말엽의 마차 시대보다 별로 나아진 것이 없었다. 1907년에 뉴욕 시내를 달리던 차량들의 평균속도는 시속 11마일을 약간 넘겼는데, 1980년대에는 시속 6마일까지 떨어졌다.

1900년에 세계 도시인구의 3분의 2는 유럽과 미국, 오스트레일리아에 집중되어 있었다. 1975년 무렵에는 최초로 세계 도시인구의 과반수가 주요 산업국가들 외의 지역에 거주했다. 20세기 말엽에는 그 수가 인구 3분의 2를 넘어섰다. 나머지 세계의 도시화는 산업화와 관련이 없었고, 실제로 도시 성장률은 산업화가 가장 뒤늦은 국가들에서 가장 높게 발생했다. 평균적으로 도시인구는 19세기 산업국가들의 인구 성장률보다 두 배 빠르게 증가했고, 어떤 경우에는 그보다 더 빨랐다. 나이지리아 라고스의 인구는 1931년에 12만 6000명에서 50년 후 500만 명으로 증가했다. 케냐 나이로비의 인구 성장 속도는 더 빨라서 1906년에 1만 1500명이던 인구가 1982년에는 100만 명까지 올라갔다. 이러한 인구 성장은 대부분 농촌 지역의 인구 이주에서 비롯되었다. 19세기의 유럽과 달리 보건 의료 같은 많은 시설이 시골보다 도시에 훨씬 발달되어 있었기 때문이다. 정치적인 이유들 때문에 도시는 식량 공급 형편도 더 좋았다.(서커스만 없을 뿐 2000년 전의 고대 로마와 상당히 비슷했다.) 하지만 도시환경은 극도로 열악한 면도 있었다. 1990년대에 인도에서는 15만 명의 주민이 무주택자로 거리에 나앉았다. 직장이 있어도 집을 살 돈이 없는 사람이 많았기 때문이다. 도시는 엄청난 인구 유입에 대처해 공공 기반 시설을 짓지 못했고, 새로 유입된 도시 거주자 대부분은 방대하게 형성된 불법 빈민 지역에서 생활했다. 에티오피아의 아디스아바바와 카메룬의 야운데(Yaounde) 같은 도시들도 인구 열 명 중 아홉 명 이상은 생활상이 비슷했다.

세계의 도시들은 20세기에 더 거대하게 성장했다. 1890년에는

도시에 거주하는 세계 인구 백분율

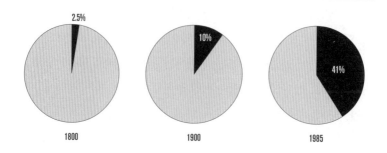

2.5%

1800

10%

1900

41%

1985

도시에 거주하는 인구의 수(단위: 100만 명)

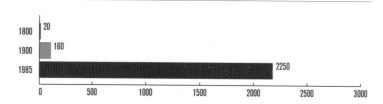

인구 100만 이상인 도시의 수

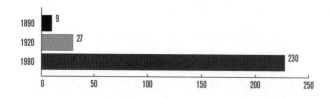

전 세계에서 인구 100만 명 이상인 도시가 아홉 개밖에 없었고, 인구 200만 명이 넘는 도시는 런던과 뉴욕, 파리뿐이었다. 1920년 무렵에는 스물일곱 개 도시에 각각 인구 100만 명 이상이 거주했고 400만 명이 넘는 도시도 뉴욕(800만 명)과 런던(720만 명), 파리(490만 명), 도쿄(400만 명), 베를린(400만 명) 등 다섯 곳이나 되었다. 1960년 무렵에는 인구 400만 명 이상인 도시가 열여섯 개였고 그중 뉴욕(1410만 명)과 도쿄(1350만 명)가 가장 컸다. 1980년대 즈음 인구 100만 명 이상인 도시는 전 세계 230여 곳이 되었다.(한 세기도 안 되어 스물다섯 배로 증가했다.) 여덟 개 도시는 인구 1000만 명을 넘겼고, 뉴욕과 도쿄, 두 도시는 인구 2000만 명을 넘겼다. 이 거대 도시들은 과거의 산업도시들과 판이하게 달랐다. 산업 활동의 중요성은 떨어지고 금융과 은행업, 기타 관련 활동 등의 3차 산업이 부상하는 등, 도시에는 사회에 일어난 더 많은 변화들이 반영되었다. 도시는 성장하는 세계무역 및 금융 경제 안으로 단단하게 결속되었고, 전 세계의 거대 도시들은 자국 내 다른 지역들과의 접촉보다 다른 거대 도시들과의 교류가 더 활발했다.

23.6 세계화

23.6.1 무역과 금융

세계사에서 중요한 흐름 중 하나는 서로 다른 사회들 사이의 무역이 점점 더 중요해지고, 금융 및 신용거래가 좀 더 정교한 형태로 발달해 무역을 뒷받침했다는 점이다. 이러한 발달들은 거의 전부

세계 여러 국가와 제국들의 통제를 넘어서며 이루어졌다. 20세기에
도 이런 추세는 상상을 초월한 규모로 끊임없이 이어졌다. 과거에 건
설된 임시적인 구조들 속에서 진정으로 세계적인 경제 체제가 등장
했다. 세계무역이 증가하고 복잡한 세계 금융 구조가 발달했다. 다국
적기업의 역할과 생산 및 서비스 모두에서 서로 연계된 국제화도 점
점 중요해졌다. 농업경제에서 산업 경제로 이행했던 사회가 계속해
서 '탈공업화' 경제로 건너가는 과정에서 서비스산업은 세계 어디서
든 중요한 위치로 부상했다. '탈공업화'는 농업과 산업의 양자에서 생
산성이 크게 향상된 결과였다. 1990년대에 미국의 공장노동자 1인당
생산량은 20세기의 출발점에 있을 때보다 여섯 배로 증가했다. 1인당
생산성 향상은 곧 다른 경제 부문, 이를테면 금융업과 광고업, 관광
산업, 교육산업, 보건 산업 등에서 고용할 수 있는 인력이 훨씬 더 많
아졌다는 뜻이었다. 이러한 이행의 엄청난 규모는 1900년에 산업 경
제를 이룬 국가들에서 농업 생산량이 전체 생산량의 3분의 1을 차지
하고 산업 분야가 그보다 조금 더 많은 양을 생산했다는 사실을 통
해 추측할 수 있다. 20세기 말엽에 농업 생산량이 크게 증가하고 산
업 생산량은 그보다 더 크게 늘었지만, 총생산량에서 차지하는 비중
은 농업이 불과 3퍼센트에 산업이 약 35퍼센트였고, 나머지 60퍼센
트 이상이 서비스산업의 몫이었다.

20세기에 세계경제는 연속적 양상으로 발전하지 않았다. 1914년
부터 1918년까지 벌어진 제1차 세계대전과 1939년부터 1945년까지
벌어진 제2차 세계대전의 기간에, 그리고 1930년대의 대공황 기간
에 단절기가 찾아와, 여러 국가는 자급률을 늘리는 정책을 선택하거
나 어쩔 수 없이 그렇게 내몰리기도 했다. 1950년까지 세계무역은 연
간 1퍼센트 남짓 성장했다. 총생산량의 증가율보다 낮은 수준이었다.

1950년 이후 세계무역은 연평균 6퍼센트 이상 성장하며 생산량 성장보다 더 빠른 양상을 보였다. 1990년 무렵에 세계무역은 1950년 당시보다 열두 배 이상으로 증가했고 세계의 제화 및 서비스 산출량 중 약 5분의 1이 무역 상품으로 거래되었다. 하지만 세계무역은 여전히 (일본을 포함해) 19세기에 산업화 과정을 시작한 국가들이 지배하고 있었다. 이들 국가들은 1900년에 전체 무역 중 4분의 3을 장악했고 한 세기 후에도 거의 변함없는 지위를 유지했다. 그러나 무역의 성격은 현격히 변화했다. 식량 무역은 1900년에 전체 무역의 4분의 1을 차지하던 것이 10분의 1 미만으로 떨어졌고,(실거래량은 크게 증가했다.) 공산품 무역은 두 배로 뛰어올라 전체 무역량의 4분의 3을 차지했다. 일반적으로 주요 산업국가들은 원료 수입과 무역에 점점 더 의존도를 높이며 엄청나게 증가한 산업 생산과 소비를 지탱하게 되었다. 1950년까지 이들 국가는 연간 100만 톤의 철광석을 수입했을 뿐이었지만 1990년 즈음에 서유럽의 순수입량은 6500만 톤이었고 일본은 7500만 톤이었다. 1950년까지 서유럽은 에너지(석탄)를 수출하기만 했으나 1973년 무렵에는 필요한 에너지의 양 중 40퍼센트 이상을 수입했다. 세계무역은 19세기 후반부에 점점 더 지방으로 분할되었다. 북아메리카에서 지역 내 무역은 1950년대에 25퍼센트였던 것이 1990년대에는 거의 40퍼센트 가까이 증가했는데, 당시 미국에서 제조한 수출품 중 4분의 1은 단 한 국가, 즉 캐나다로 들어갔다. 1950년대에 유럽 경제공동체(European Economic Community: EEC)가 탄생할 수 있었던 것도 회원국들 사이에서 3분의 1도 되지 않던 무역 비율이 3분의 2 이상으로 증가한 덕분이었다.

과거에도 그랬듯이 국제경제는 여러 주요 메커니즘에 좌우되었다. 거래를 하는 데는 상호 인정된 통화 단위가 필요했다. 과거에는 보통 금화와 은화가 그러한 통화로 역할을 했기 때문에 서유럽의 경우 아메리카 대륙의 자원을 장악해야 아시아와의 거래를 위한 자금을 조달할 수 있었다. 20세기에 들어서도 상당 기간 같은 상황이 유지되었지만, 파운드화와 뒤이은 달러화 등 개별 통화들이 중심적인 역할을 수행하기도 했다. 결국 개인 경제에서와 같이 지폐가 자산으로서 주화를 대체했고,(기원후 1000년 무렵에 중국이 먼저 이와 같은 제도를 시행했다.) 국제경제에서도 무형자산과 ('특별인출권(Special Drawing Rights)' 같은) 완전한 인조 자산이 금과 외화보유고를 대신해 금융거래를 원조하는 수단이 되었다. 국제 체제에는 국가별로 흑자나 적자가 누적됨에 따라 무역(따라서 통화) 불균형을 해결하기 위한 장치도 필요했다. 과거에는 물품 교환을 할 수 없을 경우 경화로 지불을 대신해야 했다. 경화가 바닥나면 거래는 대체로 중단되었다. 국제경제는 국가별 통화 가치의 변화에도 적응해야 했다. 과거에는 화폐 가치가 너무 많이 떨어지면 아무도 그 화폐를 받지 않았다. 각 국가들은 국제경제 체제 안의 최소한의 규칙에 따르며 필요에 따라 국내 경제정책도 조절해야 했다. 과거에는 선택의 여지가 거의 없었지만, 이제 어떤 국가들, 특히 미국은 운신의 폭이 훨씬 커져 있었다.

1914년까지 세계의 무역을 지배하는 지역은 유럽이었는데, 이는 한편으로 미국이 거의 완전한 자급률을 자랑했기 때문이다. 이 시기에 1차 생산물(식량과 광물) 무역은 총 무역량의 3분의 2를 차지했다. 19세기 중엽부터 세계의 무역량과 통신 기반 시설들이 증가하면서 다각적 결제 네트워크(multilateral payment network)가 발달해 금과 은이 실제로 오가야 할 필요가 감소되었다. 하지만 이러한 네트워크에 포괄되는 세계무역은 전체의 4분의 1밖에 안 되었고, 이와 같은 체제를 규제하는 제도적 장치도 마련되지 않았다. 단일한 국제금융 제도도 존재하지 않았다. 19세기 말엽에 유럽 국가 대부분과 북아메리카는 자국의 화폐로 금본위제도를 채택했지만 세계의 많은 지역, 즉 중국과 라틴아메리카, 아프리카 대다수 지역은 은본위제도를 유지했다. 런던의 금융가의 금융기관들은 세계 금융의 중심지로 기능하며 세계 최대 무역 국가로서 영국의 위상을 반영했고, 해외의 최대 투자 재원으로서 영국의 역할과 영국 금융기관의 전문성과 지속성 등도 보여주었다. 실제로 금은 국제적 부채를 정산하고 금융거래를 지불하는 용도로 이용되지 않았다. 이런 용도로 이용되는 수단은 파운드화 환어음이었다. 이런 메커니즘이 가능한 것은 파운드화를 금으로 쉽게 교환할 수 있는 통화 태환성 덕분이었다. 문제는 영국이 보유한 금의 양이 세계 금 보유량의 5분의 1 수준이라는 점이었다. 이 정도 양으로는 모든 거래를 뒷받침하기에 부족했다. 이 제도가 지속될 수 있었던 데는 몇 가지 우연한 이유가 존재했다. 영국은 인도의 지원을 장악한 덕에 만성적인 무역 적자를 일부 상쇄할 수 있었다. 그리고 금융이나 해운 활동, 보험 등 '무형'의 품목에서 상당한 흑자를 내면서 종합적인 흑자를 창출했고, 대체로 이 구조는 해외투자를 통해 국제 체제 안에서 재생산되었다. 이렇게 영국은 세계 금융 체제를 유지할 수 있었다.

세계경제 체제는 1914년부터 1918년까지 전쟁 기간에 난파했다. 군수품을 공급하느라 영국의 국가 부채는 열한 배로 증가했고, 특히 미국에 어마어마한 빚을 지게 되었다. 독일이 무는 배상금으로 연합국이 영국에 부채를 갚고 영국은 그 돈으로 미국에 빚을 상환해 체제를 재건하고자 했지만 1920년대 초엽에 그만큼 많은 배상금을 집행할 수 없다는 사실이 명확해지면서 그러한 시도는 무위로 돌아갔다. 1919년 무렵에 미국은 세계 금 보유량의 거의 45퍼센트를 소유했고 영국이 가진 금은 10퍼센트도 되지 않았다. 자연히 미국은 소생하는 세계 금융 체제의 중심에 섰지만, 미국이 관세를 계속 상향 조정하자 유럽 국가들은 부채를 상환할 수 있을 만큼의 달러화를 벌 수 없었다. 영국은 세계 금융의 중심이 되고자 애썼지만 금 보유량 부족으로 좌절을 겪었고, 1925년에 정상 상태로의 회복을 상징하는 의미에서 1914년 이전의 환율로 복귀하기로 결정하면서 상황만 더 악화시켰다. 파운드화가 과대평가되어 영국의 수출 사정만 더 어려워지고 국가적 입지도 더 약해졌던 것이다.

세계 금융 체제는 1929년의 대공황 시기에 결국 와해되었다. 미국 주식시장이 붕괴하면서 별다른 규제 없이 부실하게 운영되던 여러 은행이 문을 닫았다. 1929년에서 1932년 사이에 미국의 국내 총생산은 거의 3분의 1 가까이 감소했고 실업자의 수는 전체 노동력의 4분의 1에 달했다. 문제는 국제금융 체제 안으로 확대되어 독일과 오스트리아에서도 은행들이 잇따라 문을 닫았다. 그중에서도 최악의 위기를 맞은 곳은 라틴아메리카였다. 라틴아메리카는 수출이 3분의 1 정도 급감하고 수입은 3분의 2나 하락했다. 이 지역 국가들은 거의 전부 부채를 변제할 수 없었다. 국가별로 취한 조치들, 특히 1929년 미국의 관세 급등은 상황을 더 악화시키며 세계무역과 금융 구조를 무너뜨렸다. 1931년 9월에 영국은 금본위제를 포기했고 다른 나라들도 1932년을 넘기기 전에 영국의 뒤를 밟았다. 세계경제 회의(The World Economic Conference)는 1933년 6월에 출범하자마자 곧 무너졌고, 프랑스를 필두로 30여 곳이 넘는 국가가 수입에 물리적 할당량을 부과하기 시작했다. 곧이어 지역별 무역협정이 연달아 체결되었다. 도나우 그룹(헝가리, 루마니아, 유고슬라비아, 불가리아)과 1934년의 로마 협정(이탈리아, 오스트리아, 헝가리), 오슬로 그룹(북유럽 국가들 및 베네룩스 3국) 등이 있지만 가장 중요한 협정은 1932년에 체결된 오타와 협정으로 영국의 제국 특혜관세 제도가 확립되었다. 어떤 지역들은 정상적인 무역 메커니즘이 완전히 박살났다. 1932년에 헝가리와 체코슬로바키아의 무역은 달걀과 석탄을 교환하는 정도로 축소되었다. 동시에 파운드화와 달러화, 엔화에 기초한 일련의 통화 블록이 등장했고 유럽에는 두 개의 블록이 만들어져 하나는 독일이, 다른 하나는 벨기에와 프랑스, 네덜란드, 스위스 등 금 블록이 지배했다. 국제무역은 1938년의 영미 협정처럼 이들 블록 간의 복잡한 합의를 통해 이루어졌다.

1944년부터 1946년까지 전쟁에서 승리한 연합국 측은 세계 역사상 처음으로 국제금융 체제를 고안했다. 국제통화기금(International Monetary Fund: IMF)을 중심으로 금융 체제를 관리하고 유동성을 제공하며 국제수지 적자인 국가들을 원조하려는 목적이었다. 당연히 여기에는 세계 제조 상품의 과반을 공급하고 세계 금 보유량의 과반을 보유한 미국의 이해가 반영되었다. 사실상 이 체제는 처음 제안대로 운영된 적이 한 번도 없고 애초의 목적도 대부분 달성하지 못했다. 1950년대 말까지 IMF는 거의 소멸 직전 상태에 놓였다. IMF 체제하에서는 미국의 엄청난 무역 흑자 탓에 달러화가 '희소 통화'로 규정되어야 했기 때문이다. 미국은 세계 수출의 3분의 1을 책임지고 있었지만 수입은 10분의 1 수준이었다. 다른 국가들은 따라서 미국으로부터의 수입에 통제를 부과해 균형을 바로잡아야 했지만 미국은 그러한 제재를 수용할 준비가 되어 있지 않았다. 유럽 국가들은 독자적인 통화 지불 동맹을 갖고 있었고 영국은 파운드화 블록을 유지했다. 이 블록 안에서는 파운드화가 자유롭게 이동할 수 있었지만 모든 대외적 지불에 대해서는 (런던에서 규제하는) 단일 계좌만 허용되었다. 세계 금융 체제는 1950년대 이후 몇 년 동안은 의도대로 가동되었지만, 그 후로는 유럽의 수출이 회복되고 미국의 해외 군비 지출이 급속히 늘어나 어마어마하던 미국의 국제수지 흑자가 사라졌다. 1958년부터 1961년 사이에 마침내 통화 태환성이 완전히 실현되고 달러화는 국제적으로 합의된 금 가격에 고정되었다.

10년 만에 이 체제는 무너졌다. 미국은 다른 국가들이 적용받는 규율을 받아들일 준비가 되어 있지 않았다. (특히 1965년 이후 베트남전을 확대하면서) 해외 군비 지출이 늘어남에 따라 미국의 무역 적자도 계속 이어진 탓에 세계무역 시장에 달러화가 많이 풀렸고 다른 국가들도 달러 보유고를 크게 쌓을 수 있었다. 1960년대 말엽에 이렇게 축적된 달러는 미국의 금 보유량을 넘어섰고 전체 금융 체제는 미국에 대한 '신뢰'에 의존했다. 하지만 미국은 지폐를 찍어 내 지정학적 정책들을 지원하고 국내 소비를 올리는 쪽을 택했다.(이와 동시에 영국은 세계 경제 체제에서 극히 제한된 역할조차 유지하기 어려웠다. 파운드화는 1967년에 평가절하되면서 세계 금융 체제 안에서 그 역할을 다했다.) 금의 양은 급증하는 세계무역을 지원하기에는 부족했으므로 IMF는 인조 자산(특별인출권)을 만들어야 했다. 전후 체제는 결국 1971년에 붕괴했다. 미국은 달러화를 금으로 교환할 수 있는 통화 태환성을 포기하고 수입에 과징금을 부과했다. 1년 후에 달러화는 다시 한번 평가절하되었고, 세계의 통화들을 규제하고자 했던 모든 시도는 중단되었다.

세계 역사를 통틀어 각각의 모든 정부와 통치자들이 상인과 금융가의 활동을 쉽게 통제할 수 있었던 적은 한 번도 없었다. 이와 같은 현상이 이제는 국제적인 규모로 재현되기 시작했다. 1970년대 초엽부터 각 산업국가의 정부는 세계 금융 체제를 규제하려는 시도들을 점차 내려놓았다. 이런 추세는 1960년대 초엽에 미국의 금융 적자가 증가하고 유럽에 달러 흑자가 발생하면서 처음으로 눈에 띄었다. 규제되지 않은 유로 달러 시장이 런던을 중심으로 발달했다. 이 시장은 1964년에 90억 달러 가치를 형성했고 1960년대 말엽에는 570억 달러 가치에 상당했다. 1973년에서 1974년 사이에 유가가 다섯 배로 뛰어오르자 산유국들로 어마어마한 자금이 흘러들어 가면서 유로 달러 시장도 엄청나게 확대되었다. 이들 국가가 미국에서 자금을 구할 경우 정치적 개입이 따라올 상황을 우려했기 때문이었다. 1981년 무렵에 유로 달러 시장은 6610억 달러 규모로 성장했다. 하지만 미국에는 막대한 국제수지 적자가 계속되었고 1980년 이후로는 (주로 군비 지출 증가 때문에) 연간 약 2000억 달러씩 엄청난 재정적자도 이어져 1990년대 말까지 회복되지 않았다. 세계 금융 체제는 주요 채권국들(독일과 일본)이 기꺼이 미국에 투자하면서 침몰을 면했다. 1982년에 1410억 달러였던 미국의 해외 순자산은 10년 만에 1조 달러의 부채로 탈바꿈되었다. 그리고 그 덕분에 유로 달러 시장은 세 배 이상으로 커져 1980년대 말엽에 2조 8000억 달러 규모를 넘어서며 1960년대 초엽에 비해 서른 배 이상으로 성장했다. 1980년대 초엽에 주요 산업국가들이 모든 외환 규제를 폐지하자 무역 거래 규모는 1979년에 1일 1000억 달러였던 선에서 1990년대 말엽에 1일 1조 5000억 달러로 엄청나게 증가했다. 1980년대에는 1억 달러 상당의 세계 주식시장도 나타났다. 이렇게 시장이 발달할 수 있는 배경에는 주요 무역도시들을 컴퓨터로 연결하는 전 세계 통신 체계의 발달이 있었다. 시장은 더는 물질적 재화들을 거래하는 공간이 아니었다. 이제 시장은 주로 투기적인 성격에 규모도 방대해져 외환시장의 경우 세계무역의 가치보다 여든 배에 달하는 큰 가치를 창출했다. 1980년대 말엽에 런던 유로 달러 시장의 총매출은 세계무역 수준의 스물다섯 배에 달했고 외환시장은 열 배에 이르렀다.

23.6.2 다국적기업

거대한 세계무역의 성장과 복잡한 국제금융 체제의 형성은 규모가 늘고 점점 통합되는 세계경제의 두 가지 측면이었다. 또 하나의 측면은 다국적기업(transnational corporation: TNC)의 성장이었다. 다국적기업은 국가적 정체성은 갖되 자산 및 활동은 범세계적으로 분포하는 특징을 지녔다. 19세기 말엽까지 기업은 국가 중심으로 경영되고 규모가 작았으며 많은 경우 개인이나 한 가문의 지배를 받았다. 산업 생산의 수준이 증가하면서 전문 경영인과 기관 주주를 포함하는 대기업이 성장했다. TNC의 부상은 이러한 추세가 한층 더 나아간 현상이었다. 20세기를 훌쩍 넘어서까지 TNC는 거의 전적으로 특히 석유산업을 비롯한 채취 산업과 농산물에 국한되었다. 일례로 미국인이 소유한 유나이티드 프루트 컴퍼니(United Fruit Company)는 중앙아메리카 여러 국가의 경제(와 정치)를 좌우했다. 주요한 예외는 미국의 거대 자동차 기업 두 곳, 즉 포드와 제너럴 모터스였다. 포드는 1904년에 캐나다 온타리오주의 윈저에 첫 해외 공장 설비를 갖추었고 1911년에 맨체스터에 트래포드 파크 공장을, 1913년에 보르도 공장을 세우면서 유럽으로 이동했다. 1914년부터 1918년까지 전쟁이 끝난 후 포드는 베를린과 쾰른에 새 공장을 신설했고 1931년에는 런던 동부의 대거넘에 거대한 종합 설비를 세웠다. 제너럴 모터스는 공장을 짓는 대신에 1918년에 캐나다 기업 맥러플린을 시작으로 외국 기업들을 사들였고 1926년에는 복스홀을, 1929년에는 오펠을 매입하며 유럽으로 이동했다.

20세기 중엽까지 대부분의 TNC는 비교적 단순한 기업 전략에 따라 개별 국가 시장에서 자회사들의 대체로 자율적인 활동을 허용하면서 이윤을 모회사로 송금하게 했다. 대부분의 TNC는 미국 기업이었는데,(영국은 규모상으로 두 번째였다.) 이들이 활동하는 국가는 소수에 불과했다. 유일한 예외가 거대한 석유 기업인 '세븐 시스터스(Seven Sisters)'였다. 이들 기업은 일련의 반(反)경쟁 조약을 맺은 매우 효과적인 카르텔을 운영했다. 카르텔을 통해 기업들은 페르시아만 같은 지역에서 채취권을 독점하고 완전히 인위적으로 세계 유가를 결정했으며, 1928년 당시와 같이 시장 지분을 유지하기 위한 협약(수요를 확대해 이윤을 증폭시켰다.)을 맺었다. 그리고 초과 생산할 수 있는 원유의 양 및 정제 생산 용량을 균등하게 해서 석유 부문에 시장이 발달하지 못하도록 거래했다. 1949년 무렵에 이들 기업들은 미국과 소련 바깥에 알려진 석유 매장량 중 5분의 4 이상을 차지했고, 원유 생산량의 10분의 9, 정제 용량의 4분의 3, 유조선단의 3분의 2, 그리고 송유관 거의 전부를 소유했다.

1950년대 초부터 외부의 요인들 때문에 TNC의 운영 방식에 변화가 찾아왔다. 제트기가 등장하며 이동이 점점 더 쉬워지고 컴퓨터와 위성 덕에 통신이 빨라지자 중앙에서 통제를 가하고 통합을 기할 수 있는 가능성도 더 증가했다. 전 세계적 마케팅과 생산도 비교적 쉬워졌다. 1960년대 말엽에 TNC의 해외 자회사 설립 비율은 1920년대에 비해 열 배로 높아졌고 독일과 일본, 그리고 20세기 말엽에는 한국에서도 주요 TNC들이 등장하면서 미국 기업들의 지배적 위치도 기울고 있었다. TNC의 주요 활동 부문을 중요도순으로 나열하면 석유화학과 자동차, 가전, 타이어, 제약, 담배, 무알코올 음료, 패스트푸드, 재정 자문, 호화 호텔 등이었다. 이들 기업은 각각의 국가 정신을 지녔지만 기업의 활동은 날로 세계화되었다. IBM과 포드의 자산 중 40퍼센트 이상은 해외 자산이었고 포드와 유니레버, ITT, 필립스 같은 기업들은 직원의 절반 이상이 외국에서 근무했다. 출신 국가의 규모가 작을수록 TNC의 활동은 더 세계화되었다. 스위스와 스웨덴이 합작한 기업 아세아와 브라운 보베리 및 네덜란드 그룹 필립스는 기업 매출의 5분의 4 이상을 해외에서 올렸다. TNC가 성장하고 세계경제가 통합되면서 수반된 현상 한 가지는 생산의 국제화였다. 1960년대 초에 포드는 영국에서 영국 시장에 내놓을 코티나 자동차를 설계하고 만들었다. 20년 후에 코티나를 대체한 에스코트는 유럽 시장을 겨냥해 설계된 다국적 자동차로 세 개 공장에서 조립되었지만, 부품은 열다섯 개 국가에서 제조되었다. 기업들은 또한 세계 각국에서 하청 계약을 맺어 값싼 노동력이나 기타 비용 절감을 꾀했다. 이를테면 '스위스' 시계의 정밀한 구멍 뚫기는 모리셔스에서 이루어졌고 신속한 원거리 통신은 아시아 남동부와 카리브해 연안처럼 임금이 싼 지역들에서 정보처리 산업을 일으켰다.

TNC가 개별 국가 경제에 미친 영향은 헤아릴 수 없다. 어떤 정부도, 서유럽의 산업국가나 미국의 정부라고 하더라도 TNC에 제재를 가할 수 있는 능력은 극히 제한적이었다. 20세기의 마지막 25년 동안에 주요 산업국가들이 만들어 낸 모든 산업 생산품 중 약 4분의 1은 TNC의 작품이었다. 세계무역에서 TNC의 지배적 위상은 훨씬 더 커졌다. 개별 국가 기업이 해외 시장에서 상품을 매매하는 것이 무역이라는 오랜 관념은 이제 구시대의 것이 되었다. 1980년대에 세계무역의 3분의 1은 TNC 사이의 거래로 이루어졌다. 미국과 일본의 수출입 전체에서 절반 정도는 TNC들 간의 매매였다. TNC가 경제적으로 갖는 중요성은 20세기 말엽에 세계 100대 경제적 실체 중 절반

이 국가이고 나머지 절반이 기업이었다는 사실로 미루어 알 수 있다. 엑슨 석유 회사의 총매출액은 모로코 국민총생산의 여섯 배였고, 제너럴 모터스의 총매출은 이집트 국민총생산(GNP)의 두 배였다.

23.7 국가 경제

1900년 이후로 세계의 모든 국가 경제는 인구 성장과 기술 변화, 생산의 증가, 에너지 소비 증가, 세계무역 및 금융 흐름의 상승, 생산의 국제화 등 중요하고도 역사상 유례없는 힘들의 영향력 아래 있었다. 하지만 세계경제를 지배하는 세력은 아직 19세기에 산업화를 이룬 국가들과 예외적으로 부상한 일본이었다. 모든 국가가 과거에 비해 부유해졌지만 산업화가 뒤처진 국가들의 경우 비록 최신 기술을 비교적 쉽게 도입할 수는 있어도 서유럽과 미국 등 산업 강국들이 지배하는 현실을 깨기 어렵다는 근본적인 문제에 봉착했다. 1750년 이후 1900년까지 발달한 전 세계의 부는 막대한 격차가 여전히 존재할 뿐 아니라 더욱 크게 벌어져 있었다.

19세기의 마지막 몇십 년 동안 미국은 가장 앞선 산업 강국인 영국을 추월한 이래 줄곧 자리를 지켰다. 1890년대에 미국은 세계 제조품 생산량의 30퍼센트를 산출했고 1920년대에는 이 비율이 40퍼센트 이상으로 올라갔다. 1930년대에는 다소 흔들렸지만 1950년에는 유럽 국가들이 전쟁의 상흔에서 회복하기 위해 발버둥치는 동안 다시 50퍼센트 가까운 비율로 성장했다. 어느 정도 부침을 겪는 것은 불가피한 일이었겠지만, 미국의 지위는 20세기 후반기에 들어 상당한 정도로 지위가 무너졌다. 1980년대 말엽에 세계 산업 생산량에서 갖는 지분은 한 세기 전 수준으로 돌아갔다. 1950년에는 전 세계 자동차의 4분의 3을 생산했지만 1990년대 초엽에는 5분의 1에도 미치지 못했다. 오랜 기간 이점으로 작용했던 요인들도 감소했다. 미국의 천연자원은 지나친 개발에 시달렸고 비용도 상승한 반면, 서유럽과 일본은 대량 수송 기술의 변화(초대형 광석 석유 겸용선)를 이용해 원가가 저렴한 자원들을 쉽게 구할 수 있었다. 미국 내수 시장의 규모 역시 더는 미국 고유의 자산이 아니었다. 20세기 말엽에는 유럽 연합(European Union: EU) 내부의 시장이 더 컸다.

19세기에 두 번째로 역동적이었던 경제는 독일 경제였다. 두 번의 전쟁에서 패하고 1920년대 초엽에는 재앙과도 같은 인플레이션을 겪었지만 독일은 세계 3대 산업 경제국으로서 자리를 지켰다. 1890년대에 프랑스는 독일보다 훨씬 뒤처져 있었는데, 인구 성장이 더디고 석탄 및 철광석 매장량이 빈약했던 점 등 19세기 산업화의 핵심 요소가 모두 부족했기 때문이다. 하지만 프랑스는 20세기의 새로운 기술과 산업에 빠르게 적응해 특히 1950년대 후로는 독일에 바짝 따라붙을 수 있었다. 이중경제 구조가 두드러졌던 이탈리아(북부는 산업 중심이고 남부는 낙후된 농업 중심이었다.)는 1950년을 지나서까지 다른 주요 유럽 경제 국가들보다 훨씬 뒤처져 있었다. 그 후로는 독일과 프랑스보다 더 빠른 속도로 성장하며 세계에서 가장 성공적인 경제 국가 중 한 곳이 되었다. 주요 산업 경제국들 중 상대적으로 실패에 가까운 사례는 최초로 산업화가 시작되었던 영국이었다. 영국의 성장 속도(19세기 내내 저조했다.)는 계속해서 경쟁 국가들보다 더뎠다. 20세기에는 다른 산업국가들과 동일한 기술적 과도기를 거쳤지만, 영국 경제는 알 수 없는 어떤 이유들로 역동성이 떨어졌다. 1900년 이후에 독일은 세계 산업에서 차지했던 생산량 지분을 유지할 수 있었지만 영국은 감소 추세가 분명하게 드러났고 뒤에 가서는 가파르게 하락했다. 영국은 1900년에 세계 제조품의 20퍼센트를 만들었지만 20세기 말엽 이 비율은 2퍼센트로 감소했고 1980년대 초엽에 영국은 19세기 말에 산업화가 시작된 이래 처음으로 제조품의 순수입국이 되었다.

의심의 여지없이 20세기에 가장 성공한 국가 경제는 일본 경제였다. 19세기 말엽에는 산업화가 진행되고는 있었으나 제한적이었다. 1900년에 인도는 일본보다 제조품 수출량이 더 많았고 1920년대 말엽까지도 일본을 앞서 있었다. 20세기 말엽에 일본은 미국 다음가는 선진 산업국이 되어 있었다. 초기 산업화의 기반은 영국처럼 섬유 산업이었다. 일본은 자국 시장을 장악한 후 중국 시장으로 이동했고 1935년 무렵에는 세계 섬유의 거의 절반을 수출했다. 철강 생산도 증가했다. 1930년대 즈음에 일본은 조선업이 세계에서 세 번째로 발달한 국가였다. 하지만 아직 경제는 완전히 산업화되지 않았다. 노동력의 절반 이상은 여전히 농업과 임업에 종사했다. 1945년의 패배로부터 회복한 이후에도 일본의 GNP는 아직 미국의 15분의 1 수준이었고, 노동력의 40퍼센트가 농업과 관련된 일들에 종사했다. 그 후로 1973년까지 20년 동안 일본은 인류 역사에서는 상당 기간 경험해 보지 못한 속도로 경제성장을 달성했다. 전체적인 성장률은 연간 10퍼센트 정도였지만 산업 생산량은 연 14퍼센트 이상 성장률을 기록했다. 1960년대 말엽에 일본은 세계 최대의 조선업을 보유했고, 세계 두 번째 규모의 자동차 제조 국가였으며, 텔레비전이나 라디오, 카메라, 재봉틀 같은 주요 소비재를 만들어 내는 최대 생산국이었다. 1968년 무렵에 일본은 비(非)공산권 국가 중 세계 두 번째의 GDP 순위를 기록했다.

이렇게 유례없는 성장을 이룰 수 있었던 배경에는 아마도 몇 가지 요소가 뒤섞여 있었을 것이다. 농업으로부터 노동력이 이동했고 최신 기술을 빠르게 채택했으며 투자율도 (미국 투자율의 세 배로) 매우 높았다. 노동력을 철저히 교육했고 노동시간도 길었으며 국내시장을 보호하는 데 주력했다. 모든 산업사회가 그랬듯이 1973년 이후로는 성장률이 낮아졌지만 다른 산업 경제들보다는 여전히 높았다. 20세기의 마지막 사반세기 동안 일본의 근본적인 입지적 변화가 완료되었다. 일본은 초기에 산업화를 이룬 서유럽 국가들을 추월하고 심지어 여러 분야에서 미국의 지배권에 도전장을 내민 최초의 국가였다. 일본의 부상은 세계경제력의 근본적 이행을 예고했다. 1948년에 일본은 세계 산업 생산량의 1.6퍼센트를 차지했지만 1990년대 즈음에는 15퍼센트 가까이 책임졌다. 자동차 생산량은 1960년대에 16만 5000대에 불과했지만 20년 만에 미국을 따라잡고 세계 최대의 자동차 제조 국가가 되었다. 1990년대에 일본은 연간 거의 1000만 대의 자동차를 만들었고 그중 절반은 수출했다. 20세기의 마지막 사반세기 동안 일본은 어느 나라보다 큰 무역 흑자를 달성했고 세계 최대의 채권국이 되었다. 20세기를 지나는 동안 일본의 1인당 GDP는 열다섯 배 가까이로 증가했다. 다른 국가들보다 두 배 빠른 성장세였고 미국보다는 세 배 이상으로 빠른 속도였다.

19세기 말엽의 러시아는 일본보다 산업화는 더 진척되었을지 모르지만 아르헨티나와 오스트레일리아 같은 국가들의 경제적 특성들을 다수 드러내 보였다. 농산품 수출이 많고 주요 산업 대부분이 외국인 소유인 점 등이 그랬다. 러시아는 바쿠(Baku)의 석유산업이 전부 외국인 소유였고 광산업의 소유권도 거의 전부 외국인에게 있었다. 화학 산업의 절반과 철도 대부분도 사정은 같았다. 그럼에도 불구하고 러시아는 빠르게 산업화가 진행되었다. 1890년에서 1914년 사이에 산업 생산량은 연간 약 6퍼센트 성장했다. 하지만 전체적인 산업화의 수준은 19세기 초엽의 영국이나 1860년 무렵의 프랑스와 거의 같았다. 소련 정부는 1928년 이후 강제 산업화에 착수하기로 결정하고 성공을 거두었는데, 집단화 기간에 농민들이(그리고 전체 노동자의 4분의 3이) 치러야 한 희생은 처참했다. 1928년 이후 10년 동안 투자는 두 배로 늘었고 철과 석탄의 채굴량은 네 배로, 발전량은 일곱 배로, 전동공구 생산량은 열일곱 배로 증가했다. 최소한도로 추산해도 소련 경제는 1930년대에 연간 약 12퍼센트 성장률을 달성했고 전체적인 산업 생산량도 네 배로 증가했다. 하지만 문제는 있었다. 소비재 생산량은 성장세가 매우 더뎠고 민간의 소비는 현격히 줄어들었다.(산업화 초기 국면에 있는 여러 국가 경제에서 전형적인 현상이었다.)

엄청난 충격을 던졌던 독소전쟁의 여파를 벗어나자 중대한 경제 문제들이 나타나기 시작했다. 정보가 빈약한 상황에서 국가가 강력한 힘으로 경제를 주도하자 의사 결정에 허점이 많았고, 이런 상황은 관료 체제가 깊이 뿌리를 내리면서 더 악화되었다. 이런 환경에서 역동적으로 반응하고 기술적으로 부응하는 경제를 창출하기란 쉽지 않았다. 소련 경제는 기초 생산재를 만드는 데는 탁월했지만 산업화 후기 단계의 전형인 좀 더 정교한 제품들을 만드는 역량은 비교적 떨어졌다. 소련의 전략적 상황과 방대한 내부 자원들을 고려할 때, 소련 경제는 대외무역 수준이 저조한 자급자족적 흐름 안에 있었다. 산업 생산량의 성장률은 1950년 이후에 조금씩 둔화되어 연간 약 15퍼센트였던 것이 그 4분의 1 미만으로 떨어졌는데, 그래도 아직 여러 서유럽 국가의 성장세와 비슷했다. 전체적으로 러시아 경제 또는 소비에트 경제는 세계에서 세 번째 규모로 성장하지만, 정교함의 수준은 여전히 낮았다. 20세기에 1인당 GDP는 일곱 배 남짓으로 증가했으나,

스페인이나 포르투갈처럼 1890년대에 러시아와 비슷한 위치에 있었던 여러 유럽 국가와 다를 것이 없었다. 하지만 소비에트의 산업화 모형은 자본주의국가들과는 다른 경로를 제시했다는 점에서 중요하게 다루어졌다. 1945년 이후에 동유럽으로 소련의 지배력이 확장되었다는 사실은 동유럽 국가 경제들에 유사한 정책이 시도되었다는 뜻이다.(1945년 이전에 산업화를 상당히 진척시켰던 동유럽 국가는 체코슬로바키아가 유일했다.) 동유럽 국가들 역시 초기에는 1930년대의 소련에 필적하는 높은 성장률을 달성했지만, 소비재와 첨단 기술 부문으로 전환을 시도하는 데서 동일한 문제에 봉착했다. 1945년 이후에 동유럽의 전체적인 성장률은 그리스 등 유사한 국가의 경제성장률과 전혀 다를 바가 없었다.

세계의 다른 지역에서는 터키와 이란, 브라질, 멕시코 같은 여러 국가가 산업 부문들을 발달시킬 수 있었다. 이 국가들은 비록 주요 산업국가들에 비하면 훨씬 뒤처졌지만 다른 국가들, 특히 대다수 아프리카 국가에 비하면 훨씬 앞서 있었다. 19세기 말엽에 이들 국가의 주민들은 거의 대부분이 시골 지방에 거주했고 문맹이었다.(1913년에 터키에는 기계를 이용하는 공장이 단 269개뿐이었고 공장에 고용된 노동자는 1만 7000명에 불과했다. 1948년까지도 이란의 산업 노동자는 고작 4만 명이었다.) 터키는 비교적 성장세가 느렸는데, 주요 천연자원들이 부족한 것도 한 가지 이유였다. 합성섬유 생산과 자동차 조립 같은 근대산업들은 1960년대가 지나서야 발달했다. 1980년대 무렵에 산업 생산은 GDP의 약 4분의 1 수준에 상당했다. 이란은 그보다 더 느리게 발전하다가 1950년대 중엽부터 석유 수익이 증가하자 국가 주도적 산업화 계획을 추진했다. 성장률은 연 11퍼센트 정도로 높았지만 날로 불평등해지는 사회에서 경제성장이 야기한 사회적 긴장감은 샤 체제를 전복한 1979년의 이란 혁명에서 중요한 요인으로 작용했다. 브라질과 멕시코는 1940년대까지 아직 산업화에 착수하지 못했다. 최초의 통합 제철소가 가동되었던 1943년까지 브라질의 철강 산업은 여전히 고철을 녹이는 데 의존하고 있었다. 브라질과 멕시코 모두 국가 주도가 중요한 역할을 했다. 멕시코는 석유산업을 국유화한 1930년대 말 이후에, 브라질은 군사정권이 들어섰던 1964년 이후에 연 10퍼센트의 경제성장률을 달성했다.

1950년 이후 아시아의 네 국가, 즉 한국과 타이완, 싱가포르, 홍콩은 일본의 뒤를 이어 상당한 규모로 산업화를 이루었다. 싱가포르와 홍콩은 처음부터 무역과 서비스업을 기반으로 경제를 건설한 독특한 경우였다. 이들 국가는 넓은 내륙 농촌 지역이 없었고, 따라서 과도기 농업경제에 수반되는 곤란한 문제들을 겪지 않아도 되었다. 홍콩과 싱가포르는 모두 자유무역을 선택했다. 두 나라 모두 내수 시장이 너무 작아 보호할 가치가 없었고 식량을 싼 가격에 수입해야 했기 때문이다. 제조업에서 규모의 경제는 오직 수출을 통해서만 이룰 수 있었다. 한국과 타이완은 둘 다 훨씬 더 복잡한 문제에 얽혀 있었지만 권위주의적 정부가 정치적인 이유로 산업화를 결정하고 국가가 상당한 규모로 개입해 그 과정을 주도했다. 두 나라 정부 모두 (농업 생산성을 높이기 위한) 토지개혁과 광범위한 교육 계획이 산업화에 필수적인 토대라고 여겼다. 1940년대 말엽에 한국은 노동인구의 약 40퍼센트가 아직 문맹이었고, 양 국가의 아동들은 평균 3년 남짓 학교에 다녔다. 40년 만에 재학 기간은 12년 이상으로 늘어나 주요 산업국들의 평균 연수에 접근했다. 1950년대 말부터 한국과 타이완은 비범한 발달의 압축기를 지나 철강 같은 기초산업 분야와 화학 및 자동차 제조업과 같은 좀 더 정교한 산업들, 그리고 마침내 첨단 전자 산업으로까지 거침없이 이동했다. 1960년대까지 타이완에는 제강 공장 하나 없었다. 한국도 1970년대 초까지는 상황이 같았는데, 이 시기 즈음에 국가에서 350만 달러를 들여 해당 산업을 창출했다. 1986년에는 한국인들이 미국 강철 산업의 시설 현대화에 대해 자문을 줄 정도였다. 한국은 1973년에 처음으로 대형 선박을 건조하고 10년 만에 조선업 생산량에서 일본을 앞질렀다. 1990년대 무렵에 한국은 삼성과 금성 (LG) 같은 TNC를 소유했고 서유럽으로 자동차를 수출하기 시작했다. 이들 두 나라의 산업화가 던진 여파는 엄청났다. 1975년에 한국의 1인당 GDP는 아직 과테말라와 거의 같은 수준이었는데, 1990년대에는 포르투갈과 그리스 같은 유럽 국가들과 대등했다. 19세기 말엽에 타이완의 1인당 GDP는 (당시에 영국령 인도의 일부였던) 방글라데시와 비슷했지만, 100년 후에는 당시 GDP보다 열세 배 이상으로 성장했다.

이러한 변화들은 전 세계에 어떤 결과를 불러왔는가? 세계적으로 부의 차등은 19세기에 서유럽과 미국의 산업화와 함께 출현해 20세기에도 사라지지 않았다. 1900년도에 가장 부유했던 국가들은 (부유국 집단 내의 서열 변화는 있었지만) 2000년에도 여전히 최고의 부를 자랑했고, 가난한 국가들은 대체로 여전히 가난했다. 세계의 나머지 국가들도 점점 더 산업화가 되었지만, 부의 차등은 줄어들지 않고 더 커지기만 했다. 1900년에 서유럽 산업국가의 거주민 한 명은 다른 가난한 나라의 거주민 한 명보다 평균 열세 배 정도로 부유했다. 1990년대 말엽에는 약 일곱 배 정도로 부유했다. 이렇게 개괄적인 수치로 드러나는 차이보다 더 큰 격차들도 존재했다. 1990년대 무렵에 미국의 1인당 소득 평균은 콩고의 1인당 소득보다 여든 배 정도로 많았다. 많은 나라가 20세기 말 즈음에 가파른 침체기를 겪었다. 1990년대 중엽에 세계에서 여든아홉 개 국가에 거주하는 사람들은 1980년대보다 더 가난했고, (주로 아프리카 지역에 있는) 마흔세 개 국가의 주민들은 1970년대보다도 더 빈곤했다. 이것은 상대적 빈곤이 아닌 절대적 빈곤이었다.

23.8 오염

[오염의 이전 상황 ☞ 20.11.3]

20세기에 들어 산업 생산량과 에너지 사용량이 엄청나게 증가하면서 오염은 역사에서 찾아볼 수 없는 규모로 발생했다. 19세기의 규제 없는 산업화는 독일의 우르와 벨기에의 림뷔르흐, 잉글랜드의 블랙 컨트리 같은 주요 도시들 및 좀 더 광범위한 지역들에서 심각한 환경문제를 일으켰다. 많은 지역이 산업의 매연과 찌꺼기들로 오염된 황무지로 변모했다. 어디서든 강은 치명적인 화학 폐기물들을 손쉽게 처리할 수 있는 대상으로 여겨져서 생명이 존재할 수 없고 인간에게도 위험한 곳이 되었다. 20세기에 산업화가 세계적으로 확산되자 이와 같은 상황은 많은 지역에서 재현되었다. 특히 산업화에 높은 우선순위를 매겼던 공산주의 국가들의 경우에 더 그랬다. 동독 일부 지역과 보헤미아, 상실레시아는 철강 공장과 금속 산업, 화학 공장 등 질 낮은 갈탄을 이용하는 산업 설비들이 모여 있어 오염 수준이 최악으로 치달았다. 1980년대 즈음에 체코슬로바키아의 모스트(Most) 인근 지역은 아황산가스가 세계보건기구(World Health Organization: WTO)에서 권하는 기준치보다 스무 배 정도로 높게 배출되었고, 학생들은 빈번히 휴대용 인공호흡기를 사용해야 했다. 폴란드의 카토비

체 주변 지역은 생산되는 식량의 3분의 2가 심하게 오염되어 인간이 섭취하지 못할 상태였으며, 물의 4분의 3은 식수로 이용할 수 없었다. 강들의 3분의 1은 생명이 살지 못했고, 비스와강은 부식성이 너무 강해 전체 강 길이의 3분의 2는 공업용으로도 적합지 않았다. 발트해 연안 지역에는 강을 타고 흘러들어 온 독성 물질들 때문에 생물학적으로 죽은 지역이 10만 제곱마일에 이르렀다. 중국 역시 산업화 과정에서 질이 낮고 쉽게 구할 수 있는 갈탄을 사용해 심각한 오염을 초래했다. 주요 산업도시들의 아황산가스 수치는 WHO가 권장하는 수치의 일곱 배로 증가했다. 브라질 상파울루 인근의 쿠바탕(Cubatão)은 지구상에서 가장 오염이 심한 지역이 되었다.

20세기 중엽부터 새로운 산업 공정들이 도입되고 특히 합성 화학 분야의 생산이 크게 증가하면서(1945년 이후 40년 동안 미국의 생산량은 400배로 증가했다.) 극미량으로도 독성이 강한 다양한 화학물질들이 배출되었다. 이러한 화학물질들 중에는 DDT(야생동물들에게 미치는 영향 때문에 결국 산업국가들 내에서는 금지되었다.) 같은 살충제와 유기인산 화합물, 그리고 전기 제품의 절연물이나 색소용제로 사용했던 PCB(과학적으로 발암성이 가장 크다고 알려진 화학물질이다.) 등이 있었는데, PCB는 금지되기 전 40년 동안 널리 사용되었다. 이러한 화학물질들은 환경 속으로 새어 들어가 재앙을 불러올 수도 있었다. 이탈리아의 세베소(Seveso)에서는 화학 공장에서 다이옥신이 새어 나와 7제곱마일이 넘는 지역의 표토 8인치를 들어내야 했고, 인도의 보팔에서는 메틸이소시안 때문에 1만 명이 목숨을 잃고 2만 명이 장애(대부분 실명이었다.)를 얻었다. 1940년대에 미국은 유해 폐기물 100만 톤을 배출했는데, 40년 만에 이 수치는 2억 5000만 톤 이상으로 증가했다.

또 다른 오염원은 대도시에서 점점 증가하던 자동차였다. 자동차 매연은 19세기의 주요 오염원이었던 말을 대체했다. 이러한 현상이 처음으로 눈에 띈 곳은 자동차 소유 수준이 높은 미국이었다. 자동차 배기가스가 만들어 낸 광화학스모그는 1943년에 로스앤젤레스에서 처음으로 발생했다.(계곡의 대기권에는 천연 역전층이 있어서 여러 해 동안 가스를 가두어 두었다.) 1980년대 말 무렵에는 미국의 100여개 대도시에 비슷한 현상이 나타났다. 전 세계로 자동차 소유 규모가 확대되면서 이러한 문제들도 되풀이되어 발생했다. 1960년대 말엽에 심각한 오염이 도쿄를 덮쳤고, 멕시코시티(이곳에도 천연 역전층이 존재했다.) 역시 1980년대에는 연간 300일 이상 극심한 스모그가 발생했다. 그 어떤 정부도 자동차의 이용이나 소유에 제한을 두는 방법을 진지하게 고려하지 않았고, 모두가 보잘것없는 정도지만 기술적 해결로 제재를 대신하려고 하며 단계적으로 휘발유에 납 첨가물을 넣는 것을 중단하고 촉매 변환 장치를 설치해 배기가스의 일부 유해 화학물질들을 제거했다. 주요 산업국 외의 국가들에서는 제재 조치를 거의 취하지 않았다. 도시 지역의 매연 공해는 석탄 이용이 점차적으로 줄어들고 석유와 가스, 전기를 훨씬 더 많이 이용하면서 개선되었다. 19세기의 런던에 형성된 끔찍한 환경은 20세기 중엽까지 계속되었다. 1920년에서 1950년 사이에 런던 중심가의 평균 일조시간은 스모그의 영향이 적었던 외곽 지역에 비해 5분의 1 수준이었다. 1952년 12월에는 끔찍한 스모그로 4000명 이상의 시민이 사망해 결국 모종의 대책을 강구하게 되었다. 1956년에 법이 도입되며 도시 내에서 태울 수 있는 연료의 종류를 규제했고, 1970년 무렵에 런던의 대기 중 매연의 양은 80퍼센트나 감소했다. 세계의 다른 지역들은 아직 상황이 심각했다. 20세기 말엽에 오염 수준은 델리가 런던의 열네 배 정도였고, 바그다드는 (유럽 최악의 도시였던) 아테네의 세 배 정도였다.

이러한 오염 문제는 전부 필연적으로 국지적이었다. 문제가 집중된 지역들에서는 처참한 환경조건들을 양산했지만, 한 세기를 두고 보았을 때 그 충격은 대체로 제한적이었다. 하지만 20세기에 산업화가 급속도로 전개되고 범위도 전 지구적으로 넓어지면서 환경문제도 변화를 맞아 좀 더 복잡해졌고 규모도 지방에서 지역의 차원으로, 그리고 다시 지구적 현상으로 확대되었다. 그러나 오염 문제는 점증하는 세계 통합의 또 다른 지표였다. 산성비는 1850년대에 영국 산업도시들에서 처음 관찰되었다. 20세기를 훌쩍 넘어서까지 대부분의 공장과 발전소들은 낮은 굴뚝을 갖고 있어서 산성비는 주요 산업 중심지 부근 지역의 국지적 현상으로 남아 있었다. 그러나 화석연료 소비가 끊임없이 증가하고 산업 생산량이 늘어난 데다 지방의 공해 문제를 줄이기 위해 오염원을 분산시키고자 굴뚝을 길게 올린 그릇된 정책까지 보태져 산성비는 중요한 지역적 문제로 전환되었다. 세계적으로 아황산가스(산성비의 주원인 물질 중 하나로 대기 중에서 황산으로 변했다.) 배출량은 1890년대에 연간 4500만 톤이었던 것이 한 세기 후에 1억 7000만 톤으로 증가했다. 이러한 배출량 중 4분의 1은 미국과 캐나다, 단 두 국가에서 나왔다. 20세기 중엽에 불과 10년 동안 온타리오 서드베리의 구리 및 니켈 제련소는 지구 역사상 모든 화산(주요 천연 배출원이다.)이 방출한 양보다 더 많은 아황산가스를 배출했다. 비의 산성은 이들 지역에서 바람을 타고 빠르게 증가했다. 많은 경우 식초만큼 산성이 강했고, 미국에서 가장 공해가 심한 지역 중 한 곳이었던 웨스트버지니아주 휠링(Wheeling)에서는 한때 건전지 산의 수준까지 다다랐다. 비가 강과 호수로 흘러들어 가고 산도가 높아지자 동물들이 죽어 나갔다. 영국에서 만들어 낸 산성비로 고통받던 스웨덴 서부에서는 1980년대에 호수의 산도가 50년 전보다 100배였고, 이런 호수 중 4분의 1은 더는 생명이 살지 못했다. 국제 협약이 체결되기까지는 오랜 시간이 걸렸다. 공해를 배출하는 국가들과 그로 인해 고통받는 국가들의 이해관계가 서로 상충하기 때문이었다. 1980년대 중엽에서 1990년대 말엽 사이의 협약들은 주요 산업국가들 사이에서만 체결된 것으로 북아메리카와 유럽의 문제를 해결하는 데 목적이 있었다. 이들 지역 외의 국가들은 거의 아무런 조치도 취하지 못했고 아황산가스 배출이 증가함에 따라 산성비도 점점 심해졌다.

산성비는 지역적 문제로 남아 있었다. 하지만 산업화는 계속해서 확대되며 전 세계적인 문제 두 가지를 양산했다. 하나는 오존층 파괴였고 다른 하나는 지구온난화였다. 역사상 처음으로 인류의 활동은 지구상에 생명체의 존재를 가능하게 했던 복잡한 지구 메커니즘에 위협이 되었다. 최초의 문제는 1920년대에 염화플루오린화탄소(chlorofluorocarbons: CFCs)로 알려진 합성 화합물에서 비롯되었다. 처음에 CFC는 유익한 기술 진보의 대표적인 사례로 여겨졌다. 독성도 없고 불에 타지도 않으며 다른 물질에 반응을 일으키지도 않았다. CFC는 냉장고와 냉난방 장치의 냉매로 널리 채택되었고, 발포 용기를 확대시켰으며, 전기회로판을 세척하는 용도로도 사용되었다. 그리고 1950년 이후로는 스프레이 통의 압축가스로도 쓰였다. CFC가 대기 중으로 빠져나가는 것을 미리 방지하는 조치는 전혀 없었고, CFC 배출량은 1931년의 100톤에서 1980년대 중엽에는 연간 65만 톤으로 급증했다. CFC의 거의 태반은 주요 산업국가들이 사용했다. 일부 후발 산업국가들도 20세기 말엽이 되자 여기에 참여하기 시작했다. 베이징에서 냉장고를 소유한 사람은 1975년에 인구 중 3퍼센트였다가 10년 만에 60퍼센트가 되었다. 1970년대 중엽에 CFC가 대기 중에 축적되어 오존층을 파괴한다는 사실이 발견되었다. 오존층은 전 세계 일대에서 방사선을 흡수하는 보호층으로, 오존층 파괴는 거의 모든 생명체에 유해하다. CFC는 광막한 대기층에 비해 상대적으로 적은 농도로 존재했지만 극도로 강력한 힘을 지녔다. CFC 분자 하나에 결합된 염소 원자 하나로도 오존 분자를 10만 개까지 파괴할 수 있다.

오존 수치가 가장 먼저 급격히 감소한 지역은 남극으로, 이곳의 겨울 환경은 오존이 대규모로 파괴되기에 알맞았다. 1980년대 말에 남극대륙 상공의 오존 절반가량이 파괴되었고, 매년 봄마다 미국 본토 크기만 한 '오존 홀'이 만들어졌다. 초여름이면 '오존 홀'은 북쪽으로 이동해 오존 수치가 4분의 1가량 떨어지는 남아메리카와 오스트레일리아, 뉴질랜드 위로 옮겨 갔다. 1990년대 초엽의 북반구에서도 봄과 초여름에 오존층이 극도로 얇아지는 현상이 뚜렷하게 관측되었다. 1970년대 초부터 강력한 과학적 근거들이 있었지만 오랜 시간을 흘려보낸 후에야 실질적인 조치가 취해졌다. 스프레이 통에 쓰이는 CFC는 쉽게 대체제를 구할 수 있었지만, 주요 화학 기업들은 CFC와 오존 파괴의 관련성을 거세게 부인했다. 산업국의 정부들은 이들 기업이 대체품을 제조할 수 있게 된 이후에야 조치를 취할 수 있었다. 1980년대 말에서 1990년대 초까지 일련의 협상을 벌인 끝에 1996년까지 CFC 생산을 단계적으로 폐지하고 주요 산업국가들이 다른 나라들에 기술을 이전해 기술 전환을 지원한다는 합의를 도출했다. 문제는 대체 화학물질인 수소염화플루오린화탄소(hydrochlorofluorocarbons: HCFC) 역시 오존층을 파괴한다는 것이었다. HCFC는 CFC보다 대기 중에 머무는 시간이 짧다는 것이 유일한 장점이었다. 대기 중 CFC와 HCFC의 농도는 상승해 21세기 중엽 이전까지는 1970년대의 수치를 회복할 가망이 없다.

오존층 파괴는 성질이 안전할 것이라고 오인된 단일 합성 화합물에 의한 것이었지만, 소수 몇몇 국가에서 배출한 양만으로도 전 세계적인 문제를 초래할 수 있었다. 이 문제는 대체 화학물질을 대신 사용함으로써 점점 완화되어 마침내 해결할 수 있었고, 산업국가들도 비교적 고통 없이 이 해결책을 수용했다. 지구온난화는 현대사에 깊이 파고든 과정들이 초래한 문제점들을 보여 준다. 문제를 야기한 요소들은 복합적이었다. 17세기부터 화석연료를 소비하기 시작해 18세기 말엽 이후로는 연료 소비가 놀랄 만큼 늘어났고, 산업화가 진전되었으며, 자동차가 증가했고 전례 없는 세계 인구 증가에 따라 식량을 공급하기 위해 농업도 확장되었다. 지구상에 생명체가 존재하는 데 필수적인 자연적 과정을 넘어, 지구온난화를 야기하는 요인으로는 (CFC는 제외하고) 세 가지 가스가 있다. 아산화질소는 자동차 배기가스에서 유래하고 질산 비료의 이용이 증가하면서 생성된다. 메탄은 논바닥에서 식물이 썩으면서, 그리고 소와 흰개미의 소화관을 통해 배출된다. 세계적으로 (주로 아시아의) 논의 수는 20세기에 연간 약 1퍼센트의 속도로 증가했고, 전 세계 소의 개체 수는 1960년부터 1980년 사이에만 두 배로 증가했다. 삼림 벌채로 썩은 나무를 먹고 사는 흰개미의 수도 어마어마하게 증가했다. 이 모든 요소는 20세기에 세계 인구가 네 배로 급증했다는 사실을 반영했다. 대기 중 메탄의 양은 1750년부터 20세기 말 사이에 135퍼센트가 증가했다. 하지만 지구온난화와 관련된 중요한 가스는 이산화탄소다. 이산화탄소는 나무와 석탄, 석유, 가스를 막론하고 화석연료를 태울 때마다 생성된다. 세계 석탄 소비량은 1800년 이후 두 세기 동안 280배로 증가했고, 석유 사용량은 20세기에만 300배로 증가했다. 그 결과는 대기 중 축적된 이산화탄소 수치를 추적하면 알 수 있다. 18세기 중엽부터 20세기 말까지 이산화탄소 수치는 270ppm에서 360ppm 이상으로 3분의 1이 증가했다. 20세기까지는 19세기 산업화의 더딘 속도를 반영하듯 이산화탄소 수치도 매우 느리게 상승했다. 실제로 1750년부터 1990년 사이에 증가한 전체 이산화탄소 수치 중 절반 이상은 1950년 이후의 40년 동안 축적된 것이었다. 이 기간에 세계 이산화탄소 배출량은 네 배로 뛰어올랐고, 1990년대 무렵에는 연간 약 4퍼센트의 속도(16년마다 두 배로 증가하는 속도다.)로 증가했다.

화석연료를 태워 대기 중으로 이산화탄소를 대량 배출한 결과는 1896년에 스웨덴 과학자 스반테 아레니우스(Svante Arrhenius)가 처음으로 정리했다. 이산화탄소(및 다른 세 가지 가스)는 열을 대기 중에 가둬 지구의 기온 상승을 야기한다. 2장에서 살펴보았듯이 세계의 기온이 자연적으로 변동하는 이유들은 1920년대에 옛 유고슬라비아의 과학자 밀루틴 밀란코비치가 제시한 바 있다. 기온의 자연적 변동은 인류 사회에 상당히 큰 영향을 미쳤다. 기원후 1000년에서 1200년 무렵에 전반적인 온난화 현상이 나타났고, 1300년부터 기온이 떨어져 16세기 중엽 이후에 유럽에 혹한이 찾아오며 '소빙기'가 시작되어 19세기 중엽까지 이어졌다. 1850년 이후에 지구 기온은 자연현상에 따라 약간 올랐지만, 1990년대 중엽에 인간의 활동으로 지구 기온이 0.5도 더 올라갔다는 명백한 사실이 과학적으로 입증되었다. 하지만 20세기의 마지막 몇십 년 동안 대기 중으로 쏟아져 들어간 가스들은 대부분 아직 기온 상승으로 이어지지 않고 있었다. 따라서 앞으로 불가피하게 온도가 0.5도 상승할 터였고, 더불어 추정되는 진행 속도로 가스가 계속 증가할 경우 21세기의 첫 10년 동안 온도는 총 2.5도가 상승하게 될 전망이었다. 기온 상승의 속도는 자연 생태계가 적응할 수 있는 수준을 훨씬 앞지르게 될 것이고, 지구 온도는 기원전 12만 년 무렵의 대간빙기 이래로 최고치로 오를 것처럼 보였다.

　　1990년대 말엽에 국제사회는 거의 끊임없이 협상을 시도했지만 실질적인 조치를 전혀 취하지 못했고, 지구온난화의 원인이 되는 가스의 배출량을 대폭 줄일 수 있는 강제력 있는 합의에도 이르지 못했다. 합의에 이르기 어려웠던 이유는 1750년 이후에 근대 경제가 발달한 과정 속에 깊이 새겨져 있었다. 1750년부터 20세기 말까지 온실가스, 특히 이산화탄소 배출의 책임은 전적으로 유럽의 초창기 산업국가들과 미국에 있었다. 일본과 더불어 이들 국가는 세계 산업 생산품의 대부분을 제조했고 세계에서 가장 많은 자동차를 소유했으며 가장 많은 에너지를 소비했다. 이러한 현상이 소비 수준과 경기에 미치는 효과 때문에 이들 국가, 특히 미국으로서는 가스 배출량을 대폭 줄이는 것이 내키지 않았다. 하지만 지구온난화 문제를 해결하기 위해 온실가스 배출량을 1990년대 수준으로 동결하는 방법은 후발 산업국가들로서는 향후의 경제 발전을 제약당하는 불리한 조치였다. 게다가 후발 국가들은 아직 세계 최빈국에 머물러 있는 곳도 있었고 지구온난화 문제의 주범도 아니었다. 다른 한편으로 세계 최대 경제국 중 하나인 중국의 산업 확장과 에너지 소비를 일정 정도 규제하지 못하면 주요 산업 강국들이 (그러한 조치를 기꺼이 받아들여) 아무리 가스 배출량을 줄여도 다시 공해로 뒤덮이는 것은 시간문제였다. 20세기 말엽에 근대사가 남긴 가장 심각한 환경문제라는 유산의 앞날은 암울한 듯했다.

변화하는 균형

1900~2000년

24

19세기 중엽부터 1940년까지 유럽은 세계를 지배하는 지역이었다. 유럽은 공식적인 제국을 세워 세계 인구의 절반을 통치했고 경제적 영향력이라는 '비공식 제국'을 통해 라틴아메리카 같은 다른 지역들을 지배했다. 유럽의 세력 균형은 지구상 수억 명 인구의 삶을 뒤흔들었다. 두 번의 유럽 대전 중 첫 번째 내전의 여파로 유럽 기독교 세력은 과거 500년 동안 추구했던 바를, 즉 오스만 제국의 격퇴와 분할이라는 목표를 달성했다. 1940년까지 비(非)유럽 세력은 별다른 중요성을 갖지 못했다. 미국은 단일국가 경제로는 세계 최대 규모였지만, 1917년부터 1919년까지 유럽 내전에 개입한 짧은 일탈을 제외하면 정치적·전략적으로 아직 내부 지향적이었다. 카리브해 연안 지역과 중앙아메리카를 지배했지만 19세기의 마지막 10년 동안 유럽 열강이 세계에 강요한 정치적 분열을 수용했다. 일본은 중요한 지역 세력이었지만 역시 1930년대 초까지는 부차적인 역할에 만족했고, 영국 외무 장관 앤서니 이든(Anthony Eden)이 아시아의 '백인 보호 구역(white race preserves)'이라고 묘사했던 유럽 세력권을 인정했다. 중국은 한편으로 일본과 벌인 전쟁의 여파로 오랜 역사에서 최악의 지점을 지나고 있었다. 1940년에서 1942년 사이에 유럽 열강이 (두 번째 내전의 결과로) 무너지기 전에 이미 유럽의 힘은 정점을 찍었다는 징후들이 존재했다. 특히 케말 아타튀르크(Kemal Ataturk) 치하에서 터키가 다서 일어서고 이집트에서 민족주의 운동이 성장하며 영국은 인도 통치에서 난관에 봉착하는 등, 유럽이 점점 더 많은 도전을 받고 있다는 지표는 모든 곳에서 등장했다.

24.1 유럽 제국들

20세기에 들어 첫 10년 동안 유럽 열강은 여전히 여러 식민지 지역을 통제하기 위한 전쟁을 벌이고 있었고,(소말릴란드와 아프가니스탄, 이라크에서 영국은 폭격과 독가스 같은 근대 기술을 사용했다.) 마지막 정복 전쟁은 1935~1936년에 일어난 이탈리아의 에티오피아 공격이었다. 하지만 제국의 주요 목표는 착취였다. 착취는 토지와 노동력이라는 두 가지 요소에 중점을 두면서 지역 환경에 따라 두 요소 사이의 균형을 달리하는 방식으로 이루어졌다. 근소한 경우로 현지인들이 기꺼이 수출용 작물을 재배하고자 했다. 네덜란드령 동인도제도와 아시아 남동부의 다른 지역들에서는 농민들이 설탕과 면화, 담배, 향신료, 고무 등을 재배했는데, 고무를 제외하면 이미 수 세기 동안 경작했던 작물들이었다. 아프리카 서부에서는 야자유와 땅콩의 생산이 전적으로 농민들의 손에서 이루어졌다. 하지만 특정 작물을 경작하도록 농민에게 강요하려는 시도는 대체로 실패했다. 1903년에 아프리카 동부에서는 독일 당국이 과도하게 불리한 조건으로 면화 경작을 할당했다. 현지 농민들은 매매가의 3분의 1만 받았고, 나머지는 독일인 중개상과 정부가 나눠 가졌다. 결국 2년 만에 대규모 반란이 일어나 아프리카 주민 약 7만 5000명이 사망했다. 포르투갈 역시 1920년대에 앙골라에서 면화 재배를 강요했고 1941년 이후에는 모잠비크에 벼농사를 도입했다. 하지만 흉작이 들 경우 10만 명이 넘는 농민은 아무런 보수도, 최소한의 생계 수단 하나도 보장받지 못한다는 문제가 있었다. 농민 수천 명은 이웃한 식민지로 달아났고, 결국 1960년대 초엽에 시작된 민족주의 봉기에 중요한 요인으로 작용했다.

식민지 정부는 유럽인 소유지뿐 아니라 공공사업 부문에서도 노동력이 필요했다. 20세기에는 노예제가 금지되었지만, 포르투갈 식민지들은 예외였다. 이들 지역에서는 1913년이 되어서야 노예제가 공식 폐지되었다. 당시 식민지에는 아직 약 6만 명의 노예가 존재했지만,(앙골라에서는 30파운드로 노예를 살 수 있었다.) 상투메의 카카오 플랜테이션에는 강제 노동자도 10만 명에 달했다. 이들은 이론상으로만 노예가 아니었다. 1913년 이후에 포르투갈과 프랑스의 식민지에서는 연간 4개월간의 강제 노동이 일반화되었다. 1922년부터 1934년까지 프랑스인들은 강제 노동자 12만 명을 이용해 적도아프리카에 철도를 건설했고, 1930년대 중엽에는 식민지 기니에서만 연간 강제 노동 연(延)일수로 총 270만 일을 뽑아냈다. 프랑스는 1937년까지 강제 노동 요건을 세금으로 대체하지 않았고 포르투갈은 1956년이 되어서야 국제노동기구(International Labour Organization)의 강제 노동협약

(Forced Labour Convention)을 비준했다. 나머지 유럽 식민지들의 경우 식민 당국은 원하는 노동력을 얻기 위해 좀 더 교묘한 접근법을 택했다. 현금으로 납부해야 하는 거주세나 인두세는 아프리카인들이 자급 농업을 포기하고 유럽인들의 원하는 일을 하게끔 강제하는 수단이었다. 벨기에령 콩고의 총독이었던 피에르 리크망(Pierre Ryckmans)은 1934년에 이렇게 지적했다. "흑인에게 일을 시키려면 흑인의 게으름이 아니라 우리 일에 대한 혐오와 우리의 품삯 체계에 대한 무관심을 반드시 극복해야 한다." 프랑스는 전반적으로 8세 이상의 아프리카 주민 모두에게 인두세를 부과해 식민지 활동에 필요한 모든 세입을 충당했다.(식민지들은 대체로 재정 자립이라는 기대에 부응해야 했다.) 영국은 케냐를 인수하자마자 바로 주거세를 부과했지만, 아프리카 주민들이 점점 각자의 거주지에서 생활하기 시작하자 인두세로 전환했다. 1910년에 연 60일의 강제 노동이 추가되었다. 소수의 유럽 정착민은 아직 노동력이 부족하다고 여겨 1920년에 인두세를 세 배로 인상했다. 노동을 담당한 쪽은 아프리카 남자들이었고, 농사와 관련된 작업들은 모두 여자들에게 돌아갔다. 보수는 대체로 낮았다. 광산은 예외였지만, 여기서도 이주 노동자들은 엄격한 징벌 제도가 운영되는 초라한 막사 안에서 열악한 환경을 감수해야 했다.

아시아와 아프리카는 여전히 유럽인 정착지로서는 주변 지역이었다. 이주민들은 오스트랄라시아와 캐나다, 라틴아메리카 같은 백인 식민지를 더 선호했다. 사하라 이남에서 상당수 유럽인의 정착을 받아들였던 남아프리카 공화국과 남로디지아, 케냐 등 세 지역에서는 아프리카 토지의 인수가 대규모로 진행되었다. 남아프리카 공화국의 경우 1930년대 초엽에 아프리카 주민 600만 명이 '원주민 보호 구역'으로 밀려났는데, 이른바 '보호 구역'은 최악의 불모지만 모은 3만 4000제곱마일 넓이의 공간이었다. 반면 200만 명도 되지 않는 백인 구역은 44만 제곱마일이었고, 그중 많은 땅은 한 번도 경작되지 않았다. 남로디지아도 상황은 비슷했다. 케냐에서는 1905년에 영국 정부가 고원지대(Highlands)를 유럽 정착지로 개방하기로 결정했다. 이 지역은 기후가 알맞고 토양이 비옥하며 식민지로 들어가는 유일한 철도가 지나갔다. 땅은 아프리카 주민에게서 강제로 빼앗았고 주민들이 항의하면 그들의 소를 팔았다. 1910년 무렵에 연간 약 60만 에이커가 유럽인들에게 넘어갔고, 유럽인들은 5000에이커당 연 10파운드의 비용을 정부에 납부하고는 999년 연한의 임대 형태로 땅을 가져갔다. 1930년 무렵에 백인 정착민 2000명이 원래 아프리카 주민이 소유했던 케냐 땅 500만 에이커를 가져갔는데, 그중 경작 활동이 이루어진 면적은 전체의 8분의 1도 되지 않았다. 이들이 재배하는 작물은 제국의 필요에 따라 정부가 선택했고, 옥수수에서 사이잘로, 그리고 종국에는 커피로 종류를 옮겨 가며 브라질 커피에 대한 영국의 의존도를 낮추었다. 이렇게 토지 몰수가 이어지는 동안 1902년에 400만 명이었던 아프리카 인구는 20년 뒤에 250만 명으로 감소했다. 아프리카 주민들은 세금 부담도 져야 했다. 수입세가 도입되었지만, 실제로는 지역 주민들이 사용하는 농기구들에 대해서만 부과되었고, 유럽인이 사용하는 기구들은 세금을 면제받았다. 1920년대에 부유한 백인 정착민들이 납부한 직접세는 연간 총 7500파운드였고, 아프리카 주민들의 직접세는 55만 8000파운드였다.

아프리카 식민지들 내에서는 개발이 탐탁지 않게 여겨졌고, 특히 산업 발달은 적극적으로 차단되어 자국 생산자들이 식민지 시장에 쉽게 접근할 수 있는 길을 터 주었다. 투자가 이루어진 주요한 부문 한 곳은 광산업이었다. 1935년 이전에 아프리카로 들어간 전체 투자 자본 중 3분의 2는 광산업으로 향했다. 그 무렵에 광물은 아프리카 대륙 수출의 절반 이상을 점유했고 구리 매장층이 넓은 북로디지아처럼 경우에 따라서는 총수출량 중 96퍼센트를 차지했다. 통신 기반 시설은 대체로 매우 제한적이었다. 철도와 항구가 몇 곳 건설되었지만 유럽인들이 원하는 중요한 원료들의 수출 통로를 확보해 주는 역할을 했다. 이 과정이 완료되면 설비투자는 대개 중단되었다. 아프리카는 남아프리카 공화국과 남북 로디지아, 벨기에령 콩고 같은 광업 국가에 대륙 철도의 3분의 2가 놓였다. 현지 주민들을 교육하려는 시도는 거의 없었다. 1921년에 프랑스령 적도아프리카의 300만 명에 가까운 인구 중 초등학교에 다니는 아이들은 4000명에 불과했다. 1950년대 말엽에 벨기에령 콩고가 독립하기 직전에 아프리카인 대학 졸업자는 국가 전체에 열여섯 명이 존재했는데, 변호사나 공학자, 의사는 한 명도 없었다. 행정부에서 서열 3위까지의 고위층에는 유럽인이 4500명, 아프리카인이 여섯 명 있었다. 상황이 이렇게 된 주된 이유는 벨기에가 아프리카 주민들에게 중등교육을 실시하지 않았기 때문이다.

1930년대 무렵에 유럽 제국의 정복과 '강화'의 초기 국면은 합병과 관리의 시기로 바뀌었다. 모든 식민 당국은 자신들의 권력이 장기적으로 지속될 것이라고 믿었다. 유색인 식민지의 경우 독립을 달성한 전례가 없었고 필리핀이 유일하게 1944년에 독립을 약속받은 정도였다. 1929년에 영국 식민성(British Colonial Office)은 아프리카 흑인들의 자치 정부가 "다음 세기나 어쩌면 그다음 세기"로 미뤄질 수도 있다고 방침을 정했다. 1936년에 네덜란드령 동인도제도의 총독은 다음과 같이 언급했다. "우리는 지난 300년 동안 채찍과 곤봉으로 이곳을 통치했고 앞으로 300년은 더 그렇게 할 것이다."

24.2 민족주의의 확산

하지만 유럽의 지배가 본국이나 식민지 정부의 믿음만큼 견고하지 않다는 징후들은 이미 나타나기 시작했다. 연합국은 1918년에 오스만 왕조를 격퇴했지만 궁극적으로 그들이 원했던 평화를 정착시키지는 못했다. 민족주의자 군 지휘관 무스타파 케말을 중심으로 부활한 터키는 그리스와 프랑스, 영국의 군대를 격퇴한 후 1923년에 아나톨리아반도와 보스포루스 해협의 연안 지역 일부를 지배하는 새로운 국가로 거듭났다. 터키는 세계 최초로 이념에 의한 일당독재를 시행한 나라였다. 터키의 세속화 정책과 근대화 정책은 유럽의 위협에 맞설 수단인 듯했다. 케말은 1923년에 대통령으로 선출되어 1938년에 사망할 때까지 재임했다. 1934년에 유럽식 성씨를 도입하는 법이 제정되자 아타튀르크라는 성을 수여받았다. 이 법은 중요한 변화의 과정에서 한 부분에 지나지 않았다. 변화의 중심은 이슬람 사회 최초로 종교와 국가를 엄격히 분리한 것이었다. 1924년에는 종교재판소가 폐쇄되었고, 종교와 관련된 모든 직책 및 교단, 종교 단체 등이 폐지되었다. 이슬람력을 유럽력(그레고리력)으로 대체하고 금요일 대신에 일요일을 공휴일로 삼았다. 술탄제와 칼리파제는 공식적으로 폐지되었다.(칼리파제는 이슬람교 창건 이래 계속 이어진 체제였다.) 1928년에 정부는 터키의 문자로 아랍 문자가 아닌 라틴 문자를 채택했다. 혁명은 지극히 민족주의적이었고, 이슬람이 아닌 터키의 언어적·문화적 정체성에 기반을 두었다. 기독교도들은 포용했지만 아르메니아인과 쿠르드족 같은 집단은 수용하지 않았다. 군부는 여전히 정부에서 막강한 힘을 행사했고, 경제 개혁과 사회 개혁은 제한된 수준에 머물렀다.

이집트는 오스만 제국의 속국으로 남아 있었으나, 1882년부터 이 지역을 점령해 실효적으로 통치했던 영국이 1914년에 보호국으로 선포했다. 민족주의적 소요는 1919년의 베르사유 회의 당시에 영국이 이집트의 자체적인 대표단 파견을 거부하면서 심화되었다. 민족주의를 억제하고 좀 더 효율적으로 통제하기 위해 영국은 1922년에 이집트를 공식적인 독립국으로 인정했으나, 영국이 군사정책과 외교정책에 대해 결정적인 권한을 갖는다는 조건을 덧붙였다. 주요 민족주의 정당인 와프드당(Wafd)은 토지를 소유한 상류 지배층으로 구성된 보수 집단으로, 자신들의 사회적·경제적 지위를 침해할지 모를 민족주의적 선전이 널리 확산되는 위험을 감수할 생각이 없었다. 1936년에 적당히 자유로운 분위기로 치러진 선거에서 와프드당은 정부를 구성하고 영국과 새로운 조약을 협상했다. 조약에 따라 양국은 평시의 영국군 주둔지를 수에즈 운하 지대로 한정하고 1956년에 최종적으로 철군한다는 데 합의했지만, 전쟁이 발발할 경우 영국이 다시 이집트를 점유한다는 단서도 삽입했다. 영국은 실질적인 통제력을 유지할 수 있었고, 이집트가 얻은 명목상의 독립은 1939년 이후에 영국이 군사작전을 펼치는 데 아무런 문제가 되지 않았다.

이집트보다 동쪽에 있는 이란은 18세기부터 권력을 잡은 무력한 카자르 왕조 밑에서 명목상의 독립을 유지했다. 지도층 중심의 혁명이 발발해 1906년에 최초의 국민의회(마즐리스(Majlis))가 구성되었지만, 1년 후 각국의 '세력권' 범위를 정한 영러 합의가 체결되면서 의회가 해산되었고 영국은 이란 남부를 장악해 유전을 관리했다. 1926년에는 새로운 통치자 레자 칸(Reza Khan)이 권력을 잡고 신흥 왕조를 창설했다. 명목상 민족주의자로서 케말 아타튀르크와 비슷한 목표를 지녔던 레자 칸은 석유산업을 장악한 영국 때문에 일을 진척하기가 쉽지 않았다. 하지만 이란은 독립국으로 살아남았고 1941년에 영국군과 소련군에 점령당해 레자 샤(레자 칸)의 아들이 새로운 샤로 즉위한 후까지 독립국의 지위를 유지했다.

영국에 가장 큰 문제를 선사한 지역은 인도였다. 인도에서는 군사 및 행정 자원이 부족했기 때문에 영국은 국가 운영에 협력할 집단을 찾아야 했다. 각국의 토후 562명이 이 역할을 담당했는데, 이들은 자신의 지위를 보장받기 위해 영국이 지배를 유지하는 데 직접적인 이해관계가 있었다. 영국이 직접 통치하는 인도 지역들에서는 서로 다른 해법들이 요구되었다. 영국의 핵심 목표는 인도를 (특히 힌두교와 이슬람교의 분열에 역점을 두어) 여러 사회 단위와 정치 단위로 갈라 영국의 철수를 요구하는 운동이 단일한 흐름을 형성하지 못하게 하는 데 있었다. 1880년대에 결성된 국민회의파(Congress party)가 1919년을 지나 더욱 세력을 확장하자 영국은 이들의 영향력을 억제하는 데 온 힘을 쏟았다. 영국은 1908년에 지방의회(local council)를, 1919년에는 주 정부(provincial government)들을 출범시켰다. 두 기관 모두 권력이 매우 제한적이었고 극소수 유권자만으로 투표를 실시했다. 이들 기관을 둔 목적은 영국을 도울 행정가 계급을 만들어 본국에서 중요하게 여기지 않는 보건 및 교육, 공공사업 등을 맡기려는 것이었다. 1919년 이후에 뉴델리에는 힘없는 의회가 존재했지만 총독이 금융 통제권을 보유하고 입법기관의 의도와 상관없이 법률을 공포할 수 있었다. 국민회의가 이런 식의 '개혁'에 동조하지 않자 마하트마 간디(Mahatma Gandhi)가 이끌었던 비협력 운동과 시민 불복종 운동은 무력으로 진압을 당했다. 1920년부터 1939년까지 영국은 간디와 자와할랄 네루(Jawaharlal Nehru) 같은 국민회의파 당원들을 비롯해 시민 불복종 운동까지 억압할 수 있었다.

1917년에 영국은 스스로 인도에서 "혁신적으로 책임정치를 실현”하겠다고 약속했지만, 이 말은 표현이 너무 애매해 그 의미가 정확히 파악되지 않았다. 1929년에 영국은 마침내 인도에 자치령의 지위를 약속했지만 신중을 기하며 기한은 정하지 않았고 내부의 정부 체제에 대해서도 같은 태도를 보였다. 1935년에 정부는 철저히 영국의 우선순위에 따라 자리를 잡았다. 각 주에는 성인 인구 단 10퍼센트만이 투표에 참여해 선출한 인도 자치 정부가 들어섰다.(영국 총독은 국가비상사태를 선포할 권리와 법령으로 통치할 권리를 보유했다.) 의석은 전혀 민주적이지 않은 방식으로 배분되었다. 벵골에서는 유럽인 몇천 명이 의석 스물다섯 개를 장악했고 비(非)이슬람교도 인도인 1700만 명은 50석을 차지했다. 인종별, 종교별로 선거구를 나눈 것(이슬람교도 분리 선거구는 1906년에 인정을 받았다.)은 인도를 될 수 있는 한 여러 갈래로 분리하려는 의도에서였다. 새로 만들어진 신드와 서북 변경 주(North-West Frontier) 같은 주들은 이슬람교도가 다수인 지역이었다. 델리의 총독은 제국의 모든 사안에 대해 완전한 권한을 갖고 있었지만 총독 밑의 최고 집행위원회는 영국이 강조하고자 했던 분할 구도를 반영해 구성되었다. 집행위원회에는 인도의 주요 조직 사회뿐 아니라 인위적이고 규모도 작은 사회적 범주 안의 대표들도 속해 있어, 카스트제도 내의 힌두교도(caste Hindu)와 이슬람교도, 지정 카스트(scheduled castes: 불가촉천민), 시크교도, 유럽인, 기독교도, 파시 교도(Parsees), 지주, 기업가들까지 포진했다. 토후국들은 모든 자리에서 배제되었다. 인도 연방(버마는 별개의 식민지가 되었다.)은 이론상으로는 가능했지만 토후들에게 거부권이 있었기 때문에 사실상 실현이 불가능해 보였다. 국민회의파는 거래하고 싶지 않으나 주 정부의 권력에 매료된 현지 정치인들은 억지로 그들의 마음을 돌려놨다. 1937년의 선거 이후 국민회의파는 펀자브와 벵골을 제외한 모든 주를 장악했다. 그러나 영국인들은 교묘하게 분리 정책을 이용해 통일이 요원한 체제로 인도인들을 이끈 것에 기뻐했다. 그리고 그 체제는 2년 만에 끝이 났다. 1939년 9월에 총독은 인도를 대신해 전쟁을 선포했다. 인도의 정치인들에게는 상의조차 하지 않았다. 국민회의는 주 정부에서 철수해 영국에 반대하는 정치로 의기투합할 수 있는 명분을 얻었다. 이에 답해 영국은 법령에 의한 통치로 되돌아갔다. 인도는 교착상태에 빠졌다.

24.3 중국의 성쇠와 고락

[이전의 중국 ☞ 21.14와 21.18]

1900년에 중국의 '의화단' 운동은 중국 민족주의의 힘을 보여 주었다. 북경 점령 이후 막대한 배상금을 부과하고 관세를 인수하는 등 유럽 국가들과 일본이 가한 가혹한 조치들은 민족주의를 더욱 부추겼다. 중국 정부는 심각할 정도로 힘을 잃었지만, 이러한 조치들 안에서 1868년 이후에 일본이 거둔 성과를 따라가도록 설계된 자체 개혁 프로그램이 가동되기 시작했다. 교육제도는 일본의 체계를 따라 변경되고 1909년 무렵에는 현대식 학교가 10만 곳 이상 문을 열었다. 구식의 황실군은 해체되고 새로운 부대가 결성되었다. 무역과 치안, 교육, 전쟁, 외무 등의 분야에서 새로운 정부 부처들이 설립되었다. 1909년에는 각 성에 (극히 제약된 선거권으로 선출된) 의회를 설립하는 것을 시작으로 의회 제도를 향한 신중한 첫걸음을 내딛었고, 이듬해에는 국가 자문 의회(입법의회는 아니었다.)를 설치했다. 본질적으로 보수적인 이러한 개혁들은 좀 더 급진적인 집단들을 설득하기에는 부족했지만 어린 황제가 반동적인 섭정에게 통제당하는 황궁 안의 극단적 보수주의자들에게는 지나친 것이었다. 쑨원(孫文) 같은 혁명 지도자 다수는 망명 중이어서 그다지 세를 뻗지 못했다. 하지만 흥중회(興中會)와 화흥회(華興會), 광복회(光復會) 등이 결집해 1905년에 결성한 중국동맹회(the League United)는 민족주의와 민주주의, 민생주의의 지극히 보편적 원칙을 주창한 쑨원의 삼민주의를 받아들였다. 본질을 들여다보면 중국동맹회는 만주족의 청조에 반대하고 대의정치와 토지세를 옹호했다. 이들에게는 이러한 제한된 프로그램이 '진보'를 불러올 것이라는 낙관적인 믿음이 있었다.

(17세기 중엽부터 중국을 통치했던) 만주족의 황실 정치를 끝내고 기원전 200년 무렵에 진나라와 한나라의 건국 이래 중국에 전형적이었던 정부 유형의 막을 내린 사건은 놀랍게도 1911년 5월에 철도를 국유화하기로 한 정부 방침이었다. 이 결정은 철도 노선을 적지 않게 소유했던 지방 상류층을 멀어지게 했다. 국유화 계획에 외채 600만 파운드를 투입하면서 민족주의자들도 등을 돌렸다. 1991년 후반기에 매우 이질적인 세 운동이 하나로 합쳐졌다. 상류층이 결집한 '보로동지회(保路同志會)'와 일련의 농민 봉기,(전년도에만 280건 이상이 발발했다.) 일련의 군사 반란이 그것이었다. 11월에 만주족 왕조는 권력에서 제거되었고, 혁명 세력이 유럽 열강과 제국 정부 간에 오간 조약과 부채들을 모두 인정하자 유럽 열강도 이들을 인정했다. 쑨원은 봉기가 시작될 당시에 덴버에 있었지만, 신속히 돌아와 1912년 1월 1일에 새로운 중화민국의 대총통으로 선출되었다.

새로운 정부 앞에 놓인 문제는 광대했고, 관건은 그들이 물려받은 고약한 현실 위로 다시 체계를 잡고 중국을 통일해 소생의 과정을 시작할 수 있는지였다. 국가 재정은 거의 외국인들에게 전용되었고, 외국의 융자는 빌리기가 어려워서 외채를 얻으려면 중국의 자산을 담보로 건네야 했다. 쑨원은 강력한 지도력을 발휘하지 못하고 6주 만에 총통직에서 물러났고, 매우 취약한 의회 제도(대부분의 하원 의원이 한 개 이상의 당적을 갖고 있었다.)가 그의 공석을 대신했다. 이 체제는 짧게 지속되다가 1913년 말엽에 위안스카이(袁世凱)가 이끄는 군부독재가 들어섰다. 그는 외국 은행 컨소시엄의 지원을 받으며 그들이 제공한 융자금으로 정부 활동을 펼칠 수 있었다. 영국과 러시아는 새로운 정부를 인정하지 않았지만 두 나라의 세력권으로 각각 편입된 티베트와 외몽골의 자치권을 중국 정부로부터 인정받은 후에는 태도를 바꾸었다. 1914년 8월에 유럽에서 전쟁이 발발하자 일본은 연합군에 가담해 중국의 독일 조차지를 침략하고 끝내 점령했다. 1915년 1월에는 '21개조 요구'를 제출하며 중국을 일본의 속국으로 삼으려고 했다. '21개조 요구'에 따르면 중국은 정부 각 부처에 일본인 '고문'을 두어야 했고 오직 일본만이 중국에 무기를 공급할 수 있었다. 1895년과 1896년의 전쟁 이후 줄곧 일본은 확실히 중국에 중대한 외부의 위협으로 작용했고, 일본의 요구들은 유럽이 그들끼리의 전쟁에 몰두한 상황을 이용하려는 명백한 시도였다. 대대적인 저항에도 불구하고 중국 정부는 일본의 요구를 받아들였지만 다른 열강들은 협약 철회를 강요할 외교적 힘이 충분히 있었다. 위안스카이가 사망한 후 1916년부터 1919년까지 중국의 중앙정부는 이름으로만 존재했고, 과거에도 흔히 그랬듯이 지역 군벌들도 등장했다. 하지만 극도로 약해졌다고 해도 중국은 여전히 독립국이었고 궁극적으로 자신의 운명을 스스로 개척했다.

중대한 전환점은 1919년 5월 4일, 베르사유 조약의 소식이 중국에 전해지며 찾아왔다. 중국은 1917년 8월에 독일에 전쟁을 선포했고 20만 명이 넘는 노동자를 유럽으로 보내는 등 연합군 측을 지지했지만 베르사유 조약은 전쟁 전 독일의 조차지였던 땅을 중국에 돌려주는 대신 일본에 내주었다. 중국 전역을 휩쓴 학생 시위와 노동자들의 파업은 조약을 쉽게 받아들인 정부와 일본 양자에 반대하는 애국적 항변이었다. 그리고 새로운 세대의 지도자들이 이끈 일련의 자발적 저항 운동이었다.(마오쩌둥(毛澤東)과 저우언라이(周恩來) 등 후일 공산당에 등장하는 많은 주요 인물은 이렇게 정치 경력을 쌓았다.) 이 단계의 항의 시위는 효과적이지 못했다. 민족주의 정서가 부상하며 가장 큰 수혜를 입은 세력은 국민당이었다. 국민당은 1912년에 쑨원이 창당했지만 이듬해에 강제로 해산을 당한 바 있었다. 국민당은 1920년대 초에 다시 일어섰고 1924년에 광둥성에서 열린 회합에서 기초 정책들을 정리했다. 그들은 유럽 열강 및 일본과 맺은 불평등조약의 개정, 군국주의 통제, 보편적 참정권 부여, 산업 국유화 등을 실현할 수 있는 강력한 정부의 수립을 기초로 삼았다. 1925년 5월에 쑨원은 숨을 거두었지만 많은 분량의 저술을 남겼고, 국민당은 1928년에 그것이 법의 효력을 갖는다고 선언했다. 국민당은 또한 '민주집중제', 즉 당 지도부의 엄격한 통제를 강조하는 레닌주의 원칙을 채택했다. 쑨원 사후에 짧은 집단지도체제를 지나 1926년 무렵에 당 내에서 우세한 위치를 점한 인물은 군사령관인 장제스(蔣介石)였다. 1926년부터 2년 동안 국민당은 베이징과 상하이를 비롯한 중국 여러 지역에서 지배권을 획득하고 중국의 정부로서 자리를 잡았다.

이 기간에 국민당은 규모가 작았던 공산당과 연합했다. 공산당은 1921년에 창당했는데 상하이 창립 모임에 참석한 대표단은 단 열두 명이었다. 공산당은 1925년 말엽까지도 당원이 1000명을 넘지 않았으며 1927년에야 5만 8000명으로 증가했다. 두 당은 모두 소련의 지원을 받았지만 1927년 4월, 상하이를 점령한 후 국민당 군대는 공산당원들을 공격하고 잔혹한 숙청을 시작해 사실상 도시 지역 안에서 공산당을 축출했다. 이 시점까지 공산당은 이념적 정통성을 유지하며 예정된 혁명의 주체를 도시 노동자들로 상정하고 있었다. 문제는 중국의 도시 노동자들이 충분한 지지를 보내지도 않았을 뿐더러 군사작전을 수행하기에 적당한 기반 세력도 아니라는 점이었다. 도시 지역에서 패배한 후 일부 공산당원은 중국에서 가장 원시 상태에 가까운 장시성에 고립되었다. 장시성의 공산당 당원은 소수 농민과 지식인들뿐이었다. 공산당 지도부에 속해 있던 마오쩌둥은 고향인 후난성을 찾아가 후난 농민운동에 대한 고찰 보고를 집필했다. 마오쩌둥은 이 글에서 기품 있고 간결한 문체로 중국의 현실에 기반을 둔 혁명을 주장했다. 그가 말하는 중국의 현실이란 압도적 다수를 구성하는 농민의 존재였다. 마오쩌둥은 공산당이 혁명의 토대로서 가난한 농민들을 지원해야 한다고 주장했다. 마르크스주의 이론상 그의 주장은 터무니없는 것이었고 마오쩌둥이 마르크스주의를 얼마나 이해하고 있었는지는 확실치 않다.(그는 1942년에 당의 지식인들에게 교조는 "똥보다 못하다."라고 말한 바 있다.) 하지만 중국의 현실에 대한 기민한 분석이자 농민 사회에서의 혁명의 가능성에 기반을 둔 훌륭한 정책이었다.

마오쩌둥은 중국의 외딴 산지에서 무슨 일이 벌어지는지 거의 알지 못하는 모스크바의 코민테른(마오쩌둥의 이름조차 정확히 알지 못했다.)과 공산당으로부터 절연을 당했다. 1930년대 초엽에 당 중앙위원회 정치국은 모스크바에서 교육받은 공산당원들이 장악했고, 마오쩌둥은 많은 시간 불명예를 안고 지냈다. 하지만 그는 비록 제한적이더라도 중국 내에 세력 기반을 지닌 몇 안 되는 혁명가 중 한 명이었다. 1927년 9월에 마오쩌둥은 후난성으로 돌아가 후일 '추수 봉기'로 알려진 무장봉기를 일으켰다. '추수 봉기'는 소규모 농민 집단이 창사 지역을 공격했다가 실패한 사건에 지나지 않았다. 마오쩌둥은 체포되었다가 보석금을 내고 간신히 처형을 면했다. 다음 달에 1만여 명이 마오쩌둥에게 합류했다. 국민당 군대를 피해 도망치다가 남은 공산당원들이었다. 3년 동안 이들이 할 수 있는 일이라고는 목숨을 부지하며 힘을 키우고 무기를 약간 모으는 것이었다. 1931년 11월에 이들은 중화소비에트공화국을 선포하고 마오쩌둥을 주석으로 세웠는데, 창장강 계곡의 상류와 중류의 일부 지역에서 힘을 발휘했다. 하지만 혁명운동의 기반은 극적으로 이동했다. 1934년 1월의 소비에트 의회에 참석한 총 821명의 대표자 중 도시 노동자는 불과 여덟 명이었다. 공산당은 국민당으로부터 점점 더 많은 압력을 받고 있었고 마오쩌둥은 1934년 10월에 후퇴를 결심했다. 마오쩌둥과 추종자들은 대장정에 착수했다. 중국 공산주의의 경이적이고 상징적인 순간이자, 마오쩌둥을 논란의 여지없는 지도자로 우뚝 세운 사건이었다. 대장정은 1년여의 기간에 대륙을 횡단하는 대서사였고, 얽히고설킨 경로로 중국을 가로질러 국토 최북서단의 산시성(陝西省) 북쪽 외지까지 장장 6000마일을 이동한 행군이었다. 행군을 시작할 때는 10만여 명이 출발했지만, 행군을 마쳤을 때 남은 인원은 1만 명에도 미치지 못했다.

1930년대 말엽까지 공산당원들은 아직 작은 집단이었고 중국의 운명에도 별다른 영향을 끼치지 못했다. 중국의 운명은 공산당과 합동해 1920년대 말엽에 영토 전반에 대해 지배권을 확립했던 국민당의 손안에 있었다. 권력을 잡자 국민당은 쑨원의 변함없던 정책에 따라 당의 '훈정(訓政)' 기간을 선포했다. 국민당이야말로 중국의 진정한 이익을 이해하는 유일한 집단이었기 때문에 민주주의란 있을 수 없었다. 사람들은 이 기간이 1935년에 끝날 것이라고 낙관적으로 주장했다. 1931년에 모든 정당 활동이 금지되었고 공식적으로 일당 통치가 확립되었다. 사실 거의 처음부터 군대는 국민당 통치의 기반이었다. 당은 1927년 이후 정치 위원을 통한 군의 통제를 포기했고, 당 위원회가 존재하는 성들은 전체의 절반도 되지 않았다. 국민당은 다양한 수준으로 중앙의 통제를 수용했던 지역 군사정권들의 연합을 통해 통치권을 행사했다. 장제스는 공산당과 게릴라전을 벌이며 광범위한 '소공전(消共戰)'을 선포했는데, 이 토벌전에서 중앙군사위원회는 지휘권을 넘겨받아 당이나 민간 차원의 국가 네트워크보다 더 힘센 행정 관리망을 갖게 되었다. 1930년대 중엽에는 대부분의 성이 수도 난징의 당 조직이 아니라 충칭에 본부를 둔 군사령부의 지배를 받았다. 국민당 군사 총사령이자 중앙군사위원회 주석인 장제스는 정부 안의 최고 권력자였다. 그는 자신만의 권력망도 구축했다. 1932년에 장제스는 (비록 공개적으로 인정한 바 없지만) '남의사(藍衣社: 사실상 '광복회'였다.)'를 창단했는데, 남의사는 장제스에게 맹목적으로 복종하는 사병 1만여 명으로 구성된 준(準)파쇼 엘리트 집단이었다. 장제스는 1935년에 마침내 패권을 인정받고 중앙군사위원회 주석에 더해 정부 주석에까지 올랐다.

정치적 소요에 휘말린 와중에도 중국은 20세기에 들어 첫 40여 년 동안 여러 분야에서 상당한 경제 발전의 징후들을 드러냈다. 특히 돋보인 지역은 만주였다. 1901년의 동청철도 건설과 2년 뒤의 남만주 철도 건설은 광활한 만주가 캐나다와 오스트레일리아, 아르헨티나에 비견할 만한 지역으로 거듭나는 데 결정적인 역할을 했다. 새로운 농지들이 확충되었고 주로 일본으로 식량을 수출하기 위한 항구들이 만들어졌다. 중국의 다른 지역에서 대거 이주해 오면서 인구도 급속히 팽창했다. 1920년대에 (일본에서 받은 해외투자가 주효해) 산업이 빠르게 발달하면서 20여 년 만에 만주에는 중국 전체 산업의 약 3분의 1이 집중되었고 평균 소득도 중국의 다른 지역들보다 두 배 가까이 높아졌다. 그 외에 성장한 분야는 중국 남부의 큰 항만도시들에서 이루어지는 무역 부문이었다. 종합적으로 중국의 산업 생산량은 1914년 이후에 확연히 증가했지만 19세기에 중국이 처한 소용돌이와 외부의 압력 때문에 실질적으로는 일본의 수준을 훨씬 밑돌았다. 1930년대 즈음에 산업 부문(절반 가까이 외국인 소유였다.)이 산출하는 경제 가치는 아직 국가 자산의 5퍼센트에도 미치지 못했다.

24.4 일본의 영향

[이전의 일본 ☞ 21.17~21.18]

　20세기 초의 아시아에서 가장 중요한 세력은 일본이었다. 일본의 행보는 중국에 커다란 변화를 불러오고 아시아 지역에서 유럽 제국 시대를 마감시킨 근본 요소였다. 1895년부터 1896년까지, 그리고 다시 1915년에 중국을 지배하려고 했던 초기 시도들은 자국의 이익을 사수하려던 미국과 유럽 열강의 저항에 부딪혔다. 하지만 1930년대 초엽에 일본은 만주를 점령해 오랜 기간 자신의 세력권으로 삼았고, 만주족의 마지막 황제를 왕으로 앉힌 괴뢰정부를 수립했다. 다른 열강들(과 베르사유 조약에 따라 설립된 국제연맹)이 일본의 행동을 비난했지만 상황을 되돌리기 위한 실질적인 조치는 취해지지 않았다. 중국의 부활을 이끌겠다는, (1930년대 중엽까지도 중국 부활의 불씨는 거의 보이지 않았지만) 국민당이 품었을 일말의 희망도 1937년에 일본이 사소한 사건을 빌미로 대대적인 침략을 자행하면서 끝이 났다. 단기적으로 일본의 침략은 매우 성공적이었고 여러 주요 도시와 상업 지구들을 점령했다. 그러나 국민당 정부가 서부로 후퇴해 항전을 계속하자 일본군은 광활한 중국 땅 안에서 교착상태에 빠져 중국군에 결정적인 패배를 안길 수 없었다. 하지만 국민당 중앙정부는 매우 약해진 상태였고 동원할 수 있는 자원들은 일본과 싸우는 데 전부 쏟아부어야 했다. 이런 상황에서 국민당처럼 항일운동을 이끌던 공산당은 세력을 확산시킬 상당한 여지를 얻을 수 있었다.

24.4.1 유럽의 제국들

유럽이 아시아 지배에 위기를 맞은 시기는 1940년에서 1942년 사이였다. 1940년 여름에 독일에 패하고 점령당한 프랑스와 네덜란드의 식민지들은 상황이 지극히 위태로워졌다. 영국도 더없이 무력했다. 영국은 자국을 방어하는 데 얼마 남지 않은 군사력을 동원해야 했다. 일본의 정부와 군대는 작전 방침을 놓고 의견이 갈렸다. 광범위한 아시아 지역에 일본의 세력권을 넓힌다는 데는 합의했지만, 목표를 달성하는 방법은 뚜렷하게 윤곽이 잡히지 않았다. 군대는 중국에 깊이 개입해 있었는데, 지도부는 북쪽으로 올라가 소련을 공격할 것인지(미국을 끌어들일 위험을 감수하고라도) 남쪽으로 내려가 유럽의 제국들을 침략할 것인지를 놓고 갈라졌다. 유럽 국가들이 가장 무기력한 상태로 1940년의 여름과 가을을 지나는 동안 일본은 아무런 결정적인 행동도 취하지 못했다. 일본인들은 몇 달 동안 영국의 중국 원조를 차단하고 프랑스령 인도차이나 북부를 점령하는 데에만 주력했다.

1941년 초엽에 전략적 균형이 일본에 불리하게 기울었다. 이제 일본은 재무장에 속도를 내며 태평양에서 기꺼이 힘을 과시하려고 하는 미국과 마주쳤다. 거의 1년 동안 두 진영은 가능한 합의점을 찾기 위해 협상을 벌였으나 양 국가의 요구는 애초에 양립 불가능한 것들이었다. 미국은 태평양이나 중국에서 일본의 세력권을 인정할 준비가 되어 있지 않았고, 일본은 미국의 이해관계 안에 안주할 준비가 되어 있지 않았다. 1941년 여름에 미국이 일본에 석유 수출 금지라는 그릇된 조치를 가하자 일본은 냉혹한 선택의 기로에 내몰렸다. 석유 공급을 보장받기 위해 공격을 택하든 미국의 요구를 받아들이든 양자택일을 해야 했다. 그리고 숙고 끝에 공격을 선택했다. 1941년 12월 초에 일본은 진주만의 미국 함대와 유럽 제국들을 동시에 공격했고 놀라운 성공을 거두었다. 몇 달 만에 일본은 필리핀과 홍콩, 말레이반도, 싱가포르, 네덜란드령 동인도제도, 인도차이나, 버마를 점령했다. 조심스럽게 유지되던 유럽 패권의 허울은, 식민지 정부로서는 군사적·행정적 취약성 때문에 극히 중요한 부분이었지만 아시아의 일개 강국에 의해 무너졌다. 일본은 그 후 3년 반 만에 압도적으로 우세한 미국의 군사력에 무너졌지만, 유럽의 제국들은 재건되지 못했다.

1942년 초엽에 일본 군대가 인도 국경에 접근하자 영국은 국민회의파와 협상을 시도했다. 하지만 많은 영국인이 협약을 원하지 않는 데다 국민회의파 측도 파멸적인 전쟁의 와중에 (독립 없이) 책임을 떠안기를 꺼려했기 때문에 협상은 결렬되었다. 그 대신에 국민회의파는 '인도 철수(Quit India)' 정책과 시민 불복종 운동으로 전환했다. 영국은 무력으로 운동을 진압하고 국민회의 지도부를 체포했다. 하지만 1943년 무렵에 인도는 더는 군사기지로 기능하지 못했다. 100여개 이상의 영국 부대가 일본군과 싸우는 대신에 내부 안보 임무에 투입되었다. 전쟁이 끝난 후 영국은 식민지 지배를 계속할 목적으로도, 또는 권력을 이양해 체면을 지킬 용도로도 전혀 기지를 구할 수 없었다. 전쟁 중에 독립국 파키스탄을 요구했던 무슬림 연맹(Muslim League)은 영국군에 계속해서 협력해 1945년 무렵에는 유리한 위치에 있었다. 1945년 이후의 협상에서 국민회의는 인도 분리, 즉 작은 중앙정부와 토후국의 지위를 보호하는 연방제라는 영국의 주장에 강하게 반대했다. 협상은 모두 결렬되었고 1947년 초엽에 영국의 지배는 무너졌다. 이제 남은 일은 철군 날짜(1947년 8월)를 발표하고 최선의 협상을 끌어내는 것뿐이었다. 이슬람교도들은 파키스탄 독립국을 얻었지만 신생국은 약하고 수백 마일에 달하는 인도 영토로 갈라져 있었으며 벵골과 펀자브 지역이 분립한 뒤로 집단 간의 분쟁으로 수십만 명이 목숨을 잃었다. 국민회의파 측은 통일된 동시에 분리된 인도에서 정권을 잡았다. 영국은 그들이 줄곧 막기 위해 발버둥 쳤던 국민회의파의 집권을 받아들일 수밖에 없었다. 영국 식민 지배의 수호자였던 토후들은 곤경에 빠진 채 국민회의파 측으로부터 유리한 협상을 끌어내야 할 처지에 놓였다. 충성스러운 전사였던 시크교도들은 국가는 고사하고 자치주 하나 얻지 못했다. 무엇보다도 영국의 입장에서 말하면 독립국 인도는 아시아 남동부에서 영국의 방위 정책과 제국 정책의 보호자로서 부여받은 역할을 맡기를 거부했다. 대영제국의 '가장 빛나는 보석'으로 여겼던 인도에서 200년 가까이 이어졌던 식민 지배는 그렇게 불명예스럽게 끝을 맺었다.

인도는 일본의 점령을 피했다. 다른 식민지들, 특히 버마와 필리핀, 네덜란드령 동인도제도에서는 지역의 민족주의 정치인들이 기꺼이 일본과 손을 잡고(인도의 여러 민족주의자도 그러했다.) 점차 자국 내에서 확고부동한 자리로 올라섰다. 유럽의 식민지 중에는 1945년 8월에 일본이 항복하기 전까지 완벽하게 재점령당한 곳이 없었는데, 이러한 사실 때문에 일본에 협력하는 민족주의자들의 지위는 좀 더 더 공고해졌다. 이 기간에 모종의 식민 지배가 다시 확립되기 전에 권력 공백이 발생하면서 민족주의자들의 영향력은 더욱 강해졌다. 필리핀에서 미국이 할 수 있는 일이라고는 10여 년 전에 약속했던 대로 오랫동안 경제와 사회를 지배했던 지방 과두 정부에 권력을 이전하는 것뿐이었다. 순종적인 정부는 이에 보답해 미국이 바라마지 않던 대규모 군사시설을 승인해 주었다. 버마에서는 독립을 늦추려는 시도들이 실패하고, 영국은 권력의 이행기에 티끌만큼의 통제력이라도 유지하기 위해 일본과 협력했던 아웅산(Aung San)이라는 인물을 상대해야 했다. 버마 사람들은 공화국을 요구하며 영국과 그 어떠한 방위 조약을 체결하는 것도 거부했다. 영국은 다른 방도를 구할 힘이 없었고 버마는 1948년 1월에 독립국이 되었다. 영국 입장에서 별다른 문제가 없었던 지역은 스리랑카였다. 영국인들은 미국인들이 필리핀에서 했던 것처럼 지역의 지주들에게 권력을 인계하고 군사기지를 계속 사용할 수 있는 권한을 얻었다. 인도네시아에서는 네덜란드가 1945년이 다 갈 때까지 식민 지배를 재건하기 위해 노력했으나, 수카르노(Sukarno)가 이끌던 민족주의 세력이 일본의 항복에 즉답해 이미 독립을 선언한 다음이었다. 네덜란드가 영국의 지원을 받아 자와섬을 장악하려고 하면서 처절한 싸움이 벌어졌다. 네덜란드인들은 외딴 군도에 네덜란드령의 연방제를 도입해 민족주의 세력 쪽으로 기운 균형추를 바로잡으려고 했지만 실패했다. 그리고 수카르노가 공산당 활동을 금하자 미국은 네덜란드를 압박해 합의에 조인하게 만들었다. 1949년 8월에 체결된 이 합의로 네덜란드-인도네시아 연합의 윤곽이 그려졌다. 네덜란드가 통합 인도네시아를 뒤로 하고 철수하기에 충분한 눈가림이었다. 이렇게 네덜란드는 300년 이상 이 지역에 군림했던 식민지 권력에서 내려왔다.

일본이 항복한 이후 가장 큰 문제들을 일으킨 식민지는 프랑스령 인도차이나였다. 1945년 8월 이후의 몇 개월 동안에 혼돈이 찾아온 가운데 공산주의자 호찌민(胡志明: 전쟁 기간에 미국의 후원을 받았다.)이 이끄는 베트민(Vietminh) 민족주의자들은 하노이 인근 북부 지역의 많은 곳을 장악할 수 있었다. 영국의 원조를 등에 업은 프랑스는 남부, 특히 사이공 지역을 점령했다. 1946년에 프랑스는 새로운 형태의 식민지 건설을 성사시키기 위해 노력했다. 프랑스가 점령한 베트남 남부와 군주국인 라오스 및 캄보디아, 그리고 베트민이 장악한 북부 지역으로 구성된 연합 인도차이나를 식민지 영토의 기반으로 삼는다는 구상이었다. 그해 말에 프랑스는 하이퐁(Haiphong)을 공격하고 하노이를 점령하는 방식으로 베트민을 압박해 합의를 받아 내겠다는 계획을 세웠다. 그러나 결과적으로 게릴라전만 부추겼고 베트민은 북부 지역 대부분으로 세력을 넓혔다. 프랑스는 전쟁의 식민주의적 성격보다 반공주의를 부각시켜 미국의 지지를 얻어 냈다. 하지만 게릴라를 통제하기 어려웠고 1954년 무렵에는 베트민 정규군 부대들까지 상대해야 했다. 디엔비엔푸(Dien Bien Phu) 전투에서 전통적인 방식으로 대대적인 싸움을 벌이려고 했던 프랑스의 시도는 참사로 끝이 났고 이 전투에서 패배한 프랑스는 1954년 5월 초에 항복하기에 이른다. 이 지점에서 영국과 미국이 개입해 1954년 7월의 제네바 협정에서 소련 및 중국과 더불어 인도차이나 분할에 합의했다. 라오스와 캄보디아는 독립했고 베트남은 전쟁 당시 연합국의 이익 범위를 가르는 경계였던 북위 17도를 따라 분할되었다. 양측은 1956년에 '자유선거'를 실시해 통일 베트남을 건설한다고 약속했으나 이 약속이 실현 가능하다고 믿는 사람은 없었다. 미국은 프랑스의 역할을 넘겨받아 남부에 일종의 정부를 건설하기 위해 노력했고, 북부는 공산주의 정당인 베트민이 지배했다. 베트민은 국토의 분할을 절대 인정하지 않았다.

24.4.2 중국

일본은 중국에도 똑같이 근본적인 영향을 끼쳤다. 1937년부터 1945년까지 이어진 긴 전쟁은 아시아에서 가장 치열하게 전개되었고 국민당의 재원을 한계점까지 소진시켰다. 처음에 국민당은 침략에 맞선 민족 투쟁을 이끌면서 대중의 인기를 한 몸에 받았다. 하지만 중국 내 생산 지대와 많은 인구에 대한 지배력을 잃은 뒤로는 군사 활동을 효과적으로 유지하기가 매우 어려워졌다. 문제는 서로 많은 병력을 자기 휘하에 두어 정치력을 키우는 데에만 관심이 쏠린 군 지휘관들 사이에 분열이 일어나면서 더 악화되었다. 중국 외지로 들어갈 수 있는 안전한 경로도 없고 국제사회에서의 이해관계도 부족해 외부의 도움을 받는 데는 한계가 있었다. 1941년 말 무렵에 일본의 공습 이후 중국을 향한 원조가 증가했지만 유능한 전투부대를 구성하기가 거의 불가능하다는 사실만 확인한 꼴이 되었다. 1944년까지도 전쟁은 여전히 중국에 불리한 형세였다. 영국과 미국은 1943년에 중국 내 치외법권을 폐지하는 상징적인 행보를 취했다. 미국은 장제스를 주요 연합국 지도자로 대접했다. 그는 1943년의 카이로 회담에 초대되었고, 중국은 새로운 유엔 안전보장이사회의 상임이사국이 되어 거부권도 행사할 수 있었다. 미국은 중국이 미국의 지위에 계속해서 복종하고 지지를 보낼 것이라고 믿었던 것이다.

중일전쟁은 공산당으로서는 세력을 확장할 중요한 기회를 열어 주었다. 공산당은 국민당과 함께 '인민전선(popular front)'을 형성했고 민족적 투쟁의 책임도 분담했다. 하지만 공산당은 국민당의 통제 없이 대체로 독자적인 전쟁을 수행하며 당의 세력 범위를 크게 확장할 수 있었다. 공산당은 세력권 안에서 농민들을 동원하고 토지개혁을 단행했다. 1945년에 산시성(山西省)과 허베이성, 산둥성 등 광대한 지역을 장악하고 약 1억 명의 지역 주민을 세력 안으로 포괄했다.(대장정을 마무리할 즈음인 10년 전에 공산당을 지지하는 세력은 100만 명도 안 되었었다.) 1945년 이후의 4년 동안에 중국에는 전면적인 내전이 발발했다. 일본이 항복하자 국민당은 미국의 도움을 받아 도시 대다수에 대해 장악력을 회복했다. 전쟁 말미에는 소련이 만주를 침략해 공산당의 주도권을 공고히 했다. 1946년 무렵에 인민해방군(People's Liberation Army)과 국민당 군대 사이에 공공연한 싸움이 벌어졌다. 처음 18개월 동안에 승승장구하던 국민당은 1948년에 연달아 쓰라린 패배를 겪었다. 1949년 1월에 공산당 군대는 베이징에 입성한 다음 남쪽으로 세력을 확대했다. 상하이가 함락된 뒤 국민당은 타이완으로 옮겨 갔고, 공산당은 1949년 10월 첫째 날에 중화인민공화국(People's Republic of China)을 공식 선포했다.

여러모로 1850년 이후 한 세기 동안 중국이 겪은 사건들은 과거사에 여러 번 등장했던 패턴들과 놀랍도록 닮아 있었다. 대규모 농민 반란을 동반해 왕조가 휘청거리면, 불안과 동요가 찾아오고 정부의 힘이 약해지며 결국 통치 왕조가 막을 내렸다. 내부적으로 혼돈이 자리한 시기에 군부가 강한 힘으로 중요한 역할을 수행하면 결국 새로운 통치 체제가 권력을 장악하는 데 성공했다. 종전 후 중국의 경우 공산당의 승리로 귀결되었고, 이들은 많은 점에서 명 왕조를 세웠던 14세기 중엽의 농민 혁명가들과 놀랄 만큼 비슷했다. 외부 세력의 개입(처음에는 유럽, 그다음에는 일본) 때문에 사건들의 패턴은 복잡했지만, 이들 세력은 자신들의 이익을 도모하는 한편 중국에 압력을 가해 반응하지 않을 수 없게 만들었다. 하지만 중국에서 발생한 사건들의 결과에 영향을 미치기에는 외부 세력의 능력에 큰 한계가 있었다. 중국의 운명은 과거에도 그랬듯이 중국인들 스스로 결정했다. 1949년 무렵에 새로 확립된 강력한 지배 집단은 중국 전체를 장악했다. 그들은 세계 최대의 국가에 다시 숨을 불어넣기로 결정했다. 현대사에서 또 하나의 결정적 순간이었다.

24.5 20세기 중엽 세계의 균형

1945년에 일본이 패망한 후 10년 만에 아시아에 확립되었던 유럽 제국들은 대체로 자취를 감추었다. 말레이반도와 싱가포르처럼 아직 점령지로 남은 지역들도 독립을 향해 빠르게 나아가고 있었다. 남은 식민지는 상대적으로 중요도가 떨어지는 몇 개 지역뿐이었다. 실로 급격한 변화였고, 1941년부터 1942년 사이에 일본의 정복 전쟁이 유럽의 위태로운 제국 구조에 엄청난 타격을 입힌 결과였다. 유럽 열강의 쇠퇴는 이제 시작일 뿐이었다. 무엇보다 유럽 열강은 1930년대에서 1940년대까지 두 번째 유럽 내전이 불러온 급속한 변화에 휩쓸려 세계 속에서뿐 아니라 유럽 대륙 안에서도 위상이 추락하고 있었다. 한 세기 전처럼 유럽 열강 내부의 논쟁과 경쟁으로 세계의 정책과 전략이 결정되는 일은 더는 없었다. 미국의 경제활동 및 군사 활동과 소련의 독보적인 군사적 결의가 독일에 안겨 준 패배는 유럽과 유럽 외의 나머지 세계에서 근본적 이행이라는 획을 그었다. 유럽은 미국이 서쪽을 지배했고, 동쪽에서는 소비에트(러시아) 세력이 폴란드 동부 일대를 인계받고 체코슬로바키아 공동 경계 지역을 확보하는 한편 소비에트 군대가 독일 동부와 베를린을 점령하면서 최성기 규모의 영토를 점령했다. 주요 세력이 된 두 강국은 전쟁 말미에 점령한 지역들에서 각자 원하는 정부를 세울 수 있는 위치에 있었다. 유럽은 금세 두 진영으로 나뉘었다. 유럽이 분할되고, 분열된 유럽 국가들에 외부의 힘이 작용하자 안정 권역이 창출되었다. 유럽은 전에 없이 대내외적 충돌이 거의 없는 50여 년의 안정을 앞두고 있었다.

24.5.1 미국과 소련

19세기 중반부터 많은 논객은 미국과 러시아(당시에는 소련이었다.)가 미래의 최강국이 될 것이라고 예견했다. 영토 규모도 컸거니와 그만큼 그들이 동원할 수 있는 자원도 풍부했기 때문이다. 유럽 국가들과 1939~1945년의 세계대전은 마침내 예견을 현실로 뒤바꾸었다. 우연히도 두 국가는 전쟁에서 한편이었고 따라서 유언과 무언의 이해와 합의에 이를 수밖에 없었다. 합의 과정은 1943년의 테헤란회담에서 시작해 1945년의 얄타회담과 포츠담회담으로 이어졌다. 하지만 두 국가의 상대적 국력은 판이하게 달랐다. 미국은 유일한 세계열강이었다. 미국은 모든 대륙과 대양에 육군과 해군을 진주시켰고, 세계의 경제를 지배했으며 유일한 원자폭탄 보유국이었다. 미국은 세계열강으로의 역할을 과시하기도 했다. 프랭클린 D. 루스벨트 (Franklin D. Roosevelt) 대통령은 1944년 10월에 윈스턴 처칠(Winston Churchill)이 유럽의 미래를 두고 스탈린과 협상하기 위해 모스크바를 방문한 시기에 이렇게 상기시켰다. "작금의 국제 전쟁에서 미국은 말 그대로 의문의 여지없이 정치적·군사적으로 아무런 흥미가 없다." 미국 자신도 전쟁을 통해 바뀌었다. 더는 1920년대와 1930년대처럼 비무장한 국가가 아니었다. 후일 '군산(軍産)'복합체로 발전하는 체제도 전쟁 중에 창출되어, 전쟁이 끝난 후에도 미국이 군사력을 전례 없는 규모로 유지하고 배치하면서 계속해서 유지되었다. 1949년에 미국은 연간 150억 달러를 군비로 지출했고 군대는 150만 병력을 보유했다. '안보' 국가의 등장으로 훨씬 더 막강해진 군대와 더불어 중앙정보국(Central Intelligence Agency: CIA)과 국가안전보장회의(National Security Council: NSC) 같은 새로운 기관들이 의사 결정에서 새로운 목소리를 내기 시작했다. 미국은 언제나 세계를 변화시킬 사명을 짊어졌다고 믿었다. 우드로 윌슨은 다음과 같이 말했다. "민주주의를 위해 안전한 세계를 만들어야 한다." 미국은 또한 공산주의를 혐오해 (리처드 닉슨(Richard Nixon)과 상원 의원 조지프 매카시(Joseph McCarthy) 같은 정치인들로 대표되는) 체제 전복과 공산주의 세력, '반미 행위' 등에 관한 극도의 공포가 온 나라를 휩쓸었다. 세계열강으로서 미국은 압력을 행사할 수 있다고 믿으며 소련에 종속적인 역할을 할당했다.

러시아가 항상 그랬듯이 소련은 대규모 군대를 보유했다.(1940년대 말에 400만 병력이 있었는데, 전쟁 말미에는 3분의 1수준으로 감소했다.) 하지만 세계적인 관점에서 소련은 약했다. 소련은 지상에 기반을 둔 세력으로 국경 너머 멀리까지 병력을 배치하지 못했다. 소련의 주요 목표는 동유럽에 순종적인 정권들을 수립하고 독일을 무력화해 통제 아래에 둠으로써 국경 지역을 안정시키는 것이었다. 이와 같은 두 가지 요건은 전쟁 기간 중 소련이 당한 파괴의 규모를 보면 쉽게 납득이 된다. 소련은 외부 세계에 의혹의 눈길을 던질 수밖에 없었다. 소련이 이런 시선을 가질 수밖에 없었던 이유는 이데올로기적으로 고립되어 있을 뿐 아니라 1917년의 내전 중에 외부 세력의 개입을 경험했기 때문이었다. 1914년 이전의 독일처럼 소비에트의 지도자들은 스스로 적대적인 국가들에 '둘러싸였다'고 파악했다. 겉으로는 혁명적 수사를 외쳐 댔지만 소련의 외교정책은 사실 신중했는데, 물론 어설프고 서투른 방식으로 표현되는 일도 빈번했다. 미국이 할당한 종속적 역할을 소련이 거부하고 자국의 이해관계를 주장하자 불가피하게 의견 충돌이 일어날 수밖에 없었다. 즉각 '톱니바퀴 효과(ratchet effect)'가 발생했다. 합의 실패, 또는 서로 다른 문제 인식의 표출은 소비에트의 비타협적 태도를 '증명'한 사례가 되어 미국의 적개심을 끌어올렸고 앞으로의 합의를 더욱 어렵게 만들었다. 미국은 금세 소련에 대해 본질적으로 공격적이고 이데올로기에 함몰된 세력이어서 어떤 합의에도 이르기 어려운 상대라는 시각을 갖게 되었다. 결국 이른바 '냉전'이 도래했다. '냉전' 시대는 1980년대 말까지 강약을 달리하며 이어졌다.

두 세력 사이에 직접적인 충돌은 없는, 이상하고도 궁극적으로 무익한 대립이었다. 전통적인 의미에서 두 나라는 서로 싸울 실질적인 현안이 없었다. 중요한 공동의 경계 지역이 있는 것도 아니었고(베링 해협은 중요한 지역은 아니었다.) 영토 분쟁도 없었다. 따라서 두 나라의 대립은 세력 경쟁이 되었고, 미국인들은 '공산주의'의 영향력을 '억제'해야 한다고 생각했다. 문제는 미국이 세계의 모든 문제를 '냉전'의 일부로 인식하면서 심각한 오판들이 이어졌다는 점이다. 두 나라가 지상에서 서로 대립해 있던 유럽 중부, 특히 동서독 국경 지대는 가장 안정되어 있었다. 전쟁 직후 양측은 각자 점령한 지역의 경계를 따라 국경을 나누는 것이 독일에서 최고의 해결책이라는 암묵적 합의에 도달했다. 다른 방법들은 너무 골치 아프거나 너무 위험했다. 이 해결책으로 유럽 한복판의 막강한 통일 독일 수립이라는, 75년 동안 대륙을 불안하게 만들었던 문제도 피할 수 있었다. 1949년 무렵에 독일이 분할되고 베를린 공수작전 이후 독일의 오랜 수도는 이례적으로 모든 점령 세력 간의 공동 통제 아래에 놓이게 되었다.

미국은 세계적으로 새로운 동맹 관계들을 수립하고 자국의 이익을 방어하기 위한 군사 배치를 시작했다. 1947년에는 트루먼 독트린(Truman Doctrine)으로 그리스와 터키에 즉각적인 경제 자원과 군사 자원을 제공하며 오랜 기간 영향력을 행사했던 영국을 대체했다. 2년 뒤에는 (기존 서유럽 동맹국들로 구성된) 북대서양조약기구(North Atlantic Treaty Organization: NATO(나토))를 창설하면서 미국 주도의 동맹 세력이 형성되어 노르웨이의 노르 곶부터 아시아 남동부 터키 국경선까지 전 지역을 빠르게 포섭했다. 리우데자네이루 조약은 서반구 전체에서 미국의 패권을 확인해 주었다. 1950년에 체결된 태평양 안전보장조약(ANZUS treaty)은 태평양 남동부에서 미국의 장악력을 분명히 했고, 오스트레일리아와 뉴질랜드가 영국의 원조가 아닌 미국에 의지한다는 사실을 확실하게 밝혀 주었다. 1950년대 초엽에는 쌍무 조약을 체결함으로써 한국과 일본, 타이완, 스페인에 미국의 군사 시설을 마련했다. 그리고 1954년에는 동남아시아 조약 기구(The Southeast Asia Treaty Organization: SEATO)를 창설해 파키스탄과 태국이 가입했고, 프랑스군이 철수한 뒤에 미국 지배 아래에 있던 월남도 들어갔다. 중앙조약기구(The Central Treaty Organization: CENTO) 동맹국에는 터키와 이라크, 이란, 파키스탄이 포함되었다. 그 외에 이스라엘과 사우디아라비아, 요르단과 협정을 체결했고, 1957년에는 아이젠하워 독트린(Eisenhower Doctrine)을 발표해 전체 아랍 국가들에 대한 원조와 군사개입 가능성을 확대했다. 1960년대 초엽에 미국은 해외 서른 개 이상 국가에 군인 100만 명 이상을 파견했다. 이렇게 현실화된 네 개 지역 방위 조약은 마흔두 개 국가와 체결한 '상호방위'조약이었고 100개 이상의 국가에 군사적 원조를 보냈다. 1965년 국무장관 딘 러스크(Dean Rusk)는 전쟁 중에 루스벨트가 처칠에게 보냈던 경고를 약간 다른 표현으로 되풀이했다. "지구는 아주 작은 행성이 되었다. 우리는 지구상의 모든 것에, 지구상의 모든 땅과 물과 하늘과 둘러싼 공간들에 대해 관심을 가져야 한다." 강대국으로서 세계의 어떤 지역에도 개입할 권리를 주장하는 유례없는 단언이었다.

한편 소련은 훨씬 더 제한적인 정책을 추구했다. 소련은 동유럽 세력권에 대한 지배권을 유지하는 데 집중했다. 1956년과 1968년에는 헝가리와 체코슬로바키아에 개입해 공산당 정부를 지원했다. 하지만 이 지역들 안에서조차 유고슬라비아에서는 전쟁 중 게릴라 운동으로 부상해 대통령이 된 요시프 브로즈 티토(Josip Broz Tito)의 드센 독립 정부, 그리고 세력은 훨씬 약하지만 유고슬라비아처럼 독립적인 알바니아 정부와 다투어야 했다. 1960년대 중엽에 소련은 연달아 국경분쟁을 겪으며 중국과 사이가 벌어진 상황도 고려해야 했다. 1967년에 소련은 중국과의 경계선을 따라 열다섯 개 사단을 유지했다. 1972년에 사단 규모는 마흔네 개로 증가했다.(동유럽 경계에는 서른한 개였다.) 소련 지도부에게 이런 상황은 대규모 '포위'로 비추어졌다. 1950년대 말엽이 지나서야 소련은 이집트와 인도, 그리고 1959년의 혁명을 겪은 쿠바 같은 국가들에 병력을 제공하며 제한적이나마 영향력을 확대하기 시작했다. 많은 지역에서 소련은 영향력이 최소한도로 제한되었고 소련이 장악한 지역들에서도 미국의 압력을 견디며 오랜 기간 세력을 유지하지 못했다. 이집트에서는 1972년에 쫓겨났고,

동유럽 밖에 자리한 극소수 근거지 중 하나였던 소말리아의 모가디슈(Mogadishu)는 1977년에 소련의 지배를 벗어났다. 소련은 동유럽 세력권 밖이었던 아프가니스탄에서 1979년에 딱 한 번 무력을 사용했다. 그에 비해 미국은 1945년 이후 45년 동안 전쟁에 참여하든 다른 군사작전을 수행하든 병력을 배치하고 300건에 가까운 핵무기 경보를 발동시켰다.

미국과 소련 간 대립의 성격은 대체로 군사기술에서 결정이 났다. 1945년 이후 군사기술은 매우 정체되었다. 탱크와 제트기, 선박, 잠수함, 로켓, 유도미사일 등 모든 무기가 1939~1945년 전쟁에서 사용하던 것들이었다. 그 이후 벌어진 일이라곤 무기 기능이 개선되고, 전자 장치들의 양이 기하급수적으로 늘어나면서 비용도 어마어마하게 증가한 것이 전부였다. 무기를 만들기는 훨씬 더 어려워졌고 더는 대량 생산이 가능한 무기들도 아니었으며 감당할 수 있는 무기의 수도 가파르게 떨어졌다. 가장 새롭고도 근본적인 문제는 전쟁 말미에 일본의 히로시마와 나가사키에 사용했던 원자력 무기에서 비롯되었다. 이 정도 파괴력을 지닌 무기를, 단순히 여느 무기들과 같은 무기로 간주해 상황만 옳다면 언제든 사용해도 좋은가? 1950년대 중엽에 미국은 그렇다고 여기는 듯했고, 한국전쟁과 이후 인도차이나에서 프랑스가 패하기 직전에 원자폭탄을 사용할 뻔했다. 미국은 1949년에 소련이 처음으로 실험에 옮기기 전까지(그리고 그 후 몇 년 동안 실질적인 핵무기를 개발하기 전까지) 완벽하게 핵무기를 독점했지만, 무개 재고량이 매우 적어 소련이 전통적 방식으로 공격했다면 막을 능력이 안 되었을 것이다. 미국은 1952년에 최초로 수소폭탄을 개발했지만 항공기로 떨어뜨릴 수 있는 무기는 1956년까지 실험에 옮기지 못했고, 1950년대 말엽이 되어서야 이 무기를 원하는 양만큼 효율적으로 사용할 수 있게 되었다. 미국이 대규모로 핵무기를 보유한 1950년대 중엽에 소련은 미국의 공격을 단념시킬 만큼 피해를 입힐 능력을 갖고 있었다. 소련이 처음에는 장거리 폭격기를, 나중에는 미사일을 갖추는 등 역량을 키우자, 전쟁 억제력과 같은 이론이 대두되었지만 양국은 만들 수 있는 무기들을 만들면서 뒷일을 우려했다. 상대의 능력에 대한 정보가 제한된 상황에서 미국에는 (처음에는 폭격기, 그다음에는 대륙간탄도유도탄 부문에서 나타날) 능력 '격차'에 대한 '불안감'이 얼마간 존재했고, 양국은 점점 더 많은 무기를 구축하고 핵탄두를 만들었다. 1960년대부터 다탄두(warheads)와 다탄두 각개 유도탄(multiple independently targeted warheads) 같은 새로운 기술들이 도입되었지만 어느 쪽도 두드러지게 전략적 우위를 점하지 못했다. 1980년대 즈음에 미국은 핵탄두를 3만 개 이상 보유했지만,(소련은 그보다 적었다.) 대부분은 사실상 군사적 기능을 갖고 있지 않았다. 핵탄두를 소량만 사용했어도 적국의 군대는 물론 경제적·사회적 기반 시설들까지 거의 완파하고 수억 명의 인명을 앗아 갔을 것이나 그러한 공격은 불가피한 보복을 초래하고 비슷한 수준의 파괴만 불러올 뿐이었다.

두 나라는 금세 핵무기가 쓸모없다는 사실을 깨달았다. 군사작전 및 외교 활동은 핵무기 사용을 축소하는 방향으로 나아가야 했다. 핵무기를 대량으로 구비하기 전에, 그리고 전쟁 억제력에 관한 이론들이 정교화되기 훨씬 이전에 두 세력은 사실상의 잠정 협정을 도출했다. 두 나라는 각자의 세력권, 특히 유럽에서의 영향권을 인정했다. 1953년에 미국과 유럽 내 동맹 국가들은 소비에트 정부가 동베를린에서 노동자들의 시위를 탄압하거나 소비에트 사회주의 공화국 연방(Union of Soviet Socialist Republics: USSR)이 1956년의 헝가리 혁명을 좀 더 난폭하게 진압할 때에도 개입하지 않았다. 직접적인 대치 상황도 몇 차례(1960~1961년의 베를린과 1962년의 쿠바) 있었지만, 곧 자제되고 해결되었다. 두 나라 어느 쪽도 얻은 것이 없는 충돌을 피하는 데 핵무기의 역할은 아마 크지 않았을 것이다. 두 나라의 지리적 규모와 경제력을 감안하면, 핵무기가 없었더라도 어느 쪽이든 전쟁에서 진정한 승리를 거두기 어려웠을 것이다.

24.5.2 유럽 열강

1940년대 이후로 미국의 힘은 급속히 팽창했다. 그리고 그 힘은 전 지구적으로 공산주의를 '견제'했던 10여 년이 저물 즈음 발전시킨 정부 정책의 원칙 안에 각인되어 있다. 미국의 팽창은 소련을 희생양으로 삼아 얻은 결과가 아니었기에 소련은 전쟁 끝에 점령한 영토들에 지배권을 확고히 유지할 수 있었다. 미국이 힘을 키울 수 있었던 바탕에는 서유럽 연합국, 특히 영국과 프랑스의 희생이 있었다. 1945년에 이 두 나라는 약한 동시에 강한 모순적 상황에 처해 있었다. 군사력을 소진하고 경제적으로는 미국에 의존했기 때문에 약했지만, 아직 제국을 유지하며 제국들을 거점으로 전 세계에 군사기지들을 두고 있었기 때문에 강했다. 유럽 열강의 군사기지는 1945년 이후 한동안 세계적인 기지망이 부족했던 미국에 가치가 있었다. 유럽 열강의 입장에서 문제는 미국과 소련이 지배하는 세계에서, 특히 미국에 의존해 소련에 대해 유럽의 안보를 제공받는 상황에서, 그들이 어느 정도 수준의 독립적인 권력을 행사할 수 있는지였다. 영국과 프랑스는 각자의 제국을 이용해 세계열강으로 남는 방법을 고려해 보았지만 비용이 너무 컸기 때문에 두 나라 모두 그 기회를 거부했다. 결국 영국과 프랑스는 지난 수 세기 동안 확립했던 영향력들을 순식간에 미국에 빼앗겼다. 프랑스는 태평양전쟁에 자국의 사사로운 이해를 갖고 참전했고, 특히 영국은 전쟁 중 점령 활동이나 일본과 맺은 강화 조약에서 이름만 걸어 둔 채 거의 배제되었다. 미국은 1947년에 그리 스와 터키에서 영국이 수행하던 지배적인 역할을 넘겨받았고 다음으 로 옛 오스만 제국이 자리했던 방대한 지역에서도 우세한 권력을 행 사했다. 영국은 시온주의적 극단주의와 테러주의 앞에서 팔레스타인 을 장악하려던 시도를 단념했고 미국은 신생국 이스라엘의 주요 지 원국이 되었다. 미국은 특히 1952년에 왕정을 전복한 혁명 이후 이집 트에서 영국에 대한 지지를 거부했고, 영국군은 1956년에 이집트에 서 철수했다. 프랑스는 시리아와 레바논에서 철수했다. 동쪽에서는 이란이 1940년 말엽에 석유산업 국유화를 추진한 이후 영국이 이란 내에서 영향력을 잃었다. 비록 미국과 공동작전으로 쿠데타를 조직 해 1950년대 초엽에 샤를 복귀시켰지만, 이후 새로운 정권의 주요 외 부 지원국은 미국이 되었다.

영국과 프랑스가 미국의 승인 없이 상당한 규모로 마지막 실력 행 사를 시도한 해는 1956년이었다. (미국과 영국, 프랑스가 재정 지원을 하 지 않는 아스완 댐에 자금을 돌리기 위해 시도된) 수에즈 운하 국유화는 유 럽 열강에 대한 직접적인 도전으로 받아들여졌다. 알제리의 민족주 의 운동에 이집트가 지지를 보내면서 프랑스는 이집트로부터 멀어졌 고, 영국은 아랍의 민족주의를 이 지역에서 빠르게 기우는 유럽 세력 에 대한 위협으로 간주하며 이집트 수반인 가말 압델 나세르(Gamal Abdel Nasser)와 아돌프 히틀러 사이에 더없이 부적절한 인물이라는 공통점을 끌어냈다. 문제를 외교적 합의로 해결하려는 노력들은 사 실상 영국과 프랑스의 거부권 행사로 봉쇄되었다. 두 나라는 이스라 엘과 공모해 이집트를 공격함으로써 영국군과 프랑스군이 '개입'해

운하를 '지킨다'는 쪽으로 마음이 기울었다. 미국은 군사행동에 강력히 반대했다. 결국 미국이 규탄한 두 나라의 공습은 전체적으로 굴욕적인 실패로 끝이 났다. 그 뒤로 특히 군사 쿠데타로 이라크 왕정이 무너진 후에 미국은 이 지역에서 세력을 크게 확장했다. 영국은 페르시아만 연안의 작은 국가들과 오만, 아덴 정도에서 1970년대 초엽까지 일정한 세력을 유지했다. 영국과 프랑스 모두 핵무기를 개발했지만, 두 나라는 기껏해야 중간급 세력이었고 수십 년 내로 그보다 더 위축되었다. 군사 장비의 비용은 점점 증가해서 군사력의 모든 영역에 투자할 여력이 없었다. 영국은 1950년대 말엽에 중거리 로켓(블루스트리크(Blue Streak))을 만들려고 했지만 중도에 포기하고 미국산 미사일에 의존했다. 대륙간유도탄과 위성, 잠수함발사탄도미사일(submarine-launched strategic missiles), '스텔스' 폭격기(stealth bombers)는 만들려는 시도조차 하지 않았다. 1966년에는 대형 항공모함을 건조하려던 시도도 비용 문제로 포기했다. 1960년대 말엽부터 영국의 전략적 핵무기 시스템은 탄두를 제외하면 거의 전부 미국의 것이었다.

24.5.3 유럽 제국의 종말

1950년대 말엽에 주요 유럽 열강은 앞서 100여 년 동안 건설했던 제국들, 특히 아프리카 식민지를 어떻게 할 것인지 다시 생각하고 있었다. 아시아의 식민지들은 거의 다 잃고 없었다. 수십 년 동안 방치했던 식민지 경제 발달에 필요한 비용은 매우 클 터였고, 그 비용을 들여 식민 권력이 얻을 수 있는 유익함은 별로 없어 보였다. 전략적 상황도 완전히 뒤바뀌었다. 19세기 말엽에 제국의 원대한 팽창은 주로 유럽 내부의 경쟁에서 발생하는 압박감의 결과였다. 영토를 경쟁하는 권력에 빼앗기지 않으려는 인지된 필요가 존재했던 것이다. 1945년 이후로 상황은 변했다. 식민지 소유권에 대한 경쟁은 사라졌다. 공산주의 세력의 팽창 가능성은 존재했지만 그러한 위협에 대응하는 문제는 방대한 자원을 소유한 미국의 몫으로 돌릴 수 있었다. 그러므로 식민지 소유에 관한 경제적 근거들을 다시 검토할 수 있었다. 유럽 열강은 주로 원료 접근성에 관심이 많았지만, 20세기 중엽에는 공식적인 정치적 통제 없이도 원료 구입이 가능해졌다. 산업 열강과 다국적 기업들은 신생 독립국에 선택의 여지없는 협력을 받아 낼 만큼 경제력과 정치력을 갖추고 있었다. 그러므로 독립이란 과거에도 식민 권력과 협력했던 집단들에 권력을 넘겨주는 절차에 지나지 않았다. 이 과정이 일단 시작되어 한 국가가 광범위한 탈식민지화를 향해 도로를 질주해 내려가면 다른 국가들은 거부하기가 더 어려워졌고 식민지 독립은 눈덩이처럼 불어났다.

1957년에 골드코스트는 아프리카 식민지로는 처음으로 독립해 가나가 되었다. 프랑스령 서아프리카는 국민투표를 치르는 오류를 범한 뒤 1958년에 기니가 독립했고, 다른 식민지들도 기니의 뒤를 따랐다. 1960년 무렵에 서아프리카와 적도아프리카의 프랑스 식민지는 모두 독립했다. 다른 유럽 열강에는 압박이 되었다. 벨기에는 18개월 남짓한 기간에 콩고를 서둘러 독립시켰다. 하지만 벨기에의 통치 기간에 사회 기반 시설이 전혀 만들어지지 않았기 때문에 국가는 와해되었고, 군사 반란이 일어나 혼돈과 무정부 상태를 초래했다. 이런 상황은 영국의 이목을 집중시켰다. 영국은 속도를 내어 아프리카 전체의 독립을 추진했다. 가장 빨리 독립한 나라는 소말릴란드로, 1960년대 초엽에 불과 4개월 반 만에 식민 독재국가에서 독립국으로 변모했다. 알제리(알제리는 식민지라기보다 헌법상 프랑스의 일부였다.)처럼 유럽인 정착민 사회가 견고하게 자리 잡은 몇몇 경우에만 독립을 두고 갈등이 번지며 문제가 크게 확대되었다. 1960년대 중엽에 아프리카의 유럽 제국들은 문을 닫았고 지구상에 남아 있던 식민지들도 1970년대 초까지는 거의 전부 독립했다. 가장 늦게까지 식민지로 남아 있던 포르투갈령 영토들은 1974년의 혁명 뒤에, 남로디지아는 1965년에 소수 백인 정부가 일방적으로 독립을 선언한 이후 1980년에 각각 독립을 선포했다.

1960년대 말엽에 유럽 제국들이 소멸하면서 19세기 중엽 이래 계속해서 세계를 지배했던 유럽의 시대는 저물었다. 신생 독립국들이 대거 탄생해 세계의 권력 판도는 바뀌었다. 여러 '안보 복합체'도 등장했다. 각 지역의 지배 세력과 종속 세력이 그 지역에서 대립하는 상황이 펼쳐졌다. 1940년대 중엽까지 세계에는 유럽과 아시아, 단 두 곳의 안보 복합체가 존재했고 유럽의 경우 전 세계에 영향력을 끼쳤다. 1941년 12월 무렵에 (아시아의 지역 강국) 일본의 공격으로 두 복합체는 미국과 유럽 열강으로 합쳐졌다. 1940년대 말에는 새로운 안보 복합체가 두 지역에서 발달했다. 첫 번째는 남아시아 안보 체제로 인도와 인도-파키스탄 분쟁, 그리고 주변적인 역할을 하는 네팔과 스리랑카 등 여러 소국가를 포괄했다. 두 번째는 중동으로 알려진 지역의 안보 공동체로 신생 독립국 이스라엘과 이스라엘에 반대하는 아랍 국가들, 특히 이집트와 요르단, 시리아, 사우디아라비아 등에 집중되었다. 뒤에 페르시아만 지역에서 이라크와 이란, 사우디아라비아를 포함하는 안보 공동체가, 그리고 다시 더 뒤에 바레인과 쿠웨이트, 토후국들 같은 소국들의 안보 복합체가 등장했다. 아프리카에서는 독립 이후에 각각 세 지역에서 복합체가 발달했다. 첫 번째는 아프리카의 뿔(the Horn of Africa) 지역으로 에티오피아와 수단, 소말리아가 포함되고 나중에 에리트레아(Eritrea)가 들어왔다. 두 번째 지역인 마그레브(Maghreb)에는 알제리와 모로코, 튀니지, 리비아, 차드(Chad), 모리타니(Mauritania)가 속해 있다. 세 번째 지역은 남아프리카로, 남아프리카 공화국(과 다소 제한적이지만 남로디지아의) 소수 백인 정부와의 대립을 둘러싸고 형성되었는데, 이들 유럽 지배층의 최후의 보루를 둘러싼 이른바 '최전방' 국가들이 여기에 포함되었다. 특히 미국의 경우 서로 다른 이 모든 문제와 갈등들을 '냉전'이라는 획일화된 틀에 끼워 맞추려고 했지만, 각 지역의 상황들은 그 지역 나름의 기원과 역학을 지녔고 '냉전'이 끝난 후에도 계속되었다. 이스라엘과 인도, 파키스탄 같은 국가들이 핵무기를 개발하면서 이들 지역의 안보 갈등은 더욱 위험해졌다.

미국과 소련의 교착상태로 두 국가는 중무장 상태를 유지했지만 두 국가가 직접 대면한 지역, 즉 유럽은 안정을 구가했다. 1980년대 말엽까지 유럽은 대체로 평화로웠고 분쟁은 단 세 차례뿐이었다. 가장 중요한 분쟁은 1944년부터 1949년까지 이어진 그리스 내전이었다. 이 내전으로 약 16만 명이 목숨을 잃었고, 뒤이어 소련이 헝가리(1956년)와 체코슬로바키아(1968년)에 개입하면서 최대 1만 명이 사망했는데, 희생자는 거의 모두 헝가리에서 발생했다. 이곳 안정 권역과 대체로 평화로웠던 라틴아메리카를 제외하면 세계는 거의 끊이지 않는 대립으로 몸살을 앓았다. 거의 3000만 명에 가까운 사람이 살해당했고, 2400만 명은 자국에서, 1800만 명은 타국에서 난민의 처지가 되었다. 희생자 다섯 명 중 네 명은 민간인이었고, 그중 대다수는 아시아, 특히 베트남의 통일과 독립을 확보하기 위한 30년간의 전쟁에서 발생했다. 바로 이 전쟁에서 미국은 (후일 아프가니스탄에서의 소련처럼) 50만 병력과 최첨단 무기들로 공중 및 해상에서의 대대적인 군사작전을 벌여도, 비록 변변찮은 무기를 들었지만 시민들의 지지를 등에 업은 완강한 적을 상대해 반드시 승리할 수 있는 것은 아니라는 사실을 깨달았다. 더불어 아시아는 인도-파키스탄의 세 차례 전쟁과 한국 전쟁, 그리고 카슈미르 및 동티모르에서의 분쟁 등에 시달렸다. 분쟁에 휘말린 또 다른 지역은 중동이었다. 아랍과 이스라엘의 전쟁은 여섯 차례(1948~1949년, 1956년, 1967년, 1969~1970년, 1973년, 1982년) 발발했고, 팔레스타인과 관련된 크고 작은 충돌들도 거의 끊이지 않았다. 이스라엘은 시온주의 활동을 계속 이어 나가며 팔레스타인 지역의 토착민들을 쫓아내고 유엔과 국제법이 인정한 이스라엘 국경 너머의 땅까지 점유하려고 했다. 게다가 이란과 이라크도 1980년대 내내 충돌을 일으켰고 1991년에는 걸프 전쟁이 발발했으며 이란과 이라크에서(그리고 터키에서) 쿠르드족과 관련된 이러저러한 폭력들이 자행되었다. 아프리카에는 내부 문제가 다수 존재했고, 대부분의 국가가 식민 시대의 인위적 경계들을 그대로 인정했다. 다른 대안을 찾다가는 모두가 위태로워질 수도 있었기 때문이다. 그러나 리비아와 차드가 국경분쟁을 벌였고, 탄자니아는 우간다를 공격하는 한편 라이베리아와 시에라리온에도 개입했다. 앙골라와 모잠비크에서도 수십 년 동안 포르투갈 정권에 맞서 광범위한 싸움이 벌어졌다. 전쟁은 독립 이후에도 계속되었고 남아프리카 공화국 같은 나라들까지 개입되었다. 몇몇 국경분쟁(에콰도르와 페루 분쟁 등)을 제외하면 남아메리카에서 발생한 주요 분쟁은 1982년에 영국과 아르헨티나가 포클랜드 제도(Falklands islands: 아르헨티나에서는 말비나스 제도(Malvinas islands)라고 한다.)를 두고 빚은 충돌이 유일했다. 중앙아메리카는 대체로 평온했지만 숱한 민족 분쟁이 발생해 과테말라(1954년)와 쿠바(1960년대), 니카라과, 엘살바도르, 그레나다, 파나마(1980년대), 아이티(1990년대) 등에 미국이 개입했다.

24.6 유럽: 안정과 불안정

24.6.1 서유럽의 안정

수 세기 동안 국제적 불안정에 휩쓸렸던 유럽은 미국과 소련의 우위 아래에 1945년 이후 40여 년 남짓한 안정을 누렸다. 서유럽의 정치에도 새로운 안정이 찾아왔다. 1945년을 넘긴 이후에야 보수 집단들은 마침내 자유민주주의 체제를 받아들였다. 물론 미군 주둔과 강력한 반공주의, 자유 시장의 합의 등 자신들에게 매우 유리한 환경들을 놓치지 않았다. 권위주의적 권리와 군주정체하의 권리들이 무너지고,(어느 정도는 의구심을 사기도 했다.) 전쟁 전의 여러 정당이 와해되자 정치적 범주 안에는 공백이 생겼다. 공백을 메운 세력은 전후 정치에서 주도권을 쥔 강경한 기독교 민주당(Christian Democratic parties: 기민당)이었다. 사회민주당 세력도 1945년 이후에 간혹 서유럽에서 권력을 잡았다. 서유럽의 사회민주주의 정당들은 명료한 '사회주의' 이념을 갖지 못했고, 과거를 반복하며 당면한 문제들에 집중했다. 미국이 마셜플랜으로 유럽 경제원조 계획을 내세워 압박을 가하는 상황이었다. 사회민주주의 정당들은 자본주의경제 안에서 조직 활동을 벌이며 직면한 현실들을 마주함으로써 자본주의를 차츰 받아들였다. 이제 사회민주당이 하고자 하는 최대치는 아주 조금 더 공정한 사회를 만드는 것이었다. 1959년에 독일 사회민주당을 시작으로 많은 사회민주주의 정당이 자신들에게 있었을지 모를 마르크스주의의 유산을 분명하게 잘라 냈다. 사회민주주의 정치 체제가 성공적으로 실현된 지역은 스칸디나비아가 유일했다. 서유럽이 안정을 찾을 수 있었던 가장 중요한 요소는 전후인 1950년대 초엽부터 1973년까지 지속된 장기간의 호황이었다. 이 기간에 성장은 상대적으로 가팔랐고 실업률은 낮았으며 저(低)인플레이션이 유지되어 각 정부는 원하는 만큼 돈을 풀어 사회적 불만들을 쉽게 해결할 수 있었다. 대부분의 사람은 개인 소비가 크게 신장된 상황에 만족했고, 특히 경기가 전반적으로 침체되었던 양 대전 사이의 몇 년에 비하면 부족함이 없을 정도였다. 이런 환경에서 대안을 요구하는 목소리는 거의 없었고, 유럽이 국제사회에서 잃은 손실들도 자국 내에서 다른 문제로 비화되는 일 없이 조용히 지나갔다. 1973년 이후에 경제 여건이 나빠지고, 규제를 벗어나 세계화되는 경제의 여파가 비수처럼 날아들 때도, 사회가 불안정하게 흔들리는 조짐은 전혀 보이지 않았다.

새로운 출발을 알리는 가장 큰 분기점은 서유럽 국가들의 경제적·사회적 연합체와, 뒤이어 느슨한 형태의 정치적 연합체가 점진적으로 건설된 것이었다. 연합체의 등장 배경에는 여러 동기가 뒤섞여 있었다. 베네룩스 삼국 같은 여러 소국가가 지닌 상대적 약점은 1939~1945년의 전쟁 기간에 관세동맹을 제안해 결성하게 된 계기였다. 앞서 70년 동안 독일에 세 번이나 침략당한 프랑스는 독일 경제를 좀 더 포괄적인 단위 안으로 통합함으로써 자국의 약점을 상쇄하기로 했다. 나치 시대의 공포가 지나간 뒤 신망을 얻을 수 있는 길을 찾던 서독은 여기에 동의하지 않을 위치도, 그럴 분위기도 아니었다. 전반적으로 서유럽 국가들은 미국과 소련의 힘 사이에서 짓눌리는 기분을 느낄 수밖에 없었기 때문에, 더 큰 연합체를 구성하는 행위는 곧 그들 지역의 경제력과, 아울러 정치력까지 증대하는 일종의 수단이었다. 연합체를 구성하는 과정은 장 모네(Jean Monet)처럼 연방제를 지지하는 선지자 몇 명이 아니라, 부와 권력과 영향력을 유지하는 유일한 방법으로 그 안에 참여하고자 했던 국가적 이해관계를 따라 진행되었다. 주요 기관 중 가장 먼저 탄생한 조직은 1950년대 초엽에 결성된 유럽 석탄철강공동체(the Coal and Steel Community)였다. 유럽 석탄철강공동체의 건설은 1957년의 로마 조약과 유럽 경제공동체(European Economic Community: EEC)의 설립으로 이어졌다. 기본적으로 관세동맹이기는 하나, ECC는 단일 시장 건설을 통해 좀 더 심화된 경제 및 사회 연합체가 발달할 수 있는 틀을 마련했고, 관세장벽을 조정하고 없애는 데 필요한, 조직을 초월한 제도적 구조를 제시했다.

원래 ECC 가입국은 프랑스와 이탈리아, 베네룩스 삼국(벨기에, 네덜란드, 룩셈부르크), 서독 등 여섯 개 국가였다. 여전히 유럽 밖 영연방과 미국에 자기들의 역할이 있다고 믿으며 급속한 권력 상실을 인정하지 않았던 영국은 한쪽으로 비켜서 있었다. 하지만 EEC가 초기에 성과를 거두고 영국은 막상 외부에서 아무런 영향력도 행사할 수 없었기 때문에 마음이 곧 바뀌었다. 영국은 1963년과 1967년에 가입 신청을 했지만 거절당한 후 1973년에야 (아일랜드 및 덴마크와 함께) 가입국 지위를 얻었다. 그리스에 이어 스페인과 포르투갈이 가입하면서 참가국은 더 증가했다. 이후로는 큰 변동이 없다가 '냉전'이 끝난 이후 중립국이었던 스웨덴과 핀란드, 오스트리아가 가입했다. 경제 통합을 향한 전진은 더뎠고 단일 시장은 1990년대 초엽까지 만들어지지 않았다. 통화동맹은 결성하기가 더 어려웠다. 전쟁의 즉각적인 여파 속에 유럽 결제동맹(European Payments Union)이 설립되었지만 활동을 마무리했고, 1970년대 중엽부터 유럽 통화제도(European Monetary System)를 발족하고자 했던 시도들은 별다른 성과를 얻지 못했다. 1990년대 말엽이 되어서야 단일 통화의 윤곽이 만들어졌다. (1980년대 중엽부터 알려진 대로) 유럽 연합의 제도적 구조 역시 천천히 발달했지만, 유럽 재판소(European Court)와 유럽 연합법의 우위성, 유럽 범위의 계획들을 관리하는 브뤼셀의 유럽 연합 집행위원회, 그리고 영향력이 크지 않았던 유럽 의회가 포함되었다. 40년 동안의 발달기를 거쳐 EU는 독특한 성격의 혼성 연합체로 등장했다. 회원국들은 (대부분의 쟁점에 대한 거부권을 포함해) 독립국가로서의 권한을 거의 모두 유지했지만, 연방 국가가 아니기는 해도 EU에는 초국가적인 제도와 정책들이 분명 존재했다. EU와 더불어 역사의 새로운 출발을 맞은 유럽은 지난 600년 동안 발달한 유럽 국가 체제가 지닌 최악의 모습들을 일부 벗어난 것처럼 보였다. 대통합을 통해 세계 최대의 단일 시장도 탄생했고 서유럽은 미국의 경제력에 도전할 토대를 갖게 되었지만, 물론 군사력과 외교력은 전무하다고 해도 과언이 아니었다.

24.6.2 동유럽의 안정과 불안정

소련이 지배하는 동유럽에도 (내적 불만들이 특히 헝가리와 체코슬로바키아, 폴란드 등에 다분했지만) 전반적인 안정이 찾아왔다. 베르사유 조약이 체결된 이래 20년 동안 이 지역을 휘감았던 긴장감은 권위주의 정권과 소련의 주둔 병력 아래에 억눌렸다. 이러한 상황은 1980년대 말까지 지속되었다. 1980년대 말엽에 소련이 붕괴하고 냉전이 종식되자 유럽의 판도는 어느 때보다 크게 재편되었고 해결되거나 망각된 것처럼 보였던 여러 문제와 분열들이 다시 등장했다. 일련의 변화는 유럽의 균형을 바꾸고 지극히 불안정한 유럽 국가 구조의 성격을 다시 한번 드러내 보였다.

1954년에 스탈린이 사망한 이후, 특히 1964년에 니키타 흐루쇼프(Nikita Khrushchev)가 조용히 실각당한 후에 소련은 거의 마비

상태에 빠져들었다. 경제활동은 둔화되었고 레오니트 브레즈네프(Leonid Brezhnev)로 대표되는 노령의 정치 엘리트들이 부상하며 지도력은 약해졌다. 게다가 당 관료 체제는 제도화되고 조금씩 부패했다. 1980년대 중엽부터 체제 개혁을 시도한 미하일 고르바초프(Mikhail Gorbachev)는 페레스트로이카(perestroika: 개혁)와 글라스노스트(glasnost: 개방)라는 한 쌍의 정책을 추진하며 문제가 가득한 판도라의 상자를 열었다. 단연 가장 중요한 문제는 소련 내부의 민족주의였다. 1920년대에 처음 형성되고 1936년 헌법에서 좀 더 명쾌해진 바대로, 소련의 국가 구조는 세계 최초로 각 공화국이 형성되어 연방을 구성하는 가운데 서로 다른 민족들을 인정했다는 점에서 보기 드문 형태였다. 각 민족은 분리 독립의 권리를 부여받았는데, 물론 집권당인 볼셰비키의 당원들은 그 권리를 절대 행사하지 않을 것이라고 상정되었다. 실제로 소련은 러시아의 권세와 쇼비니즘, 타민족(특히 중앙아시아의 이슬람교도)에 대한 우월성 등이 팽배했다. 1960년대 초엽부터 연방을 구성하는 공화국들 안에서 공산당이 국가를 통제하는 사례가 점증했고, 정부 내에 확고하게 자리 잡은 지역 엘리트들이 등장했다. 민족주의가 성장하고 선거에서 다양한 입후보자를 내려는 시도가 더해지면서 소련은 내리막길을 걸었다.

1980년대에 말엽 중앙정부는 많은 힘을 잃었고, 용납하기 어려운 폭력에 의하지 않고서는 의결 사항들을 집행하기 어렵다는 사실을 깨달았다. 연방 내의 공화국들은 점점 더 힘을 키우고 자율성도 얻었다. 이 과정은 대체로 평화로웠다.(가장 문제가 컸던 곳은 아제르바이잔 공화국의 아르메니아 민족 거주지인 나고르노-카라바흐(Nagorno-Karabakh)였다.) 1989년 말 무렵에 소련은 헌법을 개정해 일정 형태의 공화국 '자치'를 허용하지만, 그즈음 발트 지역 공화국들은 주권국가임을 선포했고 1990년 3월에는 리투아니아가 독립을 선언했다. 모스크바 정부는 무기력해 이러한 진행을 막지 못했다. 1991년 초엽에 국민투표에서 공화국들의 새로운 '연방'('union'이 아닌 'federation'이었다.)이 압도적인 찬성을 받았지만, 발트 지역 국가들과 아르메니아, 조지아, 몰도바(옛 베사라비아)가 연방 가입을 거부하면서 중앙 권력의 한계가 여실히 드러났다. 새로 완성된 연방 조약에는 이들 국가의 공식적인 분리 독립이 암묵적으로 상정되었다. 1991년 8월, 조약에 조인하기로 예정된 전날에 공산당 내의 보수 세력과 군대가 쿠데타를 일으켰다가 실패했다. 그 뒤로 찾아온 (공산당 해체를 포함한) 새로운 정치 환경 안에서 발트해 연안 공화국들의 독립은 9월에 인준받았고, 다른 세 공화국의 독립은 받아들여지기는 했지만 인준을 받지는 못했다. 1991년 가을 무렵에 '슬라브' 계통 공화국들도 독립을 요구했고, 러시아와 벨라루스, 우크라이나, 그리고 중앙아시아의 공화국들이 모여 독립국가연합(Confederation of Independent States)을 결성했다. 독립국가연합은 중앙정부가 없는, 주권 국가들의 연합에 지나지 않았다. 1991년 12월 25일에 고르바초프는 소련 대통령직을 사임했다. 소련은 모스크바에 위치한 그의 집무실을 나서면 더는 존재하지 않는 국가였다.

내부의 와해와 동시에 소련은 동유럽 세력권에서 통제력을 잃었다. 문제가 시작된 것은 1980년대 초엽에 폴란드에서 군사 쿠데타 세력이 대중적인 노동자 및 지식인 운동을 이끌었던 '자유 노조(Solidarity)'를 탄압하면서 시작되었다. 1980년대 말엽에 부분적으로 실시된 선거에서 자유 노조는 결정적인 승리를 거두었고, 길고 복잡한 협상 끝에 소비에트 세력권 안에 40여 년 만에 처음으로 비(非)공산당 정부가 수립되었다. 다른 국가들은 소련이 공산당 독재를 수호하기 위한 무력 사용을 꺼려 한다는 것을 금세 알아차렸다. 헝가리가 서부 국경을 개방하자 난민이 물밀듯 몰려들었고 동유럽 전역에서 시위가 일어나며 불안정은 점점 더 확산되었다. 동독 정부가 (1961년에 건설된) 베를린 장벽의 앞날을 두고 갈팡질팡할 때 시위 참가자들이 장벽을 무너뜨리면서 중대한 고비가 찾아왔다. 1989년 말에 동유럽 공산당 정부는 사실상 사라졌다. 구세력은 새로운 정치집단들로 거듭났다. 공산당 정부가 문을 닫으면서 동독이 서독에 흡수되는 방식으로 독일의 재통일이 빠르게 전개되었다.

동유럽에서 공산당의 지배가 막을 내리자 모두가 해결되었다고 믿었지만 사실 그렇지 않았던 낡은 문제들이 다시 나타났다. 70여 년 전에 베르사유 조약으로 탄생한 두 '소제국', 체코슬로바키아와 유고슬라비아는 해체되었다. 체코슬로바키아의 해체는 평화롭게 진행되었다. 유고슬라비아는 극도의 폭력이 난무했다. 소련이 붕괴될 때보다 훨씬 더 격렬했다. 게릴라 출신 지도자 티토가 정권을 잡으면서 유고슬라비아에 공산당 정부가 확립되자 깊이 분열된 국가에도 새로운 시대가 도래한 듯 보였다. 나치즘 저항 운동이 신화로 자라나고, 티토가 스탈린 및 나머지 소비에트 블록과 결별한 후 사회주의와 연방주의, 비동맹주의를 지켜야 할 필요가 대두되면서 일종의 일체감이 형성되었다. 사실 크로아티아-슬로베니아 혈통인 티토는 의도적으로 세르비아의 힘을 축소하기 위해 마케도니아를 자체적인 공화국으로 형성시켰고, 코소보와 보이보디나(Vojvodina)를 자치주로 확립해 알바니아인이 다수인 코소보에는 공화국 수준의 거부권을 부여했고 보스니아-헤르체고비나에서는 이슬람교의 민족적 특성을 승인했다. 하지만 세르비아인들은 여전히 국가, 특히 군대를 지배했다. 티토는 개인의 강력한 통치력 덕분에 상황을 통제할 수 있었다. 1980년 5월에 티토가 사망한 후에 새로운 헌법이 발효되었다. 대통령과 당 지도부가 매년 국토를 순회해야 한다는 조항은 분열만 조장하고 사실상 실행 불가능했다.

유고슬라비아 내에 잠재되어 있던 분열이 고개를 내밀고 경제 침체와 다당제 도입까지 겹쳐지면서 국가는 파국을 맞았다. 파국의 기폭제는 강경 세르비아 민족주의의 등장이었다. 1987년 이후에 세르비아 민족주의를 이끈 슬로보단 밀로셰비치(Slobodan Milošović)는 모든 공화국 안에서 세르비아의 수호자로 행동하려고 했고 세르비아의 힘을 약화시키게 될 유고슬로비아 해체를 반대했다. 비교적 풍요로웠던 슬로베니아 공화국이 1991년에 최초로 분리 독립을 선언했다. 소규모 충돌은 발생했지만 실질적인 싸움은 일어나지 않았다. 결국 슬로베니아가 연방을 탈퇴할 수 있었던 이유는, 그들이 단일민족 공화국으로 연맹 내부의 주요 현안에서 중요한 위치도 아니었고 유고슬라비아의 나머지 공화국들보다는 오스트리아에 더 가까웠기 때문이다. 세르비아는 소수민족문제가 해결되지 않은 경계 지역들에서 국경분쟁이 지나간 후에 마침내 독립 크로아티아 공화국을 인정했다.(전면전을 일으키는 것 외에는 다른 대안이 없었다.) 마케도니아의 민족주의자들은 1990년의 선거에서 권력을 잡고, 지역 내에서 전통적으로 영토 갈등이 있었던 불가리아와 그리스 등 다른 국가들이 관련된 복잡한 협상 끝에 독립을 획득했다. 보스니아-헤르체고비나 문제는 훨씬 더 골치가 아팠다. 공화국 내에 이슬람교도들이 단일민족으로는 가장 큰 집단이었지만 과반을 차지하지는 않았고, 세르비아와 크로아티아의 소수민족들이 큰 규모로 공존했다. 유고슬라비아 연방 체제 안에서나 이해가 가능한 분할 지역이었기 때문에, 간헐적 전쟁과 1992년에 국제사회의 오판으로 내려진 독립 승인, 동맹 관계 변경, 세르비아와 크로아티아 양측의 개입, 그리고 마침내 영향력이 약한 외부의 중재 등 6년에 걸친 분쟁 끝에 제한적이고 위태로우나마 협정이 체결되었다. 1990년 대 중엽에 간헐적이지만 때때로 극심한 내전이 지나간 후 유고슬라비아는 사실상 소멸했다. 하지만 문제는 아직 남아 있었다. 세르비아인들은 그들에게 역사적·전설적으로 대단히 중요한 코소보 지역의 자치권을 제한했고, 자연스럽게 지역에서 다수를 차지하는 알바니아인들과 세르비아의 사이가 벌어졌다.(서유럽 열강은 1912~1913년과 1918년에 다시 한번 코소보의 알바니아 합류를 막았다.) 폭동이 빈발하자 자치권 회복을 의제로 국제 협상이 벌어졌다. 세르비아가 제의를 거절하면서(세르비아인들은 협상이 결국은 코소보 승계권으로 이어질 것으로 여겼고, 어쩌면 그들의 생각이 맞았을 것이다.) 1999년 초에 나토군이 대대적으로 공습에 돌입했고, 세르비아인들은 주민의 대다수를 추방하기에 이르렀다. 세르비아의 시도는 실패했지만 코소보에 국제사회의 제재가 확립된 이후에도 지속력 있는 조약이 체결될 전망은 요원해 보였다.

냉전은 무익하기는 해도 유럽 역사에 막간의 안정을 주었으나, 냉전 종식과 함께 수 세기 동안 유럽 사회를 괴롭혔던 오랜 의문과 문제들이 되살아났다. 1989년 이후의 10년 동안 유럽의 판도는 그 어느 때보다 크게 바뀌었고, 극히 불안정해 보이는 여러 특징이 양산되었다. 우선 러시아는 점점 더 약해졌고 국경은 앞선 400여 년의 그 어느 때보다 동쪽으로 훌쩍 밀려들어와 있었다. 1945년에 만들어 낸 성과들을 놓쳤을 뿐 아니라 발트해 연안 지역 국가들(양 대전 사이의 기간에 독립했다.)과 함께 17세기에 초기 러시아 왕국이 팽창을 시작할 때부터 지배했던 우크라이나와 벨라루스도 잃었다. 캅카스에서는 19세기 초엽에 손에 넣었던 지역을 전부 잃었고, 중앙아시아에서도 19세기 중엽에 점령했던 영토를 모두 날려 버렸다. 세계사에서 가장 순식간에, 그리고 가장 거대하게 진행된 영토 상실 중 하나였다. 둘째, 독일이 재통일하고 연합국의 점령이라는 유물이 사라지면서 다시 한번 대륙 한복판에 유럽 최강의 국가가 등장했다. 1871년부터 1945년까지 유럽 역사 안에서 불안정을 야기한 주된 요소가 바로 그것이었다. 결국 독일이 완전히 바뀐 동쪽 국경을 인정하고(1945년에 연합국이 합의한 대로 동프로이센을 잃고 오데르-나이세 선을 폴란드 서부 국경으로 인정했다.) 유럽 연합에 단단히 결속되었지만, 다른 나라들은 아직 독일의 힘을 견제하는 문제에 대해 우려했다. 세 번째 요소는 중부 유럽 및 동유럽에 다양한 독립국가들이 재등장했다는 것이다. 베르사유 조약으로 탄생한 국가들도 있고, (예컨대 발트해 연안 국가들처럼) 1914~1918년에 벌어진 전쟁 말미의 혼돈 속에서 일어선 국가들도 있었다. 우크라이나와 벨라루스처럼 어떤 국가들은 독립국으로서의 역사가 고작 몇 개월에 불과했다. 규모가 가장 큰 집단, 즉 몰도바와 크로아티아, 슬로베니아, 마케도니아, 보스니아-헤르체고비나, 슬로바키아는 한 번도 완전한 독립을 누려본 적이 없었다.(캅카스와 중앙아시아의 공화국들도 그랬다.) 일부 지역에서는 동유럽 지도가 1918년 초에 맺어진 브레스트-리토프스크 조약(Treaty of Brest-Litovsk) 체결 이후의 모양과 비슷했다. 이 조약은 당시에 독일이 제국주의의 야욕을 드러내며 러시아에 굴욕적인 합의를 얻어 낸 강화조약이었다. 발칸 지역에 그토록 많은 국가가 존립한 예도 역사상 유례가 없는 일이었다.

24.7 중국의 부활

19세기 중엽부터 20세기 중엽까지 100여 년은 중국에 내전의 시대이자 혁명과 외부 개입, 전쟁의 시대였다. 이 시기에 중국은 세계에서 가장 부유하고 안정적이었던 18세기 말엽의 위치에서 가난하고 위태로운 세력으로 미끄러지듯 내려왔다. 세계사에서 가장 끈질기게 지속된 요소 중 하나, 즉 경제적으로 가장 발달하고 강력한 국가였던 중국의 지위가 뒤집힌 것이었다. 따라서 1949년에 일어난, 경제 발달에 전념하고 중국을 주요 세력으로 재건하는 데 집중하는 강력한 중앙정부의 재확립은 현대사에서 매우 의미 있는 사건이었다. 하지만 변화의 결과가 완전히 발현되기까지는 30년 이상의 시간이 걸렸고, 앞으로 나아갈 길을 놓고 공산당 지도부 내의 분열을 일으키며 정책의 전환과 첨예한 내부 문제를 야기했다.

1949년에 중국공산당은 소련을 본보기로 삼아 권력을 강화하고 전면적인 산업화에 착수할 방법을 모색했다. 하지만 두 국가 사이에는 중대한 차이가 존재했다. 중국공산당의 기반은 농촌이었던 반면에 볼셰비키는 농민 대중과 거의 소통이 없었다. 둘째, 1920년대 초엽에 중국 경제는 소련보다 산업화가 훨씬 더 뒤처져 있었다. 1950년대 초엽에 정부는 초기 정책으로 급진적인 토지개혁 계획을 수립했다. 정부 정책하에서 토지가 몰수되고 지주들은 소작인들에게 받았던 임대료를 반납하도록 강요받았다. 이른바 당원들이 빈농을 앞세워 일으킨 '투쟁 대회'가 각 지방의 운동을 이끌었다. 이러한 과정에서 약 500만 명에 달하는 '지주'와 '부농'이 살해당했다. 하지만 농업 생산량에 별다른 개선이 보이지 않자 정부는 흔히들 더 선호했던 대안, 즉 집단화에 돌입하기로 결심했다. 중국의 집단화는 1957년에 달성되었지만 1930년대 초엽에 소련에서 목격되었던 참극은 일어나지 않았다. 1년 후 정부는 '삼면홍기(三面紅旗)'의 구호 아래에 좀 더 급진적인 운동을 펼치기로 했다. '삼면홍기'는 농업과 산업의 동시 발달('대약진 (Great Leap Forward)')과 포괄적인 생활 집단화를 내용으로 했다. 이 운동은 3년 만에 광범위한 반대에 부딪혀 실패로 끝이 났고 경제적 혼돈과 기아를 불러와 3000만 명의 인민이 목숨을 잃었다.

1960년대 초엽에 중국공산당은 여전히 1920년대에 소비에트 정당이 보인 행보를 답습하며 앞으로 나아가야 할 바를 다투고 있었다. 아무도 정치 자유화를 말하지 않는 가운데 덩샤오핑(鄧小平) 같은 일부 세력은 좀 더 시장 지향적이고 친농민적인 정책을 주장했다. 국방부장 린뱌오(林彪)가 이끌던 인민해방군 내에서 급진파가 우위를 점했고 마오쩌둥과 그의 아내 장칭(江青)은 당 내 지배권을 유지하기 위해 이를 지지했다. 1966년 여름에 '프롤레타리아 문화대혁명'을 개시한다는 결정이 내려졌다. 교육과 장기간의 육체노동이 결합되어 '지식인'이 소농들의 생활 현실을 경험하게끔 했다. 이러한 결정은 '서구'의 가치와 중국 전통의 가치를 모두 거부하는 새로운 프롤레타리아 이데올로기로 귀결된다. 문화대혁명은 1000만 명 이상이 가담한 '홍위병' 부대 등 강력한 대중적 기반을 갖고 있었다. 하지만 중국 전역은 무정부 상태에 빠져들었다. 당과 국가의 통제 구조는 무너졌고 지역 당 조직들은 베이징에서 내려온 법령들에 불응했으며 인민해방군과 홍위병 부대들은 파벌로 갈라져 서로 시가전을 벌였다. 1968년 여름이 되어서야 군대는 상황을 통제하며 학생들이 학교와 대학으로 돌아갈 수 있도록 '도왔다.' 조금씩 온건파 세력들이 힘을 얻기 시작했다. 린뱌오는 1971년에 불가사의한 상황에서 '숙청'되었고 2년 후에는 덩샤오핑이 중앙위원회에서 재선되었다. 마오쩌둥과 저우언라이(周恩來)의 사후 1970년대 중엽에 좀 더 급진적인 방향으로 나아간 시기가 있었지만, 과격파 지도부('4인방')가 제거된 후 온건파 지도부가 다시 권력을 잡았다.

1960년대 중엽 이후에 10여 년 동안 정치적 혼란이 중국을 휩쓸고 1950년대 말엽에 수립된 경제정책으로 참사가 벌어졌지만, 중국 경제가 거둔 성과는 여느 신흥 산업국가들의 경제적 성과와 대등했다. 전체 성장률은 1930년대의 소련과 1960년대의 브라질, 1970년대의 한국만큼 높았고 훨씬 더 오래 유지했다. 산업 생산량은 1950년대 초엽 이후에 30년 동안 연간 10퍼센트 이상 증가해 세계의 산업 생산에서 중국이 차지하는 몫은 두 배로 증가했다. 1980년대 초엽에 중국은 영국과 프랑스를 합친 것보다 더 많은 철강을 제조했고, 투자 수준 역시 세계에서 가장 높았다. 아이들의 교육에 들어가는 평균 연수도 같은 기간에 두 배로 증가했다. 1970년대 말엽에 새로 정권을 잡은 온건파 지도부는 이제 기초적인 산업화가 완료된 토대 위에 어떻게 올라설 것인지 결정해야 했다. 그들은 1920년대 소련의 신경제정책과 대단히 비슷한 정책을 채택했다. 경제 자유화를 추진하면서 정치적으로는 철저히 통제했다. 1989년에 베이징의 천안문 광장에서 학생 시위를 진압한 사례가 대표적이었다. 첫 번째 중요한 변화는 새로운 지도자 덩샤오핑이 항상 지지했던 것처럼 농촌 공동체를 '향진기업(鄕鎭企業)'으로 전환해 농작물 및 가공품을 공개 시장에서 판매할 수 있도록 허용하는 농촌 개혁이었다. 농업 생산은 연간 8퍼센트 증가했고 농민층의 실질소득은 1978년에 개혁 정책이 도입된 후 6년 만에 두 배로 뛰어올랐다. 이러한 성과를 토대로 산업화는 더욱 진척되었고 공장과 개인에게 훨씬 더 큰 자유가 허락되었다. 거시 경제 차원에서는 국가 계획이 유지되었지만 그 밑으로는 일정 형태의 자본주의가 등장했다. 외국 기술을 수입하고 수출용 제품을 생산할 수 있었던 토대에는 해외 기업들과의 합작 사업 창출과 중국 남부에 설치한 네 개 경제특구(거의 1000년 동안 외부와의 접촉이 가장 많은 지역들이었다.)가 있었다. 1980년대 초엽부터 경제는 연간 약 10퍼센트의 속도로 계속 성장했다.

중국의 전략적 지위도 변하고 있었다. 공산당이 집권한 후 10여 년 동안 중국은 유일한 동맹국인 소련과 밀접한 관계를 유지했다. 미국은 새로운 정부를 강하게 반대하며, 본토에서 권력을 되찾고자 하는 꿈을 아직 버리지 못한 타이완의 국민당과 장제스를 원조했다. 두 세력이 직접 대치하는 상황은 억제되었다. 하지만 중국은 소련으로부터 얻은 것이 거의 없었고, 19세기에 체결했던 '불평등조약'이 계속 이어지는 듯한 상황에 분개했다. 결국 1960년대 초엽에 두 나라의 관계는 돌이키기 어려울 정도로 악화되었다. 1964년에 중국은 자체적인 핵무기를 개발했고 소련과는 1960년대 말 즈음에 아무르강 유역의 국경분쟁 지역을 따라 수많은 군사적 충돌을 일으켰다. 1970년대 초엽에 마침내 미국은 국민당이 중국을 대표하는 정부라는 주장을 접고 베이징 정부를 인정했으며, 중국의 유엔 가입을 승인하고 안전보장이사회의의 상임이사국 자리도 넘겨받게 했다. 소련에 골치 아픈 상황을 더 많이 만들어 주는 것은 미국의 최우선 목표이기도 했다. 중국의 입장에서 굴욕적이었던 19세기의 불평등조약은 1997년에 영국이 홍콩을 반환하고 1999년에 포르투갈이 마카오를 반환하면서 끝이 났다. 경제가 발달하면서 중국이 회복되는 규모도 더 커졌다. 공산당이 중국 정부로 집권한지 반세기만에, 14세기 말엽에 명 왕조가 그랬듯 중국은 주요 세계열강의 일국으로서 세계사 속의 공식 지위를 되찾았다.

24.8 20세기 말 세계의 균형

20세기 말 세계의 균형은 경제적·군사적·전략적 동향이 서로 포개져 어느 때보다 복잡한 양상을 띠었다. 군사적 차원에서 보자면 상황은 비교적 단순했다. 냉전이 종식되었고 소련이 붕괴했으며 중국은 아직 개발도상국이어서 미국은 단 하나의 세계열강이었다. 특정한 종류의 무기를 배치할 수 있는 유일한 국가였고, 기술 자원은 타의 추종을 불허했다. 군비 지출은 러시아와 영국, 프랑스, 독일을 합친 것보다 더 많았다. 하지만 미국의 군사력이 유용하다고 해도 한계가 있었다. 미국은 여러 동맹국의 지지를 받아 1991년의 걸프 전쟁에 군대를 파견하고 큰 영향을 미쳤고, 물론 이때도 이라크 정부를 어떻게 상대할 것인가라는 문제를 해결하지 못했지만, 테러의 위협과 낮은 수준의 충돌에 대처할 때 미국의 군사력은 거의 쓸모가 없었다. 미국은 전 세계의 다른 안보 복합체들에 영향을 미치는 능력에도 한계가 있었다.

근본적인 문제는 국가 안보라는 것이 더는 순수하게 군사적·전략적 관점으로 국한되지 않는다는 점이었다. 미국은 더는 우월한 경제 강국이 아니었다. 주요 산업국가들(유럽 연합과 일본) 사이의 경쟁자들은 다른 형태로 결합된 경제력을 창출했다. 주요 국가들 간의 경쟁은 일부 산업을 파괴하기도 했다. 유럽의 조선업과 오토바이 및 텔레비전 산업은 경쟁국 일본을 만나 무너졌다. 1980년대에 미국은 복잡한 무기 생산 부문에서 우월한 기술을 지녔지만 일본과의 경쟁에서 자동차 산업 및 가전 산업에 불어닥친 치명적인 결과를 막을 수 없었다. 동시에 모든 국가는 다국적기업에 권력을 빼앗겼다. 다국적기업은 자신들이 정한 우선순위에 따라 세계 각국으로 생산을 이전해 국가 경제에 지대한 영향을 미쳤고, 각국 정부들은 대체로 그 과정을 통제할 수 없었다. 실제로 국가들은 이들 기업의 은혜를 얻기 위해 서로 경쟁하는 처지가 되었고, 온갖 보조금을 동원해 다국적기업을 끌어들이고자 노력했다. 국제금융의 흐름과 외환 거래가 기하급수적으로 늘어나면서 그 거대한 규모는 일개 국가가 비축할 수 있는 크기는 물론 주요 국가들과 국제기구들이 보유할 수 있는 양 전체를 훌쩍 넘어섰다. 20세기 말엽에는 세계 최대의 산업국가들조차 '경제 현실'이라는 것에 맞춰 정책을 조정하는 것 외에 다른 대안을 찾지 못했다. 사실상 비인격적이고 통제되지 않는(통제할 수 없는) 경제적 힘이 움직이는 중이었다. 그리고 이 힘들은 이제 일찍이 세계사에 알려진 바 없는 규모로 작용하고 있었다.

국가 안보는 세계 역사 안의 다른 발달들에서도 영향을 받았다. 18세기 이후로 인구가 급속하게 성장하고 에너지 소비와 산업 생산이 어마어마하게 증가하면서 새로운 문제들이 출현했다. 삼림 파괴와 사막화, 국경을 초월해 확산되는 공해, 그리고 무엇보다 오존층 파괴 및 지구온난화 등이 전부 세계적 난제들로 모든 국가의 안보에 영향을 미쳤고, 그 어떤 나라도 혼자 힘으로는 대응할 수 없는 문제들이다. 이러한 지구적 난제들에 대처할 때 한 가지 풀어야 할 숙제는 전 세계 200여 국가의 서로 다른 이해관계들을 균형 있게 고려해야 한다는 것이다.(1900년에는 국가의 수가 쉰 개도 되지 않았다.) 역사에서 유례를 찾아볼 수 없는 상황이지만 유럽이 패권을 쥐고 있던 시대에 뿌리가 있다. 인류 역사의 대부분 기간에 세계는 여러 대제국과 작은 도시국가들로 분할되어 있었다. 유럽 역사에서 특이한 부분은 국가들이 수없이 경쟁하는 체제를 만들었다는 점이다.(기원전 200년 무렵에 진나라의 통일과 한나라의 건국 이전 300여 년 동안 중국에 존재했던 '전국시대(Warring States)'를 방불케 했다.) 당시에 유럽은 어느 한 국가도 지배적 우위에 서지 못했고 따라서 단일 제국도 탄생할 수 없었다. 1300년 무렵부터 유럽 국가 체제는 갈등과 파괴의 정도로 볼 때 거의 기능이 정지된 상태였다. 1750년 이후에 나타난 유럽의 팽창과 특히 1945년 이후의 탈식민지화는 나머지 세계를 아우르는 국가 제도를 확산시켰다. 새로운 국가 제도가 유럽 체제와 달리 지구적 범위에서 제대로 기능할 수 있을지는 아직 두고 볼 일이었다.

하지만 인류 역사의 다른 발달 사항들도 역시 세계 국가들의 지위에 영향을 끼쳤다. 세계경제의 발달은 국경과 일치하지 않는 경제력과 정치력이 복잡하게 중첩되는 구조를 양산했다. 많은 국가는 다국적기업과 국제기구들같이 비(非)주권적 단체들보다 훨씬 더 약했고 훨씬 미미한 경제력과 정치력을 행사했다. 국가는 군사력을 휘두를 수 있는 유일한 기관이 아니었다. 군사력은 17세기에 유럽 국가가 완전히 발달한 이래 오랫동안 그들만의 배타적 특권이라고 주장한 요소였다. 내부적으로는 민간 보안 기관이 점점 더 중요해졌고, 콜롬비아와 러시아 같은(그리고 어느 정도는 이탈리아도 포함해) 일부의 경우에 국가는 대규모 범죄 조직의 힘을 통제하지 못했다. 외부적으로는 소규모 테러 조직들도 매우 강했고, 어떤 경우에는 다국적기업들이 자체적으로 군대를 고용해 다소 위태로운 일부 국가 내의 투자물을 방어했다. 무력해진 여러 국가는 국제통화기금(IMF)과 세계은행 같은 국제기구들이 시행하는 정책들을 수용하는 것 외에 별다른 선택의 여지가 없었다. 서유럽 같은 지역에서는 이론상 강한 정부라도 국제기구들, 예컨대 나토에는 군사 및 전략 문제에서, 유럽 연합에는 사회 및 경제 범위에서 권력을 넘겨주었다.

권력이 분산되고 경제력과 정치력이 점점 복잡해지는 것에 더불어, 20세기 말엽에는 세계의 균형이 두드러지게 변하고 있다는 사실도 분명해졌다. 이 과정에서 과거에 그랬듯이 주변적 위치를 점한 지역이 두 곳 있다. 라틴아메리카는 19세기 초엽에 독립한 이후 세계사의 중심에 서 본 적이 없었다. 이 지역은 국가들 간의 대립은 거의 없었지만 내부적으로 심각하게 분열된 채 위태롭게 유지되었다. 어떤 국가도 유의미한 경제력을 보유하지 못했고 지역 전체가 세계경제 안에서 종속적인 위치로 남아 있다. 아프리카 지역 대부분은 상황이 더 좋지 않았다. (지중해 남쪽 연안을 제외하고) 대륙 거의 전체가 세계 역사의 중요한 역학 관계와 무관했다. (노예무역을 제외하고) 유럽의 영향을 받아 주류에 편입된 것도 아니었고, 유럽 식민지 건설의 유산은 극도로 희박했다. 신생 국가들은 엄청난 경제문제와 사회문제들을 물려받았고, 이러한 문제들은 한편으로 투자가 이루어지지 않았던 식민 시대에서 기인했다. 유럽 국가들이 대륙을 나눠 가지면서 많은 국가는 규모가 너무 작아져 자립이 불가능할 정도였다. 1980년 무렵에 마흔아홉 개 독립국가 중 스물두 개 국가가 인구 500만 명에도 미치지 못했고 아홉 개 국가는 100만 명도 되지 않았다. 이러한 문제들에 더해 물가가 떨어지고 (주요한 수출 세입원인) 유가는 올랐으며 부채가 증가했고 상류 지배층에는 부패가 만연했다. 결국 경기 침체가 찾아오고 어떤 경우에는 실질적인 경기 하락이 발생하기도 했다.

좀 더 중요한 지역은 중동으로 알려진 곳이었다. 중동은 세계사에서 중요한 여러 사회와 제국들의 중심지였고 이슬람 세계의 중심부를 형성하기도 했다. 7세기 초 이후의 1000여 년 동안 정치와 문화를 꽃 피운 두 지역 중 하나였다. 이 지역은 19세기와 20세기 초엽에 유럽의 힘이 미친 충격에 잘 적응하지 못했고, 특히 1918년에 오스만 제국이 멸망한 이후 인위적으로 탄생한 국가들을 잘 받아들이지 못했다. 유럽 식민주의에 근거한 시온주의로 상황은 더 악화되었다. 시온주의 운동으로 팔레스타인의 토착민 다수가 쫓겨나가고 유대인 이주민들이 지역을 인계받아 이스라엘을 건국했다. 1970년대까지 이 지역은 산업국가와 석유 기업들에 경제적으로 심각하게 착취당했고, 20세기의 대대적인 산업 확장의 근간이었던 석유 생산 지분을 거의 받지 못했다. 1970년대 초엽에 석유 통제권을 손에 넣어 막대한 부를 쌓은 뒤에도, 이 지역의 국가들은 그들의 석유 권력을 전략적 무기로 이용할 수 없었다. 신앙과 세속주의 사이에도 내부의 갈등이 존재했고, '근대화'를 추진하는 방법으로 '서구'의 사상과 제도를 수용할 것(1923년 이후의 터키와 1950년대 초엽부터 1970년대 말까지 이란이 대표적이다.)인지 이슬람 신앙과 전통을 회복할 것인지를 두고 대립이 깊어졌다. 20세기 말엽에 이슬람 근본주의가 상당 정도로 부활했다는 징조들이 나타났지만, 대개는 이집트 같은 국가들을 지배하는 세속화된 엘리트들이 이를 반대했다.

세계 인구는 항상 아시아에(특히 중국과 인도에) 과반수가 몰려 있었다. 아시아는 보통 세계에서 가장 부유한 지역이기도 했다. 1500년 이후에 유럽이 등장하고, 아메리카 대륙과 대서양 경제를 통해 얻은 부를 이용해 유구한 역사를 지닌 이 풍요롭고 안정된 세계를 파고들어오자, 세계의 균형에 현격한 변화가 일었다. 하지만 유럽이 패권을 쥐었던 시기는 매우 짧게 막을 내렸다. 1750년이 지나서야 유럽은 충분한 힘을 가지고 아시아에 세를 떨칠 수 있었는데, 이때조차 중국과 일본에 미친 영향력은 매우 미미했다. 유럽의 지배가 지속된 기간은 기껏해야 19세기 중엽부터 1940년대 초엽까지였다. 1900년 무렵에 미국은 이미 세계 최대의 경제 규모를 지녔고, 군사력에서만 독특하게 빈틈이 있었기 때문에 유럽이 1940년대까지 위세를 유지할 수 있었다. 그 뒤로 유럽 내전이 나머지 세계에 던진 충격은 결정적이었다. 미국은 세계 유일의 강대국이 되어 지구상의 많은 지역에서 유럽의 권력을 대체했고, 유럽과 미국을 제외하고 최초로 산업화를 이룩한 일본은 유럽의 제국들에 돌이킬 수 없는 손상을 입혔다. 20세기의 마지막 사반세기 동안 유럽은 지역의 주요한 경제 강국이었지만 더는 주요 세계열강이 아니었다. 유럽이 두 번의 내전으로 인한 상처를 회복하고 더 많은 국가가 산업화를 추진하며 일본이 미국만큼 부를 축적하면서 20세기의 초엽과 중엽에 미국이 점했던 경제적 우월성도 20세기 하반기에는 빛을 잃었다. 미국의 국제적 군사력은 소련의 미약한 도전들이 따라올 수 없는 수준이었지만, 안보 문제가 점차 확산되고 군사적 해법으로 해결이 어려워진 상황에서 군대를 통해 실질적인 권력을 얻을 가망은 거의 없었다.

20세기 하반기 동안의 세계사에서 가장 중요한 부분은 1750년 이후의 두 세기 동안 아시아가 일시적인 쇠퇴를 벗어나 부활했다는 사실이다. 첫 번째 부활의 조짐은 19세기 말에 분명하게 나타났다. 일본은 초기 산업화를 거쳐 중국뿐 아니라 러시아까지 격퇴할 수 있는 지역 강국으로 등장했고, 영국의 관심을 끌어 동맹을 맺었다. 이 모든 역사적 사실들이 부활의 동향을 보여 주는 첫 번째 예증이었다. 인도와 버마, 필리핀에서 민족주의가 성장해 외세의 지배에 저항한 사례도 유사한 지표였다. 19세기 중엽의 사건들로 심각하게 힘을 잃었던 중국조차 스스로 자국의 운명을 지배할 수 있었다. 1949년에 중국은 재통일을 실현하고 국가를 부활시키며 급속한 경제성장을 이루기 시작했고, 산업화 과정에 착수한지 반세기만에 다시 한번 세계 최대 경제 대국의 반열에 올라섰다.(1850년 무렵까지 보유했던 위치였다.) 일본은 경이적인 성장으로 세계에서 가장 부유한 사회를 창조했다. 비슷한 산업화 과정은 한국과 타이완, 태국, 필리핀에서도 진행되었다. 인도만이 유일하게 20세기 후반기에 비교적 실패한 사례로 남았다.

아시아의 부활과 맥을 같이해 '대서양 세계'는 상대적으로 쇠퇴하고 태평양 지역은 부상했다. 이 과정 역시 19세기 중엽부터 점점 더 분명해졌다. 미국은 1848년에 캘리포니아를 획득하고 하와이와 필리핀까지 조금씩 영토를 넓히면서 태평양 세력이 되었고, 이 지역에서의 경제적 이해관계도 캘리포니아를 손에 넣은 지 10년 이내에 고래를 잡는 포경업에 관해 일본에 최초의 사절을 보낼 정도로 증가했다. 1930년대와 1940년대 초엽에 미국은 유럽보다 태평양에서 훨씬 더 많은 군사력을 사용했다. 20세기 후반기에 태평양의 경제적 중요성이 증가했고 해안을 중심으로 국가들 간의 무역 규모가 늘어나면서 이러한 추세는 계속 강화되었다. 하지만 이 시점은 세계 역사의 주요한 분기점이었다. 현대적 통신 기술이 개발될 때까지 태평양은 연안 지역에 무리 지어 발달한 다양한 사회들 사이의 교류를 가로막는 장벽으로 기능했다.

20세기가 끝날 즈음에 확실히 유럽은 과거의 다른 사회들이 그러했듯 자신이 개척했던 기술적 발달들을 전유하지 못했다. 유럽은 여전히 중요한 경제 세력이었지만 다른 지역들도 그들처럼 역동했고 산업적으로, 기술적으로 발달했다. 유럽이 세계에 행사한 (한 번도 온전히 이루어진 적 없는) 정치적 지배는 그보다 더 짧게 끝났다. 유럽에서 뻗어 나온 미국 역시 유럽의 경제적 패권이 급격히 힘을 잃고 있다는 사실을 알아차렸다. 군사력 또한 직면한 문제들을 해결하기에는 점점 더 쓸모가 없어졌다. 아시아는 1750년 이후에 일시적으로 잃었던 위치를 빠르게 회복하고 있었다. 일본은 최고의 경제 강국이었다. 과거에도 세계에서 가장 큰 국가였던 중국은 급속도로 산업화를 이루며 군사적·정치적 영향력을 키웠다. 세계는 좀 더 정상적인 균형 상태로 돌아오는 듯 보였다.

참고 문헌

이 목록은 이 책을 쓰면서 참조한 모든 책과 글의 전체 목록은 아니다. 주로 지난 20여 년 사이에 발표된 것으로, 이 책의 일부 주제와 논증에 관해 추가 정보를 제공했다. 특정한 기간과 지역에 관한 일반적인 기록은 대부분 제외했다.

전체

Barfield, T., *The Perilous Frontier: Nomadic Empires and China* (Oxford, 1989).

Bentley, J., *Old World Encounters: Cross-Cultural Contacts and Exchanges in Pre-Modern Times* (Oxford, 1993).

Blaut, J., *The Colonizer's Model of the World: Geographical Diffusionism and Eurocentric History* (New York, 1993).

Chandler, T. and Fox, G., *3000 Years of Urban Growth* (New York, 1974).

Chase-Dunn, C. and Hall, T., *Core/Periphery Relations in Precapitalist Worlds* (Boulder, 1991).

Curtin, P., *Cross-Cultural Trade in World History* (Cambridge, 1984).

Davies, N., *Europe: A History* (Oxford, 1996).

Eisenstadt, S., *The Origins and Diversity of Axial Age Civilizations* (Albany, NY, 1986).

Franck, I. and Brownstone, D., *The Silk Road: A History* (New York, 1986).

Frank, A., *The Centrality of Central Asia* (Amsterdam, 1992).

Frank, A. and Gills, B., *The World System: Five hundred years or five thousand?* (London, 1993).

Gernet, J., *A History of Chinese Civilization* (2nd edition; Cambridge, 1996).

Hall, T., "Civilizational Change: The Role of Nmads", *Comparative Civilizations Review*, Vol. 24, 1991, pp. 34~57.

Hodgson, M., *Rethinking World History: Essays on Europe, Islam and World History* (Cambridge, 1993).

Jones, E., *Growth Recurring: Economic Change in World History* (Oxford, 1988).

McEvedy, C. and Jones, R., *Atlas of World Population History* (London, 1978).

McNeill, W., *The Rise of the West: A History of the Human Community* (Chicago, 1963).

_____, *Plagues and Peoples* (Oxford, 1977).

_____, *The Pursuit of Power: Technology, Armed Force and Society since 1000 AD* (Oxford, 1983)

_____, "The Rise of the West After Twenty-Five Years", *Journal of World History*, Vol. 1, 1990, pp. 1~21

_____, *Keeping Together in Time: Dance and Drill in Human History* (Cambridge, 1995).

McNeill, W. and Adams, R., *Human Migration: Patterns and Policies* (Bloomington, 1978).

Mann, M., *The Sources of Social Power* (2 vol; Cambridge, 1986).

Melko, M., *The Nature of Civilizations* (Boston, 1969).

Modelski, G. and Thompson, W., *Leading Sectors and World Powers: The CoEvolution of Global Politics and Economics* (Columbia, 1996).

Mokyr, J., *The Lever of Riches: Technological Creativity and Economic Progress* (Oxford, 1990).

Newman, L. (ed.), *Hunger in History: Food Shortage, Poverty and Deprivation* (Oxford, 1990).

Ponting, C., *A Green History of the World* (London, 1991).

Quigley, C., *The Evolution of Civilizations* (New York, 1961).

Rotberg, R. and Rabb, T. (eds), *Hunger and History: The Impact of Changing Food Production and Consumprion Patterns on Society* (Cambridge, 1985).

Sanderson, S. (ed.), *Civilizations and World Systems: Studying World-Historical Change* (Walnut Creek, 1995).

Sinor, D., (ed.), *The Cambridge History of Early Inner Asia* (Cambridge, 1990).

Tainter, J., *The Collapse of Civilizations* (Cambridge, 1988).

Toynbee, A., *A Study of History* (12 vols; Oxford, 1934–61).

Wenke, R., *Patterns in Prehistory: Humankind's First Three Million Years* (New York, 1990).

Yoffe, N. and Cowgill, G., *The Collapse of Ancient States and Civilizations* (Tucson, 1988).

1부 인류 역사의 99퍼센트

Bahn, P. and Vertut, J., *Images of the Ice Age* (Leicester, 1988).

Covey, C., "The Earth's Orbit and the Ice Ages", *Scientific American*, Vol. 250, 1984, pp. 42~50.

Dennell, R., *European Economic Prehistory: A New Approach* (London, 1983).

Durrant, J. (de.), *Human Origins* (Oxford, 1989).

Fagan, B., *The Journey From Eden: The Peopling of Our World* (London, 1990).

_____, *People of the Earth: An Introduction to World Prehistory* (8th edition; New York, 1995).

Gamble, C., *The Palaeolithic Settlement of Europe* (Cambridge, 1992).

Grayson, D., "Late Pleistocene Mammalian Extinctions in North America: Taxonomy, Chronology and Explanations", *Journal of World Prehistory*, Vol. 5, 1991, pp. 193~231.

Harding, R. and Teleki, G., *Omnivorous Primates: Gathering and Hunting in Human Evolution* (New York, 1981).

Higgs, E., *Papers in Economic Prehistory* (Cambridge, 1972).

_____, *Palaeoeconomy* (Cambridge, 1975).

Irwin, G., *The Prehistoric Exploration and Colonization of the Pacific* (Cambridge, 1992).

Lee, R. and DeVore, I., *Man the Hunter* (Chicago, 1968).

Lewin, R., *Human Evolution* (Oxford, 1989).

Martin, P. and Wright, H., *Pleistocene Extinctions: The Search for a Cause* (New Haves, 1967).

Megaw, J., *Hunters, Gatherers and the First Farmers Beyond Europe* (Leicester, 1977).

Mellars, P. and Stringer, C., *The Human Revolution: Behavioural and Biological Perspectives on the Origin of Modern Humans* (Edinburgh, 1989).

Price, T., "The Mesolithic of Western Europe", *Journal of World Prehistory*, Vol. 1, 1987, pp. 225~305.

Sahlins, M., *Stone Age Economics* (Chicago, 1972).

Shick, K. and Toth, N., *Making the Silent Stones Speak: Human Evolution and the Dawn of Technology* (London, 1993).

Soffer, O. and Gamble, C., *The World at 18,000 BP* (London, 1990).

Stringer, C. and Gamble, C., *In Search of the Neanderthals: Solving the Puzzle of Human Origins* (London, 1993).

2부 대전환

Algaze, G., "The Uruk Expansion: Gross-Cultural Exchange in Early Mesopotamian Civilization", *Current Anthropology*, Vol. 30, 1989, pp. 571~608.

Algaze, G., "Expansionary Dynamics of Some Early Pristine States", *American Anthropologist*, Vol. 95, 1993, pp. 304~333.

Barnes, G., *China, Korea and Japan: The Rise of Civilization in East Asia* (London, 1993).

Blanton, R., *Monte Alban: Settlement Patterns at the Ancient Zapotec Capital* (New York, 1978).

Blanton, R. and Feinman, G., "The Mesoamerican World System", *American Anthropologist*, Vol. 86, 1984, pp. 673~682.

British Academy (various authors), *The Early History of Agriculture* (Oxford, 1976).

Brumfiel, E., "Aztec State Making: Ecology, Structure and the Origin of the State", *American Anthropologist*, Vol. 85, 1983, pp. 261~284.

Butzer, K., *Early Hydraulic Civilization in Egypt: A Study in Cultural Ecology* (Chicago, 1976).

Claessen, H. and Skalnik, P., *The Early State* (New York, 1978).

Clendinnen, I., *Aztecs: An Interpretation* (Cambridge, 1991).

Clutton-Brock, J., *The Walking Larder: Patterns of domestication, pastoralism and predation* (London, 1989).

Coe, M., *Mexico* (London, 1968).

____, *Breaking the Maya Code* (London, 1992).

Conrad, G. and Demarest, A., *Religion and Empire: The Dynamics of Aztec and Inca Expansionism* (Cambridge, 1984).

Crawford, H., *Summer and the Sumerians* (Cambridge, 1991).

Culbert, P., *The Classic Maya Collapse* (Albuquerque, 1973).

____, *Classic Maya Political History: Hieroglyphic and Archaeological Evidence* (Cambridge, 1991).

Drennan, R., "Long Distance Transport Costs in Pre-Hispanic Mesoamerica", *American Anthropologist*, Vol. 86, 1984, pp. 105~112.

Gebauer, A. and Price, T., *Transitions to Agriculture in Prehistory* (Madison, 1992).

Gledhill, J., Bender, B. and Larse, M., *State and Society: The Emergence and Development of Social Hierarchy and Political Centralization* (London, 1988).

Haas, J., Pozorski, S. and Pozorski, T., *The Origins and Development of the Andean State* (Cambridge, 1987).

Hammond, N., *Ancient Maya Civilization* (Cambridge, 1982).

Harris, D. and Hillman, G., *Foraging and Farming: The Evolution of Plant Exploitation* (London, 1989).

Hassan, F., "The Predynastic of Egypt", *Journal of World Prehistory*, Vol. 2, 1988, pp. 135~185.

Hassing, R., *War and Society in Ancient Mesoamerica* (Berkeley, 1992).

Henry, D., *From Foraging to Agriculture: The Levant at the End of the Ice Age* (Philadelphia, 1989).

Kemp, B., *Ancient Egypt: Anatomy of a Civilization* (London, 1989).

Kirch, P., *The Evolution of the Polynesian Chiefdoms* (Cambridge, 1984).

McAdams, R., *The Evolution of Urban Society: Early Mesopotamia and Prehispanic Mexico* (London, 1966).

McCorriston, J. and Hole, F., "The Ecology of Seasonal Stress and the Origins of Agriculture in the Near East", *American Anthropologist*, Vol. 93, 1991, pp. 46~69.

Maisels, C., *The Emergence of Civilization: From hunting and gathering to agriculture, cities and the state in the Near East* (London, 1990).

Marcus, J., *Mesoamerican Writing Systems: Propaganda, Myth and History in Four Ancient Civilizations* (Princeton, 1992).

Moorey, P., *The Origins of Civilization* (Oxford, 1979).

Ping-Ti Ho, *The Cradle of the East: An Inquiry into the Indigenous Origins of Techniques and Ideas of Neolithic and Early Historic China 5000-1000 BC* (Hong Kong, 1975).

Postgate, J., *Early Mesopotamia: Society and Economy at the Dawn of History* (London, 1992).

Rindos, D., *The Origins of Agriculture: And Evolutionary Perspective* (Orlando, 1984).

Sabloff, J. and Lamberg-Karlovsky, C., *Ancient Civilization and Trade* (Albuquerque, 1975).

Sanders, W. and Price, B., *Mesoamerica: The Evolution of a Civilization* (New York, 1968).

Smith, B., *The Emergence of Agriculture* (New York, 1995).

Trigger, B., Kemp, B., O'Connor, D. and Lloyd, A., *Ancient Egypt: A Social History* (Cambridge, 1983).

Ucko, P. and Dimbleby, G., *The Domestication and Exploitation of Plants and*

Animals (London, 1969).

van de Mieroop, M., *The Ancient Mesopotamian City* (Oxford, 1997).

Wenke, R., "The Evolution of Early Egyptian Civilization: Issues and Evidence", *Journal of World Prehistory*, Vol. 5, 1991, pp. 279~329.

Zohary, D. and Hopf, M., *Domestication of Plants in the Old World: The Origin and Spread of Cultivated Plants in West Asia, Europe and the Nile Valley* (Oxford, 1988).

3부 초기제국들

Adams, R., "Anthropological Perspectives on Ancient Trade", *Current Anthropology*, Vol. 15, 1974, pp. 239~258.

Aubet, M., *The Phoenicians and the West: Politics, Colonies and Trade* (Cambridge, 1993).

Bernal, J., *Black Athena: The Afro-Asiatic Roots of Classical Civilization* (2 vol; London, 1987).

Bouzek, J., *The Aegean, Anatolia and Europe: Cultural Interrealtions in the Second Millennium BC* (Cothenburg [Göteborg], 1985).

Bradely, J., *Slaves and Masters in the Roman Empire: A Study in social control* (Oxford, 1987).

____, *Slavery and Society at Rome* (Cambridge, 1994).

Chadwick, J., *The Mycenaean World* (Cambridge, 1976).

Chan, K-C., *Shang Civilization* (New Haven, 1980).

Cohen, M., *Health and The Rise of Civilization* (New Haven, 1989).

Coles, J. and Harding, A., *The Bronze Age in Europe: An Introduction to the Prehistory of Europe* (London, 1984).

Colledge, M., *The Parthians* (London, 1967).

Collis, J., *The European Iron Age* (London, 1984).

Craddock, P., *Early Metal Mining and Production* (Edinburgh, 1995).

Crawford, M., "Rome and the Greek World: Economic Relationships",
    Economic History Review, Vol. 30, 1977, pp. 42~52.

Crone, P., *Pre-Industrial Societies* (Oxford, 1989).

Dani, A. and Masson, V. *History of Civilizations of Central Asia*, Vol. 1: *The
    dawn of civilization: earliest times to 700 BC* (Paris, 1992).

de Ste Croix, G., *The Class Struggle in the Ancient Greek World: From the
    Archaic Age to the Arab Conquests* (London, 1983).

Dickinson, O., *The Aegean Bronze Age* (Cambridge, 1994).

Drew, R., *The End of the Bronze Age: Changes in Warfare and the Catastrophe
    c.1200 BC* (Princeton, 1993).

Ducan-Jones, R., *Structure and Scale in the Roman Economy* (Cambridge,
    1990).

Ferrill, A., *The Origins of War: From the Stone Age to Alexander the Great*
    (London, 1985).

Finley, M., *Ancient Slavery and Modern Ideology* (London, 1980).

_____, *Classical Slavery* (London, 1987).

Frank, A., "Bronze Age World System Cycles", *Current Anthropology*, Vol.
    34, 1993, pp. 383~429.

Garnsey, P., "Legal Orivilege in the Roman Empire", *Past and Present*, 41,
    1968, pp. 3~24.

Garnsey, P., Hopkins, K. and Whittaker, C., *Trade in the Ancient Economy*
    (London, 1983).

Garnsey, P. and Saller, R., *The Roman Empire: Economy, Society and Culture*
    (London, 1987).

Garnsey, P., *Famine and Food Supply in the Graeco-Raoman World: Responses to Risk and Crisis* (Cambridge, 1988).

Gilman, A., "The Development of Social Stratification in Bronze Age Euriope", *Current Anthropology*, Vol. 22, 1981, pp. 1~23.

Green, P., *Alexander to Actium: The Historical Evolution of the Hellenistic Age* (Berkeley, 1990).

Harris, W., *War and Imperialism in Republican Rome 327–70 BC* (Oxford, 1991).

Hedeager, L., *Iron-Age Societies: From Tribe to State in Northern Europe 500 BC to AD 700* (Oxford, 1992).

Hodges, H., *Technology in the Ancient World* (New York, 1970).

Hopkins, K., *Conquerors and Slaves: Sociological Studies in Roman History*, Vol. 1 (Cambridge, 1978).

Hughes, J., *Ecology in Ancient Civilizations* (Albuquerque, 1975).

Hugehs, P., *Pan's Travail: Environmental Problems of the Ancient Greeks and Romans* (Baltimore, 1994).

Hsu, C., *Han Agriculture: The Formation of the Early Chinese Agrarian Economy 206 BC–AD 220* (Seattle, 1980).

James, P., Thorpe, I., Kokkinos, N., Morkot, R. and Frankish, J., *Centuries of Darkness: A challenge to the conventional chronology of Old World archaeology* (New Brunswick, 1993).

Jones, A., *The Later Roman Empire 284-602: A Social, Economic and Administrative Survey* (2 vols; Oxford, 1964).

Kohl, P., "The Balance of Trade in Southwestern Asia in the Mid-Third Millennieum BC", *Current Anthropology*, Vol. 19, 1978, pp. 463~492.

Kristiansen, K. and Jensen, J., *Europe in the First Millennium BC* (Sheffield, 1994).

Krupp, E., *Echoes of the Ancient Skies: The Astronomy of Lost Civilizations* (New York, 1983).

Kuhrt, A., *The Ancient Near East c.3000-330 BC* (2 vols; London, 1995).

Lane Fox, R., *Pagans and Christians* (London, 1986).

Larsen, M., *Power and Propaganda: A Symposium on Ancient Empires* (Copenhagen, 1979).

Lee, A., *Information and Frontiers: Roman Foreign Relations in Late Antiquity* (Cambridge, 1993).

Lewis, M., *Sanctioned Violence in Early China* (Albany, 1990).

Liu, X., *Ancient India and Ancient China: Trade and Religious Exchanges AD 1-600* (Delhi, 1988).

Loewe, M., *Crisis and Conflict in Han China 104 BC-AD 9* (London, 1974).

MacMullen, R., *The Roman Government's Response to Crisis AD 235-337* (New Haven, 1976).

_____, *Paganism in the Roman Empire* (New Haven, 1981).

_____, *Christianizing the Roman Empire* (AD 100-400) (New Haven, 1984).

_____, "What Difference Did Christianity Make?", *Historia*, Vol. 35, 1986, pp. 322~343.

_____, *Corruption and the Decline of Rome* (New Haven, 1988).

McNeill, W., "The Eccentrincity of Wheels, or Eurasian Transportation in Historical Perspective", *American Historical Review*, Vol. 92, 1987, pp. 1111~1126.

Mallory, J., *In Search of the Indo-Europeans: Language, Archaeology and Myth* (London, 1989).

Muhly, J., "Sources of Tin and the Beginning of Bronze Metallurgy", *American Journal of Archaeology*, Vol. 89, 1985, pp. 275~291.

North, J., "Democratic Politics in Republican Rome", *Past and Present*, 126,

1990, pp. 3~21.

Randsborg, K., *The First Millennium AD in Europe and the Mediterranean: An Archaeological Essay* (Cambridge, 1991).

Renfrew, C., *Archaeology and Language: The Puzzle of Indo-European Origins* (London, 1987).

Rowlands, M., Larsen, M. and Kristiansen, K., *Centre and Periphery in the Ancient World* (Cambridge, 1987).

Runciman, W., "Origins of States: The Case of Archaic Greece", *Comparative Studies in Society and History*, Vol. 24, 1982, pp. 351~377.

Scullard, H., *The Etruscan Cities and Rome* (London, 1967).

Shaw, B., "Bandits in the Roman Empire", *Past and Present*, 105, 1984, pp. 3~52.

Shennan, S., "Settlement and Social Change in Central Europe, 3500-1500 BC", *Journal of World Prehistory*, Vol. 7, 1993, pp. 121~161.

Silver, M., *Economic Structures of the Ancient Near East* (London, 1985).

Sinclair, R., *Democracy and Participation in Athens* (Cambridge, 1988).

Sjoberg, G., *The Pre-Industrial City: Past and Present* (New York, 1960).

Storey, R., "An Estimate of Mortality in a Pre-Columbian Urban Population", *American Anthropologist*, Vol. 87, 1985, pp. 519~535.

Teggart, F., *Rome and China: A Study of Correlations in Historical Events* (Berkeley, 1939).

Thirgood, J., *Man and the Mediterranean Forest: A history of resource depletion* (London, 1981).

Turcan, R., *The Cults of the Roman Empire* (Oxford, 1996).

Wang, Z., *Han Civilization* (New Haven, 1982).

Wertime, T. and Muhly, J., *The Coming of the Age of Iron* (New Haven, 1980).

Wheatley, P., *The Pivot of the Four Quarters: A Preliminary Enquiry into the Origins and Character of the Ancient Chinese City* (Chicago, 1971).

Wood, E., *Peasant-Citizen and Slave: The Foundations of Athenian Democracy* (London, 1989).

Ying-shih Yü, *Trade and Expansion in Han China: A Study in the Structure of Sino-Barbarian Economic Relations* (Berkeley, CA, 1967).

Zagarell, A., "Trade, Women, Class and Society in Ancient Western Asia", *Current Anthropology*, Vol. 27, 1986, pp. 415~430.

Zurcher, E., *The Buddhist Conquest of China* (2 vols; Leiden, 1959).

4부 거대제국

Abu-Lughod, J., *Before European Hegemony: The World System AD 1250-1350* (Oxford, 1989).

Allsen, T., *Mongol Imperialism: The Policies of the Grand Qan Mongke in China, Russia and the Islamic Lands 1251-1259* (Berkeley, 1987).

Ashtor, E., *A Social and Economic History of the Near East in the Middle Ages* (London, 1976).

Beckwith, C., *The Tibetan Empire in Central Asia: A History of the Struggle for Great Power among Tibetans, Turks, Arabs and Chinese During the Early Middle Ages* (Princeton, 1987).

Bloch, M., *Reudal Society* (London, 1961).

Brown, E., "The tyranny of a construct: feudalism and historians of medieval Europe", *American Historical Reviwes*, Vol. 79, 1974, pp. 1063~1088.

Bulliet, R., *The Camel and The Wheel* (Cambridge, 1975).

Chao, K., *Mand and Land in Chinese History: An Economic Analysi*s (Stanford, 1986).

Chaudhuri, K., *Trade and Civilization in the Indian Ocean: An Economic History form the Rise of Islam to 1750* (Cambridge, 1985).

Cipolla, C., *Before the Industrial Revolution: European Society and Economy 1000-1700* (3rd edition; London, 1993).

Cook, M., *Muhammad* (Oxford, 1983).

Crone, P., *Slaves on Horses: The Evolution of the Islamic Polity* (Cambridge, 1980).

Crosby, A., *The Measure of Reality: Quantification and Western Society 1250-1600* (Cambridge, 1997).

Dien, A., *State and Society in Early Medieval China* (Stanford, 1990).

Eberhard, W., *Conquerors and Rulers: Social Forces in Medieval China* (Leiden, 1965).

Elvin, M., *The Pattern of the Chinese Past* (London, 1973).

Fernandez-Armesto, F., *Before Columbus: Exploration and Colonization from the Mediterranean to the Atlantic 1229-1492* (London, 1987).

Gimpel, J., *The Medieval Machine: The Industrial Revolution of the Middle Ages* (London, 1977).

Golas, P., "The Sung Economy: How Big?", *Bulletin of Sung-Yüan Studies*, 1988, pp. 90~94.

Haeger, J., *Crisis and Prosperity in Sung China* (Tucson, 1975).

Hall, K., *Maritime Trade and State Development in Early South-East Asia* (Honolulu, 1985).

Hartwell, R., "Markets, Technology and the Structure of Enterprise in the Development of the Eleventh Century Chinese Iron and Steel Industry", *Journal of Economic History*, Vol. 26, 1966, pp. 29~58.

_____, "Demographic, Political and Social Transformations of China 750-1550", *Harvard Journal of Asiatic Studies*, Vol. 42, 1982, pp. 365~442.

Harvey, A., *Economic Expansion in the Byzantine Empire 900-1200* (Cambridge, 1989).

Hassan, A. and Hill, D., *Islamic Technology* (Cambridge, 1986).

Hodges, R., *Dark Age Economics: The Origins of Towns and Trade AD 600-1000* (London, 1982).

Hodgsn, M., *The Venture of Islam: Conscience and History in a World Civilization* (3 vols; Chicago, 1974).

Holt, P., *The Age of the Crusades: The Near East from the eleventh century to 1517* (London, 1986).

Hucker, C., *The Ming Dynasty: Its Origins and Evolving Istitutions* (Ann Arbor, 1978).

Kaegi, W., *Byzantium and the Early Islamic Conquests* (Cambridge, 1992).

Kennedy, H., *The Prophet and the Age of the Caliphates: The Islamic Near East from the sixth to the eleventh century* (London, 1986).

Kwanten, L., *Imperial Nomads: A History of Central Asia 500-1500* (Leicester, 1979).

Lapidus, I., *A History of Islamic Societies* (Cambridge, 1988).

Lewis, A., "Maritime Skills in the Indian Ocean 1368-1500", *Journal of the Economic and Social History of the Orient*, Vol. 16, 1973, pp. 238~264.

Lewis, B., *Race and Slavery in the Middle East: An Historical Enquirty* (Oxford, 1990).

Lombard, M., *The Dolend Age of Islam* (Amsterdam, 1975).

Lopez, R., *The Commercial Revolution of the Middle Ages 950-1350* (Cambridge, 1976).

Manz, B., *The Rise and Rule of Tamerlane* (Cambridge, 1989).

Moore, R., *The Formation of a Persecuting Society: Power and Deviance in Western Europe 950–1250* (Oxford, 1987).

Morgan, D., *The Mongols* (Oxford, 1987).

Needham, J., *Science and Civilization in China* (7 vols; Cambridge, 1954–1969).

____, *The Grand Titration: Science and Society in East and West* (London, 1969).

____, *Clerks and Craftsmen: Lectures and Addresses on the History of Science and Technology* (Cambridge, 1970).

____, *Gunpowder as the Fourth Estate, East and West* (Hong Kong, 1985).

Ostrowski, D., *Muscovy and the Mongols: Cross-Cultural Influences on the Steppe Frontier 1304–1589* (Cambridge, 1998).

Perry, J. and Smith, B., *Essays on T'ang Society: The Interplay of Social, Political and Economic Forces* (Leiden, 1976).

Pipes, D., *Slave Soldiers and Islam: The Genesis of a Military System* (New Haven, 1981).

Reynolds, S., *Fiefs and Vassals: The Medieval Evidence Re-interpreted* (Oxford, 1994).

Scammell, G., *The World Encompassed: The First European Maritime Empires c.800–1650* (London, 1981).

Shiba, Y., *Commerce and Society in Sung China* (Ann Arbor, 1970).

Sinor, D., *Inner Asia and its Contacts with Medieval Europe* (London, 1977).

Treadgold, W., *A History of the Byzantine State and Society* (Stanford, 1997).

Watson, A., *Agricultural Innovation in the Early Islamic World: the diffusion of crops and farming techniques 700–1100* (Cambridge, 1983).

White, L., *Medieval Technology and Social Change* (Oxford, 1962).

Willard, A., "Gold, Islam and Camels: The Transformative Effects of

Trade and Ideology", *Comparative Civilizations Review*, Vol. 28, 1993, pp. 80~105.

Yamamura, K., *The Cambridge History of Japan*, Vol. 3, *Medieval Japan* (Cambridge, 1990).

5부 세계의 균형

Archer, L., *Slavery and Other Forms of Unfree Labour* (London, 1988).

Attman, A., *The Bullion Flow Between Europe and the East 1000–1750* (Gothenburg[Göteborg], 1981).

_____ , *American Bullion in European Wolrd Trade 1600–1800* (Gothenburg[Göteborg], 1986).

Atwell, W., "International Bullion Flows and the Chinese Economy c.1530–1650", *Past and Present*, 95, 1982, pp. 68~90.

_____, "Some Observations on the 'Seventeenth Century Crisis' in China and Japan", *Journal of Asian Studies*, Vol. 45, 1985–6, pp. 223~244.

Baecheler, J., Hall, J. and Mann, M., *Europe and the Rise of Capitalism* (Oxford, 1988).

Blackburn, R., *The Making of New World Slavery: From the Baroque to the Modern 1492–1800* (London, 1997).

Braudel, F., *The Mediterranean and the Mediterranean World in the Age of Philip II* (2 vols; London, 1972).

_____, *Civilization and Capitalism 1400–1800* (3 vols; London 1974–84).

Brewer, J., *The Sinews of Power: War, Money and the English State 1688–1783* (London, 1989).

Chaudhuri, K., *Asia Before Europe: Economy and Civilization of the Indian Ocean* from the Rise of Islam to 1750 (Cambridge, 1990).

Crosby, A., *The Columbian Exchange: Biological and Cultural Consequences of 1492* (Westport, 1972).

____, *Ecological Imperialism: The Biological Expansion of Europe 900-1900* (Cambridge, 1986).

Curtin, P., *The Rise and Fall of the Plantation Complex: Essays in Atlantic History* (Cambridge, 1990).

Das Gupta, A. and Pearson, M., *India and the Indian Ocean 1500-1800* (Calcutta, 1987).

de Vries, J., *European Urbanization 1500-1800* (Cambridge, 1984).

Downing, B., *The Military Revolution and Political Change: Origins of Democracy and Autocracy in Early Modern Europe* (Princeton, 1992).

Eisenstein, E., *The Printin Revolution in Early Modern Europe* (Cambridge, 1983).

Elliott, J., "A Europe of Composite Monarchies", *Past and Present*, 137, 1992, pp. 48-71.

Feuerwerker, A., "Questions About China's Early Modern Economic History I Wish I Could Answer", *Journal of Asian Studies*, Vol. 51, 1992, pp. 757~769.

Fletcher, J., "Intergrative History: Parallels and Interconnections in the Early Modern Period 1500-1800", *Journal of Turkish Studies*, Vol. 9, 1985, pp. 37~58.

Frank, A., *World Accumulation 1492-1789* (London, 1978).

Goldstone, J., "East and West in the Seventeenth Century: Political Crisis in Stuart England, Ottoman Turkey and Ming China", *Comparative Studies in Society and History*, Vol. 30, 1988, pp. 103~142.

Hall, J., *Powers and Liberties: the Causes and Consequences of the Rise of the West*

(Oxford, 1985).

Hall, J., Keiji, N. and Yamamura, J., *Japan Before Tokugawa: Political Consolidation and Economic Growth 1500-1650* (Princeton, 1981).

Inalcik, H., *The Ottoman Empire: The Classical Age 1300-1600* (London, 1973).

Inalcik, H. and Quataert, D., *An Economic and Social History of the Ottoman Empire 1300-1914* (Cambridge, 1994).

Islamoglu-Inan, H., *The Ottoman Empire and the World Economy* (Cambridge, 1987).

Israel, J., *Dutch Primacy in World Trade 1585-1740* (Oxford, 1989).

Jones, E., *The European Miracle: Environments, Economies and Geopolitics in the History of Europe and Asia* (Cambridge, 1981).

Kallgren, J., "Food, Famine and the Chinese State: A Symposium", *Journal of Asian Studies*, Vol. 41, 1982, pp. 685~797.

Karpat, K., *The Ottoman State and its Place in World History* (Leiden, 1974).

Kennedy, P., *The Rise and Fall of the Great Powers: Economic Change and Military Conflict from 1500 to 2000* (London, 1988).

Kunt, M. and Woodhead, C., *Suleyman the Magnificent and his Age: The Ottoman Empire in the Early Modern World* (London, 1995).

Levack, B., *The Witch-Hunt in Early Modern Europe* (London, 1987).

McNeill, W., *Europe's Steppe Frontier 1500-1800* (Chicago, 1964).

Naquin, S. and Rawski, E., *Chinese Society in the Eighteenth Century* (New Haven, 1987).

North, D. and Thomas, R., *The Rise of the Western World* (Cambridge, 1973).

Parker, G., *The Military Revolution: Military Innovation and the Rise of the West 1500-1800* (Cambridge, 1988).

Parker, G. and Smith L., *The General Crisis of the Seventeenth Ventury*

(London, 1978).

Patterson, O., *Slavery and Social Death: A Comparative Study* (Cambridge, 1982).

Perlin, F., "Proto-Industrialization in Pre-Colonial South Asia", *Past and Present*, 98, 1983, pp. 30~95.

Qaisar, A., *The Indian Response to European Technology and Culture 1498-1707* (Delhi, 1982).

Raychaudhuri, T. and Habib, I., *The Cambridge Economic History of India*, Vol. I, *c.1200-c.1750* (Cambridge, 1982).

Ricahrds, J., *Precious Metals in the Later Medieval and Early Modern Worlds* (Durham, 1983).

____, *The New Cambridge History of India*, Vol. I: 5, *The Mughal Empire* (Cambridge, 1993).

Shennan, J., *The Origins of the Modern European State 1450-1725* (London, 1974).

Smith, T., *The Agrarian origins of Modern Japan* (Stanford, 1959).

____, "Pre-Modern Economic Growth: Japan and the West", *Past and Present*, 60, 1973, pp. 127~160.

Solow, B. and Engerman, S., *British Capitalism and Caribbean Slavery: The Legacy of Eric Williams* (Cambridge, 1987).

Spence, J. and Wills, J., *From Ming to Ch'ing: Conquest, Region and Continuity in Seventeenth Century China* (New Haven, 1979).

Steensgaard, N., Garracks, *Caravans and Companies: The Structural Crisis in the European-Asian Trade in the Early Seventeenth Century* (Odense, 1973).

Thornton, J., *Africa and Africans in the Making of the Atlantic World 1400-1680* (Cambridge, 1992).

Thornton, R., *American Indian Holocaust and Survival: A Population History* (Norman, 1987).

Tilly, C., *The Formation of National States in Western Europe* (Princeton, 1975).

____, "War Making and State Making as Organized Crime", in Evans, P., Rueschemeyer, D. and Skocpol, T., *Bringing the State Back In* (Cambridge, 1985).

____, *Coercion, Capital and European States AD 990-1990* (Cambridge, 1990).

Toby, R., *State and Diplomacy in Early Modern Japan: Aisa in the Development of the Tokugawa Bakufu* (Princeton, 1984).

Tracy, J., *The Rise of Merchant Empires: Long-Distance Trade in the Early Modern World 1350-1750* (Cambridge, 1990).

____, *The Political Economy of Merchant Empires* (Cambridge, 1991).

van Leur, J., *Indonesian Trade and Society: Essays in Asian Social and Economic History* (The Hague, 1955).

Wallerstein, I., *The Modern World System* (3 vols; New York, 1974-89).

Walter, J. and Schofield, R., *Famine, Disease and the Social Order in Early Modern Society* (Cambridge, 1989).

Walvin, J., *Questioning Slavery* (London, 1996).

Wolf, E., *Europe and the People Without History* (Berkeley, 1982).

6부 근대사회의 탄생

Acton, E., *Pethinking the Russian Revolution* (London, 1990).

Albertini, R. von, *European Colonial Rule 1880-1940: The Impact of the West* on India, South-east Asia and Africa (Oxford, 1982).

Vailey, R., "The Slave(ry) Trade and the Development of Capitalism in the United States: The Textile Industry in New England", *Social Science History*, Vol. 14, 1990, pp. 373~414.

Bairoch, P., "International Industrialization Levels from 1750 to 1980", *Journal of European Economic History*, Vol. 11, 1982, pp. 269~333.

Bayly, C., *The New Cambridge History of India, Vol II :1, Indian Society and the Making of the British Empire* (Cambridge, 1988).

____, *Imperial Meridian: The British Empire and the World 1780–1830* (London, 1989).

Berry, B., *Comparative Urbanization: Divergent Paths in the Twentieth Century* (London, 1981).

Blinkhorn, M., *Fascists and Conservatives: The Radical Right and the Establishment in Twentieth Century Europe* (London, 1990).

Blum, J., *The End of the old Order in Rural Europe* (Princeton, 1978).

Cameron, R., "A New View of European Industrialization", *Economic History Review*, Vol. 38, 1985, pp. 1~23.

Castles, S. and Miller, M., *The Age of Migration: International Population Movements in the Modern World* (London, 1993).

Clark, J., *The Political Economy of World Energy: A Twentieth-Century Perspective* (London, 1990).

Clarke, J., *Oriental Enlightenment: The Encounter Between Asia and Western Thought* (London, 1997).

Dicken P., *Global Shift: The Internationalization of Economic Activity* (London, 1992).

Duplessis, R., *Transitions to Capitalism in Early Modern Europe* (Cambridge, 1997).

Eatwell, R., *Fascism: A History* (London, 1995).

Fairbank, J., *The Chinese World Order: Traditional China's Foreign Relations* (Cambridge, 1968).

Feuerwerker, A., "State and Economy in Late Imperial China", *Theory and Society*, Vol. 13, 1984, pp. 297~326.

Fieldhouse, D., *The Colonial Empires: A Comparative Survey from the Eighteenth Century* (2nd edition; London, 1982).

Fogel, R., *Withtout Consent or Contract: The Rise and Fall of American Slavery* (3 vols; New York, 1989).

Fores, M., "The Myth of a British Industrial Revolution", *History*, Vol. 66, 1981, pp. 181~198.

Frederikson, G., *White Supremacy: A Comparative Study in American and South African History* (New York, 1981).

Hanley, S. and Yamamura, K., *Economic and Demographic Change in Pre-Industrial Japan 1600-1868* (Princeton, 1977).

Hanley, S., "A High Standard of Living in Nineteenth Century Japan: Fact or Fantasy?", *Journal of Economic History*, Vol. 43, 1983, pp. 183~192.

Harley, C., "Ocean Freight Rates and Productivity 1740-1913: The Primacy of Mechanical Invention Reaffirmed", *Journal of Economic History*, Vol. 48, 1988, pp. 851~876.

Headrick, D., *The Tools of Empire: Technology and European Imperialism in the Nineteenth Century* (Oxford, 1981).

____, *The Tentacles of Progress: Technology Transfer in the Age of Imperialism 1850-1940* (Oxford, 1988).

Higgonet, P., Landes, D. and Rosovsky, H., *Favorites of Fortune: Technology, Growth and Economic Development since the Industrial Revolution*

(Cambridge, 1991).

Hillberg, R., *The Destruction of the European Jews* (Chicago, 1961).

Hirschfeld, G., *The Policies of Genocide: Jews and Soviet Prisoners of War in Nazi Germany* (London, 1986).

Holland, R., *European Decolonization 1918–81* (London, 1985).

Howe, C., *The Origins of Japanese Tarde Supremacy: Development and Technology in Asia from 1540 to the Pacific War* (London, 1996).

Hudson, P., *The Industrial Revolution* (London, 1992).

Inikori, J., "Slavery and the Revolution in Cotton Textile Production in England", *Social Science History*, Vol. 13, 1989, pp. 343~379.

Jansen, M., The Cambridge History of Japan, Vol. 5, *The Nineteenth Century* (Cambridge, 1989).

Kemp, T., *Industrialization in Nineteenth Century Europe* (2nd edition; London, 1985).

Kolchin, P., *American Slavery 1619–1877* (New York, 1993).

Kuper, L., *Genocide: Its Political Use in the Twentieth Century* (London, 1981).

Landes, D., *The Unbound Prometheus: Technological Change and Industrial Development in Europe from 1750 to the Present* (Cambridge, 1969).

Licht, W., *Industrializing America: The Nineteenth Century* (Baltimore, 1995).

Maddison, A., "A Comparison of Levels of GDP Per Capita in Developed and Developing Countries 1700-1980", *Journal of Economic History*, Vol. 43, 1983, pp. 27~41.

_____, *The World Economy in the Twentieth Century* (Paris, 1989).

Marshall, P., *The New Cambridge History of India*, Vol. II:2, *Bengal: The British Bridgehead. Eastern India 1740–1828* (Cambridge, 1987).

Mayer, A., *The Persistence of the Old Regime: Europe to the Great War* (London, 1981).

Moulder, F., *Japan, China and the Modern World Economy: Toward a reinterpretation of East Asian development c.1600-c.1918* (Cambridge, 1977).

Mukherjee, R., "Trade and Empire in Awadh 1765-1804", *Past and Present*, 94, 1982, pp. 85~102.

Ness, G. and Stahl, W., "Western Imperialist Armies in Asia", *Comparative Studies in Society and History*, Vol. 19, 1977, pp. 2~29.

O'Brien, P., "European Economic Development: The Contribution of the Periphery", *Economic History Review*, Vol. 35, 1982, pp. 1~18.

_____, *Railways and the Economic Development of Western Europe 1830-1914* (London, 1983).

_____, "Do We Have a Typology for the Study of European Industrialization in the XIXth Century?", *Journal of European Economic History*, Vol. 15, 1986, pp. 291~333.

Owen, R., *The Middle East in the World Economy 1800-1914* (London, 1981).

Pearson, R., *National Minorities in Eastern Europe 1848-1945* (London, 1983).

Ponting, C., *Progress and Barbarism: The World in the Twentieth Century* (London, 1998)

Smith, T., *Native Sources of Japanese Industrialization 1750-1920* (Berkeley, 1988)

Snooks, G., *Was the Industrial Revolution Necessary?* (London, 1994).

Sugiyama, S., *Japan's Industrialization in the World Economy 1859-1899* (London, 1988).

Suny, R., *The Revenge of th Past: Nationalism, Revolution and the Collapse of the Soviet Union* (Stanford, 1993).

Sylla, R. and Toniolo, G., *Patterns of European Industrialization: The Nineteenth*

Century (London, 1991).

Thomas, B., "Escaping from Constraints: The Industrial Revolution in a Malthusian Context", *Journal of Interdisciplinary History*, Vol. 15, 1984-85, pp. 729~753.

Tilly, C., *Big Structure, Large Processes, Huge Comparisons* (New York, 1984).

——, *Popular Contention in Great Britain 1758-1834* (Cambridge, 1995).

Wakeman, F. and Grant, C., *Conflict and Control in Late Imperial China* (Berkeley, 1975).

Wrigley, E., *Continuity, Change and Change: The Character of the Industrial Revolution in England* (Cambridge, 1988).

Yapp, M., *The Making of the Modern Near East 1792-1923* (London, 1987).

옮긴이 후기

역사책 읽기는 많은 사람에게 그다지 재밌는 일이 못 됩니다. 10여 년 전에 『문명이야기: 신앙의 시대』라는, 윌 듀런트(William J. Durant)의 두꺼운 역사책 번역을 맡았을 때, 저자가 불면증을 치료하는 데는 머리맡에 역사책을 몇 권 가져다 놓는 것도 즉효약이 될 수 있다고 써 놓은 구절을 읽고 혼자 웃었던 기억이 납니다. 평생 역사를 공부한 노학자가 그런 말을 하니 참 재치 있다 싶기도 했지만, 역사책 읽는 일이 지루하다는 것은 과연 누구나 인정하는 사실이라는 생각도 들었습니다. 그래서일까요, 몇십 년 전에도 그렇고 지금도 그렇고 서점가에서는 위대한 인물의 행적을 중심으로 맛깔나게 이야기를 풀어내거나, 역사적 사건을 드라마처럼 박진감 있게 전개해 독자의 눈을 책에 붙들어 두는 역사책이 종종 큰 인기를 끌고는 합니다. 역사적 사실을 전달하는 일에 오류가 없다면, 방대하고 일견 무미건조해 보이는 역사가 잘 이해되게 맥을 짚고 내용을 기억하기에는 그것도 참 좋은 방법이라는 생각입니다.

그런데 (어쩌면 애석하게도) 『클라이브 폰팅의 세계사』는 그런 역사 읽기를 기대하는 독자에게는 선뜻 다가가지 못할 책일지도 모릅니다.

별 군더더기도 달지 않고, 그 흔한 여담 한마디 없이 시종 자신이 염두에 둔 하나의 논지만 밀고 나가며 이야기를 풀어내는 그의 글에서는 도무지 맛깔스러움이나 박진감 같은 것은 찾아보기 어려운 것이 사실입니다. 하지만 그런 화려한 매력은 없을지언정, 역사책을 즐겨 읽는 독자나, 가슴 한 켠에 늘 의문과 호기심을 품고 책을 대하는 독자들에게 이 책이 일면 매력적으로 다가서리라는 확신을 저는 이 책을 번역하면서 가질 수 있었습니다. 특히 학교 공부를 통해서나 교양서로 세계사를 대하며, "역사는 누구의 것인가?" 혹은 "세계사는 어느 곳의 이야기인가?"라는 물음을 던졌던 이들에게, 그랬으나 속 시원하게 이렇다 할 답을 얻지 못했던 이들에게, 이 책은 대단한 영웅담이나 기막힌 드라마를 읽을 때의 짜릿한 쾌감까지는 아니더라도, 동양과 서양의 역사에 대한 지식과 함께 어쩌면 얼마큼의 잔잔한 감동까지 선사할 수 있으리라고 생각합니다.

그 이유는, 이 책의 원제 *World History: A New Perspective*에도 잘 드러나듯, 폰팅이(그는 『녹색 세계사』라는 책을 통해 이미 십수 년 전에 국내에서 명성을 얻은 바 있습니다.) 세계사를 보는 '균형 잡힌 관점'이란 어떤 것인지를 나름의 방법으로 몸소 보여 주려고 노력하기 때문입니다. 폰팅의 글은 화려한 수사나 기막힌 글재주로 탄성을 자아내지는 않습니다. 하지만 약간은 단조롭다고 느껴질 수 있는 그의 글들을 한 장 한 장 넘겨 가다 보면, (서양인이되) 동양과 서양의 어느 한쪽에 치우치지 않고 나아가 지배층의 서사에만 국한하지 않고 세계사를 기술해 보려는 그의 우직한 노력에서 어떤 패기를 느낄 수 있으며, 아울러 어느덧 세계와 역사를 다르게 바라보는 큰 눈을 인식할 수 있게 됩니다. 지금은 세계사에 동양과 서양을 함께 아우르려는 노력이 많이 이루어지고 있지만, 이 책의 원서가 출간될 당시만 해도 이러한 시각은 서양 문명 위주의 세계사가 주류를 이루던 세태에서는 획기적이라고 해도 좋을 만큼 무척 새로운 것이었습니다. 따라서 설령 이 책이 정말 불면증의 즉효약 구실을 하는 한이 있더라도, 가을이 성큼 다가들어 책을 친구로 삼기 좋은 이때에 역사 이야기를 즐겨 찾는, 또 세계사를 알고자 하는 많은 분이 이 책을 곁에 두고 이따금 들여다보았으면 하는 바람입니다. 그러면 제가 작업하면서 그랬던 것처럼, 수선스럽게 말을 늘어놓아 나를 즐겁게 하기보다는 무심한 듯 곁에서 말없이 챙겨 주는 듬직한 친구를 만난 듯한 즐거움을 독자 여러분도 함께 느낄 수 있지 않을까 합니다.

다른 책들에 비해 좀 더 묵혔다가 나오는 책이라 그런지, 올 가을에 『클라이브 폰팅의 세계사』가 출간된다는 소식을 들었을 때 어느 때보다 반가운 마음이 들었습니다. 이 자리를 빌려 번역 작업을 원활히 진행할 수 있게 배려해 주신 민음사의 관계자 여러분께 감사드리고, 아울러 다소 버겁게 느껴질 수도 있는 역사책의 후반부 작업을 맡아 함께 진행해 주신 박혜원 씨께도 감사 인사를 전합니다.

2019년 가을

공동 역자를 대표하여 왕수민

박혜원

덕성여자대학교에서 심리학을 전공하고 현재 전문 번역가로 활동하고 있다. 옮긴 책으로는 『네버무어 1, 2』(디오네)와 『네버무어 두 번째 이야기 원더 스미스 1, 2』(디오네), 『빨강 머리 앤』(더모던), 『자기만의 방』(더클래식), 『곰돌이 푸』(더모던), 『퀸: 불멸의 록 밴드 퀸의 40주년 공식 컬렉션』(미르북컴퍼니), 『크리에이티브』(추수밭), 『머신맨』(레드박스), 『슬픔을 파는 아이들』(레드박스), 『젊은 소설가의 고백』(레드박스), 『다이어트 심리학』(레드박스), 『올 어바웃 섹스』(책읽는수요일), 『문명이야기 4-1, 4-2』(민음사), 『로드』(21세기북스), 『벤 버냉키의 선택』(21세기북스), 『본능의 경제학』(사이), 『월가의 끝나지 않은 도박』(엘도라도), 『투자 타이밍』(엘도라도), 『똑똑한 뇌 사용설명서』(살림Biz), 『스토리 이코노미』(살림Biz), 『친애하는 교회 씨에게』(쳄앤파커스), 『황토』(동도원), 『5분 심리 게임』(거름), 『여자들의 경제 수다』(아롬미디어) 등이 있다.

클라이브 폰팅의 세계사 2

근세에서 현대까지

1판 1쇄 찍음 2019년 12월 20일
1판 1쇄 펴냄 2019년 12월 27일

지은이   클라이브 폰팅
옮긴이   박혜원
발행인   박근섭, 박상준
펴낸곳   (주)민음사

출판등록 1966. 5. 19. (제16-490호)
주소   서울시 강남구 도산대로1길 62
          강남출판문화센터 5층 (06027)
대표전화 02-515-2000 팩시밀리 02-515-2007

www.minumsa.com

ISBN 978-89-374-4391-6 (04900)
ISBN 978-89-374-4389-3 (세트)